权威·前沿·原创

皮书系列为
"十二五""十三五"国家重点图书出版规划项目

法治政府蓝皮书
BLUE BOOK OF
LAW-ABIDING GOVERNMENT

中国法治政府评估报告（2017）

ANNUAL ASSESSMENT REPORT ON CHINA'S LAW-ABIDING GOVERNMENT (2017)

中国政法大学法治政府研究院 / 编

社会科学文献出版社
SOCIAL SCIENCES ACADEMIC PRESS (CHINA)

图书在版编目(CIP)数据

中国法治政府评估报告. 2017 / 中国政法大学法治政府研究院编. --北京：社会科学文献出版社，2017.9（2019.3 重印）
（法治政府蓝皮书）
ISBN 978 - 7 - 5201 - 1353 - 3

Ⅰ. ①中… Ⅱ. ①中… Ⅲ. ①国家机构 - 行政管理 - 研究报告 - 中国 - 2017 Ⅳ. ①D630.1

中国版本图书馆 CIP 数据核字（2017）第 220481 号

法治政府蓝皮书
中国法治政府评估报告（2017）

编　　者 / 中国政法大学法治政府研究院

出 版 人 / 谢寿光
项目统筹 / 刘骁军
责任编辑 / 关晶焱　赵瑞红

出　　版 / 社会科学文献出版社（010）59367161
　　　　　　地址：北京市北三环中路甲 29 号院华龙大厦　邮编：100029
　　　　　　网址：www.ssap.com.cn

发　　行 / 市场营销中心（010）59367081　59367083

印　　装 / 北京虎彩文化传播有限公司

规　　格 / 开　本：787mm × 1092mm　1/16
　　　　　　印　张：38　字　数：713 千字

版　　次 / 2017 年 9 月第 1 版　2019 年 3 月第 3 次印刷

书　　号 / ISBN 978 - 7 - 5201 - 1353 - 3

定　　价 / 168.00 元

皮书序列号 / PSN B - 2015 - 502 - 1/2

本书如有印装质量问题，请与读者服务中心（010 - 59367028）联系

▲ 版权所有 翻印必究

本书是国家社科基金重大项目"国家治理体系现代化与法治政府建设"（课题批准号：14ZDA018）的阶段性成果

《中国法治政府评估报告 2017》项目组

主 持 人 马怀德

顾　　问 应松年

项目组成员 （以姓氏笔划为序）

王敬波　王青斌　王　翔　张　莉　林鸿潮

林　华　赵　鹏　郝　倩　曹　鎏　詹承豫

主要编撰者简介

顾问　应松年

著名行政法学家,现任中国政法大学终身教授、博士生导师。中国法学会行政法学研究会名誉会长,第九届、第十届全国人大代表,内务司法委员会委员,全国人大法工委行政立法研究组副组长,北京市第十届、十一届、十二届、十三届人大代表、法制委员会副主任,第十四届北京市人大常委会法制建设顾问,享受国务院颁发的政府特殊津贴。兼任国家减灾委员会专家委员会成员,中国法学会学术委员会委员、最高人民法院、最高人民检察院专家咨询委员,北京市、四川、福建省人民政府法律顾问等。曾两度获北京市优秀教师奖,并获中央国家机关"五一劳动奖章"、"百名法学家百场报告会最佳宣讲奖"、"2006年度法治人物"、2015年获得中国行政法学研究会颁布的中国行政法学"终身成就奖"、日本名古屋大学名誉法学博士等。

主编　马怀德

中国政法大学副校长,教授,博士研究生导师,校学术委员会副主席,享受国务院颁发的政府特殊津贴。兼任中国法学会行政法学研究会会长,中国监察学会副会长,最高人民法院特邀咨询委员,最高人民检察院专家咨询委员,中纪委监察部特邀监察员。研究方向:行政法学。出版学术专著、合著二十余部,包括《国家赔偿法的理论与实务》、《行政许可》、《行政法制度建构与判例研究》等。发表论文百余篇,包括《公有公共设施致害的国家赔偿》、《公务法人问题研究》、《透视中国的行政审判体制:问题与改革》等。

《中国法治政府评估报告（2017）》撰写分工

本书是中国政法大学法治政府研究院"中国法治政府评估"项目组团队合作的成果，由马怀德教授主持研究，应松年教授担任顾问，各部分负责人和参与人如下：

《总报告》负责人为王敬波教授，田卫卫协助进行数据检索、分析及图表制作等工作；

《依法全面履行政府职能》负责人为詹承豫教授，李欣桐、李晓靓、赵博然等协助进行数据检索、分析及图表制作等工作；

《法治政府建设的组织领导》负责人为赵鹏副教授，林稼朋、李晓桐、李安琪、杨溯等协助进行数据检索、分析及图表制作等工作；

《依法行政制度体系》负责人为曹鎏副教授，杜宏伟、崔瑜等协助进行数据检索、分析及图表制作等工作；

《行政决策》负责人为王青斌教授，张莹莹、干路瑶、韩晶晶等协助进行数据检索、分析及图表制作等工作；

《行政执法》负责人为张莉教授，王勤原、朱江、王芸等协助进行数据检索、分析及图表制作等工作；

《政务公开》负责人为林华副教授，杨星星、范不凡、邓勋等协助进行数据检索、分析及图表制作等工作；

《监督与问责》负责人为郝倩副教授，孙娜协助进行数据检索、分析及图表制作等工作；

《社会矛盾化解与行政争议解决》负责人为林鸿潮副教授，冯安琪、谈桔芳、邢瑶、邢嫣然、张璇等协助进行数据检索、分析及图表制作等工作；

《社会公众满意度调查》负责人为王翔，何婷婷、宿金梦协助进行数据检索、分析及图表制作等工作。

摘 要

本报告是中国政法大学法治政府研究院2017年地方法治政府评估的最终成果，是2013年启动的地方法治政府评估工作的延续。法治政府研究院在自主研发的"法治政府评估指标体系"的基础上，根据2015年中共中央、国务院发布的《法治政府建设实施纲要（2015—2020年）》和过去4年评估实践修订而成"2017年版法治政府评估指标体系"，并据此完成评估。评估对象共计100个地方政府，包括4个直辖市、27个省府所在地市、23个国务院批准的较大市和46个其他城市。根据各个三级指标的不同，项目组在具体测评对象的选择上，分别以市政府、市政府全部职能部门、市政府部分职能部门作为具体的观察对象。评估自2017年1月开始，历时8个月。数据采集主要通过三种方式：网络检索、信息公开申请、实地调查。法治政府研究院开展的法治政府评估是学术界推动法治政府建设的社会责任的体现和担当。2017年的评估报告建立在不断完善、更加科学的指标体系上，客观地反映出我国法治政府建设所取得的新进步，深刻地揭示了我国法治政府建设仍面临的突出问题。我们坚信，只要积极面对问题、努力克服困难，经过坚持不懈的努力，到2020年基本建成职能科学、权责法定、执法严明、公开公正、廉洁高效、守法诚信的法治政府的目标一定能够实现。

Abstract

This report is the final assessment result of "law-abiding of government", which was carried out by School of Law-Based Government (SLBG) of China University of Political Science and Law. It is also the continuation of evaluation of "law-abiding of government" project started from 2013. SLBG finished this assessment based on "2017 revised edition of index system", which was independently designed by SLBG and amended according to The Rule of Law Government Construction Implementation Outline (2015-2020) issued by the Central Committee of the CPC and the State Council and the assessments of the past four years. This project evaluated 100 local governments in China which includes 4 municipalities, 27 province capitals, 23 metropolis approved by the State Council and 46 regular cities. The project team chooses the governments, all the departments of governments and parts of the departments of governments as the objects of observation according to the three level indicators in evaluation. The project started at January 2017, and lasted for 8 months. Data acquisition is mainly accomplished in three ways: network retrieval, information disclosure, and field survey. The Research Center is a academic community trying to promote the construction of rule of law which has shown its social responsibility. This report is based on a more complete and scientific index system, which objectively reflects the new progress made in the construction of the rule of law in China and profoundly reveals the severe problems of the government construction. We firmly believe that a law-based government of scientific functions, statutory power and responsibility, strict law enforcement, openness, efficiency, and integrity will be constructed by 2020 through our perseverance.

目 录

Ⅰ 总报告

B.1 总报告 ·· 001
  一 评估概况 ·· 002
  二 评估结论及政策建议 ·· 005

Ⅱ 各指标分报告

B.2 依法全面履行政府职能 ·· 016
  一 指标设置及评估标准 ·· 017
  二 总体评估结果分析 ·· 022
  三 指标评估结果分析 ·· 024
  四 评估结论 ·· 036

B.3 法治政府建设的组织领导 ·· 043
  一 指标设置及评估标准 ·· 043
  二 总体评估结果分析 ·· 047
  三 三级指标评估结果分析 ··· 048
  四 评估结论 ·· 054

B.4 依法行政制度体系 ··· 062
  一 指标设置及评估标准 ·· 062

  二　总体评估结果分析 …… 067
  三　三级指标评估结果分析 …… 070
  四　评估结论 …… 077

B.5 行政决策 …… 086
  一　指标设置及评估标准 …… 086
  二　总体评估结果分析 …… 095
  三　指标评估结果分析 …… 097
  四　评估结论 …… 106

B.6 行政执法 …… 112
  一　指标设置及评估标准 …… 112
  二　总体评估结果分析 …… 118
  三　三级指标评估结果分析 …… 121
  四　评估结论 …… 130

B.7 政务公开 …… 141
  一　指标设置及评估标准 …… 141
  二　总体评估结果分析 …… 147
  三　三级指标评估结果分析 …… 151
  四　评估结论 …… 159

B.8 监督与问责 …… 166
  一　指标设置及评估标准 …… 166
  二　总体评估结果分析 …… 172
  三　三级指标评估结果分析 …… 174
  四　评估结论 …… 181

B.9 社会矛盾化解与行政争议解决 …… 191
  一　指标设置及评估标准 …… 191
  二　总体评估结果分析 …… 197

三　三级指标评估结果分析……………………………………… 198
　　四　评估结论……………………………………………………… 210

B.10　社会公众满意度调查 ……………………………………………… 217
　　一　指标设置……………………………………………………… 217
　　二　调查方法……………………………………………………… 218
　　三　样本量及样本配额…………………………………………… 219
　　四　数据处理和分析方法………………………………………… 220
　　五　调查结果……………………………………………………… 220

Ⅲ　城市分报告（按城市名拼音升序排列）

　　一　鞍山市人民政府……………………………………………… 230
　　二　包头市人民政府……………………………………………… 233
　　三　保定市人民政府……………………………………………… 236
　　四　北京市人民政府……………………………………………… 239
　　五　本溪市人民政府……………………………………………… 242
　　六　毕节市人民政府……………………………………………… 245
　　七　沧州市人民政府……………………………………………… 248
　　八　长春市人民政府……………………………………………… 251
　　九　常德市人民政府……………………………………………… 255
　　十　长沙市人民政府……………………………………………… 258
　　十一　成都市人民政府…………………………………………… 262
　　十二　重庆市人民政府…………………………………………… 265
　　十三　达州市人民政府…………………………………………… 269
　　十四　大连市人民政府…………………………………………… 273
　　十五　大同市人民政府…………………………………………… 276
　　十六　德州市人民政府…………………………………………… 279
　　十七　东莞市人民政府…………………………………………… 282
　　十八　佛山市人民政府…………………………………………… 285
　　十九　福州市人民政府…………………………………………… 288

二十	抚顺市人民政府	291
二十一	阜阳市人民政府	294
二十二	赣州市人民政府	297
二十三	广州市人民政府	300
二十四	贵阳市人民政府	303
二十五	哈尔滨市人民政府	306
二十六	海口市人民政府	309
二十七	邯郸市人民政府	312
二十八	杭州市人民政府	315
二十九	合肥市人民政府	318
三十	菏泽市人民政府	321
三十一	衡阳市人民政府	324
三十二	呼和浩特市人民政府	327
三十三	淮南市人民政府	330
三十四	黄冈市人民政府	333
三十五	吉林市人民政府	336
三十六	济南市人民政府	340
三十七	济宁市人民政府	344
三十八	揭阳市人民政府	348
三十九	荆州市人民政府	352
四十	喀什市人民政府	356
四十一	昆明市人民政府	359
四十二	拉萨市人民政府	362
四十三	兰州市人民政府	365
四十四	聊城市人民政府	368
四十五	临沂市人民政府	371
四十六	六安市人民政府	374
四十七	洛阳市人民政府	377
四十八	茂名市人民政府	380
四十九	南昌市人民政府	383
五十	南充市人民政府	386

五十一	南京市人民政府	390
五十二	南宁市人民政府	393
五十三	南通市人民政府	396
五十四	南阳市人民政府	399
五十五	宁波市人民政府	402
五十六	齐齐哈尔市人民政府	405
五十七	青岛市人民政府	408
五十八	曲靖市人民政府	411
五十九	泉州市人民政府	414
六十	汕头市人民政府	417
六十一	商丘市人民政府	420
六十二	上海市人民政府	423
六十三	上饶市人民政府	426
六十四	邵阳市人民政府	429
六十五	深圳市人民政府	433
六十六	沈阳市人民政府	436
六十七	石家庄市人民政府	440
六十八	苏州市人民政府	443
六十九	绥化市人民政府	447
七十	台州市人民政府	450
七十一	太原市人民政府	453
七十二	泰安市人民政府	456
七十三	唐山市人民政府	459
七十四	天津市人民政府	462
七十五	潍坊市人民政府	466
七十六	温州市人民政府	469
七十七	乌鲁木齐市人民政府	472
七十八	无锡市人民政府	475
七十九	武汉市人民政府	478
八十	西安市人民政府	481
八十一	厦门市人民政府	484

八十二　西宁市人民政府…………………………………… 487

八十三　襄阳市人民政府…………………………………… 490

八十四　新乡市人民政府…………………………………… 493

八十五　信阳市人民政府…………………………………… 496

八十六　邢台市人民政府…………………………………… 499

八十七　徐州市人民政府…………………………………… 503

八十八　烟台市人民政府…………………………………… 506

八十九　盐城市人民政府…………………………………… 510

九十　宜春市人民政府……………………………………… 514

九十一　银川市人民政府…………………………………… 519

九十二　玉林市人民政府…………………………………… 524

九十三　岳阳市人民政府…………………………………… 529

九十四　湛江市人民政府…………………………………… 534

九十五　郑州市人民政府…………………………………… 539

九十六　周口市人民政府…………………………………… 544

九十七　珠海市人民政府…………………………………… 549

九十八　驻马店市人民政府………………………………… 553

九十九　淄博市人民政府…………………………………… 558

一〇〇　遵义市人民政府…………………………………… 563

Ⅳ　附　录

附录一　2017年中国法治政府评估指标得分表 ……………………………… 568

附录二　《中国法治政府评估报告2017》各市政府一级指标得分表 …………… 573

附录三　《中国法治政府评估报告2017》各市政府得分总分图 ………………… 578

附录四　《中国法治政府评估报告2017》各市一级指标得分图 ………………… 579

总报告

B.1 总报告

摘　要： 2017年，中国政法大学法治政府研究院评估团队依据自主研发的指标体系，对100个城市的法治政府建设情况进行了全面评估。评估显示，地方法治政府建设的总体水平持续进步，但仍在低位徘徊；各城市之间的法治政府建设水平差距不断加大，落后地区需要加快脚步；当前行政规范性文件和行政决策法治化障碍凸显，持续、深入推进乏力；政府职能渐趋清晰，政务公开进步明显，但行政执法领域问题较多；各地方政府逐渐从政务公开走向数据开放，加快推进"互联网+"政务服务；政府"放管服"改革的效果逐渐显现，下一步需要依靠法治途径固化改革成果；综合执法体制改革进展迟缓，亟待统筹顶层设计；须进一步落实党政负责人的责任，强化法治政府的组织领导；行政复议停滞不前，行政诉讼负重前行，需要统一谋划行政争议解决格局。

关键词： 法治政府评估　指标体系　法治政府建设

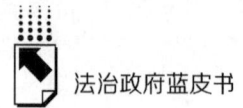

自2013年中国政法大学法治政府研究院启动中国地方法治政府评估项目至今已有五年。总结五年的评估情况，有助于客观评价地方法治政府建设取得的成就，发现法治政府建设中存在的突出问题，为深化全国范围内法治政府建设号脉问诊，提出政策建议，实现"以评促建"的目标。

一 评估概况

（一）评估指标体系

在五年的评估中，整个评估体系的框架结构和一级指标基本保持稳定，仅依据每年度法治政府建设的发展情况和中共中央、国务院的新精神、新要求作调整。目前指标体系包括8个客观指标和1个主观指标。8个客观指标分别是"依法全面履行政府职能"、"法治政府建设的组织领导"、"依法行政制度体系"、"行政决策"、"行政执法"、"政务公开"、"监督与问责"、"社会矛盾化解与行政争议解决"。反映主观评价的一级指标有1项，即"社会公众满意度调查"。

其中，2013年版法治政府评估指标体系是中国政法大学法治政府研究院2013年6月自主研发，其依据主要是2004年国务院发布的《全面推进依法行政实施纲要》、2008年《关于加强市县政府依法行政的决定》、2010年《关于加强法治政府建设的意见》。在2014年和2015年，项目组对指标体系进行了调整，增加了"社会公众满意度调查"、"行政执法"、"社会矛盾化解与行政争议解决"的分数比重，降低了"依法全面履行政府职能"、"法治政府建设的组织领导"一级指标的权重，其中"社会公众满意度调查"的权重由10%增加到了20%，凸显了社会公众评价对于法治政府评估的重要意义。2016年版本和2017年版本依据2015年中共中央和国务院发布的《法治政府建设实施纲要（2015—2020年）》（以下简称新《纲要》）修订，对于指标进行了部分调整，例如一级指标"法治政府建设的组织领导"下面的三级指标"是否设置独立的法制机构"从10分增加到15分，"公开推进依法行政考核工作"从20分下降到15分。分值调整的主要目的是针对现实中出现部分地方政府将法制部门划归办公厅（室）的错误做法，希望强化地方政府法制部门的功能和作用。同时，将评估的范围进行延伸，考核100个城市在区县一级是否设置独立的法制机构，对其在地市一级和下辖区县一级的独立法制机构设置情况分别给予5分和10分的考核分值。

针对法治政府评估指标体系进行调整的原因主要有四个。第一，因应国家深化法治政府建设的文件的颁布，2016年评估时根据2015年中共中央、国务院发布的新《纲要》确立的任务调整了部分指标。第二，根据国家改革任务的要求调整指标，如2017年评估中在一级指标"依法全面履行政府职能"下的"三级指标7：行政审批中介清单公布情况"的分值由5分调整为10分，是因为考虑到国务院将简政放权作为行政体制改革的"先手棋"，清理规范行政审批中介服务，有助于厘清政府和市场的边界，释放行政审批制度改革红利。第三，随着信息社会的发展和大数据的迅速发展，政务公开工作取得阶段性成果，因此，"政务公开"一级指标中减少了目前已经基本普及的政府信息公开指南等指标，增加了数据开放的内容，借此推动政务公开向数据开放的方向发展。第四，根据评估重点，调整了相应的分值，提升行政执法的分值，旨在强化法律实施的目标。行政决策一级指标中增加关于行政决策程序实施状况的分值，强调注重实施效果的评价。

（二）评分标准

评分标准基本维持稳定，根据具体的三级指标确定，主要分为五种情况。第一，以考察"是否开展某类工作"或者"有无建立某种制度"等客观事实作为评分依据，根据检索资料的情况，进行赋分。第二，以"多寡"或者"频率"等客观事实分层赋分。第三，为了突出城市之间的可比性，项目组对于部分指标采取将所有被评估城市的平均分作为参照的评分方式。例如，市政府机构数是否超过平均值，平均值为所有被评估市的平均值。第四，以项目组成员实际的执法体验进行赋分，例如"行政执法"一级指标项下的"违法行为投诉体验"三级指标，项目组委派调研员进行实地调查，发现违法行为后向相关行政部门进行举报，对相关部门接到举报后的行政执法行为进行全程记录。第五，公众社会调查指标中，根据被调查公众的评价进行综合评分。

（三）评估对象

评估对象经历了两个阶段，2013年第一次评估时，选择了53个城市，2014年扩大到100个城市，分为四类：第一类是直辖市，共4个；第二类是省、自治区的人民政府所在地的市，共27个；第三类是国务院批准的较大的市，共23个；第四类是根据人口规模选择的其他城市，共46个（见表1-1）。粗略计算，被评估城市的总人口规模达到70748.09万人，占全国人口规模的一半以上。其中，人口最多的是重庆市，人口总数为2884.62万人，人口最少的是拉萨市，人口总数为55.94万人。

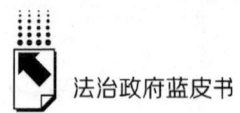

表1-1 被评估城市一览表

直辖市 (4个)	省府所在地的市 (27个)	国务院批准的较大的市 (23个)	其他城市 (46个)
北京、上海、天津、重庆	长春、长沙、成都、福州、贵阳、广州、哈尔滨、海口、呼和浩特、杭州、合肥、昆明、济南、拉萨、兰州、南昌、南京、石家庄、沈阳、太原、武汉、乌鲁木齐、西安、西宁、南宁、银川、郑州	鞍山、包头、本溪、大连、大同、抚顺、邯郸、淮南、吉林、洛阳、宁波、齐齐哈尔、青岛、汕头、深圳、苏州、唐山、无锡、厦门、徐州、珠海、淄博、喀什	佛山、常德、烟台、济宁、德州、衡阳、温州、岳阳、盐城、六安、泰安、茂名、临沂、阜阳、台州、南通、南阳、襄阳、聊城、驻马店、遵义、东莞、湛江、菏泽、泉州、荆州、邢台、沧州、潍坊、宜春、黄冈、玉林、揭阳、毕节、保定、南充、邵阳、上饶、新乡、达州、赣州、周口、信阳、商丘、曲靖、绥化

根据三级指标的不同,项目组在具体测评对象的选择上,分别以市政府、市政府全部职能部门、市政府部分职能部门作为具体的观察对象。其中,有的指标以地方政府为考察对象,例如"行政决策"一级指标项下,"重大决策合法性审查"、"听取公众意见制度"、"集体决策制度"的测评,是以地方政府为测评对象而展开。有的指标以地方政府所有职能部门的情况为测评对象,例如"依法全面履行政府职能"一级指标项下的"权力清单的公布及动态调整情况"三级指标,项目组对于被评估城市地方政府的全部职能部门的情况进行检索,并根据向社会公开权力清单的职能部门的数量进行赋分。有的指标选择部分政府职能部门进行考察,例如,在"行政执法"一级指标项下的"跨部门综合执法情况",旨在考察政府综合执法情况,重点观测食品药品监督管理部门、工商行政管理部门以及质量监督管理部门之间的综合执法情况。"行政处罚裁量基准制度落实情况"旨在考察行政处罚裁量基准的制定以及落实情况,每年选择不同的行业领域进行具体考察。

(四)评估过程

每年的评估需要6~8个月的时间,项目组检索资料和采集数据的时间一般需要4~5个月。统一赋分,撰写评估报告的时间需要2~3个月。为了提高项目组评分的公平性,项目组以一级指标为单位划分为九个评估小组,每个小组根据不同的三级指标确定评分标准,由一个人负责一个三级指标的全部评分,以确保评分标准的一致性。

(五)评估方式

为了增强评估数据的客观性和全面性,项目组特别注重信息和资料获取途径和来源的多样性，采取以下三种方式收集具体的信息和资料。

第一，网络检索。

项目组大量检索被评估政府及其职能部门的官方网站、地方政府信息公开网站，对于无法在地方政府及其职能部门的官网上直接获取的信息，项目组还采用百度等检索平台进行关键词搜索等间接方式检索。关键词的选择尽量宽泛，以免遗漏相关信息。2016年起，评估还在课题组调查的基础上，与上海同道信息技术有限公司开发的OpenLaw系统进行合作，提高网络信息的获得效果。2017年中国政法大学法治政府研究院与最高人民法院信息中心和案例研究院合作，通过中国裁判文书网上公开的案例，分析了行政复议、行政诉讼等行政争议解决情况。

第二，申请信息公开。

通过向被评估城市的相关部门申请信息公开，获得评估所需要的信息和数据。

第三，实地调研。

项目组委派调研员到被评估的城市开展实地调研，进行社会公众满意度调查和执法体验，形成公众满意度调查报告和执法体验报告，作为相关指标评测的依据。

二 评估结论及政策建议

（一）地方法治政府建设的总体水平持续进步，但仍然低位徘徊

在2014年，被评估城市的平均得分为597.01分，平均得分率为59.7%；在2015年，被评估城市的平均得分为617.36分，平均得分率为61.74%，上升2.04个百分点。2016年被评估城市的平均得分为663.07分，平均得分率为66.31%，较之2015年上升4.57个百分点。2017年被评估城市的平均得分为687.22分，平均得分率为68.72%，较之2016年上升2.41个百分点。被评估城市得分率逐年上升的趋势非常明显，但是2017年呈现增速放缓的态势。

从各个分数段的统计情况看，800分以上的城市仍然凤毛麟角。但同样需要注意的是，低分城市正在逐渐减少，及格的城市数量则不断增多。2014年有46个城市及格，2015年有62个城市及格，2016年有88个城市及格，已经达到8成以上，2017年有93个城市及格。不及格的城市数量则逐年下降，2014年有54个城市不及格，2015年降至38个，2016年降至12个，2017年还剩7个城市不及格，按照排列顺序分别是西藏拉萨、新疆喀什、黑龙江绥化、河南商丘、山西大同、新疆乌鲁木齐和河

南周口。600~800分集中了90%的城市,其中一半的城市在600~700分,700分以上的城市数量也在增多。这说明地方法治政府建设的总体水平持续进步,但总体水平还不够高见表1-2。

表1-2 各分数段统计及分数段累计数量

各分数段统计(2014~2017年)				
分数段	2014年	2015年	2016年	2017年
800以上	0	0	1	3
700~799	12	12	28	41
600~699	34	50	59	49
500~599	47	34	10	5
500以下	7	4	2	2
各分数段累计(2014~2017年)				
	2014年	2015年	2016年	2017年
800分以上	0	0	1	3
700分以上	12	12	29	44
600分以上	46	62	88	93
500分以上	93	96	98	98
400分以上	100	100	100	100

(二)城市之间的法治水平差距不断加大,落后地区需要"弯道超车"

全国出现一些法治水平比较先进的示范地区。自2014年至今的评估中,排名始终在前二十名的城市有10个,分别是北京、上海、广州、深圳、杭州、南京、合肥、厦门、长沙、成都。这些城市法治政府建设的制度体系完备,政府决策规范,社会参与度较高,法律实施效果较好,行政复议和行政诉讼运行良好,在法治政府建设方面具有典范意义。法治示范地区和落后地区之间的差距不断加大。自2014年至今的评估中,排名始终在后二十名的城市有6个,分别是拉萨、喀什、绥化、商丘、曲靖、新乡。在全国法治政府状况持续推进的大背景下,部分法治状况相对落后的地区需要引起高度关注,急需转变发展理念,寻找加快法治发展的突破口,实现"弯道超车",通过法治环境的提升进一步优化经济社会发展环境。见图1-1、图1-2。

(三)需要降低区域法治水平不均衡的程度,促进城市群的协同发展

区域经济社会发展不平衡的状况同样表现在法治水平上。通过全国以及不同区域

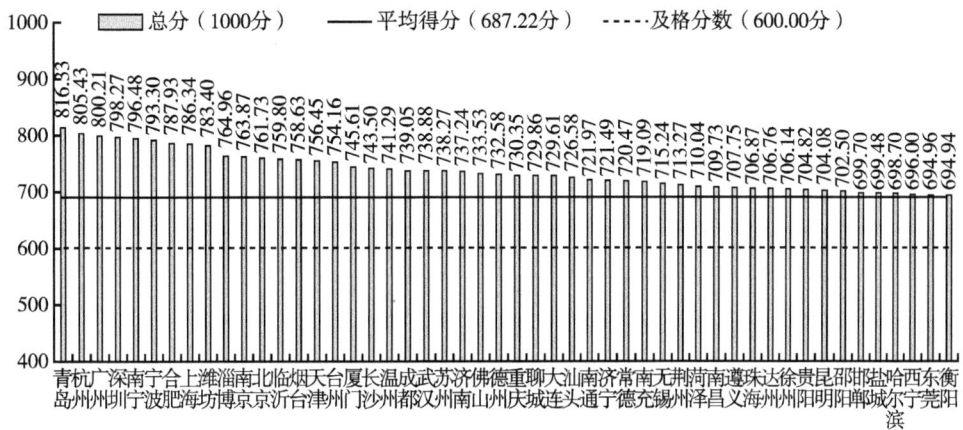

图 1-1 被评估城市得分情况（排名 1~50 名）

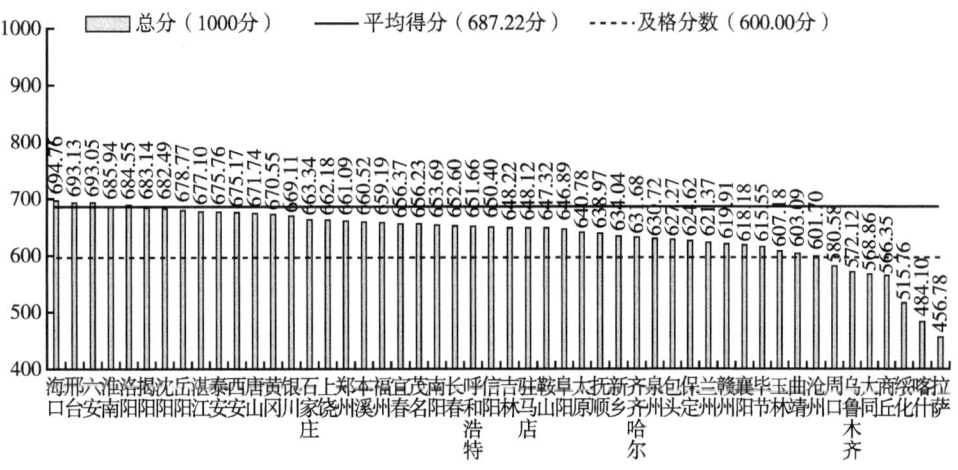

图 1-2 被评估城市得分情况（排名 51~100 名）

的最高分和最低分之间的分差、标准差的比较，可以在一定程度上揭示区域间城市法治政府建设水平的均衡度状况。表 1-3 和表 1-4 分别是东、中、西部以及不同城市群的均衡度数据比较，其中统计量指的是被评估城市的数量，最小值和最大值分别指的是当年度评估时得分的最低分和最高分，平均值指的是该年度被评估城市得分的平均数值，极差和标准差是通过 SPSS 计算而得。

将表中的东、中、西部地区的极差进行比较，可以发现东部城市间绝对极差小于中西部城市间的绝对极差，加之东部地区被评估城市的数量多于中西部，说明东部城市之间的法治政府状况的均衡度高于中西部。标准差是另一种验证均衡度的方式，可以更加精确地反映地区的差异和区域均衡度。标准差的值越大，说明差异越大，值

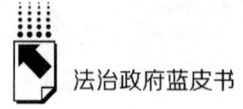

表1-3 东中西部区域均衡度情况比较

区域	年份	统计量	最小值	最大值	平均值	极差	标准差
全国	2014	100	408.91	753.90	597.01	344.99	72.22
	2015	100	402.94	782.88	617.36	379.94	70.61
	2016	100	426.36	825.61	663.07	399.25	64.72
	2017	100	456.78	816.33	687.22	359.55	66.83
东部	2014	48	475.03	753.90	625.28	278.87	65.61
	2015	48	534.46	782.88	644.85	248.42	63.03
	2016	48	576.16	825.61	690.73	249.45	53.82
	2017	48	601.70	816.33	717.82	214.63	51.76
中部	2014	32	408.91	715.88	579.31	306.97	63.98
	2015	32	465.08	737.38	600.25	272.60	61.63
	2016	32	428.14	764.00	645.09	335.86	59.38
	2017	32	515.76	787.93	661.85	272.17	55.58
西部	2014	20	420.18	717.55	557.48	297.37	75.24
	2015	20	402.94	722.14	578.77	319.20	77.37
	2016	20	426.36	722.12	625.46	295.76	70.27
	2017	20	456.78	796.48	654.39	339.70	83.76

越小则说明差异越小。全国和东部、中部地区的标准差连续降低,说明法治状况的不平衡度在降低。东部地区的标准差连续三年减速最快,说明东部地区城市间的差异越来越小,均衡度不断提高,高于中部和西部城市间的均衡度。中部次之,西部的标准差高于全国平均水平,也高于中部和东部,说明西部城市间的法治状况差异大,均衡度最低。

随着经济社会的发展,以城市群为标志的区域划分更为突出。我国已经确定的七个国家级城市群或经济区包括:哈长①、京津冀②、长三角③、珠三角④、长江

---

① 2016年2月,国务院批准《哈长城市群发展规划》。哈长城市群规划范围包括黑龙江省哈尔滨市、大庆市、齐齐哈尔市、绥化市、牡丹江市,吉林省长春市、吉林市、四平市、辽源市、松原市、延边朝鲜族自治州11个市(州)。
② 京津冀城市群的概念由京津唐工业基地的概念发展而来,包括北京、天津两大直辖市以及河北省的保定、廊坊、唐山、秦皇岛、石家庄、张家口、承德、沧州共8个地级市。2015年2月,《京津冀协同发展规划纲要》发布。
③ 2016年5月11日,李克强主持国务院常务会议通过《长江三角洲城市群发展规划》,自2016年5月11日起实施。长三角城市群包括:上海市,江苏省的南京、无锡、常州、苏州、南通、盐城、扬州、镇江、泰州,浙江省的杭州、宁波、嘉兴、湖州、绍兴、金华、舟山、台州,安徽省的合肥、芜湖、马鞍山、铜陵、安庆、滁州、池州、宣城等26个市。
④ 广东省政府发布的《珠江三角洲地区改革发展规划纲要(2008—2020年)》提出的规划范围是,以广东省的广州、深圳、珠海、佛山、江门、东莞、中山、惠州、肇庆9个城市为主体,辐射泛珠江三角洲区域。

中游①、中原②、成渝③城市群。其中珠三角城市群中5个城市参加评估，占其9个城市总数的56%；哈长城市群11个城市中5个城市参加评估，占45%；成渝城市群16个城市中4个城市参加评估，占25%；京津冀城市群10个城市中的6个城市参加评估，占60%；长三角城市群26个城市中10个参加评估，占38%；长江中游城市群31个城市中有11个城市参加评估，占35%；中原城市群30个城市中13个参加评估，占43%。由于被评估的城市在城市群中属于人口集中的大中城市，一定程度上可以代表该城市群法治建设的先进水平。7个城市群分别位于东、中、西部，各个城市群所包含的区域，城市数量以及所在区域的经济、政治和文化之间存在较大差异。

表1-4 城市群法治状况均衡度比较

城市群	年份	统计量	最小值	最大值	平均值	极差	标准差
全国	2014	100	408.91	753.90	597.01	344.99	72.22
	2015	100	402.94	782.88	617.36	379.94	70.61
	2016	100	426.36	825.61	663.07	399.25	64.72
	2017	100	456.78	816.33	687.22	359.55	66.83
珠三角	2014	5	586.24	753.90	697.29	167.66	65.97
	2015	5	644.64	782.88	732.90	138.24	55.24
	2016	5	697.95	773.08	734.08	75.13	35.07
	2017	5	694.96	800.25	746.77	105.29	49.90
哈长	2014	5	408.91	618.18	529.62	209.27	77.68
	2015	5	465.08	627.02	549.99	161.94	58.53
	2016	5	428.14	692.37	609.96	264.23	110.10
	2017	5	515.76	698.70	629.39	182.94	68.22

---

① 2015年4月，国务院批复《长江中游城市群发展规划》。规划范围包括：湖北省武汉市、黄石市、鄂州市、黄冈市、孝感市、咸宁市、仙桃市、潜江市、天门市、襄阳市、宜昌市、荆州市、荆门市，湖南省长沙市、株洲市、湘潭市、岳阳市、益阳市、常德市、衡阳市、娄底市，江西省南昌市、九江市、景德镇市、鹰潭市、新余市、宜春市、萍乡市、上饶市及抚州市、吉安市的部分县（区）。

② 2016年12月，国务院批复《中原城市群发展规划》。中原城市群范围涵盖河南、河北、陕西、安徽、山东等5省30个市。以河南省郑州市、开封市、洛阳市、平顶山市、新乡市、焦作市、许昌市、漯河市、济源市、鹤壁市、商丘市、周口市和山西省晋城市、安徽省亳州市为核心发展区。联动辐射河南省安阳市、濮阳市、三门峡市、南阳市、信阳市、驻马店市，河北省邯郸市、邢台市，山西省长治市、运城市，安徽省阜阳市、淮北市、蚌埠市，山东省聊城市、菏泽市等中原经济区其他城市。

③ 2016年4月，国务院批复原则同意《成渝城市群发展规划》，规划范围包括重庆和四川省的成都、自贡、泸州、德阳、绵阳（除北川县、平武县）、遂宁、内江、乐山、南充、眉山、宜宾、广安、达州（除万源市）、雅安（除天全县、宝兴县）、资阳等15个市。

续表

城市群	年份	统计量	最小值	最大值	平均值	极差	标准差
成渝	2014	4	535.65	717.55	598.80	181.90	84.55
	2015	4	569.84	722.14	633.98	152.30	70.52
	2016	4	607.40	722.12	674.85	114.72	55.07
	2017	4	706.76	739.05	723.81	32.29	14.00
京津冀	2014	6	521.57	739.64	598.12	218.08	79.71
	2015	6	555.15	755.95	635.67	200.80	70.74
	2016	6	600.71	731.24	656.36	130.53	52.68
	2017	6	601.70	761.73	679.93	160.03	64.43
长三角	2014	10	580.36	716.01	657.53	135.65	46.21
	2015	10	602.62	752.05	677.90	149.43	52.15
	2016	10	669.74	825.61	743.71	155.87	43.35
	2017	10	699.48	805.42	756.62	105.94	36.74
长江中游	2014	11	560.72	715.88	608.31	155.17	53.83
	2015	11	575.96	737.68	630.74	161.72	43.53
	2016	11	616.42	750.94	667.97	134.52	35.88
	2017	11	618.81	743.50	691.59	124.69	38.19
中原	2014	13	474.68	645.87	569.74	171.18	54.21
	2015	13	521.04	695.19	597.42	174.15	48.62
	2016	13	556.58	712.97	634.11	156.39	44.25
	2017	13	566.35	729.86	658.34	163.51	47.28

横向比较7个城市群中部分城市的法治政府评估得分，无论是最高分、最低分还是平均分，珠三角和长三角综合表现最好，说明珠三角和长三角城市群法治政府建设的整体水平略高于其他城市群。哈长城市群和中原城市群的最高分、最低分以及平均分普遍低于其他城市群，尤其是哈长城市群的平均分最低，说明其法治政府建设水平相对落后。成渝城市群、京津冀城市群和长江中游城市群的最高分、最低分和平均分相对接近，处于居中的水平。通过分析被评估城市群的最高分和最低分，进而对其绝对极差、标准差进行比较，可以在一定程度上反映该城市群不同城市间法治政府水平的均衡度。理论上说，涉及省域数量与均衡度有一定的相关性，涉及的省域数量少，省域统筹能力发挥作用的阻力小，有助于提高城市间的均衡度。相反，涉及的省域数量多，省级统筹的难度大，城市间的均衡度相对加大。成渝城市群的标准差在2016年和2017年迅速降低，说明成都、重庆、南充之间的差距在迅速缩小。长三角涉及三省一市，省情市情均不同，因此，比较而言，长三角城市群的总体法治水平较高，城市间也呈现出更为均衡的特点。京津冀城市群包括一省二市，长三角城市群包括三

省（浙江、江苏、安徽）一市（上海），后者最高分和最低分之间的绝对极差小于前者，标准差也更小，说明长三角城市群的均衡度好于京津冀。哈长城市群总体平均分较低，城市间的绝对极差大，城市间的标准差在7个城市群中最大，加之只涉及黑龙江和吉林两个省，可以说，哈长城市群的法治政府状况在7个城市群中处于总体较为落后的状态，城市间的不均衡程度较高。哈长城市群、京津冀城市群、中原城市群的标准差较高，说明城市之间差距大，需要提高均衡度。区域以及城市群的法治发展不平衡将进一步加剧经济社会发展不平衡，影响城市群经济社会的协调发展。

（四）行政规范性文件和行政决策法治化障碍凸显，持续、深入推进乏力

行政规范性文件和行政决策均关乎公共利益，对公民权利影响较大，其法治化水平的提升情况将直接对法治政府建设进程产生重要影响。国务院一系列有关推进依法行政的纲领性文件对行政规范性文件和行政决策从实体到程序均作出了明确要求，近五年来的得分情况也显示绝大多数地方政府能够紧密结合所辖地区实际情况深入推进法治化进程，也取得了一定的进步，但相较于其他一级指标，得分率依旧偏低，问题仍然较为突出。在建章立制方面，因为国务院文件的规定较为原则和概括，各地在落实转化为具体制度时，"各自为政"现象比较普遍。在已经建章立制的城市中，对于一些基础性问题，比如行政规范性文件的界定是否需要考虑对老百姓权益产生影响，行政规范性文件的制定主体是否可以包括一级政府的办公厅（办公室），重大行政决策的范围等，各地认识不同，差异明显。相比之下，基础性制度的实施情况得分率更低，一些控权特征非常明显的制度，比如行政规范性文件制定过程中的公开制度、三统一制度、行政决策的公开制度、风险评估和专家论证制度等，在实施中出现了"敷衍了事"、"消极抵制"的现象。一方面，国务院文件刚性不足，无法完全替代法律；另一方面，惩戒机制和动力保障机制的缺失，也是行政规范性文件和行政决策法治化建设难以持续、深入推进的重要原因。为了确保行政规范性文件和行政决策在法治框架内运行，亟须中央层面统一立法以在全国范围内形成统一、有效规制，以尽快终结当前各地"分而治之"的"乱象"。

（五）政府职能渐趋依法厘定，政务公开进步明显，行政执法领域问题较多

评估指标法治政府建设的各个方面，通过观察各个一级指标的得分率可以发现，法治政府建设的各个方面都处于进步中，"依法全面履行政府职能"和"政务公开"的得分率接近80%，说明政府职能的履行随着权责清单的逐步落实，正在趋近于权责明晰，而政务公开也进步较快。行政执法处于不及格的状态，说明行政执法是法治

政府建设的短板。依法行政制度体系的指标从原来重制度建设转为更加注重制度实施效果的考察，因此得分率下降，说明制度建设好，但是实施差。公众满意度并无明显提升，说明社会公众对于政府依法行政水平的评价始终不高。见表1-5。

表1-5 2014~2017年一级指标平均得分率对比

单位：%

得分率\指标\项目	1 职能履行	2 组织领导	3 制度体系	4 行政决策	5 行政执法	6 政务公开	7 监督问责	8 争议解决	9 公众调查
2014年	78.10	37.44	56.01	62.02	53.86	68.93	60.74	47.11	63.47
2015年	79.80	41.66	54.33	64.47	52.33	81.25	64.95	53.70	58.68
2016年	76.23	49.24	63.45	68.87	57.93	77.15	68.02	68.10	64.80
2017年	82.81	59.03	57.44	72.19	57.52	81.65	73.45	70.48	64.07
平均得分率	79.24	46.84	57.80	66.62	55.41	77.24	66.79	59.85	62.76

（六）从政务公开走向数据开放，加快推进"互联网＋"政务服务

从政务公开一级指标的得分率情况看，全国政务公开的工作起步晚，但是进步较快。为进一步说明政务公开的进展，笔者针对2014~2017年政务公开的三级指标的得分率进行比较分析。见表1-6。

表1-6 2014~2017年政务公开的三级指标得分率

单位：%

年份	2014	2015	2016	2017
1. 社保局、环保局、教育局、公安局、工商局五部门财政决算、财政预算报告是否公开	33.8	51.9		
（重点领域信息公开，2016年）			89.5	96.2
2. 政府信息公开指南是否完整	91.4	91.4		
（政府门户网站咨询服务功能2016年）			84.5	68.6
3. 本级政府信息公开年报是否及时发布	94.67	91.67		
（政府信息获取的效率，2016年）			78.6	92.5
4. 政府网站的检索功能是否完备和有效	59	79.25		
（政府数据是否开放，2016年）			58	61
5. 依申请公开的渠道是否便民、畅通	49.6	79.19	70.75	
6. 政府是否不当设置申请信息条件	88	97.5	98	97.5
7. 政府是否及时对信息公开申请作出了答复	84.75	89.7	70.4	76.4
8. 政府提供所申请信息的情况	64.2	86.07	67.5	70.23
9. 政府拒绝提供信息的理由是否充分、合法、规范	88.25	88.5	71.5	75.5
10. 政府信息公开的胜诉率				88.51

从政务公开的三级指标的得分率可以看出,大部分指标的得分率都比较高,例如,政府信息公开指南、政府信息公开年报的得分率都达到90%以上,说明地方政府的上述工作完成得比较好。再如,对于申请公开信息是否不当设置申请条件,经过观察发现,在2016年的评估中,98%的城市不再要求提供科研证明等额外条件。

从其他一级指标涉及公开的三级指标得分率看,政府部门职责方案的公开、重大决策的结果公开、审计报告和结果的公开等项目的得分率也在逐年提高。具体情况见表1-7。

表1-7 政府部门各项目公开的得分率

单位:%

三级指标	2014年	2015年	2016年	2017年
政府部门职责方案(权力清单)的公开	49.8	70.1	95.2	97.2
行政规范性文件的公布	65.9	68.9	56	57
重大决策的结果公开	88	82	92	94.4
审计报告和结果的公开	30.9	17.9	55.3	69.7
行政复议信息公开	59.8	68.2	58.8	53.2

(七)政府"放管服"改革的效果逐渐显现,依靠法治固化改革成果

国务院持续推进简政放权,深化"放管服"改革取得初步成效。政府权力清单的制定和公布效果很好,有99个城市的市政府都公布了各个部门的权力清单,并且及时进行动态调整。行政审批制度改革成效明显,各直辖市及省会城市在落实简政放权,把取消、下放和保留的行政审批事项及时向社会公布上做得较好。被评估城市在行政服务中心对基本公共服务覆盖方面不断完善,在线办理、查询等功能不断优化。所有评估城市的政务网站建设完毕,绝大部分城市开通了行政审批网上办事大厅,并且大部分城市的网上办事大厅已经或多或少地实现了行政审批在线办理。各个城市均在对行政审批中介进行清理,过半数的城市相关部门完全公布清理和保留的行政服务中介清单。为了避免改革反弹,需要尽快通过法治化的方式固化改革成果。相对于政府简政放权的进展,创新政府监管方式,加强事中事后监管领域的进展并不明显。

(八)综合执法体制改革进展迟缓,亟待统筹顶层设计

综合执法是我国行政执法体制改革的重要探索成果,是解决我国行政执法碎片化、整合执法力量、提高执法效率的重要手段。近两年来的实践表明,各地的综合执

法改革在不同程度上解决了现行执法体制存在的问题，取得了明显成效，符合改革的方向，应当充分肯定。但由于改革统筹不足，出现了各自为政的情况。在被评估的100个城市中，有20个城市既合并了部门，也统一了执法队伍；有34个城市在区（市、县）级完成了工商行政管理以及质量监督管理等部门的"二合一"或"三合一"的整合并开展相应执法活动，其中8个城市在市一级仅检索到1~2个试点区（市、县）完成了部门整合；有5个城市只合并了部门，未实现执法队伍整合；有36个城市在保持部门分立的情况下，开展联合执法行动；有5个城市既没有合并部门，也没有关于联合执法的相关信息。行政体制改革不仅仅是简单的部门合并，改革的推进不能依靠地方政府各自为政，需要加强宏观统筹规划。市场监管体制改革牵一发动全身，涉及面广，中央改革难以一步到位。为加快改革步伐，加强省级政府的统筹规划，有助于理顺部门之间的关系，界定综合执法权责边界，整合执法资源，促进机构、人员、职权、责任和执法程序的深度融合。

（九）须进一步落实党政负责人的责任，强化法治政府的组织领导

以考察法治政府的组织领导为目标设置的指标二的得分率持续处于低位状态。2015年得分率为41.66%，2016年虽然有所进步，但是仍然处于末位，得分率只有49.24%。2017年得分率为59%。这种状况说明，法治政府建设在不少地方政府党政工作中尚且处于较为边缘的位置，党政主要负责人自觉推进法治政府建设各项工作的意识仍然不充分。具体表现在，一些地方没有设置或者撤销法制机构。毕节、福州、商丘、上饶、泰安、新乡、宜春、银川、遵义未设有独立的法制机构。区县级政府涉法事务多，和人民群众的距离近，但是一些城市下辖的区县政府没有设立独立的法制机构。例如，福州市未设有独立的法制办，其下辖的12个区县全部未设立独立法制机构。依法行政考核工作虽然普遍开展，但其监督作用的发挥尚需提升，考核结果的运用尚需探索。

（十）行政复议停滞不前，行政诉讼负重前行，需要统一谋划行政争议解决格局

《国务院法制办公室关于在部分省、直辖市开展行政复议委员会试点工作的通知》（国法〔2008〕71号）要求启动对行政复议体制改革的探索，尝试通过设置行政复议委员会、复议局、集中复议权等方式保持复议机构的独立性与专业性。各地也相继开展了一些改革，但是该项改革已近十年，国家层面的行政复议法修改推进不力，直接影响行政复议改革的深化，地方不知何去何从，影响行政复议作为行政争议主渠道功能的发挥。

行政诉讼法的修改和立案登记制的实施，使得行政诉讼案件激增，行政审判负重前行，规制过度使用行政诉讼权和维护当事人合法诉讼权利之间的矛盾仍未解决。行政诉讼法规定的部分制度在司法实践中落实不力。截至2017年3月1日，在被评估的100个城市中，已有63个城市出台了行政机关负责人出庭应诉的相关规定，其中有超过50个城市对于行政机关负责人出庭应诉出台了专门的制度，进行了较为详细的规定。行政机关负责人出庭应诉的制度化和可操作性均较高。然而，2016年和2017年两年的评估中，行政机关负责人出庭应诉率仍然很低，而且略有下降。地方政府行政机关负责人对出庭应诉的重视不足，行政机关负责人出庭应诉制度落实情况较差。

各指标分报告

B.2
依法全面履行政府职能

摘　要：2017年度测评"依法全面履行政府职能"下设"机构设置"、"领导职数"、"公共服务"、"行政审批"、"应急管理"五项二级指标并细化为九个具体观测点，形成对政府机构职能履行情况的宏观考察。评估发现当前100个城市平均得分为82.81分，表明各地政府依法全面履行政府职能情况总体较好，在工作中保持了较好的效果和前进的态势。各被评估城市采取了多种措施，加强推进机构、职能、权限、程序、责任法定化，保证在法治轨道上开展工作，取得了较为不俗的成绩，同时在行政审批制度改革方面也取得较大的进展，但是部分被评估城市仍然存在机构臃肿、行政审批中介清单不清晰、行政审批事项无专栏、应急管理建设形式化等问题。评估组建议各地政府进一步深化行政体制改革，清晰化行政审批清单，完善行政审批中介清单公布细节，加强突发事件的风险防控等。

关键词：　机构职能　简政放权落实　公共服务优化　权力清单公布　应急管理建设

一 指标设置及评估标准

（一）指标设置

本次测评"依法全面履行政府职能"一级指标之下设置五项二级指标，分别为"机构设置"、"领导职数"、"公共服务"、"行政审批"和"应急管理"（具体内容见表2-1）。

九项三级指标通过分析考察市政府机构数是否超过平均值，政府副职领导的人数，行政服务中心对基本公共服务覆盖的比率，权力清单的公布及动态调整情况，行政审批事项的取消、下放、承接的公开情况，行政审批是否快捷便民，行政审批中介清单公布情况，应急预案建设情况和重特大安全事故发生情况等具体信息，形成对政府机构职能情况的宏观考察。九项三级指标从不同侧面共同反映政府的机构设置和职能履行情况是否符合法治政府的要求。

表2-1 依法全面履行政府职能

一级指标	二级指标	三级指标
依法全面履行政府职能（100分）	（一）机构设置（10分）	1. 市政府机构数是否超过平均值（平均值为所有被评估市的平均值）（10分）
	（二）领导职数（10分）	2. 市政府副职领导的人数是否超过平均值（平均值为所有被评估市的平均值）（10分）
	（三）公共服务（30分）	3. 行政服务中心对基本公共服务覆盖的比率（20分）
		4. 权力清单的公布及动态调整情况（10分）
	（四）行政审批（35分）	5. 行政审批事项的取消、下放、承接的公开情况（15分）
		6. 行政审批在线办理是否快捷便民（10分）
		7. 行政审批中介清单公布情况（10分）
	（五）应急管理（15分）	8. 应急预案建设与完善情况（10分）
		9. 重特大安全事故发生情况（5分）

（二）设置依据和评估标准

在2017年的测评中，为了更加准确地反映依法全面履行政府职能情况，评估将部分三级指标进行了修订，包括指标的增删以及分数的调整。具体包括以下几个方面：

（1）将原有的"三级指标9：突发事件信息发布平台建设情况"替换为"三级指标9：重特大安全事故发生情况"。

替换原因：重特大安全事故发生情况有更加公开权威的数据来源，判断更加客观和直观，统计更加精准，可以较好反映应急管理的效果与情况。

（2）将原有的"三级指标7：行政审批中介清单公布情况"的分值由5分调整为10分。

调整原因：在新时期全面深化改革和依法治国的背景下，简政放权是其中重要的着力点，通过做好清理规范行政审批中介服务工作，解决好"最后一公里"问题，可进一步释放简政放权红利，有利于政府依法行政、厘清政府和市场的边界，因此适当上调此项三级指标的分值。

测评中，评估团队所依据的材料与数据来源主要为市政府、人民代表大会常务委员会门户网站、相关部门网站、网络搜索引擎关键词查询和电话核实等四种方式。通过相关方式未能检测到相关内容的，则视为未落实该项工作或该项服务，各三级指标（观测点）的测评方法及赋分标准如下：

1. 市政府机构数是否超过平均值（10分）

【设置依据】新《纲要》明确要求"优化政府组织结构"；"深化行政体制改革，优化政府机构设置、职能配置、工作流程，理顺部门职责关系，积极稳妥实施大部门制。

【测评方法】赋分值为10分，具体的观测方法为对被评估城市的政府网站进行检索，将所有机构数目进行统计，同时以网络公开搜索引擎补充辅证。将所有被评估城市的机构总数除以城市数得出平均机构数，然后针对各个城市机构数与平均数的比较，按评分标准赋分。

【评分标准】当平均值为整数时，低于平均值，得10分；等于平均值，得6分；大于平均值，得2分。当平均值为小数时，低于平均值，且差值在1以上，得10分；低于平均值，且差值在1以内，得8分；高于平均值，且差值在1以内，得6分；高于平均值，且差值在1以上，得2分。

2. 市政府副职领导的人数是否超过平均值（10分）

【设置依据】政府的领导人员设置及管理是整个公务员人员队伍管理的核心，依法加强对政府领导人员的管理，也是构建服务型政府、法治政府的重要途径。《中华人民共和国公务员法》第41条明确规定"公务员任职必须在规定的编制限额和职数内进行"。

【测评方法】赋分值为10分，具体的观测方法为对被评估城市的政府网站进行检索，将所有市政府副职领导人数（不含市长助理、秘书长等）进行统计，同时以网络公开搜索引擎补充辅证。将所有被评估城市的副职领导人总数除以城市数得出平均副职领导职数，然后针对各个城市副职领导数与平均数的比较，按评分标准赋分。

【评分标准】 通过官方网络检索等，检索被评估市级政府的政府网站，在政府领导相关栏目下进行统计，根据统计的结果与平均值进行比较。当平均值为整数时，低于平均值，得 10 分；等于平均值，得 6 分；大于平均值，得 2 分。当平均值为小数时，低于平均值，且差值在 1 以上，得 10 分；低于平均值，且差值在 1 以内，得 8 分；高于平均值，且差值在 1 以内，得 6 分；高于平均值，且差值在 1 以上，得 2 分。

3. 行政服务中心对基本公共服务覆盖的比率（20 分）

【设置依据】 基本公共服务覆盖比率的高低，是对政府的公共功能进行评判的重要标准，在电子政务飞速发展的当今，公共服务的覆盖是否全面、公共服务的在线办理是否便捷直接关系到民众对政府公共服务职能的评价。新《纲要》明确要求"加快形成政府主导、覆盖城乡、可持续的基本公共服务体系，实现基本公共服务标准化、均等化、法定化"。

【测评方法】 赋分值为 20 分，通过网络检索、政府网站、电话等方式，检索被评估市级政府的政府网站及相关行政服务中心网站，并在需要的情况下进行电话核实和行政服务中心调研。

【评分标准】 覆盖全部基本公共服务，且具备良好的在线办理、查询等功能的，得 20 分；覆盖全部基本公共服务，且具备一些在线办理、查询等功能的，得 18 分；覆盖全部基本公共服务，缺乏在线查询、办理等功能的，得 16 分；覆盖全部基本公共服务，不具备在线办理功能，且表格下载和办事指南功能还不足的，得 14 分；覆盖全部基本公共服务，不具备在线办理功能，且服务的内容较不完善的，得 10 分；基本公共服务覆盖不完全的，不得分。

4. 权力清单的公布及动态调整情况（10 分）

【设置依据】 新《纲要》明确要求"省级政府 2015 年年底前、市县两级政府 2016 年年底前基本完成政府工作部门、依法承担行政职能的事业单位权力清单的公布工作"。

【测评方法】 赋分值为 10 分，具体的观测方法为通过检索被评估市级政府的政府网站、政务信息公开网站、谷歌和百度等主流搜索引擎，搜索到各个部门链接，点击各个部门的链接，仔细核对各个部门权力清单的公布动态调整情况，根据实测情况

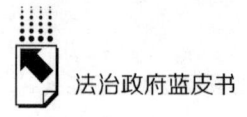

具体赋分。

【评分标准】所有被检测部门均公开权力清单并及时动态调整的，得10分；有1个部门权力清单未公布或未及时动态调整的，得8分；有2个部门权力清单未公布的，得6分；有3个部门权力清单未公布或未及时动态调整的，得4分；未设立网站或超过3个部门网站链接打不开的情况，不得分。

5. 行政审批事项的取消、下放、承接的公开情况（15分）

【设置依据】十八大报告指出，深化行政审批制度改革，继续简政放权，推动政府职能向创造良好发展环境、提供优质公共服务、维护社会公平正义转变。新《纲要》明确要求"全面清理行政审批事项，全部取消非行政许可审批事项。最大限度减少对生产经营活动的许可，最大限度缩小投资项目审批、核准的范围，最大幅度减少对各类机构及其活动的认定"。

【测评方法】赋分值为15分，具体的观测方法为检索被评估市级政府的政府网站及相关部门网站，并在需要的情况下进行电话核实。

【评分标准】主动进行信息公开，行政审批事项有专栏公布，取消、下放、承接等内容全面具体，公开事项清晰的，得15分；主动进行信息公开，行政审批事项有专栏公布，取消、下放、承接等内容较全面具体，公开事项较清晰的，得10分；主动进行部分内容信息公开，行政审批事项无专栏公布，公开事项模糊的，得6分；只在市政府各部门网站查询到较少信息，或者未检索到相关行政审批事项的取消、下放、承接信息的，得2分。

6. 行政审批在线办理（10分）

【设置依据】随着网络技术应用和电子政务的推广，行政审批在线办理的便捷情况，也是反映行政审批的服务性的重要因素。新《纲要》明确要求"对保留的行政审批事项，探索目录化、编码化管理，全面推行一个窗口办理、并联办理、限时办理、规范办理、透明办理、网上办理，提高行政效能，激发社会活力。加快投资项目在线审批监管平台建设，实施在线监测并向社会公开"。

【测评方法】赋分值为10分，具体的观测方法为检索被评估市级政府的政府网站及相关部门网站，通过实际在线进行行政审批申请测试。

【评分标准】政务网站首页设有行政审批网上大厅入口，且位置清晰醒目，页面简洁明了，行政审批事项分类罗列准确，各事项办理程序有清楚的说明，并且绝大多数行政事项已实现在线审批办理的，得10分；政务网站有行政审批网上大厅入口，页面简洁明了，行政审批事项分类罗列准确，各事项办理程序有清楚的说明，并且大部分审批事项已基本实现在线申请的，得8分；行政审批网上大厅页面简洁明了，事项罗列准确清晰，各事项附有办事指南，但一般事项仅提供在线表格下载，未真正实现在线申请和审批的，得6分；未设立网站或者有链接打不开的情况，其行政审批在线办理功能基本未实现的，不得分（由评估团队成员根据在线测试实测情况给出评分）。

7. 行政审批中介清单公布情况（10分）

【设置依据】 新《纲要》明确要求"全面清理规范行政审批中介服务，对保留的行政审批中介服务实行清单管理并向社会公布，坚决整治'红顶中介'，切断行政机关与中介服务机构之间的利益链，推进中介服务行业公平竞争"。

【测评方法】 赋分值为10分，具体的观测方法为检索被评估市级政府的政府网站及相关部门网站，查询行政审批中介清单公布情况，并在需要的情况下进行电话核实。

【评分标准】 全面清理规范行政审批服务中介，相关部门公布了清理和保留的行政服务中介清单的，得10分；开展了规范行政审批服务中介清理活动，且有部分相关部门公布清理和保留的行政服务中介清单，但尚未完全发布的，得8分；仅学习或发布清理规范行政审批服务中介的相关文件，未能查询到公布清理和保留的行政服务中介清单的，得4分；无法检索到行政审批中介清单相关信息的，不得分。

8. 应急预案建设与完善情况（10分）

【设置依据】《中华人民共和国突发事件应对法》、《国家突发公共事件总体应急预案》对于应急管理和突发事件应对都作出了一系列明确的规定和要求。《中华人民共和国突发事件应对法》第17条规定地方各级人民政府和县级以上地方各级人民政府有关部门根据有关法律、法规、规章、上级人民政府及其有关部门的应急预案以及本地区的实际情况，制定相应的突发事件应急预案。

【测评方法】 赋分值为10分，具体的观测方法为通过官方网络检索等，检索被评估市级政府的政府网站及相关部门网站，同时通过公开检索引擎进行检索，对应急预案体系建设情况进行统计。

【评分标准】 本市应急预案体系建设完善，对应急预案进行专栏公布，或者相关政务网站对于应急预案相关信息进行全面完整的发布，并且应急预案体系建设完善，各类预案分类清晰，预案内容有针对性、可操作性较强的，得10分；应急预案体系建设比较完善、对各类预案尚未进行分类，但内容较全面，或者虽对预案进行了分类，但各项内容覆盖还不够全面，得8分；对本市的应急预案无专栏进行发布，预案体系较散乱，预案内容较少且不够全面，具体的各项预案规定可操作性一般的，得5分；预案体系不健全或预案内容质量非常差的，不得分。

9.重特大安全事故发生情况（5分）

【设置依据】《中华人民共和国安全生产法》第1章第3条规定安全生产工作应当以人为本，坚持安全发展，坚持安全第一、预防为主、综合治理的方针，强化和落实生产经营单位的主体责任，建立生产经营单位负责、职工参与、政府监管、行业自律和社会监督的机制。第7条规定国务院和县级以上地方各级人民政府应当加强对安全生产工作的领导，支持、督促各有关部门依法履行安全生产监督管理职责，建立健全安全生产工作协调机制，及时协调、解决安全生产监督管理中存在的重大问题。

【测评方法】赋分值为5分，具体的观测方法为通过官方网络检索、查询权威媒体新闻等，检索被评估市级政府的政府网站及相关部门网站，同时通过公开检索引擎进行检索，对重特大安全事故发生情况进行统计。

【评分标准】以发生较大及以上事故次数为依据，发生一次特大事故或两次及以上重大事故的，得0分；发生一次重大事故或三次及以上较大事故的，得1分；发生两次及以下较大事故的，得3分；无较大及以上事故的，得5分。

二　总体评估结果分析

本项评估总分为100分，被评估的100个城市的平均得分为82.81分，共有56个城市在平均分之上，占到被评估城市总数的56%；44个城市在平均分之下，占到被评估城市的44%，整体得分趋于正态分布。本项评估下得分最高的城市为98分，得分最低的城市为46分，体现了较大的区分度。本项评估中，排名前五的城市分别是：广州（98分）、台州（98分）、汕头（96分）、东莞（94分）、南京（94分）。（各城市得分情况分布表参见图2-1、2-2）

与上一年度（2016年）的平均得分76.23分相比，2017年100个城市的平均得分有较明显上升，在平均分之上的城市数量增长了3%，得分最高的城市的得分与2016年相比分数持平，得分最低的城市的得分相比2016年增加了9分。广州、台州、汕头、东莞四个城市仍然位列前四名，南京市的得分由2016年的89分上升到2017年的94分，位列第五。整体上看，本年度的一级指标1"依法全面履行政府职能情况"与上年度相比有了明显改善，各地政府依法履行政府职能情况良好，各项

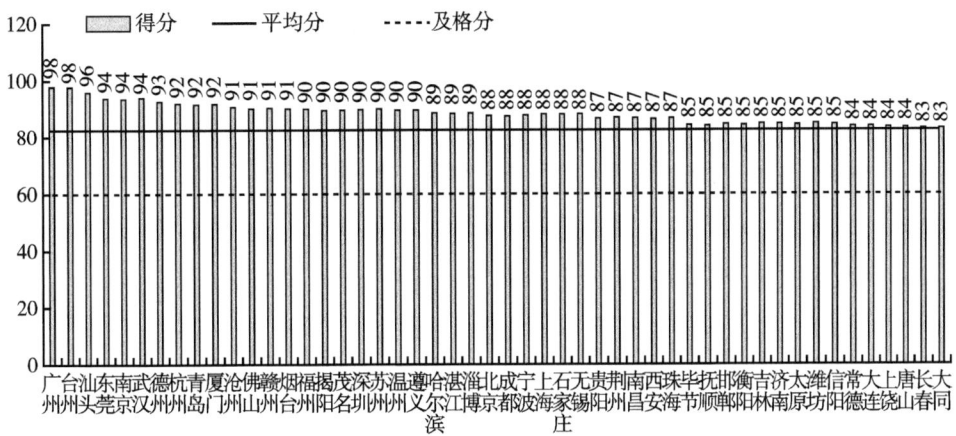

图 2-1 排名 1~50 名的城市得分情况分布图

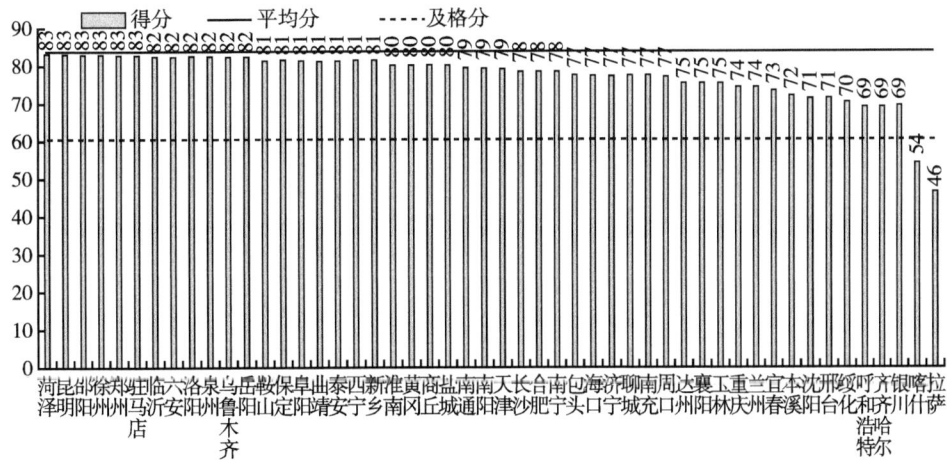

图 2-2 排名 51~100 名的城市得分情况分布图

改革措施稳步推进。

本项一级指标项共包含九个三级指标（观测点），其中第 9 项重特大安全事故发生情况满分为 5 分；第 1 项市政府机构数是否超过平均值、第 2 项市政府副职领导的人数是否超过平均值、第 4 项权力清单的公布及动态调整情况、第 6 项行政审批在线办理是否快捷便民、第 7 项行政审批中介清单公布情况、第 8 项应急预案建设与完善情况满分均为 10 分；第 5 项行政审批事项的取消、下放、承接的公开情况满分为 15 分；第 3 项行政服务中心对基本公共服务覆盖的比率及满分为 20 分。各三级指标（观测点）的得分状况如下：

（1）市政府机构数是否超过平均值，平均分 7.88 分。

(2) 市政府副职领导的人数是否超过平均值，平均分 7.84 分。

(3) 行政中心对基本公共服务覆盖比率的情况，平均分 17.00 分。

(4) 权力清单的公布及动态调整情况，平均分 9.72 分。

(5) 行政审批事项的取消、下放、承接的公开情况，平均分 13.73 分。

(6) 行政审批在线办理是否快捷便民，平均分 8.50 分。

(7) 行政审批中介清单公布情况，平均分 8.38 分。

(8) 应急预案建设与完善情况，平均分 6.85 分。

(9) 重特大安全事故发生情况，平均分 2.91 分。

其中，在所有三级指标（观测点）中平均得分最高的子项目为"权力清单的公布及动态调整情况"，表明目前政府机构在权力清单的公布及动态调整方面正在朝着纵深推进；得分最低的子项目为"重特大安全事故发生情况"，反映出各地方政府的重特大安全事故发生情况仍然较多，损失较为严重。（各三级指标具体得分率参见图 2-3）

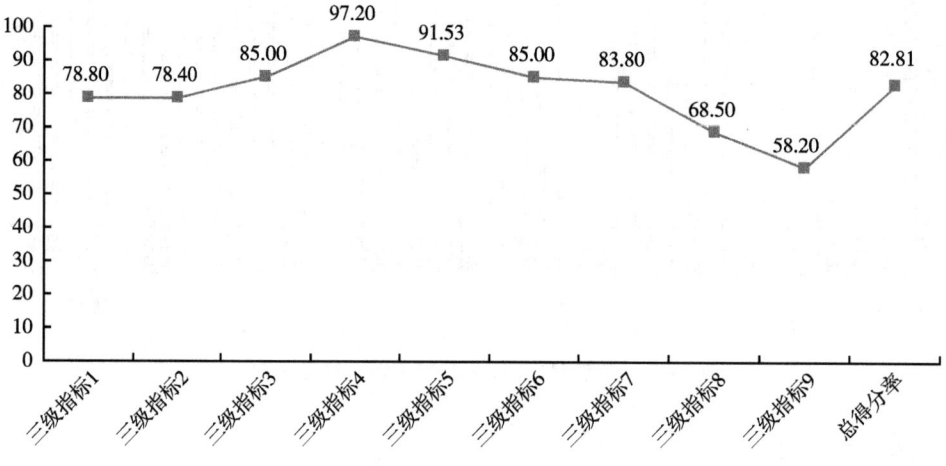

图 2-3 三级指标平均得分率

三 指标评估结果分析

（一）市政府机构数是否超过平均值

1. 总体表现分析

本项评估中，评估小组通过检索被评估政府的政府网站，对各市政府的机构数目

进行统计,同时以网络公开搜索引擎补充辅证,将各个城市的机构数与平均值(43.25 个)进行比较,最终得出以下结果:

(1)低于平均值,且差值在 1 以上,得 10 分的有东莞、广州、台州、汕头等 64 个城市,所占比例为 64%。

(2)低于平均值,且差值在 1 以内,得 8 分的有上海、襄阳、石家庄、成都、南昌和大连共 6 个城市,所占比例为 6%。

(3)高于平均值,且差值在 1 以内,得 6 分的有深圳、珠海、宁波 10 个城市,所占比例为 10%。

(4)高于平均值,且差值在 1 以上,得 2 分的有岳阳、聊城等 20 个城市,所占比例为 20%。

该指标的平均得分为 7.88 分(参见表 2-2)。

表 2-2　市政府机构数是否超过平均值得分分布表

得分(分)	10	8	6	2
城市(个)	64	6	10	20

由上述评估结果数据可知,我国政府机构设置有所进步,但仍有待完善,政府机构设置、职能配置相对合理的城市所占比例已经超过六成,还有近一半的城市政府机构数目过多,其中如济宁、沈阳、兰州等城市机构设置较烦琐,可见这些城市的政府机构设置不够精简,仍然存在一定随意性,过多的政府机构数目不利于行政效率的提高,也不符合我国积极稳妥地深化行政体制改革的大趋势。

2. 分差说明及典型事例

由上述评估数据可知,被评估的 100 个城市中有 64 个城市(所占比例为 64%)的政府机构数在 43 个以内,说明六成以上的城市政府机构数设置是合理的。例如,佛山市的政府机构数目远低于平均值,政府机构数目的减少有利于行政效率的提高,更好地为人民服务。但在评估过程中也发现,部分城市如玉林、南通等城市的政府机构数目远远大于平均值,这些城市的政府机构数目较繁杂,不符合当今大部制改革的总体趋向,同时政府机构的繁杂可能造成资源的浪费和行政办事效率的低下,因此,应该尽量减少政府机构的数目,将职能相近的机构进行整合,以期提高行政效率,切实做到为人民服务。

（二）市政府副职领导的人数是否超过平均值

1. 总体表现分析

本指标统计政府副职领导人（主要指副市长，不含市长助理、秘书长）的人数，将统计数据与平均值（7.02人）进行比较，最终得出以下结果：

（1）低于平均值，且差值在1以上，得10分的有台州、广州、汕头等36个城市，所占比例为36%。

（2）低于平均值，且差值在1以内，得8分的城市有成都、哈尔滨、宁波等36个城市，所占比例为36%。

（3）高于平均值，且差值在1以内，得6分的城市有深圳、沈阳、重庆等20个城市，所占比例为20%。

（4）高于平均值，且差值在1以上，得2分的城市有保定、毕节、包头等8个城市，所占比例为8%。（参见表2-3）

表2-3 市政府副职领导的人数是否超过平均值得分分布表

得分（分）	10	8	6	2
城市（个）	36	36	20	8

2. 分差说明及典型事例

由上述评估数据可知，被评估的100个城市中有72个城市（所占比例为72%）的副市长人数在7名以内（包括7名），说明大多数城市副职领导人数的设置是合理的。例如，乌鲁木齐市政府副职领导人数是4人，宁波市和唐山市是5人，这些城市的副职领导人数都低于平均值7人。但在评估过程中也发现，部分城市如包头（10名）、拉萨（15名）等市的副市长人数远远大于平均水平。根据《中华人民共和国公务员法》第41条的规定："公务员任职必须在规定的编制限额和职数内进行"，政府机构的领导人员的设置是否合理也是关乎构建服务型政府和法治政府成败的重要因素。因此，对于副职领导人数较多的城市应尽量减少领导人员的设置，防止因领导人数过多而造成办事效率低下和权责划分不明晰等问题，以期更好地为人民服务，真正做到权为民所用，情为民所系，利为民所谋。

(三)行政服务中心对基本公共服务覆盖的比率

1. 总体表现分析

本项评估下,所有100个被评估城市的平均值为17分,通过重点考察各政府的行政服务中心、政务服务网等在线办事网站的建设情况,具体结果如下:

(1)北京、广州、杭州等29个城市的行政服务中心对基本公共服务能够做到完全覆盖。在此基础上,能够实现用户登录、双向在线服务、查询和办事追踪功能,得到20分,所占比例为29%。

(2)昆明、天津、长沙等23个城市覆盖全部基本公共服务,且具备一些基本的在线办理、查询等功能,得到18分,所占比例为23%。

(3)鞍山、合肥、石家庄等25个城市覆盖全部基本公共服务,但是缺乏在线查询、办理、追踪等功能,得到16分,所占比例为25%。

(4)拉萨、兰州、徐州等19个城市覆盖全部基本公共服务,但是还不具备在线办理功能,且表格下载和办事指南功能还存在不足,得到14分,所占比例为19%。

(5)喀什等4个城市基本公共服务覆盖还不完善,且行政服务中心的整合还没有完成,得到10分,所占比例为4%。(参见表2-4)

表2-4 行政服务中心对基本公共服务覆盖的比率得分分布表

得分(分)	20	18	16	14	10
城市(个)	29	23	25	19	4

2. 分差说明及典型事例

这一指标的平均得分较2016年的16.32分有所上升,且得分分布结构情况改善,得分为16~20分的城市达到77个,较2016年的64个有所增加,得分为10~14分的城市为23个,较2016年的36个有所减少,说明所有被评估城市在行政服务中心对基本公共服务覆盖方面不断完善,在线办理、查询等功能不断优化。

在这一指标下得到20分,做得较好的典型城市是广州、深圳、温州等。这些城市在行政服务中心覆盖了教育、就业、社保、社会服务、医疗、计生、住房、文体等八大领域的基本公共服务,做到了主要以公民的需求和公共服务为中心,除了提供表格下载和办事指南以外,更具备个人账号登录在线查询、办理、追踪等功能,为民众办事提供了极大的便利。特别是广东省和浙江省在省级统一的政务服务网站建设的框

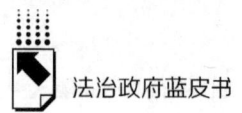

架下，每个城市都具有统一的网页设计和功能接入，民众能快速查找到办事事项，并通过在线申请等双向服务功能申请公共服务事项、提交材料，在办理过程中也能通过登录个人账号随时查询办理进度，实现政务服务的科学化和人性化。

大部分城市得到16~18分，这些城市不断完善行政服务中心网站的建设，除了提供表格下载和办事指南功能之外，也增加了之前比较欠缺的在线查询、办理、追踪等功能，但是与得满分的城市相比还存在差距。"预约办理"和"在线申报"等功能还不能在所有的事项上实现，也缺乏提供便民的在线资料预审、全程网办等功能。目前统一建设的省份，对行政服务中心统一建设的资金和技术投入有所不同，没有统一建设的省份，城市之间行政服务中心建设质量也存在较大差异，因此还需要积极推动实体性行政服务中心功能向网上办事大厅迁移，充分利用现有电子政务资源，逐步实现网上办理审批、缴费、咨询、办证、监督以及联网核查等功能。

得分为10~14分的城市的问题是行政服务中心具体内容还不够完善，仅仅提供办事指南和表格下载等，有的项目形同虚设，在线办事功能欠缺。连续两年得分为10分的城市如周口等，行政服务中心的公共服务具体内容整合尚未完成，大条目下仅有两三条服务子事项，多数项目不具备所需材料的下载功能，更不具备在线办事功能，行政服务中心的功能无法有效充分发挥。

（四）权力清单的公布及动态调整情况

1. 总体表现分析

本项评估中，根据评估的赋分标准，大多数的城市得10分或者8分。

（1）得10分的城市有92个，例如鞍山、东莞、广州等权力清单公布较明晰的城市，所占比例为92%。

（2）得8分的城市有5个，所占比例为5%。

（3）得6分的有曲靖市和襄阳市2个城市，所占比例为2%。

（4）得0分的有1个，即拉萨市，所占比例为1%。

另外，通过评估还可得出有99%的城市政府网站都有公布部门的权力清单，仅有1个城市的政府没有公布部门权力清单（参见表2-5）。

表2-5 权力清单的公布及动态调整情况得分分布表

得分（分）	10	8	6	0
城市（个）	92	5	2	1

这说明绝大多数的政府响应了中央政府"晒"出权力清单的号召,建立阳光政府,让权力在阳光下运行,让公众明确政府的权力边界。

2. 分差说明及典型事例

在本项评估中,有99个城市的市政府都公布了各个部门的权力清单,并且及时做了动态的调整,只有1个城市的政府没有及时公布各部门的权力清单。其中汕头、广州、东莞等城市的部门权力清单的网站设计感较强,页面简洁明了,较为醒目,信息查找迅速,因此获得10分。但是,在评估过程中,也发现有2个城市——曲靖市以及襄阳市的权力清单的公布情况有待进一步完善。

另外,拉萨市政府网站仅有权力清单相关文件公布的通知,不能在其政府门户网站上查找到详细明确的部门权力清单,因而根据赋分标准得了0分。城市应及时设立权力清单的网站,公布权力清单的明细,亮出"清单",亮出"家底",把权力关进制度的笼子里,做到权力的公开公正与透明,真正做到使权力在阳光下运行。

(五)行政审批事项的取消、下放、承接的公开情况

1. 总体表现分析

此项指标为2017年新修订指标,本项评估下,结果总体较好,平均得分为13.73分,大多数城市得到15分,反映出各地方政府在行政审批公开化、透明化工作的方面具有较大实施力度,落实情况较好。具体结果如下:

(1)获得15分的城市有77个,做到了行政审批事项的取消、下放、承接的及时有效公开,所占比例为77%。

(2)获得10分的城市有20个,基本落实了简政放权,并发布了部分的取消、下放和保留的行政审批事项,但存在部分行政部门尚未公开或公开力度不够等情况,所占比例为20%。

(3)获得6分的城市有3个,在观测中发现其政府网站和站外网站中检索到关于简政放权落实和公开的内容过少,仅仅是转发中央相关取消、下放和保留的行政审批事项,所占比例为3%。(参见表2-6)

表2-6 行政审批事项的取消、下放、承接的公开情况得分分布表

得分(分)	15	10	6
城市(个)	77	20	3

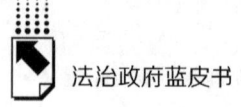

2. 分差说明及典型事例

本项评估中，各直辖市及省会城市在落实简政放权，把取消、下放和保留的行政审批事项及时向社会公布方面做得普遍较好，大多数得到 15 分。做得较好的典型城市如杭州，能够做到及时公开行政审批事项目录、及时取消和调整非行政审批事项且公开该目录。同时在杭州的政务服务网上有专门的部门责任清单，囊括了所有的政府部门，且列举出各个部门的服务事项、主要内容、承办机构等，向全社会公开部门的权责。

得分为 10 分和 6 分的城市在落实简政放权、公开相关事项调整的文件上略逊一筹，还有很多部门没有公开简政放权的落实情况。比如检索绥化市政府网站关于行政审批事项的取消、下放、承接的公开情况的文件非常少，仅有转发国务院相关文件，因此得分较低。

（六）行政审批在线办理是否快捷便民

1. 总体表现分析

该项指标平均得分为 8.50 分，一般城市的得分为 8~10 分，相较于 2016 年评估城市对承担行政审批在线办理业务的网站进行了大量改进，在评估中反映为所有评估城市的政务网站建设完毕，绝大部分城市开通了行政审批网上办事大厅，并且大部分城市的网上办事大厅已经或多或少地实现了行政审批在线办理。具体结果如下：

（1）获得 10 分的城市有 49 个，这些城市拥有制作精良的政务网站和网上行政大厅，并为使用网站的市民考虑周到，各个事项的入口清晰明了，分类准确，更重要的是确实能实现行政审批事项的在线申请与办理。

（2）获得 8 分的城市有 33 个，这些城市的行政审批在线平台也建设得比较完善，页面清晰简洁，办理流程和说明事项清楚公布，但是其行政审批事项真正实现在线办理的数量相较于得满分的城市要少一些。

（3）获得 6 分城市有 16 个，这些城市的电子政务建设和网络技术应用相较于其他得分高的城市较差一些，虽有合格的政务网站和信息发布平台，但行政审批事项的在线平台建设较落后，大部分事项仅实现办理流程公布和申请表格的网上下载，并未真正实现行政审批事项的在线申报和办理。

（4）得分 0 分城市有 2 个，评估中反映的情况是这两个城市的网站建设很差，页面杂乱，并且未检索到行政审批在线办理的网页链接，政务网站仅有办事服务页面链接提供办事规程、材料要求等事项信息，完全没有实现行政审批事项的在线办理，

也即政务网站和相关的部门网站仅仅是信息发布的平台,并且信息更新不及时。(参见表2-7)

表2-7 行政审批在线办理是否快捷便民得分分布表

得分(分)	10	8	6	0
城市(个)	49	33	16	2

2. 分差说明及典型事例

评估中发现所有参评城市的政务网站都已建设完毕,且一般在首页设有"网上行政大厅"或"办事服务"等页面入口,除两个得0分的城市尚未真正实现在线办理功能,大多城市政务网站都已或多或少实现了在线的申报审批过程。相较于本项在2016年的评估情况,各市的行政审批在线网站都已进行了大量优化和建设完善。前几年仅广东省、贵州省、浙江省等省建设了统一的网上办事大厅,并且各市依托于此运营各市的分站点,至2017年的评估过程中发现,已有更多的省市建立了统一的网上办事大厅(政务服务网),并依托于此完善各市的网上办事大厅分城市站点,开放了更多在线申报、在线审批事项。在此情况下,大致可分为四个层次:直辖市和经济发达地区的地级市由于技术能力较强,网站的制作较为精良,行政审批的总体数目和可在线申报的项目比较全面,申报流程流畅简洁,一般可获得10分。例如广东省、贵州省、浙江省等各省的被评估城市,在该省统一的网上办事大厅平台设有各市的站点,其网站建设完善以及网络技术的运用方面都较好,并且各项行政审批事项的开通也很全面,可知对这一方面这些省市有较大的投入建设。大部分地级市的网站建设情况属于中上等层次,获得8分,其大多拥有专门的网上行政审批网站,并且网站建设也较完善,部分网上申报项目已开通,但相对于该项评估得满分的城市,其开通的在线审批事项仍有待增加,有一部分事项仅提供申请表格下载以及办理事项说明,有待进一步的完善。另还有一部分得6分的地级市,相较于前两档次的城市,其网站系统建设并不完全,仅开通了少量在线申报项目,大多数事项仅在网上罗列办事流程和表格下载,实际仍需到办事大厅办理,无法实现在线办理。剩余2个得0分城市(拉萨和喀什),政务网站建设一般,在线审批事项并未开通。例如喀什政府门户首页仅有"办事指南"栏目,办理事项仅有材料准备等说明,无表格下载和在线申报渠道,且并未建立网上政务大厅,未开通行政审批在线办理。拉萨政府门户首页办事服务栏目下,仅实现办事事项的办事规程、办事指南、表格下载等,未开通行政审批在线办理。

值得特别提出的是，在2016年评估中有7个城市本项指标评估得分为0分，但2017年评估过程中发现其已经有了非常大的改善，不仅优化了本市的政务网站，也建立了网上办事大厅（行政审批在线大厅）。其中商丘市和绥化市由2016年的0分上升为8分：商丘市建立并运行了新的商丘市行政审批网上服务大厅，实现了大部分事项的在线办理；绥化市建立了绥化市网上政务服务中心，页面简洁直观，较2016年有了很大的改善，开通了大部分事项的在线申报。其余5个城市从0分改善至6分，分别为菏泽市、吉林市、乌鲁木齐市、西宁市、信阳市，它们在2017年都建立了新的本市政务服务网（行政服务网/网上办事大厅），实现了从无到有的进步。但是评估团队在实际模拟申请的过程中还是发现了一些问题，说明其虽已建立了政务服务网站，但还是有很多事项的在线申报和审批流程并未真正实现，还有待在技术层面和服务理念方面进一步提升：例如吉林市政府网站中的办事服务栏目跳转页面中的事项仅有事项内容说明，未提供在线办理和表格下载。吉林省已建立吉林省统一网上办事大厅，包含吉林市站点，但吉林市政务网站页面中却无相关链接入口，在市民使用过程中确有不便，建议及时更新页面并添加入口链接。在吉林市站点的网上办事大厅中，部分行政审批事项实现了在线预审，但还未完全实现在线审批申报。又比如西宁市相较于2016年有较大的改善，建立了西宁市行政审批网上大厅，页面清晰简明，事项易于查找。实现了一少部分事项的在线办理，但仍存在一大部分事项待开通在线审批，有待进一步完善。

（七）行政审批中介清单公布情况

1. 总体表现分析

此项评估中，观测方法为检索被评估市级政府的政府网站及相关部门网站，查看行政审批中介清单公布情况。该项指标平均得分为8.38分，具体结果如下：

（1）全面清理规范行政审批服务中介，相关部门公布清理和保留的行政服务中介清单，得分为10分的有51个城市，所占比例为51%。

（2）清理规范行政审批服务中介，部分相关部门公布清理和保留的行政服务中介清单，但尚未完全发布，得分为8分的有33个城市，所占比例为33%。

（3）仅学习或发布清理规范行政审批服务中介的相关文件，未能查询到公布清理和保留的行政服务中介清单，得分为4分的城市有16个，所占比例为16%。（参见表2-8）

表 2-8 行政审批中介清单公布情况

得分(分)	10	8	4
城市(个)	51	33	16

2. 分差说明及典型事例

这一指标的评分标准和总分设置与 2016 年稍有不同，但是与 2016 年相比所有城市在这一指标的得分方面总体上持平或者上升，平均分从 2016 年的 2.64（满分 5 分）升至 8.38（满分 10 分），得分为满分的城市超过半数，较 2016 年的 18 个有大幅增加，且没有得分为 0 分的城市，较 2016 年 24 个得分为 0 分的城市有很大的进步。说明各个城市均对行政审批中介进行了清理，并将最新的中介清单进行公布，但是进程略有不同，过半数的城市相关部门完全公布清理和保留的行政服务中介清单，也存在尚未整理完全发布的城市，应当在未来加快推进这一工作。

得分为 10 分的大连等城市根据简政放权、深化权责清单制度建设的要求，全面清理"红顶中介"，对清理规范后保留为行政审批受理条件的中介服务事项，实行清单管理，明确项目名称、设置依据、服务时限，其中实行政府定价或作为行政事业性收费管理的项目，同时明确收费依据和收费标准，各审批部门在本部门网站将中介服务事项及相关信息与行政审批事项一并向社会公开。得分为 8 分的如保定、六安等城市在清理规范市政府部门的审批中介服务事项的进程中，下发了关于调整、保留和取消行政审批中介的通知，也有部分部门如商务局、国土资源局公开了审批中介的服务事项内容、收费依据和标准等，但尚未涉及所有的行政审批部门，因此还需要继续推进工作，实现行政审批中介清单动态管理，并结合权责清单修订及时调整完善。得分为 4 分的如南充等城市还处于印发文件和部署清理规范行政审批中介的阶段，尚未全面开展具体的工作，因此需要尽快推进工作，切断行政机关与中介服务机构之间的利益链，推进中介服务行业公平竞争。

（八）应急预案建设情况与完善情况

1. 总体表现分析

该项指标平均得分为 6.85 分。此项评估中，预案体系完善，预案内容针对性、可操作性较强。

（1）得分为 10 分的城市有北京、温州、厦门、青岛等 26 个城市，所占比率为 26%。得满分的这些城市一般建有该市的应急网站，对应急预案设有专栏，或者在政务网站对应急预案的相关内容进行了全面完整的专门发布，预案体系完善，内容完整，有针对性。

（2）得分为8分的城市有鞍山、长沙、武汉、无锡等20个城市，所占比率为20%，它们的预案体系比较完善、预案内容针对性和可操作性较好，其中有些城市对各项预案并未进行较准确的分类，但是有内容较全面的发布，有些城市对各项预案进行了分类但内容不尽全面，有待补充。

（3）得分为5分的有53个城市，例如拉萨、海口、南宁等城市，比率为53%，这些城市未设置专门的应急网，在政务网站中也并未对本市的相关应急预案进行专栏的发布，未进行准确的分类，并且预案体系较散乱，预案内容不全面，针对性和可操作性较差，多表现为对国家级或省级预案的生搬硬套。

（4）得分为0分的城市有1个，为本溪市，占比为1%。本溪市应急预案以转发国家预案及省级预案为主，无本市专门的应急网站，应急预案相关内容严重缺失。（参见表2-9）

表2-9 应急预案建设情况与完善情况得分分布表

得分（分）	10	8	5	0
城市（个）	26	20	53	1

2. 分差说明及典型事例

从总体上看，各地方政府都逐步建立了突发事件应急预案体系，对于应急预案建设的重视度有较大提升，特别是部分城市已建立了地方应急管理网站，对总体预案、部门预案以及专项预案都进行了分类管理。然而，仍有多于50%的城市对于应急预案的建设存在各种不足，包括预案覆盖面较少，未作详细分类，单个预案内容不全面，不少地方政府的应急预案是照抄照搬中央政府或其他地方政府的预案，并未针对本市的具体经济社会和自然环境情况来准备相应的应急预案，这样的应急预案体系是不完整的，其应急预案的针对性和可操作性都较差，无法发挥真正的作用。并且有很大一部分城市，未在政务主页设立"应急管理"专栏，或者未设立专栏公示"应急预案"专块。

综合以上可以看出，2017年各市对于应急预案体系的建设工作进展仍然较为缓慢，相较于其他项目来说，受重视程度仍然不高。

（九）重特大安全事故发生情况

1. 总体表现分析

该项指标平均得分为 2.91 分，满分为 5 分。在 2016 年 1～12 月的评估时间范围内，通过检索国家安监局网站、应急网等官方网站的事故通报进行统计。

（1）评估城市若无较大及以上安全事故发生的，则得分为 5 分。

（2）若有两次及以上较大安全事故发生的，则得分为 3 分。

（3）若有一次重大安全事故或三次及以上较大安全事故发生的，则得分为 1 分。

（4）若有特别重大安全事故或两次以上重大安全事故发生的，则得分为 0 分。

具体评估情况如下，在 2016 全年未检索到较大及以上安全事故发生的城市有 25 个，例如南京、邵阳、海口、揭阳、洛阳、西安等城市；在 2016 全年有一次或两次较大安全事故发生的城市有 46 个，例如北京、成都、佛山、广州、苏州等城市；在 2016 年全年发生了一起重大安全事故或三次及以上较大安全事故的城市有 28 个，例如本溪、杭州、昆明、温州、喀什等城市；在评估城市中，重庆市于 2016 年期间发生了一起特别重大安全事故。（参见表 2-10）

表 2-10　重特大安全事故发生情况得分分布表

得分（分）	5	3	1	0
城市（个）	25	46	28	1

2. 分差说明及典型事例

从本项指标可看出，在评估的 100 个城市中，只有 25% 的城市在 2016 年未被通报较大及以上安全事故，这些城市的安全监管工作做得比较到位。有 46% 的评估城市在 2016 年发生过一次或两次较大安全事故，其中北京、广州、深圳也在其中，作为特大型一线城市其自身城市发展过程中必然存在较多安全隐患，但其 2016 年间能将较大安全事故的发生次数控制在两次及以下，说明其在安全监管和应急管理的工作中投入较大，也比较重视。同为一线城市的上海，则在 2016 年 1 月、3 月、7 月发生了三次较大安全事故，本项指标得分为 1 分。本项指标得分为 1 分的城市占比 28%，其中本溪、东莞、贵阳、喀什、天津、温州、郑州、淄博等 8 个城市在 2016 年被通报了重大安全事故，其他城市为被通报了三次及以上较大安全事故发生。本项指标中唯一一个 0 分城市为重庆，国家安监局通报 2016 年 10 月 31 日位于重庆市永川区来苏镇金山沟煤矿发生瓦斯爆炸事故，造成 33 人死亡，此为特大安全事故。

四 评估结论

在评估指标体系所设计的九项一级指标中,"依法全面履行政府职能"一级指标的平均得分为 82.81 分(总分 100 分),平均得分率为 82.81%。此外,2016 年发布的《中国法治政府评估报告(2016)》显示,该年度评估中,"依法全面履行政府职能"指标平均得分为 76.23 分,平均得分率为 76.23%。评估组在此根据历史得分情况对目前地方政府依法全面履行政府职能过程中存在的问题进行梳理,并给出相应的改进建议。

(一)历史数据表现及趋势分析

1. 政府副职领导人数设置趋于合理化

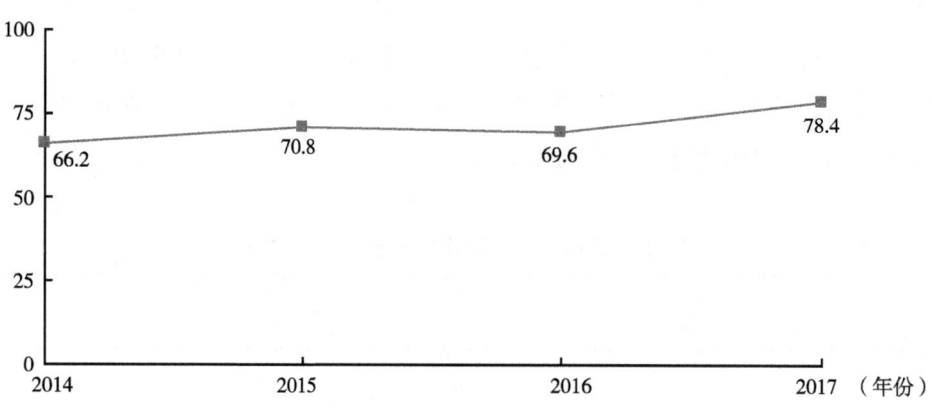

图 2-3 政府副职领导人数设置情况得分率情况图

各地政府副职领导人数较近几年有明显改善,此项三级指标得分率由三年前的 66.2% 上升至 2017 年的 78.4%,尽管在此期间有小幅波动,但总体向上的趋势不可否定,说明了各地政府在领导职数控制、优化公务人员结构、加强公务人员管理上有稳定而持续的改善。(见图 2-3)

2. 各地政府行政服务中心对基本公共服务覆盖面逐步加大

行政服务中心对基本公共服务覆盖面积逐步加大,由 2014 年的 82.6% 上升至 85%,总体形势向好,但也要看到此项三级指标在近年来持续上下波动。各地政府应加快扩大对行政服务中心服务范围覆盖面积,目前部分地区行政服务中心个别部门存在"小权进、大权不进"的现象,将重要的审批事项、关键的办事环节,仍放在本单位办理。(见图 2-4)

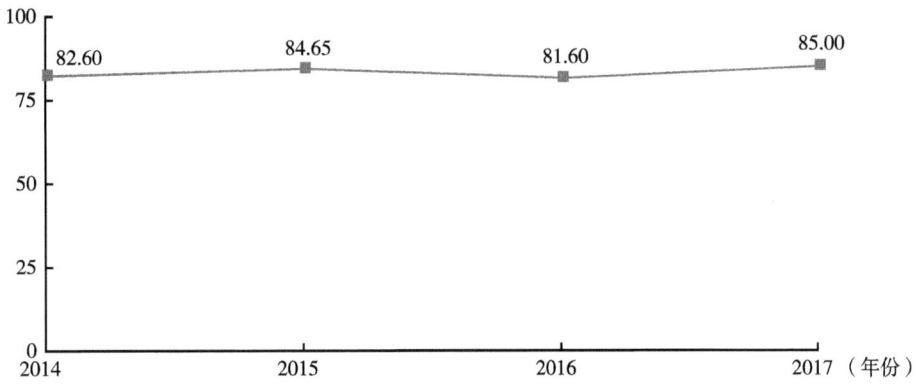

图 2-4 行政服务中心对基本公共服务覆盖比率得分率情况图

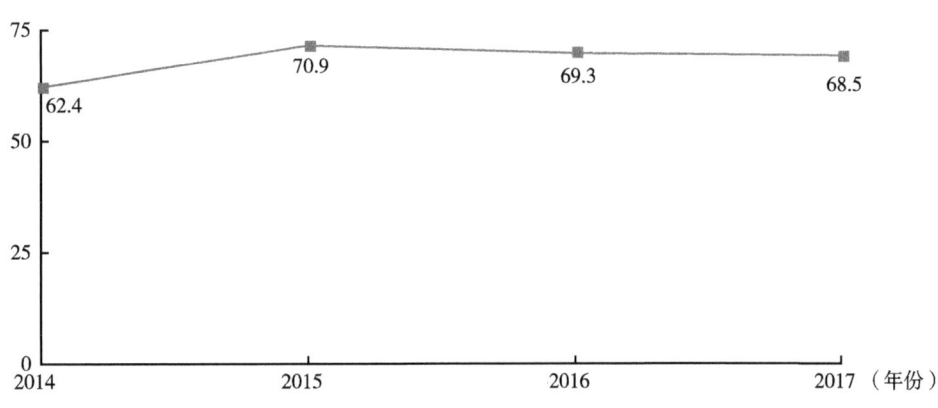

图 2-5 应急预案建设与完善情况得分率情况图

3. 应急预案建设与完善情况不容乐观

从近四年的数据来看，2015 年本项指标得分率较 2014 年有较大增长，但 2015 年之后，一直呈现下滑趋势，得分率下降的原因既有评判标准提升、更加严格的因素，同时也表明各地应急预案建设进展缓慢，优化与改进的速度要落后于其他指标。见图 2-5。

（二）存在的问题

1. 行政体制改革稳步推进，政府机构设置仍需完善

各个城市政府机构数接近平均数甚至比平均数更低的城市占 70%，较为明显地反映了我国目前行政体制改革的成绩，许多城市部门精简幅度、力度在上一年度非常值得肯定。在过去部门冗杂的情况下，部门数量过多，相互牵制，影响了相应的公共服务提供。除此之外，过去政府部门设置过多，导致职能重叠、交叉，由此带来多头管理的不良后果。

行政体制改革不仅仅是部门简单的合并问题，其核心是理顺部门之间的关系，明确部门之间的权限，使部门在实际工作中各自运行其职责。机构整合后，则需要进一步加强人员、运转机制的融合，并以公共服务效果为目标进行改善。

2. 行政审批事项公示较及时准确，但仍有部分城市缺少发布专栏

行政审批事项的取消、下放、承接的公开情况总体良好，作为新设立指标，从2017年的评估来看，绝大部分政府行政审批事项皆能清晰、全面、准确、及时地公布在政府网站及各部门网站上，而部分城市很好地实现了线上的交互过程。参与评估的所有城市在政务网站的建设完善方面有较大进步，其中如苏州市，有专门的行政审批制度改革专栏，在点击后的专栏中可以看到其清晰地反映了取消、下放、承接的项目。

在综合对比各个城市网上行政审批公示建设情况后，可以发现，部分城市在此项指标得分较低的原因在于以下几点：

（1）经济发展是市级政府行政审批公示情况的重要影响因素。这其中既有各地经济水平发展差异的原因，也有受省一级规范影响的因素。在本年度评比中，上海、杭州、广州等东部城市能够得到满分，得益于其拥有较雄厚的经济基础、信息产业基础、人力资源优势以及友好的电子参与服务。东部大部分城市的网上政务大厅的建设实现了交互功能，并朝着更整体化、数据化的方向前进，网上行政审批在提升政府治理能力、为民众提供便利方面切实发挥着重大作用。

东北部和中部城市正在逐渐提升网上行政审批公示的质量与数量，多数政府网站已经具备了文件下载等功能，可以进行较为完善的单向服务，有效扩展了服务渠道，有利于为民办事、解民所难。喀什和拉萨等西部城市得分最低，被评估的西部城市平均水平低于全国平均水平，可见由于地方经济发展落后、地域不便、人才缺乏、硬件设施紧缺等原因，西部大多数网上行政审批公示建设水平仍较为落后，民众无法在政府网站获得需要的信息和服务，大部分相关事项仍然需要通过传统的路径实现。

（2）省级政府规范将会极大提升市级政府网上行政审批公示质量。在经济发展水平相近的区域，如果在全省范围内为每个地级市提供网上行政审批的统一规范、技术支持、建设框架、体制文件等，将极大地提升每个城市在网上行政审批时的有效性和规范性，充分发挥"互联网+"对线上线下的衔接作用。如广东省各个城市得分较高，这正是因为省级统一建设对市级地方政府的影响，广东省设计了覆盖省、市、县三级服务的统一的行政审批公示网站，各个城市在一个比较成熟的网站框架下根据自身的能力完善线上基本公共服务。

3. 行政审批中介清单公布进度加快，但细节仍需完善

新《纲要》明确要求"全面清理规范行政审批中介服务，对保留的行政审批中介服务实行清单管理并向社会公布，坚决整治'红顶中介'，切断行政机关与中介服务机构之间的利益链，推进中介服务行业公平竞争"。本年度该项指标中有51个城市得到满分，即有51个城市在2016年间行政审批中介服务均公布了清单，剩下的城市有的只是转发相关文件，或者清单公布较少，其中温州、临沂、上海、宁波、本溪、绥化、喀什、兰州、齐齐哈尔、天津、达州、银川、包头、南充、呼和浩特、拉萨等16城市只获得了4分，这些城市行政审批中介清单公布内容较少，公布质量整体上也参差不齐。

从目前情况来看，各地地方政府行政审批中介清单公布中出现的问题总结起来主要有以下几点问题：

（1）部分行政审批中介项目垄断现象较为突出，高技术壁垒及专项服务受政府影响大，市场化程度低。

（2）个别城市中介项目存量仍然较多，且职业行为规范问题堪忧，服务水平较低。

（3）中介环节耗时耗力，收费规定不明确。

（4）个别城市公布清单的部门少，公布不清晰，缺少统一的清单公布平台。

4. 地方政府应急管理建设中存在重形式化而轻实效性，重特大事故仍然多发频发

目前，我国应急预案框架体系已经初步形成。近年来，每当各地发生突发事件，我们总能通过媒体了解到国家或地方立即启动了应急预案。但从应对一些突发事件上暴露出的问题看，由于相关部门或相关人员在应急时缺少应对突发事件的思想准备及物资准备，应急技术水平较低，应对突发事件责任不清等问题，也反映出某些应急预案仍存在不足之处，甚至有些地方的应急预案只是徒有虚名，根本起不了"救急"的作用。这充分说明我国应急预案建设还存在一定的问题。

一方面体现为地方应急预案体系不完善，预案内容缺乏针对性和可操作性。各地实际自然情况和城市环境的迥异相应要求作出不同的应急预案准备，然而评估过程中发现，有54个城市其公布的预案体系中仅有总体应急预案，并且预案内容大多雷同。可见其制定过程中未对本地区的风险做出评估和分析以体现地方风险特点。

另一方面重特大事故仍然多发频发。有46%的被评估城市在2016年发生过一次或两次较大安全事故，其中北京、广州、深圳也在其中，说明一线特大城市其自身城

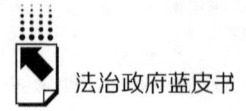

市快速发展过程中也同时存在较多安全隐患。其中上海市在2016年1月、3月、7月发生了三次较大安全事故，本项指标得分为1分，而同为直辖市的重庆市，是该项指标中唯一得0分的城市，发生了一次特大安全事故，由以上的事实可见当前我国的城市，尤其是特大城市的安全防范工作仍需加强。

（三）改进的建议

1. 进一步完善政府机构设置，深化行政体制改革

首先要坚持依法行政。加快建设法治政府，推进行政管理的制度化、规范化和法制化，认真执行政府组织法律法规和机构编制管理规定，逐步实现政府组织机构、职能、编制、工作程序的法定化。坚持从实际出发、因地制宜。根据经济社会发展需要，重点围绕转变经济发展方式、完善基本公共服务、健全公共治理机构，改革和创新行政管理体制。

其次要加强不同层级间政府机构改革的衔接。职能调整和机构设置与上级政府机构改革相衔接，在统筹部署下，下级政府要坚持机构优化和职能落实，建立与上级政府组织框架总体协调的行政组织体制，确保既能改革好、转变好，又不会改得乱、适应慢。

最后要坚持权责一致。合理界定和配置政府部门职能，理顺职责关系，明确和强化部门责任，将相同或相近的职能交由一个部门承担，着力解决多头管理、权责脱节的问题。

2. 大力推进电子政务建设，提高行政审批在线办理的便捷程度

提高行政审批在线办理是提升服务水平的重要途径之一。要积极稳妥地建设政务信息网络平台，实现政务部门之间互联互通与资源共享，避免重复建设，科学合理地进行电子政务建设，做到变8小时办公时间为24小时办公。

加快电子政务建设，是推进规范化服务型政府建设、强化政府管理创新的必然要求。发展电子政务，重要的不是采用什么技术，构建何种网络，而是要为群众提供便捷高效的服务。电子政务作为政务模式创新的过程，其出发点和落脚点都是建设高效、廉洁的服务型政府。因此，要把电子政务作为一种服务手段，并且和政府的行政审批制度改革相结合，一方面深化行政审批制度改革，进一步减少行政许可，简化许可环节，规范办事程序，建立健全行政审批监督制约机制和配套制度；另一方面大力推进电子政务，改进直接面向基层和群众的"窗口"机构的管理方式，提高政府工作透明度和公信力。

3. 加速行政审批中介清理和中介清单公布进程

各地政府应通过全面清理和规范行动，着力解决行政审批中介服务环节多、耗时长、收费乱、垄断性强等问题，促进中介服务市场健康发展，有效减轻企业和群众的负担。实行中介服务清单管理等相关举措，对清理规范后保留为行政审批受理条件的中介服务事项实行清单管理，明确项目名称、设置依据、服务时限，其中实行政府定价或作为行政事业性收费管理的项目，要同时明确收费依据和收费标准。凡未纳入清单的中介服务事项，一律不得再作为行政审批的受理条件。要推进中介服务机构脱钩改制，审批部门所属事业单位、主管的社会组织及其举办的企业，不得开展与本部门行政审批相关的中介服务，需要开展的应转企改制或与主管部门脱钩。行业协会商会类中介服务机构一律与审批部门脱钩，平等参与中介服务市场竞争。

4. 进一步推动行政审批改革不断深入

深化行政审批制度改革、加快政府职能转变是党的十八大和十八届三中、四中全会部署的重要改革，是十二届全国人大一次会议审议批准的《国务院机构改革和职能转变方案》确定的重要任务。当前政府职能转变、简政放权改革正稳步推进，行政审批制度改革在进一步深化过程当中，有关部门要认真做好取消和承接上级政府下放行政审批项目的衔接落实工作。对公布取消的行政审批项目，要及时停止实施，并切实建立事中事后监管措施，健全监督制约机制；对承接的行政审批项目，要规范行政审批程序，提高行政审批效率，不断提高政府管理科学化、规范化水平，为经济社会持续健康发展注入活力。有以下两点具体建议：

（1）对于经济欠发达的地区，政府应该充分认识到政府网站建设工作的重要性，加大对电子政务平台的投入与建设，优化网上行政审批的明确性、有效性和规范性。特别是对于经济落后的西部地区城市，从地方到省级政府都应加大投入，制定相应的政策，保证资金的有效利用，缩小地区之间的差距。同时，各地政府应加快完善网上政务服务平台，规范技术标准，加快建立行政审批网上公示平台。在审批部门信息系统各自独立、网络环境极其复杂的情况下，要坚持以窗口服务和网上服务为载体，以审批公示信息与资料共享为基础，深化网络平台及业务系统的应用，建立前台综合受理、平台业务整合协同、后台数据资源共享的运行机制，实现政府内部的跨部门系统协同，做到数据开放、信息共享和知识管理，方便基层和群众，提高行政审批公示效能。

（2）借鉴广东省和浙江省的网上政务大厅行政审批公示栏目建设模式，在省级的统一网站框架下建设地方政府网站，这样既可以形成规范统一的网站格局，方便民众查询信息和办事互动，更可以为能力不足的一些地方政府提供良好的技术保障和硬件支持，切实缩小地区间的差异。通过将网上政务大厅建设与行政审批制度改革紧密结合，取消、下放和保留的行政审批事项统一集中编制网上政务大厅目录，并推动材料受理标准化、电子化，以促进线上服务的完善和均等化，提升网上行政审批的明确性、有效性和规范性，优化行政审批流程，规范政府行为。要尽量简化申报流程，促进在线审批流畅简洁，同时要注重网络建设，以民众的在线体验为中心改善在线行政审批服务的便捷程度，通过信息技术手段，整合各类审批事项办事专线，建立网站"云"，实现信息资源共享。致力于为企业和群众提供方便快捷的"一站式"网上办事服务，实现"一门受理、网上流转、同步审批、统一发证"的目标。

5. 重视隐患排查和脆弱性分析，切实降低突发事件的发生和损失

经过十多年的发展，我国已经形成"横向到边、纵向到底"的应急预案体系，取得显著成效，但是目前还存在着预案体系"上下一般粗"，应急预案缺乏针对性、预见性和可操作性，数字化程度低等问题。各地方政府要进一步完善应急预案体系，按类别、按部门完善相应的应急预案，将应急管理工作落到实处。必须在结合本地实际情况对本地区风险做出评估和分析的基础上，调整各部门应急预案间交叉混乱、缺乏协调统一性的现状，研究制定更为全面有针对性的专项应急预案和部门应急预案。应急预案编制要实行动态管理，及时了解实际情况，并根据情况的变化，及时调整、修改预案内容。

进一步加强对各类安全风险的风险评估和隐患排查工作，最大可能地降低重特大事故发生的概率和造成的损失。同时创新脆弱性分析工具和方法，完善危机学习机制，通过对事故造成的损失和危害进行科学的分析，进而通过脆弱性分析方法的构建，寻找和发现现行体系中的脆弱环节和脆弱性，从已发生的事故中学习到未来降低脆弱性、提升预防和应对能力的途径。

B.3
法治政府建设的组织领导

摘　要：　"法治政府建设的组织领导"指标总分为80分，被评估的100个城市的平均得分为47.22分。本次评估中得分最高的城市为72分，得分最低的城市为15分，体现了较大的区分度。评估结果显示，大部分城市在市一级设置了专门的法制机构、区县一级政府设置专门法制机构的比例较低，被评估的城市在领导法治思维培养和法律顾问队伍建设方面取得了较高的成绩。同时，一些被评估城市的政府仍存在不及时公布法治政府建设情况报告、依法行政考核工作缺乏透明性、常务会议法治政府建设相关议题缺少针对性等问题。项目组针对评估中存在的问题，提出了加强在区县一级设置独立法制机构、强化依法行政考核的公开性等具有针对性的改进建议。

关键词：　组织领导　法制机构　法治思维

一　指标设置及评估标准

（一）指标体系

在"法治政府建设的组织领导"一级指标之下，设置三项二级指标，分别为"法治政府建设的组织保障"、"法治政府建设的落实机制"和"领导干部的法治思维和法治能力"（具体内容见表3-1）。

"法治政府建设的组织保障"指标下设有"是否公布法治政府建设情况报告"和"是否设置独立的法制机构"两个三级指标。"法治政府建设的落实机制"指标下设有"本年度政府常务会议对法治政府建设工作讨论情况"和"公开推进依法行政考核工作"两个三级指标。"领导干部的法治思维和法治能力"指标下设有"领导干部的法治思维培养"和"政府法律顾问开展工作情况"两个三级指标。

六项三级指标主要通过检索市政府及其法制部门网站、政府常务会议、国务院法制办对地方市政府依法行政工作的通报、地方政府法制机构设立情况及工作计划、地方政府依法行政报告，并辅以百度搜索引擎检索，形成对法治政府建设的组织领导考察。六项三级指标从不同层面共同反映出当地主要领导是否重视法治政府建设工作，以及相应的组织领导措施是否得力。法治政府建设的组织领导评估指标参见表3-1。

表3-1 法治政府建设的组织领导评估指标

一级指标	二级指标	三级指标（观测点）
法治政府建设的组织领导(80分)	（一）法治政府建设的组织保障(25分)	1. 是否公布法治政府建设情况报告(10分)
		2. 是否设置独立的法制机构(15分)
	（二）法治政府建设的落实机制(35分)	3. 本年度政府常务会议对法治政府建设工作讨论情况(20分)
		4. 公开推进依法行政考核工作(15分)
	（三）领导干部的法治思维和法治能力(20分)	5. 领导干部的法治思维培养(10分)
		6. 政府法律顾问开展工作情况(10分)

（二）设置依据和评估标准

课题组在本年度对三级指标（观测点）的分值分配和评分标准进行了部分调整，其中"是否设置独立的法制机构"从2016年的满分10分增加到满分15分，"公开推进依法行政考核工作"从2016年的满分20分下降到满分15分，其他项分值不变。分值调整的主要原因是为了深入考核100个城市在区县一级是否设置独立的法制机构，对其在地市一级和下辖区县一级的独立法制机构设置情况分别给予5分和10分的考核分值。

测评中，评估团队所依据的材料与数据主要源于市政府及其法制部门网站，同时通过百度搜索引擎进行辅助查询。未能检测到相关内容的，视为未落实该项工作。各三级指标（观测点）的测评方法及赋分标准如下：

1. 是否公布法治政府建设情况报告

【设置依据】新《纲要》第42条规定："县级以上地方各级政府每年第一季度要向同级党委、人大常委会和上一级政府报告上一年度法治政府建设情况，政府部门每年第一季度要向本级政府和上一级政府有关部门报告上一年度法治政府建设情况，报告要通过报刊、政府网站等向社会公开。"

【测评方法】通过检索市政府及其法制部门网站，并辅以百度搜索引擎检索，考察本年度一季度，政府网站上是否公布上一年度法治政府建设情况报告。

【评分标准】被评估政府网站在本年度第一季度（上一年年底发布的暂予认可）公布上一年度法治政府建设情况报告（或依法行政工作情况报告）得10分；延迟公布的得5分，未公布的得0分。

2. 是否设置独立的法制机构

【设置依据】目前，一些地方政府未设置独立的法制机构，缺乏对法制工作的重视和法治政府建设的组织保障。是否设置独立的法制机构能够体现出政府对法治政府建设和依法行政工作的重视程度。

【测评方法】通过检索市级及其下辖区县级政府网站，并辅以百度搜索引擎检索，考察被评估政府是否设置独立的政府法制机构。

【评分标准】被评估市级政府设置了独立的政府法制机构的得5分；未查询到设有独立法制机构的得0分。下辖县区级政府满分10分，按设置独立法制机构的区县在区县总数中所占比例算分，四舍五入。市级和区县政府分数相加为最终得分。

3. 本年度政府常务会议对法治政府建设工作讨论情况

【设置依据】政府常务会议作为各级政府集体议事的决策性会议，在本地区社会发展和经济建设等方面起到了举足轻重的作用。新《纲要》对各地方推进法治政府建设提出了明确要求，2010年国务院《关于加强法治政府建设的意见》也提出"县级以上地方人民政府常务会议每年至少听取2次依法行政工作汇报，及时解决本地区依法行政中存在的突出问题，研究部署全面推进依法行政、加强法治政府建设的具体任务和措施"。政府常务会议讨论法治政府建设议题的多少能够反映政府对新《纲要》和《意见》的落实情况，也体现了其在法治政府建设方面投入的精力。

【测评方法】通过检索当地政府网站、政府信息公开网站、政府法制办公室网站，在专门的"政府会议"或"政务要闻"等信息项下获取政府常务会议简报、会议纪要、会议新闻报道等。同时使用百度搜索引擎，以"法治政府、常务会议"或"依法行政、常务会议"等关键词进行搜索，通过查询该市2016年度法治政府相关工作并分析提炼会议内容，获取相关信息。

【评分标准】在政府常务会议有两次以上专题讨论法治政府建设或依法行政议题的，得满分20分；讨论一次的得10分；就其他涉及法治政府建设或依法行政议题进

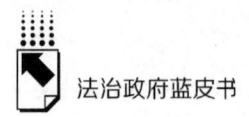

行讨论或研究的,每次计4分;未在政府常务会议上进行相关议题讨论的,计0分。

4. 公开推进依法行政考核工作

【设置依据】新《纲要》第43条规定:"各级党委要把法治建设成效作为衡量各级领导班子和领导干部工作实绩的重要内容,纳入政绩考核指标体系,充分发挥考核评价对法治政府建设的重要推动作用。"

【测评方法】通过检索市政府及其法制部门网站,并辅以百度搜索引擎检索,考察被评估政府公开推进依法行政考核情况。

【评分标准】如果被评估政府通过公开依法行政考核结果、通报考核情况等方式公开了本年度依法行政考核情况,视为被评估政府组织了相关考核,得基础分8分。但是,如果仅有考核的新闻报道而未公布考核结果实质性内容的,在8分以内酌情赋分;公开数据显示被评估政府向人大或党委报告了考核情况的加5分;公布了考核发现的针对具体单位的问题,需要改进的地方加2分。

5. 领导干部的法治思维培养

【设置依据】新《纲要》强调"政府工作人员特别是领导干部要系统学习中国特色社会主义法治理论,学好宪法以及与自己所承担工作密切相关的法律法规。完善学法制度,国务院各部门、县级以上地方各级政府每年至少举办一期领导干部法治专题培训班,地方各级政府领导班子每年应当举办两期以上法治专题讲座";2010年国务院《关于加强法治政府建设的意见》同样提出了对领导干部带头学法的要求。将领导干部接受法治培训和参加法治讲座情况纳入考评范围,可以直观反映政府对于加强领导干部法治意识的重视程度。

【测评方法】检索市政府及其法制部门网站,并辅以百度搜索引擎检索,了解本年度本市政府领导参加法治专题培训和法治专题讲座的情况。网络检索内容如下:①各政府法制办的工作计划、工作要点和总结等;②各政府的依法行政工作计划、依法行政工作报告、依法行政工作总结等;③百度搜索引擎中"领导、法治讲座","领导、法治培训"等相关内容。

【评分标准】举办1期以上领导干部法治专题培训班和2期以上政府领导班子法治专题讲座的,得满分10分;缺少其中1期法治专题培训或者法治专题讲座的,减3分;开展针对领导干部的学法用法竞赛或者其他形式的学法、普法活动的,酌情给分;未检索到相关法治专题培训和讲座的,计0分。

6. 政府法律顾问开展工作情况

【设置依据】十八届四中全会提出要积极推行政府法律顾问制度;新《纲要》第

17条同样要求"建立政府法制机构人员为主体、吸收专家和律师参加的法律顾问队伍,保证法律顾问在制定重大行政决策、推进依法行政中发挥积极作用"。法律顾问制度的引入有助于政府在决策和执法过程中做到于法有据、合理行政。

【测评方法】检索该市政府网站、法制办网站检索本年度本市政府法律顾问工作的开展情况及相关报道,通过在百度搜索引擎中键入"城市名,政府法律顾问"等关键词,查询该市在2016年度在有关领域的工作动态和社会反映。

【评分标准】法律顾问参与政府重大决策,推进依法行政的,得6分;截至该年底已制定有保障法律顾问制度的细化规则或者管理办法的,加2分;该年度发布有关于推进或者加强法律顾问制度的方案或者意见的,加2分;未检索到相关信息的,计0分。

二 总体评估结果分析

本项评估总分为80分,被评估的100个城市的平均得分为47.22分,平均得分率为59.03%,共有54个城市在平均分之上,占到被评估城市总数的54%;46个城市在平均分以下,占到被评估城市的46%,整体得分趋于正态分布。本项评估下得分最高的城市为72分,得分最低的城市为15分,体现了较大的区分度。本项评估中,排名前五的城市分别是天津(72分)、南宁(66分)、临沂(65分)、深圳(63分)、信阳(63分)。(参见图3-1、图3-2)

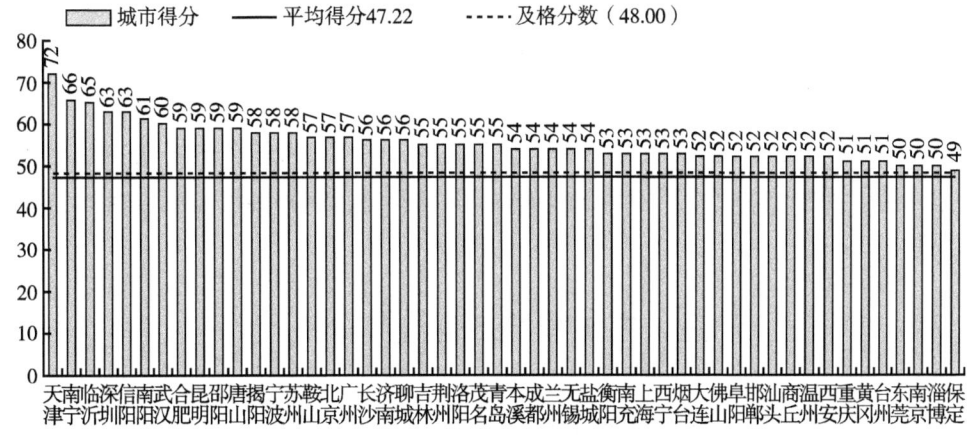

图3-1 排名1~50的城市得分情况分布图

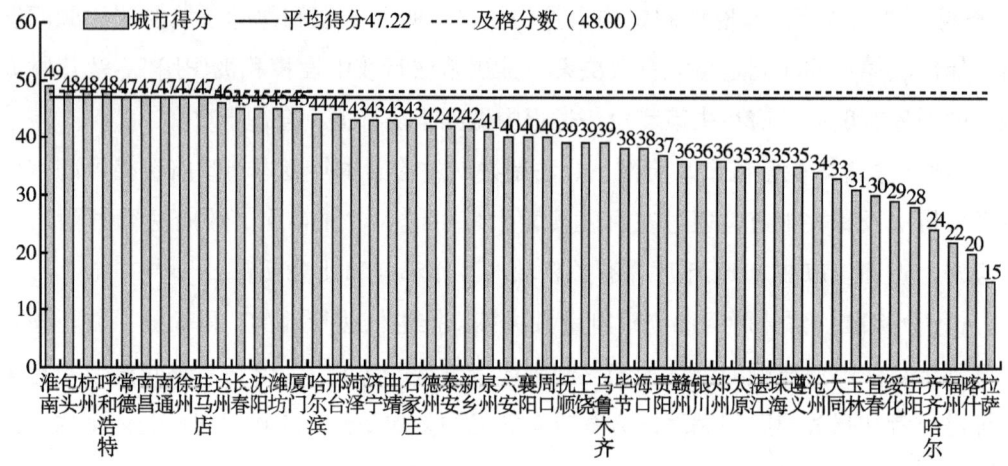

图 3-2 排名 51~100 的城市得分情况分布图

与上年度相比,被评估的 100 个城市的平均得分提高了 7.73 分(上年度平均 39.49 分),处于平均分之上的城市增加了 3 个。上年度得分最高的城市为 62 分,得分最低的城市为 8 分,排名前五的城市依次为长沙(62 分)、宁波(62 分)、深圳(62 分)、合肥(61 分)、广州(59 分)。

本项一级指标项共包含六个三级指标(观测点),每个三级指标(观测点)满分为十分或二十分。各三级指标(观测点)的得分状况如下:是否公布法治政府建设情况报告,平均分 5.55 分;是否设置独立的法制机构,平均分 6.61 分;本年度政府常务会议对法治政府建设工作讨论情况,平均分 13.31 分;公开推进依法行政考核工作,平均分 5.53 分;领导干部的法治思维培养,平均分 8.62 分;政府法律顾问开展工作情况,平均分 7.6 分。其中,平均得分率最高的子项目为"领导干部的法治思维培养",表明政府干部的法治思维培养的受重视程度和独立地位较高,有助于法制部门开展相关工作;得分率最低的子项目为"公开推进依法行政考核工作",反映出各地方政府对考核工作落实不到位。(本一级指标下各三级指标的平均得分率参见图 3-3)

三 三级指标评估结果分析

(一)是否公布法治政府建设情况报告

1. 总体表现分析

本项评估中,大部分被评估城市在 2017 年第一季度公布了上一年度法治政府建

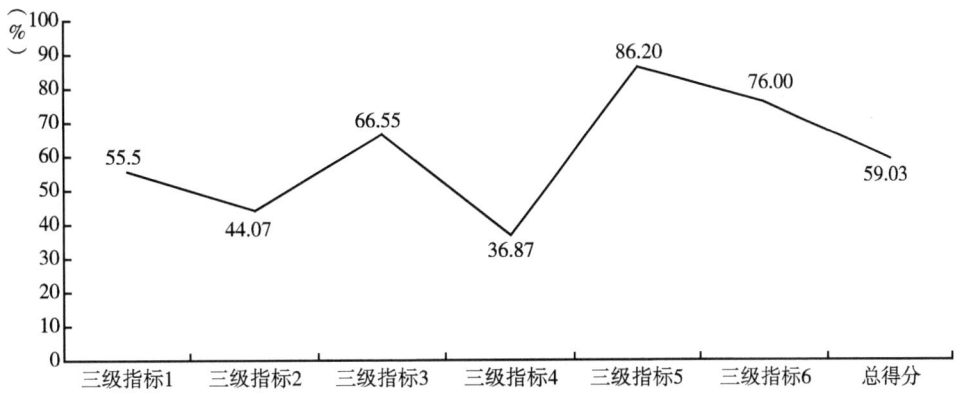

图 3-3 各三级指标的平均得分率

设情况报告或依法行政工作情况报告。有 43 个市政府未能按照新《纲要》的要求，公开上一年度法治政府建设情况。该指标的平均得分为 5.55 分，有 54 个城市得到满分，占到总数的 54%，43 个城市得到 0 分。（参见表 3-2）

表 3-2 是否公布法治政府建设情况报告指标得分分布

得分(分)	9~10	7~8	5~6	3~4	0~2
城市(个)	54	0	3	0	43

整体来看，有 54 个市政府在 2017 年第一季度以《依法行政工作综述》、《依法行政工作情况报告》、《法治政府建设情况报告》等形式公布了上一年度法治政府建设情况报告。其中，有 3 个城市在 2017 年第一季度后公布了法治政府建设情况报告，酌情赋予了相应分数。

2. 分差说明及典型事例

本项评估，在 2017 年第一季度公布了上一年度法治政府建设情况报告或依法行政工作情况报告，得到满分 10 分的城市有保定、长沙、成都、大连、东莞、抚顺、贵阳、哈尔滨、邯郸、杭州、合肥、衡阳、淮南、黄冈、济南、济宁、揭阳、荆州、昆明、兰州、聊城、临沂、洛阳、茂名、南昌、南充、南京、南宁、南通、南阳、宁波、青岛、曲靖、泉州、汕头、商丘、上饶、邵阳、深圳、石家庄、苏州、台州、太原、泰安、唐山、天津、温州、乌鲁木齐、武汉、西安、西宁、信阳、烟台、盐城，共 54 个城市，占到城市总比例的 54%。

例如，通过保定市政府网站、法制办网站及百度搜索，查询到 2017 年 3 月 4 日，保定市公布《保定市2016年度依法行政工作报告》。另外,通过在市政府及其法制部门网站和百度搜索引擎检索发现,东莞、南昌、南京、温州、大连市人民政府发布的《依法行政工作情况报告》、《依法行政工作综述》、《推进依法行政工作情况综述》、《法治政府建设工作总结》、《推进依法行政工作总结》等工作文件都算作赋分项目。上述城市都得到了满分10分。

(二)是否设置独立的法制机构

1. 总体表现分析

本项评估中,平均得分为6.61分,有1个城市得到满分,占到总数的1%,3个城市得到0分(参见表3-3)。

表3-3 是否设置独立的法制机构指标得分分布

得分(分)	13~15	10~12	7~9	4~6	0~3
城市(个)	3	7	36	46	8

市级政府法制机构情况部分,平均得分为4.55分,有91个城市得到满分,占到总数的91%,9个城市得到0分(参见表3-4)。

表3-4 市级政府法制机构设立情况

得分(分)	4~5	2~3	0~1
城市(个)	91	0	9

区县级政府法制机构设立情况部分,100个被评估城市的平均得分为2.06分,其中有34个城市的区县政府法制机构得分在平均分以上(参见表3-5)。

表3-5 区县级政府法制机构设立情况

得分(分)	9~10	7~8	5~6	3~4	0~2
城市(个)	2	2	7	23	66

从以上检索结果来看,91%的市级政府都设有法制办或法制局作为独立的政府法制机构,仅有9个城市未设有独立的法制机构。被评估的1090个区县中,有236个区县政府设立了独立的法制机构,占总数的21.7%。

2. 分差说明及典型事例

本项评估中，得分前十名的城市有北京、天津、东莞、衡阳、呼和浩特、南京、南宁、襄阳、徐州、玉林。通过对政府网站检索和百度搜索引擎搜索，发现毕节、福州、商丘、上饶、泰安、新乡、宜春、银川、遵义市未设有独立的法制机构。

一些城市下辖的区县政府均没有设立独立的法制机构。例如，福州市未设有独立的法制办，其下辖的12个区县全部未设立独立法制机构，因此赋予0分。

部分城市下辖的区县政府普遍设立独立的法制机构。例如，北京市设有独立的法制办，其下辖的16个区县全部设立独立的法制办，因此赋予满分15分。再如，天津市政府设有法制办作为独立的法制机构，其下辖区总数16个，其中有15个区确定设立独立的法制办，分别是和平区、河北区、河西区、河东区、南开区、红桥区、东丽区、西青区、津南区、北辰区、武清区、宝坻区、静海区、宁河区、蓟州区，因此赋予14分。

（三）本年度政府常务会议对法治政府建设工作讨论情况

1. 总体表现分析

多数城市在常务会议中对法治政府建设或者依法行政等相关问题进行过讨论，区别度主要体现在是否就涉及法治政府建设的议题进行了专门讨论，以及涉及的程度和频次。该指标各城市的平均得分为13.31分，共有54个城市得分在平均数之上，占总数的54%（参见表3-6）。

表3-6 本年度政府常务会议对法治政府建设工作讨论情况指标得分分布

得分（分）	17~20	13~16	9~12	5~8	0~4
城市（个）	41	13	20	8	18

从整体来看，多数城市在该年度的政府常务会议中都对法治政府建设的相关议题进行过讨论，有些城市专门召开常务会议对本市法治政府建设进行宏观规划，有些城市则针对"依法行政"、"政府信息公开"、"行政审批"等在常务会议上进行了专门研究。部分城市该年度没有在政府常务会议上针对相关议题进行研究，导致失分。

2. 分差说明及典型事例

本项指标最高分为20分，鞍山、本溪、常德、德州、佛山、阜阳、广州、菏泽、吉林、揭阳、荆州、昆明、临沂、南充、南宁、汕头、邵阳、深圳、沈阳、唐山、天津、无锡、厦门、西宁、信阳25个城市并列得最高分。得分差距主要体现在政府常

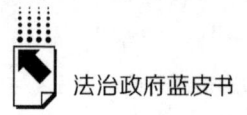

务会议针对法治政府建设或者相关议题的讨论是否满足该指标的次数要求。

以鞍山市为例，2016年度有三次常务会议分别审议通过《关于加快建设法治政府若干意见》、《关于全面推进政务公开工作的实施方案》、《鞍山市法治政府建设实施方案（2016—2020年）》，故而得满分。

（四）公开推进依法行政考核工作

1. 总体表现分析

在数据采集期限内，通过在市政府及其法制部门网站和百度搜索引擎检索，能查询到68个市政府在2016年度对2015年或2016年的依法行政工作进行了考核。其中3个市政府公布了考核发现的针对具体单位的问题或向党委报告了考核情况（参见表3-7）。

表3-7　公开推进依法行政考核工作指标得分分布

得分（分）	13~15	10~12	7~9	4~6	0~3
城市（个）	1	2	65	0	32

就开展依法行政考核工作的情况来看，大部分城市都未公布针对具体单位的问题、提出需要改进的地方，没有就依法行政考核工作情况向同级人大或党委进行报告。部分城市在公布的考核结果中指出了各部门普遍存在的问题，如重大行政决策程序需进一步规范，行政执法规范化建设需进一步加强，法治政府建设水平与群众期盼还有一定差距，地区之间、部门之间依法行政工作发展仍不平衡等。但这种问题归纳方式并不能很好地指导各单位改进依法行政相关工作。此外，大多数政府没有向人大报告依法行政考核工作。

2. 分差说明及典型事例

本项评估中，得到较高分数的城市有鞍山、南阳。以鞍山市为例，鞍山市法制办于2016年11月1日在全市范围内开展了年度依法行政工作检查，重点是对8月份营商环境工作专项督导的复查，覆盖各县（市）区人民政府、市政府各部门、各有关机关，共涉及58个部门和执法单位。工作检查内容包括优化营商环境工作、规范行政执法情况、依法行政基础工作、加强制度建设情况。检查内容科学具体，切合各单位依法行政工作实际。此次考评结果纳入市领导干部和领导班子实绩考核工作小组作为考核依据。另外，鞍山市推进依法行政领导小组对市国资委2016年依法行政工作进行考核，采取了听取汇报、查阅基础材料、相关文件、原始记录、档案卷宗等形式。其考核结果也已上报市委办和市考核办。因此赋予13分。

（五）领导干部的法治思维培养

1. 总体表现分析

受评估的 100 个城市在本指标项下的平均得分为 8.62 分，其中有 73 个城市的得分超过平均分，占到总数的 73%，整体表现较好（参见表 3-8）。

表 3-8　领导干部法治思维培养指标得分分布

得分(分)	9~10	7~8	5~6	3~4	0~2
城市(个)	72	10	0	18	0

从检索到的实际信息来看，受评估的城市基本都针对领导干部或者领导班子进行了法治培训，有部分城市聘请专家教授进行专题法治讲座或者召开专项的依法行政能力培训，也有一些城市通过开展法律知识竞赛等形式开展法律学习。同样也应该看到，该指标得分呈现两极分化现象，该项工作开展得较好的城市与工作有所欠缺的城市之间差距比较大，得分 4 分及以下的城市几乎没有专门针对领导班子开展过法治培训。

2. 分差说明及典型事例

本项评估中，有 73 个城市表现较好，得到满分。这 73 个城市分别为：长春、长沙、成都、重庆、达州、大连、大同、德州、东莞、福州、赣州、广州、贵阳、哈尔滨、海口、邯郸、合肥、衡阳、淮南、黄冈、吉林、济宁、昆明、拉萨、聊城、临沂、茂名、南昌、南充、南京、南宁、南通、南阳、宁波、青岛、汕头、商丘、上海、上饶、深圳、沈阳、石家庄、苏州、台州、太原、天津、潍坊、温州、乌鲁木齐、无锡、武汉、西安、西宁、襄阳、新乡、信阳、邢台、徐州、烟台、宜春、银川、岳阳、郑州、珠海、驻马店、淄博、遵义，占被评估城市总数的 73%。以上城市该年度开展的针对领导干部的法治培训和讲座符合指标赋分的数量要求。

例如成都市，通过成都市政府网站、法制办网站及百度搜索，查询到其多次开展领导干部法治培训，如 5 月 10 日学习道路交通安全法，9 月 27 日学习环境保护法，10 月 8 日学习城市规划法，故得到了满分。

（六）政府法律顾问开展工作情况

1. 总体表现分析

该指标以本市在开展政府法律顾问工作中是否取得实质性成果为依据，以法律顾问队伍的配备和职责履行情况为具体观察点进行赋分。本项平均得分为7.6分，其中有81个城市得分在平均分之上，占到总数的81%（参见表3-9）。

表3-9 政府法律顾问开展工作情况指标得分分布

得分(分)	9~10	7~8	5~6	3~4	0~2
城市(个)	11	70	15	0	4

2. 分差说明及典型事例

从本项评估结果上看，保定、昆明、聊城、上海、深圳、台州、天津、潍坊、乌鲁木齐、新乡、玉林表现最好，得到满分10分。分差主要体现在本级政府法律顾问队伍实质性工作开展，以及是否制定有相关的制度或者办法等。

以天津市政府为例，通过查阅天津市政府网站、法制办网站及百度搜索发现，其该年度有法律顾问参与政府重大决策、推进依法行政的报道，并且制定有《天津市人民政府关于全面推行政府法律顾问制度的指导意见》和《天津市人民政府兼职政府法律顾问工作规则和天津市政府法制智库管理办法的通知》，故得到了满分。

四 评估结论

总体而言，在评估指标体系所设计的九项一级指标中，"法治政府建设的组织领导"一级指标的平均得分为47.22分（总分80分），平均得分率为59.03%，在九项指标中居于第七位。此外，2016年发布的《中国法治政府评估报告（2016）》显示，该年度评估中，"法治政府建设的组织领导"指标平均得分为39.39分，平均得分率为49.24%。2015年发布的《中国法治政府评估报告（2015）》显示，该年度评估中，"依法行政的组织领导"指标平均得分为33.33分，平均得分率为41.66%。

连续三年的评估数据显示，"法治政府建设的组织领导"这一指标的平均得分率虽然呈现逐年上升的趋势，但依然处在及格线之下。这一现象反映出法治政府建设组织领导工作的力度不强、机制不畅已经成为制约法治政府建设的重要因素。

（一）历史数据表现及趋势分析

1. 未按规定公布法治政府建设情况报告的城市数量减少

在2016年的评估中，未按规定公布法治政府建设情况报告的城市比例高达

81%，在2015年的评估中该项数据下降到46%。整体来看，虽然未按期公布报告的城市数量明显下降，但是对新《纲要》中有关该项要求的执行力度还亟待加强。见图3-4。

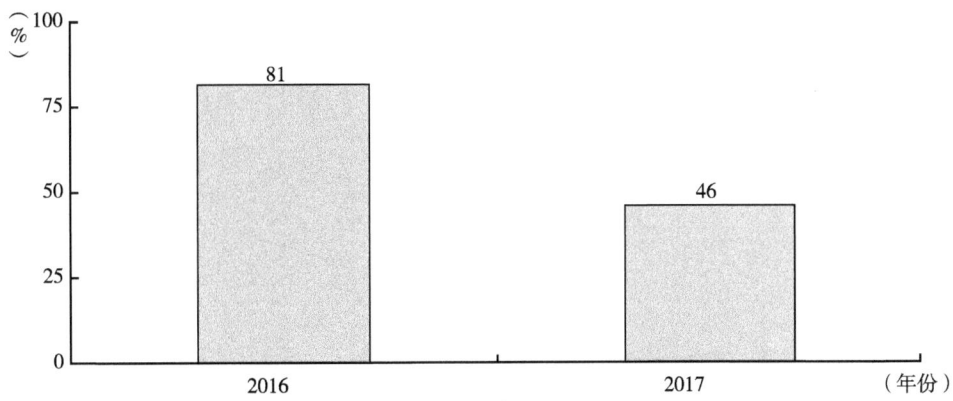

图3-4　2016、2017年未按规定期限公布报告的政府比例图

2. 政府常务会议对法治政府建设的讨论频次加速增长

在本指标项下"本年度政府常务会议对法治政府建设工作讨论情况"这一观测点上，2014年评估中全国平均得分率为38.2%，2015年评估中全国平均得分率为42.6%，2016年评估中全国平均得分率为51.8%，2017年评估中全国平均得分率为66.55%。该观测点得分率逐年升高，且得分增速呈现加速的态势。由此可见，各地方政府对法治政府建设工作的重视程度逐步提升，法治政府建设工作在政府日常议程中取得了更为优先的位置。（参见图3-5）。

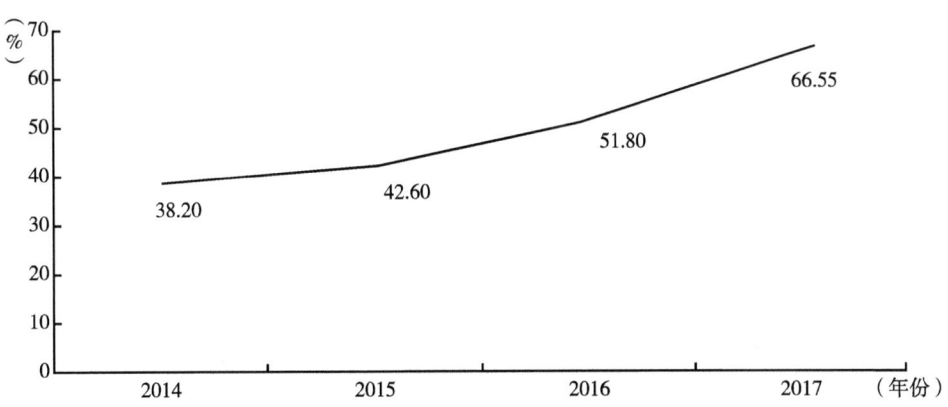

图3-5　本年度政府常务会议对法治政府建设工作讨论情况得分率分布图

3. 政府日益重视强化自身法治能力建设

本年度评估结果显示,"领导干部的法治思维培养"这一具体观测点的平均得分率为86.2%,"政府法律顾问开展工作情况"这一具体观测点的平均分得分率为76%。上述两个具体观测点的平均得分率均处于及格线之上,反映出政府主动重视和强化自身法治能力的趋势正在增强。从数据表现上看,过去四年"领导干部的法治思维培养"的得分率大致上也是保持增长趋势的。(参见图3-6)。

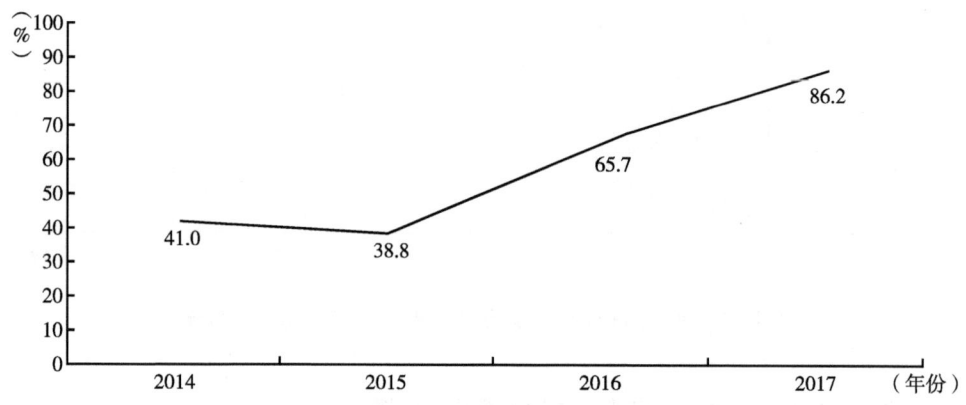

图3-6 领导干部的法治思维培养得分率分布图

(二)存在的问题

1. 法治政府建设情况报告的公布状况仍然不尽理想,党政主要负责人法治建设第一责任人的职责亟待落实

新《纲要》第42条规定,"县级以上地方各级政府每年第一季度要向同级党委、人大常委会和上一级政府报告上一年度法治政府建设情况,报告要通过报刊、政府网站等向社会公开"。在2016年的评估中,截至评估数据采集日,有19个市政府在2016年第一季度公布了上一年度法治政府建设情况报告,3个市政府在2016年第一季度后延迟公布法治政府建设情况,78个市政府未公布上一年度法治政府建设情况,未按规定期限公布的政府比例高达81%。2017年,截至评估数据采集日,在被评估的100个城市中,有54个市政府在2017年第一季度以《依法行政工作综述》、《依法行政工作情况报告》、《法治政府建设情况报告》等形式公布了上一年度法治政府建设情况报告,3个市政府在2017年第一季度后延迟公布上一年度法治政府建设情况,43个市政府未公布上一年度法治政府建设情况,未按规定期限公布的政府比例为46%。虽然在2017年,法治政府建设情况报告的未按期公布率同比下降35%,但地方政府对新《纲要》中该项要求的执行力度仍然不够。

2016年度中，地方政府未按照新《纲要》要求在第一季度末公布法治政府建设情况报告尚且可以归咎于新《纲要》公布较晚，留给地方政府的准备时间不充分。但是，在2017年度，仍然有46个地方政府未按照新《纲要》的明确规定公布报告，这充分说明法治政府建设各项要求的执行力度并不充分。

上述现象可以归因于法治政府建设在不少地方政府党政工作议程中尚处于较为边缘的位置，党政主要负责人自觉推进法治政府建设各项工作的意识仍然不充分。因此，报告的延迟公布并非一个形式上的次要问题，它在深层次上反映了党政主要负责人法治建设第一责任人的职责亟待落实。

2. 设立独立法制机构的比例在省、市、县（区）逐级递减，并在区、县一级呈现断崖式下跌

在2017年被评估的100个城市中，有91%的市政府设立了独立的政府法制办，仍然有9个市政府是在市政府办公厅（室）下设法制办；市下辖的1090个区县中，有236个区县政府设立了独立的法制机构，只占总数的21.7%。同时，我国有22个省政府（台湾省除外）和5个自治区政府都设有独立的法制办公室。由此，独立法制机构设立的比例在不同层级政府中呈现出逐级递减的趋势，并在区县政府一级呈现断崖式下跌（参见图3-7）。

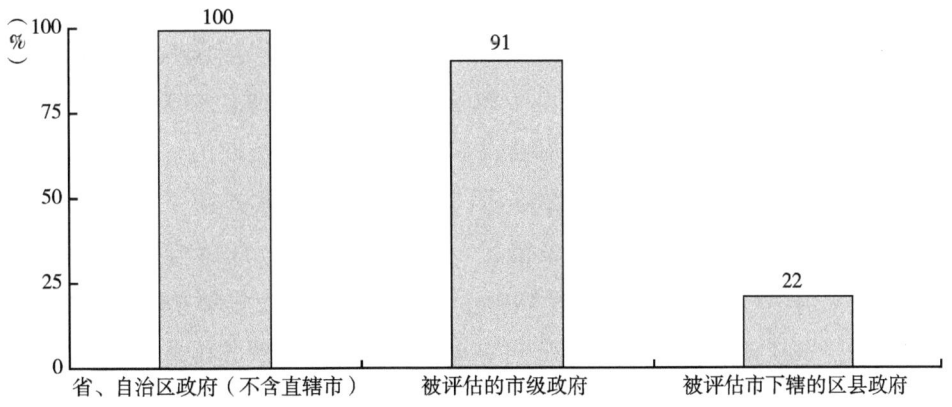

图3-7 各级政府的独立法制机构设置比率图

设立独立法制机构的比率依次递减，可见政府层级越低，越容易忽略法治政府建设的组织保障。而且，更加令理论和实务界困惑的是，不少区、县政府是在十八届四中全会作出《中共中央关于全面推进依法治国若干重大问题的决定》后撤并法制机构的。这意味着，当法治建设的重要性被中央决策层面重点强调时，基层政府对此项工作的组织保障却受到了削弱。不少法制机构的工作人员对此评价称"本来应当加足马力，却被拆了发动机"。

就实际工作而言，区、县政府这一基层政府虽然与省、市政府相比并无立法方面的职责，但承担了重要的执行职责，也是与行政管理对象接触最频繁的政府。因此，其法治政府建设的组织保障力度不足，将极大地影响政府依法行政的能力。目前在基层政府管理中经常出现的决策不规范、执法不规范等现象与这种组织层面的保障不力不无关系。

3. 政府常务会议关于法治政府建设的议题多为对中央要求的部署，缺少针对地方重点难点问题的主动探索

2017年评估中，政府常务会议对法治政府建设工作讨论的测评项分数继续增长，由于过去四年测评项的总体分值存在变化，以2014~2017年该测评项的得分率为基础数据可以看到，全国范围内受评估的100个城市在2014~2017年的评估期间内，该测评项的得分率是持续增长的。

同时，从具体的议题情况看，各地法治政府建设议题在主题和时机的选择上有较大的相似性。在专题讨论法治政府建设方面，多为执行中共中央、国务院印发的《法治政府建设实施纲要（2015—2020年）》关于"各地区各部门要结合实际制定实施方案"的要求，而制定关于近几年的地方版实施方案，如《鞍山市法治政府建设实施方案（2016—2020年）》、《邵阳市贯彻落实〈法治政府建设实施纲要（2015—2020年）〉的实施方案》，该年度100个城市中有33个城市通过相关实施方案，占专题讨论情形的70%以上。在法治政府建设其他相关议题的选取上，多有当国务院提出简政放权、加强信息公开或其他要求后，各地紧接着在常务会议上针对"行政审批"、"政务公开"等议题进行讨论的情况。从数据上来看，2017年度被评估的城市在常务会议上讨论行政审批议题共计79次，有些城市还多次在常务会议上进行研究，该类议题的受重视程度与2016年相比明显增强；另讨论规章或规范性文件的制定与清理18次、行政决策15次、政务公开11次等。（参见图3-8）。

此外，从常务会议报道的措辞和领导发言中也可以明显觉察出其贯彻中央要求的意图，如"按照中央文件要求"、"根据国务院工作部署"等。

上述现象反映了地方政府对由中央统筹推进的法治政府建设工作的落实具有积极意义。但是，也需要指出，不同地方有着经济和社会发展的不同情况，法治政府建设也各自面临不同的薄弱环节。因此，在法治政府建设议题选择上，除了需要强化对中

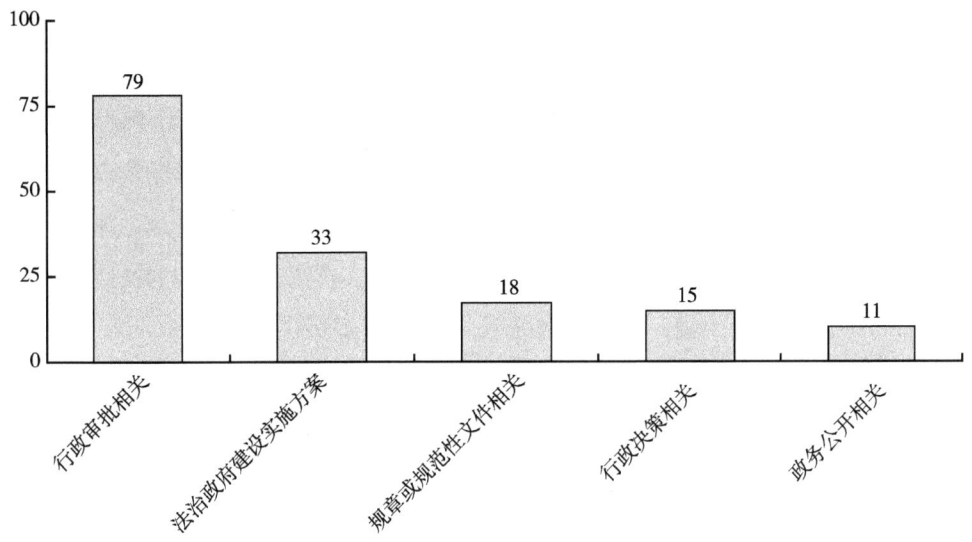

图 3-8 部分高频议题讨论情况图

央政府要求的执行外，尚需要结合自身的短板，每年有针对性地解决一些实践中存在的突出问题，实现对症下药，避免法治政府建设停留于文件、迷失于口头。

4. 依法行政工作考核力度仍不足，相关部门监督缺位

据公开检索到的数据，在 2016 年，有 68 个市政府对 2016 年或 2015 年的依法行政工作进行了考核。其中，只有 4 个市政府公布了考核发现的针对具体单位的问题或向人大、党委报告了考核情况。仍有 32 个城市未在 2016 年进行依法行政工作考核或者未公开相关情况。部分城市在考核中体现了问题反馈环节，但没有进一步明确具体问题并提出相应对策；少数城市在公布的考核结果中指出了各部门普遍存在的问题，如行政决策程序、行政执法规范化、法治政府整体建设水平以及依法行政工作发展均衡性问题等。但地方政府仅对这些问题进行笼统概括描述，流于形式，缺少实质性评价和建议，因此监督指导效果欠佳，不利于相关部门改进工作。

5. 领导干部的法治思维培训在形式上较为单一

该项涨分同样明显，是本年度所有六个观测点中得分率最高的一项。从往年数据来看，全国范围内受评估的 100 个城市在 2014~2017 年的评估期间内，该测评项的得分率大致上也是稳定增长的。

整体来看，多数城市都能达到新《纲要》和指标评分标准中的培训或者讲座的次数要求。然而，从具体培训或者讲座的形式来看，在获得满分 10 分的 73 个城市中，绝大多数都是通过在常务会议上针对具体的一部法律进行学习进而达到了评分要求，这些城市也大多建立了领导干部常务会议学法制度。非学法活动得分的形式只有包头市开展的《依法行政建设法治政府》辅导、北京市领导班子学习《法治政府建设实施纲要》、哈尔滨市出庭应诉辅导、南昌市依法行政讲座、周口市领导干部法治教育轮训等，检索到的其他满足评分要求的活动形式几乎都为学法活动或者相关的培训、测试等。常务会议开展法律学习虽然符合了学习内容和次数的要求，增加了领导干部对法律知识的了解和运用，但是，如果要实现切实提高领导干部的法律思维，帮助其在日常工作的开展中做到遵法、守法还需要更加多层次、多角度的学习。例如，针对具体法律问题或者重大涉法事件的开展讨论、学习，针对领导干部法治思维或者依法行政意识进行专题培训或者讲座，等等。

（三）完善的建议

1. 严格落实法治政府建设情况报告制度，切实落实党政主要负责人对法治建设第一责任人职责

各地政府应当进一步自觉落实新《纲要》相关规定，加强内部对法治政府建设各项工作的重视程度，提升领导干部的法治意识，按年度撰写并及时向社会公布建设情况报告，定期总结法治工作取得的成效，反思工作中存在的问题。

与此同时，应当建立切实有效的机制确保党政主要负责人履行辖区内法治政府建设第一责任人的职责。通过健全政绩考核、责任约谈等制度切实推动各级党委、政府谋划和落实好法治政府建设的各项任务，及时消除制约法治政府建设的体制机制障碍。

2. 强化对法制机构建制和人员的保障，推动区县政府法制机构的建设

拥有独立建制的政府法制机构对政府行为合法性控制具有重要意义：一方面，法制工作需要长时间的经验积累，附属于其他组织的法制机构并不能有效积累专业经验；另一方面，法制机构作为负责政府行为内部合法合规的控制机构，需要在功能上与其他机构特别是负责政策推行的机构有相对的隔离，不受其过度干预，才能有效发挥监督和矫正作用。因此，建议县级以上人民政府将法制机构保持或调整为有独立建制的机构。

与此同时，依法行政重点在基层，难点也在基层。区县政府应当建立健全法制机构的组织和人员保障，使机构设置、人员配备与工作任务相适应。

3. 政府常务会议加强对当地法治政府建设重点和难点问题的讨论部署

各地方政府除应积极贯彻执行中央关于法治政府建设的各项要求外，还应该结合本地法治政府建设的具体情况，针对涉法涉诉的行政行为、本地区规范性文件的制定和执行情况、地方事务相关的重大行政决策等问题，在常务会议上进行研究讨论。在具体工作中，还应该关注本地区法治政府建设的新动态、新问题，在常务会议上加强对这些地方性问题的关注。

4. 细化依法行政考核标准和流程，完善考核结果公示制度

依法行政考核工作是考评该政府法治政府建设情况的重要组成部分。为避免考核工作流于形式，真正起到监督规范的作用，各地政府应当在上级政府指导下制定具体严格的考核标准和考核方式，并及时公布考核结果，提出问题和相应建议。通过政府官网公布考核中各单位存在的具体问题、需要改进的地方，同时将年度考评结果向市委和市人大进行汇报，充分发挥考核评价对法治政府建设的重要推动作用。

5. 完善领导干部法治思维培训机制

对领导干部的法治思维培训要更加注重实际效果，而不是简单地学习某一部法律，或者针对某一宏观主题进行泛泛介绍。培训和讲座的内容要能够与领导干部的日常工作紧密切合，最好能够结合该地实际遇到的问题和困难，帮助其学用结合。同样，在学习的形式上要丰富多样，以实际效果作为培训或讲座开展情况的评判标准。党的十八大把法治政府基本建成确立为到2020年全面建成小康社会的重要目标之一，新《纲要》针对这一目标制定了较为清楚的路线图，并要求"各地区各部门要结合实际制订实施方案，明确提出时间进度安排和可检验的成果形式，党政主要负责人要亲自抓落实"。基于此，各级党政负责人应当端正态度，认识到法治政府建设工作的重要性、影响的深远性、任务的艰巨性和时间的紧迫性，将法治政府建设工作真正植入日常工作议程的核心环节，提高法治政府建设工作的优先级，切实投入精力研究部署、推进落实顶层设计的相关要求。

B.4 依法行政制度体系

摘　要： 法治政府建设要求建立健全依法行政制度体系。本部分评估以行政规范性文件的制定与实施情况为基本内容，具体指标的设计主要是以当前党中央和国务院一系列有关推进依法行政、建设法治政府的纲领性文件中对行政规范性文件建设方面提出的具体要求为依据。评估结果显示，绝大多数地方政府能够紧密结合本地区实际情况和现实需求深入推进行政规范性文件的法治化建设，进步明显。但本部分指标总体得分率仍然较低，构成当前法治政府建设的一大短板，与法治政府基本建成目标的要求尚有较大差距，存在较大的提升空间。

关键词： 行政规范性文件　法治化　任性　顶层设计

一　指标设置及评估标准

（一）指标体系

《法治政府建设实施纲要（2015—2020年）》明确将"完善依法行政制度体系"作为深入推进法治政府建设的主要任务和重要举措之一。本次观测"依法行政制度体系"一级指标之下设置三项二级指标和八项三级指标（具体内容见表4-1）。

根据《法治政府建设实施纲要（2015—2020年）》的基本要求，完善依法行政制度体系的目标是"提高政府立法质量，构建系统完备、科学规范、运行有效的依法行政制度体系"，具体涵盖政府立法（即政府规章制定）和行政规范性文件制定两大方面。与之前评估类似，2017年本部分指标内容主要指向行政规范性文件，暂不考察政府规章的相关问题。关于行政规范性文件的制定与实施问题，目前国家层面尚未出台专门的法律法规予以规制，但党中央和国务院一系列有关推进依法行政、建设法治政府的纲领性文件中均对行政规范性文件建设提出了具体要求。本次评估主要以这些具体要求为基础，选取了"行政规范性文件制定的制度化和规范化"、"行政规范性文件的合法性"和"行政规范性文件的监督和管理"三大方面，具体涵盖行政规范性文件制定程序制度的建立情况、行政规范性文件的实体合法性、行政规范性文件公开听取意见制度的实施、行政规范性文件公布率、行政规范性文件"三统一"制度的实施、行政规范性文件的备案审查情况、行政规范性文件有效期制度的实施、行政规范性文件定期清理活动及结果共八项内容。期望通过对上述八项核心内容的持续深入考察，得以管窥被评估政府在行政规范性文件领域存在的短板和不足，并针对"屡评屡现"的问题提出有针对性的对策和建议，以便为深入推进行政规范性文件的法治化夯实基础。

表4-1 依法行政制度体系

一级指标	二级指标	三级指标
依法行政制度体系（80分）	（一）行政规范性文件制定的制度化和规范化（10分）	1. 是否建立了完备的行政规范性文件制定程序制度（10分）
	（二）行政规范性文件的合法性（30分）	2. 行政规范性文件实体是否合法（10分）
		3. 行政规范性文件的制定是否切实公开听取意见（10分）
		4. 行政规范性文件的公布率是否达到100%（10分）
	（三）行政规范性文件的监督和管理（40分）	5. 行政规范性文件是否切实做到"三统一"（10分）
		6. 行政规范性文件的报备情况（10分）
		7. 行政规范性文件有效期制度的落实情况（10分）
		8. 是否按规定对现行行政规范性文件开展清理并公布清理结果（10分）

（二）设置依据和评估标准

本部分指标主要根据国务院《全面推进依法行政实施纲要》、《加强市县政府依法行政的决定》、《加强法治政府建设的意见》、《法治政府建设实施纲要（2015—2020年）》以及有关法律法规对地方政府有关"行政规范性文件"方面的硬性要求而设计。观测中，项目组所依据的材料与数据来源主要为政府门户网站、网络搜索引擎关键词查询等方式。本年度指标体系与上一年度略有不同，主要体现在以下五个方面：一是将上年三级指标7"是否建立定期清理制度"移到三级指标1中，作为其中一项制度内容来考察；二是将三级指标1的分数从上年的15分降到10分，并将这5分加到三级指标6"行政规范性文件的报备情况"中，由5分上升为10分；三是增加三级指标7"行政规范性文件有效期制度的实施",加大对被评估政府落实有效期制度情况的考察;四是调整个别三级指标的顺序,并将二级指标3由"行政规范性文件定期清理制度的建立和落实"改为"行政规范性文件的监督和管理";五是对个别三级指标的观测方法和评分标准进行了略微调整。各项三级指标(观测点)的设置依据、观测方法以及评分标准如下:

1. 是否建立了完备的行政规范性文件制定程序制度

【设置依据】这一指标旨在考察被评估政府是否建立了完备的行政规范性文件制定程序制度。为了提高政府部门依法行政水平和行政效率,保证行政规范性文件制定工作的规范与文本的质量,政府有必要对行政规范性文件的制定程序做出专门规定。根据《全面推进依法治国若干重大问题的决定》、《全面推进依法行政实施纲要》、《加强市县政府依法行政的决定》、《加强法治政府建设的意见》以及《法治政府建设实施纲要(2015—2020年)》等相关文件的硬性要求,被评估政府应当建立完备的行政规范性文件制定程序以及监督管理等基础性制度,并可以细化为以下九个方面:①公开听取意见制度;②专家咨询论证制度;③合法性审查制度;④集体讨论决定制度;⑤三统一制度;⑥备案制度;⑦有效期制度;⑧异议审查制度;⑨定期清理制度。

【观测方法】以"城市名"和"具体制度名称"为关键词在百度等主流搜索引擎上检索相关制度,以判断被评估政府是否建立了涵盖上述九个方面的具体制度,时间节点为2016年12月31日之前。

【评分标准】本项满分10分。采取扣分制,每缺少一项制度扣2分,直至扣完10分为止。因此,被评估政府最终得分取决于建立制度的多寡。另外,如果被评估政府所属省级政府或者同级人大已经制定相应制度的,可以视为被评估政府的得分依据。

2. 行政规范性文件实体是否合法

【设置依据】这一指标旨在考察被评估政府制定的行政规范性文件是否存在实体违法的情况。实体违法主要是指被评估政府制定的行政规范性文件存在超越职权或者与上位法相冲突等违法情形。《全面推进依法治国若干重大问题的决定》中明确指出:"依法撤销和纠正违宪违法的规范性文件,禁止地方制发带有立法性质的文件。"《法治政府建设实施纲要(2015—2020年)》也明确要求"规范性文件不得设定行政许可、行政处罚、行政强制等事项,不得减损公民、法人和其他组织合法权益或者增加其义务"。

【观测方法】利用官方网络（国务院法制办、地方政府法制办和中国法律法规信息系统等）检索并考察被评估政府在2016年度发布的行政规范性文件是否存在违法设定行政许可、行政处罚或行政强制等方面的信息。另外，在中国裁判文书网、OpenLaw等网站查询相关裁判文书是否有确认行政规范性文件违法的案例。

【评分标准】本项满分10分。被评估政府在2016年制定的有关行政许可、行政处罚或行政强制的行政规范性文件中，只要出现违法设定情形，或存在确认行政规范性文件违法判决的，本项不得分。

3. 行政规范性文件的制定是否切实公开听取意见

【设置依据】这一指标旨在考察被评估政府在制定行政规范性文件的过程中是否切实公开听取意见。公开听取意见是公众参与立法的主要形式，同时也是提高政府立法质量，以民主立法促进科学立法的重要方式。有些地方政府虽然建立了公开听取意见制度，但为了避免该项制度流于形式，有必要对其实施情况进行考核。

【观测方法】利用官方网络（地方政府门户网站和法制办网站等）以及在百度等主流搜索引擎上以"城市名"和"具体制度名称"为关键词进行检索，以判断被评估政府在2016年制定的行政规范性文件是否切实公开听取意见。

【评分标准】本项满分10分。被评估政府未建立行政规范性文件公开听取意见专栏或从未对行政规范性文件公开听取意见的，不得分。建立了专栏，但仅对部分行政规范性文件公开听取意见的，得5分；对全部行政规范性文件公开听取意见的，得10分。

4. 行政规范性文件的公布率是否达到100%

【设置依据】这一指标旨在考察被评估政府制定的行政规范性文件的公布率是否达到100%。《政府信息公开条例》将行政规范性文件作为行政机关主动公开的重要内容，《法治政府建设实施纲要（2015—2020年）》也明确要求"涉及公民、法人和其他组织权利义务的规范性文件，应当按照法定要求和程序予以公布，未经公布的不得作为行政管理依据"、"实行规范性文件目录和文本动态化、信息化管理"。因此，将被评估政府所制定的行政规范性文件的公布率是否达到100%作为观测点，应该成为最低限度的硬性要求。

【观测方法】对被评估政府的市政府网站、市政府法制办网站、政务信息公开网站、政府相关部门网站等官方网络进行检索，查找2016年度行政规范性文件的公布信息。

【评分标准】本项满分10分。被评估政府没有建立行政规范性文件专栏的，本

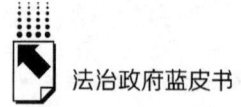

项指标不得分。建立行政规范性文件专栏，但不能直接检索到文件内容的，扣5分；不能全面反映市政府、市政府办公厅、市政府其他组成部门以及各区县政府四类行政规范性文件的，扣5分；能够完整公布、清晰公布和分类公布的，得10分。

5. 行政规范性文件是否切实做到"三统一"

【设置依据】这一指标旨在考察被评估政府在行政规范性文件的管理过程中是否切实做到"三统一"。《国务院关于加强法治政府建设的意见》中规定："县级以上地方人民政府对本级政府及其部门的规范性文件，要逐步实行统一登记、统一编号、统一发布。"《法治政府建设实施纲要（2015—2020年）》则明确要求"实行制定机关对规范性文件统一登记、统一编号、统一印发制度"。通过实行"三统一"制度对行政规范性文件进行统一管理和监督，可以肯定其合法性、提升其权威性和执行力，这对于加强依法行政和维护法制统一具有重要意义。有些地方政府虽然规定了"三统一"制度，但为了避免该项制度流于形式，有必要对其贯彻落实情况进行考核。

【观测方法】利用官方网络（地方政府门户网站和法制办网站等）以及在百度等主流搜索引擎上以"城市名"和"具体制度名称"为关键词进行检索，以判断被评估政府管理行政规范性文件是否做到了"三统一"。

【评分标准】本项满分10分。被评估政府未建立该项制度或未践行"三统一"制度要求的，不得分。具体赋分细化为市政府3分，市政府办公厅3分，市政府其他组成部门2分，区县政府2分。

6. 行政规范性文件的报备情况

【设置依据】这一指标旨在考察被评估政府的行政规范性文件备案审查制度是否得到有效实施。备案审查制度是我国立法监督体系中的一种重要方式，是确保行政规范性文件合法的重要依托。《法治政府建设实施纲要（2015—2020年）》明确要求"加强备案审查制度和能力建设，把所有规范性文件纳入备案审查范围……加大备案审查力度，做到有件必备，有错必究"。

【观测方法】对被评估政府的市政府法制办网站进行检索，查找行政规范性文件报备系统或2016年度行政规范性文件的备案审查信息。

【评分标准】本项满分10分。未检索到行政规范性文件备案审查平台或者相关信息的，本项指标不得分。

7. 行政规范性文件有效期制度的落实情况

【设置依据】这一指标旨在考察被评估政府的行政规范性文件有效期制度是否得

到有效实施。有效期制度主要是指行政规范性文件的自动失效制度，与强调事后监督的定期清理制度不同，且无法相互替代。《加强法治政府建设的意见》（国发〔2010〕33号）规定："探索建立规范性文件有效期制度"。

【观测方法】对被评估政府的市政府网站、市政府法制办网站、政务信息公开网站、政府相关部门网站等官方网络进行检索，查找市政府在2016年度所制定的行政规范性文件是否按规定设置了有效期。结合被评估政府最近一次公布的清理结果目录，查看市政府是否存在超过有效期仍施行的行政规范性文件。

【评分标准】本项满分10分。市政府在2016年度所制定的行政规范性文件未按规定设置有效期，或存在超过有效期仍然在施行的行政规范性文件，本项指标不得分。

8. 是否按规定对现行行政规范性文件开展清理并公布清理结果

【设置依据】这一指标旨在考察被评估政府是否按规定对行政规范性文件开展清理并统一公布清理结果。行政规范性文件作为行政管理的重要依据，其修订与废止均应被社会公众所知悉。《法治政府建设实施纲要（2015—2020年）》明确指出："各级政府及其部门要根据规范性文件立改废情况及时作出调整并向社会公布。"因此，行政机关应当在对行政规范性文件进行清理之后，将清理结果统一向社会公布，这也是考察有关行政规范性文件定期清理制度落实情况的重要观测点。

【观测方法】根据被评估政府建立的定期清理制度，以"城市名"、"规范性文件"、"清理结果"等为关键词在百度等主流搜索引擎和中国法律法规信息系统上检索相关信息，以判断被评估政府是否如期对行政规范性文件进行清理并公布结果。

【评分标准】本项满分10分。被评估政府未建立行政规范性文件定期清理制度的，本项指标不得分。只进行清理但未统一公布清理结果的，得5分；没有如期清理的，本项指标不得分。由于各地清理周期及起算点有所不同，根据"市县政府及其部门每隔两年要进行一次规范性文件清理工作"的规定，如果被评估政府2016年度没有开展清理的，2015年度或2014年末的清理也可作为观测点。

二 总体评估结果分析

本部分指标总分为80分，被评估的100个城市的平均得分为45.92分，上年平均得分为50.76分。2017年共有44个城市在平均分之上，占到被评估城市总数的44%，56个城市在平均分下，占到被评估城市的56%，整体得分趋于正态分布。上年则有47个城市在平均分之上,53个城市在平均分之下。本部分指标得分最高的城市为78分,得分最低的城市为15分,体现了较大的区分度。上年得分最高的城市为76分,得分最低的城市为15分。

在100个被评估城市中,本年度分数排名前三的城市分别是德州市（78分）、合肥市（76分）、吉林市（75分）、青岛市（75分）、淄博市（75分）、潍坊市（75分）和南宁市（75分）(参见图4-1、4-2)。上一年度排前三的城市分别是潍坊市（76分）、德州市（75分）、吉林市（75分）、杭州市（75分）和厦门市（75分）。

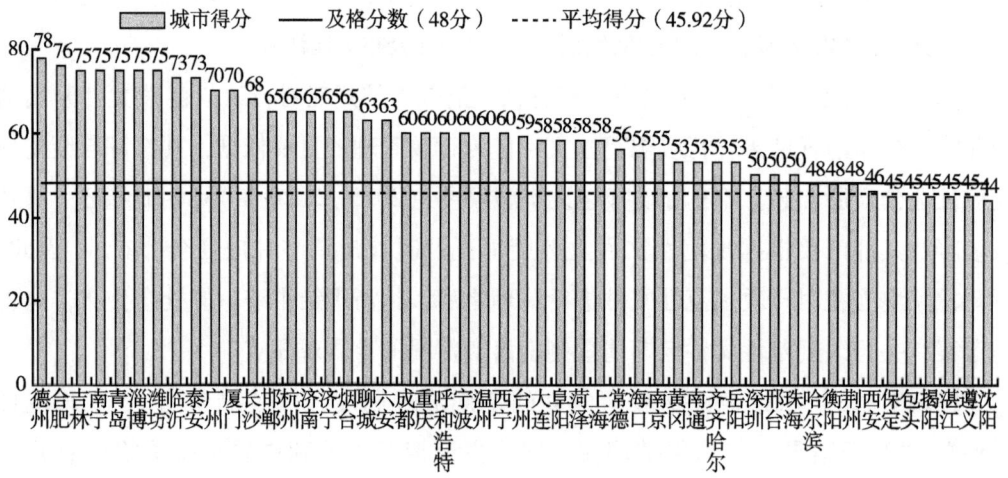

图4-1 一级指标3得分排名前50名的城市

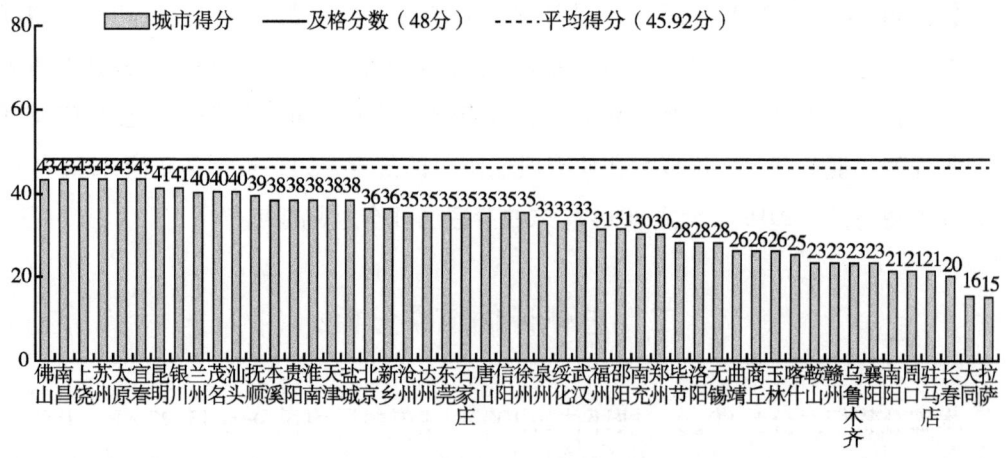

图4-2 一级指标3得分排名后50名的城市

本部分指标共包含八项三级指标（观测点），每项三级指标均为 10 分。各项三级指标的得分情况如下：行政规范性文件制定程序制度的完备度，平均分 8.62 分；行政规范性文件的实体合法性，平均分 10.00 分；行政规范性文件制定的公开度，平均分 3.75 分；行政规范性文件的公布率，平均分 5.70 分；"三统一"制度的落实情况，平均分 3.25 分；行政规范性文件的报备情况，平均分 3.70 分；行政规范性文件有效期制度的落实情况，平均分 4.60 分；定期清理制度的落实情况，平均分 6.30 分。可见，各项三级指标得分率差异明显（三级指标得分率参见图 4-3），这充分反映出地方政府对推进行政规范性文件法治化建设的不同环节重视迥异。其中，三级指标一侧重于建章立制方面的评估，三级指标 2 侧重于行政规范性文件的实体合法性评估，得分率都相对较高。而其他着重于对相关制度实施情况的评估，得分率则相对较低。一方面，差异化的得分率充分暴露出行政规范性文件法治化建设中的短板；另一方面，也充分说明当前行政规范性文件建设的法治化水平更多地取决于相关制度的实施情况。"一分部署，九分落实"，法治政府建设的难点和重点就在于要如何确保具体制度能够得到良好实施，这已成为不容回避的客观现实。

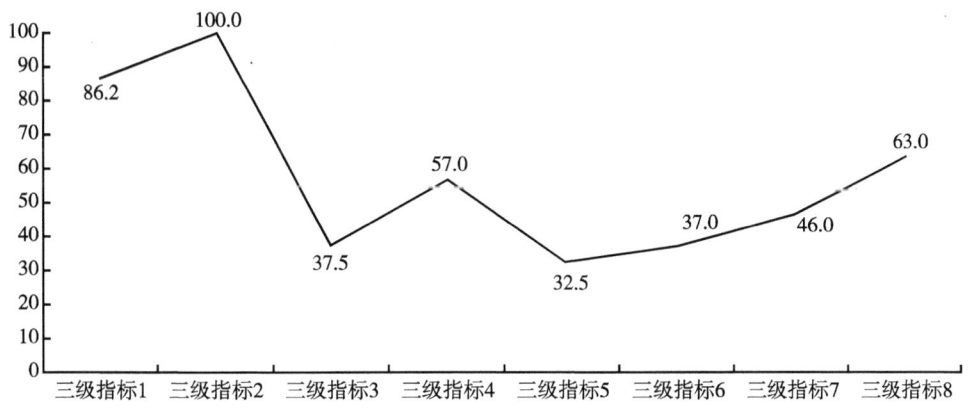

图 4-3 三级指标得分率图

由于本部分指标体系的变动，导致 2017 年评估结果与上年评估结果不同，100 个城市的平均得分和总得分率出现了下降。在总分保持不变的情况下，上年度平均得分 50.76，总得分率 63.45%。2017 年平均得分 45.92，总得分率 57.4%，与上年度相比降低 4.84 分，得分率降低 6.05%。造成这种现象的原因主要在于上年三级指标 7 "定期清理制度的制定情况"的得分率在 95%，而 2017 年替换新增的三级指标 7 "行政规范性文件有效期制度的落实情况"的得分率在 46%，仅这一项三级指标的变动，就导致总体平均得分少了 4.9 分。从整体上来看，2017 年的 8 项三级指标，除了三级指标 7 发生变化外，剩余 7 项三级指标与上年基本相同。通过对比这 7 项三级指标的得分率可以看出（三级指标得分率的具体变化见表 4－2），有 6 项三级指标的得分率都比上年有了较大或明显的提升，仅三级指标 8 的得分率出现了下降情况。综上，100 个城市在推进依法行政制度体系建设方面的总体趋势是稳中上升的。

表 4－2　2016、2017 年依法行政制度体系各三级指标得分率对比情况

单位：%

	2016 年得分率	2017 年得分率	变化情况
1. 行政规范性文件制定程序制度的完备度	84.4	86.2	↑
2. 行政规范性文件的实体合法性	98	100	↑
3. 行政规范性文件制定的公开度	26.5	37.5	↑
4. 行政规范性文件的公布率	56	57	↑
5. "三统一"制度的落实情况	22	32.5	↑
6. 行政规范性文件的报备情况	33	37	↑
7. 定期清理制度的制定情况	95		
7. 行政规范性文件有效期制度的落实情况		46	
8. 定期清理制度的落实情况	67	63	↓
整体	63.45	57.4	↓

三　三级指标评估结果分析

（一）行政规范性文件制定的制度化和规范化

1. 总体表现分析

行政规范性文件制定的制度化和规范化这一指标，被评估政府总体上尚可，平均得分为 8.62 分，得分率 86.20%。在新增加了一个扣分点（定期清理制度）的情况下，与上一年度得分率（84.40%）相比，略有提升。该指标得分分布情况见表 4－3。

表 4－3　行政规范性文件制定的制度化和规范化指标得分情况

单位：%

得分(分)	0	4	6	8	10
城市(个)	1	2	12	34	51

从该项指标所包含的具体内容上来看,截止到2016年底,有97个城市建立了7项以上(包括7项)制度,占97%。而在这97个城市中,尚未建立的制度几乎均集中在第五项,即"三统一"制度,与2016年评估结论相同。从实现该项指标的制度形式上来看,2016年度大部分城市或所属省级政府均制定了专门、系统的行政规范性文件制定程序制度或类似制度。例如重庆市政府制定了《重庆市行政规范性文件管理办法》、成都市政府制定了《成都市行政规范性文件管理规定》、山东省政府制定了《山东省行政程序规定》等等。

2. 分差说明及典型事例

在本项指标中,优秀典范城市是湖南省、山东省、浙江省、广东省、河北省的所有被测评城市和重庆市、合肥市、西安市、兰州市等51个城市,均得到满分10分。相比较而言,有3个城市建立了不足7项制度,即沈阳市、抚顺市和拉萨市。其中,沈阳市未建立公开听取意见、专家咨询论证、三统一三项制度;抚顺市未建立公开听取意见、集体讨论决定、三统一三项制度;拉萨市未建立公开听取意见、专家咨询论证、三统一、有效期、定期清理5项制度。在这3个城市中,拉萨市直接按照所属人大或者省级政府制定的文件实施,沈阳市和抚顺市虽然制定了专门的规范性文件制定程序制度,但由于制定时间较早,未能按照近年来党中央和国务院关于法治政府建设的新要求及时更新和调整。

(二)行政规范性文件的实体合法性

1. 总体表现分析

关于行政规范性文件的实体合法性这一指标,在2016年度,有100个城市得了满分,占到被评估城市的100%,整体得分趋于正态分布。

2. 分差说明及典型事例

在本次观测中,我们改变了以往的观测方法,采取了以下两种方式:一是检索所有以市级政府名义发布的行政规范性文件,看其是否存在违反《行政处罚法》、《行政强制法》、《行政许可法》、《立法法》中有关设定权的规定。二是同步检索复议决定书和法院判决书,看行政规范性文件是否存在违法的情况。通过上述两种方法发现存在一例行政规范性文件违法的,本项指标不得分。

从总体来看,随着行政规范性文件管理和监督的不断加强,行政规范性文件明显违法的情形不复存在。党的十八届三中全会《中共中央关于全面深化改革若干重大问题的决定》提出"推进国家治理体系和治理能力现代化"。治理体系现代化的首要标志为"依法行政制度体系的完备"。党的十八届四中全会《中共中央关于全面推进依法治国若干重大问题的决定》又提出:"把所有规范性文件纳入备案审查范围,依法撤销和纠正违宪违法的规范性文件",对行政规范性文件的监督提出了更高的要求。立足当下,加强行政规范性文件的管理和监督,提高行政规范性文件质量,筑起行政规范性文件违法的第一道防火墙,是加快法治政府建设、推进政府治理体系现代化的重要途径。

(三)行政规范性文件制定的公开度

1. 总体表现分析

关于行政规范性文件制定的公开度这一指标,被评估政府在 2017 年度平均得分只有 3.75 分,与上一年度得分(2.65)相比,虽有较大提升,但评估结果仍不理想。该指标得分分布情况见表 4-4。

表 4-4 行政规范性文件制定的公开度指标得分情况

得分(分)	0	5	10
城市(个)	52	21	27

从该项指标所包含的具体内容上来看,截止到 2016 年底,有 27 个城市建立了"规范性文件征求意见"专栏并对规范性文件征求了意见;超过半数的城市未建立"行政规范性文件征求意见"专栏,或者在行政规范性文件制定过程中未向社会公开征求意见。

2. 分差说明及典型事例

本项指标做得相对较好的是武汉市、上海市、重庆市等 27 个城市,获得满分 10 分。在这些获得满分的城市中,有淄博市、南通市、六安市等城市建立了独立于一般"政民互动"、"民意征集"或类似栏目的专门化的"行政规范性文件征求意见"栏目。例如,在淄博市政府网站有"规范性文件草案意见征集"专栏,内容涉及行政规范性文件草案、征求部门、征求时间、意见反馈渠道等,从而使行政规范性文件的征求意见工作清楚明晰、规范有序。需要指出的是,上海市法制办不仅有"政府立法草案征求意见"专栏,而且还有"反馈列表",对公众意见采纳情况进行反馈,内容包括该行政规范性文件的后续进展、征集意见总数、已采纳公众意见的说明、未采纳公众意见的说明等,体现出行政机关对公众意见的重视,提高了公众参与立法征求意见的积极性和主动性，值得推广。

对比本项指标失分的城市，虽然有些城市建立了"公开听取意见"制度，但由于该项制度的设置过于原则化，缺乏相关指导，导致在实际工作中呈现散乱的状态，同时这也体现了对行政规范性文件公开听取意见工作的不重视。

（四）行政规范性文件的公布率

1. 总体表现分析

行政规范性文件公布率这一指标，被评估政府总体上得分率不高，平均分为5.70分，与上一年度得分（5.60分）相比，变动幅度不明显。该指标得分分布情况见表4-5。

表4-5 行政规范性文件的公布率指标得分情况

得分（分）	0	5	10
城市（个）	9	68	23

从整体上来看，本项指标主要考察的是被评估政府是否建立行政规范性文件专栏或将行政规范性文件放在"政府文件"、"法规文件"等专栏下，并做到完整公布、清晰公布和分类公布。关于这一指标，在2016年度得到满分的城市有23个；得到5分的城市有68个；得到0分的城市有9个，比上一年度减少3个。被扣分的城市主要是由于尚未建立行政规范性文件专栏或未将行政规范性文件放在其他专栏下；或虽已建立专栏，但不能直接检索到文件内容；抑或虽已建立专栏，但不能全面、完整反映出市政府、市政府办公厅、市政府各职能部门以及区县政府这四类行政规范性文件。

2. 分差说明及典型事例

本项指标下的优秀典范城市是宁波市、南京市和重庆市等23个城市，这些城市一般都会在其市政府网站（信息公开专栏）、法制办网站上公布2016年度制定的所有行政规范性文件目录（市政府、市政府办公厅、市政府各职能部门以及区县政府四个层面）及其文本内容，因此均得到满分。例如，在重庆市政府网站信息公开栏目中，将"规范性文件"放在"法规文件"专栏下，可以查询市政府、市政府办公厅、市政府各职能部门和区县政府制定的所有行政规范性文件。

该项指标失分的原因主要有以下两个方面：第一，市政府各职能部门和区县政府制定的行政规范性文件公布率没有达到100%，个别市政府门户网站下的"政府信息公开"专栏只公布了市政府或者市政府办公厅制定的行政规范性文件，而对市政府各职能部门和区县政府制定的行政规范性文件目录却检索不到。例如太原市、抚顺市、盐城市等城市。第二，个别城市尚未建立行政规范性文件专栏或未将行政规范性文件放在其他专栏下，例如北京市、长春市。

（五）"三统一"制度的落实情况

1. 总体表现分析

关于"三统一"制度的落实情况这一指标，被评估政府平均得分为3.25分，与上一年度得分（2.20分）相比，虽有明显提升，但总体上仍不理想。该指标得分分布情况见表4-6。

表4-6 "三统一"制度的落实情况指标得分情况

得分(分)	0	3	4	5	6	8	10
城市(个)	62	1	1	4	4	3	25

关于这一指标，在2016年度得到满分的城市有25个，比上一年度增加8个；得到0分的城市有62个，比上一年度减少13个，可见全国仍有大部分城市未落实行政规范性文件"三统一"制度。同时，也有13个城市未能全面做到"三统一"，即市级和市政府办公厅、市属职能部门和区县政府的规范性文件未能均落实"三统一"的要求，即统一登记、统一编号、统一公布。

2. 分差说明及典型事例

在本项指标中，优秀典范城市是宁波市、济南市、厦门市、西宁市等25个城市，均得到了满分10分。例如，《西宁市行政规范性文件制定和备案办法》规定"规范性文件应当由制定机关的主要负责人或者其授权的有关负责人签署并向社会发布。规范性文件签署后，应当送本级人民政府法制工作机构统一登记、统一编号、统一公布。未经统一登记、统一编号、统一公布的规范性文件一律无效，不得作为实施行政管理的依据。公布和印发规范性文件，应当按照规定标注登记号"。西宁市市级和市政府办公厅、市属职能部门和区县政府的规范性文件均能落实"三统一"的要求，标注登记号。天津市、太原市、北京市等31个城市因未建立该项制度而失分，上海市、兰州市、石家庄市等44个城市虽建立"三统一"制度但未全面落实而失分。

（六）行政规范性文件的报备情况

1. 总体表现分析

行政规范性文件的报备情况这一指标，被评估政府总体上得分率不高，失分较多，平均分为3.70分。该指标得分分布情况见表4-7。

表4-7　行政规范性文件的报备情况指标得分情况

得分（分）	0	10
城市（个）	63	37

被评估政府中有37个城市建立了规范性文件报备系统或能够查询到报备信息，占37%，与上一年度（33%）相比，变动幅度不明显。有63个城市因未建立该系统或查询不到相关信息而得0分。从整体上来看，本项指标得分很低，平均分仅为3.70分。实际上，行政规范性文件备案制度并非前沿，国务院早在2004年发布的《依法行政实施纲要》中就对报备制度做出了明确规定，并在《法治政府建设实施纲要（2015—2020年）》再次重申"加强备案审查制度和能力建设，把所有规范性文件纳入备案审查范围……加大备案审查力度，做到有件必备，有错必究"。因此，从高效便民和全面监督的原则出发，我们鼓励有关城市尽可能地建立公开、专门的报备系统，以实现规范性文件报备的信息化管理。

2. 分差说明及典型事例

本项指标下的优秀典范城市是北京市、天津市、厦门市、合肥市、重庆市等37个城市。这些城市通过两种方式证明其开展了规范性文件的报备活动：一种是建立了专门的行政规范性文件报备系统或行政规范性文件报备专栏，比如重庆市建立了专门的网上规范性文件报备系统；另一种是专门发布有关规范性文件报备的信息。例如，天津市政府法制办网站的"行政规范性文件目录"栏目下，对每季度备案信息进行汇总、公布。

（七）有效期制度的落实情况

1. 总体表现分析

行政规范性文件有效期制度落实情况这一指标，被评估政府总体上得分率不高，平均分为4.60分。该指标得分分布情况见表4-8。

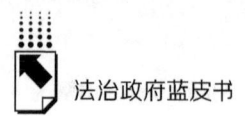

表4-8 有效期制度的落实情况指标得分情况

得分（分）	0	10
城市（个）	54	46

被评估政府中有46个城市落实了行政规范性文件有效期制度，有超过半数的城市未落实规范性文件有效期制度。实际上，为改变行政规范性文件"有始无终，只公布不废除"的状况，国务院在《国务院关于加强法治政府建设的意见》明确要求"探索建立规范性文件有效期制度"。对每一个行政规范性文件实施有效期制度，既能及时废除不适合时代发展的行政规范性文件，使之及时退出行政管理工作范畴，又能促使有关部门根据形势发展的需要及时更新行政规范性文件的内容。

2. 分差说明及典型事例

在本项指标中，优秀典范城市是太原市、北京市、西安市、合肥市、广州市等46个城市，均得到了满分10分。例如，《合肥市人民政府办公厅关于进一步加强行政机关规范性文件管理的通知》规定："有效期自规范性文件发布之日起最长不得超过5年，有效期届满，规范性文件的效力自动终止。今后凡未规定有效期的规范性文件，一律不得发布实施。规范性文件有效期满前6个月，执行部门认为该文件需要继续实施的，应当对规范性文件的实施情况进行评估，根据评估情况，报经制定机关重新确定有效期并予以公示。"如《合肥市小额工程建设监督管理暂行规定》自2012年颁布，在2015年度市政府行政规范性文件清理中予以保留，并将有效期延续至2018年12月31日。哈尔滨市、大同市、银川市等20个城市因未建立有效期制度而失分，长春市、徐州市、福州市等34个城市虽建立有效期制度但未全面落实而失分。

（八）定期清理制度的落实情况

1. 总体表现分析

行政规范性文件定期清理制度落实情况这一指标，被评估政府平均分为6.30分，与上一年度得分（6.70分）相比，出现下降的情况。该指标得分分布情况见表4-9。

表4-9 定期清理制度的落实情况指标得分情况

得分（分）	0	5	10
城市（个）	33	8	59

被评估政府中有59个城市落实了行政规范性文件定期清理制度，即被评估政府在2016年度或2015年度、2014年末对市政府名义制定的行政规范性文件进行清理并完整公布清理结果，可见大部分城市都落实了定期清理制度。有8个城市虽然开展了清理活动，但并未完整公布行政规范性文件的清理结果，得5分；有8个城市未建立该项制度、25个城市虽建立该项制度但未能检索到其在近两年来开展过行政规范性文件清理活动，而得0分。

2. 分差说明及典型事例

本项指标下的优秀典范城市是宁波市、吉林市、石家庄市、南通市等59个城市，这些城市对行政规范性文件进行清理并通过网站或报纸等媒体对清理结果进行了公布，得到满分10分。例如，长沙市政府在2016年对"2012年定期清理后确认继续有效、重新公布的行政规范性文件以及2012年7月1日~2016年8月31日制定的规范性文件"进行了全面清理，并以《长沙市人民政府关于公布规范性文件清理结果的通告》（长政发〔2016〕21号）的形式公布了清理结果，包括废止、宣布失效、继续有效、重新公布的规范性文件目录。需要特别说明的是，有部分城市还在政府网站或法制办网站上建立了"规范性文件清理"栏目。例如，六安市政府网站"规范性文件清理"栏目有"清理制度与安排"、"清理结果"，并进行及时更新，行政规范性文件清理情况一目了然。这种建立规范、专门的行政规范性文件清理栏目的成功经验也是值得推广借鉴的。

本项指标失分的原因主要有以下三点：第一，近两年来未对行政规范性文件开展过清理。例如武汉市、南充市、东莞市等城市；第二，虽然近两年来对行政规范性文件进行过清理，但未将清理结果通过网络或公告等方式完整向社会公布。例如唐山市、西安市、徐州市、鞍山市等8个城市；第三，虽然部分市政府职能部门或区县政府对行政规范性文件进行了清理并公布了清理结果，但市政府并未开展行政规范性文件清理活动，不应作为被评估政府开展统一清理活动并公布清理结果的得分依据。例如，南京市、苏州市等城市。

四 评估结论

梳理四年的历史数据，与其他一级指标得分率相比，本一级指标一直较低，虽然从四年数据的走向来看，依法行政制度体系的法治化水平有一定程度的提升，但距离法治政府基本建成目标的实现，短板明显，需要进一步持续、有力、深入推进。

（一）历史数据表现及趋势分析

1. 行政规范性文件基础性制度建设日渐完善，其实施情况成为当前深入推进法治化的关键制约

为了规范政府的行政立法行为，切实提高行政规范性文件的质量，建立健全基础性程序制度体系是基础，亦是保障。从数据表现上看，过去四年"行政规范性文件制定的制度化和规范化"的得分率呈增长趋势，这反映出地方政府日渐重视对行政规范性文件制定程序的建章立制工作，切实推进行政规范性文件制定程序的制度化和规范化。相比之下，这些基础性制度的实施情况得分率较低，尽管部分实施情况方面的指标得分率有上升趋势，但短板依旧突出，充分说明如何切实推进基础性程序制度的落实情况应当成为当前乃至今后的重中之重。见图4-4。

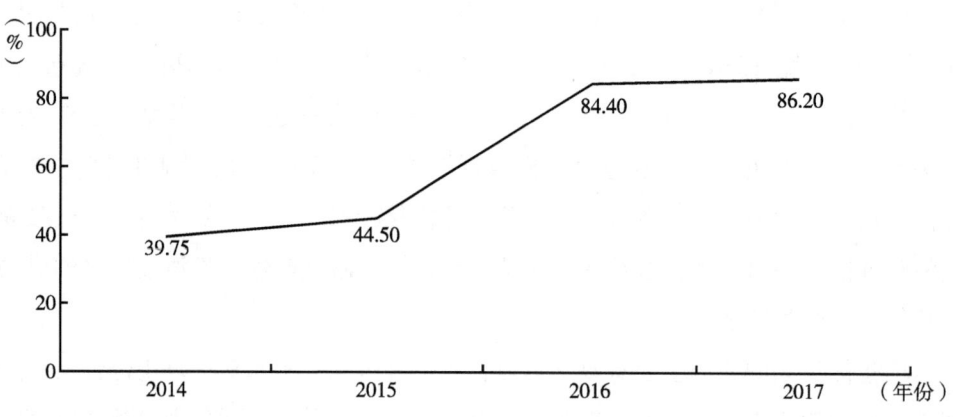

图4-4 "行政规范性文件制定的制度化和规范化"得分率

2. 三统一制度的建立与落实亟待加强

根据国务院相关文件的要求，行政规范性文件要逐步实行统一登记、统一编号、统一发布。"三统一"制度可以通过对行政规范性文件的统一管理和监督，肯定其合法性、提升其权威性和执行力，对于加强依法行政和维护法制统一具有重要意义。从数据表现上看，过去四年"三统一制度的落实情况"的得分率很低，上升趋势不明显，在2016年骤降，2017年有所提升，并成为四年来得分率最高的一年。通过评估发现，虽然2010年发布的《国务院关于加强法治政府建设的意见》中明确要求建立"三统一"制度，但仍有多个地方政府尚未建立该制度，而在建立该制度的城市中，该制度的实施状况依旧是短板。尽快建立"三统一"制度并确保其得以良好实施，应该成为推进行政规范性文件法治化进程的关键。见图4-5。

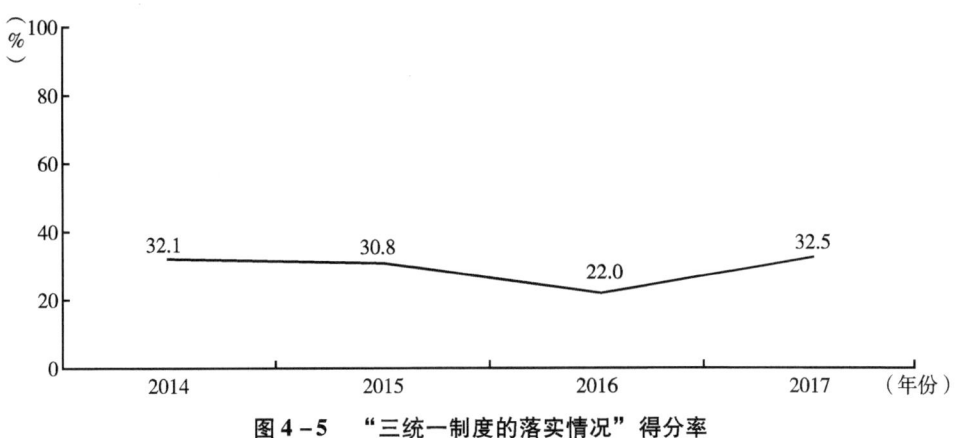

图 4-5 "三统一制度的落实情况"得分率

3. 定期清理制度的落实情况不容乐观

根据《全面推进依法行政实施纲要》、《加强法治政府建设的意见》、《法治政府建设实施纲要（2015—2020年）》等文件的要求，行政规范性文件定期清理是实现立法后的评估、修改与废止的常态化和制度化的重要举措。从数据表现上看，过去四年"定期清理制度的制定情况"得分城市较多（本年度虽没有单独将其作为一个三级指标，但通过三级指标1的观测，本年度有92个城市制定了行政规范性文件定期清理制度），得分率较高，但"定期清理制度的落实情况"的得分率仅在及格线上下浮动。可以看出，定期清理制度的建立情况与落实情况得分率趋势具有明显的相似度：其中2015年度为定期清理制度制定情况得分率的历史最低点，同样也是定期清理制度实施情况的得分率历史最低，虽然在2016年度两者均有所提高，但本年度两者又都出现下降趋势。这充分说明地方政府对清理制度的实施情况，特别是清理结果的公布方面，重视不够，亟待加强。见图4-6。

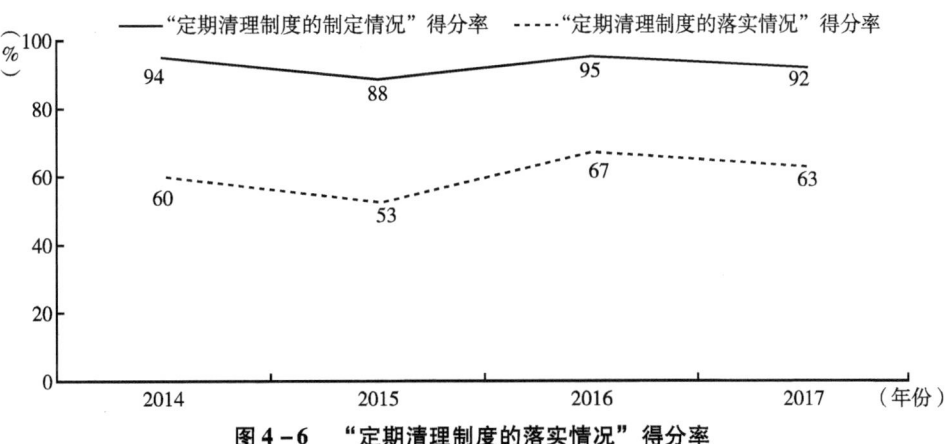

图 4-6 "定期清理制度的落实情况"得分率

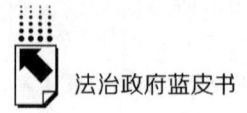

（二）存在的问题

1. 行政规范性文件的规范度不够，"任性"依旧

澄清内涵和外延构成能够对行政规范性文件形成有效规制的逻辑起点。目前国家层面尚未对行政规范性文件作出明确界定，实践中，地方政府"各自为政"现象比较普遍。理论上，对于行政规范性文件的界定，应当涵盖制定主体要素、职权要素、权益要素、适用范围要素、生效期限要素以及效力层级等要素。通过梳理地方现有行政规范性文件的制度规定，各地对行政规范性文件的认识不同、把握不一。仅有较少城市能够对上述要素作出全面规定。有的城市将所有行政机关制定的文件都视为行政规范性文件，不管该文件是内部工作规则还是对老百姓权利有实际影响的行政公文；有的地方将党委发布的文件和政府发布的文件统一纳入规范性文件专栏；也有个别地方将政府规章也视为行政规范性文件。实践中，很多地方将政府办事机构（比如办公厅、办公室）发布的文件也纳入行政规范性文件的范畴。此外，行政规范性文件名称亦比较随意，比如"规定"、"办法"、"规则"、"实施细则"、"实施办法"、"命令"、"意见"、"决定"、"公告"、"通知"或者"通告"等都有可能成为行政规范性文件。可见，行政规范性文件的边界不清无疑是导致行政规范性文件任性依旧的重要原因，其对法治化建设所产生的消极作用必将会直接阻滞行政规范性文件的法治化建设进程。

2. 基础性的建章立制工作仍旧未能完全实施到位

建立健全行政规范性文件制定程序制度，是切实推进行政规范性法治化的前提和基础。自党中央和国务院连续在多个纲领性文件中对行政规范性文件制定程序制度作出重要部署以来，对比近四年来评估数据，进步明显，本年度有52个城市获得满分，但仍有48个城市未能完成建章立制工作。部分城市虽然对行政规范性文件的制定程序做出了专门规范，但仍存在制度过于原则和宏观、内容陈旧、欠缺现实针对性、可操性不强等问题。这着实说明部分地方政府对行政规范性文件制定程序制度重视不够，严重影响行政规范性文件法治化建设进程。

3. 行政规范性文件公开制度的实施情况堪忧

公开听取意见是公众参与立法的主要形式，同时也是提高政府立法质量，以民主立法促进科学立法的重要方式。目前来看，行政规范性文件公开征求意见的方式比较单调。通过网络平台征求意见已经成为各行政机关进行公开征求意见活动的普遍选择，但仍然存在一些突出问题。

首先，在时间安排上不确定。行政规范性文件公开征求意见时间不尽一致，从一周到一个月不等，决定权在行政机关手中，比较随意。公开征求意见期限的不确定无疑是不利于公众进行意见提供的。其次，有些地方政府虽然建立了公开听取意见制度，但没有建立"行政规范性文件征求意见"专栏，而是将征求意见信息与其他各种类型的文件杂糅放在公示公告栏下，极不利于社会公众查阅。最后，一般行政规范性文件征求意见都只有草案条文，缺少必要说明，立法信息披露不够，公众可能难以把握立法精神和意图，不仅影响其参与积极性，而且提出的意见可能针对性不够，影响了征求意见的实效。此外，在征求公众意见以后，如何正确合理地处理好这些公众意见也成为当前亟须解决的问题，如果处理不当，将会严重影响公众今后参与法案公开征求意见活动的积极性。但实践中，大多数行政机关只是单纯地接受意见，并没有形成有效的反馈机制。给公众开通的提供意见的渠道一般是邮件或通信，几乎没有相关的意见反馈平台，这可能会导致这一原本极具价值的科学制度流于形式，预期功能难以切实发挥。

4. 行政规范性文件的监督制度未能发挥其应有作用

首先，"三统一"制度暴露出形式主义倾向。"三统一"制度尚未得到应有重视。近年来，建立"三统一"制度的城市越来越多，但从总体来看，基础性建章立制工作的短板还是在"三统一"制度，仍有大多城市还未将该项制度纳入行政规范性文件的制定程序。已经实施"三统一"制度的城市中，也有为数不少的城市还没有准确把握"三统一"制度的具体内涵，将"三统一"中的统一登记、统一编号制度等同于以往行政规范性文件制定过程中的审查备案编号制度。事实上，不论是审查备案编号还是有关文件的网络生成号（或类似名称）都不能替代"三统一"制度中的统一编号在控制行政规范性文件数量方面发挥的重大作用。在已经建立"三统一"制度的城市，具体实施情况的得分率持续较低，2017年得分率仅为32.5%。

其次，行政规范性文件备案审查制度仍旧未能落实到位。尽管我国从2000年以后各地相继建立行政规范性文件备案审查制度，行政规范性文件的备案审查工作随之逐步展开，但我国行政规范性文件备案审查工作的实效并不明显。在本年度评估中，仅有37个城市建立了规范性文件报备系统或能够查询到报备信息。备案制度是立法监督的重要环节，它能对行政规范性文件制定主体形成有效制约，倒逼其严格践行法律规定的实体要求和程序要求。对行政规范性文件进行备案审查，有助于降低违法行政规范性文件的概率，促进依法行政。

再次，行政规范性文件有效期制度的实施情况不容乐观。行政规范性文件有效期制度是指在制定行政规范性文件时，明确其效力存在的具体期限，除非在有效期届满前经过评估并作出继续适用的决定，否则有效期届满后行政规范性文件就自动失效，不得再作为适用的依据。本年度评估中，被评估政府总体上得分率不高，平均分为4.60分，超过半数的城市未落实规范性文件有效期制度。在有效期制度建立前，由于行政规范性文件制定主体多，在效力期限上有始无终，行政规范性文件呈泛滥之势。该项制度的建立既有利于充分发挥行政规范性文件灵活、高效的优势，又能适度控制其泛滥与庞杂等自身不足，还能有效地处理行政规范性文件的稳定性和灵活性之间的关系，实现行政规范性文件与经济社会发展进程的同步推进。

最后，行政规范性文件定期清理制度落实仍不严格。由于行政规范性文件的易变性和执行性，需要经常修改和废止，但社会实践中很多行政规范性文件往往在下达之后没有时间的限定，这些行政规范性文件似乎有"长生不老"的功能。通过评估发现，许多行政机关对行政规范性文件只注重发布而不注重清理，有时候即使进行清理时，清理的对象还比较片面，不够彻底。本年度中，有8个城市虽然开展了清理活动，但并未完整公布行政规范性文件的清理结果。如果行政规范性文件清理不及时，极易导致整个行政规范性文件体系不配套、不协调，从而影响行政规范性文件在适用上的统一性和权威性。

5. 地方政府深入推进行政规范性文件法治化的进程缓慢

梳理近四年得分率情况，本部分指标得分率提高幅度较小。当然，一方面是由于国务院有关推进依法行政方面的纲领性文件毕竟不是法律，其刚性约束力不足；另一方面，地方政府在深入推进行政规范性文件建设方面也缺乏必要的激励机制，以致多年来老问题长期存在，新问题不断出现，进步不够明显。项目组发现，地方政府在建章立制方面的表现更为积极自觉，而在实施环节，特别是对于控权特征非常明显的制度，比如"三统一"制度、公开制度，有敷衍了事、消极抵制之嫌，比如有的城市虽然制定了行政规范性文件的公开目录，但却无法直接检索到文本内容，这种法治政府建设中的形式主义倾向必须杜绝。

6. 不同级别的地方政府行政规范性文件的法治化水平不够均衡

鉴于行政规范性文件涉及三个层级，评估结果显示，市级政府的得分率总是高于所属职能部门和区县政府，这也充分说明行政规范性文件法治化建设的重点和难点在基层，政府级别越低，规范性文件建设较为薄弱，问题较为突出。

（三）完善的建议

1. 中央立法是能够彻底实现对行政规范性文件全面、有效、统一规制的必要之举

准确界定行政规范性文件的内涵和外延，是实现规范性文件管理的规范化以及法治化的基础。尽管国务院一系列纲领性文件对行政规范性文件提出了基本要求，但文件毕竟代替不了法律，其刚性明显不足。尽管多个城市已经按照国务院要求通过地方性法规、政府规章或者行政规范性文件的形式对规范性文件的管理和监督做出了明确规定，但差异化的制度内容和制度形式充分说明各地对规范性文件的认识和把握上的不一致。因此，由中央立法实现对行政规范性文件的顶层设计，无疑是能够尽快结束当前地方政府"分而治之"混乱局面的必要之举。建议参考《行政法规制定程序条例》和《规章制定程序条例》的基本思路，由国务院制定一部能够对行政规范性文件进行全方位规制的行政法规，具体内容应当涵盖行政规范性文件的界定、制定条件、制定主体、制定程序以及监督与问责等方面。

2. 从源头控制行政规范性文件的数量，确保必要性

行政规范性文件是各级行政机关实施行政管理活动的重要抓手。与规章相比，行政规范性文件的数量较为庞大。鉴于行政规范性文件对公民、法人或者其他组织的权益直接产生影响，是否要启动行政规范性文件的制定程序就必须非常谨慎。通过评估发现，在各级行政机关公布的规范性文件目录中，有一大部分规范性文件是为了贯彻落实法律法规规章的要求，其制定的必要性需要进一步审视。如果仅将行政规范性文件理解为"非常规范的文件"，在制定环节缺少程序约束和实体限制，行政机关的随意发文就极易对老百姓的权益产生不利影响，其对法治的破坏是不言而喻的。因此，建立严密、严格的事前审查机制，通过设定行政规范性文件的制定条件、完备的立项程序以及"成本效益分析"等制度以确保制定行政规范性文件的起点之必要性，应当成为完善当前依法行政制度体系的重要方面。

3. 借助互联网平台，利用专栏模式，是能够实现对行政规范性文件全面、动态管理的关键手段

立法过程的公开与透明对于实现民主立法、科学立法至关重要。评估中发现，行政规范性文件从制定过程到发布后的监管管理，其公开度和透明度均明显不足。为了确保公开的有效性和全面性，项目组建议要充分利用当前"互联网+"的大数据平台优势，采用专栏模式来深入推进行政规范性文件立法全过程的透明度，以及实现对全部行政规范性文件的信息化管理。首先，各级行政机关应当尽快在其官网上建立统一的行政规范性文件平台（或专栏）。其次，要实现这一平台的集中化管理，即同时设立若干分平台（分专栏），以实现对所有行政规范性文件制定全过程的留痕、动态管理。具体分平台（分专栏）应当包括现行有效的行政规范性文件目录库（能够通过链接直接检索到文本内容）、行政规范性文件公开听取意见及公众意见采纳情况反馈库（能够公开所有规范性文件听取意见过程以及对公众意见的收集情况和反馈情况）、行政规范性文件备案库（能够公布所有行政规范性文件报备情况）、行政规范性文件定期清理及结果公布库（能够公布定期清理情况以及清理结果）等方面。此外，还要注意一级政府网站上行政规范性文件平台和所属职能部门网站平台的协调问题。从某种意义上来说，只有切实加强立法全过程的透明度及信息化建设水平，才能真正让人民满意的政府和法治政府建设有机结合起来，当然，也会极大地增强项目组研发的法治政府评估指标的科学性和准确性。

4. 强化事前控制，注重事后监督，全方位确保行政规范性文件的合法性，切实提升行政规范性文件的质量

"三统一"制度侧重事前审查，备案审查制度和定期清理制度立足于事后监督，前者对于严控行政规范性文件的质量和数量意义重大，后者对于确保行政规范性文件在实体和程序上合法，维护法制体系的和谐统一具有非常重要的作用，因此，切实发挥每一项制度的功能，特别是借助三者的合力作用，是能够全方位规制行政规范性文件的关键。根据评估结果显示，这三项制度历年来实施状况并不理想。因此，地方政府必须加大贯彻落实党中央和国务院相关纲领性文件的力度，并采取相关举措，确保每一项制度都得以良好实施。首先，要注意"三统一"制度和备案制度之间的衔接关系，"三统一"是由制定机关（一般是法制机构）对规范性文件所做的事前审查，经审查合法后，将统一登机、统一编号和统一发布，而备案一般是要向制定机关的上一级机关报备，由制定机关和备案机关先后做合法性审查，"两道关口"的设置有助于尽可能地降低行政规范性文件违法的概率。需要注意的是，"三统一"和备案对行政规范性文件主要做合法性审查，即审查行政规范性文件在实体和程序上是否均合法，包括是否符合法律、法规、规章和上级行政机关制定的行政规范性文件的规定，制定机关是否在其法定职权和范围以及程序内等。在开展清理活动时，应及时对不适应社会经济发展需求或违反上位法的文件进行废止，对规定内容相近或相似的文件进行整合，并统一向社会公布清理结果，以确保行政规范性文件的及时性、有效性。

5. 强化行政机关法制机构的监管职责,实现对各类行政规范性文件的"一体建设"、"共同推进"

市政府作为所属职能部门和区县政府的上级领导机关,应当对本行政区域内的制度建设进程和方案做出整体部署、统一推进、协调发展。实践中,市属职能部门和区县政府行使执法权,直接与老百姓接触,其依法行政能力和水平将会影响到老百姓对政府依法行政的评价和认知。然而,根据评估结果显示,三者得分率区分度较大,相较于市政府,市属职能部门和区县政府的得分相对较低。因此,项目组建议市政府根据实际情况和现实需求,将所属职能部门和区县政府的行政规范性文件统一纳入本级政府的管理事项,并按照同一标准对市级政府、区县政府和市属职能部门这三类规范性文件进行监督管理、共同推进。

同时,要注意区分一级政府法制机构和制定机关法制机构在行政规范性文件管理和监督职责上的差异化定位。一方面,一级政府制定行政规范性文件时,一级政府法制机构就作为制定机关法制机构,可以承担制定机关法制机构的起草、合法性审查、清理等职责;另一方面,为了实现一级政府对辖区内所有行政规范性文件的一体化监管,有一些特殊的制度,比如行政规范性文件的立项规划、"统一登记、统一编号、统一发布"("三统一")等职责则最好统一由一级政府法制机构承担,这也是确保这些制度不流于形式,最大化发挥其预期功能的必要之举。

此外,应当在行政机关法制机构内部建立一支相对稳定的行政规范性文件专职管理人员队伍,以确保行政规范性文件能够通过互联网专栏即时更新、及时清理,实现行政规范性文件管理工作的常态化、固定化、专业化和专注化。

B.5 行政决策

摘　要： 根据最新的相关法律文件，评估组对行政决策评估指标和评分标准进行了修订完善。评估显示，2017年度被评估城市行政决策的平均得分较上一年度有很大提高，行政决策法治化总体上取得了明显进步。其中，重大决策合法性审查制度和重大决策集体决定制度加快建立，重大决策结果公开情况较好。同时评估发现合法性审查中借助"外脑"进行审查的比例较低，集体决策的程序欠缺，经济风险评估不被重视，专家公平遴选机制未有效建立。对此必须大力借助"外脑"进行合法性审查，建立并完善集体决策程序，增强风险评估的体系性、全面性，重视经济风险评估制度的建设与实施，并进一步建立健全专家公平遴选机制。

关键词： 行政决策　评估　法治化

一　指标设置及评估标准

（一）指标体系

依照国务院《全面推进依法行政实施纲要》的要求，建设法治政府、实现依法行政所应推进的重点工作之一就是实现重大行政决策的法治化。本次"行政决策"的指标设置除了充分考虑国务院《全面推进依法行政实施纲要》中所提出的要求外，还结合了《法治政府建设实施纲要（2015—2020年）》、《关于全面推进政务公开工作的意见》中的相关制度以及国务院正在制定的《重大行政决策程序条例》所拟设的相关制度。二级指标从五个方面对行政决策进行评估，分别为"合法决策"、"民主决策"、"科学决策"、"公开决策"和"决策追踪"。在二级指标项下分设三级指标，各三级指标为具体观测点。这些三级指标（观测点）既有相关制度建立情况同时也包含制度实施情况,即被评估的城市不仅要建立行政决策的相关制度,而且还要积极推进相关制度的实施,能够客观全面地评价一个城市行政决策的完善程度。

在分数设置上,行政决策一级指标满分 100 分,五个二级指标的分值分配为:合法决策 20 分、民主决策 25 分、科学决策 30 分、公开决策 15 分、决策追踪 10 分。分值分配主要考虑了两个方面的因素:一是制度的重要性,因此,相比较而言,分值较多的指标为合法决策、民主决策以及科学决策,而分值相对较少的指标是公开决策、决策追踪;二是观测点的数量情况,相比于合法决策,民主决策和科学决策能够设置的三级指标(观测点)更多,因此,民主决策和科学决策的分值相对于合法决策分值略多。因为分值的分配主要是平衡二级指标的分值,因此,在三级指标(观测点)的分值分配上,并没有采用每一个观测点均等分值的做法,而是在确定了二级指标的分值后,根据二级指标的分值情况来分配三级指标的分值,因此,每一个三级指标的分值并不是均等的,有的三级指标(观测点)分值是 10 分,有的三级指标分值是 5 分。(见表 5-1)

表 5-1 行政决策评估指标

一级指标	二级指标	三级指标(观测点)
行政决策 (100分)	(一)合法决策(20分)	1. 是否建立了重大决策合法性审查制度(10分)
		2. 重大决策合法性审查制度的实施情况(10分)
	(二)民主决策(25分)	3. 是否建立了重大决策听取公众意见制度(10分)
		4. 重大决策听取公众意见制度的实施情况(5分)
		5. 是否建立了重大决策集体决定制度(10分)
	(三)科学决策(30分)	6. 是否建立了重大决策风险评估(包括社会稳定风险、环境风险、经济风险)制度(10分)
		7. 重大决策风险评估(包括社会稳定风险、环境风险、经济风险)制度的实施情况(5分)
		8. 是否建立了重大决策专家论证制度(10分)
		9. 重大决策专家论证制度的实施情况(5分)
	(四)公开决策(15分)	10. 是否建立了重大决策预公开制度(5分)
		11. 重大决策的结果是否公开(10分)
	(五)决策追踪(10分)	12. 是否建立了重大决策后的信息追踪收集以及向决策层进行反馈制度(10分)

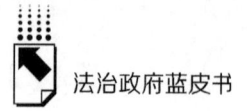

（二）设置依据和评估标准

本项指标主要根据《中共中央关于全面推进依法治国若干重大问题的决定》、《全面推进依法行政实施纲要》、《国务院关于加强市县政府依法行政的决定》、《国务院关于加强法治政府建设的意见》、《法治政府建设实施纲要（2015—2020年）》、《关于全面推进政务公开工作的意见》、《关于推行法律顾问制度和公职律师公司律师制度的意见》以及相关法律法规对政府依法进行行政决策方面的基本要求而设置。与2016年相比，本年指标的设置依据新增了《关于推行法律顾问制度和公职律师公司律师制度的意见》。与此相对应，三级指标2"重大决策合法性审查制度的实施情况"的评分标准增加了"法制机构以外的法律顾问参与重大决策合法性审查的，适当加1~2分"这一项。本项测评中，评估组所依据的材料与数据主要通过各市政府门户网站、官方网站、网络搜索引擎关键词查询等几种方式获得。未能通过公开渠道检索到相关材料的，则视为未建立或未落实该项指标。各三级指标（观测点）的设置依据、测评方法以及评分标准如下：

1. 重大决策合法性审查制度的建立情况

【设置依据】《国务院关于加强市县政府依法行政的决定》提出，市、县人民政府应当建立重大行政决策合法性审查制度。《法治政府建设实施纲要（2015—2020年）》也明确要求："建立行政机关内部重大决策合法性审查机制，未经合法性审查或经审查不合法的，不得提交讨论。"本项指标旨在考查各市政府是否建立了重大决策合法性审查制度，督促各市政府及其部门建立和完善重大决策的程序，确保重大行政决策作出的合法性，实现依法行政。

【测评方法】网络检索。登录各市政府官方网站、北大法宝，以"重大决策/行政决策/重大事项＋合法性审查"、"重大决策/行政决策/重大事项＋合法性论证"等为关键词进行检索，同时以公共网络搜索引擎为补充，查找各市或其所属省级人民政府制定行政决策合法性审查制度的情况，有专项规定的，依据该专项规定评分；没有专项规定的，评估组再搜索是否有统一的重大行政决策程序规定，并根据此规定有关合法性审查的制度内容进行评分。除此之外，评估组还通过检索其他相关规范性文件或规定作进一步观测。

【评分标准】本项满分为10分。就合法性审查制度有专项规定的，得10分；未制定专项规定，但在其他规定中明确了合法性审查主体、审查范围、审查程序三项内容的，得10分；明确其中两项的，得7分；明确其中一项的，得4分；规定过于简略，如只是简单复述《全面推进依法行政实施纲要》中的内容的，得3分；无任何表述的，不得分。上级地方政府制定的规定只有在适用范围包括下级地方政府时才能作为下级政府的赋分依据，以下各项按此办法处理。

2. 重大决策合法性审查制度的实施情况

【设置依据】《法治政府建设实施纲要（2015—2020年）》提出，要加强重大行政决策的合法性审查。《关于推行法律顾问制度和公职律师公司律师制度的意见》进一步提出，依照有关规定应当听取法律顾问的法律意见而未听取的事项，或者法律顾问认为不合法不合规的事项，不得提交讨论、作出决定。本项指标旨在对各市人民政府及其职能部门重大决策合法性审查制度的具体落实情况以及实施效果进行评估，主要考查各市政府法制机构就重大决策事项进行合法性审查的具体工作情况。

【测评方法】网络检索。通过检索各市政府法制机构网站、政府信息公开网站、政府门户网站，观测各市政府法制机构对本市作出的重大行政决策是否进行了合法性审查，是否出具了法律审查意见书以及对重大行政决策进行合法性审查的数量、效果等内容。

【评分标准】本项满分为10分。对重大决策每审查1件得1分；对政府合同每审查50件得1分；对规范性文件每审查50件酌情得1分；能查到重大决策合法性审查意见书的，每1份得1分；经审查提出意见比例高、保障大额财政资金安全等效果较好的，适当加1~3分；法制机构以外的法律顾问参与重大决策合法性审查的，适当加1~2分；总得分不超过10分。未查到任何相关信息的，不得分。

3. 重大决策听取公众意见制度的建立情况

【设置依据】《法治政府建设实施纲要（2015—2020年）》明确要求："事关经济社会发展全局和涉及群众切身利益的重大行政决策事项，应当广泛听取意见，与利害关系人进行充分沟通，并注重听取有关人大代表、政协委员、人民团体、基层组织、社会组织的意见。"在行政决策领域是否建立了听取公众意见制度直接影响民主决策目标的实现。

【测评方法】网络检索。通过检索政府网站、北大法宝以及主流网络搜索引擎，以"行政决策/重大决策/重大事项+听取意见/征求公众意见""听证"等为关键词进行检索，各城市或其所属省级人民政府有关于行政决策听取意见制度专项规定的，依据该专项规定评分。如果没有专项规定，我们通过网络检索各城市或其所属省级人民政府是否有统一的重大行政决策程序规定，在该统一的行政决策程序规定中有关于重大决策听取公众意见制度相关规定的，依据此规定进行评分。除此之外，评估组还通过网络检索是否有其他相关规定确立了重大决策听取公众意见制度。

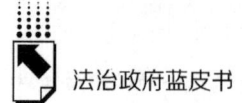

【评分标准】本项满分为10分。就听取公众意见制度制定了专项规定的，得10分；未制定专项规定，但在其他规定中有详细内容（包括听取意见的范围、方式、听证事项、听证程序等）的，同样得10分；内容不全面，规定其中三项的，得8分；规定其中两项的，得6分；仅规定一项的，得4分；内容过于简略，如只是简单复述《全面推进依法行政实施纲要》中的内容的，得3分；无任何表述的，不得分。

4. 重大决策听取公众意见制度的实施情况

【设置依据】《法治政府建设实施纲要（2015—2020年）》明确要求要增强公众参与实效。本项指标旨在评估各市人民政府落实行政决策听取意见制度的具体情况，主要侧重于考察各市政府听取公众意见的途径、方式、采纳情况等内容。

【测评方法】网络检索。主要通过访问各市政府及其职能部门网站，辅之以百度等网络搜索引擎，检索意见征集栏、听证公告等内容，依据政府网站或者新闻媒体公布征求意见的事项范围、听证会的举行情况、公众意见的采纳情况等进行评分。

【评分标准】本项满分为5分。评估组综合考评被评估城市在环保、价格、规划、政府工程四个领域重大决策听取公众意见制度的实施情况，给予一定的分值。就上述四个领域均能检索到比较详细的听取意见情况的，如通过政府网站、报纸公示重大决策征求意见稿、发布听证会公告、公开听证会组织情况、提供公众意见采纳情况汇总表等，得5分；只搜集到其中三个领域的，得4分；两个领域的，得3分；一个领域的，得2分。未搜集到有效信息的，不得分。

5. 重大决策集体决定制度的建立情况

【设置依据】《法治政府建设实施纲要（2015—2020年）》明确要求："坚持集体讨论决定。重大行政决策应当经政府常务会议或者全体会议、部门领导班子会议讨论，由行政首长在集体讨论基础上作出决定。行政首长拟作出的决定与会议组成人员多数人的意见不一致的，应当在会上说明理由。集体讨论情况和决定要如实记录、完整存档。"我国实行行政首长负责制，行政首长在行政决策中具有很大的权力，为防止行政首长专权以及滥用权力，政府的重大行政决策应当在集体讨论决定，以规范重大行政决策，实现重大决策的法治化。

【测评方法】网络检索。通过访问政府网站、北大法宝以及百度等主流搜索引擎，以"集体决策"、"集体讨论决定"等为关键词——进行检索、核对，查找各市或其所属省级人民政府是否有关于行政决策集体决定制度的专项规定，有专项规定的，依据该专项规定评分。没有专项规定的，评估组再进一步检索被评估城市是否制定了统一的重大行政决策程序规定，该行政决策程序规定中有集体决定制度规定的，据此进行评分。除此之外，评估组还通过检索其他相关规范性文件或规定作进一步观测。

【评分标准】本项满分为 10 分。就集体决定制度有专项规定的，得 10 分；无专项规定，但在其他规范性文件中规定了需要集体讨论决定的重大决策范围、程序的，同样得 10 分；仅强调要建立集体决策制度但无详细的审议范围、程序规定的，得 4 分；无任何表述的，不得分。

6. 重大决策风险评估制度的建立情况

【设置依据】《国务院关于加强法治政府建设的意见》要求完善行政决策风险评估机制，将风险评估作为重大决策的必经程序。《法治政府建设实施纲要（2015—2020 年）》提出要进一步提高行政决策的风险评估质量。开展重大决策风险评估，对于促进科学决策、民主决策、依法决策，预防和化解社会矛盾，构建社会主义和谐社会，具有重要意义。重大决策关乎国家利益、社会稳定和人民幸福，因此，建立决策的风险评估制度实属必要。在政府决策的过程中增加风险评估，实际上夯实了政府决策的社会基础，有助于保障社会稳定、经济增长和环境保护等方面的平稳前进。

【测评方法】网络检索。通过检索政府网站、北大法宝以及网络搜索引擎，以"行政决策风险评估"、"风险评估"、"决策评估"等为关键词进行检索、核对，查找各城市是否有关于行政决策风险评估制度的专项规定，有专项规定的，依据该专项规定评分。如果没有专项规定，我们通过网络检索各城市或其所属省级人民政府是否有统一的重大行政决策程序规定，在该统一的行政决策程序规定中有关于行政决策风险评估制度相关规定的，依据此规定进行评分。除此之外，评估组还通过检索其他相关规范性文件或规定作进一步观测。

【评分标准】本项满分为 10 分。就风险评估有专项规定且对三项评估制度（社会稳定风险评估、环境风险评估、经济风险评估）进行了全面细致规范的，得 10 分；虽无专项制度，但就本项指标规定了三项评估制度并且对评估主体、评估程序、评估范围、评估内容、评估方法、第三方评估机构责任、对第三方评估机构的体系外监督方式等作了具体规定的，得 10 分；规定不全的，以前述要素为得分点，依具体情况赋分。

7. 重大决策风险评估制度的实施情况

【设置依据】《法治政府建设实施纲要（2015—2020 年）》要求提高行政决策的风险评估质量、落实重大决策社会稳定风险评估机制。重大决策风险评估的落实是重大决策风险评估制度建立的最终目的，社会稳定风险评估的落实关乎社会安定祥和，环境风险评估是实现可持续发展的重要保障，经济风险评估则牵动着整个国家和人

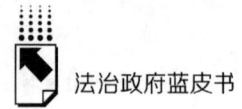

民。因此应当从社会稳定风险评估、环境风险评估、经济风险评估等方面来考查重大决策风险评估制度的实施情况。

【测评方法】网络检索。通过检索政府门户网站、各行政部门网站以及网络搜索引擎，以"风险评估"、"行政决策风险评估"、"城市名＋行政决策风险评估"、"城市名＋风险评估"、"城市名＋决策评估"等为关键词一一进行检索。

【评分标准】本项满分为5分。根据环保、价格、规划、政府工程四个领域重大决策风险评估的实施情况来考查。在环保、价格、规划、政府工程四个指标下，对四个领域全部进行了风险评估且相关领域事例丰富的，得满分；对任意三个领域进行风险评估且相关领域事例丰富的，得4分；对任意两个领域进行风险评估且相关领域事例丰富的，得3分；对任意一个领域进行风险评估且相关领域事例丰富的，得2分。没有对以上任何领域进行风险评估的，不得分。

8. 重大决策专家论证制度的建立情况

【设置依据】《全面推进依法行政实施纲要》提出，要建立重大决策专家论证制度。《法治政府建设实施纲要（2015—2020年）》明确要求加强中国特色新型智库建设，建立行政决策咨询论证专家库。同时，还对专家选任、专家独立性保障以及专家信息和论证意见的公开等方面提出了要求。专家论证制度直接关系到重大决策的科学性。由该领域权威专家对关涉某方面的重大决策进行座谈或者以其他方式进行论证，可以进一步降低该决策的失误概率同时增加对该决策后期实施的信心。

【测评方法】网络检索。通过检索政府网站、北大法宝以及网络搜索引擎，以"专家评审"、"专家论证"、"专家咨询"等为关键词进行检索、核对，查找各城市或其所属省级人民政府是否有关于行政决策专家论证制度的专项规定，有专项规定的，依据该专项规定评分。如果没有专项规定，我们通过网络，检索各城市或其所属省级人民政府是否有统一的重大行政决策程序规定，在该统一的行政决策程序规定中有关于行政决策专家论证制度相关规定的，依据此进行评分。除此之外，评估组还通过检索其他相关规范性文件或规定作进一步观测。

【评分标准】本项满分为10分。就专家论证制度制定专项规定且对其进行了全面细致规范的，得10分；虽未制定该专项规定，但在其他规定中对专家论证的范围、论证内容、论证程序、专家遴选、专家责任等有较为详细规定的，得10分；规定不全的，以前述要素为得分点，依具体情况赋分；无任何表述的，不得分。

9. 重大决策专家论证制度的实施情况

【设置依据】《全面推进依法行政实施纲要》提出，对于重大决策事项以及专业性较强的决策事项，应当事先组织专家进行论证。《法治政府建设实施纲要（2015—2020 年）》明确要求提高专家论证质量，对专业性、技术性较强的决策事项，应当组织专家、专业机构进行论证。良好的规范只有得到有效的贯彻落实才能发挥其应有的作用。通过实施专家论证制度才能在具体某个领域或项目的决策中提高其科学性。从环保、价格、规划和政府工程这四大领域对专家论证制度实施情况进行考查，以检验被评估城市该项制度的落实情况。

【测评方法】网络检索。通过检索政府门户网站、各行政部门网站以及网络搜索引擎，以"专家论证"、"专家评审"、"专家咨询"、"城市名 + 专家论证"、"城市名 + 专家审查"、"城市名 + 专家咨询"等为关键词进行检索、核对。

【评分标准】本项满分为 5 分。根据环保、价格、规划、政府工程四个领域专家论证制度的实施情况，给予一定的分值。四个领域全部可查找到专家论证材料且相关领域专家论证事例丰富的，得满分；三个领域可查找到专家论证材料且相关领域专家论证事例丰富的，得 4 分；任意两个评分项下进行专家论证且相关领域专家论证事例丰富的，得 3 分；只有其中任意一个评分项下进行过专家论证但相关领域专家论证事例丰富的，得 2 分。没有在以上任何领域进行专家论证的，不得分。

10. 重大决策预公开制度的建立情况

【设置依据】《关于全面推进政务公开工作的意见》要求实行重大决策预公开制度。涉及群众切身利益、需要社会广泛知晓的重要改革方案、重大政策措施、重点工程项目，除依法应当保密的外，在决策前应向社会公布决策草案、决策依据。本项指标旨在考查各市政府是否落实了重大决策预公开制度的要求，监督各市政府全面推进决策公开实现政务阳光透明，提高政府公信力。

【测评方法】网络检索。通过检索政府门户网站、各行政部门网站、北大法宝以及网络搜索引擎，以"行政决策/重大决策/重大事项 + 预公开"、"出台前/决策前 + 公开/公布"等为关键词进行检索。各城市或其所属省级人民政府有关于行政决策预公开制度专项规定的，依据该专项规定评分；没有专项规定的，我们通过网络检索各城市或其所属省级人民政府是否有统一的重大行政决策程序规定，在该统一的行政决策程序规定中有关于重大决策预公开制度相关规定的，依据此规定进行评分。除此之外，评估组还通过检索是否有其他相关规定确立了该项制度。

【评分标准】本项满分为 5 分。根据制度的建立情况给予一定的分值。就重大决策预公开制度制定了专项规定的，得 5 分；未制定专项规定，但在其他规定中有详细内容（包括预公开的范围、方式、程序等）的，同样得 5 分；内容不全面，明确其中两项的，得3分；仅规定一项的，得2分；内容过于简略，如只是简单复述《关于全面推进政务公开工作的意见》中的内容的，得1分；无任何表述的，不得分。

11. 重大决策结果公开情况

【设置依据】国务院《全面推进依法行政实施纲要》提出，除依法应当保密的外，决策事项、依据和结果要公开。《关于全面推进政务公开工作的意见》明确要求："推进结果公开，各级行政机关都要主动公开重大决策、重要政策落实情况，推进发展规划、政府工作报告、政府决定事项落实情况的公开。"政府信息公开在我国越来越受到重视，政务信息的公开透明可以督促行政机关依法行政，同时有利于保障宪法中公民的知情权。

【测评方法】网络检索。通过检索政府门户网站、各行政部门网站以及网络搜索引擎，查找各城市重大决策的结果公开情况。

【评分标准】本项满分为10分。根据环保、价格、规划、政府工程四个领域的重大决策的结果公开的情况，给予一定的分值。四个领域均可查找到决策公开内容且相关公开事例丰富的，得满分；只有三个领域可查找到决策公开内容且事例丰富的，得8分；可查找到任意三个领域决策公开内容的，得6分；可查找到其中任意两项决策公开内容的，得4分；可查找到其中一项决策公开内容的，得2分。没有对以上任何领域进行决策公开的，不得分。

12. 重大决策后信息追踪收集及反馈制度的建立情况

【设置依据】《国务院关于加强市县政府依法行政的决定》要求建立重大行政决策实施情况后评价制度。《国务院关于加强法治政府建设的意见》要求加强重大决策跟踪反馈。《法治政府建设实施纲要（2015—2020年）》要求："决策机关应当跟踪决策执行情况和实施效果，根据实际需要进行重大行政决策后评估。"本项指标旨在考察各市政府是否落实了重大决策后信息追踪收集及反馈制度的要求，督促各市政府发现问题后通过及时向决策层反馈，形成对决策的继续实施、调整或废止的最终决定，从而及时调整和完善有关决策，提高决策的科学性和民主性。

【测评方法】网络检索。通过检索政府网站、北大法宝以及网络搜索引擎，以"行政决策后的信息追踪收集"、"行政决策后的评估"等为关键词进行检索，查找各城市或其所属省级人民政府是否有关于行政决策后的信息追踪收集和反馈制度的专项规定，有专项规定的，依据该专项规定评分。如果没有专项规定，查找是否有统一的重大行政决策程序规定，或者其他相关规范性文件对该项制度作出规定。

【评分标准】本项满分为10分。根据两项制度的有无以及是否全面、细致给予一定的分值。两项制度均有专项规定且对其进行了全面细致规范的，得10分；虽无专项规定，但对两项制度均有详细规定的，得10分；只详细规定了信息追踪收集制度（包括收集主体、方式、时限）的，得6分；只建立了反馈制度（包括反馈方式、时限）的，得4分；无任何表述的，不得分。

二 总体评估结果分析

本项评估总分为100分，被评估的100个城市的平均得分为72.19分，得分在平均分之上的城市共53个，占被评估城市总数的53%；得分在平均分之下的城市共47个，占城市总数的47%，总体得分趋于正态分布。本项评估最高得分95分，最低得分30分，总体区分度较大。其中，得分主要集中在50~80分，共计77个城市，占到所有被评估城市的77%。本一级指标项下，排名前五的城市依次分别是：南宁（95分）、广州（90分）、岳阳（88分）、深圳（87分）、遵义（87分）。

反观2016年的评估结果，2016年平均得分为68.87分，得分在平均分之上的城市共53个，得分在平均分之下的城市共47个，最高得分91分，最低得分33分，得分在50~80分的城市共有84个，排名前五的城市依次分别是：广州（91分）、南宁（90分）、贵阳（89分）、佛山（87分）、成都（85分）。对比发现，2017年比较明显的变化是：平均得分显著提高，较2016年上涨3.32分；城市整体得分呈上升趋势。

本年度各城市得分情况分布见图5-1、图5-2。

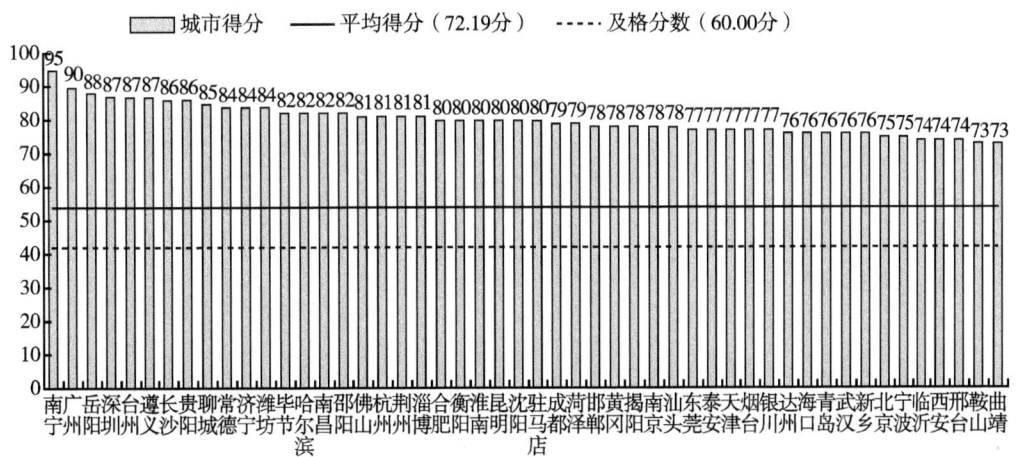

图5-1 排名1~50的城市得分情况分布

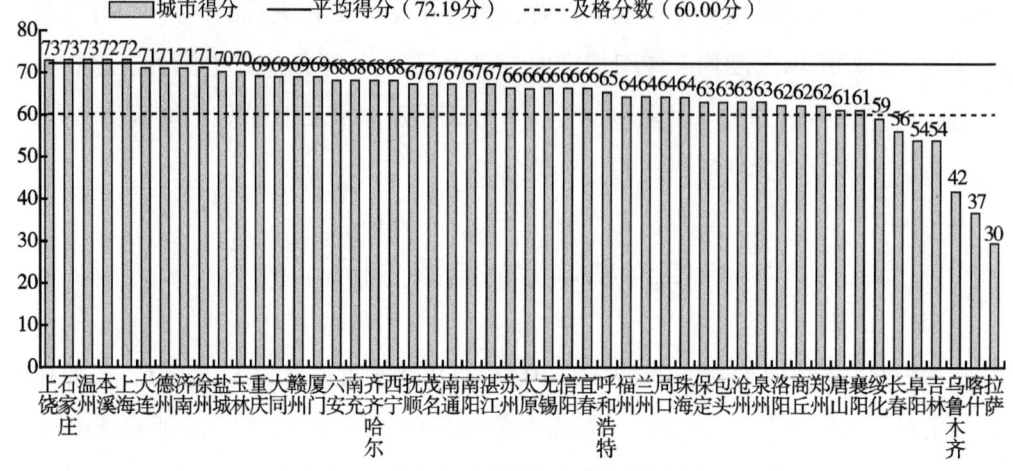

图 5-2 排名 51~100 的城市得分情况分布

行政决策一级指标项下共包含 12 个三级指标（观测点）。各三级指标（观测点）的得分情况如下：①重大决策合法性审查制度的建立情况，平均得分 8.85 分；②重大决策合法性审查制度的实施情况，平均得分 4.00 分；③重大决策听取公众意见制度的建立情况，平均得分 8.87 分；④重大决策听取公众意见制度的实施情况，平均得分 4.11 分；⑤重大决策集体决策制度的建立情况，平均得分 7.84 分；⑥重大决策风险评估制度的建立情况，平均得分 6.15 分；⑦重大决策风险评估制度的实施情况，平均得分 3.15 分；⑧重大决策专家论证制度的建立情况，平均得分 5.84 分；⑨重大决策专家论证制度的实施情况，平均得分 3.35 分；⑩重大决策预公开制度的建立情况，平均得分 3.60 分；⑪重大决策结果公开情况，平均得分 9.44 分；⑫重大决策信息追踪及反馈制度的建立情况，平均得分 6.99 分。三级指标平均得分率见图 5-3。

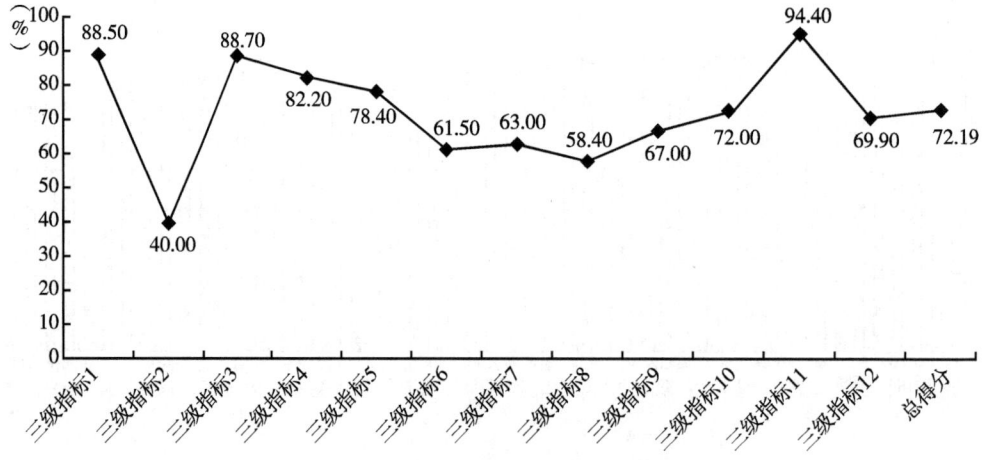

图 5-3 行政决策三级指标平均得分率

三 指标评估结果分析

（一）重大决策合法性审查制度的建立情况

1. 总体表现分析

本项指标针对100个城市是否建立了重大决策合法性审查制度进行观测，满分10分。本项指标下，共有66个城市得满分，建立了比较完善的重大决策合法性审查制度。本项指标总体得分情况见表5-2。

表5-2 三级指标1总体得分情况

得分（分）	10	8~9	6~7	4~5	2~3	0~1
城市（个）	66	13	12	6	3	0

2. 分差说明及典型事例

本项指标下，各城市的平均得分为8.85分，相较于上一年的8.12分提高了0.73分，得分在平均分以上的城市有67个，得分在及格线以上的城市有91个，及格率为91%，说明该项制度建设总体表现良好。一些城市针对重大决策合法性审查制定了专项规定，绝大部分城市是在其他相关规定中分设专章或者通过部分条款进行规定。得3分以下的城市是因为规定过于简略，往往是一句话带过。

本项指标项下的典范城市是南宁、广州、遵义、南昌、邯郸和济南等。上述城市就重大决策的合法性审查制度做了详细规定，其中南昌、邯郸和济南等城市就该项制度制定了专门的规范性文件，因此得满分。除此之外，广州、遵义、南宁等城市也就该项制度作了非常详细的规定，依据评估标准，同样得满分。这些城市对重大决策合法性审查制度的审查主体、审查范围、审查程序等内容都有较为全面的规定。2016年，湖南、广西、河北、山西四个省份发布了全省范围内适用的重大决策合法性审查专项规定，为该制度的广泛建立提供了进一步的规范要求。

（二）重大决策合法性审查制度的实施情况

1. 总体表现分析

本项指标考察的是被评估城市重大决策合法性审查制度的具体实施情况，满分为10分。总体来看，本项观测结果很不理想。此项指标项下得满分的城市为19个，未能得分的城市有31个，大部分城市得分在3分以下。本项指标总体得分情况见表5-3。

表5-3　三级指标2总体得分情况

得分（分）	10	8~9	6~7	4~5	2~3	0~1
城市（个）	19	9	6	7	24	35

2. 分差说明及典型事例

本项指标的平均得分只有4.00分，离及格分还有很大差距，及格率只有34%，59%的城市得分在平均分以下，有31个城市得分为0分，低分数段的城市占了大多数，说明重大决策合法性审查制度的实施情况很不理想。此项指标评分的依据主要是通过网络检索途径获取到的信息。得分普遍较低的主要原因是通过网络检索获取到的有效数据或信息非常有限。

本项指标下，获得分数较高的城市有广州、南宁、深圳、淮南、潍坊、邯郸等。上述城市能够查到其政府法制机构多领域进行重大决策合法性审查的数据，经审查提出意见的比例较高，涉及的财政金额较多，较好地保障了行政决策合法性，表明重大决策合法性审查制度在这些城市得到了良好的落实。得0分的城市是通过网络检索查不到重大决策合法性审查的实施情况，根据评分标准视为该项制度未能得到落实。

（三）重大决策听取公众意见制度的建立情况

1. 总体表现分析

本项指标观测的是各市人民政府是否建立了重大决策听取公众意见制度，满分为10分。本项指标下，61个城市得满分，得分率较高。本项指标总体得分情况见表5-4。

表5-4　三级指标3总体得分情况

得分（分）	10	8~9	6~7	4~5	2~3	0~1
城市（个）	61	21	13	2	3	0

2. 分差说明及典型事例

本项指标下，各城市的平均得分为8.87分，平均得分率较高，达88.7%，得分在平均分以上的城市有64个,在及格线以上的城市有95个,及格率为95%,说明大部分城市在该项制度上规定得比较完善、内容比较详细。得分在7分以下的城市大多是由于对听取公众意见制度的规定不够完善,很多城市只规定了听取公众意见的范围、方式,而对听取意见的程序没有详尽规定。得3分的城市则是由于其内容过于简略,如只是简单重复国务院文件中的内容。

本项指标下的典范城市非常多,如遵义、珠海、苏州、重庆、太原、南宁等,这些城市对重大决策听证、征求意见制度作出了详细规定,其中重庆、汕头、济南、青岛、大连、太原、贵阳等地还以地方政府规章或规范性文件的形式规定了重大行政决策听证制度;广州、贵阳、南宁、佛山、哈尔滨等城市在重大决策听取意见的范围、方式、程序等方面也规定得非常详细,因此获得了满分。

(四)重大决策听取公众意见制度的实施情况

1. 总体表现分析

本项指标考察的是被评估城市重大决策听取公众意见制度的具体实施情况,满分为5分。从得分分布情况来看,得满分的城市共37个,97个城市达到了及格分3分以上,说明绝大部分城市在作出重大决策之前能够做到通过举行听证会等方式听取公众意见。本项指标总体得分情况见表5-5。

表5-5 三级指标4总体得分情况

得分(分)	5	4	3	2	1	0
城市(个)	37	41	19	2	1	0

2. 分差说明及典型事例

本项指标旨在考察各市政府落实重大决策听取公众意见制度的工作情况,总体得分还算理想,平均分为4.11分,平均得分率较高,达82.20%,及格率达97%。部分城市得分不高的原因主要在于其公开征求意见的范围比较窄或事例不丰富,公开征求意见的事项只涉及了上述四个领域其中一两个,或某一两个领域能够查找到的听取公众意见的事例有限,故得分较低。

本项指标下的优秀典范城市较多,如南宁、哈尔滨、广州、合肥等。得满分的城市,通常能够在其政府网站的公示公告栏、意见征集栏以及政府信息公开栏等目录下检索到前述四个领域相关事例,其中有些城市还公开了听取公众意见过程和结果的详

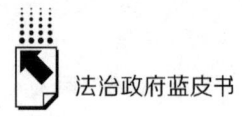

细信息，如征求意见公告、听证会参与者信息、听证会会议记录、公众意见采纳情况汇总等。云南省、南宁市等地还建立了重大行政决策听取意见的网上统一平台，说明这些城市重大决策听取意见工作做得比较好。

（五）重大决策集体决策制度的建立情况

1.总体表现分析

本项指标针对100个城市是否建立了重大决策集体决策制度进行测评，满分为10分。本项指标下，38个城市得满分。本项指标总体得分情况见表5-6。

表5-6 三级指标5总体得分情况

得分(分)	10	8~9	6~7	4~5	2~3	0~1
城市(个)	38	22	20	20	0	0

2.分差说明及典型事例

本项指标下，各城市的平均得分为7.84分，得分在平均分以上的城市共60个，在及格线以上的城市有80个，及格率为80%，说明该项制度建设总体表现良好。一些城市针对重大决策集体决策制度制定了专项规定，绝大部分城市是在其他相关规定中分设专章或者通过部分条款进行规定。得4分的城市是因为重大决策集体决策制度规定得不够详细，缺乏可操作性，如有的对集体决定的决策程序缺少必要的规定，有的对重大决策的决策权限规定不明确。

本项指标下优秀典范城市是南昌、揭阳、毕节等，这些城市就重大决策集体决定制度进行了专项规定，对需要集体审议的重大决策事项范围、集体决策程序都作了详细规定，内容非常全面。除此之外，南宁、荆州、邵阳、岳阳、杭州等城市在该项制度构建方面做得也比较到位，同样得满分。大多数的城市在行政决策程序规定中规定了要建立集体决定制度，以及明确了集体决策的形式主要为市政府全体会议和常务会议，但具体的决策程序则散落在市政府工作规则或者各种会议规则中。

（六）重大决策风险评估制度的建立情况

1.总体表现分析

本项指标针对100个城市是否建立了重大决策的风险评估（包括社会稳定风险、环境风险、经济风险）制度进行观测，满分为10分。本项指标下，共有19个城市得分在 8 分以上，建立了完善的重大决策风险评估（包括社会稳定风险、环境风险、经济风险）制度。本项指标总体得分情况见表 5-7。

表 5-7 三级指标 6 总体得分情况

得分(分)	10	8~9	6~7	4~5	2~3	0~1
城市(个)	0	19	48	24	9	0

2. 分差说明及典型事例

本项指标得分 6 分以上的城市有 67 个，占本次评估城市总数的 67%。从总体上来看，被评估城市在重大决策风险评估制度的构建方面取得了显著的成果。此外，本项指标下，各城市的平均得分为 6.15 分，得分在 8 分以上的城市仅有 19 个，占本次被评估城市总数的 19%，这表明被评估城市重大决策风险评估制度仍存在极大的提升与完善空间。

本项指标下的典范城市是贵阳、武汉、遵义、毕节、烟台、潍坊，上述 6 个城市就重大决策的风险评估（包括社会稳定风险、环境风险、经济风险）制度制定了专项规定或者虽未就重大决策的风险评估制度制定专项规定，但在其他规定中有较为详细且全面的表述。例如，《武汉市人民政府重大行政决策风险评估办法》不仅对重大决策的社会稳定风险、环境风险以及经济风险评估进行了完善细致的规范，同时还提出了对重大决策进行公共安全风险评估，这迎合了时代发展的需求，是提升社会治理现代化的重要举措。此外，《武汉市人民政府重大行政决策风险评估办法》进一步细化了风险评估的责任主体，明确了风险评估的指导协调主体、组织主体、监察主体以及辅助主体等，提升了制度的可操作性。再如，《遵义市人民政府重大行政决策程序规定》回应了"互联网+"时代下政府重大决策的特殊性，提出了对重大决策进行网络舆情风险评估。

（七）重大决策风险评估制度的实施情况

1. 总体表现分析

本项指标针对 100 个城市重大决策风险评估（包括社会稳定风险、环境风险、经济风险）制度的实施情况进行测评，满分为 5 分。本项指标测评下，共有 2 个城市得满分。本项指标总体得分情况见表 5-8。

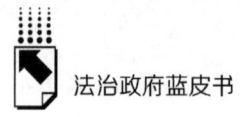

表 5-8 三级指标 7 总体得分情况

得分(分)	5	4	3	2	1	0
城市(个)	2	25	62	9	1	1

2. 分差说明及典型事例

本项指标下,各城市的平均得分为 3.15 分,得分在平均分以上的城市有 27 个,占本次评估城市总数的 27%。本项指标得分集中在 3 分、4 分,共有 87 个城市,占本次被评估城市总数的 87%。以上数据表明多数城市重大决策风险评估制度的落实目前居于中上水平,仍有待进一步贯彻落实。

本项指标下的典范城市为东莞,该城市的重大决策风险评估(包括社会稳定风险、环境风险、经济风险)制度得到了充分的贯彻落实,在环保、价格、规划以及政府工程等重大项目的决策中进行了风险评估。

(八)重大决策专家论证制度的建立情况

1. 总体表现分析

本项指标针对 100 个城市是否建立了重大决策专家论证制度进行测评,满分为 10 分。本项指标下,共有 10 个城市得满分。本项指标总体得分情况见表 5-9。

表 5-9 三级指标 8 总体得分情况

得分(分)	10	8~9	6~7	4~5	2~3	0~1
城市(个)	10	15	27	45	2	1

2. 分差说明及典型事例

本项指标下,得分在 6 分以上的城市有 52 个,占本次被评估城市总数的 52%。上述数据一方面表明我国重大决策专家论证制度得到了一定程度的提升与完善,但另一方面,不容忽视的是诸多城市在专家论证制度方面仍面临着艰巨而紧迫的任务,过半数城市的专家论证制度仍较为薄弱,存在极大的提升空间。

本项指标下的典范城市有长沙、深圳、广州、茂名、揭阳、南京、遵义、佛山、驻马店、银川,上述城市的本级人民政府或者省级人民政府就重大决策专家论证制度制定了专项规定或虽然没有此项指标的专项规定,但在其他规定中有较为详细的表述,构建了完善的重大决策专家论证制度。其中,广州市的专家论证制度最为典型,其通过《广州市政府法律咨询专家管理办法》、《广州市重大行政决策专家论证办法》和《广州市重大行政决策论证专家库管理工作细则》三部规范性文件对重大决策的专家论证制度进行了明确的规范，提升了专家论证制度的可操作性。这三部规范性文件从不同方面对重大决策专家论证进行了规范，弥补了责任追究、监督机制等当前专家论证制度普遍存在的漏洞，构建了较为完善的专家论证制度，为其他城市树立了典范。

（九）重大决策专家论证制度的实施情况

1. 总体表现分析

本项指标针对100个城市重大决策专家论证制度的实施情况进行测评，依据环保、价格、规划和政府工程四个领域的重大决策对专家论证制度的实施情况进行评估，满分为5分。本项指标下，共有8个城市得满分。本项指标总体得分情况见表5–10。

表5–10　三级指标9总体得分情况

得分(分)	5	4	3	2	1	0
城市(个)	8	39	37	12	4	0

2. 分差说明及典型事例

本项指标下，得分在3分以上的城市有84个，占本次被评估城市总数的84%；平均得分为3.35分，得分在平均分以上的城市有47个，占本次被评估城市总数的47%。以上数据表明重大决策专家论证制度在环保、价格、规划以及政府工程等方面的贯彻落实情况仍需努力。

本项指标下的典范城市是海口、深圳、武汉、南宁、德州等8个城市。在本项指标下，上述8个城市在环保、价格、规划以及政府工程领域的重大决策过程中均较好地落实了专家论证制度，通过召开专家评审会、专家座谈会等形式对重大决策进行了论证。虽然当前重大决策的专家论证制度得到了一定的落实，但其中存在的问题也很明显。如根据评估组所收集到的资料，部分城市进行专家论证的领域较为有限，只局限在某一领域。再如，许多城市相关重大决策的专家论证报告等资料无法查找到，只是在重大决策听证程序中提及有专家参与，对于参与专家的选择程序等也没有相关资料证实。有些重大决策听证程序中的专家甚至是相关决策机关的工作人员，这种形式

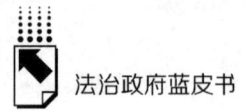

上的专家论证既无法保证论证的独立性也无法为论证的科学性提供保障。这一状况同《法治政府建设实施纲要（2015—2020年）》所提出的"选择论证专家要注重专业性、代表性、均衡性，支持其独立开展工作，逐步实行专家信息和论证意见公开"是相背离的。

（十）重大决策预公开制度的建立情况

1. 总体表现分析

本项指标针对100个城市是否建立了重大决策预公开制度进行测评，满分为5分。本项指标下，共有21个城市得满分。本项指标总体得分情况见表5-11。

表5-11　三级指标10总体得分情况

得分（分）	5	4	3	2	1	0
城市（个）	21	31	36	11	1	0

2. 分差说明及典型事例

该项指标平均得分为3.60分，平均得分率为72%。得满分5分的城市有21个，占本次被评估城市总数的21%；得3分以上的城市有88个，占本次被评估城市总数的88%；得分少于2分的城市仅有1个。以上数据表明重大决策预公开制度的建立情况较为乐观，绝大多数城市都能够树立起重大决策前公开草案和依据听取公众意见的意识来推进决策公开和政务透明化。也有一部分的城市得分在3分以下，原因在于预公开制度的程序建设缺失。

本项指标下的典范城市是本溪、毕节、广州、杭州等21个城市。在本项指标下，这21个城市的本级人民政府或者其所在的省级人民政府就重大决策预公开制度制定了专项规定或虽然没有此项指标的专项规定，但在其他规定中有较为详细的表述，构建了完善的重大决策预公开制度。《杭州市人民政府重大行政事项实施开放式决策程序规定》对杭州市重大决策预公开的范围、方式和程序做出了详细的规定，《杭州市人民政府关于进一步完善全市经济和社会发展重大事项行政决策规则和程序的通知》、《杭州市人民政府重大行政决策程序规则》又从不同方面对重大决策预公开制度进行了规范和补充，构建了较为完善的重大决策预公开制度，为其他城市树立了典范。

(十一)重大决策结果公开情况

1.总体表现分析

本项指标针对100个城市重大决策的结果公开情况进行测评,根据环保、价格、规划、政府工程四个领域的重大决策的结果公开的情况给予相应分值。本项满分为10分,共有59个城市得满分。本项指标总体得分情况见表5-12。

表5-12 三级指标11总体得分情况

得分(分)	10	8~9	6~7	4~5	2~3	0~1
城市(个)	59	38	3	0	0	0

2.分差说明及典型事例

本项指标下,各城市的平均得分为9.44分,平均得分率为94.4%。该项指标下得满分的城市有59个,占本次被评估城市总数的59%;得8分以上的城市有97个,占本次被评估城市总数的97%;只有1个城市得分不足7分。以上数据表明各城市在重大决策公开方面均做得比较到位,政府信息公开工作得到了充分贯彻和落实。

本项指标下的典范城市数量很多,得到满分的59个城市通过政府门户网站对本市环保、价格、规划、政府工程四个领域的重大决策的结果进行了公开,真正实现了决策公开和信息透明,保障了民众的知情权。但部分城市如湛江在通过政府门户网站对重大决策结果进行公开的过程仍然存在有效性不足、信息碎片化等问题。

(十二)重大决策后信息追踪收集及反馈制度的建立情况

1.总体表现分析

本项指标针对100个城市是否建立了重大决策后信息追踪收集以及向决策层进行反馈制度进行测评,内容包括信息追踪收集制度的收集主体、收集方式、收集时限和反馈制度的反馈方式、反馈时限等内容,满分为10分。共有13个城市在该项指标上得满分。本项指标总体得分情况见表5-13。

表5-13 三级指标12总体得分情况

得分(分)	10	8~9	6~7	4~5	2~3	0~1
城市(个)	13	23	56	7	0	1

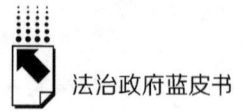

2. 分差说明及典型事例

该项指标下，各城市的平均得分为 6.99 分，得分在平均分以上的城市有 52 个，占本次被评估城市总数的 52%；得满分 10 分的有 13 个城市；该项指标下，得分 8 分的城市有 21 个，得分 6 分的城市有 40 个，得分 3 分以下的城市有 1 个。以上数据表明我国地方政府已初步构建起了重大决策后的信息追踪收集以及向决策层进行反馈的制度，但仍需进一步完善。同时，数据也反映出部分城市重大决策后的信息追踪收集和反馈制度极为薄弱。得分较低的城市往往只是在其重大决策程序规定、政府工作规则或其他规范性文件中简单提及重大决策后的信息追踪搜集和反馈，尚需在宏观精神的指引下结合自身具体情况对其予以细化。

本项指标下得满分 10 分的有南宁、毕节、贵阳、合肥等 13 个城市。以合肥市为例，其发布实施的《合肥市人民政府重大行政决策实施效果评估办法（试行）》（以下简称《办法》）对重大决策后信息跟踪反馈主体、方法、时限、程序以及内容等方面进行规范，建立了较为完善的重大决策后的信息追踪收集和反馈制度。《办法》明确了重大行政决策评估工作可以采用部门论证、专家咨询、公众参与、专业机构测评相结合的方式，这有效地保障了决策后信息收集的全面性与决策后评估的科学性。其他得满分的城市如南宁市、毕节市等均就重大决策后的信息追踪收集以及向决策层进行反馈的制度进行了详细规定。

四 评估结论

总体而言，在评估指标体系所设计的九项一级指标中，"行政决策"一级指标的平均得分为 72.19 分（总分为 100 分），得分率为 72.19%，在九项指标中居于第四位。此外，2016 年发布的《中国法治政府评估报告（2016）》显示，该年度评估中，"行政决策"指标平均得分为 68.87 分，平均得分率为 68.87%。2015 年发布的《中国法治政府评估报告（2015）》显示，该年度评估中，"行政决策"指标平均得分为 64.47 分，平均得分率为 64.47%。

连续三年的评估数据显示，"行政决策"一级指标的平均得分呈现逐年上升的趋势，可以看出行政决策法治化总体上取得了良好的成绩。

（一）历史数据表现以及趋势分析

1. 重大决策制度日趋完善，但制度落实情况有待加强

"行政决策"指标项下的观测点可以分为两类，一类是制度建构类的指标，一类是制度实施类的指标。随着我国法治政府建设的推进,地方政府在完善重大行政决策制度方面获得了长足进步。这通过近三年的数据对比可以得到印证。"重大决策合法性制度的建立情况"在2015年、2016年和2017年的评估中得分率分别为72%、81.2%、88.5%,"重大决策听取公众意见制度的建立情况"在2015年、2016年和2017年的评估中得分率分别为81.3%、86.5%、88.7%,"重大决策专家论证制度的建立情况"在2015年、2016年和2017年的评估中得分率分别为50.6%、54.9%、58.4%,其他几项制度建构指标的得分情况也基本相同,均呈现逐年上升的趋势,如"重大决策集体决定制度的建立情况"、"重大决策风险评估制度的建立情况"等。参见表5-14。

表5-14 "重大决策合法性制度的建立情况"得分率对比

评估年份(年)	2015	2016	2017
得分率(%)	72	81.2	88.5

但相较于制度的逐年完善,制度落实方面的情况则不甚理想,如"重大决策听取公众意见制度的实施情况"在2015年、2016年和2017年的评估中得分率分别为84%、79%、82.2%,"重大决策专家论证制度的实施情况"在2015年、2016年和2017年的评估中得分率分别为63.8%、67%、67%,"重大决策风险评估制度的实施情况"在2015年、2016年和2017年的评估中得分率分别为65.4%、64.4%、63%。通过上述不同年份的数据对比发现,重大决策"制度落实"方面的观测点的得分增长并不明显,某些年份甚至有所减少,说明制度的落实情况并不稳定,需要继续加强。参见表5-15。

表5-15 "重大决策风险评估制度的实施情况"得分率对比

评估年份(年)	2015	2016	2017
得分率(%)	65.4	64.4	63

2.决策结果公开状况良好,但过程公开不足

从连续三年的数据来看,"重大决策结果公开情况"均保持了较高的得分率,在2015年、2016年和2017年的评估中得分率分别为82%、92%、94.4%。均在当年度的"行政决策"的各观测点中居于首位。表明我国地方政府在"公开决策"方面取得了良好的进展。参见表5-16。

表 5-16　"重大决策结果公开情况"得分率对比

评估年份(年)	2015	2016	2017
得分率(%)	82	92	94.4

但另一方面，重大决策预公开情况相对较差，过程公开明显不足。2016 年本指标评估首次增加三级指标"是否建立了重大决策预公开制度"：2016 年评估该三级指标平均得分 3.35 分，得分率为 67%；2017 年评估该三级指标平均得分 3.6 分，得分率为 72%。尽管较之 2016 年、2017 年重大决策预公开制度建立加快，但与结果公开情况 90% 以上的得分率仍然不可同日而语，重大决策过程性公开仍有很大的进步空间。参见表 5-17。

表 5-17　"是否建立了重大决策预公开制度"得分率对比

评估年份(年)	2016	2017
得分率(%)	67	72

（二）问题

1. 合法性审查中借助"外脑"进行审查的比例较低

相较于合法性审查制度比较完善的建立现状，合法性审查制度的实施情况则展现出非常不理想的态势，得分率仅为 40%，较 2016 年的实施情况无明显改观。之所以这一三级指标得分较低，除了对重大决策的合法性审查不够重视，其中一个非常重要的原因即是合法性审查中借助"外脑"进行审查的比例较低，即法制机构以外的法律顾问参与重大决策合法性审查较少。在 100 个被评估的城市当中，仅遵义、聊城、潍坊、邵阳、揭阳、宁波、临沂、温州、洛阳、佛山、岳阳、南通 12 个城市在做出重大决策的过程中借助律师或者法律专家等法制机构之外的法律顾问进行了合法性审查，提出了审查意见和建议。这就大大降低了行政机关做出重大决策的合法性，并使得业已建立良好的合法性审查制度在实施过程中成为"纸老虎"。参见表 5-18。

表 5-18　"重大决策合法性审查制度的实施情况"得分率对比

评估年份(年)	2015	2016	2017
得分率(%)	31.7	33.9	40

2. 集体决策的程序欠缺

重大行政决策集体讨论决定是民主集中制的直接体现,能够确保在重大行政问题决策上的科学化、民主化,直接影响到政府行政管理活动的效能。从评估结果来看,集体决策的制度建设良好,各城市的平均得分率为78.4%,得分在及格线以上的城市有80个,及格率为80%。就集体决策制度内部而言,其存在着"失衡"的弊病,大部分城市的规定过于片面单一,只列举了需要集体讨论的重大决策的范围,明确了集体决策的形式主要为市政府全体会议和常务会议,而对制度的程序规定只有寥寥数语,缺乏可操作性。实践中,各地政府多比照市政府工作规则或者各种会议规则的程序规定进行集体决策,灵活性强,不利于制度的落实,难以有效发挥其对重大行政决策科学性的保障作用。参见表5-19。

表5-19 "是否建立了重大决策集体决定制度"得分率对比

评估年份(年)	2015	2016	2017
得分率(%)	63.5	70.5	78.4

3. 经济风险评估不被重视,风险评估的制度建构与实施情况均不理想,得分呈现出"双低"的特点

作为科学决策机制的重要组成部分,风险评估的重要性不言而喻。但从评估结果来看,无论是风险评估的制度构建还是风险评估的实施情况均不理想。风险评估制度构建的得分率只有61.5%,风险评估制度实施的得分率为63.0%,而不论制度建构还是实施情况,经济风险评估一项几乎不得分。就风险评估制度而言,其存在着"失衡"的弊病,部分城市的规定过于片面,大多只强调社会稳定风险评估,而没有涉及公共安全风险以及网络舆论风险等"新兴风险",甚至对于经济风险等"传统风险"也不够重视。这在一定程度上会导致重大行政决策风险评估的片面性,难以有效发挥其对重大行政决策科学性的保障作用。参见表5-20。

表5-20 2016年重大决策风险评估制度"建立情况"和"实施情况"得分率

三级指标	是否建立了重大决策风险评估制度	重大决策风险评估制度的实施情况
2016年得分率(%)	61.5	63

4. 专家公平遴选机制未有效建立

相比于民主决策机制、公开决策机制,作为科学决策重要组成部分的专家论证制度的构建亟须进一步加强,其中,尤其值得关注的是专家的公平遴选机制。就专家论证制度的建设情况而言,得分率仅为58.4%,情况不容乐观。对于建立了专家论证制度的城市,也缺乏相应的专家公平遴选机制建设,在如何公平公正的遴选专家,如何保障专家科学、独立地发表意见,如何对专家责任进行有效规范等方面均缺乏完善的制度建设。而缺失了上述机制的专家论证制度极易被形式化、符号化,成为体制内决策主体的"工具",无法充分地发挥其对重大行政决策科学性的保障作用。参见表5-21。

表5-21 "是否建立了重大决策专家论证制度"得分率对比

评估年份(年)	2015	2016	2017
得分率(%)	32.7	54.9	58.4

(三)建议

针对上述问题,评估组提出以下几点建议:

1. 大力借助"外脑"进行合法性审查

面对"合法性审查中借助'外脑'进行审查的比例较低"这一现实问题,为了切实提高重大决策的合法性,必须着力增加政府法制机构以外的法律顾问参与重大决策的比例和频率,大力借助"外脑"进行合法性审查。为此,一是要成立政府法律顾问小组,从律师、法官、检察官、高校老师等法学精英群体中择优遴选政府法律顾问,建立一个专家库;二是在具体的重大决策合法性审查中,从专家库中随机抽取包括政府法制机构工作人员、律师、法官、检察官、高校老师等在内的合法性审查专家组,对具体的重大决策展开合法性审查,并在充分论证的基础上出具审查意见,为行政机关重大决策提供重要的参考,真正提高重大决策的合法性。

2. 建立并完善集体决策程序

行政行为做出的程序公正是实体公正的前提。有了集体决策程序,行政机关在做出重大决策时,只能按照既定的程序和规则办事,从而可以防止行政机关恣意妄为。因此各地方政府应当在现有规范的基础上,建立并完善集体决策制度的程序内容。如增设集体决策的必要环节:议题界定、目标设定、方案设计、充分讨论、投票表决、作出决定、会议纪要等。只有补齐制度短板,才能形成统一、高效的集体讨论制度。

3. 增强风险评估的体系性、全面性,重视经济风险评估制度的建设与实施

随着风险社会的到来,国家任务也逐步从福利行政转向预防行政,如何防范经济、环境等风险对公民可能带来的危害成为政府一项重要任务。作为政府进行行政管理的一项手段，重大行政决策必然会带来广泛的影响，其不仅会对社会稳定产生影响，也必然会关涉经济、环境等其他方面。地方政府应当结合我国社会转型时期的特定国情以及自身的具体情况，补齐风险评估制度短板，逐步健全和完善重大行政决策风险评估制度，改变只重视特定种类风险的现状，建立起包括社会稳定风险、经济风险、环境风险、公共安全风险等风险在内的系统性的重大行政决策风险评估体系。

4. 建立健全专家公平遴选机制

专家论证制度对重大行政决策科学性的保障离不开公平的专家遴选机制的支撑，缺失了上述机制的专家论证只会沦落为一种形式上"走过场"的行为。地方政府应当在现有规范基础上建立健全上述参与机制，选择论证专家要注重专业性、代表性、均衡性，支持其独立开展工作。通过严格遴选标准、规范遴选程序等制度措施逐步提高专家遴选的公平性；通过建立同行评议机制等制度构建起对专家的监督体系；同时通过明确专家责任的种类、追责条件等增强责任追究机制的可操作性，使得遴选出来的专家能够公正、科学地履行责任，实施论证，真正为政府科学决策建言献策。

B.6
行政执法

摘　要： 行政执法是我国法治政府建设至关重要的环节，从本年度的行政执法评估状况看，我国的法治政府建设稳步推进，取得了较大的进步，特别是在综合执法改革、落实重大执法决定法制审核制度、规范执法主体等方面成效显著。在取得成绩的同时，我国行政执法领域也暴露出诸多问题，如部分执法部门忽视行政裁量基准的动态调整，规范更新缓慢；执法人员培训流于形式，不注重培训效果；基层执法中以罚代管，社会治理效果不佳等。在强调国家治理能力现代化的当下，行政执法应当更加注重治理，而不是管理，在行政执法领域，必须要加快综合执法改革步伐，规范执法主体，明晰执法流程，创新执法方式，提高执法水平和执法实效，真正营造严格规范公正文明执法的法治环境。

关键词： 行政执法　综合执法　过程控制　执法监督平台

一　指标设置及评估标准

（一）指标体系

在建设法治政府、推进依法行政的进程中，行政执法向来是重中之重。本年度的行政执法一级指标总分为120分，下设6项二级指标和11项三级指标（观测点）。具体指标设置详见表6-1。

在体系结构上，本年度主要从执法体制、执法程序、执法方式、执法责任制、执法人员管理以及执法状况六个方面评估市一级政府的行政执法状况。其中，"行政执法体制"主要考察了目前中央重点推进的跨部门综合执法情况，以工商行政管理及

表6-1 行政执法指标体系

一级指标	二级指标	三级指标(观测点)
行政执法总分：120分	(一)行政执法体制(10分)	1. 跨部门综合执法情况(10分)
	(二)行政执法程序(30分)	2. 行政处罚裁量基准制度落实情况(10分)
		3. 执法流程细化情况(10分)
		4. 重大行政执法决定法制审核情况(10分)
	(三)行政执法方式(20分)	5. 执法信息平台建设情况(10分)
		6. 执法结果公示制度(10分)
	(四)行政执法责任制(10分)	7. 执法监督平台制度(10分)
	(五)行政执法人员管理(20分)	8. 行政执法人员清理(10分)
		9. 执法人员培训情况(10分)
	(六)行政执法状况(30分)	10. 违法行为投诉体验情况(20分)
		11. 非诉执行申请被法院裁定不予执行情况(10分)

质量监督管理等为重点观测领域。

"行政执法程序"内容丰富，一次评估难以面面俱到。为此，本年度选取了三个观测点进行观测，分别是：行政处罚裁量基准制度在教育领域的落实情况、水行政主管部门对行政处罚事项的执法流程细化公开情况以及被评估城市重大行政执法决定法制审核制度建立情况。

同行政执法程序类似，"行政执法方式"的可考察事项内容繁多，本年度选取了两个观测点：一是执法信息平台建设情况。评估此项指标时，以食品生产许可、个体工商户登记和农作物种子经营许可三个事项为考察点。二是国土部门土地处罚类执法结果公示制度的建设情况。

建立在职权分解基础上的"行政执法责任制"是规范和监督行政机关执法活动的重要抓手。落实行政执法责任制通常有内部监督和外部监督两种渠道。由于无法拿到全面、准确的内部监督数据，评估组针对这部分主要考察具有一定外部彰显度的行政执法监督平台建设情况。

"行政执法人员管理"内容庞杂，但主要涉及执法人员资质和素质两方面问题。有鉴于此，评估组选择了全市范围内行政执法人员清理状况及民政部门针对新公布实施的《慈善法》对执法人员的培训情况作为观测点。

衡量一个城市的执法水平，不仅要关注被评估对象建立了哪些制度、部署了哪些工作，还应当考察行政执法的客观效果。"行政执法状况"是一项立足于执法实践的

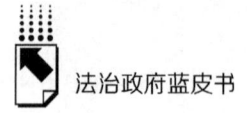

观测指标，派往各市的调研员对违法行为的投诉体验和人民法院对非诉执行案件的审理情况能够较为直观地反映出被评估城市的行政执法水平。

(二)设置依据和评估标准

本部分主要根据《全面推进依法行政实施纲要》第 7 项"理顺行政执法体制，加快行政程序建设，规范行政执法行为"、《关于加强市县政府依法行政的决定》第五项"严格行政执法"、《关于加强法治政府建设的意见》第 5 项"严格规范公正文明执法"及《法治政府建设实施纲要（2015—2020 年）》第 4 项"坚持严格规范公正文明执法"之要求设计。

与 2016 年相比，2017 年的指标设置没有出现大的变化，仅调整了部分三级指标的观测领域，主要包括：①行政处罚裁量基准制度落实情况，2016 年考察食品药品安全领域和环境保护领域，2017 年重点考察教育领域；②执法流程细化情况，2016 年考察教育部门，2017 年考察水行政部门；③执法信息平台建设，2016 年考察户口办理、企业登记、税务登记、婚姻登记等十个事项，2017 年考察食品生产许可、个体工商户登记和农作物种子经营许可三个事项；④执法结果公示制度，2016 年考察规划部门行政许可结果公示情况，2017 年考察国土部门土地处罚类执法结果公示情况；⑤执法人员培训情况，2016 年考察食品药品管理部门培训情况，2017 年考察民政部门培训情况。

1. 跨部门综合执法情况（10 分）

【设置依据】本项指标旨在考察政府综合执法情况，重点观测食品药品监督管理部门、工商行政管理部门以及质量监督管理部门之间的综合执法情况，要求在部门设置以及常规执法活动中，部门之间能够有效联合，呈现出综合执法态势。

【观测方法】网络检索。登录市政府及相关部门网站，分别以"跨部门综合执法"、"联合执法"、"执法协作"、"执法联动"、"市场监督局"、"工商质监二合一"及"工商质监食药监三合一"等关键词进行检索，并借助百度、新浪、谷歌等网站检索相关新闻报道。

【评分标准】本项满分为 10 分，包括：既合并了部门，也统一了执法队伍的，得 10 分；只有部门合并，未实现执法队伍整合的，得 5 分；在保持机构分立的情况下，开展执法协作联动的，得 3 分；未采取任何综合执法措施的，不得分。

2. 行政处罚裁量基准制度落实情况（10 分）

【设置依据】本项指标旨在考察行政处罚裁量基准的制定以及落实情况，重点观测教育行政处罚领域。要求其不仅应当建立裁量基准,还应当及时对其进行动态调整。

【观测方法】 网络检索。登录市政府及相关部门网站,并借助百度、谷歌等搜索引擎,分别以"行政裁量权"、"裁量基准"、"裁量权细化"等关键词进行检索。

【评分标准】 本项满分为 10 分:建立行政处罚裁量基准制度的,得 4 分;处罚事项齐全的,得 3 分;裁量基准随着国家法制修改及时作出调整的,得 3 分。

3. 执法流程细化情况(10分)

【设置依据】 本项指标旨在考察行政执法事项细化及程序告知情况。鉴于行政执法部门和执法事项众多,本年度重点观测水行政主管部门的行政处罚类事项。

【观测方法】 网络检索。登录市政府及相关部门网站进行检索。

【评分标准】 本项满分为 10 分,包括:①信息查找方便的,得 2 分。②处罚事项齐全的,得 3 分。③流程展示情况,得 0~5 分,其中,流程展示十分清楚、详细的,得 5 分;存在流程展示的,得 3 分;没有流程展示的,不得分。

4. 重大行政执法决定法制审核制度(10分)

【设置依据】 本项指标旨在考察被评估城市在作出重大执法决定前的法制审核制度建设情况。重大执法决定会对行政相对人的权益产生较大影响,对其进行法制审核,有利于保证其合法性。

【观测方法】 网络检索。登录市政府及相关部门网站,以"重大执法决定法制审核"、"执法决定法制审核"、"决定审核"等关键词进行检索,并借助百度、谷歌等搜索引擎进行检索。

【评分标准】 本项满分为 10 分。全市范围内普遍建立重大执法决定法制审核制度的,得 8 分。个别部门建立重大执法决定法制审核制度的,得 1~6 分,其中,①部门数量高于或等于总数三分之二的,得 6 分;②部门数量高于或等于总数一半的,得 4 分;③部门数量高于或等于总数三分之一的,得 2 分;④部门数量不足总数三分之一的,得 1 分。未建立此项制度的,不得分。对外公布审核结果的,得 2 分。

5. 执法信息平台建设情况(10分)

【设置依据】 本项指标旨在考察被评估城市执法信息平台建设情况。建立执法信息平台有助于政府信息公开,便利公众生活。为此,评估组选取了与社会生活关切度较高的三个市政府职能部门,每个部门选取一个事项作为观测事项,重点考察食品生产许可、个体工商户登记、农作物种子经营许可三个事项。

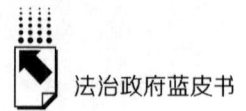

【观测方法】网络检索。登录市政府网站,在执法信息平台中查看食品生产许可、个体工商户登记、农作物种子经营许可三个事项的相关执法信息。

【评分标准】本项满分为10分,具体是:全市范围内推进平台建设且网上执法广度及深度较高的,得8~10分;全市范围内推进平台建设,网上执法广度及深度一般的,得5~7分;未在全市范围内推进平台建设,网上执法广度及深度较低的,得0~4分。

6. 行政执法结果公示制度(10分)

【设置依据】本项指标旨在考察被评估城市对行政执法结果的公示情况。及时公布行政执法结果,既有利于行政相对人了解行政机关的执法情况,也有利于监督行政机关的行政行为。国土部门的土地处罚类事项对行政相对人的生产、生活有着重大影响,为此,评估组选取国土部门的土地处罚类执法结果公示情况作为观测事项。

【观测方法】网络检索。登录被评估城市国土部门网站,查看执法结果公示专栏,考察公示事项是否齐全,公示信息是否完整。

【评分标准】本项满分为10分,具体是:对违法事项处罚结果进行公布的,得5分;以行政处罚决定书的形式对外公布的,得2分;对处罚执行结果进行公示的,得3分。

7. 行政执法监督平台制度(10分)

【设置依据】本项指标旨在考察被评估城市行政执法监督平台建设情况。建立统一的行政执法监督网络平台,有利于公民行使监督权,提高行政执法的公正性和公信力。

【观测方法】网络检索。登录市政府网站、市法制办网站、市政府信息公开网站等相关网站,输入"执法监督"、"监督平台"及"网络监督"等关键词进行检索,并借助百度、谷歌等搜索引擎检索相关资料。

【评分标准】本项满分为10分,包括:全市范围内建立行政执法监督平台,监督事项较为全面,运行良好的,得8~10分;初步建立了行政执法监督平台,涵盖重点监督事项的,得4~7分;有建立执法监督平台相关规划的,得2分;无相关信息的,不得分。

8. 行政执法人员清理(10分)

【设置依据】本项指标旨在考察被评估城市的行政执法人员清理情况。行政执法人员清理,有利于加强对行政执法队伍的监督管理,提高行政执法人员素质,促进严格、规范、公正、文明执法。

【观测方法】网络检索。登录被评估城市市政府网站及法制部门网站，以"执法人员清理"、"执法资格审查"、"执法证件管理"等关键词进行检索，考察其是否推行了执法人员持证上岗制度，开展了执法人员清理活动。

【评分标准】本项满分为10分，包括：进行行政执法人员清理的，得6分；对外公示结果的，得4分。

9. 执法人员培训情况（10分）

【设置依据】本项指标旨在考察被评估城市的执法人员培训情况。《慈善法》于2016年3月16日公布，自2016年9月1日起施行。本项指标以公布实施的《慈善法》所规定的培训工作作为观测事项，考察民政部门是否对执法人员开展培训及培训活动的质量。

【观测方法】网络检索。登录市政府网站及民政部门网站，考察其是否开展了关于《慈善法》所规定的培训活动、活动以何种形式开展以及是否有考核环节，并借助百度、谷歌等搜索引擎进行检索。

【评分标准】本项满分为10分，包括：全市范围组织培训的，得7分，仅对部分人员进行培训，得4分；培训后有考试的，得2分；采用网络课程、案件旁听等新颖形式的，得1分。

10. 违法行为投诉体验情况（20分）

【设置依据】本项指标旨在考察被评估城市履行法定职责情况。

【观测方法】委派中国政法大学、中国人民大学、华东政法大学等校在校生赴各城市实地调查，发现违法行为后向相关行政部门举报，对相关部门接到举报后的行政执法行为进行全程记录。评估组根据调查报告赋分。

【评分标准】本项满分为20分，包括：（1）查处环节，得0～15分，其中，①查处及时，使问题得到实质性解决的，得15分；②及时处理，使问题基本得到解决的，得10分；③查处不够及时，未能从根本上解决问题的（如相互推诿扯皮等），得5分；④接到投诉后，不予理睬的，不得分；（2）对投诉进行反馈调查的，得5分。

11. 非诉执行申请被法院裁定不予执行情况（10分）

【设置依据】本项指标旨在通过分析被法院裁定不予执行的行政机关非诉执行案件的数据，考察行政机关执法行为的合法性。

【观测方法】数据分析。在最高法院裁判文书网中检索并统计各城市2016年度被法院裁定不予支持的非诉执行案件数量，以及行政机关申请的所有非诉执行案件的数量,将两者相除,计算出各市在2016年度的非诉执行申请被裁定不予执行的比例。综合考察被评估城市非诉执行申请被否定的案件数量及被裁定不予执行的案件比例。

【评分标准】本项满分为10分,包括:①被裁定不予执行案件数量情况,满分5分,扣到0分为止,被裁定不予执行案件数量的评分公式为:【5-各市被裁定不予执行案件数×0.166】,0.166=5(分)×100(城市数)÷3007(100个城市被裁定不予执行案件总数);②被裁定不予执行案件占比情况,满分5分,被裁定不予执行案件比例的评分公式为:【5×(1-各市被裁定不予执行案件比例)】。因此,各城市总分=被裁定不予执行案件量得分+被裁定不予执行案件比例得分。

若某城市在2016年度没有非诉执行案件,评估组推定行政相对人因认可其行为合法性而自觉履行义务,因此赋其满分10分。

二 总体评估结果分析

（一）总体数据分析结果

本次评估针对全国100个城市的行政执法工作,从11个观测点进行评价。从总体结果来看,指标具有区分度,能够在一定程度上反映被评估城市行政执法情况。本项一级指标总分为120分,100个城市的平均分为69.03分,平均得分率为57.52%;与2016年相比,100个城市的平均得分下降0.48分,平均得分率下降0.41个百分点,没有出现较大的波动。得分在平均分以上的城市共42个,占总数的42%,得分在平均分以下的城市共58个,占总数的58%;与2016年相比,得分在平均分以上的城市减少8个。在全部100个被评估城市中,分数集中在50~90分的城市共计85个,占总数的85%;与2016年相比,分数集中在50~90分的城市减少3个,有较小变化。行政执法项下得分最高的城市为98.1分,得分最低的城市为42.5分,反映出较大的差距;与2016年相比,最高分提高2.6分,最低分提高10分,这说明法治政府建设在整体上稳步前行。得分前五位的城市分别是:上海市(98.1分)、广州市(94.9分)、厦门市(94.1分)、南宁市(92.5分)和南京市(92分)。其中,上海市和南京市连续两年得分排在前五名,可见上述两个城市的行政执法水平始终较高,距离严格、规范、公正、文明的执法目标最为接近。与2016年相比,衡阳市、周口市、曲靖市、邯郸市、广州市、常德市和南阳市在本年度的评估中进步明显。

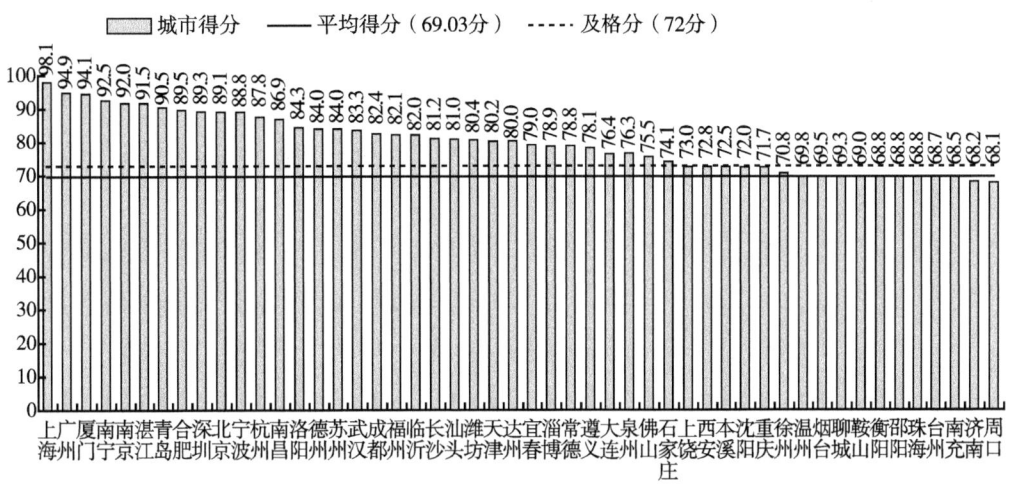

图6-1 排名1~50的城市得分情况分布图

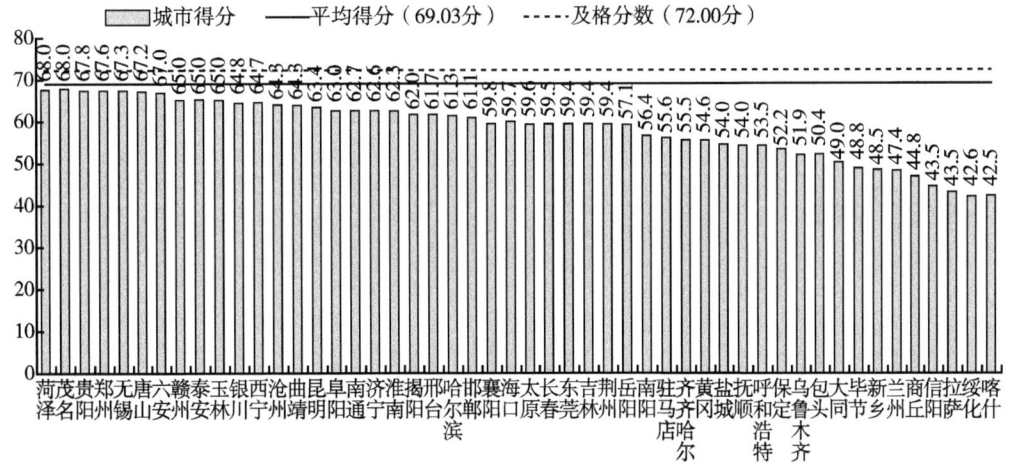

图6-2 排名51~100的城市得分情况分布图

通过对数据进行总体分析，如图6-1、图6-2所示，被评估城市中得分特别高和特别低的城市较少，大多数城市的得分集中在平均分附近，基本呈现正态分布。但是，高分和低分之间差距仍然较大，说明得分较低的城市仍有很大的提升空间。

本项一级指标项共包括6个二级指标，从二级指标的得分情况来看，行政执法体制部分总分10分，平均得分5.99分，得分率59.90%；行政执法程序部分总分30

分,平均得分17.94分,得分率59.80%;行政执法方式部分总分20分,平均得分11.99分,得分率59.95%;行政执法责任制部分总分10分,平均得分6.29分,得分率62.90%;行政执法人员管理部分总分20分,平均得分11.26分,得分率56.30%;行政执法状况部分总分30分,平均得分15.56分,得分率51.85%。与2015年数据相比,2016年的行政执法体制部分得分有较大幅度提升,可见各市政府积极部署和完成了新《纲要》提出的"支持有条件的领域推行跨部门综合执法"的任务目标。

本项一级指标共包括11个三级指标(观测点),各个观测点的得分状况如下:跨部门综合执法,总分10分,平均得分5.99分;行政处罚裁量基准制度落实情况,总分10分,平均得分4.39分;执法流程细化,总分10分,平均得分5.88分;重大行政执法决定法制审核制度,总分10分,平均得分7.67分;执法信息平台建设情况,总分10分,平均得分6.41分;是否建立行政执法结果公示制度,总分10分,平均得分5.58分;是否建立行政执法监督平台制度,总分10分,平均得分6.29分;行政执法人员清理,总分10分,平均得分7.00分;执法人员培训情况,总分10分,平均得分4.26分;违法行为投诉体验情况,总分20分,平均得分8.43分;非诉执行申请被裁定不予执行情况,总分10分,平均得分7.13分。从各观测点看,如图6-3所示,各评估对象在重大执法决定法制审核制度建设方面表现较好,该指标得分率最高。但是,在违法行为投诉方面的得分较低,这表明许多地方政府在基层执法中还存在许多问题。

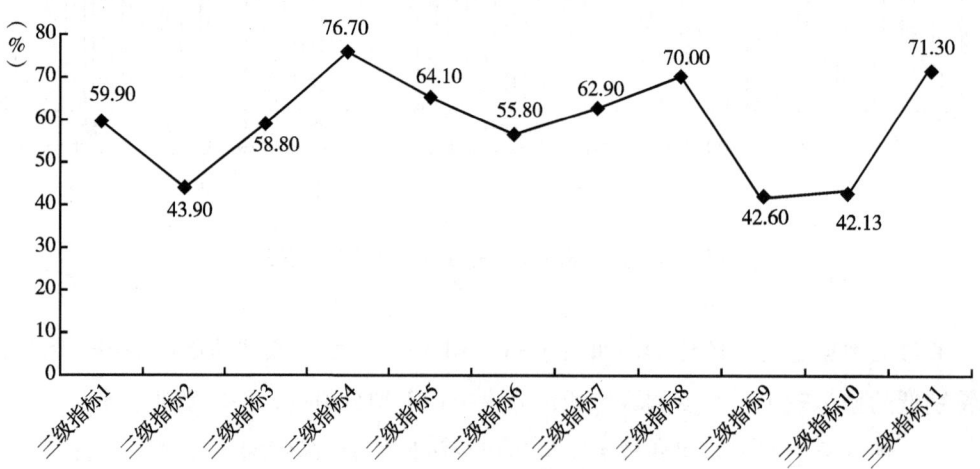

图6-3 行政执法三级指标得分率

三 三级指标评估结果分析

（一）跨部门综合执法

1. 总体表现分析

本项指标针对考察综合执法情况设置，总分为 10 分。全部 100 个被评估城市得分的总体情况见表 6-2。

表 6-2 跨部门综合执法指标得分情况

得分（分）	10	8	7	6	5	4	3	0
城市（个）	20	31	1	2	4	1	36	5

2. 分差说明和典型事例

本项指标重点观测市级政府在工商行政管理领域和质量监督等领域的综合执法情况，被评估对象的平均得分约为 5.99 分。在 100 个城市中，得分为 10 分的观测对象有 20 个，占总数的 20%；得分在平均分以上的观测对象有 54 个，占总数的 54%；得分在平均分以下的观测对象有 46 个，占总数的 46%；得分为 0 分的观测对象有 5 个，占总数的 5%。相较于 2015 年的 100 所评估对象，平均分增长 2.49 分，得分在平均分以上的观测对象由 17 个变为到 54 个，增加了 37 个，得分为 0 分的观测对象也由 13 个减少到 5 个。

通过网络检索得知，在被评估的 100 个城市中，有 20 个城市既合并了部门，也统一了执法队伍；有 34 个城市在区（市、县）级完成了工商行政管理以及质量监督管理等部门的"二合一"或"三合一"的整合并开展相应执法活动，其中 8 个城市在市一级仅检索到 1~2 个试点区（市、县）完成了部门整合；有 5 个城市只合并了部门，未实现执法队伍整合；有 36 个城市在保持部门分立的情况下，开展联合执法行动；有 5 个城市既没有合并部门，也没有关于联合执法的相关信息。

本项指标下，得分为 10 分（满分）的城市包括福州市、哈尔滨市、杭州市、六安市、宁波市、天津市、温州市、厦门市、深圳市、银川市、西宁市、包头市、成都市、喀什市、南昌市、上饶市、台州市、达州市、合肥市、昆明市。从上述城市的政府网站中可明确得知它们已经完成工商及质监等部门的"二合一"或"三合一"整

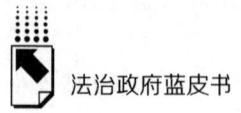

合。整合后的部门,通常被命名为"市场监督局"或"市场监督管理委员会",且在上述城市中,不仅完成了形式意义上的部门整合,在执法力量上也实现了相对集中,有统一的行政执法大队、稽查大队或行政执法局。

在本项指标下,有些城市得分较低,有的是因为未在2016年度开展工商以及质监等跨部门整合或联合执法,有的则是因为在政府工作计划中有关于机构调整的安排,但未见正式公文公告。建议这些城市加强市域范围内行政体制改革并落实跨部门联合执法制度,在切实采取上述措施的同时,及时对外公布相关信息。

(二)行政处罚裁量基准制度落实情况

1. 总体表现分析

本项指标是为了考察教育领域行政处罚裁量基准制度建立及落实情况而设置,总分为10分。

在教育领域,全部100个观测对象得分的情况见表6-3。

表6-3 教育领域行政处罚裁量基准制度落实情况指标得分情况

得分(分)	10	8	7	6	5	4	3	2	0
城市(个)	9	2	36	2	1	11	6	1	32

2. 分差说明和典型事例

本项指标重点观测教育领域,本项指标的平均得分约为4.39分。得分为10分的城市有9个,占总数的9%;得分在平均分以上的城市有50个,占总数的50%;得分在平均分以下的城市有50个,占总数的50%;得分为0分的城市有32个,占总数的32%。

通过网络检索发现,在被评估的100个城市中,有61个城市在教育领域建立了行政处罚裁量基准制度。其中,有47个城市的行政处罚裁量基准规定的处罚事项较为齐全,有9个城市根据新修订的《教育法》、《义务教育法》或《民办教育促进法》对裁量基准做出相应修改。

本项指标下,得分为10分(满分)的城市有北京市、佛山市、邯郸市、南京市、宁波市、青岛市、上海市、温州市和邵阳市9个城市。这9个城市的教育行政部门不仅建立了教育行政处罚裁量基准制度,而且制度规定全面、细致事项齐全。为了规范适用上位法,这些城市还根据国家法律最新调整及时对裁量基准进行了修改,以确保法律适用的正确性。

在本项指标下,有些城市因为未在教育领域建立行政处罚裁量基准制度而得分较低;有些城市虽然建立了相关制度,但因为没有在部门网站、市法制部门网站及市政府网站上公开相应文本而得分较低。

(三)执法流程细化

1. 总体表现分析

本项指标为考察水行政主管部门行政执法流程细化情况而设置,总分为10分。全部100个城市的得分总体情况见表6-4。

表6-4 执法流程细化指标得分情况

得分(分)	10	9	8	7	6	5	4	3	0
城市(个)	21	7	4	3	2	11	48	1	3

2. 分差说明和典型事例

本项指标重点观测水行政主管部门的行政处罚类事项细化及流程公开情况,被评估对象的平均得分为5.88分。得分为10分的观测对象有21个,占总数的21%;得分在平均分以上的观测对象有37个,占总数的37%;得分在平均分以下的观测对象有63个,占总数的63%;得分为0分的观测对象有3个,占总数的3.0%。

通过网络检索发现,在被评估的100个城市中,有21个城市信息查找比较方便;有97个城市处罚事项较为齐全;有32个城市处罚流程展示清楚详细,其中11个城市信息检索存在一定困难,无法直接以关键词检索获得;有5个城市虽然存在流程展示,但内容不够详细。

本项指标下,得分为10分(满分)的城市有北京市、赣州市、广州市等21个城市。这些城市都在市政府网站或部门网站中明确公布水行政主管部门的处罚事项以及处罚流程,事项全面且流程清楚。表现较为突出的是广州市,该市公布的水行政处罚事项共有161项,每一项都附有"职权依据"、"职权内容",其流程图步骤清晰、内容丰富,能够使公众清楚知晓行政处罚的每一步环节。得分较低的城市的主要问题是,未能制定并公布水行政处罚流程图,极少数未检索到该市水行政主管部门权力清单或处罚清单。

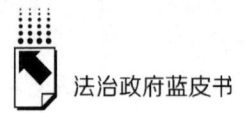

（四）重大行政执法决定法制审核制度

1. 总体表现分析

本项指标为考察重大行政执法决定法制审核制度的建设情况而设置，总分为10分。全部100个城市的得分总体情况见表6-5。

表6-5 重大行政执法决定法制审核制度指标得分情况

得分(分)	10	8	2	1	0
城市(个)	5	89	2	1	3

2. 分差说明和典型案例

被评估对象的平均得分为7.67分。在100个城市中，得分为10分的城市有5个，占总数的5.0%；得分在平均分以上的城市有94个，占总数的94%；得分在平均分以下的城市有6个，占总数的6%；得分为0分的城市有3个，占总数的3.0%。

通过网络检索得知，有94个城市在全市范围内普遍建立重大执法决定法制审核制度；有2个城市建立该制度的职能部门数量不足部门总数的一半；有3个城市建立该制度的职能部门数量不足部门总数的1/3；有3个城市未建立此项制度。

本项指标下，得到满分10分的城市为：德州市、广州市、衡阳市、南京市和天津市。其中，德州市、广州市对于重大执法决定范围给出了较为明确的指引，南京市对全市各行政执法部门的重大行政执法决定法制审核制度落实情况进行了总结，衡阳市组织法制办人员深入行政执法部门，对重大执法决定法制审核制度的贯彻落实情况进行指导和调研，天津市以落实重大执法决定法制审核制度等行政执法"三项制度"为契机，着力将"三项制度"与执法信息平台制度进行对接，为综合执法体制改革提供动力。

有些城市在本项指标下得分较低，是因为未在全市范围内建立重大行政执法决定法制审核制度，或者仅在个别职能部门建立相关制度。另外，这些城市在制度建立与制度落实间尚存在较大差距，即便是建立起相关制度的城市，也缺乏制度应用的实例。

（五）执法信息平台建设情况

1. 总体表现分析

本项指标为评测行政执法形式创新程度而设置，立足于执法信息平台建设情况，总分为10分。全部100个城市的得分总体情况见表6-6。

表6-6 执法信息平台建设情况指标得分情况

得分(分)	10	9	8	7	6	5	4	3
城市(个)	9	7	14	24	4	23	12	7

2. 分差说明和典型事例

本项指标重点观测食品生产许可、个体工商户登记、农作物种子经营许可三个事项。被评估对象的平均得分为6.41分。得分为10分的城市有9个，占总数的9%；得分在平均分以上的城市有59个，占总数的59%；得分在平均分以上的城市有41个，占总数的41%。

通过网络检索得知，有30个城市在全市范围内推进平台建设且网上执法具有相当的广度与深度；51个城市在个别领域推进平台建设，网上执法广度及深度一般；19个城市未在全市范围内推进平台建设，网上执法广度及深度不理想。

本项指标下，得分较高的城市为：北京市（10分）、常德市（10分）、广州市（10分）、茂名市（10分）、汕头市（10分）、宁波市（10分）、上海市（10分）、深圳市（10分）、湛江市（10分）9个城市。这些城市得分较高的原因是：在门户网站的执法信息平台中，各类执法事项齐全，同时，大部分执法事项实现了网上预约或网上办理。尤其是广东省，其建立的全省范围内统一的执法信息平台实现了全省范围内执法信息公示与办理的统一化，既强化了执法过程控制，也便利了公众的生产和生活。

得分较低城市的主要问题是，行政执法信息化程度较低，其门户网站执法信息栏目下的执法事项不全，很多执法事项仅有简略的办理说明，且无法实现网上预约或网上办理，距离新《纲要》提出的"完善网上办案及信息查询系统"目标尚有相当的差距。

（六）行政执法结果公示制度

1. 总体表现分析

本项指标为评测行政执法形式创新程度而设置，考察行政执法结果公示制度的建立及落实状况，总分为10分。100个城市的得分总体情况见表6-7。

表6-7 行政执法结果公示制度指标得分情况

得分(分)	10	8	7	5	3	0
城市(个)	1	16	41	26	1	15

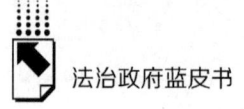

2. 分差说明和典型事例

本指标重点观测国土部门土地处罚类执法结果公示状况，各被评估对象平均得分为5.58分。得分为10分的城市有1个，占总数的1.0%；得分在平均分以上的城市有58个，占总数的58%；得分在平均分以下的城市有42个，占总数的42%；得分为0分的城市有15个，占总数的15%。

通过网络检索得知，有58个城市以处罚决定书的形式对土地类处罚结果进行了公示，27个城市对土地类处罚结果进行了公示，15个城市未对土地类处罚结果进行公示。

本项指标下，得分较高的城市是合肥市（10分）。该城市之所以得分较高，是因为其将处罚决定书全文公示，同时也对处罚结果的执行情况进行了公示，以便公众了解、监督执法部门的处罚行为。

得分较低城市的主要问题在于，对于土地类处罚结果没有进行公示，或者只是以典型案例的方式进行报道，执法结果信息不完整，或尚未建立执法结果公示制度。

（七）行政执法监督平台制度

1. 总体表现分析

本项指标为考察执法责任制落实情况而设置，总分为10分。全部100个城市得分的总体情况见表6-8。

表6-8 行政执法监督平台指标得分情况

得分（分）	10	9	8	7	6	5	4	2	0
城市（个）	26	1	8	2	32	4	13	9	5

2. 分差说明和典型事例

本项指标重点观测行政执法监督平台建立情况，被评估对象的平均得分为6.29分。在100个城市中，得分为10分的观测对象有26个，占总数的26%；得分在平均分以上的观测对象有37个，占总数的37%；得分在平均分以下的观测对象有63个，占总数的63%；得分为0分的观测对象有5个，占总数的5.0%。

通过网络检索得知，在被评估的100个城市中，有35个城市在全市范围内建立了行政执法监督平台，且平台监督事项较为全面，运行良好；有51个城市初步建立了行政执法监督平台，平台涵盖重点监督事项；有9个城市制定了建立执法监督平台的相关规划；有5个城市既没有建立执法监督平台，也没有采取建立执法监督平台的规划举措。

本项指标下，得分为10分（满分）的城市有北京市、上海市、天津市、济南市、青岛市等26个城市。其中，具有典范意义的是天津市。2015年4月10日，为规范行政执法监督平台的使用和管理，天津市人民政府第五十一次常务会议制定并通过了《天津市行政执法监督平台管理暂行办法》。该执法监督平台将全市范围内16个区县的576个行政执法部门，以及51个市级行政执法部门的209个具体执法责任单位纳入监督范围，并实现全市239个街镇的全覆盖。行政处罚相对人可以通过网站上的查询码，查询行政处罚的相关信息，包括取证、审核、听证等方面。该执法监督平台监督事项较为全面，运行良好，具有一定的示范作用。

得分较低城市的主要问题在于，对此项工作不够重视，缺乏对这方面工作的整体部署和规划引导，未开展相关平台的建设工作。

（八）行政执法人员清理

1. 总体表现分析

本项指标针对执法人员清理活动实施情况设置，总分为10分。全部100个被评估城市得分的总体情况见表6-9。

表6-9 行政执法人员清理指标得分情况

得分（分）	10	6	0
城市（个）	25	75	0

2. 分差说明和典型事例

本项指标重点观测市级政府在全市范围内开展执法人员清理活动的情况，被评估对象的平均得分为7.00分。在100个城市中，得分为10分的观测对象有25个，占总数的25%；得分在平均分以上的观测对象有25个，占总数的25%；得分在平均分以下的观测对象有75个，占总数的75%；得分为0分的观测对象有0个。

通过网络检索发现，在被评估的100个城市中，有25个城市既进行了执法人员清理，又公布了清理结果；有75个城市只进行了执法人员清理，未公布清理结果。

本项指标下，得分为10分（满分）的城市有上海市、大连市、武汉市、湛江市、福州市等25个城市。通过浏览上述城市的政府网站可以发现，它们不仅在全市

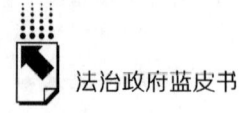

范围内开展了行政执法人员清理活动，而且在政府相关网站上公布人员清理结果并公示了最新的执法人员名单，这种做法值得学习借鉴。

（九）执法人员培训情况

1. 总体表现分析

本项指标针对执法人员素质提升设置，总分为10分。全部100个被评估城市得分的总体情况见表6-10。

表6-10　执法人员培训情况指标得分情况

得分（分）	9	7	4	0
城市（个）	1	55	8	36

2. 分差说明和典型事例

本项指标重点观测各城市民政部门对执法人员开展《慈善法》培训及考试情况，被评估对象的平均得分为4.26分。在100个城市中，没有城市获得满分10分；得分在平均分以上的观测对象有56个，占总数的56%；得分在平均分以下的观测对象有44个，占总数的44%；得分为0分的观测对象有36个，占总数的36%。

网络检索得知，在被评估的100个城市中，有1个城市开展了对执法人员进行了培训及考核；有55个城市对行政执法人员进行了培训，但未进行考核；有8个城市对部分执法人员进行了培训；另有36个城市未开展执法人员培训。

本项指标下，得分较高的城市有：郑州市（9分）。郑州市民政局以《慈善法》公布、实施为契机，对全市范围内的民政系统执法人员展开培训，并以考试的方式检验和巩固培训效果。

有些城市在本项目下得分较低，主要是因为培训工作覆盖面小，仅针对部分人员或者仅在部分地区开展培训，且培训与考核相脱节，无法达到通过法律培训提高执法人员素质的目的。有些城市则根本没有开展相关培训活动。

（十）违法行为投诉体验情况

1. 总体表现分析

本项指标用以测评行政机关查处被举报违法行为的及时性和有效性，总分为20分。全部100个城市的总体得分情况见下表6-11。

表 6-11 违法行为投诉体验情况指标得分情况

得分(分)	17.5	15	12.5	10	7.5	5	2.5	0
城市(个)	6	17	6	16	10	30	9	6

2. 分差说明和典型事例

本项指标以各城市违法行为投诉体验报告为依据，被评估城市的平均得分为 8.43 分。在 100 个城市中，得分为 20 分的城市有 0 个，占总数的 0%；得分在平均分以上的城市有 45 个，占总数的 45%；得分在平均分以下的城市有 55 个，占总数的 55%；得分为 0 分的城市有 6 个，占总数的 6%。

本项指标下得分较高的城市为：深圳市（17.5 分）、湛江市（17.5 分）、遵义市（17.5 分）、长沙市（17.5 分）、南充市（17.5 分）、拉萨市（17.5 分）。这 6 个城市的执法部门在接到违法行为投诉后，不仅及时通知执法人员进行处理，处理完毕后还对投诉者进行执法满意度电话回访。

得分较低的城市的主要问题在于，其执法部门在接到违法投诉举报后，未能及时查处违法行为，部分城市甚至出现相互推诿、扯皮的现象。在本次调研中，某城市执法部门在接到投诉后，竟然出现将举报者带回派出所调查的情况，这种行为极大损害了当地政府的形象。

与 2015 年数据相比较可以发现，南京市、宁波市、上海市、海口市、潍坊市、遵义市和拉萨市 7 个城市在 2015 年和 2016 年均取得了较高的成绩，上述城市的投诉渠道畅通，接线员在接到违法行为投诉后，能够在第一时间通知执法人员进行处理，更为可贵的是，上述城市大都建立了电话回访制度，有的城市由执法人员进行电话回访，有的城市通过投诉热线进行回访，回访行为既是对举报者的答复，也是对执法行为的一种有力监督。

（十一）非诉执行申请被人民法院裁定不予执行情况（10 分）

1. 总体表现分析

本项指标从司法机关否定行政机关非诉执行申请情况逆向考察行政执法决定的质量，总分为 10 分。全部 100 个被评估城市得分的总体情况见表 6-12。

表 6-12 非诉执行申请被人民法院裁定不予执行情况指标得分情况

得分(分)	10	6~10(不含)	3~6(不含)	0~3(不含)
城市(个)	23	37	32	8

2. 分差说明和典型事例

本项指标重点观测 2016 年度各市行政机关向人民法院申请的非诉执行案件被裁定不予执行情况，被评估对象的平均得分为 7.13 分。在 100 个城市中，得分为 10 分的观测对象有 23 个，占总数的 23%；得分在平均分以上的观测对象有 56 个，占总数的 56%；得分在平均分以下的观测对象有 44 个，占总数的 44%；没有得分为 0 分的观测对象。

本项指标下，得分为 10 分（满分）的城市有苏州市、赣州市、东莞市、泰安市、抚顺市等 23 个城市。其中，具有典范意义的是苏州市、泰安市、东莞市和赣州市。2016 年度，苏州市各行政机关申请非诉执行的案件数量为 1303 件，泰安市为 342 件，赣州市为 169 件，东莞市为 148 件，这 4 个城市中所有的非诉执行申请均被法院支持，无一例被司法机关裁定不予执行。由此可以推定，这 4 个城市的行政执法决定质量较高，行政行为在主体、事实、法律和程序等多个方面都经得起司法检验。

相比之下，一些城市得分较低，主要原因是行政机关申请的非诉执行出现大量不被法院支持的情况。从法院裁定可以看出，行政机关在作出行政决定时，要么缺乏事实根据，要么缺乏法律依据，要么程序违法。例如，某城市在 2016 年共有 241 起案件申请法院非诉执行，其中有 186 起非诉执行申请被法院裁定不予执行，即被否定率为 77.18%，可见其行政行为的质量不高，当地执法人员的执法素质也亟待提高。

四 评估结论

总体而言，在评估指标体系所设计的 9 项一级指标中，"行政执法"一级指标的平均得分为 69.03 分（总分 120 分），平均得分率为 57.52%。在 9 项指标中居于第八位。此外，2016 年发布的《中国法治政府评估报告（2016）》显示，该年度评估中，"行政执法"指标的平均得分为 69.51 分，平均得分率为 57.93%。根据 2015 年发布的《中国法治政府评估报告（2015）》显示，该年度评估中，"行政执法"指标的平均得分为 62.10 分，平均得分率为 51.75%。

连续三年的数据显示，"行政执法"这一指标的平均得分有一定程度的提升，但依旧处于及格线以下，特别是近两年的平均得分总是徘徊不前。这一现象说明，政府在行政执法方面的努力仍然不足，行政执法水平不高成为制约我国法治政府建设的一大顽疾。

行政执法

（一）历史数据表现及趋势分析

1. 综合执法改革脚步加快

本年度跨部门综合执法项下的平均得分为5.99分，与2016年的3.5分相比，有较大幅度的增长，具体见图6-4。在2017年的评估中发现，2016年共20个城市完成了工商行政管理、质量监督管理等部门的"二合一"或"三合一"的整合，并实现了执法队伍统一。而未进行部门整合的城市数量也由83个下降至41个，可见各市政府都在力推跨部门综合执法改革，反映出各市政府对中央行政执法体制改革的重视。综合执法是我国行政执法体制改革的重要探索成果，是解决我国行政执法碎片化、整合执法力量、提高执法效率的重要手段。近两年来的实践表明，各地的综合执法改革在不同程度上解决了现行执法体制存在的问题，取得了明显成效，符合改革的方向，应当充分肯定。各地政府应当将综合执法放到深化行政体制改革和建设法治政府的大背景下，进行统筹规划，整合执法资源，界定综合执法职责范围，理顺综合执法机构与有关部门关系，尽早实现机构、人员、职权、责任和执法手段的大融合。

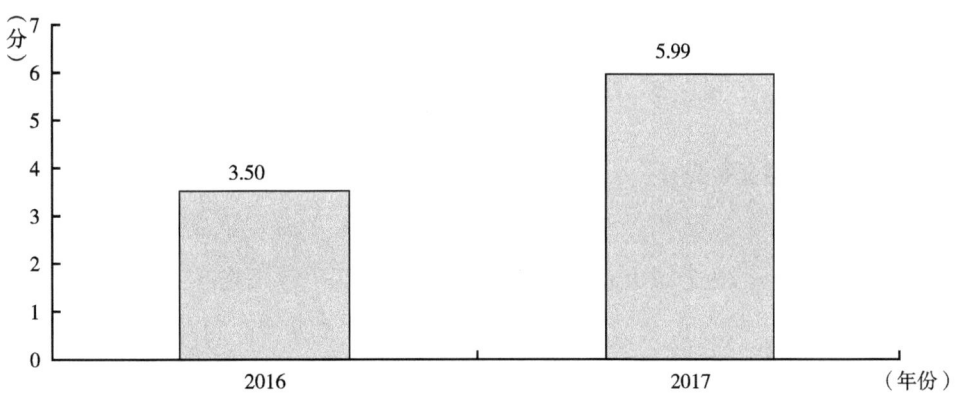

图6-4 跨部门综合执法指标平均得分情况

2. 重大执法决定法制审核制度基本落实

本年度重大执法决定法制审核制度项下的平均分为7.67分，比2016年增长1.45分，具体见图6-5。通过数据对比可以看出，一年来，重大行政执法决定法制审核制度的建设情况有了较为明显的改观。在2016年的评估中，没有城市在该指标得到满分，2017年已经有5个城市得满分；取得8~9分的城市从76个增加到89个；得分较低的城市大幅减少，取得0分的城市从18个锐减到3个。2015年普遍建立重大执法决定法制审核制度的城市共76个，占总数的76%，到2016年，普遍建立重大执法决定法制审核制度的城市共94个，占总数的94%，同比增长18个百分点。重大执法决定法制审核制度是规范行政执法决定、保障执法质量的重要手段，也是新《纲要》力推的建设法治政府的重要制度。94%的被评估城市建立了重大执法决定法制审核制度，可见各市政府都在积极落实依法治国方略，推进法治政府建设。推行重大执法决定法制审核制度对于促进行政机关严格规范执法，保障和监督行政机关有效履行职责，维护人民群众合法权益，具有重要意义。

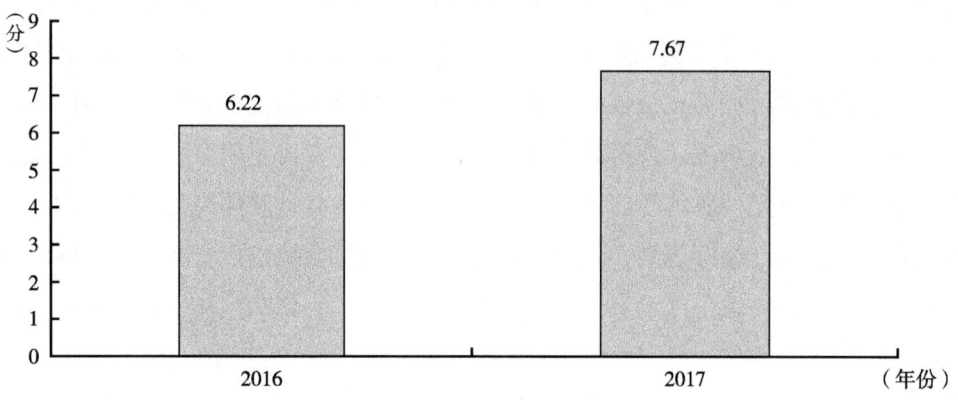

图6-5　重大执法决定法制审核指标平均得分

3. 执法监督力度显著提高

通过数据对比可以看出，一年来，行政执法监督平台建立情况有所改观。在2016年的评估中，有25个城市在该指标得到满分，2017年则增加到26个；得分较低的城市有所减少，得分在1~3分的城市从15个减少到9个，得分为0分的城市从13个减少到5个。在2016年的评估中，本项指标的平均分为5.62分，2017年的平均分提高到6.29分，提高了0.67分，具体见图6-6。在2016年评估中发现，在全市范围内建立了行政执法监督平台且平台监督事项较为全面、运行良好的城市共19个，占总数的19%；到2017年，在全市范围内建立了行政执法监督平台，且平台监督事项较为全面、运行良好的城市达到35个，占总数的35%，同比增长16个百分点。执法监督平台建设的逐步加强，反映出各市政府对执法监督的重视。执法监督平台是行政监督与科技相互结合的产物，是信息时代行政机关建设监督体系的重要抓手，执法监督平台的建设与完善，能在很大程度上堵住"人工监督"的漏洞，同时，利用计算机与互联网进行数据处理，能够极大提升行政监督的效率。

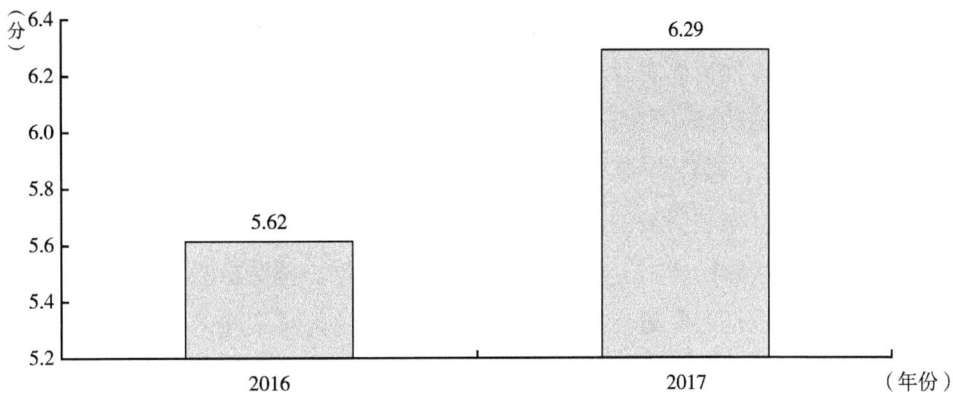

图 6-6 行政执法监督平台建设指标平均得分

4. 执法主体规范化程度稳步提升

在 2015 年的评估中,执法主体清理项下的平均得分为 2.95 分;在 2016 年评估中,该项下的平均得分上升到 6.08 分,被评估城市中有 90% 的城市进行了执法人员清理;2017 年评估发现,该项下的平均分达到 7.00 分,被评估城市全部完成了执法人员清理,只是在范围和程度上有所差异,具体见图 6-7。可见,被评估城市都已达到新《纲要》提出的"2016 年年底前,各地区各部门对行政执法人员进行一次严格清理"的目标,执法主体更加规范。行政执法人员资格,是行政执法人员从事执法活动的基础和前提,是执法活动具有正当性的基础。我国执法人员必须在经过培训及考核后方能取得执法资格,这意味着,具备执法资格证的执法人员,是经历过执法知识以及法律知识培训的专业人员,只有让这些合格的执法者进入执法队伍,我国的执法状况才能得到改善,才能实现严格规范公正文明执法。

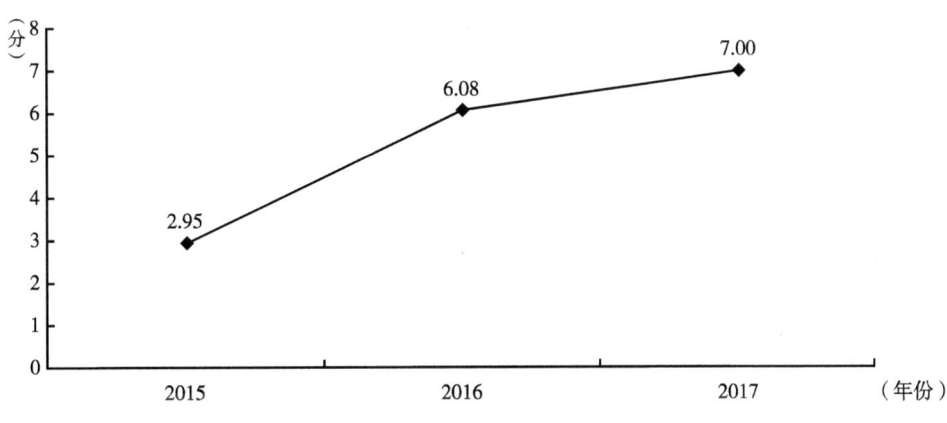

图 6-7 执法人员清理指标平均得分

5. 执法投诉体验效果欠佳，执法质量仍有较大提升空间

违法行为投诉体验情况主要考察基层执法部门的执法状况，从该指标近三年的得分率来看，基层执法状况不佳。2015年该指标的得分率为44.33%；2016年该指标的得分率为44.75%；2017年该指标的得分率为42.15%。三年的得分均在及格线以下，执法状况并没有得到明显的改善，具体见图6-8。执法现状是对执法制度设计以及执行情况最直接的回应，其中的基层执法更是如此。基层执法是我国执法体系中最受重视的部分，也是问题最为复杂的部分。基层执法人员素质的高低和执法案件质量的高低，直接决定着群众对政府满意度的高低。法治政府建设的目标想要落实，就必须解决当下基层执法状况不佳的现实。从近三年的评估数据来看，我国各级政府在改善基层执法状况方面还需要下大功夫，必须要"撸起袖子加油干"，想方设法调动基层执法人员工作积极性，提升人民满意度。

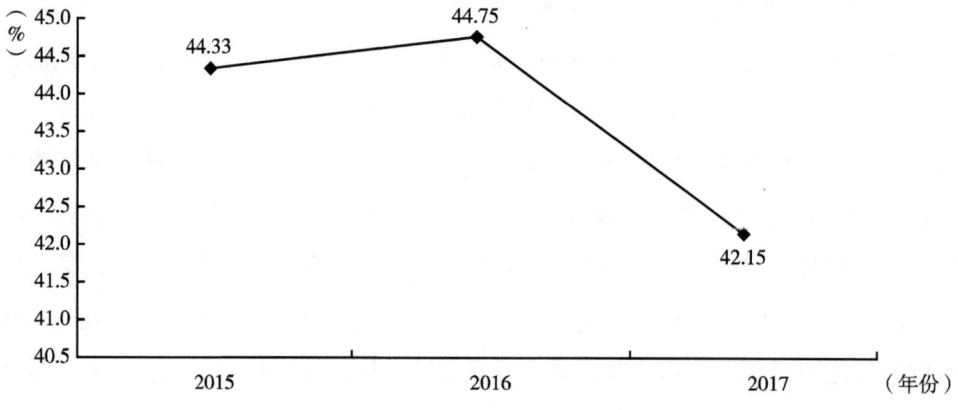

图6-8 执法行为投诉体验指标得分率

（二）存在的问题

1. 执法体制改革动作迟缓，市级整合动力不足

在被评估的100个城市中，完成了工商行政管理以及质量监督管理等部门"二合一"或"三合一"整合（既包括形式意义上的整合，也包括实质意义上的整合）的有20个，虽较2015年的11个有所增加，但是依然存在以下几点问题：①某些市政府下发文件，要求在区县一级完成食品药品监督管理部门、工商行政管理部门以及质量监督管理部门的整合，但在市一级却没有相应的工作部署。可见，市一级执法力量整合的确困难，这也是大部分市政府对部门整合动力不足的原因之一。②区（县、市）一级存在部门合并的34个城市中,有8个仅存在1~2个合并部门,或作为试点先行,或未有其余区（县、市）的合并信息。③根据检索,工商行政管理以及质量监督管理等部门"二合一"或"三合一"整合的制度调整,基本开始于2013~2014年出现于各市工作会议中,作为工作计划予以实施,然而直至2017年,三四年间仍存在大部分未完成体制改革的市。④体制改革缺乏规范性文件,未及时进行信息公布。许多城市有关改制信息仅从能网页新闻或政府工作会议中知悉,无正式规范性文件支撑。

2. 执法程序制度建设存在漏洞,制度落实有待加强

（1）个别执法领域,裁量基准制度虚置,未实现动态调整。

评估发现,在100个城市中,有32个城市在教育领域尚未明确建立起适合本市执法需要的行政处罚裁量基准制度。一些城市虽然已经建立了裁量基准制度,却没有将裁量基准文本对外公布。裁量基准是根据本地实际情况细化上位规范的结果。当上位规范发生变动时,要及时调整裁量基准。但本次评估发现,绝大多数城市存在一劳永逸的怠惰思想,只有9个城市根据《教育法》、《义务教育法》或《民办教育促进法》的修订及时更新了教育领域的行政处罚裁量基准。其中,有些市以省级教育行政裁量标准为参照和公布适用,而并未制定相应市级标准。行政处罚裁量基准是行政机关执法时的重要依据,只有及时进行更新,才能保障执法人员在执法过程中适用法律正确,才能实现公正执法。

（2）执法流程细化不到位,存在部门短板。

在评估执法流程细化程度时,可以清晰发现,97个城市公开了本市水行政处罚事项,但只有32个城市制定并对外公布了详细完备的执法流程并提供了清晰有效的流程示意图。其余城市,要么参照省级标准予以适用,要么虽有流程图,但太过粗疏,要么没有公布执法流程,既不能约束执法人员依法行使职权,也无法为相对人维护权益提供指引。65个城市因政府权力清单的公布而明确了水务（水利）部门的权责事项,从而明晰相关处罚事项,却未能制定相应处罚流程,使事项的公布流于形式。

（3）重大行政执法决定法制审核制度落实效果欠佳。

被评估的100个城市中,有94个城市已经在全市范围内普遍建立重大执法决定法制审核制度,南京市等城市对全市范围内行政执法部门的制度落实情况进行了总结,重大行政执法决定法制审核制度的落实情况有了很大进步。但被评估城市中,没有城市对重大行政执法决定法制审核的结果进行公布。虽然一些省市制定的重大行政

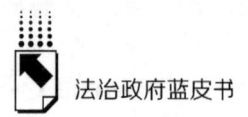

执法决定法制审核办法中规定，要定期通报重大行政执法决定法制审核工作情况，但目前还没有被评估城市对该项工作进行通报。

3.网上执法普及度低、执法结果公示不够规范

在被评估的100个城市中，81个城市能够较为系统全面推进执法事项网上公示，其余城市亦在一定程度上实现了执法事项网上公示。但在执法事项网上预约或网上办理方面，仅有30个城市在全市范围内较为全面地实现了网上执法，51个城市仅在个别领域推进平台建设，19个城市未在全市范围内推进平台建设，只在网上对执法事项作了指南性质的办理说明。另外，一些城市的执法平台存在执法事项不全、执法事项信息分散在市级执法平台与各执法部门执法平台上的现象，网上执法效果有待提升。

在被评估的100个城市中，有85个城市对行政处罚结果进行了公示，且公示信息较为完整。但部分城市在公示结果时存在不规范现象，表现为：①没有公示行政处罚决定书，仅以典型案例的方式进行公示；②对于行政处罚执行结果没有公示；③行政处罚结果公示更新不及时。

4.行政执法监督网络平台碎片化，既不统一，也不开放

在被评估的100个城市中，虽然很多城市已经建立了行政执法监督网络平台，但鲜有城市建立统一、适度开放的行政执法监督网络平台。在网络平台内容方面，仅有少数城市涵盖了执法人员信息查询、执法进度查询、执法信息公示及投诉反馈等丰富内容。在100个被评估城市中，只有少部分城市的执法监督平台能够通过外网登录，其余城市要么需要单纯依赖行政系统内网，要么需要借助行政机关专门分配的用户名和密码才能登录。

5.执法培训流于形式，执法知识更新缓慢

在被评估的100个城市中，有64个城市在不同程度上针对《慈善法》开展了执法人员培训，以便其熟悉《慈善法》，为该法律的实施做好铺垫。但是，仍有36个城市未对执法人员展开培训。在培训形式上，各城市均采取传统的讲座方式进行，没有结合互联网等新媒体，培训方式较为落后。在展开培训的城市中，仅有1个城市在进行培训后对执法人员进行了考核，其他城市的培训效果得不到检测，培训流于形式。另外，与2015年数据相比可以发现，执法部门对《慈善法》的重视程度不高。2015年有94%的城市对执法人员进行《食品安全法》相关知识的培训，2016年仅有64%的城市对执法人员进行《慈善法》相关知识的培训。法律法规是执法部门执法最重要的依据，在法律法规出现变更后，执法部门应当在第一时间组织执法人员进行学习培训，使其在最短的时间内掌握法律法规的变化，这样才能在后续的执法过程中不出纰漏。

6. 个别执法部门以罚代管，投诉渠道不够畅通

本年度违法投诉体验项下，只有23个城市的执法部门在接到违法行为投诉后，能够做到及时查处；其他城市在一定程度上存在拖延或怠于履行法定职责的情况，特别是在违章停车事项上，许多城市的执法部门出现出警慢、以罚代管现象。例如，部分城市建设有街拍系统，对于违章停车，街拍系统会自动识别并上传图片，执法人员根据街拍系统上传的图片对违法车辆进行处罚，因此，在接到投诉人举报违章停车行为时，执法人员以存在街拍系统为由拒绝现场执法，认为到现场执法是多此一举，这是典型的以罚代管思维。执法人员虽然对违章车辆进行了行政处罚，但是违章停车的乱象并没有得到治理，交通并没有得到疏导，这种以罚代管的行为与行政执法目的背道而驰，行政处罚是行政机关对社会进行管理的一种手段，绝不是目的。在信息时代，"互联网+执法"的模式的确极大地提升了执法效率，便利了行政机关执法，但互联网仅仅是一种手段，行政机关在执法时的重点必须是恢复秩序、提供服务，如果单纯对执法手段进行更新，却背离了行政执法的目标，这种行政执法的创新是有待商榷的。

另外，在实际体验过程中，调查员发现部分城市在投诉渠道方面存在下列问题：①投诉热线更新不及时，出现无法接通或联系方式错误的情况；②工作时段，热线接听人员脱岗，导致投诉无门；③部门间互相推诿，导致违法行为无人查处。

7. 申请人民法院强制执行的执法决定质量不高

2016年度，被评估的100个城市共有3007份非诉执行申请被法院否定，其中有4个城市的非诉执行案件被法院裁定不予执行的比例达到70%以上。抽样分析所有被否定案件，评估组发现，很多行政机关申请人民法院强制执行的行政行为本身存在着事实不清、证据不足、适用法律法规错误以及程序违法等问题。其中，最突出的是程序违法，如行政处罚决定未经集体讨论、送达时间超出法定期限（某市交通运输委员会于2012年11月5日作出行政处罚决定，直至2014年2月28日才公告送达被执行人）、听证程序违法等问题。另外，一些非诉执行申请本身存在问题，这主要表现为行政机关在法律规定的复议或诉讼期间内向法院申请强制执行。同时，评估组也发现，部分法院在裁定不予支持行政机关的强制执行申请时的说理不够充分，仅仅以一句"申请强制执行不符合法律规定"为由，就驳回了行政机关的申请，具体不予支持的理由却没有详细论述。

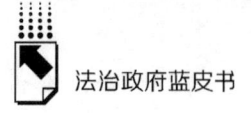

（三）完善的建议

1. 因地制宜推进综合执法改革，确保机构合并与资源整合同步进行

《中共中央关于全面深化改革若干重大问题的决定》中要求"改革市场监管体系，实行统一的市场监管"，目前存在两种改革模式：①先将相关部门合并为"市场监管局"，再逐步统一执法力量、组建统一的执法大队，覆盖生产、流通、消费市场全过程，从而使综合执法落到实处。②组建新食药监局，如济南市和淮南市，整合工商、质监相关职能，连同执法人员及编制并入新的食品药品监督管理局，即在食药监领域吸收相关工商、质监职能。随着各市部门整合经验的累积，第一种模式发展趋势较强，并在多个城市稳定运行。

无论选择怎样的机构改革路径，只有机构合并、执法力量整合，才能从根本上解决权责交叉、多头执法的问题。为此各城市要统筹规划，界定综合执法职责范围，尽早实现机构、人员、职权、责任和执法手段的大融合。

2. 以制度为抓手，加强对易忽视部门执法过程控制

现代公共行政已不能满足于结果合法，程序、形式等过程性要素也要合法。为了保证执法行为的合法性，需要进一步落实新《纲要》要求的行政裁量基准和执法流程细化制度，并尽快落实重大行政执法决定法制审核制度。

（1）建立全面、公开、动态调整的行政处罚裁量基准制度。

部分执法部门由于业务的特殊性，虽然法律赋予其处罚权，但处罚量不大，是行政处罚制度建设中容易被忽视的部门。对于这类部门，各地也要注重裁量基准制度建设。首先，各地需制定符合当地实际情况的行政裁量基准制度，在建立全面、细致的裁量基准后，要将裁量基准文本在市政府网站或职能部门网站上公布，以便公众预判违法后果并监督行政机关依法行政；其次，要根据最新修订的上位法及时调整、细化裁量基准；最后，根据细化标准制定实施程序，保障实施的合法性。另外，同级和上级法制部门应当建立动态检查和静态审核相结合的监督机制，引导执法部门正确制定和适用裁量基准。对检查和审核中发现的问题，法制部门应当协同制定该基准的职能部门进行梳理和修改。

（2）执法流程应尽可能详细且通俗易懂。

执法流程是执法部门合法合理行政的参照标准，是对行政权力的约束，也是对行政执法人员执法活动的指引；与此同时，也是普通群众获悉执法方式的途径，在规范自身行为的同时也可以维护自身权益。因此，在设计执法事项流程时，应当详细地标明每一步骤的功能、行政机关可采取行为的类别、执法时限要求、执法人员资格及具体执法要求、文书格式、行政相对人享有的特殊权利等事项,最好能够将上述全部内容体现在逻辑清晰、表述准确的流程图中,附上相关咨询电话和监督电话,并进行公示,方便大众理解和获得。

(3) 加强重大行政执法决定法制审核结果公示。

各市级政府应继续强化落实重大行政执法决定法制审核制度,没有制定相关规范性文件的城市应尽快制定,已经制定的城市,要依照文件规定开展审核,并将审核结果向社会及时公布或定期通报,使重大行政执法决定法制审核制度更加规范、公开、透明。

3. 推进网上执法,及时公开执法结果

网上执法作为新型执法方式,在规范行政行为、保障群众权益、强化执法监督等方面发挥了积极作用。网上执法不仅是将执法事项、办理流程以及查询结果等内容在网上进行公示,还应该针对适合在网上直接申报的事项,开通网上办理通道,对不适合在网上直接申报的事项,提供网上预约服务。同时要提升网上执法效果,将各执法部门的执法事项集中到全市统一的执法信息平台上,更大程度上便利行政相对人。

在执法结果公示方面,可以按照一定标准进行分类,以便公众查询。同时,应强化对于执法结果执行情况的公示,保障行政执法落到实处。

4. 创新执法监督形式,借助科技手段落实执法责任制

行政执法责任制不仅通过分解执法任务,明确各执法机构、执法岗位和执法人员的责任,还通过监督考核,促使执法人员严格自律,及时发现问题并采取补救措施。随着信息技术的发展,落实行政执法责任制可以通过网络平台来实现。将全部执法部门和执法事项纳入平台当中,实现对行政执法监督全覆盖;对执法个案的过程进行监督,实现行政执法监督的精细化;对执法行为全过程进行网上全留痕记录,并适度向行政相对人与社会公众进行公开,实现行政执法监督的透明性。通过多角度全方位的行政执法监督,行政执法情况进行分析考核,为行政机关绩效考核和执纪问责提供依据,从而提升行政执法质量,促进行政执法环境建设。

5. 建立长效培训机制,关注培训效果

长效培训机制能够保障执法人员第一时间掌握执法知识的更新变化,保障执法的合法性。各城市的各执法部门都必须建立长效的法律培训机制,不能因为自身执法业务量小而忽视对涉及本部门法律知识的培训。同时,要注重培训方式的选择。在采取传统的"讲座式"培训的基础上,可以采取其他培训形式,如充分利用互联网资源,

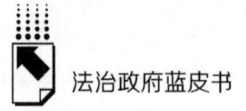

采用知识竞赛、案例模拟等方式展开学习,充分调动执法人员的学习积极性。

为了防止培训流于形式,各部门必须建立培训后的测评机制,将测评结果作为评价该人员法律知识、年度考核及职务升迁的重要指标。

6. 严禁以罚代管,引导行政相对人自觉守法

在倡导国家治理能力和治理水平现代化的当下,执法部门应当回归社会治理的本义。针对违法行为,执法部门不能一罚了之,特别是类似于违章停车等需要执法部门恢复社会秩序的事项。执法人员在发现违法行为时,必须与现场执法人员协同配合,了解现场情况,恢复正常秩序,对违法行为人进行批评教育,而不是"办公室执法"。

对于公众的投诉,执法部门应当全面登记并逐件反馈。执法部门在将处理结果及时反馈给投诉人员之余,还应当针对投诉暴露出的问题开展自查,通过专项整治从源头上改善执法状况。对于日常投诉暴露出的"违法行为易发地段",执法部门不能"一罚了之",而应当树立警示牌或者安排专人现场执法,规范和引导行政相对人自觉守法。

7. 群策群力,提高非诉执行申请质量

通过对被否定的非诉执行申请案件进行分析,评估组发现,被否定的非诉执行申请案件普遍存在着证据不足、适用法律错误或程序违法等问题。这些问题的发生,主要是因为执法人员的执法过程存在瑕疵,这一方面是因为执法人员水平有限,另一方面是因为执法人员的程序意识有待加强。执法部门必须定期对执法人员进行业务上的培训,特别是部分执法量小的执法部门,需要向经常执法的部门"取经",学习调查取证、案卷制作等程序规范,加强自身的业务水平。

同时,行政机关内设法制部门要充分发挥内部审查的作用,对于法制力量充足的执法部门,要做到"逢案必审",对于法制力量较为紧张的部门,必须严格执行重大执法决定法制审核制度,对重大案件进行合法性审查。法制机构作为专门的合法性审查机构,其作用发挥的大小,一定程度上决定了行政执法质量的高低。因此,法制机构不仅要对执法案卷进行严格审查,在发现执法过程中的问题时,要及时指出并提示法律风险,纠正不合法的行为。冰冻三尺非一日之寒,行政执法质量的提高需要执法人员群策群力,只有整个执法体系形成依法治国、依法行政的氛围和意识,行政执法的质量才能得到显著提高。

B.7 政务公开

摘　要： 2017年，我国地方政府的政务公开工作继续向纵深推进，有一些亮点，也取得了很大进步。但是就整体而言，被评估城市在政务公开方面仍然存在着"有网站、不互动"，"有数据、不共享"，"有信息、不便民"等问题，政务公开活动的质量、实效和效率都有待进一步提升。为了进一步推动政务公开工作，加快建设透明政府，各个地方政府需要实现政务公开的"有网站、又互动"，加强政府网站的咨询服务功能及其互动性；实现政务公开的"有数据、又共享"，推动政府数据有效的整合与利用；实现政务公开的"有信息、又便民"，促进政府信息依申请公开的合法、规范与便捷。

关键词： 政务公开　主动公开　依申请公开　政府网站

一　指标设置及评估标准

（一）指标体系

2016年2月，中共中央办公厅、国务院办公厅颁布了《关于全面推进政务公开的意见》，国务院办公厅也将每年的政府信息公开工作要点改为政务公开工作要点。因此，为了适应我国政务公开工作的新趋势、新发展和新要求，自2016年度评估起，评估组将往年的"政府信息公开"一级指标名称改成为"政务公开"。此次测评在"政务公开"一级指标之下，设置了2项二级指标和9项三级指标，具体指标设置详见表7-1。该一级指标总分共计120分，考虑到主动公开工作的受益面广、形式多样、更加高效便民，也能有效避免依申请公开所可能引发的复议、诉讼案件，主动公开理应成为政务公开的主要途径，因此，在指标体系设计中，主动公开的分值略高于依申请公开。"主动公开"部分共70分，设置4项三级指标，分别考察：①重点领域的信息公开（30分），具体包括保障性住房监管执法的依据、内容、标准、程序和结果的主动公开（15分），以及旅游市场监管执法的依据、内容、标准、程序和结果的主动公开（15分）；②政府门户网站的咨询服务功能（10分）；③政府信息获取的效率（10分）；④政府数据是否向社会开放（20分）。"依申请公开"部分共50分，设置5项三级指标，分别考察：①政府是否不当设置申请信息条件（10分）；②政府是否及时对信息公开申请作出了答复（10分）；③政府提供所申请信息的情况（10分）；④政府拒绝提供所申请信息的理由是否充分、合法、规范（10分）；⑤政府信息公开诉讼的胜诉率（10分）。

2017年，评估组根据国务院办公厅发布的《2016年政务公开工作要点》，向地方公安局申请公开居住证申领条件及程序、居住证持有人享有的基本公共服务和便利的信息，向地方民政局申请公开城乡低保对象人数、特困人员人数、低保标准、补助水平、资金支出的信息，总共发出200份申请。

表7-1 政务公开指标体系

一级指标	二级指标	三级指标（观测点）
政务公开（120分）	主动公开（70分）	1. 重点领域信息公开(30分) (1)保障性住房监管执法的依据、内容、标准、程序和结果的主动公开(15分)；(2)旅游市场监管执法的依据、内容、标准、程序和结果的主动公开(15分)
		2. 政府门户网站的咨询服务功能(10分)
		3. 政府信息获取的效率(10分)
		4. 政府数据是否向社会开放(20分)
	依申请公开（50分）	5. 政府是否不当设置申请信息条件(10分)
		6. 政府是否及时对信息公开申请作出了答复(10分)
		7. 政府提供所申请信息的情况(10分)
		8. 政府拒绝提供所申请信息的理由是否充分、合法、规范(10分)
		9. 政府信息公开诉讼的胜诉率(10分)

（二）设置依据和评估标准

本项指标主要根据《全面推进依法行政实施纲要》、《关于加强市县政府依法行政的决定》、《关于加强法治政府建设的意见》、《法治政府建设实施纲要（2015—2020年）》、《中共中央关于全面推进依法治国若干重大问题的决定》、《关于全面推进政务公开工作的意见》、《2016年政务公开工作要点》等政策文件进行设置。在本项测评中，评估组所依据的材料与数据主要通过各市政府门户网站、官方网站、网络搜索引擎关键词查询、发起信息公开申请等方式获得。

同时，与2016年度测评相比，本次测评在"政务公开"指标体系中，"主动公开"部分的4项三级指标基本不变，目的在于通过对社会关注的重点领域信息公开、政府门户网站的咨询服务功能、政府信息获取的效率、政府数据向社会的开放等内容的测评，突出对政务公开实用性、互动性、及时性和社会性的考察。在"依申请公开"部分，删除了一个指标，即"依申请公开的渠道是否便民、畅通"，因为被评估城市基本上都已经建立了较为便民和畅通的申请渠道，继续评估的实际价值不大；同时增加了"政府信息公开诉讼的胜诉率"这一指标，通过对具有权威性和公信力的法院判决数据的分析，去测评行政机关在政府信息公开过程中是否存在违法行为。具体的设置依据和测评标准如下。

1. 重点领域信息公开

【设置依据】本项指标是针对政府职能部门主动公开的专项评价。国务院办公厅印发的《2016年政务公开工作要点》提出，重点推进保障性住房、产品质量、旅游市场、知识产权、安全生产等方面的监管执法信息公开，公开监管执法的依据、内容、标准、程序和结果。评估组据此设置了两个具体评测内容：①保障性住房监管执法的依据、内容、标准、程序和结果的主动公开（15分）；②旅游市场监管执法的依据、内容、标准、程序和结果的主动公开（15分）。

【测评方法】截至2017年5月15日，测评员通过以下方法进行测评。①通过当地住房和建设主管部门的网站进行检索，观察是否主动公开保障性住房监管执法的依据、内容、标准、程序和结果。或者查找当地政府公布的各部门权力清单，观察是否公开住房和建设主管部门有关保障性住房监管执法的依据、内容、标准、程序等。或者以"城市名+保障性住房执法"进行百度搜索。②通过当地旅游主管部门的网站进行检索，观察是否主动公开旅游市场监管执法的依据、内容、标准、程序和结果。或者查找当地政府公布的各部门权力清单，观察是否公开旅游主管部门有关旅游市场监管执法的依据、内容、标准、程序等。或者以"城市名+旅游执法"进行百度搜索。

【评分标准】总分为30分，每项为15分。①保障性住房监管执法的依据、内容、标准、程序和结果，每个内容各3分，依次累加。②旅游市场监管执法的依据、内容、标准、程序和结果，每个内容各3分，依次累加。

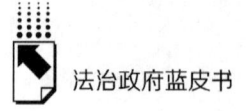

2. 政府门户网站的咨询服务功能

【设置依据】《政府信息公开条例》第5条规定，行政机关公开政府信息，应当遵循公正、公平、便民的原则。国务院办公厅印发的《2015年政府信息公开工作要点》也提出，进一步提高政府公信力，使政府信息公开工作更好地服务于经济社会发展，促进法治政府、创新政府、廉洁政府和服务型政府建设。在政府门户网站建立咨询服务功能，是遵循便民原则，推进政务公开和服务型政府建设相互融合的具体举措。

【测评方法】通过网络咨询方式，观察政府门户网站的咨询服务功能是否存在以及是否有效运行。登录当地政府的门户网站，点击"我要咨询"或者相关名称的栏目（如百姓热线等），就如何换领驾驶证进行咨询，观察是否及时回复。

【评分标准】总分为10分。政府门户网站上有咨询服务功能且在15个工作日内及时回复的，得10分；有咨询服务功能但在15个工作日后回复的（评估组汇总所有数据之前），得5分；没有咨询服务功能的或者在评估组汇总所有数据之后回复的，不得分。

3. 政府信息获取的效率

【设置依据】《政府信息公开条例》第5条规定，行政机关公开政府信息，应当遵循公正、公平、便民的原则。国务院办公厅印发的《2015年政府信息公开工作要点》也提出，进一步提高政府公信力，使政府信息公开工作更好地服务于经济社会发展，促进法治政府、创新政府、廉洁政府和服务型政府建设。政府保障公民能够高效、便捷地获取相关信息，是遵循便民原则，推进政务公开和服务型政府建设相互融合的具体举措。保障性住房是与老百姓切身利益息息相关的重大民生信息，保障他们获取此类政府信息的效率是检验政务公开工作的一块试金石。

【测评方法】通过网络检索，观察普通公民获取政府信息的途径是否高效、便民。具体通过检索保障性住房的信息，测评该项指标，并依次进行下列步骤：①首先登陆当地政府的门户网站，查看是否有保障性住房或相应名称的栏目，进行检索；②如果政府门户网站上无法获取信息，再登录当地住房和建设主管部门的网站，查看是否有保障性住房或相应名称的栏目，进行检索；③如果在当地住房和建设主管部门的网站还不能获取信息，则通过百度检索，以"城市名+保障性住房"进行查询。

【评分标准】总分为10分。通过上述第一种方式直接能够获取信息的，得10分；通过上述第二种方式才能够获取信息的，得5分；通过上述第三种方式才能够获取信息的，得 2 分；通过上述方法都无法获取信息的，不得分。

4. 政府数据是否向社会开放

【设置依据】国务院办公厅印发的《2015 年政府信息公开工作要点》提出，积极稳妥推进政府数据公开，鼓励和推动企业、第三方机构、个人等对公共数据进行深入分析和应用。

【测评方法】通过网络检索，登录专门的数据开放网站，或者当地政府门户网站，观察是否有"数据开放"或类似名称的栏目，进而观察政府数据是否向社会开放。或者通过百度检索"城市名＋政府数据"。

【评分标准】总分为 20 分。建立专门的政府数据网站向社会开放相关数据的，得 20 分；没有专门的政府数据网站，但有"数据开放"或类似名称的栏目，向社会开放相关政府数据的，得 10 分；既没有专门的政府数据网站也没有"数据开放"或类似名称的栏目，但开放相关政府数据的，得 5 分；不开放相关政府数据的，不得分。

5. 政府是否不当设置申请信息条件

【设置依据】《政府信息公开条例》第 20 条规定，政府信息公开申请应当包含申请人的姓名和联系方式以及申请内容的描述和形式要求。要求提供身份证复印件，是对申请人身份的核实工作，不属于申请条件设置。除此之外，政府不应当设置其他条件或要求申请人提供其他信息。如果要求申请人提供科研项目证明、论文写作方案等视为不当设置申请条件。《2016 年政务公开工作要点》提出，公开居住证申领条件及程序、居住证持有人享有的基本公共服务和便利等信息……重点公开城乡低保对象人数、特困人员人数、低保标准、补助水平、资金支出等情况。

【测评方法】通过信息公开申请方式，观察政府是否不当设置申请信息条件，比如要求提供科研项目证明、论文写作方案等。具体的信息公开申请内容为：①向当地的公安部门申请"居住证申领条件及程序、居住证持有人享有的基本公共服务和便利信息"；②向当地的民政部门申请"2016 年度当地城乡低保对象人数、特困人员人数、低保标准、补助水平、资金支出情况"。

【评分标准】总分为 10 分，每项申请 5 分，累计得分。如果被申请单位没有不当设置申请信息条件的，每项申请得 5 分；如果被申请单位要求提供科研证明等不属于《政府信息公开条例》规定的申请条件，视为不当设置申请条件，不得分。

6. 政府是否及时对信息公开申请作出了答复

【设置依据】《政府信息公开条例》第24条规定，政府应当在收到申请之日起15个工作日内答复，需要延长的，经政府信息公开工作机构负责人同意，可再延长不超过15个工作日。申请如果不涉及第三方权益，行政机关均应当在这一期限内予以答复。

【测评方法】通过信息公开申请，观察政府是否根据《政府信息公开条例》规定，及时对信息公开申请作出了答复。具体的信息公开内容同三级指标5。

【评分标准】总分为10分，每项申请5分，累计得分。本项指标测评考虑到《政府信息公开条例》中有关15个工作日和延期的规定。申请延期答复并出具延期答复决定书（通知书），在延长的15个工作日内作出答复的，给5分；超过15个工作日答复但未申请延期的（评估组汇总所有数据之前），给2分；未答复或者评估组汇总所有数据之后提供的，不得分。

7. 政府提供所申请信息的情况

【设置依据】本项指标是评价政府能否切实依法落实依申请公开制度，认真对待申请人的各项申请。《政府信息公开条例》第3条规定：各级人民政府应当加强对政府信息公开工作的组织领导。国务院办公厅是全国政府信息公开工作的主管部门，负责推进、指导、协调、监督全国的政府信息公开工作。县级以上地方人民政府办公厅（室）或者县级以上地方人民政府确定的其他政府信息公开工作主管部门负责推进、指导、协调、监督本行政区域的政府信息公开工作。

【测评方法】通过信息公开申请，观察政府提供所申请信息的情况。具体的信息公开内容同三级指标5。

【评分标准】总分为10分，每项申请5分，累计得分。按照被申请单位答复内容赋分。被申请单位完整提供信息的，得5分；被申请单位提供部分信息的，按提供的信息数量得分；被申请单位没有回复信息的，得0分。

8. 政府拒绝提供所申请信息的理由是否充分、合法、规范

【设置依据】《政府信息公开条例》第21条规定，针对"属于不予公开范围的"，行政机关应当告知申请人并说明理由。本项指标考察政府在拒绝申请时，是否可以出具充分、合法、规范的理由。

【测评方法】通过信息公开申请，观察政府拒绝提供所申请信息的理由是否充分、合法、规范。具体的信息公开内容同三级指标5。

【评分标准】总分为10分，每项申请为5分，累计得分。如果政府没有拒绝申请，或虽然拒绝了申请但拒绝理由充分、合法和规范，可得5分；但如果拒绝了申请且拒绝理由不合法、不充分或者不规范，不得分。

9. 政府信息公开诉讼的胜诉率

【设置依据】《政府信息公开条例》第33条规定，公民、法人或者其他组织认为行政机关不依法履行政府信息公开义务的，可以向上级行政机关、监察机关或者政府信息公开工作主管部门举报。收到举报的机关应当予以调查处理。公民、法人或者其他组织认为行政机关在政府信息公开工作中的具体行政行为侵犯其合法权益的，可以依法申请行政复议或者提起行政诉讼。

【测评方法】通过最高人民法院司法案例数据库，观察政府2016年度政府信息公开诉讼的胜诉率。

【评分标准】在司法案例数据库中检索得到各个城市2016年度政府信息公开案件的生效判决书，从中筛选出被告行政机关败诉的案件，除以当地2016年度政府信息公开案件的总数，就是政府信息公开诉讼的败诉率，（1-败诉率）×10=最终的得分。

二 总体评估结果分析

本次测评针对的是全国100个城市的政务公开工作，从9个三级指标进行具体评价和观测。通过网络检索和邮寄申请等途径获取测评信息，再根据统一的评分标准进行评分。从总体评估的过程和结果来看，本年度的指标体系设置更加注重政务公开工作的实效性、互动性和便民度，分数具有一定的区分度，能够在很大程度上反映被测评城市的政府信息主动公开和依申请公开工作的实施状况。

2017年，本项一级指标总分为120分，所有城市最后得分的平均分为97.98分，得分率为81.65%。有54个城市高于平均分，另有46个城市低于平均分。其中得分最高的为青岛市（117.72分），最低的为绥化市（只有62分），两者之间相差55.72分。在2016年，被评估城市的平均分为92.58分，得分率为77.15%，有50个城市高于平均分，另有50个城市低于平均分。由此可见，与2016年评估相比，2017年"政务公开"指标的平均得分率上升了4.5个百分点，高于平均分的城市增加了4个，政务公开的成效继续提升。2017年，在本项一级指标下得分位列前十的城市依次是：青岛市、珠海市、武汉市、湛江市、北京市、杭州市、合肥市、哈尔滨市、温州市、潍坊市。最后五名分别是（第100名～第96名）：绥化市、拉萨市、喀什地区、玉林市、赣州市。与2016年相比，青岛市从2016年的第32名上升到了第1名，珠海市从2016年的第52名上升到了第2名，进步神速。见图7－1、图7－2。

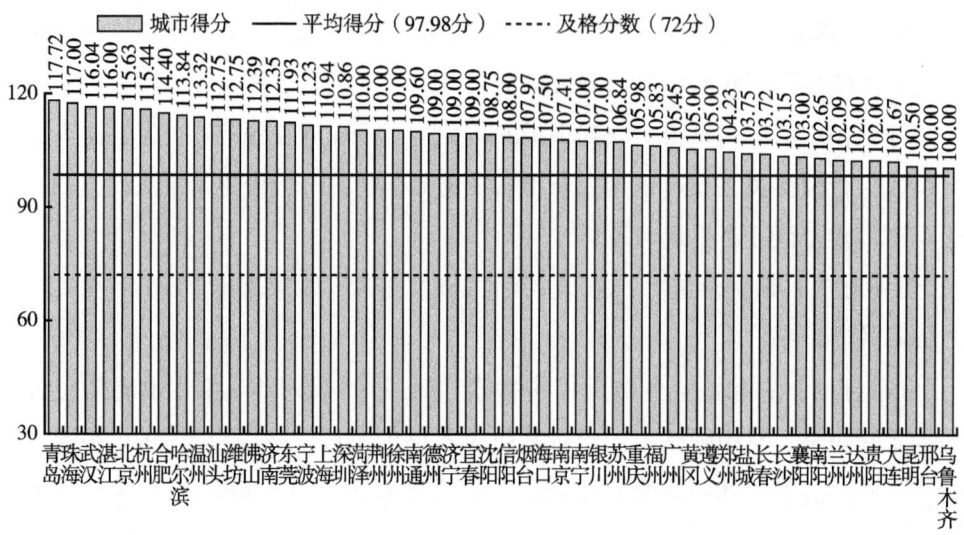

图7－1 排名1~50的城市得分情况分布

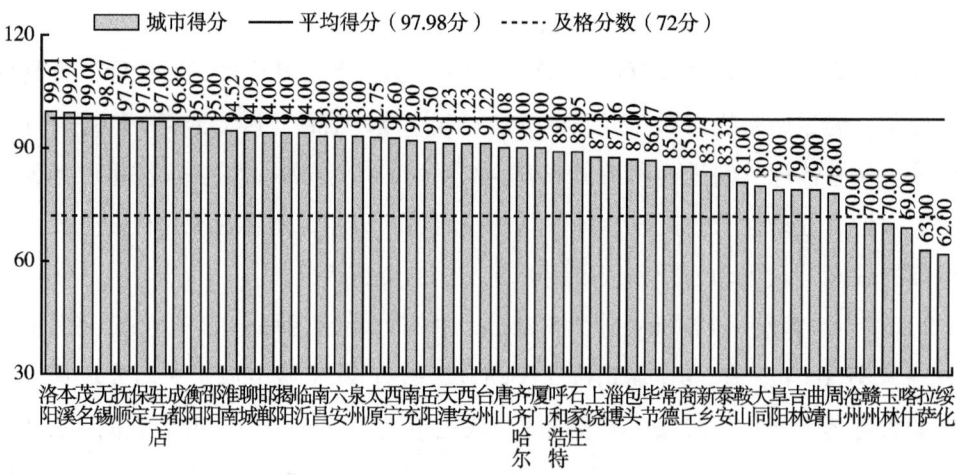

图7－2 排名51~100的城市得分情况分布

从二级指标的得分情况来看，主动公开部分总分70分，平均得分57.17分，得分率81.67%，在本二级指标下得分位列前十的城市依次是：北京市、合肥市、武汉市、青岛市、遵义市、黄冈市、襄阳市、兰州市、宁波市、珠海市。最后五名分别是

（第100名~第96名）：拉萨市、绥化市、周口市、淄博市、临沂市。见图7-3、图7-4。

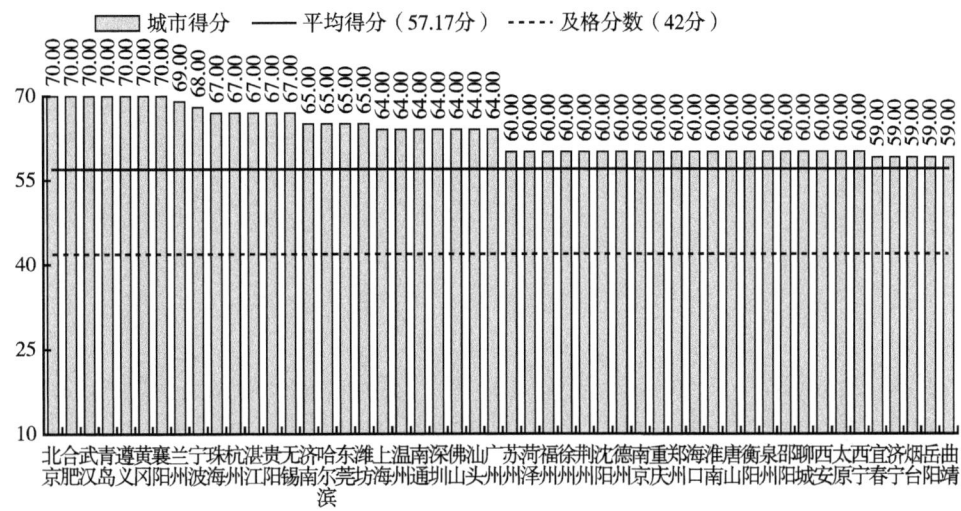

图7-3 排名1~50的城市主动公开得分情况分布

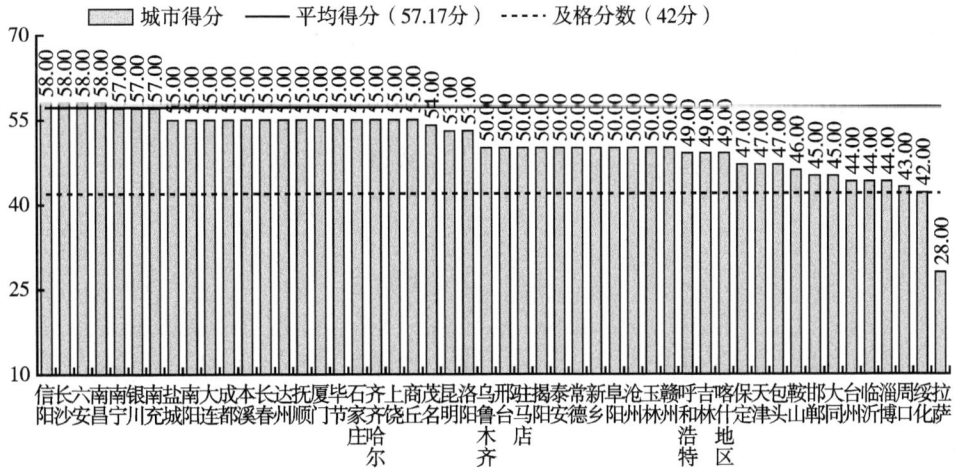

图7-4 排名51~100的城市主动公开得分情况分布

依申请公开部分总分50分，平均得分40.81分，得分率81.62%，在本二级指标下得分位列前十的城市依次是：珠海市、菏泽市、徐州市、荆州市、宜春市、济宁市、信阳市、南宁市、银川市、乌鲁木齐市。最后五名分别是（第100名~第96

名):绥化市、喀什地区、赣州市、玉林市、沧州市。从得分上看,主动公开情况和依申请公开的实施情况相差无几。见图7-5、图7-6。

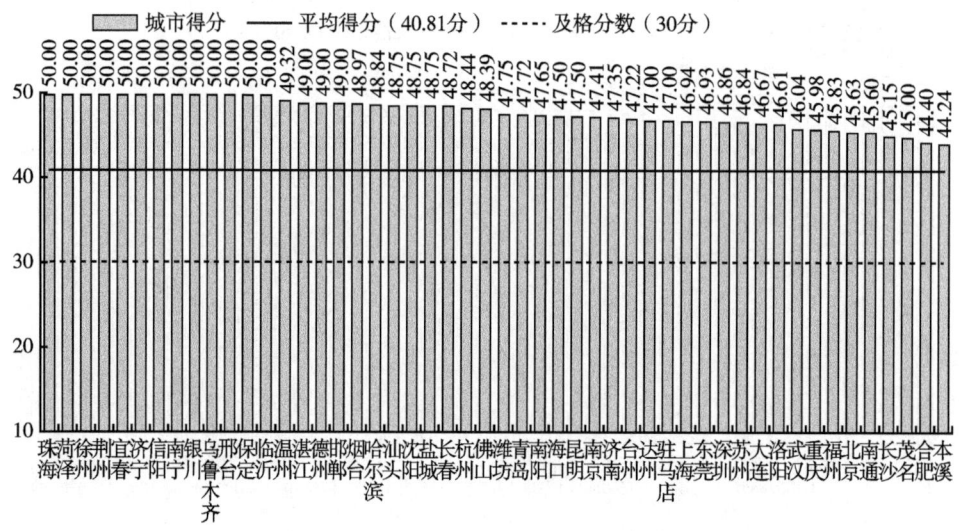

图7-5 排名1~50的城市依申请公开得分情况分布

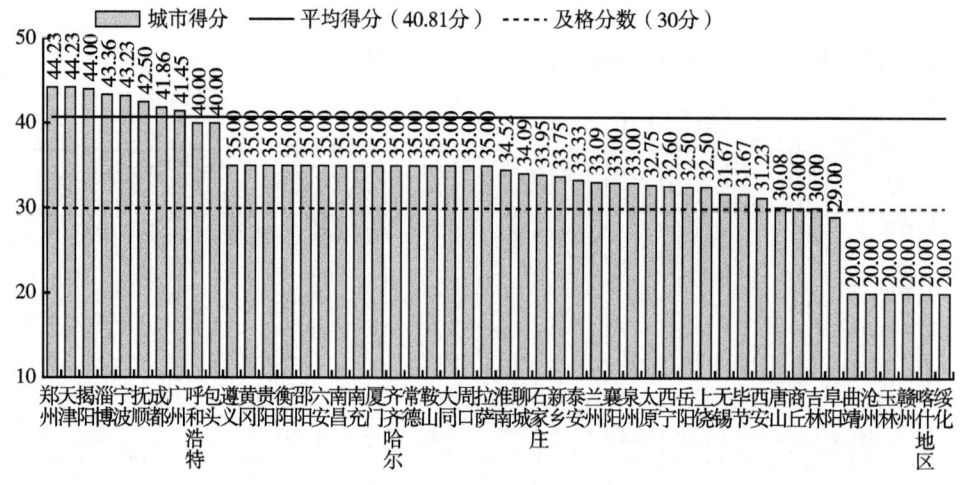

图7-6 排名51~100的城市依申请公开得分情况分布

从三级指标观测点的得分来看,三级指标5"政府是否不当设置申请信息条件"得分率最高,为97.50%;而三级指标4"政府数据是否向社会开放"得分率仅有61%。各观测点的平均得分率的走向和对比详见图7-7。

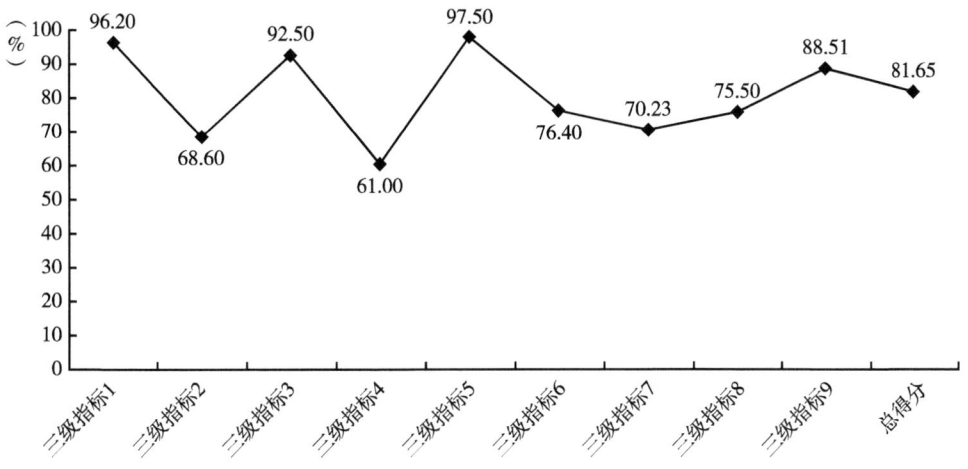

图 7-7 政府信息公开的三级指标平均得分率

三 三级指标评估结果分析

（一）重点领域信息公开

1. 总体表现分析

本项指标针对每个测评城市的保障性住房监管执法和旅游市场监管执法的相关信息进行网上观测，总分为 30 分。全部 100 个城市得分的总体情况见表 7-2。

表 7-2 重点领域信息公开指标得分情况

得分（分）	30	27	24	15~23	0
城市（个）	78	9	11	2	0

2. 分差说明和典型事例

该指标总分 30 分，平均分 28.86 分，平均得分率为 96.20%，其中共 78 个城市获得满分，完整公开保障性住房监管执法的依据、内容、标准、程序和结果以及旅游市场监管执法的依据、内容、标准、程序和结果。

未获得满分的城市主要有以下几种情况：①保障性住房监管执法的依据、内容、标准、程序和结果缺少某一项，如鞍山市保障性住房监管执法缺少检查标准、检查程序、检查结果，广州市住建委缺少保障性住房监管执法程序；②旅游市场监管执法的

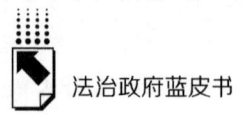

依据、内容、标准、程序和结果缺少某一项，例如贵州市旅游局缺少旅游市场监管执法程序。

此次测评发现的主要问题是：①保障性住房监管执法和旅游市场监管执法的依据、内容、标准、程序和结果缺乏统一存储位置，检查依据以是否有地方法律法规为判断标准、检查内容以是否具有权力清单为准、检查程序是以权力清单内容或者程序性文件规定为准、检查结果是以执法或监察结果为准，无统一的安放位置造成相对人检索信息的不便；②保障性住房监管执法和旅游市场监管执法缺少程序的现象较为严重；③部分城市住建委或旅游局网站存在问题，测评员进行测评十分不便，如拉萨市没有单独的部门网站，新乡市旅游局网站正在升级中，大同市住建委网站链接的是政府门户网站。

（二）政府门户网站的咨询服务功能

1. 总体表现分析

本项指标主要考察行政机关公开政务信息是否遵循了便民的原则，主要是为了方便群众对政府制定的政策、方针以及政府部门在办事过程中的有关法规、制度和程序等问题进行咨询而设立。由测评员登陆当地政府的门户网站，点击"我要咨询"或者相关名称的栏目（如百姓热线等），就如何换领身份证进行咨询，观察是否及时回复。该项三级指标满分10分，100个城市总体情况见表7-3。

表7-3 政府门户网站的咨询服务功能指标得分情况

得分（分）	10	6~9	5	0
城市（个）	57	4	17	22

2. 分差说明和典型事例

该指标总分10分，平均分6.86分，平均得分率在9项三级指标中较低，平均得分率为68.60%。其中57个城市获得满分，具备"我要咨询"或相关栏目并能及时答复；4个城市得分在6分到9分之间，主要原因是：大同市政府虽然在期限内回复，但回复咨询人需再次拨打大同市12345政府服务热线查询处理结果，测评员无法在网站上得到具体问题的回复，酌情给分7分；杭州市政府回复需写明问题具体情况，因而得分7分；六安市政府回复测评员通过网址查询答案，回复不详细不全面，因而得分9分；信阳市政府回复市政府办公室回复不属于业务范围，建议测评员咨询交警支队,因而得分8分。17个城市得分5分,原因主要有:成都市、大连市、东莞市、阜阳市、哈尔滨市、济南市、茂名市、厦门市、绥化市、长春市、长沙市均仅限本省手机才能咨询;南阳市显示处理完成,但没有答复结果和时间;上饶市、玉林市输入案件号和登录密码无法查询咨询结果;潍坊市无法提交咨询问题等。另有22个城市该项指标不得分,分别是沧州市、常德市、重庆市、德州市、赣州市、邯郸市、呼和浩特市、吉林市、揭阳市、喀什地区、拉萨市、临沂市、石家庄市、台州市、泰安市、天津市、乌鲁木齐市、新乡市、宜春市、周口市、驻马店市、淄博市。不得分的原因主要有:揭阳市政府网站打不开;沧州市、常德市超期未回复等。

此次测评暴露出的问题主要有:①政府门户网站无咨询功能。如揭阳市政府网站打不开。②限制外地人咨询。如长沙市"政民互动—市长信箱—注册信息"的验证码处显示"手机号码暂时只支持湖南省内号码",而获取验证码是完成注册的必要步骤,因此,测评员无法进行咨询。③答复质量偏低。测评员就如何换领驾照进行咨询,如杭州市答复不够全面、答复质量偏低,不能清晰、细致地解决测评员的咨询问题。

(三)政府信息获取的效率

1. 总体表现分析

本项指标通过网络检索,观察普通公民获取保障性住房信息的途径是否高效、便民。满分10分,各测评对象的得分总体情况见表7-4。

表7-4 政府信息获取的效率指标得分情况

得分(分)	10	6~9	1~5	0
城市(个)	72	19	9	0

2. 分差说明和典型事例

本项三级指标满分10分,100个城市的平均分为9.25分,平均得分率为92.50%。其中,72个城市获得满分,市政府网站具备"保障性住房"栏目,例如鞍山市、北京市、本溪市在政府网站清晰标注"保障性住房"查询。19个城市获得6分到9分,原因是:大同市政府网站只能检测到1条保障性住房信息,因而得分8分;呼和浩特市、长沙市等政府网站首页无"保障性住房"栏目,需要通过搜索查询,检索不便,得9分。9个城市获得1分到5分,即市政府网站没有"保障性住房"栏目,但该市住房建

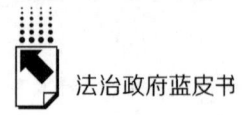

设主管部门网站具备该栏目,可查询保障性住房情况,例如保定市、毕节市、石家庄市等;包头市政府网站和住房建设主管部门网站都不具备"保障性住房"栏目,但测评员通过在百度上搜索"城市名+保障性住房"可以查询交通违法情况,得分2分。

该项测评暴露的问题主要有:①政府网站和住房建设主管部门没有独立的"保障性住房"栏目;②"保障性住房"栏目不清晰,如呼和浩特市、长沙市等政府网站首页无"保障性住房"栏目,需要通过搜索关键词查询,检索不便,便民性较差。

(四)政府数据是否向社会开放

1. 总体表现分析

此项指标主要考察政府是否积极稳妥推进政府数据向社会公开,满分20分,各测评对象的得分总体情况见表7-5。

表7-5 政府数据是否向社会开放指标得分情况

得分(分)	20	10	5	0
城市(个)	30	56	12	2

2. 分差说明和典型事例

本项三级指标满分20分,平均分12.2分,平均得分率仅为61%。通过"数据开放"或者类似栏目等专门载体开放政府数据的30个城市分别是:北京市、合肥市、武汉市、青岛市、遵义市、黄冈市、襄阳市、珠海市、湛江市、贵阳市、无锡市、上海市、温州市、南通市、深圳市、佛山市、汕头市、广州市、杭州市、济南市、哈尔滨市、东莞市、潍坊市、德州市、重庆市、兰州市、长沙市、宜春市、宁波市、石家庄市。其他城市都没有建立"数据开放"或者类似栏目等专门载体,而是通过分散化、碎片化、零星的方式开放相关数据,给公民、法人和其他组织获取相关政府数据造成了不便。

总体而言,"数据开放"等专门栏目具有以下特征:①涉及范围广,涉及经济、民生、文化、城市建设等多项内容,每一项内容又包含多个子项目;②数据提供者数量多,并且呈现交叉提供的特点,如经济建设板块的数据提供者也包括民政部门;③数据数量多;④开放统计数据的同时也提供其他多项增值服务。

以上海为例,2011年,上海市政府办公厅和市经济信息化委牵头,联合了市公安局、市工商局、市交通委等9家试点单位,建立了国内首个政府数据服务网——"上海政府数据服务网（一期）"。2014年5月，上海市政府召开会议要求所有政府部门年内通过该网站向公众提供数据浏览、查询和下载等服务。上海市数据开放涵盖经济建设、资源环境、教育科技、道路交通、社会发展、公共安全、文化休闲、卫生健康、民生服务、机构团体、城市建设、信用服务等12个方面。每一方面涵盖内容也较为全面，例如经济建设板块所提供的数据有：上海外商第三产业合同投资情况数据产品，主要发布了上海市外商第三产业合同投资金额、同比增长等数据信息；上海市技术进出口交易会亮点企业情况数据产品，主要发布了上海市技术进出口交易会亮点项目名称、亮点、基本情况、本届上交会特色展品（技术）等信息；单用途商业预付卡备案企业信息主要包括单用途商业预付卡备案企业名称、备案号、所属行业、电话、地址等信息。数据提供部门包括上海市发展和改革委员会、上海市经济和信息化委员会、上海市商务委员会、上海市科学技术委员会、上海市民政局、上海市财政局、上海市农业委员会、上海市审计局、上海市统计局等14个部门。经济建设板块的数据多达214项。在"应用"和"接口"栏目中，可快速查询企业不良记录、信息信用等情况，非常便捷。

（五）政府是否不当设置申请信息条件

1. 总体表现分析

本项指标针对被测评城市的公安局、民政局在受理信息申请时是否设置了不当的前提条件进行测评。总分10分，得分总体情况见表7-6。

表7-6 政府是否不当设置申请信息条件指标得分情况

得分(分)	10	5	0
城市(个)	95	5	0

2. 分差说明和典型事例

本项三级指标总分10分，平均分为9.75分，平均得分率为97.5%，在9项三级指标中得分率最高。其中，有95个城市的公安局、民政局均未设置要求提供学生证、科研证明等不当申请条件，仅有5个城市获得5分，即民政局或公安局设置了不当申请条件，分别是宁波市、吉林市、商丘市、揭阳市、茂名市。比如，吉林市民政局告知测评员需要提供相关科研证明，否则就不予公开，而且必须用学院传真发送科研证明，进而来电确认是不是中国政法大学学生以及是否出于科研需要；测评员通过在线平台向商丘市民政局申请信息公开时必须上传自身特殊需要证明，否则无法提交申请；揭阳市民政

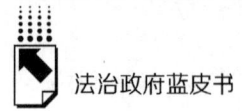

局要求测评员出具学院证明和科研证明,确定测评员实属中国政法大学的学生以及测评员申请信息公开仅是科研需要而非他用,并要求测评员以特快专递形式邮寄。

(六) 政府是否及时对信息公开申请作出了答复

1. 总体表现分析

本项指标是为了检验政府是否及时对信息公开申请作出了答复,满分 10 分。延期答复只要进行告知,出具延期告知书的,不扣分。得分情况详见表 7-7。

表 7-7 政府是否及时对信息公开申请作出了答复指标得分情况

得分(分)	10	7	5	0
城市(个)	58	2	34	6

2. 分差说明和典型事例

本项三级指标总分 10 分,平均得分 7.64 分,平均得分率为 76.4%。其中,58 个城市公安局、民政局均及时对信息公开申请作出了答复,有 2 个城市延迟答复,有 34 个城市仅有一个政府部门(公安局或者民政局)及时对信息公开申请作出了答复,有 6 个城市的国土资源局与人力资源和社会保障局均未答复,它们是:玉林市、赣州市、沧州市、曲靖市、绥化市、喀什地区。

该指标在测评过程中主要遇到了四种情况。

(1) 信件已经签收却未答复的情况。共 43 个政府机关未答复,其中,未答复的公安局有 20 个,分别是鞍山市、襄阳市、六安市、毕节市、阜阳市、赣州市、吉林市、兰州市、聊城市、南充市、曲靖市、喀什地区、绥化市、新乡市、商丘市、石家庄市、西宁市、西安市、玉林市、遵义市等;未答复的民政局有 23 个,分别是沧州市、常德市、大同市、赣州市、贵阳市、衡阳市、淮南市、黄冈市、喀什地区、齐齐哈尔市、曲靖市、泉州市、上饶市、邵阳市、绥化市、拉萨市、南昌市、泰安市、厦门市、无锡市、玉林市、岳阳市、周口市等。

(2) 信件被退回的,且无法网上申请的情况。如太原市公安局、沧州市公安局、唐山市公安局,测评员按照政府信息公开指南的地址、电话寄出,但因联系不上收件人导致信件被退回,而且测评员在收到被退回的信件后还专门到该部门门户网站上查询是否有网上在线依申请公开平台,但是上述政府部门却根本没有设置网上申请渠道。

(3) 信件被退回,后网上申请得到答复的情况。分别是北京市民政局、商丘市民政局、杭州市民政局，测评员按照政府信息公开指南的地址、电话寄出申请信件，虽然因联系不上收件人导致信件被退回，但是测评员在上述部门门户网站上以网上申请的方式申请政府信息公开，并及时得到了政府信息公开答复。

（4）未及时答复的情况。分别是抚顺市民政局和达州市公安局，抚顺市民政局4月12日收到申请书，测评员于5月11日才收到电子邮件答复，已经超出15个工作日，但抚顺市民政局从未申请延期答复；达州市公安局4月12日收到申请书，测评员于5月8日才收到电话答复，已经超出15个工作日，但达州市公安局也从未申请延期答复。

（七）政府提供所申请信息的情况

1. 总体表现分析

本项指标着重评价公安局、民政局是否认真对待每一份申请。总分10分，具体得分参见表7-8。

表7-8　政府提供所申请信息的情况指标得分情况

得分(分)	10	5.5~9	5	1~4	0
城市(个)	30	28	28	8	6

2. 分差说明和典型事例

本项三级指标总分10分，平均分7.02分，平均得分率为70.23%。其中，有30个城市的公安局和民政局详细且完整地答复了申请信息，有6个城市得分0分，它们是玉林市、赣州市、沧州市、曲靖市、绥化市、喀什地区。

从测评过程来看，民政局与公安局的答复内容主要包括以下几种情况：①详细公开了评估组所申请的政府信息，得满分；②告知测评员所申请的信息已经主动公开，并告知网址链接或信息储存板块，测评员通过政府部门提供的链接或信息储存的板块查询到所需要的信息，此种情况亦得满分；③公安局未完整告知"当地的居住证申领条件及程序、居住证持有人享有的基本公共服务和便利信息"，缺少任何一项扣1.25分，累计扣分；民政局未完整告知"2016年度当地城乡低保对象人数、特困人员人数、低保标准、补助水平、资金支出情况"，缺少任何一项扣1分，累计扣分；④公安局或民政局答复所申请的政府信息不存在，待制作完成会主动公开，这种情况也为0分。

从公安局和民政局总体答复情况分析，部分公安局仅仅就"当地的居住证申领条件及程序"作出答复，而未告知测评员"居住证持有人享有的基本公共服务和便利信息",如抚顺市、广州市、海口市、上饶市、天津市、岳阳市、郑州市;部分城市民政局没有针对测评员提出的"特困人员人数"作出答复,例如本溪市、成都市、抚顺市、邯郸市、揭阳市、南通市、深圳市、太原市、天津市、武汉市、西宁市、湛江市、长春市、驻马店市、淄博市。

(八)政府拒绝提供所申请信息的理由是否充分、合法、规范

1. 总体表现分析

本项指标是考察被测评对象在拒绝申请人的申请时,是否按照《政府信息公开条例》要求给出充分、合法的理由,共10分。具体结果参见表7-9。

表7-9 政府拒绝提供所申请信息的理由是否充分、合法、规范指标得分情况

得分(分)	10	5	0
城市(个)	57	37	6

2. 分差说明和典型事例

本项三级指标总分10分,平均得分7.55分,平均得分率为75.50%。其中有57个城市得10分,即公安局与民政局均未拒绝答复申请;有6个城市因公安局与民政局均未答复而得0分,它们是玉林市、赣州市、沧州市、曲靖市、绥化市、喀什地区。包头市公安局告知目前全区还没有正式实施居住证制度,该市的居住证实施工作在自治区公安厅的部署下,正在进行前期的准备,年内会正式实施,正式实施后,市政府及相关委办局等成员单位会公开该市居住证申领条件及程序,出台居住证持有人享有的基本公共服务和便利的相关文件和政策;呼和浩特市公安局告知测评员其代呼和浩特市人民政府办公厅起草的《呼和浩特市人民政府办公厅关于全面贯彻居住证制度的实施办法》暂未通过,居住证暂未开始制发,所以无法公开。但是《居住证暂行条例》已于2016年1月1日起施行,将建立居住证制度作为一项明确的规定,这两个城市公安局拒绝提供所申请信息的理由不充分、不合法。

(九)政府信息公开诉讼的胜诉率

1. 总体表现分析

本项指标考察被测评对象在2016年政府信息公开诉讼中的胜诉情况,共10分。具体结果参见表7-10。

表7-10 政府信息公开诉讼胜诉率指标得分情况

得分(分)	10	10~8	8	8~6	6	6~0
城市(个)	52	22	1	17	1	7

2. 分差说明和典型事例

本项三级指标总分10分,平均得分8.85分,平均得分率为88.51%。其中有52个城市得10分,比如珠海市、菏泽市、徐州市;22个城市得分低于10分但高于8分(均不包括本数),比如哈尔滨市、长春市、西宁市、淮南市;17个城市得分低于8分但高于6分(均不包括本数),比如深圳市、天津市、南阳市、昆明市;7个城市得分低于6分高于0分(均不包括本数),例如福州市、淄博市、本溪市、唐山市,此外,成都市的胜诉率最低,有关信息公开行政诉讼案件的总量为21件,胜诉案件总和为6件,胜诉率为28.57%,得分2.86分。

四 评估结论

在评估指标体系所设计的九个一级指标中,2017年评估中"政务公开"指标的平均得分为97.98分(该一级指标总分120分),平均得分率为81.65%,居于第二位。再回顾下2013年至今该指标的得分情况:2016年发布的《中国法治政府评估报告(2016)》显示,"政务公开"指标平均得分为92.58分,平均得分率为77.15%;2015年发布的《中国法治政府评估报告(2015)》显示,"政府信息公开"指标平均得分为97.5分,平均得分率为81.25%;2014年发布的《中国法治政府评估报告(2014)》显示,"政府信息公开"指标平均得分为82.72分,平均得分率为68.93%;2013年发布的《中国法治政府评估报告(2013)》显示,"政府信息公开"指标平均得分为24.2分(该年度"政府信息公开"指标的满分为40分),平均得分率为60.5%。

连续五年的评估数据显示,尽管"政务公开"这一指标的得分呈现出上升的趋势,其平均得分率相比于其他指标也处于较高水平,但从中也可以发现,该指标的平均得分率并不是逐年上升,而是在近三年里存在一定的起伏和波动。这同时也表明,我国地方政府的政务公开工作还有进一步提升的空间和潜力。

(一)历年数据表现及趋势分析

通过对五年评估数据的观察和分析,"政务公开"指标中重点领域信息公开、政府信息获取效率、政府是否不当设置申请信息条件这三个观测点有着良好的表现，并呈现出以下几个发展趋势。见图7-8。

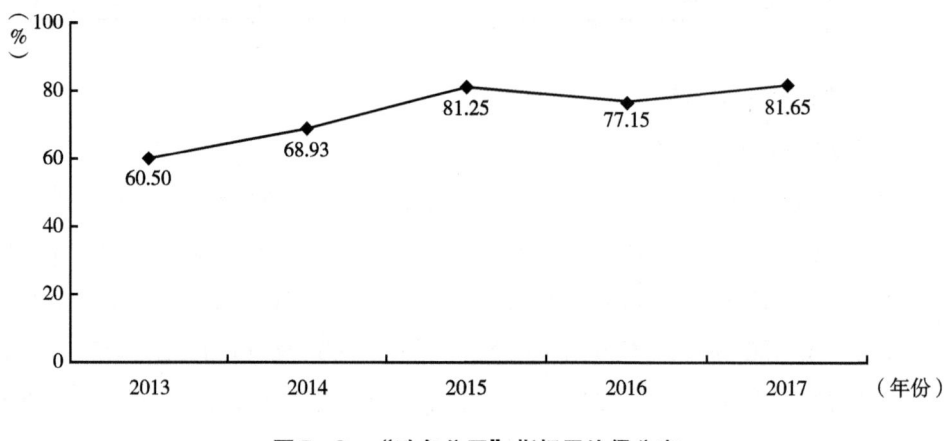

图7-8 "政务公开"指标平均得分率

一是重点领域信息公开的力度日益加大。2014年，"重点领域信息公开"指标的得分率为33.80%，2015年该指标的得分率为51.90%，2016年该指标的得分率为89.50%，2017年该指标的得分率为96.20%。自2013年以来，国务院办公厅每年发布政务公开（政府信息公开）工作要点，对每年的重点领域信息公开工作进行专门部署。近些年的评估数据也表明，在国务院办公厅的统筹协调和有效督促下，各地政府在重点领域信息公开方面的工作卓有成效，公开的力度也日益加大。见图7-9。

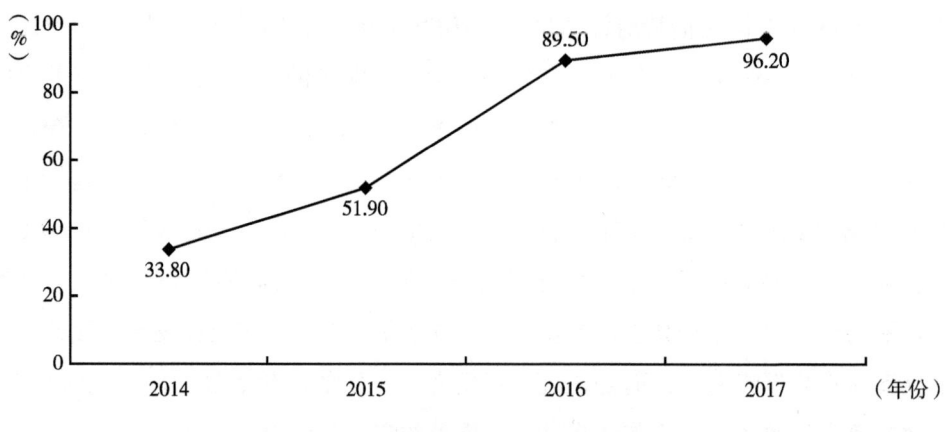

图7-9 "重点领域信息公开"指标得分率

二是政府信息获取的效率不断提升。政府信息不但要公开，还要以便于民众获取的方式公开，这不仅是政府信息公开便民原则的具体要求，也是建设服务型政府、透明政府的应有之义。为了观察政府信息公开的实际运行状况,自2016年起,评估组在"政务公开"指标下开始新设"政府信息获取的效率"这一观测点。2016年该指标的得分率为78.60%,2017年该指标的得分率为92.50%,有了大幅度的提升。这也反映出,各地政府开始更为重视民众对政府信息公开的获得感,政府信息获取的效率不断提升。见图7-10。

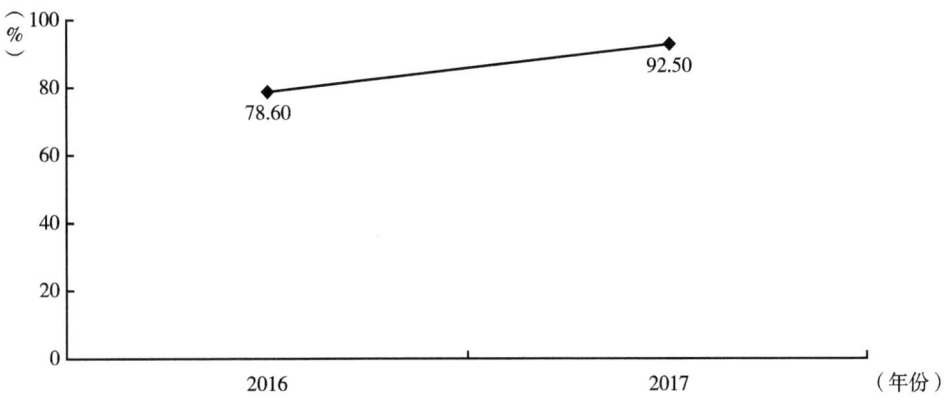

图7-10 "政府信息获取的效率"指标得分率

三是依申请公开的条件设置逐渐规范。在实践中,一些行政机关经常通过设置《政府信息公开条例》(以下简称《条例》)所没有规定的申请条件,进而拒绝公开相关政府信息。通过这几年的评估结果来看,不当设置申请条件的现象正变得越来越少。2014年,"政府是否不当设置申请信息条件"的得分率为88%,2015年得分率为97.5%,2016年得分率为98%,2017年得分率为97.5%。这也可以看出,除了极个别城市外,绝大部分的城市都没有设置不当的申请条件,依申请公开的条件设置逐渐规范。见图7-11。

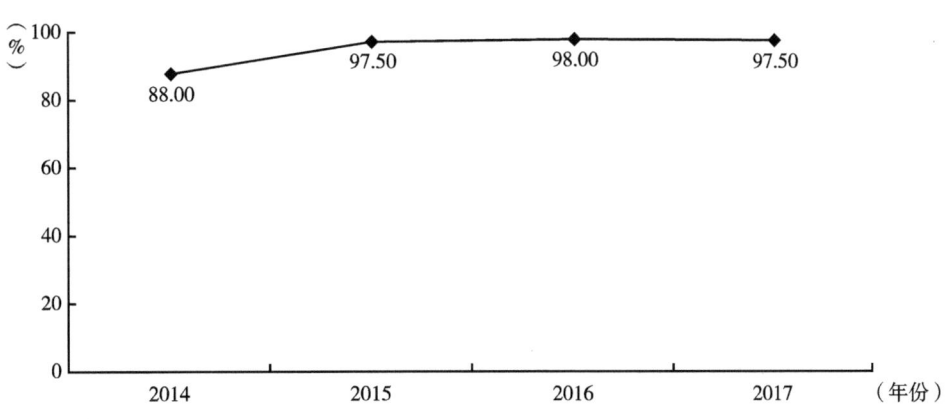

图7-11 "政府是否不当设置申请信息条件"指标得分率

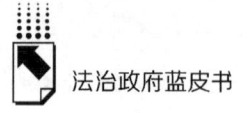

（二）存在的问题

从 2017 年法治政府评估的数据和结果来看，我国地方政府在政务公开领域存在着"有网站、不互动"，"有数据、不共享"，"有信息、不便民"等问题，政务公开活动的质量、实效和效率都有待进一步提升。

1. 政务公开的"有网站、不互动"现象明显，政府网站的咨询服务功能不足

在互联网时代，政府网站是政务公开的主要渠道、重要载体和基础平台。虽然当前我国各级政府及其工作部门基本上都已建立自己的网站，但许多政府网站仍然停留在行政机关单方面发布自己信息的阶段，政府网站与社会民众的双方及多方互动不足，政府网站可以提供给社会的咨询服务功能也有待进一步挖掘。

（1）某些地方政府的政府门户网站缺少"我要咨询"、"百姓服务"、"信息咨询"等互动性栏目，政府网站的咨询服务功能和互动性直接缺失。

（2）有两个地方政府的网站可能处于建设或维护阶段，但在网站界面上没有告知或公示，评估组成员在评估期间内的不同的时间段，经过多次尝试都无法打开网站，或者点击相关互动栏目后无法提交所咨询的问题，导致无法观察该地方政府的网站是否实际存在互动性的咨询服务功能。

（3）13 个地方政府的网站虽然有"我要咨询"、"百姓服务"、"信息咨询"等互动性栏目，但在提交咨询的问题时要求有当地的手机号码才行，这无疑限制了没有当地手机号码的民众获取信息的权利，给民众咨询相关问题带来严重不便。

2. 政务公开的"有数据、不共享"问题突出，政府数据缺乏有效的整合、共享与更新

在互联网时代，由于大数据、云计算等技术的运用，行政机关在职权的行使过程中制作、储存了大量政府数据，这些政府数据蕴含了极高的经济效益和社会效益。按照"取之于民、用之于民"的原则，政府数据来源于社会，属于公共财产，除依法保密的以外，也应向社会开放、服务于社会，充分释放其经济效益和社会效益。但是目前的评估结果显示，我国政府数据的开放性、集约化、利用率还处于较低水平，政府数据缺乏有效的整合、共享与更新。

（1）多数地方政府的政府数据散落在不同的行政机关，相互之间缺少必要的整合和共享，形成了一个个"信息孤岛"，这不利于政府数据在行政系统内的整合使用，也不便于社会民众的获取与利用。根据评估组的评估，被评估城市中仅有 30 个城市有专门的数据开放网站或栏目名称，相对集约化地公开政府数据，大多数被评估城市的政府数据仍然是分散、碎片化、零星的。

(2) 一些政府数据是以逐条式的政府信息而存在，缺少归类、统计和分析，影响了政府数据的查询与使用，没有实现政务公开的便民原则。比如点击进入青岛政务网的"数据开放"栏目，查看青岛市执业律师的数据，这些数据是以 Excel 表形式存在的各个律师的相关信息，但是律师数量、性别比例、分布区域、业务专长等特征都没有描述和统计。还有一些政府的数据仍然停留在公布年度统计数据、统计月报等常规信息的层面，对与社会民众生活息息相关的政府数据则没有涉及。

(3) 一些政府数据的时效性不足，更新不及时。仍然以查看青岛市执业律师的数据为例，虽然其说明该数据"由市司法局每半年提供更新数据"，但上一次更新在 2015 年 9 月 14 日，已近两年没有更新数据，这会影响政府数据的权威性、时效性和客观性，也会对政府的诚信度、公信力造成不良影响。

3. 政务公开的"有信息、不便民"顽疾仍在，依申请公开工作依然存在短板

《条例》规定了主动公开和依申请公开两种方式，其中第 13 条规定，除行政机关主动公开的政府信息外，公民、法人或者其他组织还可以根据自身生产、生活、科研等特殊需要，向行政机关申请获取相关政府信息。依申请公开是保障民众知情权、获得个性化政府信息、推动透明政府建设的重要手段。2017 年，评估组根据国务院办公厅发布的《2016 年政务公开工作要点》，向地方公安局申请公开居住证申领条件及程序、居住证持有人享有的基本公共服务和便利的信息，向地方民政局申请公开城乡低保对象人数、特困人员人数、低保标准、补助水平、资金支出的信息。但我们的评估结果显示，被评估地方在依申请公开方面存在着拒不答复申请、不及时答复申请、不予公开的理由不成立等问题。

(1) 一些地方的行政机关拒不答复申请。根据《条例》第 21 条规定，对于申请公开的信息，行政机关应该根据不同情况予以答复。因此，不论是否决定公开相关信息，答复当事人的申请是行政机关的法定义务。在此次评估中，向 100 个被评估城市的公安局和民政局发起了政府信息公开申请（共 200 份申请），有 23 个公安局和 23 个民政局拒不答复申请，占总数的 23%，其中玉林市、沧州市、曲靖市、绥化市、喀什地区的公安局和民政局均未予以答复。

(2) 一些地方的行政机关不及时答复申请。根据《条例》第 24 条规定，行政机关应当自收到申请之日起 15 个工作日内予以答复；如需延长答复期限的，应当经政府信息公开工作机构负责人同意，并告知申请人，延长答复的期限最长不得超过 15 个工作日。在此次评估中，抚顺市民政局和达州市公安局都没有在法定期限内予以答复，存在逾期答复的违法情形。

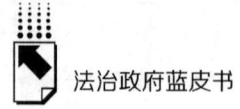

（3）一些地方的行政机关不予公开的理由不成立。一是针对相关行政机关给予评估组的申请答复中，包头市公安局和呼和浩特市公安局都回复居住证制度还未实施，不能公开相关信息。事实上，《居住证暂行条例》在2016年1月1日就开始施行，公开相关居住证信息也是国务院办公厅《2016年政务公开工作要点》的明确要求。二是在政府信息公开诉讼胜诉率指标中，有52个城市没有一例败诉的政府信息公开案件，有48个城市都因为不予公开的理由不成立，被法院判决撤销原决定、确认原决定违法或者责令公开相关信息等，其中成都市2016年度的政府信息公开诉讼胜诉率仅为28.6%。

（三）完善的建议

为了有效应对当前政务公开活动中的突出问题，推动政务公开工作向纵深发展，关键是要实现从形式上的"有无网站"、"有无数据"、"能否申请"到实质上的"有无互动"、"能否共享"、"是否便民"的转变，核心在于提高质量、增强实效、加快效率。

1. 实现政务公开的"有网站、又互动"，加强政府网站的咨询服务功能及其互动性

要按照中共中央办公厅和国务院办公厅《关于全面推进政务公开工作的意见》、国务院办公厅《政府网站发展指引》的要求，建立"我要咨询"、"百姓服务"、"信息咨询"、"评论互动"等专门的互动交流平台或互动性栏目，对社会公众的互动诉求进行及时、有效、温馨的回应，充分发挥政府网站的互动交流功能；要对互动交流的结果进行有效运用，定期整理和分析社会公众的咨询问题及答复内容，按照部门归属、主题内容、社会关注度等标准进行分类汇总，形成"常见问题及解答"，今后在回答类似问题时即可快速、便民地应对，提高政府信息公开的效率和速度；在政府网站临时下线、网站迁移等无法提供咨询服务功能时，要在本网站和本级政府门户网站发布公告，说明情况、告知恢复时间和其他的互动方式等，保障民众的知情权；要适应互联网的互联性、虚拟性、无国界性等特点，简化、优化政府网站中互动性栏目的注册流程与要求，不得以非本地居民、非本地手机号等为由拒绝注册，实现政府网站互动交流功能的一体、平等适用。

2. 实现政务公开的"有数据、又共享"，推动政府数据有效的整合与利用

要按照中共中央办公厅和国务院办公厅《关于全面推进政务公开工作的意见》、国务院办公厅《政务信息系统整合共享实施方案》、《政府网站发展指引》的要求，设置"数据发布"、"数据开放"等栏目，建立专门的数据开放平台，实现政府数据的整合共享和集约化管理，打破政府数据的"信息孤岛"、"数据烟囱"等瓶颈；对发布或开放的数据要科学分类、合理设置、有序分析，根据数据的关键词、所属部门、形成时间、所在区域等标准，提供便捷、有效的数据查询功能，政府数据也要便于社会公众浏览和使用，页面内容便于复制、保存和打印；对发布或开放的政府数据要定期更新，确保准确、权威和时效性，根据不同政府数据的特点确定更新的时间频率，如果相关政府网站中确实存在数据无力持续更新或维护的栏目，要及时进行优化调整。

3. 实现政务公开的"有信息、又便民"，促进政府信息依申请公开的合法、规范与便捷

监察机关和上一级行政机关要按照《条例》要求，对履行政府信息公开义务的行政机关拒不答复和不及时答复的行为进行监督和问责，以确保法律的权威性和严肃性，并通过常态化的定期检查和督导，形成持续的压力机制；建立健全电子邮件、在线申请等政府信息的申请方式，完善政府信息依申请公开的内部处理流程，做好申请的受理、处理、答复的作出、答复的送达等登记工作，以便于当事人提出信息公开申请，也便于行政机关对信息公开流程的全过程监督和追踪，在申请的答复期限即将届满时，进行及时提醒，并确保依据法定期限作出答复；要大力加强对政府信息公开机构工作人员的教育和培训，切实提高其专业能力和法律素养，对拟作出不予公开信息的答复，要依法认真研判不予公开的理由，必要时还需征求法制部门的意见，并经集体讨论决定。

B.8
监督与问责

摘　要： 在本次2017年评估中"监督与问责"一级指标的平均得分从2016年的68.02分提高至73.45分，在平均分以上的城市有58个，较2016年增加了5个，十一项三级指标中有八项三级指标的平均得分率均有不同程度的提高。总体上反映出各地方政府在"监督与问责"方面取得了较明显的进步。特别是，本次评估结果显示，层级监督显著加强、透明度提高，主要审计报告和审计结果的公开程度逐渐提高。但也应当看到，"监督与问责"近三年来平均得分的提高是在略高于及格线的基础上，总体水平仍然不高，且存在突出的问题，主要包括：人大代表意见和政协提案办理情况报告的公开程度不高，行政机关负责人出庭应诉率仍然很低，内部监督仍是短板，问责重制度而轻落实。针对目前存在的问题，建议保障公众参与，提高监督效果的透明度，综合发挥各种监督的作用；全面强化司法监督；更加注重利用现代信息手段，确保监督渠道畅通便捷、信息流动更加快速充分，倒逼政府接受监督和约束。

关键词： 外部监督　内部监督　问责

一　指标设置及评估标准

（一）指标体系

在"监督与问责"一级指标之下，设置了三项二级指标，分别为"外部监督""内部监督"和"问责"（具体内容见表8-1）。

"外部监督"涵盖来自人大、政协、群众及媒体的监督，设有三项三级指标：是否执行本级人大及其常委会的监督决定；对人大代表的批评、意见和建议是否认真及时答复；是否及时办理政协建议案、提案；是否公开办理情况报告；行政机关负责人出庭应诉情况评估；群众举报投诉和媒体监督渠道是否畅通。

"内部监督"指标下设有三项三级指标：是否定期听取、审查本级政府工作部门和下级政府的执法情况报告，是否公布重点领域执法工作报告；是否通过建设电子监察系统等方式改善监督手段；是否公开主要审计报告和审计结果。

"问责"指标下设有四项三级指标：是否建立健全重大决策责任追究制度；是否建立行政执法错案责任追究制度；是否建立行政首长问责制；是否严格问责；政府及组成部门负责人是否存在违法违纪情况。

十一项三级指标主要是通过检索市政府门户网站及其相关网站，收集正式公报、报告、公示信息，并辅以新闻报道检索、百度搜索、司法裁判文书数据分析、体验测试等方法，对政府监督与问责的情况进行考察。

表 8-1 监督与问责指标体系

一级指标	二级指标	三级指标（观测点）
监督与问责 （100分）	（一）外部监督 （30分）	1. 是否执行本级人大及其常委会的监督决定；对人大代表的批评、意见和建议是否认真及时答复；是否及时办理政协建议案、提案；是否公开办理情况报告（10分） 2. 行政机关负责人出庭应诉情况评估（10分） 3. 群众举报投诉和媒体监督渠道是否畅通（10分）
	（二）内部监督 （30分）	4. 是否定期听取、审查本级政府工作部门和下级政府的执法情况报告，是否公布重点领域执法工作报告（10分） 5. 是否通过建设电子监察系统等方式改善监督手段（10分） 6. 是否公开主要审计报告和审计结果（10分）
	（三）问责 （40分）	7. 是否建立健全重大决策责任追究制度（3分） 8. 是否建立行政执法错案责任追究制度（3分） 9. 是否建立行政首长问责制（4分） 10. 是否严格问责（10分） 11. 政府及组成部门负责人是否存在违法违纪情况（20分）

（二）设置依据和测评标准

该项一级指标下各三级指标的设置、赋分、具体观测点的设置和观测方法，与2016年的测评相比没有变化。

测评的主要依据来源于市政府门户网站、相关部门网站、司法裁判文书数据库的

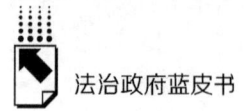

信息，同时通过百度搜索引擎进行辅助查询。未能检索到相关内容的，视为该项工作未进行或未落实。各三级指标的测评方法和赋分标准如下：

1. 是否执行本级人大及其常委会的监督决定；对人大代表的批评、意见和建议是否认真及时答复，是否及时办理政协建议案、提案；是否公开办理情况报告

【设置依据】本项指标是对2016年度被评估城市政府接受同级人大及其常委会、政协监督的情况进行测评。评估侧重点在于政府是否真正接受人大及其常委会、政协的监督，保障监督权的有效行使。

【测评方法】主要在被评估城市政府官网、人大常委会官网以及政协委员会官网中的信息公开栏中进行搜索，搜索内容主要是该市"2017年度政府工作报告"、"人大代表批评、意见和建议"、"政协建议案、提案"或"办理人大代表意见和政协提案的情况"等，辅之以"城市名称"、"执行人大及常委会的监督决定"等关键词在百度上检索相关信息。如在北京市政府官网上搜索到北京市的《2017年政府工作报告》，该报告提到市政府"全面执行市人大及其常委会的决议和决定，自觉接受人大工作监督、法律监督和政协民主监督，共办理市人大代表议案4件、建议1049件，办理市政协提案938件"。

【测评标准】本项满分为10分，具体评估标准为：执行本级人大及其常委会的监督决定，得2分；对人大代表的批评、意见和建议认真及时答复，得4分；及时办理政协建议案、提案，得2分；公开办理情况报告，得2分。

2. 行政机关负责人出庭应诉情况评估

【设置依据】本项指标是对2016年度被评估城市行政机关负责人出庭应诉的情况进行测评。

【测评方法】由专业技术公司搜索网上公布的所有相关裁判文书，输入关键词，计算出每个城市行政机关负责人出庭应诉的次数，除以该市2016年度行政案件总数，据此得出出庭应诉率。

【测评标准】按照行政机关负责人出庭应诉率给分，100%出庭应诉的给10分，没有出庭记录的给0分，其他情况按照出庭应诉率的10倍打分。

3. 群众举报投诉和媒体监督渠道是否畅通

【设置依据】本项指标是对2016年度被评估政府接受公众和媒体监督情况进行测评。侧重点在于考察被评估政府的相关监督渠道是否多样、便捷，是否设有固定、专门的媒体舆论监督栏目，对投诉和意见尤其是新闻媒体反映的问题是否及时反馈。

【测评方法】主要是在被评估城市政府官网上查找是否设立"市长信箱"、"投诉举报"、"市民心声"、"互动交流"、"公众参与"、"网络问政"、"参政议政"、"政风行风热线咨询"、"咨询投诉"等专栏，是否公开"便民电话"，开通"政府服务直通车"，是否建立官方微博、微信平台等；检索是否存在对新闻媒体反映的问题不依法及时处理的情况。此外，还采用了实际体验的测评方法，例如，政府门户网站上所开设栏目无法实际使用的，视为群众投诉举报渠道不畅通。

【测评标准】本项满分为10分。投诉渠道多样（书面、电话、网络等途径）、便捷，得4分；设有固定、专门的媒体舆论监督栏目，得4分；未发生对新闻媒体反映的问题不依法及时处理的情况，得2分。

4. 是否定期听取、审查本级政府工作部门和下级政府的执法情况报告，是否公布重点领域执法工作报告

【设置依据】本项指标是对2016年度被评估政府内部层级监督的情况进行测评。评估侧重点在于被评估对象对其工作部门和下级政府的执法情况、重点领域的执法工作进行监督的工作机制是否完善。

【测评方法】在被评估城市政府官网主页"政府信息公开"或"政务公开"、"政务信息"等栏目的"市政府部门与区县信息公开"中查找是否公布本级政府工作部门和下级政府的执法情况报告或总结；在政府门户网站检索到的政府常务会议记录中检索是否有听取执法报告的内容，或者在政府官网用"执法情况报告"、"依法行政报告"等关键词进行搜索；在各部门、区县政府网站的政务公开栏中查找是否公布本部门或区县政府的工作报告或计划总结；关于重点领域的执法工作报告主要是通过官网中的重点领域信息公开专栏进行搜索。

如果上述方法都无法搜索到相关信息，即用"城市名称"、"听取本级政府工作部门和下级政府的执法情况报告"、"重点领域执法情况报告"等关键词在百度上搜索。

【测评标准】本项满分为10分，具体评估标准为：定期听取、审查本级政府工作部门和下级政府的执法情况报告，得6分；公布重点领域执法工作报告，得4分。

5. 是否通过建设电子监察系统等方式改善监督手段

【设置依据】本项指标是对截至2016年底被评估政府改进监察监督手段的情况进行测评。

【测评方法】用"电子监察"、"电子监察系统"等关键词在政府门户网站上检索是否有关于建设电子监察系统等方式改善监督手段的规范性文件或相关新闻报道。

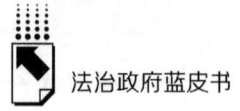

检索不到相关信息的，用"城市名称"、"电子监察"、"电子监察系统"等关键词在百度上进行再次检索。

【测评标准】本项满分为10分。在2016年或之前全市范围内已建立电子监察系统并投入使用的，得满分。如果在辖区内局部地区或某个领域已建设、启用电子监察系统的，可酌情得分。酌情得分的标准为：如果被评估城市仅有部分区县建设了电子监察系统，酌情得1~2分；若被评估城市只在某个领域尤其是重点领域建设了电子监察系统，则酌情得4~6分。

6. 是否公开主要审计报告和审计结果

【设置依据】本项指标主要评估相关城市是否及时、充分公开年度、专门领域的审计报告和审计结果。

【测评方法】在被评估城市的审计局网站上的"审计结果公告"和"审计动态"栏目中年度审计报告和专门领域的审计结果进行搜索；辅之以"审计"、"审计工作报告"、"审计报告"、"2015年度市级预算执行和其他财政收支审计"等关键词在被评估政府的官网上进行检索；或者在被评估城市的政府官网"信息公开"栏目中查找"财政信息"中的"审计工作"、"审计报告"，如果上述方法均未检索到相关信息，则改用"城市名称"、"2015年度审计报告"、"审计工作报告"、"2015年度市级预算执行和其他财政收支审计"等关键词在百度上检索有关的新闻报道。

【测评标准】本项满分为10分。及时、充分公开年度的审计报告，得6分；公开专门领域审计结果公告，得4分。

7. 是否建立健全重大决策责任追究制度

【设置依据】《关于加强法治政府建设的意见》提出要"推行行政执法责任制"。本项指标是对截至2016年底被评估政府是否有相应的制度落实该要求的情况进行测评。

【测评方法】用"城市名称"、"重大决策责任追究制度"等关键词在百度上检索是否有关于建立健全重大决策责任追究制度的相关文件或新闻报道。

【测评标准】本项满分为3分。在2016年或之前已建立健全重大决策责任追究制度，且对责任追究的原则、方式、程序等规定明确的，得满分。对于除直辖市之外的城市的政府，如上一级政府已经建立相应的制度适用于该市，则也可得满分。如果制度化程度不高（规定较为原则，方式、程序等不够明确），可酌情得0.5~2分。

8. 是否建立行政执法错案责任追究制度

【设置依据】《全面推进依法行政实施纲要》提出"推行行政执法责任制"，"建立……执法过错或者错案责任追究制"。《关于加强法治政府建设的意见》强调要"严格落实行政执法责任制"。本项指标是对截至2016年底被评估政府是否有相应的制度落实该要求的情况进行测评。

【测评方法】用"城市名称"、"行政执法过错责任追究制度"、"行政执法责任追究"等关键词在百度上检索是否有关于行政执法过错责任追究制度的公开文件或新闻报道；从政府官方网站上公开的相关文件中查找有关的条款或规定。

【测评标准】本项满分为3分。在2016年或之前已建立行政执法过错责任（包括错案责任）追究制度，且对责任追究的原则、方式、程序等规定明确的，得满分。对于除直辖市之外的城市的政府，如上一级政府已经建立相应的制度适用于该市，则也可得满分。如果制度化程度不高（规定较为原则，方式、程序等不够明确），可酌情得0.5~2分。如果被评估城市没有建立，但其部分工作部门建立了部门内的行政执法过错责任追究制度的，可酌情得0.5~2分。

9. **是否建立行政首长问责制**

【设置依据】《关于加强法治政府建设的意见》提出要"严格行政问责"，对于严重违法"要依法依纪严肃追究有关领导直至行政首长的责任"。本项指标是对截至2016年底被评估政府是否有相应的制度落实有关追究"行政首长"责任的情况进行测评。

【测评方法】主要用"城市名称"、"行政首长问责制"、"行政问责"等关键词在百度上检索是否有关于行政首长问责制度的文件或新闻报道。

【测评标准】本项满分为4分。在2016年或之前已建立行政首长问责制，且对责任追究的原则、方式、程序等规定明确的，得满分。对于直辖市之外的城市的政府，若上一级政府已经建立相应的制度适用于该市，则也可得满分。如果仅在被评估城市部分部门、区县或者某个领域建立此制度或者已建立该制度但制度化程度不高（规定较为原则，方式、程序等不够明确，或者只是以"意见或者暂行办法"的形式确定下来的），可酌情得0.5~3分。

10. **是否严格问责**

【设置依据】《关于加强法治政府建设的意见》提出："要严格问责。严格执行行政监察法、公务员法、行政机关公务员处分条例和关于实行党政领导干部问责的暂行规定，监察有错必纠、有责必问。"本项指标是评估2016年度被评估政府有关问责制度是否得到落实。

【测评方法】主要用"问责"、"严格问责"、"城市名称+问责制度的实施情况"

等关键词在被测评城市政府官网和百度上进行搜索，或者从法制办网站的"法制动态"栏目中搜索。

【测评标准】若检索到相关公告或新闻报道，证明有关问责制度得到切实实施，则得10分。

11. 政府及其组成部门负责人是否存在违法违纪情况

【设置依据】《关于加强法治政府建设的意见》明确："监察部门要全面履行法定职责，积极推进行政问责和政府绩效管理监察，严肃追究违法违纪人员的责任，促进行政机关廉政勤政建设。"本项指标主要是对2016年度被评估城市政府及其组成部门负责人违法违纪情况进行测评。

【测评方法】主要是在被评估城市纪检监察网站的案件查处或者新闻动态栏目中进行搜索，辅之以"城市名称+违法违纪、贪污腐败"等关键词在百度上搜索。

【测评标准】本项满分为20分。市长、副市长因违法违纪被撤职的，每人次扣2分，受到其他处分的，每人次扣1分；政府组成部门负责人违法违纪的，每人次扣1分。20分扣完为止。

二　总体评估结果分析

本部分总分为100分。从总体评估结果上看，在100个评估对象中，平均分为73.45分。在平均分之上的城市有58个，占城市总数的58%。本项评估下最高得分为86.48分，最低的得分为48.5分，二者相差37.98分。在本项评估中，排在前五的城市分别是南宁（86.48分）、杭州（85.55分）、成都（85.42分）、广州（85.06分）、无锡（83.51分）。见图8-1、图8-2。

从2016年的评估结果上看，在100个评估对象中，平均分为68.02分，2017年较2016年有所提高。2016年在平均分以上的城市有53个，占城市总数的53%，2017年增加了5个城市。2016年的最高得分为83.3分，最低得分为32.17分，两者相差51.13分。2016年排在前五名的城市分别是宁波（83.3分）、台州（80.69分）、深圳（80.05分）、广州（80.04分）、揭阳（79.37分）。

本项一级指标共包含11个三级指标（观测点），每个三级指标（观测点）满分为3分、4分、10分、20分不等。各三级指标（观测点）的得分状况如下：第1项是否执行本级人大及其常委会的监督决定；对人大代表的批评、意见和建议是否认真及时答复，是否及时办理政协建议案、提案；是否公开办理情况报告，

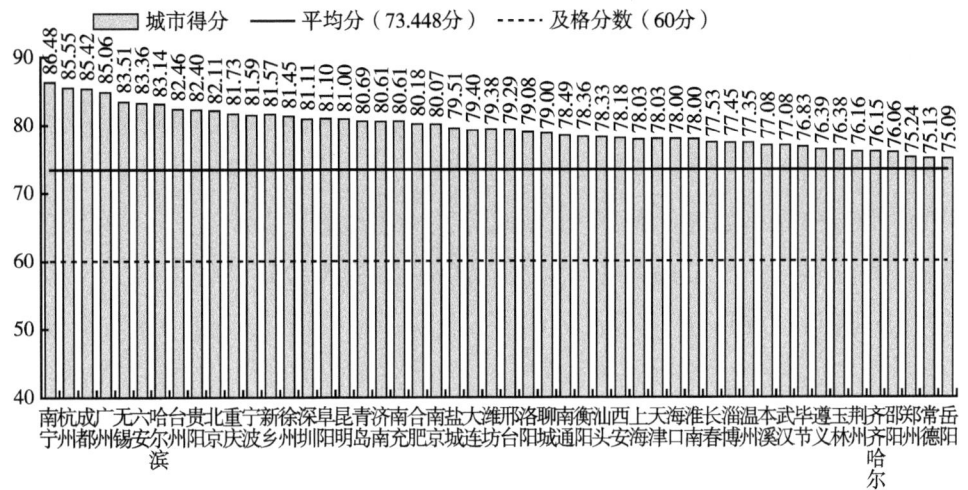

图 8-1 排名 1~50 名的城市得分情况分布图

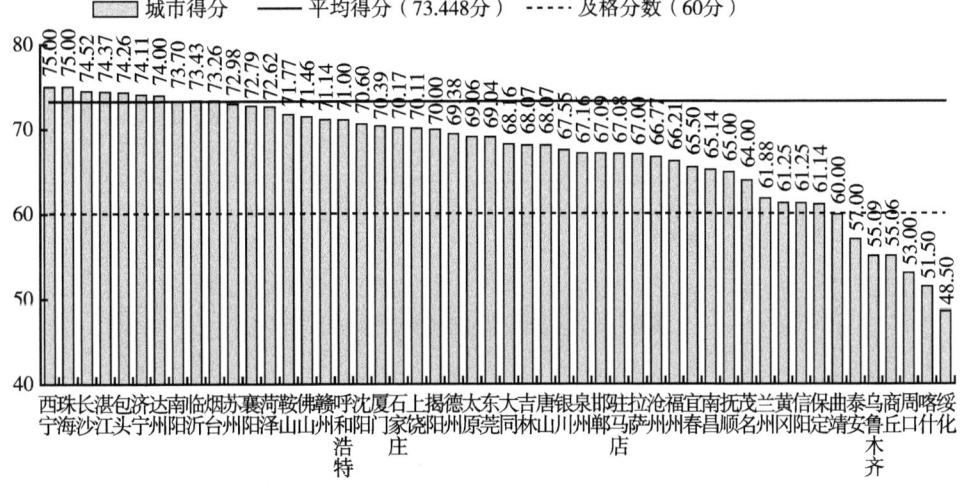

图 8-2 排名 51~100 的城市得分情况分布图

平均分为 8.2 分；三级指标第 2 项行政机关负责人出庭应诉情况评估，平均分为 0.518 分；三级指标第 3 项群众举报投诉和媒体监督渠道是否畅通，平均分为 9.75 分；三级指标第 4 项是否定期听取、审查本级政府工作部门和下级政府的执法情况报告，是否公布重点领域执法工作报告，平均分为 7.54 分；三级指标第 5 项是否通过建设电子监察系统等方式改善监督手段，平均分为 9.71 分；三级指标第 6 项是否公开主要审计报告和审计结果，平均分为 6.97 分；三级指标第 7 项是否建立健全重大决策责任追究制度，平均分为 2.525 分；三级指标第 8 项是否建立行政执法错案责任追究制度，平均分为 2.88 分；三级指标第 9 项是否建立行政首长问责制，平均分为 3.255 分；三级指标第 10 项是否严格问责，平均分为 2.51 分；三级指标第 11 项政府及其组成部门负责人是否存在违法违纪情况，平均分为 19.59 分。

其中平均得分率最高的是第 11 项政府及其组成部门负责人是否存在违法违纪情况。平均得分率最低的是第 2 项行政机关负责人出庭应诉情况，反映出行政机关出庭应诉制度落实不完善。（本级指标下各三级指标的得分率情况参见图 8-3）

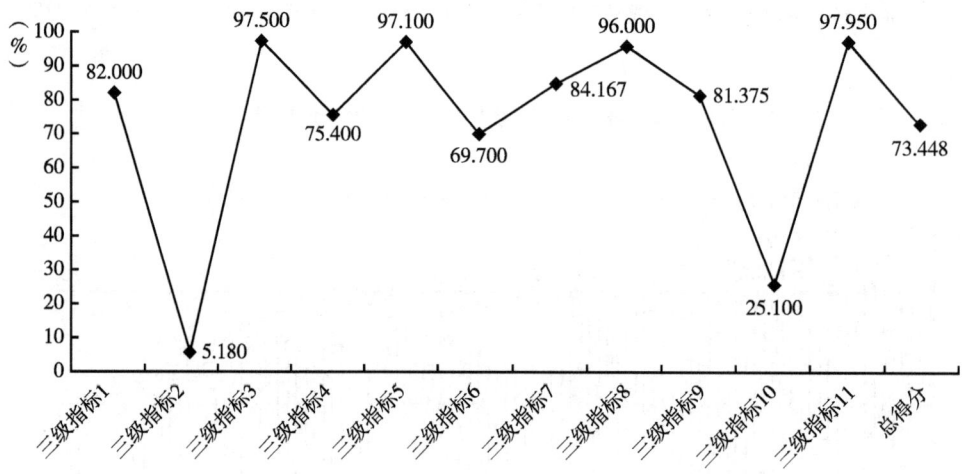

图 8-3 各三级指标的平均得分率

三 三级指标评估结果分析

（一）是否执行本级人大及其常委会的监督决定；对人大代表的批评、意见和建议是否认真及时答复；是否及时办理政协建议案、提案；是否公开办理情况报告（10 分）

1. 总体表现分析

在 100 个评估对象中，有 43 个城市得满分，6 个城市得 9 分，38 个城市得 8 分，其余 13 个城市得分在 0~7 分之间。从评估结果分析，大部分被评估城市能自觉接受人大及政协的监督。具体得分情况见表 8-2。

表8-2 评估指标1得分情况

得分(分)	10	9	8	7	6	5	2	0
城市(个)	43	6	38	1	2	1	4	5

2. 分差说明及典型事例

有57个被评估城市未得满分，主要原因是未公开对人大代表意见和政协提案的办理情况报告。有5个城市得0分，主要是因为检索不到对人大建议和政协提案的办理情况（在测评期间这5个城市未公布2017年的政府工作报告）。

本指标的典范城市是成都市，成都市《2017年政府工作报告》中提到"深入推进依法行政，严格执行市人大及其常委会决议决定，主动接受法律监督和工作监督，自觉接受市政协民主监督，全力做好人大代表和政协委员建议、提案办理，累计办结建议、提案1309件，办复率100%"。同时在其政府官网"首页—政府信息—建议提案"专栏可以查询政府部门对具体的人大建议和政协提案的公开办理情况。

（二）行政机关负责人出庭应诉情况评估（10分）

1. 总体表现分析

依据本指标进行评估，0个城市得10分，17个城市得0分，其余城市视具体情况酌情得分。具体得分情况如表8-3。

表8-3 评估指标2得分情况

得分(分)	10	9~6	6~2	2~1.5	1.5~1	1~0.5	0.5~0	0
城市(个)	0	1	4	5	4	10	59	17

2. 分差说明及典型事例

关于行政机关负责人出庭应诉情况，没有一个城市的行政机关负责人在所有的案件中都出庭，因此100个评估对象中没有一个城市得到满分。大部分城市的对行政机关负责人都有出庭应诉的记录，在可收集到的司法裁判文书中可以搜索到这些城市的行政机关负责人出庭应诉的信息。但各城市行政机关负责人出庭应诉率较低，故普遍得分较低。17个城市得0分，因为项目组在司法裁判文书数据库中搜索不到这些城市有关行政机关负责人出庭应诉的任何信息。

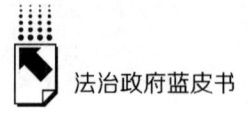

（三）群众举报投诉和媒体监督渠道是否畅通（10分）

1. 总体表现分析

在本指标的评估结果中，有91个城市得满分，1个城市得9分，绝大部分城市的得分都在5分以上。群众举报投诉和媒体监督渠道多样、便捷，且一般都设有专门的媒体舆论监督栏目。在100个被评估城市中，并未搜索到任何一个城市对新闻媒体反映的问题不依法及时处理的情况。具体得分情况如表8-4。

表8-4 评估指标3得分情况

得分（分）	10	9	8	6	5
城市（个）	91	1	5	1	2

2. 分差说明及典型事例

本指标中得满分城市较多，说明群众举报投诉和媒体监督渠道在被评估的100个城市内已经较为完善。本指标的扣分点，最主要的在于监督渠道是否多样，其次是是否设立专门、固定的媒体舆论监督栏目。例如兰州市在其政府门户网站"首页—政民互动"栏目下只检索到了领导信箱、领导留言板几个栏目，市民热线、政务微博微信以及专门的媒体监督栏目缺失。

（四）是否定期听取、审查本级政府工作部门和下级政府的执法情况报告，是否公布重点领域执法工作报告（10分）

1. 总体表现分析

在本指标的评估结果中，有25个城市得满分，得分在8分及以上的城市有62个，占62%。得分在5分以上（包括5分）的城市有90个，相对于2016年的47个有明显的增加。具体得分情况如表8-5。

表8-5 评估指标4得分情况

得分（分）	10	9	8	7	6	5	4	2	0
城市（个）	25	9	28	7	17	4	5	4	1

2. 分差说明及典型事例

2016年大部分被评估城市对执法情况以及重点领域的执法工作报告公开充分，

听取审查本级政府工作部门和下级政府执法情况报告的情况较2015年得到较大改善。大部分城市都在其政府门户网站上设立了重点领域信息公开专栏，可以检索到食品安全、环境保护、行政处罚等领域的执法报告，在政府网站区县部门动态栏目下可以检索到区县政府的工作报告。扣分点主要在于部分城市可以检索到市政府领导视察、参加调研工作的信息以及少数听取报告的信息，但检索到的听取工作报告的信息数量不足，难以说明已经形成了定期听取报告的制度。其次是部分城市可以检索到零散的执法信息，但尚未形成执法工作报告。

在此项评估中获得满分的典型城市是成都。在成都市政府的官方网站上"首页—政府信息公开目录—重点工作—工作进展"栏目可以检索到重点领域执法工作报告。在成都市政府的官方网站上"政府常务会议"栏目能够检索到历次政府常务会议的主要内容，检索到听取本级政府工作部门和下级政府的执法情况报告的情况。例如：第135次常务会议内容中提到"听取《关于全市环保工作情况的报告》，对环境保护工作进行再强调再部署"。

（五）是否通过建设电子监察系统等方式改善监督手段（10分）

1. 总体表现分析

在100个评估对象中，有94个城市获得满分，占到总数的94%；得0分的城市有1个；其他城市得分都在5分及以上。说明各地普遍重视通过建设电子监察系统等方式改善监督手段。具体情况见表8-6。

表8-6 评估指标5得分情况

得分（分）	10	8	7	6	5	0
城市（个）	94	1	1	1	2	1

2. 分差说明及典型事例

得满分的城市占100个被评估城市的大多数。酌情得5~8分的城市的电子监控系统实施程度不同。其中有的被评估城市电子监察系统已在行政审批等重要领域施行但仍在完善发展过程中，有的城市运用电子监察系统的范围有限，或者仅有辖区内部分地区建设了电子监察系统。

只有银川市一个城市得分为0分，银川市政府门户网站检索到的《银川市人民政府办公厅关于印发〈银川市加快推进"互联网+政务服务"工作方案〉的通知》

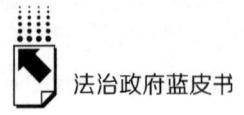

中提到"加快政务信息资源互认共享，2017年底建成电子监察系统"，截至当前电子监察系统尚未建成。

（六）是否公开主要审计报告和审计结果（10分）

1. 总体表现分析

在100个评估对象中，有59个城市为满分；得分在6分以上的城市有62个，比2016年增加了10个；得0分的有21个。59个城市为满分，但仍有21个城市为0分，城市之间的差距较大。具体情况见表8-7。

表8-7 评估指标6得分情况

得分（分）	10	9	8	5	2	0
城市（个）	59	1	2	16	1	21

2. 分差说明及典型事例

本部分得10分的评估对象是既公开了年度审计报告和结果，又公开了重点领域如重点投资项目的审计结果公告。得分为5分的城市，属于只公开了年度审计报告和结果或者只公开了专门领域审计结果报告。得0分的城市在这方面表现很差，既没有年度审计报告，也没有专门领域审计结果公告，且一般这种情况下其审计局网站建设也不完善。获得其他分数的城市是检索到专门或重点领域的审计报告，但数量比较欠缺，酌情得分。

该项评估中的典型城市是北京，在"北京市审计局官网—政务信息—审计公告"部分对年度众多领域的审计报告和审计结果予以公开，既检索到了北京市的年度审计报告，又检索到了北京市多部门的年度审计报告和重点项目的审计报告。

（七）是否建立健全重大决策责任追究制度（3分）

1. 总体表现分析

在100个评估对象中，得3分的城市有67个；得2~3分的城市有86个，比2016年增加了17个；得0.5~1.5分的城市有14个；没有得0分的城市。由此可知，此项指标相较于2016年，有了明显的改善。具体情况见表8-8。

表 8-8 评估指标 7 得分情况

得分(分)	3	2.5	2	1.5	1	0.5
城市(个)	67	1	18	1	10	3

2. 分差说明及典型事例

得 2~3 分的城市属于已经基本建立或者辖区内大部分地区或者很多重要领域已建立起该制度。得 0.5~1.5 分说明该制度只在被评估对象的个别部门或地区建立,有政策文件作为依据但制度化程度很低,制度内容不完整。

满分城市如上海市人民政府 2016 年颁布了《上海市重大行政决策程序暂行规定》,规定"对重大行政决策实行终身责任追究制度和责任倒查机制";0.5~1.5 分段的城市如贵阳市政府于 2015 年发布《贵阳市人民政府重大行政决策合法性审查规定》,其中较少规定了重大责任追究,贵阳市云岩区发布了《云岩区人民政府重大行政决策责任追究制度(试行)》,酌情得 1 分。

(八)是否建立行政执法错案责任追究制度(3分)

1. 总体表现分析

在 100 个被评估城市中,有 91 个城市得满分,建立了该制度;得 0.5~2 分的城市有 9 个。这表明,该制度基本得到普遍建立,但个别城市仍需继续完善。见表 8-9。

表 8-9 评估指标 8 得分情况

得分(分)	3	2	1.5	1	0.5
城市(个)	91	6	1	1	1

2. 分差说明及典型事例

得满分说明截至 2016 年度,该城市已经建立了行政执法错案追究制度;得 0.5~2 分的城市在该制度建设方面存在的主要问题是:仅有个别部门确立了行政执法过错责任追究制度,虽有政策文件作为依据但制度化程度很低,虽执行上级政府制定的相关规定但制度化程度不高。

该项的满分城市如广州市于 2008 年颁布了《广州市行政执法责任追究办法》,建立了行政执法过错责任追究制度;哈尔滨 1997 年制定了《哈尔滨市行政执法过错责任追究办法》,建立了行政执法错案责任追究制度。得 0.5 分~2 分的城市如福州

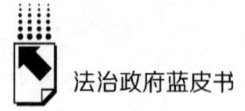

市仅有海事局于 2004 年出台了《行政执法错案责任追究试行办法》，福州市马尾区颁布《马尾区执法局行政执法错案责任追究暂行办法》，福州市政府尚未确立相应的制度，但这些责任追究制度都还仅限于单个的政府部门，因而酌情得 2 分。

（九）是否建立行政首长问责制（4分）

1. 总体表现分析

在 100 个被评估城市中有 69 个城市已建立起行政首长问责制，比 2016 年增加了 8 个；但仍有 25 个城市还未建立该制度或者制度不完善，其中有 6 个城市得 0 分。具体情况见表 8-10。

表 8-10 评估指标 9 得分情况

得分（分）	4	3	2	1.5	1	0.5	0
城市（个）	69	9	7	2	4	3	6

2. 分差说明及典型事例

满分城市多颁布专门性文件建立了这一制度，如合肥市在 2007 年即发布了《合肥市人民政府行政问责暂行办法》，建立了行政首长问责制。其他未得满分的城市的主要问题是制度的适用范围有限，首长问责制仅适用于单个特定领域（如财经、行政审批等领域）。

（十）是否严格问责（10分）

1. 总体表现分析

在 100 个评估城市中，得 10 分的有 1 个，5 分及以上的有 13 个，得 3 分城市最多有 51 个，有 26 个城市得分为 0。具体情况见表 8-11。

表 8-11 评估指标 10 得分情况

得分（分）	10	8	7	6	5	3	2	1	0
城市（个）	1	1	3	1	7	51	8	2	26

2. 分差说明及典型事例

该指标下几乎所有被评估城市的评估结果都不理想。原因有很多，最主要的是通过网络检索的方式来了解有关问责制度是否得到切实实施存在局限性。通过百度等网上搜索方式，几乎检索不到问责制度的实施情况的，均视为实施效果不理想，不得分。

该项唯一的满分城市为南宁，检索到南宁市纪委监察局 2017 年 1 月 10 日举行全市纪检监察工作新闻发布会，通报全市执纪审查和深化作风建设方面的情况，2016年全市纪检监察机关处分 2254 人，同比增长 235.4%；移送司法机关处理 50 人，同比增长 117.3%。

（十一）政府及其组成部门负责人是否存在违法违纪情况（20分）

1. 总体表现分析

该项指标的整体得分率最高，得 20 分的城市有 76 个，绝大多数城市得分在 18 分及以上，只有 3 个城市得 17 分。具体情况见表 8 - 12。

表 8 - 12 评估指标 11 得分情况

得分（分）	20	19	18	17
城市（个）	76	10	11	3

2. 分差说明及典型事例

从以上数据可以看出，2016 年度大多数被评估城市的政府及其组成部门负责人存在违法违纪情况不多，满分城市占总数的 76%，分数绝大部分集中在 20 ~ 18 分之间，城市间分差不大。

但是也应注意，出现这种情况可能是因为与实地调研相比网络搜索方式本身具有滞后性，而且被评估城市纪检监察网站建设程度和信息公开程度参差不齐，这些因素都导致本指标的评估结果存在不确定性。

四 评估结论

总体而言，在评估指标体系所设计的 9 项一级指标中，"监督与问责"一级指标的平均得分是 73.448 分（总分 100 分），平均得分率为 73.4%，在 9 项指标中居于第三位。此外，2016 年发布的《中国法治政府评估报告（2016 年）》显示，该年度评估报告中，"监督与问责"指标平均得分为 68.02 分。2015 年发布的《中国法治政府评估报告（2015 年）》显示，该年度评估报告中，"监督与问责"指标的平均得分为 64.95 分。

连续三年的评估结果表明,中国法治政府建设在"监督与问责"这一指标的平均得分呈现逐年稳步上升的趋势,从略高于及格线的基础上有了明显进步,但总体水平仍然不高。

(一)历史数据表现及趋势分析

2015、2016和2017年三年的法治政府评估报告中"监督与问责"指标设定基本相同(第2项观测点略有变化)。对比这三年的评估结果可以发现,2017年"监督与问责"十一项三级指标得分率,除了三级指标1、三级指标2较2015年和2016年平均得分率下降,三级指标10较2016年平均得分率略有下降(高于2015年)以外,其他八项三级指标的得分率均有不同程度的提高,反映出各地方政府在"监督与问责"方面取得了较明显的进步。见图8-4。

平均得分率增长最多的是三级指标第4项"是否定期听取、审查本级政府工作部门和下级政府的执法情况报告,是否公布重点领域执法工作报告"。其次是三级指标第6项"是否公开主要审计报告和审计结果"。

三级指标2行政机关负责人出庭应诉情况评估仍然是得分率最低的三级指标,且2017年的得分率较2016年略有下降。另外,三级指标10是否严格问责的得分率也较低。

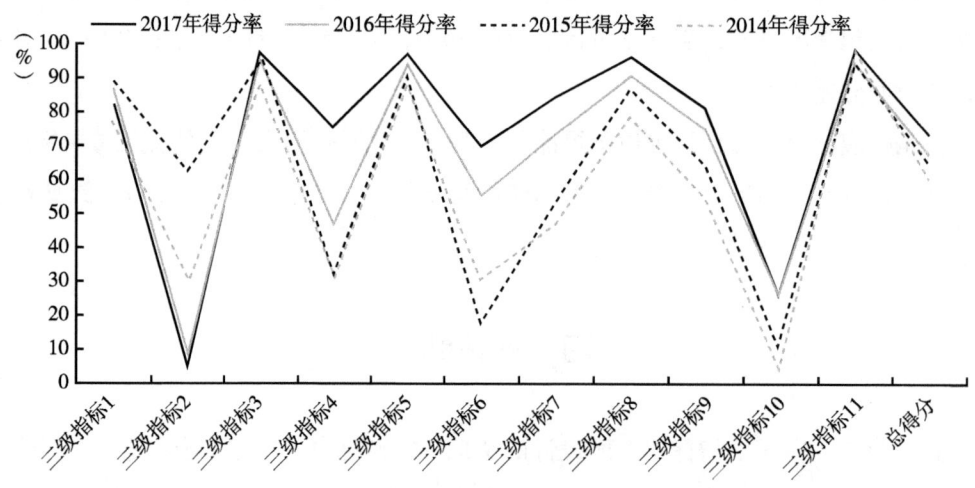

图8-4　2014~2017年各三级指标与总得分的得分率情况对比图

1. 上级对下级层级监督显著加强,透明度提高

在2014、2015、2016年连续三年的评估中,三级指标4"是否定期听取、审查本级政府工作部门和下级政府的执法情况报告,是否公布重点领域执法工作报告"

的平均得分率分别为31.6%、31%和46.70%。而2017年的评估结果显示,该项指标的平均得分率大幅提高至75.4%。这一明显变化,反映出政府在定期听取执法工作报告和公开重点领域执法工作报告方面有较大改善,同时也能体现出对层级监督的相关信息的公开更加及时和充分。见图8-5。

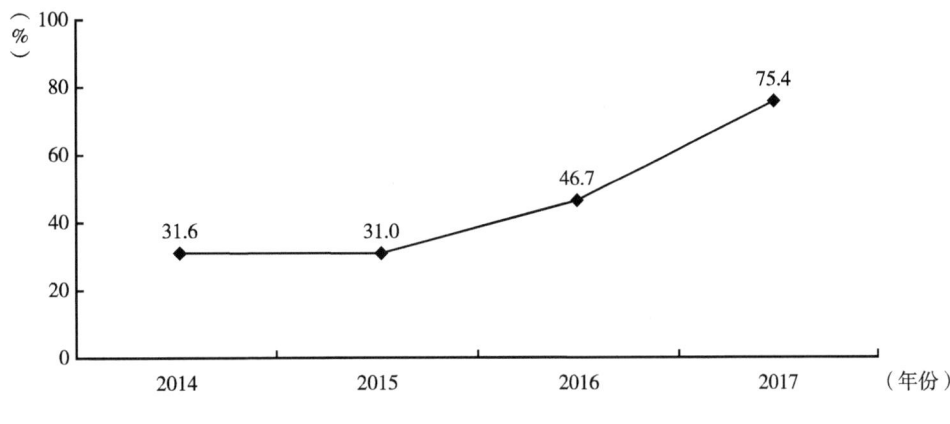

图8-5　2014~2017年三级指标4得分率

2. 主要审计报告和审计结果的公开程度逐渐提高

2014年评估中三级指标6"是否公开主要审计报告和审计结果"的平均得分率为30.9%,该数据在2015年下降至17.9%,2016年大幅提高至55.3%。而在2017年的评估中,该指标的得分率进一步提高为69.7%,不仅首次突破及格线,而且提高幅度显著。我们认为,这表明各地方政府在加强内部审计的工作方面取得较大进步。见图8-6。

要特别指出的是,上述得分率提升较快的两个指标均属于"内部监督"的范畴,反映出相当多的地方政府在加强和完善内部监督方面所做的努力。

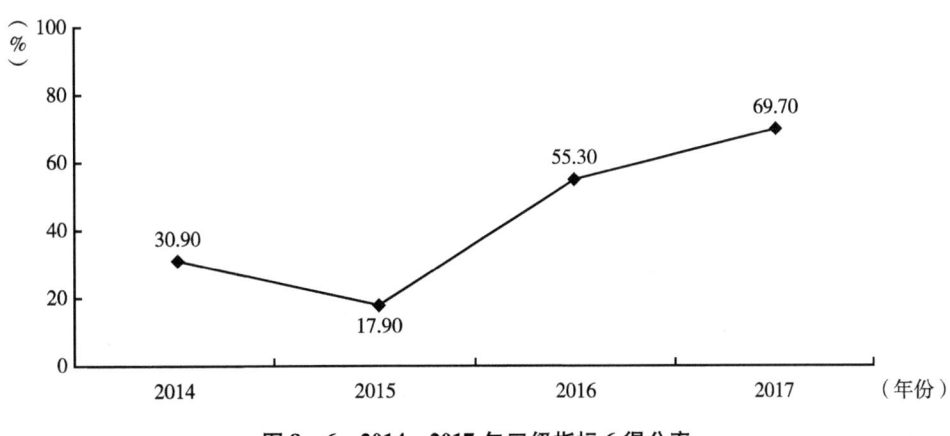

图8-6　2014~2017年三级指标6得分率

3. 行政机关负责人出庭应诉率仍然很低，而且略有下降

在2014年和2015年的评估中，三级指标2着重考察各地是否建立行政机关负责人出庭应诉制度。2015年"是否建立行政机关负责人出庭应诉制度"的平均得分率为62.2%，也就是说有过半的地方已经出台了一定的相关制度规定。2016年评估将该指标改为"行政机关负责人出庭应诉情况评估"，转而考察在《行政诉讼法》修改后，各地行政机关负责人根据法律规定和当地制度出庭应诉的实际情况。2016年该指标的平均得分率为7.89%，而在2017的评估中该数据下降至5.18%。可见，地方政府行政机关负责人对出庭应诉制的重视不足，行政机关负责人出庭应诉制度落实情况较差。见图8-7。

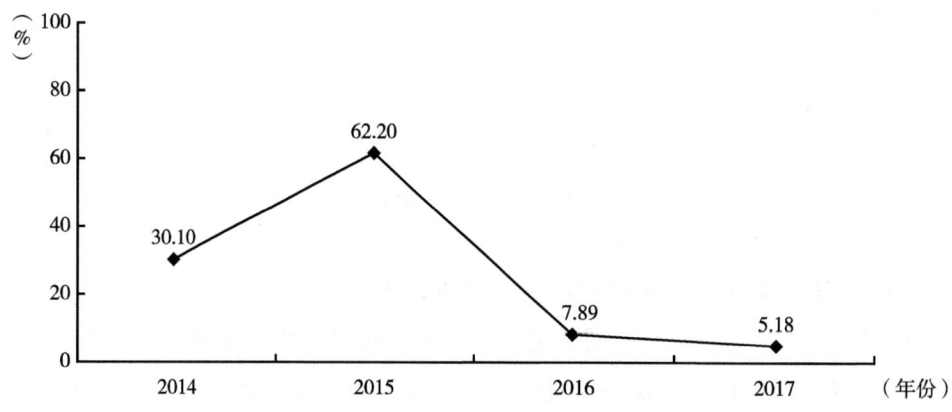

图8-7 2014～2017年三级指标2得分率情况

（二）存在的问题

1. 人大代表意见和政协提案办理情况报告的公开程度不高

自2014年以来的历年评估中，可以发现，"外部监督"中人大和政协对行政机关的监督情况普遍较好，体现为三级指标1的平均得分率分别为77.1%、88.5%、87.1%和82%，在各项三级指标中持续居于较高水平。见图8-8。

但是，应当注意到，对于该指标的观测，目前主要依赖各地政府的一次性的年度总结，且多体现为政府报告的相关内容。大部分城市在政府工作报告中会提及政府办理人大代表意见和政协提案情况，但一般较为概括，即使在部分经济发达、法治政府建设评估综合得分较高的城市也是如此，如天津市、哈尔滨市、南京市、武汉市等。只有少数城市会公布专门的办理情况报告。另有部分城市在官网上设有关于人大代表意见和政协

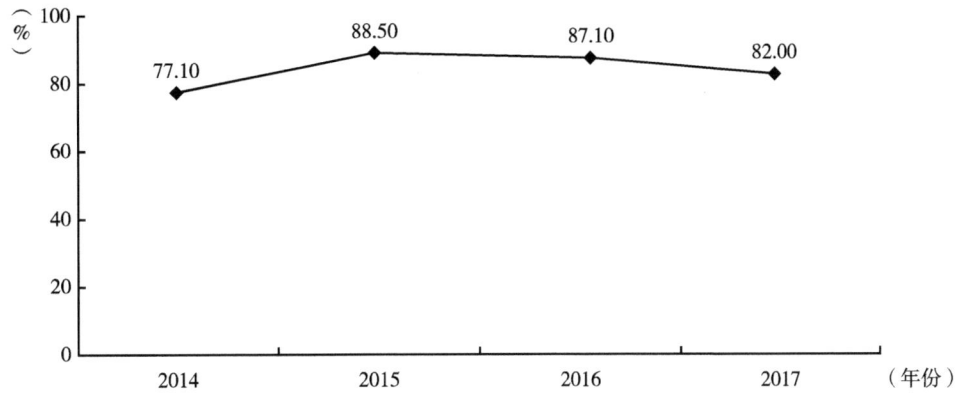

图 8-8　2014~2017 年三级指标 1 得分率

提案办理情况的专栏,如上海市政府官网有"首页 > 政民互动 > 人大代表建议和政协提案办理"一栏,可以检索到人大代表建议和政协提案办理的情况。但即便如此,开设了专栏的城市中仍有部分不对外开放,普通群众无法获知建议提案的具体办理情况。

在 2017 年的评估中,截至评估数据采集阶段结束,仍有 5 个城市没有公布 2017 年度政府工作报告,导致无法对其三级指标 1 进行评估,这种情况往年的评估中从未出现。

以上问题体现了部分城市对公开人大代表意见和政协提案办理情况报告的重视程度不够,公开不够全面具体,这些可能导致人大和政协的外部监督流于形式,损害公众对这种监督形式的信任度和关注度。

2. 行政机关负责人出庭应诉率有待提高

围绕是否应要求行政机关负责人出庭应诉,一直存在较大争议,但根据《行政诉讼法》的规定,我们认为作为一项指标,考察行政机关负责人实际出庭应诉的情况有一定的参考价值。对这一程序要求本身我们无意进行评价,但通过连续四年的追踪,发现目前至少存在两个相关问题。

一是制度建立和落实存在脱节。截至 2017 年 3 月 1 日,在被评估的 100 个城市中,已有 63 个城市已出台了行政机关负责人出庭应诉的相关规定,其中有超过 50 个城市对于行政机关负责人出庭应诉出台了专门的文本,对这一制度进行了较为详细地规定。另外的 37 个城市对于行政机关负责人出庭应诉规定有一定落实,但就城市整体范围来说,还未建立起这一制度。应该说,无论是法律层面的条文规定,还是从各地的相关配套制度而言,行政机关负责人出庭应诉的制度化和可操作性均较高。然而,2016 和 2017 年两年的评估中,这项指标的平均得分率仅为 7.89% 和 5.18%,尽管该项指标不可能有城市得满分,但得分普遍很低。以北京为例,两年的得分分别为

0.3分和0.11分（满分为10分）。得0分的城市2016年有5个，2017年增加到17个。可见，对于行政机关负责人出庭应诉的要求，各地政府有相应制度而缺乏落实，而且这种脱节在2017年更进一步加剧。

二是对该指标的评估能够从侧面一定程度反映出司法监督乏力的问题。评估过程中从公开的司法裁判文书中可以发现，对于行政机关负责人没有出庭应诉的情况，对于该行为是否违反法律规定、未出庭应诉的原因，法官通常避而不谈，法院面对行政机关的相对弱势、监督乏力的实际问题非常明显。

3. 内部监督仍是短板

虽然如前所述，2017年的评估结果中，有两项内部监督下的指标（三级指标4和6）平均得分率有明显提高，但仍然应该看到，内部监督的总体水平仍然不高。在三项内部监督下，三级指标5即是否建设电子监察系统，在2014年就有相当高的平均得分率（88.5%），而且主要与资金技术等条件限制有关，所以相比之下三项指标4和6更能体现内部监督的实际水平。而这两项指标在四年的评估中，只有在2017年才首次达到及格线以上，而且平均得分率也仅为75.4%和69.7%。相比之下，外部监督，特别是公众参与相对更加直接、渠道更加多样化的外部监督水平明显更高。人大、政协监督（三级指标1）在四年中的平均得分率最低为77.1%，最高为88.5%。而群众和媒体监督（三级指标3，见图8-9）的平均得分率一直很高，在2017年达到了97.5%。

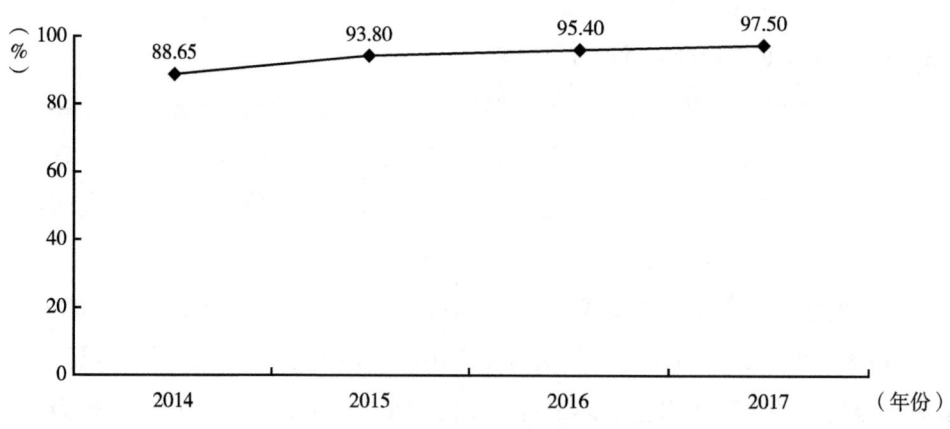

图8-9 2014~2017年三级指标3得分率

而且，在评估三级指标4和6中，仍然发现存在很多问题。在三级指标4"是否定期听取、审查本级政府工作部门和下级政府的执法情况报告，是否公布重点领域执法工作报告"下，在政府门户网站上检索到的定期听取政府部门和下级政府执法情况报告的信息不足。大部分被评估城市并未形成政府部门和下级政府定期向政府进行执法情况的汇报机制，或政府没有尽到及时听取、审查本级政府工作部门和下级政府执法情况报告的职责。大部分城市的政府网站都设有重点领域信息公开专栏，但是包含的重点领域信息比较杂乱，专门的执法情况报告和总结数量较少，且执法工作报告公开比较充分的主要集中在某几个领域。而在三级指标 6 观测点"是否公开主要审计报告和审计结果"下，2017 年仍有 21 个城市得 0 分。就得分的城市而言，许多还存在重点领域审计报告公开数量不足、不充分的问题。

4. 问责重制度而轻落实

二级指标"问责"下，有三项指标关注制度的建设，即三级指标 7、8 和 9。这三项指标的平均得分率在连续四年的评估中稳定提高，且在 2017 年得分率均达到 80% 以上。见图 8 – 10、图 8 – 11、图 8 – 12。

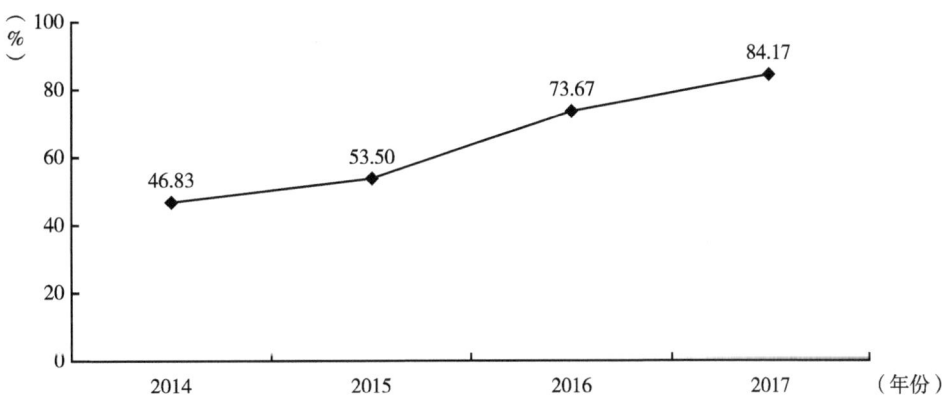

图 8 – 10　2014~2017 年三级指标 7 得分率

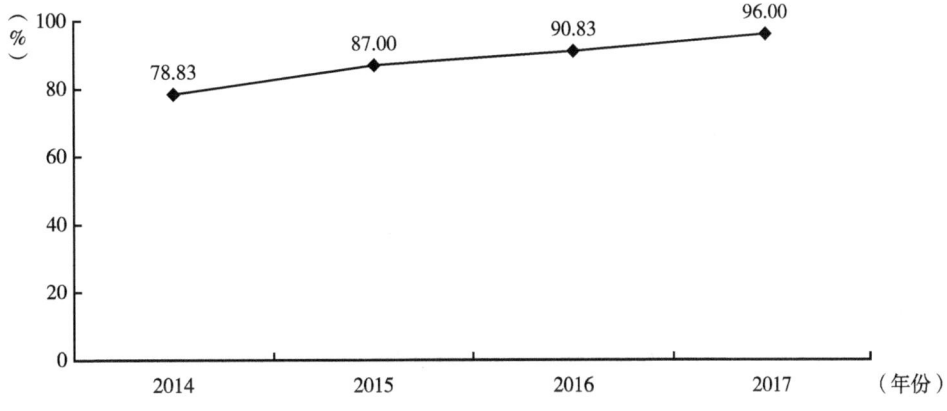

图 8 – 11　2014~2017 年三级指标 8 得分率

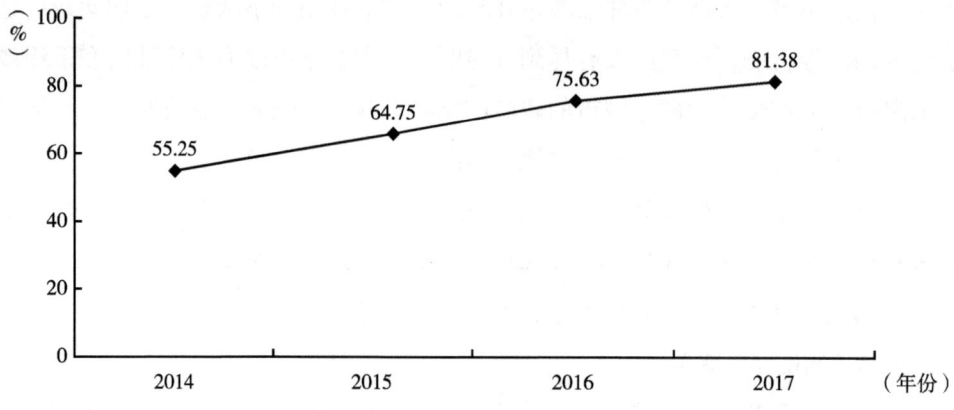

图 8-12　2014~2017 年三级指标 9 得分率

而相比之下,关注制度落实实效的三级指标10"是否严格问责"项的得分率则连年极低,最高25.3%,最低只有4%。见图8-13。

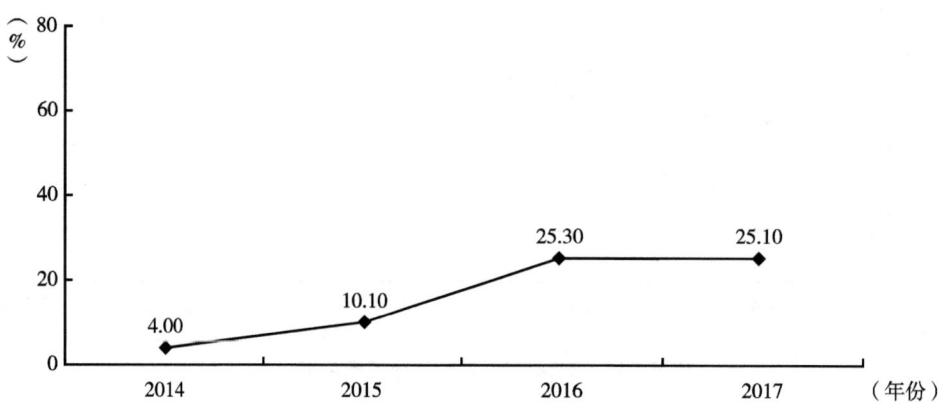

图 8-13　2014~2017 年三级指标 10 得分率

(三)完善的建议

1. 保障公众参与,提高监督效果的透明度,综合发挥各种监督的作用

监督有内部和外部之分,有不同的渠道和形式,但是任何的监督难以孤立发挥作用。如前所述,公众参与程度高的监督形式都更为有效和活跃,而如果仅依靠行政机关的主动性,则难以发挥监督的作用。内部监督并不意味着将有关情况向公众秘而不宣,人大、政协对政府的监督效果也应通过合理的方式公开。公众的关注是推动制度真正落到实处的有力保证。

基于此，建议各级政府对人大代表意见和政协提案办理情况报告的公开制度作出专门规定，该规定应涉及对人大意见和政协提案办理的具体规则、程序、时效、公示方式以及相关问题处理机制等。可在市政府官网、人大代表常委会官网或者政协委员会官网上设立专栏，对于有关事项的办理情况进行实时、详尽的公示，并定期制作成工作报告给予公布。把上级政府听取下级工政府作报告、本级政府听取政府部门工作报告以及重点领域的工作报告的具体情况制作成统一的报告形式，定期在政府网站上公布。各级审计局应当加强对相关信息的公开，在各级审计局网站中设立专栏对专门领域的审计报告和审计结果进行公示。同时，注意公开信息的及时性，形成定期公开的制度。在政府政务网上设置信息公开审计信息公开专栏，公布审计局形成的审计工作报告。

2. 强化司法监督

法院对行政机关的监督一直较为薄弱，而且相关信息往往不透明。在2014年的评估中，我们曾经试图设立指标测评行政机关对法院判决和裁定的履行情况以及对司法建议的落实反馈情况。然而在当时的评估过程中我们发现，难以全面准确收集相关的信息，因此2016年开始改为采用行政首长出庭应诉情况这一观测点。目前我们据此在一定程度上间接观察到外部司法监督存在的问题。然而，对于司法监督实际情况的全面了解仍然非常必要。在2017年的评估中，我们发现广东省在这方面有非常好的尝试。广东省政府通过广东省高级人民法院对于下级政府履行法院判决的情况进行及时、全面的了解，并作为对下级政府依法行政的评估依据。我们认为这种做法值得完善和推广，对于加强内部层级监督、外部司法监督都非常有力。

对于行政机关负责人出庭应诉的法律规定，我们认识到，确实其本身存在争议，而且各地各部门情况不尽相同，然而制度层面的口号式响应和实际操作层面的不落实、视而不见，本身就与法治精神相悖。因此，建议对这一规定及相关问题，应当结合《行政诉讼法》修改后的实施情况继续探讨，各地也可以通过多种方式予以细化，适应本地情况，发挥行政机关负责人在行政案件应诉和纠纷解决中的积极作用。

3. 更加注重利用现代信息手段

在"监督与问责"指标下的主要问题，如监督不力、制度与实效相互脱节的问题，很大程度上是源于信息的缺乏和不对称。而现代信息技术的发展，已经能够极大且低成本地解决这一问题。在三级指标5下可以看到，电子监察系统在我国的普及程度已相当高。但是，虽然客观上运用现代信息手段的限制已经很少，但政府在主观积极性上仍然明显落后于民间。例如，我们检索到的电子监察系统后续改进和运行状况

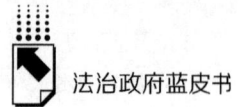法治政府蓝皮书

的信息一直很少。另外一个突出的问题就是政府网站有效信息提供能力普遍不强。部分政府网站没有检索功能，或检索系统不智能，检索信息耗费时间长。甚至有部分城市存在政府网站长期打不开的现象。在群众举报投诉渠道方面，自2014年测评以来我们发现一直存在传统渠道（如电话、信访）比网络渠道更加畅通的问题。

这些现象的存在，说明很多城市的政府仍然没有意识到现代信息手段能为政府的有效运行提供的巨大提升空间，或者也可能是没有意愿接受更加有效的监督方式。正因如此，在技术上的改进，确保监督渠道畅通便捷、使得信息流动更加快速充分，能够在很大程度上倒逼政府接受监督和约束。

B.9
社会矛盾化解与行政争议解决

摘　要： 2016年度，被评估的100个城市在社会矛盾化解和行政争议解决方面平均得70.48分，得分率70.48%。总体上，被评估城市在社会矛盾化解与行政争议解决方面存在制度建设不完善与实施效果不佳等问题。制度持续创新的动力下降；行政调解、行政裁决与仲裁制度的建设进展缓慢，难以形成多元的社会矛盾化解机制；行政复议制度改革未有重大突破，复议工作信息公开程度有待提高。建议被评估城市以问题为导向，加强制度建设，保障制度的有效施行；加强对行政调解、行政裁决和仲裁制度创新的研究，完善相关制度建设，形成矛盾多元化解机制；积极探索行政复议体制改革的突破点，加大行政复议信息的公开力度，接受社会公众监督，树立行政复议权威，发挥应有功能。

关键词： 矛盾多元化解机制　行政争议　行政复议　信访

一　指标设置及评估标准

（一）指标体系

本部分的一级指标是"社会矛盾化解与行政争议解决"，下分2个二级指标，即制度建设情况、制度实施情况，再分为10个三级指标。每个三级指标分值为10分，本部分总分为100分。具体指标设计与分值分配见表9-1。

在制度建设部分，我们选择了5个具有代表性的产出性指标进行观测，旨在体现地方政府在化解社会矛盾方面的努力成果。5个指标的设置不仅可以囊括社会矛盾化解制度建设的主要创新渠道，而且易于通过网络检索公开资料等方式进行观测。

相比较而言，制度实施情况更易于从结果上进行观测，因此除了行政复议信息公开情况一个产出性指标,其余四个指标都选择了结果性指标。结果性指标包括群体性事件发生情况、社会矛盾化解渠道的畅通程度、社会矛盾的解决方式和行政复议决定的质量,可以从不同侧面体现各地社会矛盾的发生频率、尖锐程度和解决效果,这些指标可以通过网络检索公开资料、数据库检索等方式进行观测。但是,纯粹的量化指标不能完全反映各地制度实施情况的全貌,具有片面性,行政复议信息公开情况作为唯一一个产出性指标可以有效弥补量化指标说服力的不足。行政复议信息的公开本身作为依法履行复议职责的要求之一,其程度直接反映各地复议工作的成效,是行政机关制度实施情况的直接体现,该指标可以通过检索各地政府及其法制办官网的方式进行观测。

表9-1 社会矛盾化解与行政争议解决的指标设置

一级指标	二级指标	三级指标(观测点)
社会矛盾化解与行政争议解决(100分)	(一)制度建设情况(50分)	1. 社会矛盾化解的制度建设(10分)
		2. 行政复议体制改革(10分)
		3. 行政调解、行政裁决、仲裁制度的建设(10分)
		4. 人民调解制度的建设(10分)
		5. 信访制度改革(10分)
	(二)制度实施情况(50分)	6. 群体性事件发生情况(10分)
		7. 社会矛盾化解渠道的畅通程度(10分)
		8. 社会矛盾解决的方式(10分)
		9. 行政复议信息公开情况(10分)
		10. 行政复议决定的质量(10分)

(二)设置依据和评估标准

本年度指标体系与评估标准与上年度一致。

1. 社会矛盾化解的制度建设

【设置依据】新《纲要》要求"健全依法化解纠纷机制。构建对维护群众利益具有重大作用的制度体系,建立健全社会矛盾预警机制、利益表达机制、协商沟通机制、救济救助机制"。"依法加强对影响或危害食品药品安全、安全生产、生态环境、网络安全、社会安全等方面重点问题的治理。"我国各级政府历来重视对社会矛盾的预防和化解,建立了社会矛盾预警机制、利益表达机制、协商沟通机制、救济救助机制等。这些制度的建设情况,可以在一定程度上反映当地政府的社会矛盾化解水平。

因此，我们选择了这样几个制度创新领域作为各城市社会矛盾化解制度建设的评估内容，即各被评估城市是否在食品药品安全、安全生产、生态环境、网络安全、社会安全五个领域的社会矛盾化解中有制度创新措施。

【测评方法】在本指标的观测中，我们通过百度搜索引擎，以及各个城市政府官方网站获取所需信息。我们按照如下步骤进行了检索：①第一步，以"城市名+政务"或"城市名+政府官网"为关键词，找到该城市政府的官网网站，进行站内检索；②第二步，在百度搜索引擎，分别以"城市名+食品药品安全+创新/新举措"、"城市名+安全生产+创新/新举措"、"城市名+生态环境安全+创新/新举措"、"城市名+网络安全+创新/新举措"、"城市名+社会安全+创新/新举措"为关键字搜索，观测各个城市是否具有相应的制度或制度创新的内容。

【评分标准】食品药品安全、安全生产、生态环境安全、网络安全、社会安全五个领域，每一个领域有制度创新措施的得2分，满分为10分。

2. 行政复议体制改革

【设置依据】新《纲要》要求"加强行政复议工作。完善行政复议制度，改革行政复议体制，积极探索整合地方行政复议职责。"

行政复议体制改革，对于推进依法治国、建设法治政府、畅通纠纷解决渠道、维护社会稳定等工作具有极为重要的现实意义。近年来，很多城市通过开展行政复议委员会、设立复议局、集中行使复议权等方式积极采取改革措施，并取得一定效果。

【测评方法】本指标的观测主要通过下列几个渠道进行：①通过百度搜索引擎检索获取，以"城市名+复议委员会/集中复议权/复议体制改革"、"城市名+区县+复议委员会/集中复议权/复议体制改革"为关键词进行检索。②通过中国政府公开信息整合服务平台，以"城市名+复议委员会"、"城市名+区县+复议委员会"为关键词进行检索。

【评分标准】本指标满分为10分。各城市在市级、区县级都采取行政复议体制改革措施的（如设立复议委员会、复议局，集中复议权等），得10分；仅在市级有改革措施，区县没有的，得6分；仅有个别区县有改革措施，市级尚未实行的，得2分；两级都没有的，不得分。

3. 行政调解、行政裁决、仲裁制度的建设

【设置依据】新《纲要》要求"完善行政调解、行政裁决、仲裁制度"。行政调解、行政裁决是行政机关解决民事纠纷的主要方式，一些仲裁制度也具有明显的行政

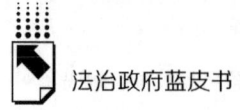

主导色彩,如劳动争议仲裁。这些制度的发展完善有利于及时有效化解矛盾纠纷,促进社会和谐。

【测评方法】在本指标的观测中,我们通过百度搜索引擎,分别以"2016+城市名+行政调解+创新/新举措"、"2016+城市名+行政裁决+创新/新举措"、"2016+城市名+仲裁+创新/新举措"为关键字搜索,观测各个城市是否具有相应的制度或制度创新的内容。

【评分标准】被评估城市在行政调解、行政裁决、仲裁制度领域每采取一项制度创新举措的,得2分,满分为10分。

4. 人民调解制度的建设

【设置依据】新《纲要》要求"加强人民调解工作"。"重点协调解决消费者权益、劳动关系、医患关系、物业管理等方面的矛盾纠纷,促进当事人平等协商、公平公正解决矛盾纠纷"。人民调解是我国化解社会矛盾纠纷的一项特色制度,当前的重点是推动人民调解组织在基层的全覆盖,并在社会矛盾纠纷热点领域切实发挥作用。

【测评方法】在本指标的观测中,我们通过百度搜索引擎,以及各个城市政府官方网站获取所需信息。我们按照如下步骤进行了检索:①第一步,以"城市名+政务"或"城市名+政府官网"为关键词,找到该城市政府的官网网站,进行站内检索;②第二步,在百度搜索引擎,分别以"城市名+消费者权益+创新/新举措"、"城市名+劳动关系+创新/新举措"、"城市名+医患关系+创新/新举措"、"城市名+物业管理+创新/新举措"、"城市名+教育+创新/新举措"为关键字搜索,观测各个城市是否具有相应的制度或制度创新的内容。

【评分标准】消费者权益、劳动关系、医患关系、物业管理、教育五个领域,每一个领域有制度创新措施的得2分,满分为10分。

5. 信访制度改革

【设置依据】信访制度改革是近年来我国法治政府建设中的一大热点,其基本改革方向是把信访纳入法治化轨道,保障合理合法诉求依照法律规定和程序就能得到合理合法的结果。

【测评方法】在本指标的观测中,我们通过百度搜索引擎,按照以下步骤进行检索:(1)第一步,分别以"城市名+诉访分离"、"城市名+网上信访"、"城市名+涉法涉诉依法终结"为关键字搜索,观测各个城市是否具有相应的制度或制度创新的内容;(2)第二步,以"城市名+接访/下访"作为"与信访法治化方向相反的

'改革措施'"一项的检索关键词。

【评分标准】本指标满分为10分,被评估的城市政府在如下方面每采取一项制度创新措施,得2分,10分封顶:实行诉访分离,将信访与法定纠纷解决途径相切割;推进网上信访,减少传统信访方式对社会稳定的冲击;完善涉法涉诉信访的依法终结制度。被评估城市采取与信访法治化方向相反的"改革措施"的,每项措施倒扣2分,扣完为止。

6. **群体性事件发生情况**

【设置依据】群体性事件的发生情况是评价社会稳定的最重要方面。无论地方政府通过何种方式维护社会稳定,如果尖锐的社会矛盾客观存在,必然要以某种方式表现出来,其中,最突出的表现就是爆发群体性事件。我们按照各个城市群体性事件是否发生、发生程度的不同,就可以对其维护社会稳定的效果进行评价。

【测评方法】对于这一指标的观测,我们以2016年为基准,使用百度搜索引擎,通过网络检索的方式进行调查。我们使用的检索词包括"2016年+城市名+群体事件"、"2016年+城市名+维权"、"2016年+城市名+抗议"、"2016年+城市名+罢工"、"2016年+城市名+上访"、"2016年+城市名+围观"、"2016年+城市名+示威"、"2016年+城市名+讨薪"、"2016年+城市名+静坐"。

【评分标准】我们递进地设计四个观测点,分别是发生群体性事件、发生大规模(千人以上)群体性事件、发生暴力群体性事件、发生有伤亡的群体性事件。一个城市当年没有发生群体性事件的,得10分;发生一般群体性事件的,得8分;发生大规模(千人以上)群体性事件的,得6分;发生暴力群体性事件的,得4分;发生有伤亡群体性事件的,得0分。

7. **社会矛盾化解渠道的畅通程度**

【设置依据】上访是人民群众在矛盾纠纷不能通过法定渠道获得解决之后的一种溢出现象,而劫访、截访是地方政府处理这种溢出事件的极端化手段,劫访、截访现象可以侧面反映一个地区社会矛盾化解渠道的畅通程度和解决效果。因而,可通过被测评城市是否发生劫访、截访事件以及是否发生人员伤亡来评价政府社会矛盾化解渠道的畅通程度。

【测评方法】对于这一指标的观测,我们以2016年为基准,使用百度搜索引擎,通过网络检索的方式进行调查。我们使用的检索词包括"2016年+城市名+截访"、"2016年+城市名+劫访"、"2016年+截访/劫访+伤亡"。

【评分标准】本指标满分为10分,被评估的城市在当年每出现一次劫访事件,

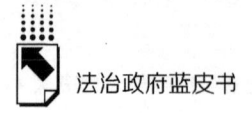

扣2分，扣完为止；出现有人伤亡的劫访事件的，得0分。

8. 社会矛盾解决的方式

【设置依据】社会矛盾的不同解决方式在强度上是有重大差别的，一般的矛盾可以通过非暴力方式解决，比较尖锐的矛盾往往需要动用暴力方式解决，其主要标志是政府动用了成批警力。尽管政府动用成批警力解决社会矛盾事件（使用个别警力进行常规性的维持治安不算）可能是合法的，也可能是违法的，但成批动用警力本身就说明了所爆发社会矛盾的尖锐性，因此可以作为一个观测的角度。

【测评方法】在本指标的观测中，我们通过百度搜索引擎，以2016年为基准，通过"2016年+城市名+征地拆迁/征用拆迁+警力/警察/暴力"或"2016年+城市名+强拆"、"2016年+城市名+劳资纠纷/罢工+警力/警察/暴力"、"2016年+城市名+城管执法+警力/警察/暴力"或"2016年+城市名+暴力执法/暴力抗法"、"2016年+城市名+环境生态/环境/生态+警力/警察/暴力"、"2016年+城市名+医疗纠纷/医患纠纷+警力/警察/暴力"或"2016年+城市名+医闹"为关键词进行检索。

【评分标准】我们选择近年来最容易引发政府出动成批警力解决问题的五个领域来考察，分别是征用与拆迁、劳资纠纷（罢工）、城管执法、环境生态、医疗纠纷。本指标满分为10分，当年被评估的城市政府在其中任一个领域动用过成批警力的，扣2分，以此类推，扣完为止。

9. 行政复议信息公开情况

【设置依据】行政复议信息的公开程度与复议工作的成效是息息相关的。公开本身就是履行复议职责的一个重要要求，同时也是复议机关对自身工作成效自信的表现。因此，各地政府对行政复议信息公开的程度，可以成为考察其复议工作的一个重要角度。

【测评方法】本指标的观测主要是以被评估城市政府及其法制办网站上公布的信息为准，主要通过以下两种途径：①地方政府法制办网站，利用网站内自带的搜索引擎以"复议"为关键词进行检索，对弹出的信息进行筛选甄别；②地方政府门户网站，利用门户网站自带的搜索引擎以"复议"为关键词，对弹出的信息筛选甄别，获取观测相关的数据。

【评分标准】我们以被评估城市政府及其法制办网站上公布的信息为准。其网站上公开典型案件的行政复议决定书，以及各年度行政复议工作统计数据（如各类方式结案案件的比例）的，得10分；只公开典型案件的行政复议决定书，或公开各年度行政复议工作统计数据的，得8分；公开复议工作总结，虽有具体内容但不包含详细数据的，得6分；公开复议工作总结但没有实质性具体内容的，得4分；只公开行政复议相关制度，以及申请复议必需基本信息的，得2分；没有公布上述行政复议相关信息的，得0分。

10. **行政复议决定的质量**

【**设置依据**】通过统计各城市行政机关经复议后诉讼案件的判决结果，以生效司法判决作为依据，计算行政复议决定正确率的得分情况，考察各城市行政复议决定的总体质量。

【**测评方法**】数据分析。首先，我们通过使用最高人民法院司法案例研究院提供的裁判文书数据，按照如下步骤进行检索：①第一步，检索得到各个城市2016年度经复议后被诉讼案件的生效判决书；②第二步，从检索得到的案件中筛选出复议决定被肯定的案件数量。其次，将数据套入固定公式，计算出各被评估城市被诉行政复议决定案件数量及案件正确率得分。

【**评分标准**】本项满分为10分。检索当年度经复议后被诉讼案件的生效判决书，从中筛选出复议决定被肯定的案件，除以全部经复议后被起诉的案件数量，得到的百分比乘以10分即为本项得分。

二　总体评估结果分析

本部分总分100分，从评估结果来看，参加评估的100个城市平均得分为70.48，得分率适中，为70.48%。得分最高的城市为上海市，89.81分；得分最低的城市为绥化市，47.33分，最高分与最低分之间的分差为42.48分，分差较大。没有城市得分超过90分；80分以上（包含80分）的城市有20个；得分处在及格线以上（60分以上，包含60分）的城市有82个，及格率很高；得分在及格分以下的城市有18个，其中50~59分之间的城市有15个，50分（不包含本数）以下的城市有3个，得分最高的前五个城市分别为：上海市、武汉市、青岛市、南通市、重庆市。见图9-1、图9-2。

在2016年的评估中，参加评估的100个城市中平均分为68.08，得分最高的城市为邢台市，82分；得分最低的城市为曲靖市，46分，最高分与最低分之间的分差为36分。得分最高的前五个城市分别为：邢台市、上海市、烟台市、北京市、济宁市。与2017年相比，在2016年评估中仅6个城市达到了80分以上，说明2017年有更多城市在该指标所考察的方面取得了较大进步。

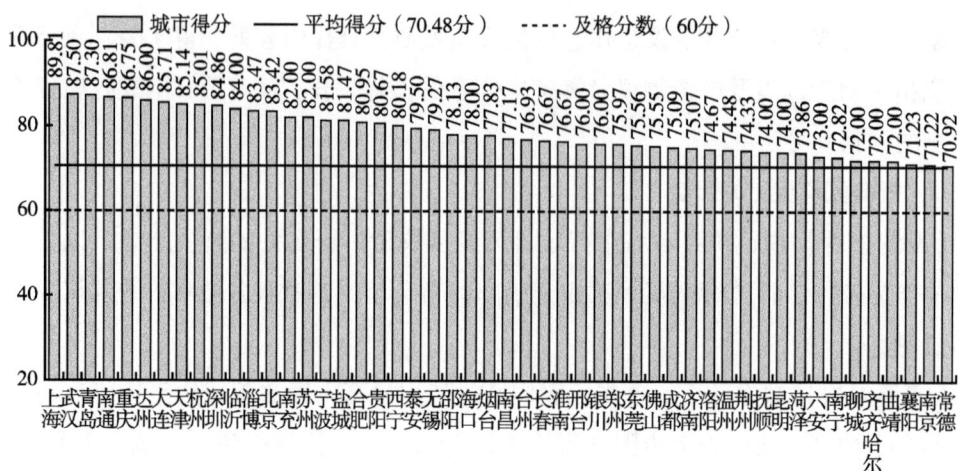

图 9-1 排名 1~50 名的城市得分情况分布

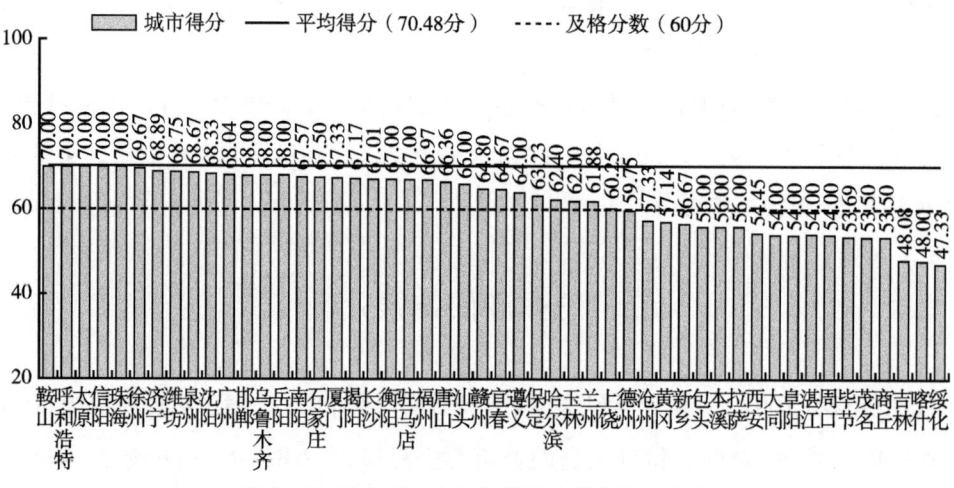

图 9-2 排名 51~100 名的城市得分情况分布

三 三级指标评估结果分析

社会矛盾化解与行政争议解决的各个三级指标平均得分率中得分率最高的是三级指标 8，得分率为 97.8%。得分率最低的是三级指标 5，仅为 33.4%。三级指标的总平均得分率为 70.48%。见图 9-3。

（一）社会矛盾化解的制度建设

1. 总体表现分析

关于社会矛盾化解的制度建设这一指标，主要是评估在食品药品安全、安全生

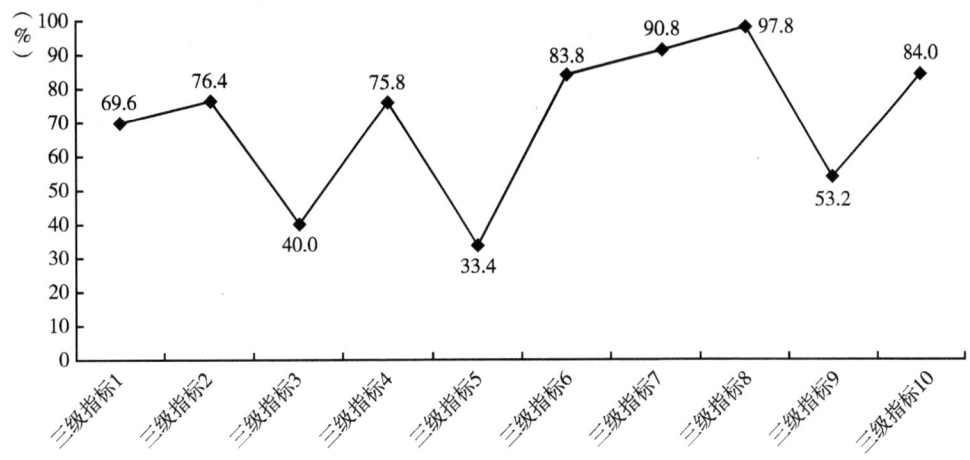

图9-3 社会矛盾化解与行政争议解决的三级指标平均得分率

产、生态环境安全、网络安全、社会安全这五个领域中社会矛盾化解制度创新措施的制定。100个城市的平均分为6.96分。有17个城市得10分，占17%；38个城市得8分，占38%；28个城市得6分，占28%；有10个城市得4分，占10%；有7个城市得2分，占7%。见表9-2。

表9-2 社会矛盾化解的制度建设得分分布

得分(分)	10	8	6	4	2
城市(个)	17	38	28	10	7

2. 分差说明和典型事例

在食品药品安全方面，有78个城市有新的制度创新措施，占78%。其中比较具有典型性的有：北京市、常德市、成都市、衡阳市、上海市等发布了《食品药品违法行为举报奖励办法》，鼓励群众举报食品药品违法行为，发挥群众的监督力量；以长沙市、东莞市、赣州市、杭州市等建立了食药企业黑名单制度，形成了对食药企业监管的法治与道德链条；菏泽市对不合格食品进行曝光，避免群众误食误用而引发相应矛盾纠纷；呼和浩特市公布食品药品违法案例，既具惩戒意义，又对一般食药企业和民众产生一定的教育作用，降低食药安全矛盾纠纷的发生率；青岛市、信阳市、徐州市等举行了食品安全应急演练活动，减少食品安全事故诱发更大的次生危害；济南市和拉萨市开展了食药安全专项整治行动；聊城市开展了微信公众平台，使民众更便捷地获取食药安全方面的信息和进行有关的违法举报活动；洛阳市开展了食药官员懒政急政为官不为问责活动，倒逼行政机关履行监管职责；齐齐哈尔市对食品建立了网格化监管平台，让食品安全监管无死角。

在安全生产方面，有80个城市在解决社会矛盾纠纷方面采取了新的制度措施，占80%。其中比较典型的有：鞍山市、德州市、福州市采取了企业安全生产黑名单制度；保定市进行了安全生产责任险的试点工作，为安全生产提供了保障；长春市、大同市、贵阳市、济宁市、西安市加强了安全生产应急管理工作，以降低生产事故造成更大的损失；长沙市、常德市出台了遏制较大及以上事故工作实施方案；成都市创新模式，建设安全生产的安全社区；大连市开展安全风险管控和隐患排查专项行动；东莞市将重大安全生产事故隐患加以公开；昆明市进行了安全生产分级管理工作；邵阳市启动安全生产打非"春雷"行动；沈阳市对安全生产进行了制度化、网格化、标准化、信息化的"四化"建设，打造安全生产城市；潍坊市对安全生产"为官不为"进行通报批评，督促行政机关及其工作人员积极履行职责；烟台市实施了安全生产不达标考核一票否决制度，对生产企业提出了更高的要求。

在生态环境安全方面，有74个城市进行了制度创新以解决社会矛盾纠纷，占74%。其中比较典型的有：鞍山市、盐城市对突发环境污染和生态破坏事件做好应急预案工作；珠海市坚持绿色发展，打造生态城市；周口市开展了碧水行动和蓝天行动，不断改善民众的生活环境，减少矛盾纠纷的产生；有些城市则进行生态专项治理，如郑州市、邢台市的大气污染防治与玉林市的污水处理以及深圳市的固体废物防治；襄阳市启动了"环保世纪行"行动，聚焦生态环境治理；苏州市则开展了"630"和"263"行动，补齐生态环境短板；成都市和保定市投入了大笔资金进行生态环境建设；茂名市建设露天矿公园，充分利用资源改善生态环境。

在网络安全方面，仅有34个城市在解决社会矛盾纠纷上有所创新，占34%。其中比较典型的有：鞍山市网信办约谈部分违规微信公众号负责人；包头市落实无线上网安全防护措施，确保人民群众安全使用公共WiFi网络；北京市网站建立举报中心积极受理网民举报；达州市启动关键信息基础设施网络安全检查工作；大连市移动公司与公安局"去伪存真"重拳打击伪基站；贵阳市举行了大数据与网络安全攻防演练；海口市开展"净网行动"整治网络违法犯罪；合肥市公布网络维权十大案例，为网民提供了可供借鉴的维权途径；南通市警方依托"净网联盟"治理网络乱象；青岛市网警推出"网络安全服务"公众号，加深警民网路互动；上饶市加强网络安全防范的宣传，提高网民的安全防范意识；深圳市则开展"安网2016"专项行动，为网民打造一个健康安全的网络环境；沈阳市则构建全国首个大数据互联网安全预警平台,从而完善了网络安全社会矛盾预警机制的建设;温州市则发布网络安全突发事件应急预案,以有效应对网络安全问题,提升民众安全感。

在社会安全方面,有82个城市在社会矛盾预警机制、利益表达机制、协商沟通机制、救济救助机制等制度方面有所创新,占82%。其中比较典型的有:包头市开展社会治安集中排查整治专项行动;成都市、大连市、抚顺市推进社会治安防控体系建设;大同市开展社会治安风险隐患排查整治;洛阳市组织开展矛盾纠纷大排查、大调解活动;南阳市督查走访、齐抓共管、治安防范三大机制提升群众安全感;潍坊市建设"大数据"治安体系,充分发挥互联网的优势;郑州市开展地铁反暴恐及大客流应急处置演练,大力提升公共安全。

总体来说,各城市对食品药品安全、生产安全、生态环境安全以及社会安全四个方面的社会矛盾的预防与化解有较高重视,对网络安全的重视度则亟待增强。

(二)行政复议体制改革情况

1. 总体表现分析

本指标主要从各城市及其下属区县行政复议体制改革情况进行观测,以反映当地政府完善行政复议制度的力度。平均得分值为7.64分,得分率较高。九成的被测评城市已经按照国务院法制办所印发的《国务院法制办公室关于在部分省、直辖市开展行政复议委员会试点工作的通知》(国法〔2008〕71号)的要求启动对行政复议体制改革的探索,尝试通过设置行政复议委员会、复议局、集中复议权等方式来保持复议机构的独立性与专业性。见表9-3。

表9-3 行政复议体制改革情况得分分布

得分(分)	10	6	2	0
城市(个)	61	24	5	10

2. 分差说明和典型事例

有61个城市在市县两级都进行了行政复议体制改革,占61%,得分为10分。其中比较典型的有:北京市于2012年底在市级政府和全部区县政府以及部分市级部分成立了行政复议委员会,部分区县政府积极探索以相对集中行政复议权为主要内容的审理体制创新,并且健全机构、增加编制,有效地推进了行政复议改革,促行政纠纷在行政系统内部解决;广州市政府虽然没有成立行政复议委员会,但出台了《广州市行政复议案件庭审规则》，将庭审制度应用到行政复议案件的审理过程之中，创新了审理机制，越秀区推进行政复议规范化建设工作，包括举行听证会对案件进行审理；菏泽市成立了行政复议委员会，其区县虽然没有成立复议委员会，但是全面开展相对集中行政复议权的工作，推进了行政复议体制的变革；聊城市在市县两级均未成立行政复议委员会，但都进行了由政府集中行使行政复议权的改革，受理的复议案件大幅增加。

有24个城市只在市级进行了改革，占24%，得6分。有的城市成立了市政府行政复议委员会，如赣州市政府行政复议委员会、衡阳市政府行政复议委员会；有的市政府没有采取复议体制改革措施，在市级政府部门成立了行政复议委员会，如鞍山市的国有资产监督管理委员会行政复议委员会、保定市国家税务局行政复议委员会、洛阳市的城乡规划局行政复议委员会，为当地复议体制改革积攒了经验；淮南市政府出台了《淮南市重大复杂疑难行政复议案件会审办法》，通过集体会审解决重大、复杂、疑难行政复议案件；曲靖市则采用实地调查、行政复议听证、行政复议调解、行政复议论证等多种审理新机制来提高行政复议案件的办理质量。

有5个城市仅在区县级采取了复议改革措施，占5%，得2分。如湛江市徐闻县政府成立了行政复议委员会，泉州市代管的晋江市成立了行政复议委员会，南京市的雨花台区、浦口区和江宁区均成立了行政复议委员会。

仅有10个城市的复议体制尚未做出任何改革举措，占10%，得0分。

（三）行政调解、行政裁决、仲裁制度的建设

1. 总体表现分析

本指标以2016年被评估的100个城市中关于行政调解、行政裁决、仲裁制度的建设方面存在创新举措为标准。关于行政调解、行政裁决、仲裁制度的建设这一指标，本指标的平均得分为4分，得分率为40%。其中，重庆、海口、上海等9个城市得满分10分，占9%；大连、邯郸、淮南等10个城市得8分，占10%；呼和浩特、济南、聊城等12个城市得6分，占12%；保定、北京、长沙等31个城市得4分，占31%；长春、佛山、吉林等17个城市得2分，占17%；鞍山、包头、广州等21个城市得0分，占21%。见表9-4。

表9-4 行政调解、行政裁决、仲裁制度的建设得分分布

得分（分）	10	8	6	4	2	0
城市（个）	9	10	12	31	17	21

2. 分差说明和典型事例

在行政调解、行政裁决、仲裁制度创新建设中，大部分政府在行政调解、仲裁制度方面制定出较多的创新制度，而在行政裁决解决民事纠纷方面的制度创新较少。100个城市中，有57个城市在行政调解领域进行了制度创新，有51个城市在仲裁制度方面采取了创新措施，但仅有8个城市在行政裁决解决民事纠纷方面进行了制度创新。

在行政调解方面，有57个城市进行了制度创新，占57%。其中，北京市、德州市、贵阳市等城市多措并举推进行政调解工作；曲靖市、赣州市、洛阳市等成立了专门的行政调解工作室以解决纠纷；保定市、佛山市、邯郸市、衡阳市等明确了通过行政调解来解决特定的纠纷，如消费者权益纠纷、安全生产纠纷以及知识产权纠纷等；合肥市等通过构建大调解机制强化行政调解的作用，在行政调解领域采取创新措施。

在仲裁制度方面，有51个城市采取了创新措施，占51%。其中大多数城市是在劳动争议仲裁方面进行的创新，例如邯郸市劳动人事争议调解仲裁委员会规定当事人申请劳动仲裁可自选仲裁员；合肥市首家社区级劳动仲裁法院成立，当事人申请劳动仲裁更加便利；呼和浩特的赛罕区建立劳动人事仲裁案例分析通报制度，以增强用人单位和广大劳动者的法律意识，预防劳动人事争议的发生，促进劳动关系和谐稳定。

在行政裁决方面，仅有8个城市进行了制度创新，占8%。其中，《重庆市征地补偿安置争议协调裁决办法》中规定了行政裁决的具体程序以促进纠纷的解决；黄冈市对审计纠纷的行政裁决作出了规定；其他城市也仅在某一特定领域对行政裁决作出规定。另有92个城市在此领域未采取创新举措。

（四）人民调解制度的建设

1. 总体表现分析

关于人民调解制度的建设这一指标，主要是评估在消费者权益、劳动关系、医患关系、物业关系、教育这五个领域中人民调解组织在社会矛盾化解制度中创新措施的制定。该指标的平均分为7.58分，得分率为75.8%。其中，32个城市得10分，32个城市得8分，各占32%；22个城市得6分，占22%；11个城市得4分，占11%；3个城市得2分，占3%。截止至2016年年底，87个城市在消费者权益保护的社会矛盾化解中创新了人民调解组织措施，80个城市在劳动关系矛盾化解机制方面出台了新的人民调解组织措施，98个城市在医患关系方面建立了创新措施化解社会矛盾（仅有拉萨市和曲靖市在医患关系方面尚未采取创新措施），68个城市在物业管理方面出台了创新措施化解社会矛盾,46个城市在教育矛盾化解方面开创人民调解新措施,完善健全社会矛盾化解机制。见表9-5。

表9-5 人民调解制度的建设得分分布

得分(分)	10	8	6	4	2
城市(个)	32	32	22	11	3

2. 分差说明和典型事例

从本指标评估的各项具体内容上看,有87个城市在消费者权益方面对人民调解组织有积极的制度创新,占87%。其中具有代表性的有:北京市成立消费纠纷人民调解委员会;重庆市组建"银行业消费者投诉纠纷调解中心";大同市成立保险消费者权益保护人民调解中心;海口市组建旅游纠纷人民调解委员会,解决旅游消费纠纷。

有80个城市在劳动关系方面提出了制度创新措施,占80%。具有代表性的有:合肥市挂牌成立了劳动争议人民调解委员会;抚顺市成立了专门的劳动争议人民调解委员会,促进当事人及时有效地解决劳动纠纷。

有98个城市在医患关系社会矛盾化解机制方面积极推动人民调解的制度创新,占98%。具有代表性的有:鞍山市、北京市等成立专门的医调委调解医患纠纷;保定市在医疗纠纷中引入第三方调解,促进医患纠纷公平公正解决。

有68个城市在物业管理社会矛盾化解中有积极的制度创新,占68%,其中大部分城市都成立了专门的物业纠纷人民调解委员会以维护当事人的合法权益,促进物业纠纷及时解决。

有46个城市在教育矛盾化解中有积极的制度创新,占46%。其中,南昌市建立了首个网上校园派出所,提供调解等服务化解校园矛盾;重庆市成立了专门的校园纠纷人民调解委员会;长沙市在校内设立人民调解室以解决校园纠纷,维护当事人的合法权益。

(五)信访制度改革

1. 总体表现分析

关于信访法治化改革这一指标,主要是评估城市政府在实行诉访分离、推进网上信访、完善涉法涉诉信访的依法终结制度这三个方面有没有采取制度创新措施以推进信访制度改革,以及有没有采取相反的"改革措施"以阻碍信访制度的改革。该指标的平均分为3.34分,得分率33.4%。有1个城市得分10分,占1%;7个城市得分8分,占7%;14个城市得分6分,占14%;31个城市得分4分,占31%;30个城市得分2分,占30%;17个城市得分0分,占17%。见表9-6。

表9-6 信访制度改革得分分布

得分(分)	10	8	6	4	2	0
城市(个)	1	7	14	31	30	17

2. 分差说明和典型事例

从该指标评估的各项具体内容上看,有84个城市设立了网上信访制度,可以在其信访局官方网站上找到网上信访的网页入口进行访问,占84%。该84个城市的网上信访制度模式主要表现为上访人员在网站上反映希望解决的问题,工作人员按照具体规定在一定期限内对上访人员的诉求进行回应。为了规范网上信访工作,南宁市率先制定了《网上信访工作暂行办法》。在逐步推进网上信访的同时,有7个城市建立了手机App、手机短信平台或微信公众号来进一步拓宽了网上信访路径,减少传统信访方式对社会稳定的冲击。

有60个城市在诉访分离制度方面有积极的创新,占60%。具有代表性的有:北京、长春、保定等城市设立的涉法涉诉联合接访制度。涉法涉诉联合接访制度是将多个部门的接访服务中心整合为一个联合接访中心,对上访案件进行统一的接收,然后根据每个案件的具体性质进行分流。属于可以按照法定纠纷解决途径解决的案件由公检法等相关部门进行处理,从而实现诉访分离。岳阳、包头、长春等城市编制了依法分类处理信访诉求的清单,进一步明确了信访事项的范围,促进诉与访的分离。淮南、洛阳等城市的法检部门将信访案件从审判活动中分离出来,对其进行集中处理。玉林市中级法院制定诉访分离的试行办法,进一步明确和规范法院在处理涉法涉诉信访案件中的操作流程。深圳、上饶、天津等城市将专业的法律服务引入信访案件中。深圳市加强对上访人员进行访前法律服务,一定程度上引导上访者依照法定解决纠纷途径来解决涉法涉诉的信访案件。上饶市、天津市将律师引入信访案件当中,一方面促使信访案件按照法定程序处理,另一方面在符合条件的情况下实现诉访分离。

有34个城市在涉法涉诉信访依法终结制度方面进行了制度创新,占34%。该方面的制度创新主要表现为各市政府、信访局、法院根据国家对信访工作的要求，制定具体的实施细则，进一步落实涉法涉诉信访依法终结制度。

此外，该评估指标设置了一项扣分项。如果被测评城市的某项制度与信访法治化向背离，将扣除2分。有45个城市出现了与信访法治化相背离的制度，占45%。从评估结果中可以看出，与信访法治化相背离的制度主要是领导接访制度。领导接访制度在一定程度上强化了访民信访的积极性，增加了社会的不稳定因素，与信访法治化的要求不符。

（六）群体性事件发生情况

1. 总体表现分析

群体性事件发生情况这一指标，主要是评估各个被评估城市群体性事件的发生情况和发生程度以评价其维护社会稳定的效果。该指标的平均得分为8.38分，得分率为83.8%。不到半数的城市在2016年发生过一起以上的群体性事件，占41%。见表9-7。

表9-7 群体性事件发生情况得分分布

得分(分)	10	8	6	4	2	0
城市(个)	57	24	4	13	0	2

2. 分差说明和典型事例

从该指标得分的分布情况上看，鞍山等57个城市没有发现在2016年发生群体性事件的信息，得10分，占57%；重庆等24个城市发现有发生一般性群体性事件的信息，得8分，占24%；广州等4个城市发现有发生千人以上大规模群体性事件的信息，得6分，占4%；包头等13个城市发现有发生暴力性群体性事件的信息，得4分，占13%；保定等2个城市发现有发生伤亡的群体性事件，得0分，占2%。有17个城市发生了两起以上的群体性事件，其中包括：保定（2起，其中一起为发生伤亡的群体性事件）、北京（4起，其中一起为千人以上大规模群体性事件，一起为暴力群体性事件）、长沙（3起，其中2起为暴力群体性事件）、大同（2起，其中一起为暴力群体性事件）、阜阳（2起，其中一起为暴力群体性事件）、合肥（2起，其中1起为暴力群体性事件）、济南（3起）、兰州（3起，其中一起为暴力群体性事件）、临沂（2起）、南昌（2起）、南京（3起）、深圳（3起）、苏州（2起）、唐山（2起）、西安（3起）、信阳（2起）、烟台（2起）。这些群体性事件多发生于劳资关系、出租车与专车业务矛盾等领域。从这些群体性事件发生频率、规模和分布上看，当前我国的社会稳定形势仍不乐观。除易发生群体性事件的传统领域外，新兴行业的兴起也同样造成群体间利益的冲突，长时间的矛盾积累外化为较为激烈的群体性事件的概率大为增加。在这种情况下，政府对社会利益进行重新整合成为当务之急。

（七）社会矛盾化解渠道的畅通程度

1. 总体表现分析

社会矛盾化解渠道的畅通程度这一指标通过对劫访现象量化扣分的方式，从侧面反映一个地区群众矛盾化解渠道的畅通程度和解决效果。该指标平均得分9.08分，得分率为90.8%。有87个城市得分为10分，占87%；4个城市得分为8分，占4%；1个城市得分为6分，占1%；8个城市得分为0分，占8%。见表9-8。

表9-8　社会矛盾化解渠道的畅通程度得分分布

得分(分)	10	8	6	4	2	0
城市(个)	87	4	1	0	0	8

2. 分差说明和典型事例

在测评的100个城市中，鞍山等87个城市未检索到发生截访、劫访的信息，得分为10分；大同等4个城市检索到了1次发生截访、劫访的信息，得分为8分；上海市检索到了2次发生截访、劫访的信息，得分为6分；毕节等8个城市检索到了出现伤亡情况的截访、劫访，得分为0分。从检索的数据来看，大部分城市在2016年未发生截访、劫访的情况。在存在截访、劫访的城市中，有伤亡的截访、劫访占到了多数，占比为62%。该指标数据表明我国社会矛盾的解决仍然存在较大的问题。

例如，在得8分的城市中，无锡市信访局驻京截访人员雇用黑车、黑社会人员，强行将举报控告人押送至无锡黄巷派出所交接。得6分的上海市，3月份将访民截访押回后软禁在森林公园；7月30日下午出动几十名警察包围了十几名访民，并送往南站附近的"接济站"，使其连续失去自由超过24小时。得0分的哈尔滨市，其驻京截访人员于3月份对本市访民进行了暴力伤害、捆绑、非法搜查。

上访在一定程度上说明一些社会矛盾难以通过法定途径解决，地方政府通过截访、劫访来处理上访案件，将加剧政府与公众的紧张关系，使得矛盾的解决变得更加棘手。矛盾解决不了必然会产生再次上访，以及再次截访、劫访的恶性循环。

（八）社会矛盾解决的方式

1. 总体表现分析

社会矛盾的不同解决方式在强度上有重大差别，尽管政府动用成批警力可能是合法的，但也能够说明矛盾的尖锐性。关于社会矛盾解决的方式这一指标，100个城市平均得分9.78分，得分率较高，达到了97.8%。在2016年，有92个城市未发现在征用与拆迁、劳资纠纷、城管执法、环境生态、医患纠纷这五个方面有出动成批警力解决问题的情况，得10分，占92%；有6个城市被发现在上述5个领域的其中一个领域出动过1次成批警力解决问题，得8分，占6%；2个城市被发现在上述5个领域的其中2个领域出动过1次成批警力解决问题，得6分，占2%。见表9-9。

表9-9 社会矛盾解决的方式得分分布

得分（分）	10	8	6	4	2	0
城市（个）	92	6	2	0	0	0

2. 分差说明和典型事例

从该指标评估的各项具体内容上看，在2016年共出动警力10次，其中在征用与拆迁领域出动过3次成批警力解决问题，占30%；在劳资纠纷领域出动过2次成批警力解决问题，占20%；在城管执法领域出动过3次成批警力解决问题，占30%；在环境生态领域出动过1次成批警力解决问题，占10%；在医患纠纷领域出动过1次成批警力解决问题，占10%。政府出动成批警力解决问题主要出现在征用拆迁、城管执法这两个争议较多、容易引发官民矛盾的领域。同时，从数据中可以看出，劳资纠纷、环境生态、医患纠纷领域作为近年来新生的矛盾容易滋生的领域，也容易引发出动成批警力解决问题的现象。

例如，在征用拆迁领域，2016年4月30日，海口市秀英区城建执法人员暴力执法，个别执法人员违反规定殴打群众，包括妇女和儿童；在劳资纠纷领域，2016年11月21日晚间，重庆市一批特警以维持治安为由进可口可乐中国工厂强行干预，与员工发生冲突；在城管执法领域，2016年6月24日，西安市雁塔区城管在公园南路驱散小商贩时，双方发生冲突，导致城管一死六伤；在环境生态领域，2016年11月为抗议西安高陵区兴建垃圾焚烧厂，逾万人一连数日围堵区政府拉横幅示威，政府调动大批警力进行镇压，一度发生肢体冲突，多名带头民众被便衣抓进政府大楼内；在医患纠纷领域，2016年4月15日，湛江市、赤坎区两级公安机关处置一起医闹事件，依法强制带离16名主要肇事者。

（九）行政复议信息公开情况

1. 总体表现分析

本指标主要从行政复议信息公开角度观测法治政府建设情况，复议信息的公开程度能够较好地反映行政复议工作的成效。具体来讲，从行政复议统计数据、典型行政复议案件决定书和相关制度的公布程度来进行赋分。本指标的平均得分为5.32分，得分率较低，为53.2%，整体表现较差。在100个评估城市中，得分主要集中在8分，有42个城市在该分数段。其次主要集中在2分，有26个城市得分为2分。见表9-10。

表9-10 行政复议信息公开情况得分分布

得分（分）	10	8	6	4	2	0
城市（个）	7	42	11	2	26	12

2. 分差说明和典型事例

在100个观测城市当中，得分为10分的有7个城市，分别为北京、重庆、合肥、南昌、宁波、邢台和武汉，占7%。得分为8的城市所占数量最多，多达42个城市，几乎占测评城市数量的一半，上海、深圳、天津等城市均分布在该分数段。根据赋分规则，得分为8说明在行政复议的统计数据和典型案件决定书的公开这两个标准中有一项未达到要求，说明这一情况存在于大多数评估城市。接下来所占比例较大的为得2分的城市，有26个。该分数段以鞍山、本溪、拉萨、齐齐哈尔等城市为代表，在其政府官方网站和法制办的网站中仅能检索到相关复议制度信息的公开。得分6和得分4的设置是赋分规则中对信息公开程度的一个考察。通过对检索结果内容的审查，判断被公开信息是否有实质内容，是否可以达到了信息公开的目标，如果没有具体的内容就需要适当扣除一定分数。得分为4分和6分的城市较少，2个和11个，分别占评估城市数量的2%和11%，包括毕节、黄冈、兰州和茂名等城市。最后，有12个城市在该指标中得0分，即在其政府官方网站和法制办网站中没有找到行政复议信息公开的相关信息。

（十）行政复议决定正确率

1. 总体表现分析

本指标主要是通过分析复议后诉讼案件的判决结果，从中得到行政复议决定的正确案件量和正确率并由此换算成得分，综合评价每个城市行政复议决定的总体质量。以生效司法判决作为判断行政复议决定对错的统一标准，驳回判决的比例越高，说明行政复议决定的正确率越高，行政复议工作解决争议的效果越好。本指标的观测数据是通过裁判文书网数据库检索、计算得到。指标的平均分值为8.40，得分率较高，为84%。见表9-11。

表9-11 行政复议决定的质量得分分布

得分(分)	10	8~9	6~7	6以下
城市(个)	22	48	24	6

2. 分差说明和典型事例

从上表中可以看出，得10分的城市有22个，占评估城市的22%，主要有抚顺、大同、邯郸、昆明、拉萨等城市。得分在8~9分的城市有48个，占被评估城市近一半，北京、上海、天津、深圳等城市均分布在该分数段。得分6~7分的城市有24个，占24%，代表城市有本溪、毕节、贵阳、黄冈等。得分6分以下的城市很少，仅有6个，分别是沧州、大连、德州、东莞、六安和绥化。可以看出，绝大多数城市的得分在6分以上，大部分集中在8~9分这个阶段。从整体上来看，各评估城市在该指标的表现较好，反映出行政复议的质量较高，在一定程度上达到了化解社会矛盾的作用。需要说明的是，这一指标的评估结果在一定程度上与数据样本的数量多少有关，有一些城市每年的行政复议案件量很少，可供分析的数据样本有限。为了避免一两个个案的审理结果对一个城市的得分影响过大，我们在计算公式的设计上综合考虑了比例和数量两个因素。

四 评估结论

总体而言，在评估指标体系所设计的九项一级指标中，"社会矛盾化解与行政争议解决"一级指标的平均得分为70.48分（总分100分），平均得分率为70.48%，在九项指标中居于五位。此外，2016年发布的《中国法治政府评估报告（2016）》显示，该年度评估中，"社会矛盾化解与行政争议解决"指标平均得分为68.08分，平均得分率为68.08%。2015年发布的《中国法治政府评估报告（2015）》显示，该年度评估中，"社会矛盾化解与行政争议解决"指标平均得分为53.7分，平均得分率为53.7%。

同2016年相比，三级指标社会矛盾化解的制度建设得分有较大幅度的降低，从2016年的9.04分降至2017年的6.96分。从行政复议体制改革这一指标的结果来看，2012～2016年，进行行政复议体制改革的城市数在稳步增加。在行政调解、行政裁决和仲裁制度的建设方面，虽然多年来各地政府逐渐重视相关制度的建设，但从评估结果来看成效并不显著。在人民调解制度的建立方面，2017年呈现出较为明显的上升趋势，平均分提高1.4分。信访法治化改革这一指标相较于2016年提高了1.52分。相较于2016年，在群体性事件发生情况、社会矛盾化解渠道的畅通程度以及社会矛盾解决方式方面城市平均得分都有所提高，但从具体的数据可以看出社会矛盾依旧尖锐。2016年行政复议的公开情况在的评估中得分为5.88分，2017年得分为5.32分，得分小幅下降，原因在于得10分的城市有较大幅度的减少。行政复议决定正确率两年来的表现较为稳定，2016年平均得分为8.54分，2017年评估得分为8.4分。

连续三年的评估数据显示，"社会矛盾化解与行政争议解决"这一指标的平均得分率虽然呈现逐年上升的趋势，但涨幅较小，且部分三级指标得分起伏较大，表明当前整体上的社会矛盾依旧尖锐。这一现象反映出社会矛盾化解与行政争议解决的制度建设不完善、创新动力不足已成为法治政府建设中的一个重要制约因素。

（一）历史数据表现及趋势分析

1. 信访法治化改革停滞不前

在"信访法治化改革"这一观测点上，2014年和2015年将信访制度建设和改革作为三级指标"社会矛盾化解的制度建设"中的一个方面来进行考察。在这两年的评估中，100个城市在社会矛盾化解的制度建设中得分率别为43.4%和71%。从2016年开始，将"信访法治化改革"单独列为一个三级指标进行评估，2016年的平均得分率为18.2%，2017年为33.4%。见图9-4。该观测点在正式确立之后始终在所有观测点中得分最低，虽有所浮动，但没有实质改变。由此可见，信访法治化改革始终是地方政府法治政府建设中的短板和难题，无论是制度创新还是实施效果都不尽如人意。

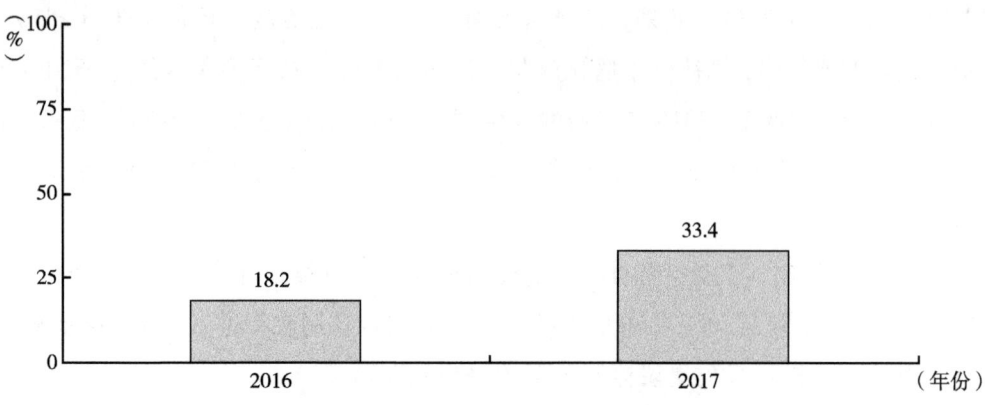

图 9-4　2016~2017 信访法治化改革得分率

2. 多元纠纷解决体制尚未形成，缺乏关注

与信访法治化改革一样，行政调解、行政裁决、仲裁制度的建设这一观测点也是从 2016 年开始成为独立三级指标的。在 2016 年该指标的得分率为 34%，2017 年的得分率为 40%，始终处于低位。见图 9-5。行政调解、行政裁决与仲裁制度作为多元解决社会矛盾纠纷的途径没有被很好地利用起来，各地政府没有充分重视其在化解社会矛盾和行政争议解决中的重要作用。

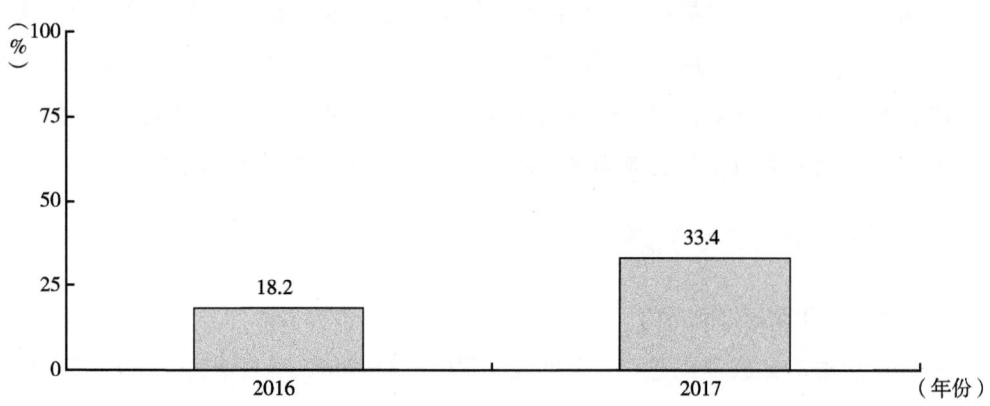

图 9-5　2016~2017 行政调解、行政裁决和仲裁制度假设得分率

3. 行政复议信息公开程度有待提高

行政复议信息公开程度是历年评估中均设置的指标之一。2014 年该指标的得分率为 59.8%，2015 年为 68.2%，2016 年为 58.8%，2017 年为 53.2%。见图 9-6。可以看到，在历年评估结果中，该指标的得分率都比较低，始终只有少数城市可以做到对行政复议数据统计和行政复议决定书全部公开。多数城市仅能做到公开其中一

项,或者公开内容笼统模糊。行政复议信息的公开一定程度上反映了行政复议工作的成效,在现今行政复议体制改革的背景下,行政复议信息的公开可以作为打开改革局面的抓手。

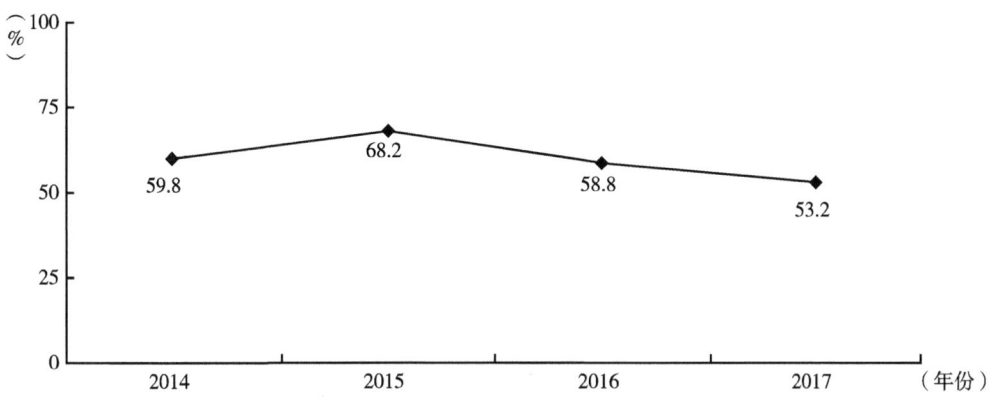

图9-6 2014~2017行政复议信息公开情况得分率

（二）存在的问题

1. 制度持续创新的动力下降

社会矛盾化解与行政争议解决的基础在于相应制度的建立与完善。社会矛盾容易激化且难以解决的重要原因在于缺乏制度建设与长效机制。从各地制度建设与创新情况来看,大部分领导干部仍未意识到制度建设对于化解社会矛盾的基础性作用,往往将制度建设做成"面子工程"来彰显政绩,难以实现制度实行的长期性与稳定性。在法治政府建设的新《纲要》颁布后,各地政府在社会矛盾纠纷化解方面都曾出台过多方面的制度改革措施,但随着时间推移,各地的改革热度下降,制度创新的动力呈下降趋势。

以社会矛盾化解制度的建设为例,2017年的得分与2016年相比大幅下降,2016年得分为9.04,2017年得分仅为6.96分。新《纲要》刚刚颁布时各地方政府的对制度创新有较大动力,在很多领域都进行了制度创新与改革,因此在早期评估中该指标得分较高,但2017年的得分下滑就十分明显。

信访法治化改革存在同样的问题。信访的异化问题由来已久,已经成为影响社会稳定的重要风险点。但是,由于历史原因以及对信访功能定位的认识不足,导致信访法治化改革举步维艰。党的十八届三中全会中提出要建立网上信访、建立信访依法终结制度以及将涉法涉诉信访纳入法治化轨道。但在评估中不难看出，绝大部分地方政府只建立了网上信访制度，对于诉访分离、信访依法终结等制度迟迟没有推进。从近几年的评估结果来看，各地政府对于破解信访难题的主观意愿也并不强烈。

行政调解、行政裁决和仲裁制度这一观测点在评估中也始终在低位徘徊。2016年该观测点的得分率为34%，2017年为40%，得分率整体偏低。2017年在行政调解方面有制度创新的城市57个，行政裁决方面有8个，仲裁制度方面有51个。可以看到，行政调解、行政裁决和仲裁制度在制度创新方面动力不足，各地政府没有充分重视这三个方面的制度建设。从群体性事件发生情况等结果指向性指标的评估结果来看，作为多元化解矛盾纠纷的途径，行政调解、行政裁决和仲裁制度没有发挥出其应有作用。

2. 社会矛盾化解制度实施成效甚微，社会稳定形势依旧严峻

三级指标群体性事件发生情况、社会矛盾化解渠道的畅通程度以及社会矛盾解决的方式设置的目的在于监测社会矛盾化解制度的实施情况。从评估数据来看，虽然每年得分率较高，但这并不能说明社会矛盾化解已取得了成果。由于该类数据本身并不透明，评估通过网络公开检索获取数据样本收集到的数据样本非常有限，而在这种方式下依旧可以得到相关负面数据，足以说明部分事件的严重性。

2015年发生群体性事件的城市多达59个，2016年51个城市，2017年41个城市。虽然逐年下降，但仍然有一半左右的被评估城市每年均有群体性事件发生。关于社会矛盾解决的方式，通过对最近三年的数据对比可以发现，在征用拆迁领域、劳资纠纷领域与城管执法领域出动成批警力解决矛盾的情况最多。我们从2016年开始对社会矛盾化解渠道的畅通程度这一指标开始评估，尽管该指标所收集到的数据比较有限，但从收集到的数据来看，其中有伤亡的截访、劫访占到了很大比例。2016年数据显示占总量的76.47%，2017年则占62%。如此大的伤亡比例可以说明在多地政府不仅未能有效通过信访机制化解社会矛盾，反而因防范信访而激化了社会矛盾。

3. 行政复议制度改革突破不大，复议信息公开远不完善

各地政府行政复议体制改革成效不大，除纷纷设立行政复议委员会外，很少有创造性的突破。从评估结果来看，2016年的得分为6.84分，2017年的得分为7.64分。虽然得分率不算太低并有小幅增长，但是从具体的改革措施来看，绝大部分城市都将设立咨询式的行政复议委员会作为行政复议体制改革的唯一方向。行政复议体制改革的目标在于发挥其实质性纠错的功能，扭转复议案件量过少的情况。行政复议委员会的确是改革的一个方向，但很多试点城市的实践已经证明，设立咨询式的行政复议委员会对于实现这一目标并无太大帮助。真正实质性的改革在于提升复议机构的独立性和权威性，这一点需要通过行政复议法的尽快修订来实现。从评估结果中可以看出，各地方政府在行政复议制度改革过程中缺乏创造性和能动性，改革方案千篇一律，进程迟缓。

行政复议工作的公开透明度则亟待加强。相关指标主要考察各地政府是否公开了行政复议的统计数据以及行政复议典型案件的决定书，在2016年该项得分率为58.8%，2017年的得分率为53.2%，均在及格线以下，足以说明存在较大问题。行政复议的数据统计情况表明一个城市在行政复议工作的基本情况，如案件量、被诉案件量以及决定结果情况等。行政复议案件决定书的公布的目的在于使公众了解行政复议案件从受理到最终做出决定的过程，同时便于对行政复议工作进行监督。行政复议工作的信息公开直接影响到公众对行政复议工作的评价。行政复议作为一种上级对下级纠错的制度，同时基于两者之间的隶属关系，很难使行政相对人信服复议结果。在这种情况下，如果仍旧保持行政复议的封闭性，必将偏离该制度设立的初衷。因此，行政复议制度改革的突破点之一就在于加强其公开性，具体来说，行政复议决定书因其内容更为丰富直观应当成为公开的首选。

（三）完善的建议

1. 以问题为导向寻求制度改革与创新的突破点，注重制度间的联系与融合

历次评估暴露出来的一个问题就是很多城市在制度建设与创新方面表现不佳，具体体现在信访法治化改革、行政裁决、行政调解、仲裁以及行政复议等方面缺乏制度创新。部分城市在这些方面没有任何改革措施，部分城市虽然有所改变却没有创新性内容，属于盲目跟风。要解决此类问题，首先政府部门应当树立问题意识，以问题为导向，结合当地实际情况进行改革与创新。例如在信访法治化改革中，网上信访已被绝大多数城市所采用，但网上信访是否解决了信访的实际问题，在各个城市的效果大有不同。在发达地区，互联网应用广泛，网上信访的推出可以分流部分信访部门接访压力。但在一些偏远地区，互联网还未普及，网上信访设置的意义就不大。其次，要深化对现有制度特点的把握，实现制度间的融合，形成解决问题的合力。在制度建设与创新中要避免"一事一立"，忽略制度间的联系。例如，行政调解的优势在于行政机关熟悉具体业务，在调解过程中可以考虑走与人民调解相融合的道路，将行政机关、人民调解组织和社会组织搞联合调解机制，把各自优势结合在一起，形成一个有机整体。

2. 正视矛盾的存在，建立多元矛盾化解机制

各地政府应当正视社会矛盾广泛存在这一客观现实，积极寻求化解之道，一味采用其他手段虚假治理最终只会激化矛盾。在行政复议、诉讼等传统纠纷解决机制之外，各地政府应当加大多元矛盾化解机制的研究力度，特别是研究如何调动社会力量解决矛盾。此外，要加强对矛盾多发领域的关注，对潜在矛盾合理疏导，形成有效的应对措施，避免矛盾激化。同时，要积极总结新兴产业领域的矛盾化解经验，不断丰富矛盾化解的手段和方式。最后，要坚决杜绝采用暴力方式解决一般社会矛盾，特别是容易造成人员伤亡的激烈方式。矛盾的解决需要依靠健全的机制在法律的范围内操作，任何其他途径都不是法治社会的选择。

3. 加强行政复议决定书的公开，提高复议信息议公开程度

复议信息公开作为行政复议制度改革的重要抓手，对打破行政复议的封闭性，树立行政复议权威具有重要作用。行政复议信息公开情况在历次评估中的得分都比较低，这反映出政府部门对于行政复议信息公开有本能的拒绝，而这恰好是公众对行政复议不了解、不信任的症结所在。完善行政复议信息公开制度，尤其是行政复议决定书的公开，是促使行政复议制度实质性发挥纠错功能的重要举措。多年来各地开展行政复议体制改革，无论是复议委员会制度还是复议司法化改革，目的都是促使行政复议工作更加公开透明，鼓励社会公众参与。行政复议决定书可以完整地记录案件从受理到做出决定的全过程，公众通过复议决定书可以较为详细地了解复议制度的目的和功能，同时通过复议决定书对行政机关的行政复议工作予以监督。因此，行政复议决定书的公开是打破行政复议改革僵局的重要抓手。

B.10
社会公众满意度调查

摘　要： 社会公众满意度是衡量和检验法治政府建设成效的重要标准，也是法治政府建设评估九个一级指标中唯一的主观评价指标。为了较为全面准确地反映社会公众对法治政府建设成效的满意度或获得感，我们主要从政府依法全面履行职能、严格规范公正文明执法、科学民主行政决策、廉洁高效、守法诚信等几个重要方面设计主观满意度调查问卷题目，采用分层抽样和随机抽样相结合的方式进行调查。项目组对获得的问卷调查数据进行统计并分析相应数据背后的原因并提出相应的改进建议，从而为建设令社会公众满意的法治政府提供重要参考。

关键词： 公众满意度　法治政府　调查数据

一　指标设置

社会公众满意度调查在指标设置上，结合《中共中央关于全面推进依法治国若干重大问题的决定》《法治政府建设实施纲要（2015—2020年）》《全面推进依法行政实施纲要》《国务院关于加强市县政府依法行政的决定》《国务院关于加强法治政府建设的意见》等文件关于法治政府建设的基本要求和重要精神，在《中国法治政府评估2016》社会公众满意度指标基础上对问卷加以完善，形成新的问卷指标体系。2017年的社会公众满意度调查问卷共15个问题（具体问题详见表10-1）。在得分设置上，为体现社会公众满意度在法治政府建设中的重要性，本次社会公众满意度调查问卷15个问题共计200分，是本年度中国法治政府评估体系中各一级指标所占分值最高的一级指标。

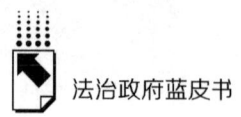

表 10 – 1　社会公众满意度调查问卷题目

序号	问题
1	当地政府依法行政或者说依法办事的情况(40/3 分)
2	到当地政府办事时,政府给予的方便程度(40/3 分)
3	当地政府在重大决策时听取老百姓的意见和建议的情况(40/3 分)
4	当地政府信息公开的实施情况(40/3 分)
5	当地政府按照法律法规进行收费的情况(40/3 分)
6	当地政府工作人员依法行政或者说依法办事的能力(40/3 分)
7	当地政府工作人员在工作中对老百姓的态度(40/3 分)
8	当地政府工作人员的工作效率(40/3 分)
9	当地政府工作人员在执法时受到人情、金钱和地位等影响的情况(40/3 分)
10	当地政府的诚信度(40/3 分)
11	当地政府的清正廉洁程度或反腐成效(40/3 分)
12	当地政府领导干部的法治思维和能力(40/3 分)
13	当地政府在化解社会矛盾、解决争议方面的情况(40/3 分)
14	当地政府对工作人员监督问责的情况(40/3 分)
15	当地政府的法治宣传教育工作的情况(40/3 分)

二　调查方法

社会公众满意度调查的对象为我国 100 个城市（具体城市见总报告）的 18 周岁以上的常住公民。为保障问卷调查的客观性，项目组选取来自北京大学、清华大学、中国政法大学、中国人民大学、西南政法大学、华东政法大学、西北政法大学、中南财经政法大学、山东大学、吉林大学及四川大学等 20 余所高校的 200 余名在校大学生作为调研员。① 这些学生，或者生源地为被评估的 100 个城市，或者他们在这些城市就读，对这些城市的法治政府建设基本情况较为了解。本次问卷调查继续采取分层抽样与随机抽样相结合的方式，选取该市政务中心或行政服务中心、商贩聚集地、律师事务所以及该市其他地方等 4 类场所对 18 周岁以上的常住公民现场随机发放问卷并采集数据。同时，为了更为准确地了解当地法治政府建设状况，调研员对填写问卷者及当地居民进行访问，并撰写调研报告。这些材料为项目组更为细致、全面了解和分析社会公众对当地法治政府建设情况的满意度提供了宝贵材料。

---

① 其中，约 90% 以上的调研员所学专业为法学，其余不足 10% 的调研员所学专业为行政学、管理学等专业。77.6% 的调研员为中国政法大学在校学生。项目组对各高校调研员为调研工作做出的努力和贡献表示诚挚感谢。

三 样本量及样本配额

在每个被调查城市发放200余份问卷,回收问卷样本量总计为20899份,有效样本量为20599份。样本配额见表10-2、10-3、10-4、10-5。

表10-2 受访者年龄段分布

年龄段	受访者年龄段分布(%)
18~44岁(N=16765)	81
45~59岁(N=3385)	17
60岁及以上(N=449)	2

表10-3 受访者性别分布

性别	受访者性别分布(%)
男性(N=9756)	47
女性(N=10843)	53

表10-4 受访者职业分布

职业	百分比(%)
国家工作人员(N=610)	2.96
事业单位人员(N=2254)	10.94
企业人员(N=4957)	24.06
农民(N=622)	3.02
自由职业者(N=9655)	46.87
无业(N=2031)	9.86
离退休人员(N=470)	2.28

表10-5 受访者文化程度分布

文化程度	百分比(%)
小学及以下(N=463)	2.25
初中(N=2564)	12.45
高中、职业技校或中专(N=4565)	22.16
大专(N=4190)	20.34
本科(N=7592)	36.86
硕士及以上(N=1225)	5.95

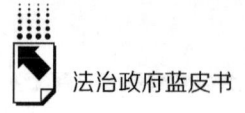

四 数据处理和分析方法

课题组参照 GB/T2828.1-2003《计数抽样检验程序》对采用"独立双录入+独立校对"方式录入的数据进行抽查,结果显示录入错误率低于 0.05%。

运用 SPSS 23.0 统计分析软件检验问卷信度(检验结果见表 10-6),可知 Cronbach's Alpha 系数为 0.952,高于 0.8,问卷信度高。

表 10-6 信度分析

可靠性统计	
克隆巴赫 Alpha	项数
0.952	15

使用的统计分析方法主要有频数分析、比例分析与交叉分析等。

五 调查结果

(一)总体情况

从调查过程和结果来看,15 个问题能够在一定程度上较为全面地反映当地政府法治政府建设重要方面的基本情况。本次调查中,各城市社会公众满意度的总分为 200 分。项目组分析评估结果时,将得 180 分以上的城市视为优,160~180 分为良,140~160 分为中,120~140 分为及格,120 分以下为不及格。

分析 100 个被评估城市的得分数据可知,其社会公众满意度调查的平均分为 128.15 分,平均得分率为 64.07%。被测评的 100 个城市中没有得分为"优"的;仅南充市的得分为"良";天津、潍坊、无锡、厦门、宁波、杭州、烟台、淄博、青岛、珠海、深圳等 13 个评估对象得分为"中",比 2016 年少了 8 个城市;南通、盐城、台州、徐州、南京、苏州、北京、济宁、上海等 63 个评估对象得分为"及格",比 2016 年增加了 8 个城市;其余 23 个评估对象得分为"不及格",数量与 2016 年相同。具体排名见图 10-1、图 10-2。

分析本次社会公众满意度调查 15 个问题平均得分率,仅第 3 题和第 9 题的平均得分率居于及格线之下;其余 13 个问题得分率均在及格线以上。该一级指标 15 个问题平均得分率详见图 10-3。

社会公众满意度调查

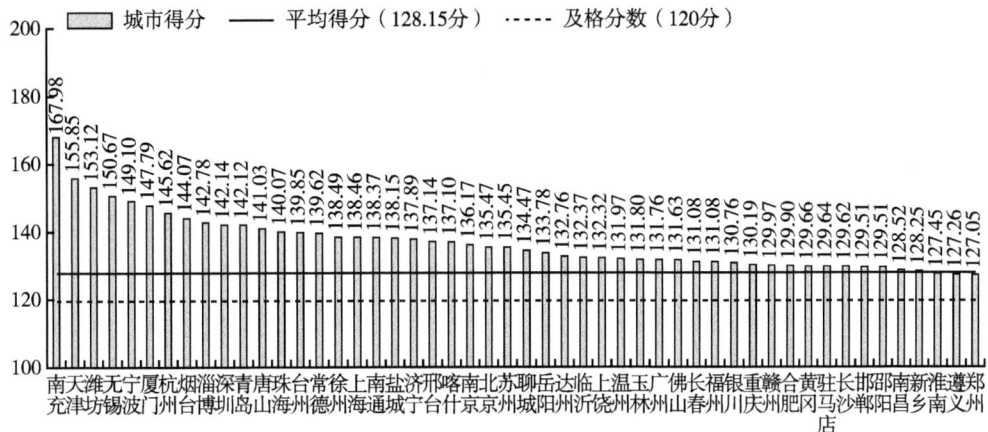

图 10-1 排名 1~50 的城市得分情况分布图

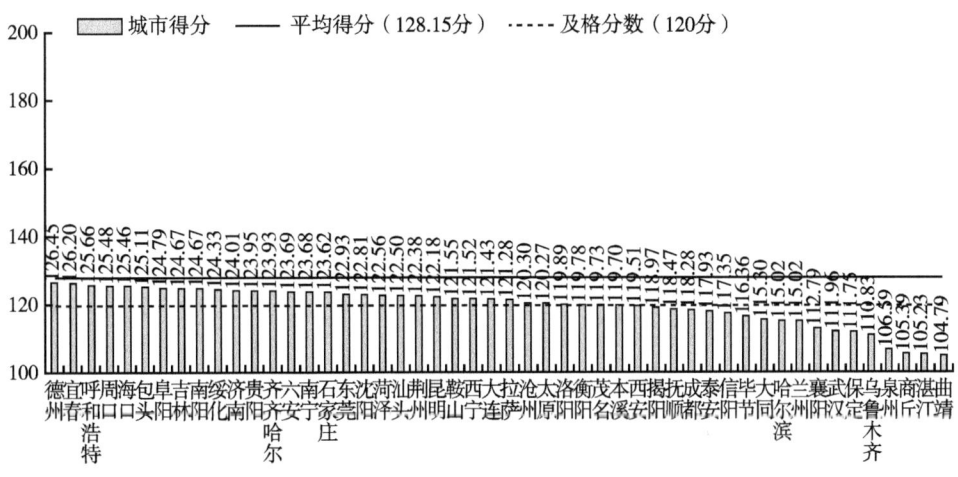

图 10-2 排名 51~100 的城市得分情况分布图

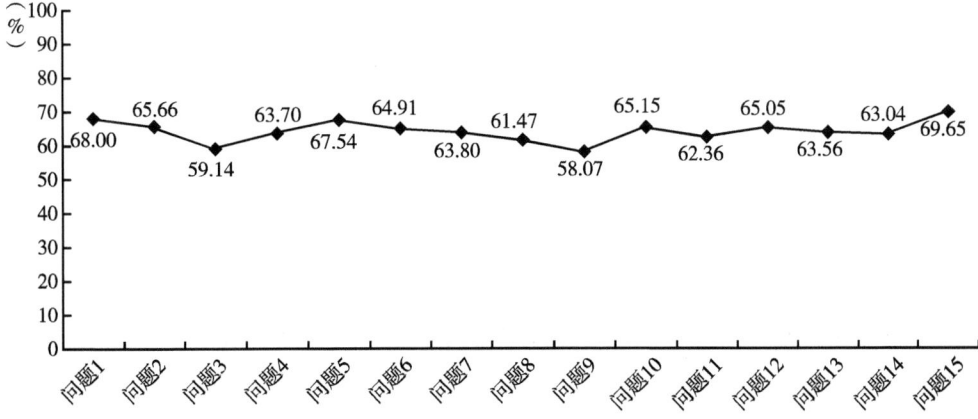

图 10-3 社会公众满意度调查问题得分率（%）折线图

综上可知，总体而言，从64.07%的平均得分率来看，社会公众对当前法治政府建设情况的满意度评价稍高于及格水平，仍有很大的提升空间。从近四年来的社会公众满意度评价得分情况来看，2013~2017年的社会公众满意度调查的平均得分率分别为59.34%、63.45%、58.67%、64.8%、64.07%。因此，2017年社会公众满意度评价得分较2016年稍低，但高于其他三个年份。同时，2017年社会公众满意度调查100个城市得分情况显示，分数处于优良和不及格的城市数量相对较少，分数处于及格分和中等的城市数量较多，约占城市总数的63%。可见，法治政府建设的社会公众满意度提升较为明显，多数城市的社会公众满意度评价正在由及格线向中等水平迈进。

为了更好地分析社会公众对法治政府建设满意度的评价情况，项目组从参与问卷作答人员的、性别、年龄、职业、文化程度以及调研地点等角度进行分析，得出了一些普遍规律。

其一，在政务中心或者行政服务大厅接受服务的市民对当地法治政府建设的主观满意度评价得分率为68.52%，明显高于平均得分率，也高于在律师（64.04%）、随机选取的其他市民（63.63%）和商贩（60.79%）群体的满意度评价。据此，可以得出初步结论：近年来，政府的窗口服务的便民性有所提升，得到了更多群众的认可；相比而言，商贩群体对政府满意度评价会稍低，说明我国城市管理综合执法是法治政府建设中的薄弱环节。

其二，性别因素对社会公众满意度评价的影响很小，甚至可以忽略不计。2017年，男性对法治政府建设的满意度平均得分率为64.49%，女性为63.66%，差距不到1%。据此，项目组得出的初步结论是不同性别的人对法治政府建设满意度的评价差异很小。

其三，不同年龄段群众的主观满意度评价差异较小，18~44岁的群体满意度评价平均得分率为64.32%，45~59岁的为63.29%，60岁及以上的为60.54%。项目组认为，不同年龄段的人阅历有所不同，其与政府或社会接触的深度有所差异，他们对法治政府建设认识程度可能略有差异。可以说，此次评估中，不同年龄群体对法治政府建设的满意度评价差异很小。

其四，不同职业群体对法治政府建设的满意度呈现出一定的差异性。从统计的数据看，不同职业群体对法治政府建设满意度评价平均得分率分别为：国家工作人员66.72%、事业单位人员68.67%、企业人员64.62%、农民58.30%、自由职业者62.48%、无业者63.23%、离退休人员58.05%。据此得知，国家工作人员、事业单位人员对法治政府建设满意度评价相对较高；农民、离退休人员的法治政府建设满意度评价则较低,这也说明不同职业群体对法治政府建设成效的理解程度不同。我们也可以得出一个初步结论,不论是对法治政府建设较为了解的国家工作人员还是切身感受法治政府建设效果的普通大众,他们对法治政府建设的满意度虽然存在一些差异,但都在正常范围之内。

其五,高学历群体较低学历群体对法治政府建设主观满意度的评价略高。数据显示,小学及以下学历群体法治政府建设满意度的平均得分率为55.76%,初中61.12%,高中、职业技校或中专62.35%,大专64.49%,本科66.04%,硕士及以上65.74%。据此,从平均得分率的大致走向看,学历高的群体的法治政府建设满意度评价会相对高一点,但其间的差异很小,而且也是集中在及格线附近。这一现象我们会在今后的研究中继续关注和分析。

需要说明的是,从数据上看,上述几类群体对法治政府建设满意度评价的差异还难以构成统计学意义上差异明显或显著,但呈现出的规律性值得我们持续关注。

(二)法治政府建设社会公众满意度评价的具体分析

为了更好地研究社会公众对法治政府建设几个重要方面的满意度评价,项目组从政府依法履行职责、行政执法、行政服务、重大行政决策、行政权力的制约和监督等七大方面进行分析和说明。

1. 对所在市依法履行职责表现的评价

依法全面履行政府职能是更好发挥政府作用的重要保障,是提高政府公信力和执行力的迫切需要。为了解社会公众对当地政府依法履行职责情况的满意度,项目组主要从当地政府依法行政或依法办事的情况、按照法律法规进行收费的情况这两个方面进行提问并加以分析。

当地政府依法行政或者说依法办事的情况。调查数据显示,本项指标的平均得分为9.07分,为社会公众满意度调查15个项目中得分居于第二位的指标,平均得分率为68%。其中,得分低于平均分的城市有55个,有4个城市得分低于及格分。

由此可知,关于当地政府依法行政或者说依法办事的情况,绝大多数被测评城市的民众认为能够达到及格分数。虽然社会公众认为当地政府在依法行政方面较合格,但只是高于及格线,距离中等分数还存在差距。因此,地方政府在依法行政方面还有提升空间。

当地政府按照法律法规进行收费的情况。调查数据显示,本项指标的平均得分为9.01分,为社会公众满意度调查15个项目中得分居第3高的指标,平均得分率为

67.54%。其中，得分低于平均分的城市有51个，九成城市的得分为及格分及以上。

由此可知，关于当地政府按照法律法规进行收费方面的情况，九成被测评城市被社会公众评价为"乱收费"现象并不普遍，仅一成的城市被评价为"乱收费"现象比较普遍。可见，曾经较为普遍的乱收费现象因信息公开、媒体及社会监督、政府加强对收费行为的监管和整治等有效措施得到遏制，但距离社会公众评价为满意仍具有较大差距。

以上两个方面的调查结果可知，政府依法履行职能方面得分较低，需要从实现政府权力清单制度、健全问责监督机制、加快完善行政组织和行政程序法律制度、创新政府管理方式等方面努力，将各级政府及其职能部门履职行为纳入法治化轨道，从而形成权职责统一、分工合理、决策科学、执行通畅、监督有力的行政管理和运行体制。

2. 对所在市行政执法表现的评价

进一步提升行政执法能力和水平，实现严格规范公正文明执法，是建设法治政府的重中之重，是提升政府执法公信力的重要途径。行政执法实践表明，"法律需要人来执行，如果执法的人自己不守法，法律再好也没用。"因此，评价和规范行政执法的关键首先在于行政机关及其工作人员的执法行为是否严格规范文明。为此，项目组选取执法时工作人员受到人情、金钱或地位等影响的情况作为评价行政执法的重要指标。

调查数据显示，本项指标的平均分为7.74分，在所有调查项目中得分率最低，平均得分率仅为58.07%。其中，得分低于平均分的城市有52个，比2016年减少了3个城市；低于及格分的有62个城市，即有62%的被评估城市不及格，比2016年减少了7个城市。

总体而言，行政执法人员受到人情、金钱或地位等影响仍然较大，特别是人情执法现象较为普遍，社会公众满意度较低。但与往年相比，执法人员受到上述因素影响较大的城市有所减少，受影响程度有所减轻。

"人情社会"是"法治"的最大敌人，"人情"是阻碍执法、影响执法效果的重要因素。执法人员及社会公众的"人情"与"法治"观念，直接影响到依法行政和建设法治政府相关制度的深入推行，也会影响政府的社会公信力。执法人员应该具有比社会公众更强的"法治"观念，奉"法治"为圭臬，自觉提升法治素养，增强廉政意识。当然，真正杜绝人情执法，踢开人情执法这块法治政府建设的绊脚石，从根本上讲还是要靠制度来管权管事管人，健全权力运行机制，规范执法人员行为。

3. 对所在市行政服务表现的评价

对政府提供行政服务的水平和效果的评价，主要从政府提供服务的便捷度、政府工作人员的服务态度、当地政府工作人员的服务效率和能力等方面着手。政府为社会提供行政服务的能力和水平不仅体现出政府为民服务的意识，也折射出政府自身的责任意识和担当意识。这对法治政府建设也是至关重要的。

到当地政府办事时，政府给予的方便程度。调查数据显示，本项指标的平均得分为8.75分，为社会公众满意度调查15个题目中得分较高的指标，平均得分率为65.66%，与2016年的得分率基本持平。其中，得分低于平均分的城市有52个，有10个城市的平均得分低于及格分，是2016年低于及格分城市数量的一半。

由上可知，仅一成城市被认为到当地政府办事很不方便，九成城市的社会公众认为到政府办事较方便，但也仅为略高于及格水平。距离政府为社会公众提供便捷公共服务的目标还有较大的提升空间。调研访谈中，调研员了解到天津、宁波、上海等地的政府办事大厅或行政服务中心的服务水平得到了多数民众的认可，发挥了服务窗口作为沟通干群、政民的桥梁的作用，实现了服务行政理念的目标。但是，实践中，"丁义珍式窗口"仍然存在，反映出部分行政机关及其领导和工作人员服务意识欠缺，懒政思想严重，有悖于政府全心全意为民服务的宗旨。

当地政府工作人员在工作中对老百姓的态度。调查数据显示，本项指标的平均得分为8.51分，为本次社会公众满意度调查15个题目中得分较低的指标，平均得分率为63.80%。其中，53个城市的得分低于平均分，与2016年低于平均分城市数量持平；26个城市得分低于及格分，比2016年增加了6个城市。

由此可知，政府工作人员的服务态度方面，超过五成城市被评为较差，超过二成城市被评为很差。总体看来，社会公众对政府工作人员工作中的服务态度可以评价为不满意。究其原因，一是部分政府机关和工作人员管理思维浓厚、服务意识淡薄；二是行政服务监管制度、绩效考核制度被虚置，难以发挥其引导提供服务和监督服务水平的作用。

当地政府工作人员的工作效率。调查数据显示，本项指标的平均得分为8.20分，为社会公众满意度调查15个项目中得分位于倒数第3位的指标，平均得分率为61.47%。其中，得分低于平均分的城市有56个；有42个城市的平均得分低于及格分，比2016年增加了8个城市。

由此可知，在政府工作人员工作效率方面，近六成城市被评为效率较低，逾四成城市被评为效率很低。行政服务效率低下原因是多方面的，例如服务意识和责任心不强、相关部门职责分工不明确或存在交叉、有的部门为了自身利益构筑信息壁垒、相关工作人员业务不熟练、社会诚信存在缺失等。但关键在于部分政府及工作人员责任心不强，没有真正把群众利益放在第一位，遇到问题时多把麻烦和不便留给群众，把方便和安稳留给自己。实践中，部分领导干部及工作人员通过僵化相关政策执行、人为设立多重障碍、大搞"拖字诀"、要求前来办事民众提供"奇葩证明"等手段，为自己仕途和岗位安置"保险栓"、设置"防火墙"，给办事民众带来诸多不便。调研中，社会公众对部分政府部门要求的"奇葩证明""循环证明"非常不满，对地方政府落实"简政放权"、"优化服务"表达强烈期望。各地方政府应该切实从群众利益出发，坚决杜绝部门利益和官员个人利益本位，通过加强信息公开、公布权力清单和责任清单、简化流程、共享数据等方式从源头上避免出现各类"奇葩证明"、"循环证明"，从而切实为群众提供优质、高效的服务。

当地政府工作人员依法办事的能力。调查数据显示，本项指标的平均得分为8.65分，为社会公众满意度调查15个项目中得分居中的指标，平均得分率为64.91%。其中，得分低于平均分的城市有55个，与2016年低于平均分城市数量持平；有15个城市的平均得分低于及格分，比2016年低于及格分城市数量减少10个。

由此可知，关于政府工作人员依法办事能力的情况，近六成城市被评为依法办事能力较低，不到二成城市被评为依法办事能力很低。总体看来，社会公众普遍对政府机关工作人员依法办事能力评价较低，全面提升政府工作人员依法办事能力应该引起人们的高度重视。

提高政府工作人员特别是领导干部的依法办事能力，是新形势下公民法治素养和法治意识提高的必然要求，是政府有效化解社会矛盾、提升治国理政能力的客观要求，也是广大党员干部承担相应责任和发挥应有作用的题中之义。提高公众对政府工作人员依法办事的满意度，不仅要注重各服务事项服务能力和水平的提高，也需要重视行政服务的精细化程度。而且，政府提供行政服务的细节在很大程度上决定了服务质量，可以更好地体现政府依法行政的能力和水平。例如，有的城市政务大厅里信息发布大屏幕出现故障，无法清晰显示信息，但长期未得到及时处理，这就显得政府提供行政服务的水平不高、能力不足，以及为民服务意识的缺乏。

4. 对所在市重大行政决策表现的评价

调查数据显示，本项指标的平均得分为7.89分，为社会公众满意度调查15个题目中得分倒数第二低的指标，平均得分率为59.14%。其中，得分低于平均分的城市有50个，有57个城市的平均得分低于及格分。

由此可知，关于当地政府在重大决策时听取老百姓的意见和建议的情况，近六成的城市被公众评为不满意。一直以来，政府重大行政决策听取公众意见的实施状况较差，其得分率一直处于很低的状态。党的十八届四中全会指出，公众参与、专家论证、风险评估、合法性审查、集体讨论决定是重大行政决策的必经程序。然而这些必经程序的实施状况并不理想，特别是公众参与方面。实践中，重大行政决策公众参与中存在着公众对决策信息了解不够清楚，获取决策相关重要信息途径不畅通，听证的利益相关者界定不明晰，公众参与后政府不回应、不有效回应、不及时回应，重大行政决策目录管理制度落实不力等问题。这些问题关系到重大决策的实施效果和社会公众满意度的评价，政府应该给予高度重视并积极落实。

5. 对行政权力的制约和监督情况的评价

建设法治政府从根本上讲就是强化对行政权力的制约和监督，使显性权力规范化、隐性权力公开化。为此，我们从政府信息公开的实施情况、政府诚信建设及对公务员的监督问责和政府的廉洁度四个方面开展社会公众满意度调查。

对所在市政府信息公开实施状况的评价。调查数据显示，本项指标的平均得分为8.49分，为社会公众满意度调查15个项目中得分较低的指标，平均得分率为63.70%。其中，得分低于平均分的城市有49个，有27个城市的得分低于及格分。

由此可知，关于当地政府在信息公开方面的情况，近三成城市被公众评为不满意，近五成城市被评为较满意。总体看来，社会公众对当地政府在政府信息公开方面工作的满意度较低。新《纲要》提出"坚持以公开为常态、不公开为例外原则，推进决策公开、执行公开、管理公开、服务公开、结果公开。"因此，推进政府信息公开，建设阳光政府至关重要。当前，不少政府对政府信息公开工作在认识上存在偏差，没有充分认识到政府信息属于公共资源，信息公开是政府的法定职责；在制度设计上存在缺陷，规定不够细致明确，也缺乏操作性；信息公开的范围较狭窄，保密范围仍然较为宽泛；公众获取信息的渠道方面看似多样，但途径不畅通、实施效果不佳。因此，政府应该有针对性地加以完善信息公开制度体系。另外，调研中，项目组也了解到，部分政府及其相关部门面临恶意申请政府信息公开、被恶意提起信息公开诉讼等问题，这些问题也应该引起行政法界的重视并深入研究，这对推动信息公开制度发挥应有效果具有重要意义。

对所在市政府诚信度方面的评价。调查数据显示，本项指标的平均得分为8.69分，为社会公众满意度调查15个项目中得分居中的指标，平均得分率为65.15%。其中，得分低于平均分的城市有57个，有17个城市的得分低于及格分。

由此可知，关于当地政府诚信度的情况，七成多城市被评为较不满意。总体看来，社会公众对当地政府诚信度的满意度较低。政府的公信力是社会公信的"定盘星"。政府公信力强，则可以积极引领社会公信；政府公信力差，则会产生国家治理危机，导致社会不稳定。实践中，部分政府从地方利益出发，不能把握"清""亲"政商关系，在招商引资、重大开发项目等方面屡次违约、投资政府诚信资源，给当地经济社会长远发展带来了不利影响，严重损害了政府公信力。2016年，国务院为加强政务诚信建设，充分发挥政府在社会信用体系建设中的表率作用，进一步提升政府公信力，推进国家治理体系和治理能力现代化，特发布《关于加强政务诚信建设的指导意见》，为构筑政府诚信体系建设提供了重要的制度支撑。各地方政府应当不断加强作风建设，树立守法守信、公开公正、高效廉洁的优良形象。

当地政府对工作人员监督问责情况的评价。调查数据显示，本项指标的平均得分为8.41分，为社会公众满意度调查15个项目中得分较低的指标，平均得分率仅为63.04%。其中，得分低于平均分的城市有54个，29个城市的得分在及格分以下。

由此可知，关于当地政府对公务员的监督的情况，逾七成被测评城市对公务员监督问责的情况较为满意。总体看来，大多数城市社会公众认为政府对工作人员监督问责的情况是合格的。可见，随着我国对党政干部问责监督机制的完善和反腐力度的加大，多数地方政府对公务员的监管问责力度较大，社会公众普遍期望这一良好的发展势头能够继续保持并得以加强。

当地政府的清正廉洁程度或反腐成效的评价。调查数据显示，本项指标的平均得分为8.31分，为社会公众满意度调查15个项目中得分较低的指标，平均得分率仅为62.36%。其中，得分低于平均分的城市有55个，38个城市的得分在及格分以下。

由此可知，关于当地政府的清正廉洁程度或反腐成效，近七成被测评城市社会公众对此较为满意。但总体满意度仍然较低。调研人员在访谈中了解到，相比"打老虎"而言，民众对"拍苍蝇"寄予更多期望，因为基层领导干部与民众接触更多，对民众的直接影响更为明显。

6. 当地政府在依法化解社会矛盾、解决争议情况的评价

调查数据显示，本项指标的平均得分为8.47分，为社会公众满意度调查15个项目中得分较低的指标，平均得分率为63.56%。其中，得分低于平均分的城市有57个，低于及格分的城市有28个。

由此可知，关于当地政府法治教育工作的情况，近3成被测评城市政府在化解社会矛盾、解决争议方面是不合格的。但总体看来，对政府在化解社会矛盾、解决争议方面较满意的被评估城市只有3个，对大多数城市政府在化解社会矛盾、解决争议方面的评价较低。因此，政府依法化解社会矛盾、妥善解决争议方面还需要进一步努力。

7. 对所在市政府法治教育工作的评价

调查数据显示，本项指标的平均得分为9.29分，为社会公众满意度调查15个项目中得分最高的指标，平均得分率为69.65%。其中，得分低于平均分的城市有52个，低于及格分的城市有4个。

由此可知，关于当地政府法治教育工作的情况，逾九成被测评城市法治教育工作是合格的。总体看来，与2016年该指标的评价情况较为一致，大多数城市的社会公众认为政府法治教育方面的工作进展比较好。调研中，项目组了解到一些市民希望法治教育的方式能够更加多样化，法治教育的途径能够得到创新，建议法治教育的重点继续放在青少年和领导干部上，使领导干部能够带头学法、模范守法；使广大青少年能够牢固树立法治理念并指导其行动，成为将来推进国家治理体系和治理能力现代化的后备力量。

总之，十多年以来，我国政府从制度建设、制度执行、实施效果三个层面持续推进法治政府建设。从行政法治的实践状况看，制度建设层面，我们构建了较为完备的行政法治制度体系，取得了较好的成绩；制度执行层面，相对于制度建设而言仍有很大的提升空间，需要继续做出相应的努力；当前，实施效果层面是法治政府建设最大的短板，项目组的社会公众满意度调查结果也印证了这一点。我们认为，法治政府建设的着力点及检验标准，并非制定了多少份推进法治政府建设的文件，建立了多少项有关依法行政的制度，而是其实施效果以及老百姓对法治政府建设的满意度。民之所望，施政所向。法治政府建设接下来的重点工作应该是保障制度实施、增强群众的获得感。尤其社会公众关于法治政府建设满意度评价中反映出的问题，应当成为各地政府在法治政府建设过程中的切入点和着力点。

城市分报告
（按城市名拼音升序排列）

一 鞍山市人民政府

一、鞍山市法治政府建设情况

鞍山市人民政府评估总分为 647.32 分，低于全国平均水平（687.22 分）39.9 分，在全部评估的 100 个城市中排名第 78 位，在东部区域 48 个城市中排名第 44 位。该市政府得分按一级指标分析见表 11-1。

表 11-1 鞍山市人民政府一级指标评估得分分析表

分析 指标	依法全面履行政府职能	法治政府建设的组织领导	依法行政制度体系	行政决策	行政执法	政务公开	监督与问责	社会矛盾化解与行政争议解决	社会公众满意度调查
得分	81	57	23	73	69	81	71.77	70	121.55
与平均分差	-1.81	9.78	-22.92	0.81	-0.03	-16.98	-1.68	-0.48	-6.60
与最高分差	-17	-15	-55	-22	-29.1	-36.72	-14.71	-19.81	-46.43
排名	63	15	91	49	43	89	64	51	73

每项一级指标换算成百分比并与全国平均水平比较得出图 11-1。

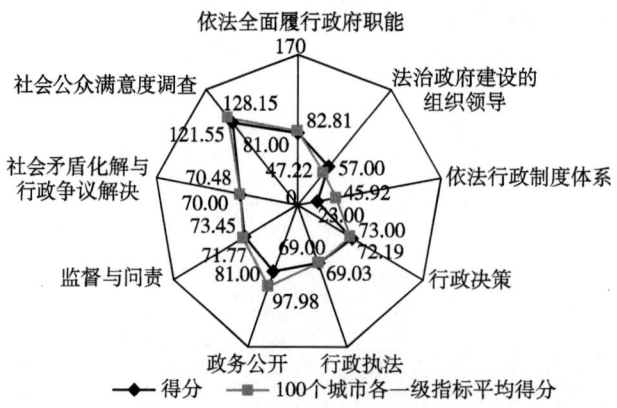

图 11-1 鞍山市人民政府评估得分与全国平均得分比较图

可以看出，该市法治政府建设的组织领导、行政决策这两个指标高于全国平均水平，说明该市政府在这两个方面评价较高。依法全面履行政府职能、依法行政制度体系、行政执法、政务公开、监督与问责、社会矛盾化解与行政争议解决、社会公众满意度调查这七个指标低于全国平均水平，说明该市政府在这七个方面评价均较低。

二、鞍山市法治政府建设情况分析

在2017年全国法治政府评估中，鞍山市得到647.32分（总分1000分），在100个被测评城市中排名第78位，在东部区域48个城市中排名第44位（2016年度评估中鞍山市得到603.07分，排名第87位；2015年度评估中，鞍山市得到602.08分，排名第61位）。这一评估结果反映出，近年来鞍山市法治政府建设取得了一定进步，但总体水平依然较低，根据《法治政府建设实施纲要（2015—2020年）》提出的要求，鞍山市的法治政府建设仍有较大的提升空间。

（一）成绩

1. 法治政府建设的组织领导力度较强

本年度评估结果显示，在"法治政府建设的组织领导"一级指标下，鞍山市得到57分，比全国平均分高出9.78分；2016年度评估中，鞍山市在该指标下得到42分，比全国平均分高出2.61分；2015年度评估中，鞍山市在该指标下得到32分。对比连续三年的测评结果可以看出，鞍山市在"法治政府建设的组织"指标上得分率相对较高，且呈现较稳定的上升趋势。这反映出，鞍山市法治政府建设的组织领导力度较强，趋势较好。鞍山市应当充分发挥法治政府建设中"关键少数"的作用，善于通过相应的体制机制，将强有力的组织领导工作作用于鞍山市法治政府建设的各个领域，提高和改善鞍山市法治政府建设的整体水平。

2. 行政决策的法治化程度较高

评估结果显示，鞍山市在"行政决策"一级指标下得到73分（该指标满分为100分），得分率为73%。在2016年度评估中，鞍山市在该指标上得到67分；在2015年度评估中，鞍山市在该指标上得到62分。对比分析近年来的得分情况可以看出，在"行政决策"一级指标上，鞍山市近年来的得分尽管有所波动，但始终保持在及格线之上，且在本年度评估中得分呈现上升趋势，这反映出鞍山市行政决策法治化程度较高，在一定程度上，积极落实、回应了全面推进依法治国的相关要求。

（二）问题

1. 依法行政制度体系成为制约法治政府建设的短板

评估结果显示，2017年度鞍山市在"依法行政制度体系"指标下得分为23分（该指标总分为80分），比全国平均分低22.92分，得分率仅为28.8%。在2016年度评估中，鞍山市在该指标上仅得到31分，2015年评估中仅得到27分。从上述得分可以看出，鞍山市依法行政制度体系的欠缺已经成为制约鞍山市法治政府建设的首要因素。同时，该指标本年度得分相比2016年度得分有所下降，这反映出在全面推进依法治国的大背景下，鞍山市在建设和完善依法行政制度体系方面的欠缺尚有逐渐加剧的趋势，鞍山市人民政府应当加快建立依法行政制度体系，重视行政规范性文件制定的制度化、规范化与合法性，建立和落实行政规范性文件的定期清理制度。

2. 行政执法的法治化程度有待提高

在行政执法一级指标下，鞍山市在2017年评估中得到69分（该指标总分120分），得分率仅为57.5%；在2016年评估中，鞍山市在该指标下得到57.7分，得分率为48.1%；在2015年评估中，鞍山市在该指标下得到92分，得分率为76.7%。从近三年的评估数据可以看出，鞍山市在行政执法指标下的得分长期处于低位，且各年度之间存在上下波动。这反映出，鞍山市行政执法工作的整体法治化程度尚有待提高，在行政执法体制的建立和完善、行政执法程序的遵守以及行政执法方式的创新等方面有较大的提升空间。

3. 社会公众满意度不高

评估结果显示，鞍山市法治政府建设的社会公众满意度得分为121.55分（该指标总分为200分），比全国平均分低6.60分，比最高分低46.43分，得分率仅为60.8%。社会公众满意度的主观评价与其他指标的客观评价结果趋合，反映出公众在与行政权力接触频繁的领域未能切实感受到权力运行状况的改善，未对法治政府建设成果产生充足的获得感。

二 包头市人民政府

一、包头市法治政府建设情况

包头市人民政府评估总分为627.27分,低于全国平均水平(687.22分)59.95分,在全部评估的100个城市中排名第85位,在西部区域20个城市中排名第13位。该市政府得分按一级指标分析见表11-2。

表11-2 包头市人民政府一级指标评估得分分析表

指标 分析	依法全面履行政府职能	法治政府建设的组织领导	依法行政制度体系	行政决策	行政执法	政务公开	监督与问责	社会矛盾化解与行政争议解决	社会公众满意度调查
得分	77	48	45	63	51.9	87	74.26	56	125.11
与平均分差	-5.81	0.78	-0.92	-9.19	-17.13	-10.98	0.81	-14.48	-3.04
与最高分差	-21	-24	-33	-32	-46.2	-30.72	-12.22	-33.81	-42.87
排名	80	52	45	85	91	83	55	87	56

每项一级指标换算成百分比并与全国平均水平比较得出图11-2。

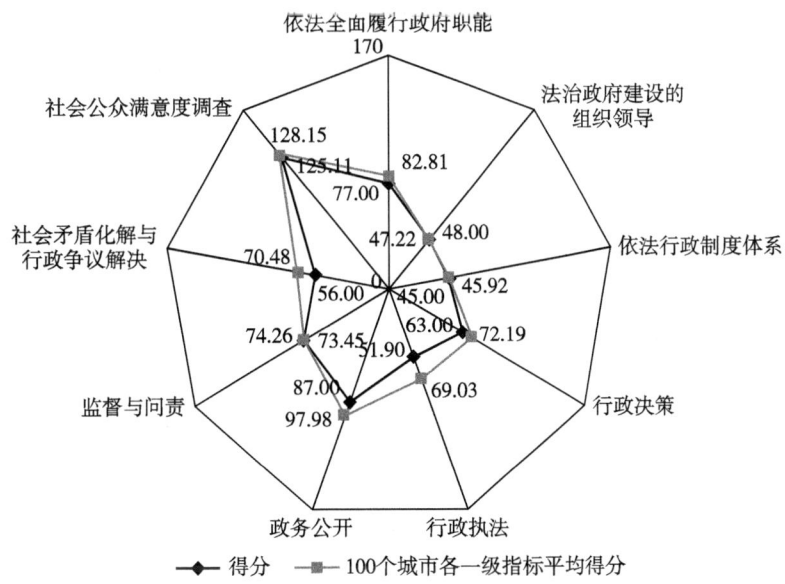

图11-2 包头市人民政府评估得分与全国平均得分比较图

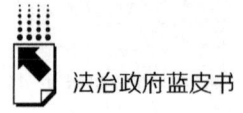

可以看出，该市法治政府建设的组织领导、监督与问责这两个指标高于全国平均水平，说明该市政府在这两个方面评价较高。依法全面履行政府职能、依法行政制度体系、行政决策、行政执法、政务公开、社会矛盾化解与行政争议解决、社会公众满意度调查这七个指标低于全国平均水平，说明该市政府在这七个方面评价较低。

二、包头市法治政府建设情况分析

在2017年全国法治政府评估中，包头市得到627.27分（总分1000分），在100个被测评城市中排名第85位，在西部区域20个城市中排名第13位（2016年度评估中包头市得到644.61分，排名第64位；2015年度评估中，包头市得到559.39分，排名第84位）。这一评估结果反映出，包头市法治政府建设水平不高，法治政府建设工作仍有较大的提升空间。

（一）成绩

1. 法治政府建设的组织领导工作有所改进

评估结果显示，2017年度包头市在"法治政府建设的组织领导"指标下得分为48分（该指标总分为80分），比全国平均分高0.78分，得分率为60%。2016年度及2015年度包头市在这一指标上分别得到37分和18分，得分率均低于及格线。通过对比连续三年的评估结果，可以得出结论，在《法治政府建设实施纲要（2015—2020年）》对法治政府建设提出要求的新形势下，包头市法治政府建设的组织领导工作呈逐年改进的良好趋势，但仍有进一步落实的空间。

2. 监督与问责工作落实较为到位

评估结果显示，2017年度包头市在这一指标下得分为74.26分（该指标总分为100分），比平均分高出0.81分；在上一年度评估中，包头市得分为76分，比平均分高出7.9809分。通过分析可以发现，包头市监督与问责工作整体上高于全国平均水平，在法治政府建设过程中监督与问责工作落实较为到位，但仍需要进一步强化，切实保障监督与问责机制的实施。

（二）问题

1. 行政执法的法治化程度不高

评估结果显示，在"行政执法"一级指标下，包头市得到51.9分（该指标总分为120分），比全国平均分低17.13分；2016年度评估中，包头市在该指标下得到63.3分，比全国平均分低6.214分；2015年度评估中，包头市在该指标下得到75分，比全国平均分高出12.205分。连续三年的评估结果显示，包头市在这一指标下得分逐年下降，这反映出，包头市行政执法工作的整体法治化水平尚有待提高。

2. **社会矛盾化解与行政争议解决能力有待提升**

评估结果显示，在本年度评估中，包头市在该指标下得分为56分，排名全国第87位。2016年评估中，包头市在该指标上得到58分，排名全国第93位；2015年度评估中，包头市在该指标下得到42分，排名全国第73位。通过对比连续三年的评估结果，包头市社会矛盾化解与行政争议解决能力长期落后，化解社会矛盾与解决行政争议的能力有待进一步加强。

3. **社会公众满意度持续下降**

评估结果显示，包头市法治政府建设的社会公众满意度得分为125.11分（该指标总分为200分），比全国平均分低3.04分，排名全国第56位。从纵向来看，包头市在社会公众满意度这一指标上得分与排名持续下降（在2016和2015年度该指标的得分分别为129.81分与131.39分，分列全国第48位与第16位）。反映出公众在与行政权力接触频繁的领域未能切实感受到权力运行状况的改善，未对法治政府建设成果产生充足的获得感。

三　保定市人民政府

一、保定市法治政府建设情况

保定市人民政府评估总分为 624.62 分，低于全国平均水平（687.22 分）62.6 分，在全部评估的 100 个城市中排名第 86 位，在东部区域 48 个城市中排名第 47 位。该市政府得分按一级指标分析见表 11-3。

表 11-3　保定市人民政府一级指标评估得分分析表

指标 分析	依法全面履行政府职能	法治政府建设的组织领导	依法行政制度体系	行政决策	行政执法	政务公开	监督与问责	社会矛盾化解与行政争议解决	社会公众满意度调查
得分	81	49	45	63	53.5	97	61.14	63.23	111.75
与平均分差	-1.81	1.78	-0.92	-9.19	-15.53	-0.98	-12.31	-7.25	-16.40
与最高分差	-17	-23	-33	-32	-44.6	-20.72	-25.34	-26.58	-56.23
排名	63	50	45	85	89	56	93	78	95

每项一级指标换算成百分比并与全国平均水平比较得出图 11-3。

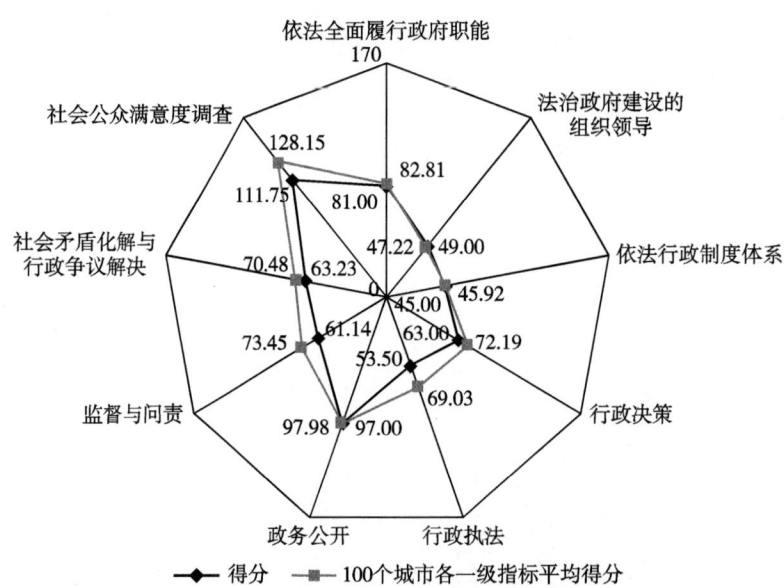

图 11-3　保定市人民政府评估得分与全国平均得分比较图

可以看出，该市法治政府建设的组织领导指标这一高于全国平均水平，说明该市政府在这个方面评价较高。依法全面履行政府职能、依法行政制度体系、行政决策、行政执法、政务公开、监督与问责、社会矛盾化解与行政争议解决、社会公众满意度调查这八个指标低于全国平均水平，说明该市政府在这八个方面评价均较低。

二、保定市法治政府建设情况分析

在2017年全国法治政府评估中，保定市得到624.62分（总分1000分），在100个被测评城市中排名第86位，在东部区域48个城市中排名第47位（2016年度评估中保定市得到600.71分，排名第88位；2015年度评估中，保定市得到605.75分，排名第59位）。这一评估结果反映出，保定市法治政府建设总体水平不高，在行政执法、监督与问责、社会公众满意度等多个方面仍有较大的提升空间。

（一）成绩

1. 法治政府建设的组织领导力度加强

本年度评估结果显示，在"法治政府建设的组织领导"一级指标下，保定市得到49分（该指标满分为80分），比全国平均分高出1.78分；2016年度评估中，保定市在该指标下得到29分，比全国平均分低10.39分；2015年度评估中，保定市在该指标下得到44分，比全国平均分高10.67分。对比连续三年的测评结果可以看出，保定市在"法治政府建设的组织"指标上得分整体呈上升趋势。这反映出，保定市法治政府建设的组织领导力度有所加强，趋势良好。保定市应当充分发挥法治政府建设中"关键少数"的作用，善于通过相应的体制机制，将强有力的组织领导工作作用于保定市法治政府建设的各个领域，提高和改善保定市法治政府建设的整体水平。

2. 依法全面履行政府职能能力提高

评估结果显示，本年度评估中保定市在该项指标下得分为81分，比平均分低1.81分。对比2016年度和2015年度的评估结果，分别得到65分和73分，比全国平均分分别低11.23分和6.8分。综合三年评估结果可以认为，保定市在依法全面履行政府职能这一指标下得分整体上升，与全国平均水平的差距变小，依法全面履行政府职能的能力有所提高。

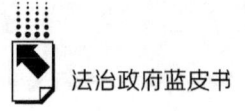

（二）问题

1. 行政执法法治化程度有待提高

在行政执法一级指标下，保定市在2017年评估中得到53.5分（该指标总分120分），得分率仅为44.58%；在2016年评估中，保定市在该指标下得到65.2分，得分率为54.33%；在2015年评估中，保定市在该指标下得到73分，得分率为60.83%。从近三年的评估数据可以看出，保定市在行政执法指标下的得分持续下降，且长期处于低位。这反映出，保定市行政执法工作的整体法治化程度有待提高，在行政执法体制、执法程序、执法方式、执法责任制等相关方面有较大的提升空间。

2. 监督与问责机制不完善

评估结果显示，在本年度评估中，保定市在这一指标下得分为61.14分，排名全国第93位。在2016年度评估中，保定市得分为73.77分，排名全国第26位；在2015年度评估中保定市得分为60.5分，排名全国第70位。通过对比分析连续三年的评估结果发现，保定市在这一指标下的得分波动较大，说明其监督与问责机制落实不到位，需要继续完善外部与内部的具体监督制度，严格落实监督与问责。

3. 社会公众满意度不高

评估结果显示，保定市法治政府建设在"社会公众满意度调查"指标下得分为111.75分（该指标总分为200分），比全国平均分低16.40分，比最高分低56.23分，得分率仅为55.88%，排名全国第95位。社会公众满意度的主观评价与其他指标的客观评价结果趋合，反映出公众在与行政权力接触频繁的领域未能切实感受到权力运行状况的改善，提高社会公众对法治政府建设工作的满意度需引起保定市政府重视。

四 北京市人民政府

一、北京市法治政府建设情况

北京市人民政府评估总分为761.73分,高于全国平均水平(687.22分)74.51分,在全部评估的100个城市中排名第12位,在东部区域48个城市中排名第10位。该市政府得分按一级指标分析见表11-4。

表11-4 北京市人民政府一级指标评估得分分析表

指标\分析	依法全面履行政府职能	法治政府建设的组织领导	依法行政制度体系	行政决策	行政执法	政务公开	监督与问责	社会矛盾化解与行政争议解决	社会公众满意度调查
得分	88	57	36	75	89.1	115.63	82.11	83.42	135.47
与平均分差	5.19	9.78	-9.92	2.81	20.08	17.65	8.66	12.95	7.32
与最高分差	-10	-15	-42	-20	-9	-2.09	-4.37	-6.39	-32.51
排名	25	15	68	44	10	5	10	13	24

每项一级指标换算成百分比并与全国平均水平比较得出图11-4。

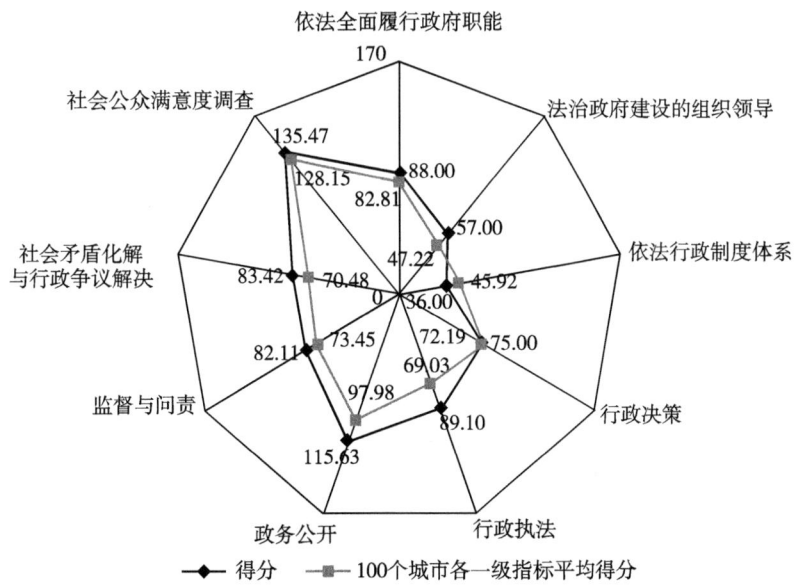

图11-4 北京市人民政府评估得分与全国平均得分比较图

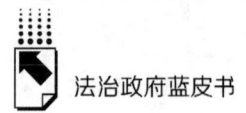

可以看出，该市依法全面履行政府职能、法治政府建设的组织领导、行政决策、行政执法、政务公开、监督与问责、社会矛盾化解与行政争议解决、社会公众满意度调查这八个指标高于全国平均水平，说明该市政府在这八个方面评价较高。依法行政制度体系指标低于全国平均水平，说明该市政府在这个方面评价较低。

二、北京市法治政府建设情况分析

在2017年全国法治政府评估中，北京市得到761.73分（总分1000分），在100个被测评城市中排名第12位，在东部区域48个城市中排名第10位（2016年度评估中北京市得到731.24分，排名第14位；2015年度评估中，北京市得到755.95分，排名第3位）。这一评估结果反映出，在全国法治政府建设持续推进的大背景下，北京市法治政府建设稳健推进，取得了较好的成绩，同时评估结果也反映出北京市的法治政府建设在依法行政制度体系、社会公众满意度等方面仍有继续提升的空间。

（一）成绩

1. 政务公开表现优异

本年度评估结果显示，在"政务公开"一级指标下，北京市得到115.63分（该指标总分120分），比全国平均分高出17.65分，得分率为96.36%；2016年度评估中，北京市在"政务公开"指标下得到120分的满分，得分率为100%；2015年度评估中，北京市在"政府信息公开"指标下同样得到满分120分，得分率为100%。对比连续三年的测评结果可以看出，北京市在该指标下连续多年排名全国前列，反映出北京市的政务公开工作在全国处于领先地位。具体而言，北京市在重点领域信息公开、政府门户网站建设维护、政府数据开放、依申请信息公开等多个方面均表现优异。

2. 法治政府建设的组织领导方面取得进步

评估结果显示，北京市在"法治政府建设的组织领导"指标上进步幅度最大。2016年评估中，北京市在该指标上仅得到39分，比全国平均分低0.39分，得分率不满50%，全国排名第48；本年度评估中，北京市在该指标下得到57分（该指标总分为80分），比全国平均分高出9.78分，得分率超过了70%，全国排名第15。从上升的得分率和全国排名情况来看，北京市人民政府本年度在法治政府建设的组织保证、落实机制等方面取得了较大的进步。

3. 行政执法较为规范

评估结果显示，在"行政执法"一级指标下，北京市得到89.1分（该指标总分为120分），比全国平均分高出20.08分；2016年度评估中，北京市在该指标下得到88.4分，比全国平均分高出18.886分；2015年度评估中，北京市在该指标下得到73.5分，比全国平均分高出10.705分。北京市在该指标下的得分连续三年增加，与全国平均分的分差也逐渐扩大，这一评估结果反映出，北京市行政执法较为规范，法治化程度较高，且始终保持着逐年改善和提高的趋势。

(二）问题

1. 依法行政的制度体系不完善

评估结果显示，2017年度北京市在"依法行政制度体系"指标下得分为36分（该指标总分为80分），比全国平均分低9.92分，得分率为45%，全国排名第68位；在2016年度评估中，北京市在该指标下得分48分，比平均分低2.76分，得分率为60%，全国排名第56位；在2015年度评估中，北京市在该"制度建设"指标下得分为40分，得分率为40%，比平均分低3.46分，全国排名第55位。连续三年的评估结果表明，依法行政制度体系的建立和完善是北京市法治政府建设中的短板，与《法治政府建设实施纲要（2015—2020年）》提出的"提高政府立法质量，构建系统完备、科学规范、运行有效的依法行政制度体系"的目标相比还有较大差距。

2. 行政决策的法治化程度有待提升

在本年度评估中，北京市在"行政决策"指标下得分75分（该指标总分为100分），全国排名第44位；在2016年度评估中，北京市在该指标下得分为70分，全国排名第47位；在2015年度评估中，北京市在该指标下得分为72分，全国排名第26位。综合三年的评估结果显示，北京市在该指标下得分较为稳定，但是按照排名处于全国中等，与北京市的综合排名相比，该指标显然属于法治政府建设中的短板，北京市在行政决策制度的建立和落实工作上需要继续加强。

3. 社会公众满意度不高

评估结果显示，北京市法治政府建设的社会公众满意度得分为135.47分（该指标总分为200分），比全国平均分高7.32分，比最高分低32.51分，得分率为67.7%，全国排名第24位。从纵向来看，尽管与2016年度的评估结果相比，北京市在该指标的排名进步最多，但是在2014年和2015年度该指标的得分率均达到90%以上。波动的得分和排名反映出北京市政府需要在公众在与行政权力接触频繁的领域内作出更大的改善，提高服务质量，使公众对法治政府建设成果产生充足的获得感。

五 本溪市人民政府

一、本溪市法治政府建设情况

本溪市人民政府评估总分为660.52分，低于全国平均水平（687.22分）26.7分，在全部评估的100个城市中排名第68位，在东部区域48个城市中排名第41位。该市政府得分按一级指标分析见表11-5。

表11-5 本溪市人民政府一级指标评估得分分析表

指标＼分析	依法全面履行政府职能	法治政府建设的组织领导	依法行政制度体系	行政决策	行政执法	政务公开	监督与问责	社会矛盾化解与行政争议解决	社会公众满意度调查
得分	72	54	38	72	72.5	99.24	77.08	56	119.7
与平均分差	-10.81	6.78	-7.92	-0.19	3.47	1.26	3.63	-14.48	-8.45
与最高分差	-26	-18	-40	-23	-25.6	-18.48	-9.4	-33.81	-48.28
排名	92	26	63	54	36	52	40	87	82

每项一级指标换算成百分比并与全国平均水平比较得出图11-5。

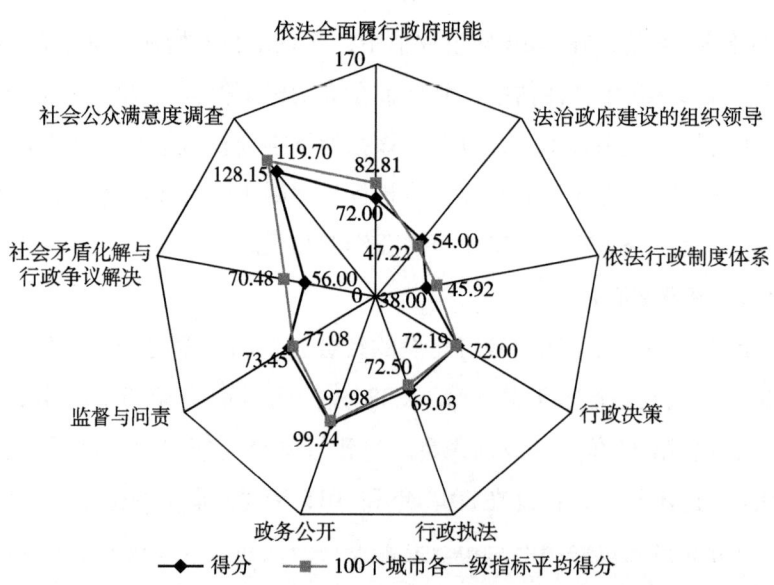

图11-5 本溪市人民政府评估得分与全国平均得分比较图

可以看出，该市法治政府建设的组织领导、行政执法、政务公开、监督与问责这四个指标高于全国平均水平，说明该市政府在这四个方面评价较高。依法全面履行政府职能、依法行政制度体系、行政决策、社会矛盾化解与行政争议解决和社会公众满意度调查这五个指标低于全国平均水平，说明该市政府在这五个方面评价较低。

二、本溪市法治政府建设情况分析

在2017年全国法治政府评估中，本溪市得到660.52分（总分1000分），在100个被测评城市中排名第68位，在东部区域48个城市中排名第41位（2016年度评估中本溪市得到634.4分，排名第75位；2015年度评估中，本溪市得到572.67分，排名第76位）。这一评估结果反映本溪市的法治政府建设呈现出稳健前行、循序渐进的良好趋势，评估结果同时也反映出本溪市的法治政府建设在依法全面履行政府职能、社会公众满意度等方面仍然存在较大的提升空间。

（一）成绩

1. 行政执法更加规范

在2017年度评估中，本溪市在"行政执法"指标下得分为72.5（该指标总分120分），高于平均分3.47分，全国排名第36位；在2016年度评估中，本溪市在该指标下得分为58分，低于平均分11.51分，全国排名第88位；在2015年度评估中，本溪市在该指标下得分为48分，低于平均分14.80分，全国排名第78位。综合三年的评估结果显示，在本年度评估中，本溪市在行政执法方面进步最大，得分与排名与前两年相比都有很大的进步，说明本溪市在行政执法体制、执法程序、执法方式等方面更加规范，行政执法法治化程度提高。

2. 法治政府建设的组织领导方面取得进步

评估结果显示，本溪市在"法治政府建设的组织领导"指标上进步幅度很大。在2015年度评估中，本溪市在"组织领导"指标下得分39分（该指标总分为80分），比全国平均分高5.67分，得分率为48.75%，全国排名第36位；在2016年度评估中，本溪市在"法治政府建设是组织领导"指标上仅得到32分，比全国平均分低7.39分，得分率为40%，全国排名第79位；本年度评估中，本溪市在该指标下得到54分，比全国平均分高出6.78分，得分率为67.5%，全国排名第26位。从本年度上升的得分率和全国排名情况来看，本溪市人民政府本年度在法治政府建设的组织保障、落实机制等方面的工作取得了较大进步。

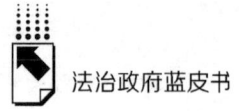

3. 监督与问责机制逐步完善

评估结果显示，在"监督与问责"一级指标下，本溪市得到 77.08 分（该指标总分为 100 分），比全国平均分高出 3.63 分，全国排名第 40 位；2016 年度评估中，本溪市在该指标下得到 67.87 分，比全国平均分低 0.1491 分，全国排名第 54 位；2015 年度评估中，本溪市在该指标下得到 60 分，比全国平均分低 4.945 分，全国排名第 71 位。本溪市在该指标下的得分连续三年增加，在本年度评估中得分超过全国平均分，这一评估结果反映出本溪市正在完善和落实监督与问责制度上的良好趋势。

（二）问题

1. 社会公众满意度较低

评估结果显示，2017 年度本溪市在"社会公众满意度调查"指标下得分为 119.7 分（该指标总分为 200 分），比全国平均分低 8.45 分，全国排名第 82 位；在 2016 年度评估中，本溪市在该指标下得分 119.03 分，比平均分低 10.58 分，全国排名第 83 位；在 2015 年度评估中，本溪市在该指标下得分为 119.67 分，比平均分高 2.308 分，全国排名第 40 位。连续三年的评估结果表明，本溪市在该指标下的得分率不足 60%，全国排名落后，这反映出本溪市政府在法治政府建设的各方面的工作成效没能够获得公众的认同。

2. 社会矛盾的化解与行政争议解决方面有待提升

在本年度评估中，本溪市在"社会矛盾化解与行政争议"指标下得分为 56 分（本指标总分为 100 分），全国排名第 87 位；在 2016 年度评估中，本溪市在该指标下得分为 66 分，全国排名第 65 位；在 2015 年度评估中，本溪市在该指标下得分为 40 分，全国排名第 85 位。综合三年的评估结果显示，本溪市在社会矛盾化解和行政争议解决的制度建设和实施方面都存在较多不足之处，在本年度评估中得分率不满 50%，说明本溪市政府在社会矛盾化解和行政争议解决方面的能力有待提升。

3. 依法全面履行政府职能方面表现欠佳

在 2015 年度评估中，本溪市在"机构职能"指标下得分为 79 分，低于平均分 0.8 分，全国排名第 54 位；在 2016 年度评估中，本溪市在"依法全面履行政府职能"指标下得分 73 分，低于平均分 3.23 分，全国排名第 62 位；在 2017 年度评估中，本溪市在该指标下得分 72 分（本指标总分 100 分），低于平均分 10.81 分，全国排名第 92 位。评估结果显示，本溪市政府在该指标的得分和全国排名连续下滑，与全国平均分差距逐渐增大，这反映出本溪市未能按照要求将依法全面履行政府职能放在突出位置，在政府机构设置、优化公共服务、落实简政放权等相关方面需要作出更多努力。

六 毕节市人民政府

一、毕节市法治政府建设情况

毕节市人民政府评估总分为615.55分，低于全国平均水平（687.22分）71.67分，在全部评估的100个城市中排名第90位，在西部区域20个城市中排名第15位。该市政府得分按一级指标分析见表11-6。

表11-6 毕节市人民政府一级指标评估得分分析表

指标\分析	依法全面履行政府职能	法治政府建设的组织领导	依法行政制度体系	行政决策	行政执法	政务公开	监督与问责	社会矛盾化解与行政争议解决	社会公众满意度调查
得分	85	38	28	82	49	86.67	76.83	53.69	116.36
与平均分差	2.19	-9.22	-17.92	9.81	-20.03	-11.31	3.38	-16.79	-11.79
与最高分差	-13	-34	-50	-13	-49.1	-31.05	-9.65	-36.12	-51.62
排名	36	81	84	13	93	84	42	95	89

每项一级指标换算成百分比并与全国平均水平比较得出图11-6。

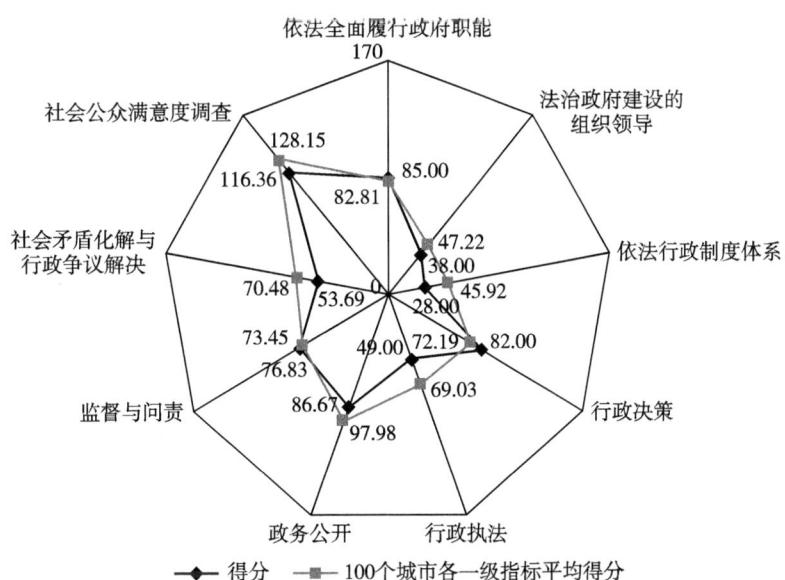

图11-6 毕节市人民政府评估得分与全国平均得分比较图

可以看出，该市依法全面履行政府职能、行政决策、监督与问责这三个指标高于全国平均水平，说明该市政府在这三个方面评价较高。法治政府建设的组织领导、依法行政制度体系、行政执法、政务公开、社会矛盾化解与行政争议解决和社会公众满意度调查这六个指标低于全国平均水平，说明该市政府在这六个方面评价较低。

二、毕节市法治政府建设情况分析

在2017年全国法治政府评估中，毕节市得到615.55分（总分1000分），在100个被测评城市中排名第90位，在西部区域20个城市中排名第15位（2016年度评估中毕节市得到630.46分，排名第76位；2015年度评估中，毕节市得到563.22分，排名第80位）。这一评估结果反映出，毕节市的法治政府建设水平不高，在法治政府建设的组织领导、依法行政制度体系、行政执法、政务公开等多个指标上有着较大的提升空间。

（一）成绩

1. 行政决策表现优异

本年度评估结果显示，在"行政决策"一级指标下，毕节市得到82分，比全国平均分高出9.81分，位居全国第13位；2016年度和2015年度评估中，毕节市在"行政决策"指标下分别得到79分、77分，排名均列全国第16位。通过对比连续三年的测评结果可以看出，毕节市在该指标下平均得分率近80%，得分率较高。尤其是在重大决策风险评估制度建立、重大决策预公开制度建立、重大决策结果公开及重大决策后信息追踪收集及反馈制度建立等具体事项中，毕节市表现优异。

2. 监督与问责情况有所改善

评估结果显示，毕节市在这一指标下本年度评估得分为76.83分（本项指标满分为100分），比全国平均分高3.38分。2016年度评估中，毕节市在该项指标下得到70.87分，比全国平均分高2.8509分；2015年度评估中，毕节市在该项指标下得到57分，比全国平均分低7.945分。连续三年的评估结果显示，毕节市政府的监督与问责情况呈逐步改善的趋势，内外部监督一定程度上起到了实效。

（二）问题

1. 社会矛盾化解与行政争议解决实效不足

评估结果显示，毕节市在"社会矛盾化解与行政争议解决"指标上表现不佳。

2016年评估中，毕节市在该指标下得到73分，比全国平均分高4.9分；2015年评估中，毕节市在该指标上得到46分，比全国平均分低7.7分；但在本年度评估中，毕节市在该指标下得分大幅下降，仅为53.69分（该指标总分为100分），比全国平均分低16.79分，位居全国第95位。通过分析评估结果，反映出毕节市社会矛盾化解和行政争议解决的实际效果与法治政府建设的预期效果存在较大差距，还需进一步建立健全社会矛盾化解和行政争议解决制度。

2. 行政执法不规范

评估结果显示，在"行政执法"一级指标下，毕节市得到49分（该指标总分为120分），比全国平均分低20.03分，得分率仅为40.83%；2016年度评估中，毕节市在该指标下得到60分，比全国平均分低9.514分；2015年度评估中，毕节市在该指标下得到41分，比全国平均分高出21.795分。连续三年的评估结果反映出，毕节市行政执法的法治化水平较低，行政执法不规范，在行政执法体制、行政执法程序、行政执法方式、行政执法责任制的建立和落实还有较大的进步空间。

3. 社会公众满意度不高

评估结果显示，毕节市法治政府建设的社会公众满意度得分为116.36分（该指标总分为200分），比全国平均分低11.79分，比最高分低51.62分，得分率仅为58.18%。从纵向来看，社会公众满意度指标下滑严重，2016年度评估中该项指标得分为134.84分，比全国平均分高5.23分；2015年度评估中该项指标得分为107.22分，比全国平均分低10.142分。社会公众满意度不高，反映出毕节市依法行政、建设法治政府、服务型政府、高效政府及阳光政府等工作仍有待进一步加强，使社会公众能够切实感受到法治政府建设的成果。

4. 依法行政的制度体系不完善

在依法行政制度体系建设方面，毕节市在2016年评估中得到37分（该指标总分80分），比全国平均分低13.76分，得分率为46.25%，位居全国第90位；在2015年评估中得到32分，比全国平均分低11.46分，得分率为40%，位居全国第83位；在本年度评估中仅得到28分，比全国平均分低17.92分，得分率下降为35%，位居全国第84位。从近三年的评估数据可以看出，毕节市依法行政制度体系建设持续处于较低水平，与依法行政的理想状态相比还有较大差距，依法行政制度体系建设工作有待加强。

七 沧州市人民政府

一、沧州市法治政府建设情况

沧州市人民政府评估总分为601.7分,低于全国平均水平(687.22分)85.52分,在全部评估的100个城市中排名第93位,在东部区域48个城市中排名第48位。该市政府得分按一级指标分析见表11-7。

表11-7 沧州市人民政府一级指标评估得分分析表

指标 分析	依法全面履行政府职能	法治政府建设的组织领导	依法行政制度体系	行政决策	行政执法	政务公开	监督与问责	社会矛盾化解与行政争议解决	社会公众满意度调查
得分	91	34	35	63	64.3	70	66.77	57.33	120.3
与平均分差	8.19	-13.22	-10.92	-9.19	-4.73	-27.98	-6.68	-13.15	-7.85
与最高分差	-7	-38	-43	-32	-33.8	-47.72	-19.71	-32.48	-47.68
排名	11	91	70	85	63	95	84	84	77

每项一级指标换算成百分比并与全国平均水平比较得出图11-7。

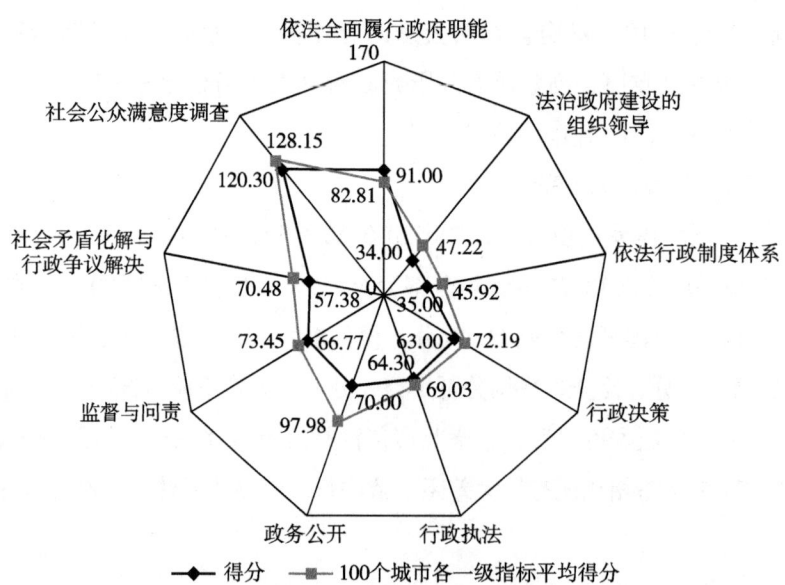

图11-7 沧州市人民政府评估得分与全国平均得分比较图

可以看出,该市依法全面履行政府职能指标高于全国平均水平,说明该市政府在这个方面评价较高。法治政府建设的组织领导、依法行政制度体系、行政决策、行政执法、政务公开、监督与问责、社会矛盾化解与行政争议解决、社会公众满意度调查这八个指标低于全国平均水平,说明该市政府在这八个方面评价较低。

二、沧州市法治政府建设情况分析

在2017年全国法治政府评估中,沧州市得到601.7分(总分1000分),在100个被测评城市中排名第93位,在东部区域48个城市中排名第48位(2016年度评估中,沧州市得到617.75分,排名第81位;2015年度评估中沧州市得到555.15分,排名第86位)。评估结果反映出沧州市法治政府建设的整体水平不高,根据《法治政府建设实施纲要(2015—2020年)》的要求,沧州市人民政府在政务公开、法治政府建设的组织领导、社会矛盾化解与行政争议等多个方面需要进一步努力,提升政府的法治化水平。

(一)成绩

1. 依法全面履行政府职能水平较高

评估结果显示,在本年度评估中,沧州市在依法全面履行政府职能这一指标下得分为91分(该指标满分为100分),得分率为91%,位居全国第11位。2016年度和2015年度评估中,该项指标得分均为84分,得分率均超过80%,分列全国第28位、第31位。从连续三年评估结果来看,沧州市依法全面履行政府职能水平较高,政府机构的职能及政府机构对于依法行政工作的组织领导基本符合法治政府建设的要求。

2. 依法行政的制度体系有所改善

在依法行政制度体系建设方面,沧州市在2015年评估中得到25分(该指标总分80分),比全国平均分低18.46分,位居全国第95位;在2016年评估中得到25分,比全国平均分低25.76分,位居全国第97位;在本年度评估中得到35分,比全国平均分低10.92分,位居全国第70位。从近三年的评估数据可以看出,虽然近年来沧州市依法行政制度体系建设在整体上依然处于较低水平,与理想状态相比还有较大差距,但是从整体趋势来看,沧州市依法行政制度体系的建设工作有所改善。

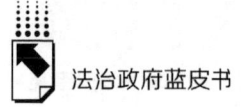

（二）问题

1. 政务公开程度不高

本年度评估结果显示，在"政务公开"一级指标下，沧州市得到70分，比全国平均分低27.98分，排名全国第95位；2015年度评估中，沧州市在"政府信息公开"指标下得到91分，比全国平均分低6.5分，排名全国第68位；2016年度评估中，沧州市在该项指标下得到93.75分，比全国平均分高1.175分，排名全国第47位。对比连续三年的测评结果可以看出，沧州市在该指标下排名下降幅度较大，本年度得分反映出沧州市的政务公开工作在全国处于落后地位。具体而言，沧州市在重点领域信息公开、政府门户网站建设维护、政府数据开放、依申请信息公开等多个方面工作都需要进一步加强。

2. 法治政府建设的组织领导工作不扎实

评估结果显示，2017年度沧州市在"法治政府建设的组织领导"指标下得分为34分（该指标总分为80分），比全国平均分低13.22分，得分率为42.5%。2016年度和2015年度该项指标分别得到30分和36分，得分率均不足50%。可以得出结论，沧州市法治政府建设的组织领导工作不扎实，未能全面落实《法治政府建设实施纲要（2015—2020年）》在新形势下对法治政府建设提出的要求，对政府法制工作的组织保障不够充分，推进依法行政考核的工作仍有较大的提升空间。

3. 社会矛盾化解与行政争议解决能力下降

评估结果显示，沧州市在本年度"社会矛盾化解与行政争议解决"这一指标中得57.33分（该指标总分为100分），比全国平均分低13.15分，位列全国第84名。2016年度评估中，沧州市在该指标上得到77分，比全国平均分高8.9分；2015年度评估中，沧州市在该指标下得到48分，比全国平均分低5.7分。通过对比连续三年的评估结果发现，沧州市在这一指标中的得分不稳定，其中本年度较上一年度的得分下降幅度较大，一定程度上反映了该市社会矛盾化解与行政争议解决能力有所下降。

八 长春市人民政府

一、长春市法治政府建设情况

长春市人民政府评估总分为652.6分，低于全国平均水平（687.22分）34.62分，在全部评估的100个城市中排名第73位，在中部区域32个城市中排名第19位。该市政府得分按一级指标分析见表11-8。

表11-8 长春市人民政府一级指标评估得分分析表

指标 分析	依法全面履行政府职能	法治政府建设的组织领导	依法行政制度体系	行政决策	行政执法	政务公开	监督与问责	社会矛盾化解与行政争议解决	社会公众满意度调查
得分	83	45	20	56	59.6	103.72	77.53	76.67	131.08
与平均分差	0.19	-2.22	-25.92	-16.19	-9.43	5.74	4.08	6.19	2.93
与最高分差	-15	-27	-58	-39	-38.5	-14	-8.95	-13.14	-36.9
排名	49	61	98	95	77	40	37	28	35

每项一级指标换算成百分比并与全国平均水平比较得出图11-8。

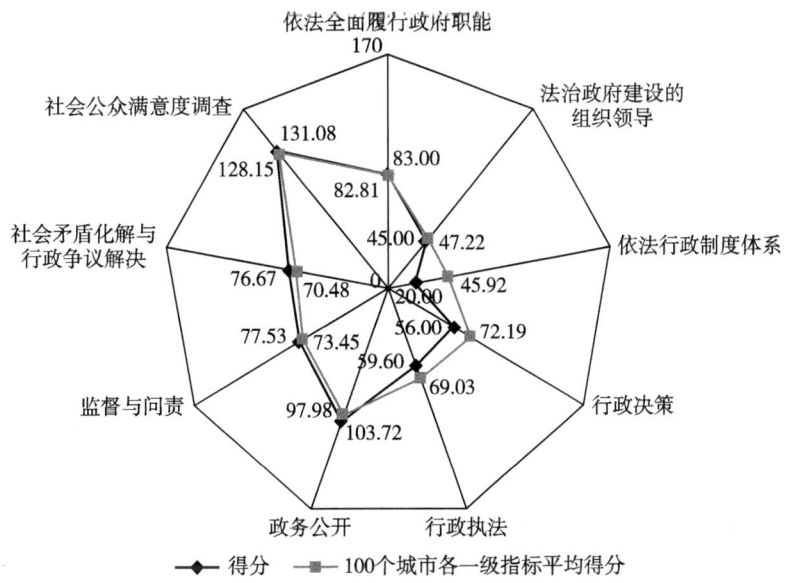

图11-8 长春市人民政府评估得分与全国平均得分比较图

可以看出，该市依法全面履行政府职能、政务公开、监督与问责、社会矛盾化解与行政争议解决和社会公众满意度调查这五个指标高于全国平均水平，说明该市政府在这五个方面评价较高。法治政府建设的组织领导、依法行政制度体系、行政决策、行政执法这四个指标低于全国平均水平，说明该市政府在这四个方面评价均较低。

二、长春市法治政府建设情况分析

在2017年全国法治政府评估中，长春市得到652.6分（总分1000分），在100个被测评城市中排名第73位，在中部区域32个城市中排名第19位（2016年度评估中长春市得到583.39分，排名第93位；2015年度评估中长春市得到533.69分，排名第92位）。这一评估结果反映出，在全国法治政府建设持续推进的大背景下，长春市法治政府建设虽然取得了一定的进步，但是仍需进一步加强法治政府的建设工作，提高法治化水平。

（一）成绩

1. 社会矛盾化解与行政争议解决取得实效

评估结果显示，长春市在"社会矛盾化解与行政争议解决"这一指标中得76.67分，位居全国第28位，比全国平均分高6.19分。对比过去两年的评估结果，在2016年评估中，长春市在该指标上得到74分，位居全国第23位；而在2015年评估中，仅得44分，位居全国第68位。连续三年的评估反映出长春市在社会矛盾化解与行政解决争议方面现已取得了较大进步，值得肯定，但仍有进一步提升的空间。

2. 社会公众满意度显著提高

评估结果显示，长春市法治政府建设的社会公众满意度得分为131.08分（该指标总分为200分），比全国平均分高2.93分，比最高分低36.9分，位居全国第35位。从纵向来看，社会公众满意度指标是长春市进步最大的指标，在2015年和2016年评估中分别得到101.19分和106.89分，分列为全国第91位和第97位。反映出公众在长春市法治政府建设过程中能够切实感受到权力运行状况的改善，对法治政府建设成果逐步产生了充足的获得感。

3. 政务公开水平显著提高

本年度评估结果显示，在"政务公开"一级指标下，长春市得到103.72分（该指标总分120分），比全国平均分高出5.74分，排名全国第40位；2016年度评估中，长春市在"政务公开"指标下仅得到48.25分，排名全国第100位；2015年度评估中，长春市在"政府信息公开"指标下得到85分，排名全国第83位。对比连续三年的测评结果可以看出，在本年度中，长春市在该指标的进步明显，反映出长春市在法治政府建设工作中对政务公开工作的逐步重视，政务公开的力度明显加大。

（二）问题

1. 依法行政的制度体系不完善

在依法行政制度体系建设方面，长春市在2015年评估中得到34分（该指标总分80分），比全国平均分低9.46分，得分率为42.5%，位居全国第81位；在2016年度评估中得到40分，比全国平均分低10.76分，得分率为50%，位居全国第85位；在本年度评估中仅得到20分，比全国平均分低25.92分，得分率下降为25%，位居全国第98位。从近三年的评估数据可以看出，长春市依法行政制度体系建设在整体上处于较低水平，在行政规范性文件制定的制度化和规范化、行政规范性文件的合法性以及行政规范性文件定期清理制度的建立和落实方面需要进一步加强工作，依法行政制度体系建设与完善任重道远。

2. 行政执法不规范

评估结果显示，在"行政执法"一级指标下，长春市得到59.6分（该指标总分为120分），比全国平均分低9.43分；2016年度评估中，长春市在该指标下得到74.6分，比全国平均分高出5.086分；2015年度评估中，长春市在该指标下得到47分，比全国平均分低15.795分。连续三年的评估结果反映出，虽然在2016年评估中行政执法这一指标得分有所增长，但是在本年度评估中再度回落。整体看来，长春市行政执法规范化还有待进一步加强。

3. 行政决策合法性、科学性、民主性、公开性不足

评估结果显示，在"行政决策"一级指标下，长春市在本年度评估中仅得56分（该指标总分为100分），比全国平均分低16.19分，位居全国第95位；在2016年度和2015年度评估中，长春市在该指标下分别得55分和56分，分列全国第93位和第75位。通过对比连续三年的评估结果，长春市在行政决策这一指标中得分几乎无变化，但同比位次不断下降，说明在推进依法行政的大背景下，长春市需要进一步加强行政决策的合法性、科学性、民主性和科学性。

4. 法治政府建设的组织领导工作不扎实

评估结果显示，本年度长春市在"法治政府建设的组织领导"指标下得分为45分（该指标总分为80分），比全国平均分低2.22分，得分率为56.25%。2016年度评估中，长春市在该指标下得30分，比全国平均分低9.39分；在2015年度评估中，长春市在该指标下得23分，比全国平均分低10.33分。通过对比连续三年的评估结果，虽然长春市在该指标下取得了一定的进步，但是从整体看来，该市的法治政府建设的组织领导工作仍处较低水平，未能全面落实《法治政府建设实施纲要（2015—2020年）》在新形势下对法治政府建设提出的要求，对政府法制工作的组织保障不够充分。

九 常德市人民政府

一、常德市法治政府建设情况

常德市人民政府评估总分为720.47分，高于全国平均水平（687.22分）33.25分，在全部评估的100个城市中排名第32位，在中部区域32个城市中排名第4位。该市政府得分按一级指标分析见表11-9。

表11-9 常德市人民政府一级指标评估得分分析表

指标 分析	依法全面履行政府职能	法治政府建设的组织领导	依法行政制度体系	行政决策	行政执法	政务公开	监督与问责	社会矛盾化解与行政争议解决	社会公众满意度调查
得分	84	47	56	84	78.8	85	75.13	70.92	139.62
与平均分差	1.19	-0.22	10.08	11.81	9.77	-12.98	1.68	0.44	11.47
与最高分差	-14	-25	-22	-11	-19.3	-32.72	-11.35	-18.89	-28.36
排名	45	55	31	10	28	85	49	50	15

每项一级指标换算成百分比并与全国平均水平比较得出图11-9。

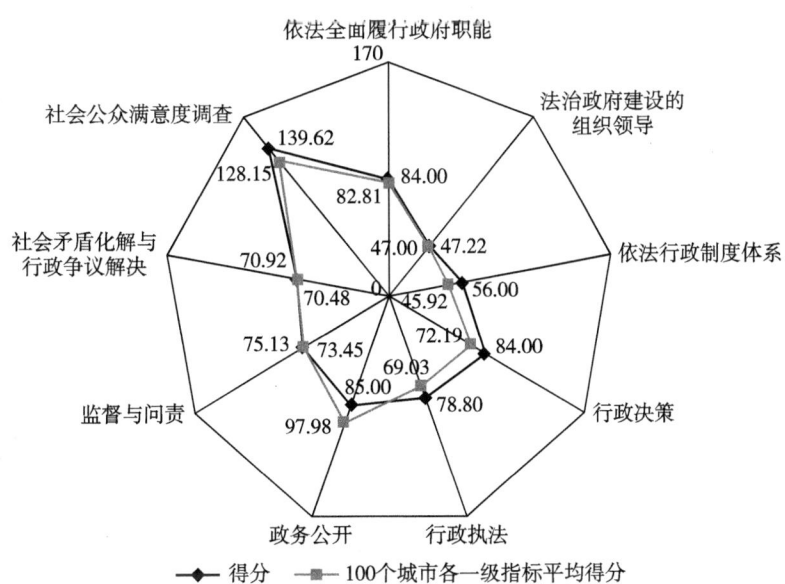

图11-9 常德市人民政府评估得分与全国平均得分比较图

可以看出，该市依法全面履行政府职能、依法行政制度体系、行政决策、行政执法、监督与问责、社会矛盾化解与行政争议解决、社会公众满意度调查这七个指标高于全国平均水平，说明该市政府在这七个方面评价较高。法治政府建设的组织领导、政务公开这两个指标低于全国平均水平，说明该市政府在这两个方面评价较低。

二、常德市法治政府建设情况分析

在2017年全国法治政府评估中，常德市得到720.47分（总分1000分），在100个被测评城市中排名第32位，在中部区域32个城市中排名第4位（2016年度评估中常德市得684.68分，排名第36位；2015年度评估中，常德市得到655.58分，排名第25位）。这一评估结果反映出，常德市法治政府建设水平持续提高，符合全国法治政府建设持续推进的大背景，但在政务公开、法治政府建设的组织领导等方面仍然有较大的提升空间。

（一）成绩

1. 社会公众满意度较高

评估结果显示，常德市法治政府建设的社会公众满意度得分为139.62分（该指标总分为200分），比全国平均分高出11.47分，比最高分低28.36分，得分率为69.81%，位列全国第15位。2016年度评估中，常德市该项指标得分为139.23分，比全国平均分高出9.62分，位列全国第24位；2015年度评估中，常德市该项指标得分为118.18分，比全国平均分高出0.818分，位列全国第46位。通过对比连续三年的评估结果发现，常德市法治政府建设过程中社会公众满意度高，且呈逐年上升的趋势，值得其他城市学习。

2. 行政执法较为规范

评估结果显示，在"行政执法"一级指标下，常德市得到78.8分（该指标总分为120分），比全国平均分高出9.77分，位列全国第28位；2016年度评估中，常德市在该指标下得到61.2分，比全国平均分低8.314分，位列全国第73位；2015年度评估中，常德市在该指标下得到68.5分，比全国平均分高出5.705分，位列全国第39位。连续三年的评估结果反映出，常德市行政执法这一指标得分变化较大，本年度较上一年度相比具有显著提升，说明常德市行政执法规范化水平得到提高，法治化程度较高。

（二）问题

1. 政务公开程度有待提升

本年度评估结果显示，在"政务公开"一级指标下，常德市得到85分（本项指标满分为120分），比全国平均分低12.98分，位列全国第85位；2016年度评估中，常德市在"政务公开"指标下得到104.5分，排名全国第20位；2015年度评估中，常德市在"政府信息公开"指标下得到96分，排名全国第57位。对比连续三年的测评结果可以看出，常德市在该指标下本年度得分较往年大幅下降，反映出常德市的政务公开工作有待加强。具体而言，在重点领域信息公开、政府门户网站建设维护、政府信息获取效率、政府数据开放、依申请信息公开等多个方面都需加以重视。

2. 法治政府建设的组织领导工作有待加强

评估结果显示，2017年度常德市在"法治政府建设的组织领导"指标下得分为47分（该指标总分为80分），比全国平均分低0.22分，位列全国第55位。对比2016年度及2015年度常德市在这一指标上得分分别为48分和40分，排名分别为19位和35位。可以得出结论，常德市法治政府建设的组织领导工作这一指标的分数较往年变化不大，但是排名较往年严重落后，说明该市同比其他城市政府在本年度未能进一步提高本市法治政府建设的组织领导工作。同时也反映出常德市未能全面落实《法治政府建设实施纲要（2015—2020年）》在新形势下对法治政府建设提出的要求，法治政府建设的组织领导工作仍待进一步加强。

3. 依法行政的制度体系不完善

在依法行政制度体系建设方面，常德市在2015年度评估中得到64分（该指标总分80分），比全国平均分高出20.54分，位列全国第9位；在2016年评估中得到60分，比全国平均分高出9.24分，位列全国第27位；在本年度评估中得分下降为56分，比全国平均分高出10.08分，排名下降为全国第31位。从近三年的评估数据可以看出，尽管从总体上来看近年来常德市依法行政制度体系建设的形势较好，但是得分与排名呈不断下降的趋势，与《法治政府建设实施纲要（2015—2020年）》提出的关于依法行政制度体系建设的新要求有所差距。常德市人民政府应当从行政规范性文件制定的制度化、规范化、合法性以及定期清理制度的建立和落实方面进一步完善依法行政的制度体系。

十 长沙市人民政府

一、长沙市法治政府建设情况

长沙市人民政府评估总分为 743.5 分,高于全国平均水平(687.22 分)56.28 分,在全部评估的 100 个城市中排名 18 位,在中部区域 32 个城市中排名第 2 位。该市政府得分按一级指标分析见表 11-10。

表 11-10 长沙市人民政府一级指标评估得分分析表

指标 分析	依法全面履行政府职能	法治政府建设的组织领导	依法行政制度体系	行政决策	行政执法	政务公开	监督与问责	社会矛盾化解与行政争议解决	社会公众满意度调查
得分	78	56	68	86	81.2	103.15	74.52	67.01	129.62
与平均分差	-4.81	8.78	22.08	13.81	12.18	5.17	1.07	-3.47	1.47
与最高分差	-20	-16	-10	-9	-16.9	-14.57	-11.96	-22.8	-38.36
排名	77	18	12	7	21	41	53	69	43

每项一级指标换算成百分比并与全国平均水平比较得出图 11-10。

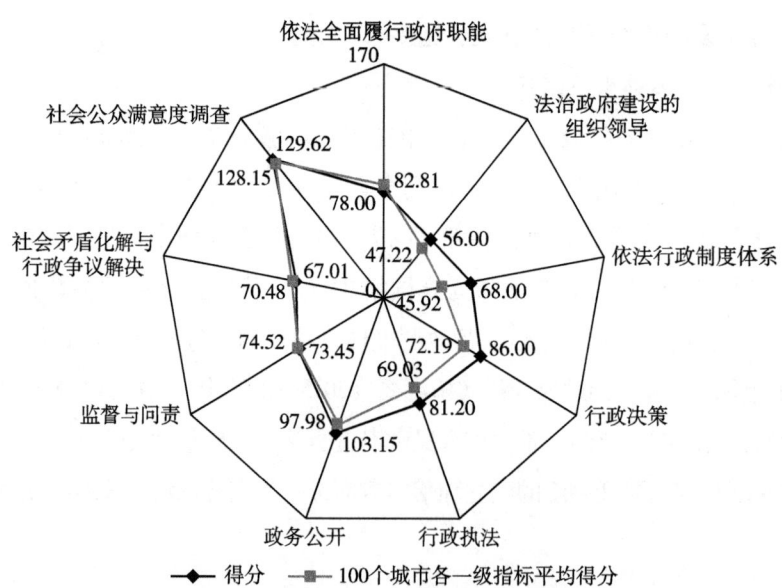

图 11-10 长沙市人民政府评估得分与全国平均得分比较图

可以看出，该市法治政府建设的组织领导、依法行政制度体系、行政决策、行政执法、政务公开、监督与问责、社会公众满意度调查这七个指标高于全国平均水平，说明该市政府在这七个方面评价较高。依法全面履行政府职能、社会矛盾化解与行政争议解决这两个指标得分低于全国平均水平，说明该市政府在这两个方面评价较低。

二、长沙市法治政府建设情况分析

在2017年度全国法治政府评估中，长沙市得到743.5分（总分1000分），在100个被测评城市中排名第18位，在中部区域32个城市中排名第2位（2016年度评估中长沙市得到750.94分，排名第7位；2015年度评估中，长沙市得到737.68分，排名第8位）。这一评估结果反映出，在全国法治政府建设持续推进的大背景下，长沙市法治政府建设在稳定推进的同时，长沙市政府需要加强在依法全面履行政府职能、社会矛盾化解与行政争议解决等方面的工作。

（一）成绩

1. 依法行政制度体系逐渐完善

本年度评估结果显示，在"依法行政制度体系"一级指标下，长沙市得分68分（该指标总分80分），得分率为85%，排名全国第12位；2016年度评估中，长沙市在"依法行政制度体系"指标下得分65分，得分率为81.25%，排名全国第14位；2015年度评估中，长沙市在"依法行政制度体系"指标下得到65分，得分率为81.25%，排名全国第8位。通过对2015~2017连续3年的得分和排名情况进行比较，可以看出长沙市政府在本指标的排名在全国排名中较为靠前，得分率较为稳定。在本年度评估中，与自身接受评估的其他指标相比，该指标在全国的排名最高，与最高分的分差最小，说明"依法行政制度体系"的建设在长沙市取得了一定的成绩。

2. 政务公开工作取得进步

本次评估结果显示，长沙市政府的"政务公开"一级指标得分103.15分（该指标总分120分），得分率为85.96%，排名全国第41位，高出平均分5.17分；2016年度评估中，长沙市在该指标下得分91分，得分率为75.83%，排名全国第57位，低于平均分1.575分；2015年度评估中，长沙市在该指标下得分85分，得分率为70.83%，排名全国83，低于平均分12.5分。综合三年的评估结果可以看到，尽管长沙市的"政务公开"在全国排名较为落后，但该指标得分率涨幅相较2016年增长

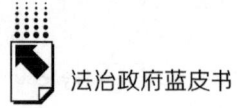

10%，在2017年度评估中，该指标得分首次超过了全国平均分，排名连续上升并进入了全国前50。说明长沙市的"政务公开"工作呈现出逐年改善的良好趋势并获得了稳定的进步。

3. 行政决策较为规范

评估结果显示，在"行政决策"一级指标下，长沙市得到86分（该指标总分为100分），比全国平均分高出13.81分，全国排名第7位；2016年度评估中，长沙市在该指标下得到84分，比全国平均分高出15.13分；2015年度评估中，长沙市在该指标下得到81分，比全国平均分高出16.45分。连续三年的评估结果可以看出该指标得分较为稳定，连续三年得分超过平均分获得较高的成绩，反映出长沙市行政决策较为规范，法治化程度较高。

（二）问题

1. 依法全面履行政府职能方面尚未完全落实

评估结果显示，2017年度长沙市在"依法全面履行政府职能"指标下得分为78分（该指标总分为100分），比全国平均分低4.81分，全国排名第79位；2016年度评估中，长沙市在该指标得分为79分，比全国平均分高2.77分，全国排名第44位；2015年度评估中，长沙市在该指标得分89分，比全国平均分高9.2分，全国排名第16位。综合三年的评估结果可以看出，尽管评估得分相对稳定，但在"依法全面履行政府职能"这一指标的排名上，长沙市的表现呈现逐年落后的趋势，说明长沙市在落实优化机构设置与公共服务、落实简政放权等方面存在不符合法治政府的要求的地方，今后需要继续改进与调整。

2. 社会矛盾化解与行政争议解决方面有待提升

评估结果显示，在"社会矛盾化解与行政争议解决"指标下，长沙市在2017年度评估中得67.01分（该指标总分100分），比全国平均分低3.47分，得分率为67.01%；在2016年评估中，长沙市在该指标下得72分，比全国平均分高3.9分，得分率为72%；在2015年评估中得到80分，比全国平均分高26.3分，得分率为80%。从近三年的评估结果可以看出，长沙市在"社会矛盾化解与行政争议解决"这一指标的得分率逐年下降，2017年的全国排名相较2017年后退53名。评估结果反映出长沙市政府对社会矛盾化解与行政争议解决方面的制度建设不佳、制度落实不足，长沙市社会矛盾化解水平有待提升的现状。

3. 监督与问责方面仍需加强

评估结果显示，2017年度长沙市在"监督与问责"这一指标的得分为74.52分（本指标总分100分），全国排名第53位；2016年度长沙市在本指标的得分为71.75分，全国排名第31位；2015年度长沙市在本指标得分为69.5分，全国排名第28位。连续三年的评估结果显示，长沙市在本指标得分率逐年上升，但是在全国排名日益下降，这反映出长沙市在本指标的进步要小于很多在先前评估中排名较为落后的城市，长沙市的"监督与问责"制度建设方面有待加强，需要继续完善外部与内部的具体监督制度，严格落实问责。

十一 成都市人民政府

一、成都市法治政府建设情况

成都市人民政府评估总分为739.05分,高于全国平均水平(687.22分)51.83分,在全部评估的100个城市中排名第20位,在西部区域20个城市中排名第2位。该市政府得分按一级指标分析见表11-11。

表11-11 成都市人民政府一级指标评估得分分析表

指标 分析	依法全面履行政府职能	法治政府建设的组织领导	依法行政制度体系	行政决策	行政执法	政务公开	监督与问责	社会矛盾化解与行政争议解决	社会公众满意度调查
得分	88	54	60	79	82.4	96.86	85.42	75.09	118.28
与平均分差	5.19	6.78	14.08	6.81	13.38	-1.12	11.97	4.61	-9.87
与最高分差	-10	-18	-18	-16	-15.7	-20.86	-1.06	-14.72	-49.7
排名	25	26	20	27	18	58	3	35	86

每项一级指标换算成百分比并与全国平均水平比较得出图11-11。

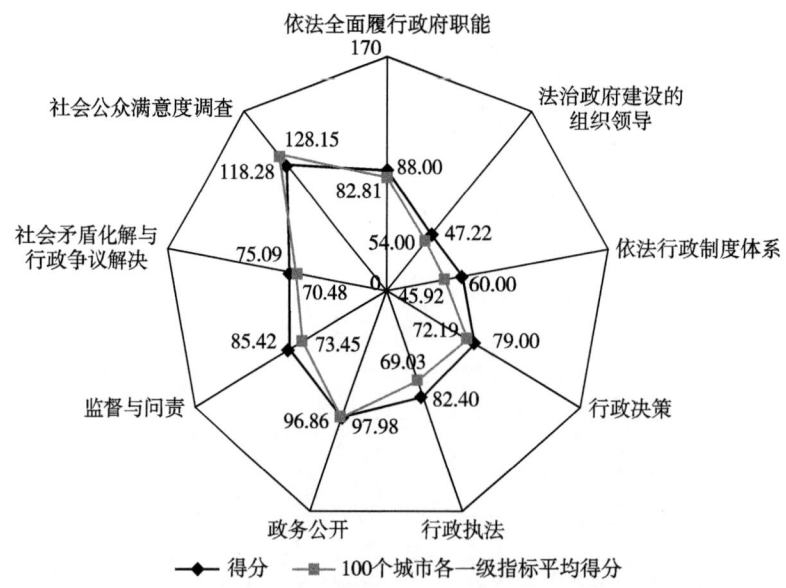

图11-11 成都市人民政府评估得分与全国平均得分比较图

可以看出，该市依法全面履行政府职能、法治政府建设的组织领导、依法行政制度体系、行政决策、行政执法、监督与问责、社会矛盾化解与行政争议解决这七个指标高于全国平均水平，说明该市政府在这七个方面评价较高。政务公开、社会公众满意度调查这两个指标得分低于全国平均水平，说明该市政府在这两个方面评价较低。

二、成都市法治政府建设情况分析

在2017年全国法治政府评估中，成都市得到739.05分（总分1000分），在100个被测评城市中排名第20位，在西部区域20个城市中排名第2位（2016年度评估中成都市得到722.12分，排名第17位；2015年度评估中，成都市得到722.14分，排名第10位）。成都市的法治政府建设评估的总分数增加，但全国排名逐年下降，该趋势反映出成都市法治政府建设在稳步推进取得长足进步的同时，也需要发现并及时解决自身建设过程中的出现的问题。

（一）成绩

1. 监督与问责落实到位

本年度评估结果显示，成都市在"监督与问责"一级指标下得分85.42分（本指标总分100分），得分率为85.42%，全国排名第3位；在2016年度评估中，本指标得分为71.86分，全国排名第29位；在2015年度评估中，本指标得分为80分，全国排名第5位。从本指标得分和排名情况可以看出，在经过2016年的下降之后，成都市在2017年度的评估中在"监督与问责"的制度建构和落实上再次取得了优异的成绩，其工作成果值得肯定。

2. 行政执法更加规范

评估结果显示，"行政执法"指标是成都市唯一一个在评估中排名连续上升的一级指标。在2015年度评估中，成都市在该指标下的得分为64分，全国排名第47位；在2016年度评估中，成都市在该指标下的得分为80.5分，全国排名第24位；在2017年度评估中，成都市在该指标下的得分为82.4分，全国排名第18位。评估结果反映出，成都市政府在推进法治政府建设的过程中，在加快行政执法改革，规范行政执法方式，加强行政执法监督等方面取得了长足的进步。

3. 依法行政制度体系较为完善

本年度评估结果显示，在"依法行政制度体系"一级指标下，成都市得到60分

（该指标总分为80分），比全国平均分高出14.08分，全国排名第20位；2016年度评估中，成都市在该指标下的得分为60分，比全国平均分高出9.24分，全国排名第25位；2015年度评估中，成都市在该指标下的得分为53分，比全国平均分高出9.54分，全国排名第23位。连续三年的评估结果反映出，成都市在"依法行政制度体系"的排名稳中有升，在全国范围内，成都市的依法行政制度体系较为完善。

（二）问题

1. 社会公众满意度过低

评估结果显示，在"社会公众满意度调查"这一指标下，成都市在2017年度评估中得分118.28分（该指标总分为200分），全国排名第86位；在2016年度评估中，成都市在该指标下得分136.26分，全国排名第31位；在2015年度评估中，成都市在该指标下得分为104.14分，全国排名第85位。2015年和2017年度的得分率不足60%，2016年度得分率不足70%。从得分和排名情况可以看出，成都市在近年的法治政府建设中取得的成效并没有获得公众的认同，社会公众满意度过低。

2. 政务公开程度较低

在政务公开方面，在本年度评估中，成都市在"政务公开"指标下的得分为96.86分（该指标满分为120分），低于平均分1.12分，全国排名第58位；在2016年度评估中，成都市在该指标得分104.5分，全国排名第19位；在2015年度评估中，成都市在该指标得分99分，全国排名第48位。在本年度评估中，成都市政府"政务公开"指标得分在连续三年的评估中首次低于全国平均水平，且该指标的分数较前两轮的评估得分低，说明成都市在推进政府信息公开，保障社会公众的知情权，促进政府数据的有效利用等方面的工作存在短板，有待改进。

3. 社会矛盾化解与行政争议解决方面不扎实

在2017年度法治政府评估中，成都市在"社会矛盾化解与争议解决"指标的得分为75.09分（该指标满分为100分），全国排名第35位；在2016年度评估中，该指标得分64分，全国排名第70位；在2015年度评估中，该指标得分87分，全国排名第6位。尽管该指标得分在全国排名有所回升，但成都市在该指标的得分和排名波动性过大，评估结果反映出成都市在关于社会矛盾化解的制度建设和实施，以及行政争议解决体制的改革方面不够扎实。

十二 重庆市人民政府

一、重庆市法治政府建设情况

重庆市人民政府评估总分为730.35分,高于全国平均水平(687.22分)43.13分,在全部评估的100个城市中排名第26位,在西部区域20个城市中排名第3位。该市政府得分按一级指标分析见表11-12。

表11-12 重庆市人民政府一级指标评估得分分析表

指标 分析	依法全面 履行政府 职能	法治政府 建设的 组织领导	依法行政 制度体系	行政 决策	行政 执法	政务 公开	监督与 问责	社会矛盾 化解与行政 争议解决	社会公众 满意度 调查
得分	74	51	60	69	71.7	105.98	81.73	86.75	130.19
与平均分差	-8.81	3.78	14.08	-3.19	2.67	8.00	8.28	16.28	2.04
与最高分差	-24	-21	-18	-26	-26.4	-11.74	-4.75	-3.06	-37.79
排名	89	44	20	62	38	33	11	5	38

每项一级指标换算成百分比并与全国平均水平比较得出图11-12。

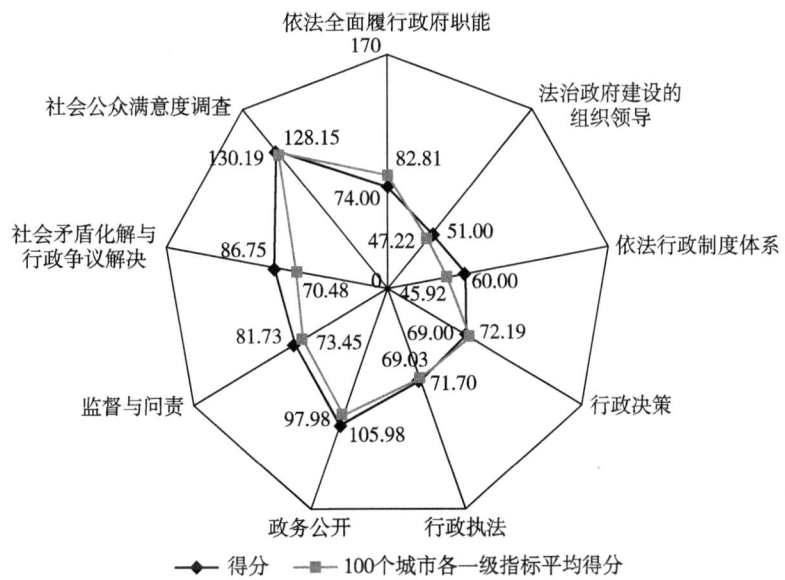

图11-12 重庆市人民政府评估得分与全国平均得分比较图

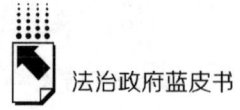

可以看出，该市法治政府建设的组织领导、依法行政制度体系、行政执法、政务公开、监督与问责、社会矛盾化解与行政争议解决、社会公众满意度调查这七个指标高于全国平均水平，说明该市政府在这七个方面评价较高。依法全面履行政府职能、行政决策这两个指标低于全国平均水平，说明该市政府在这两个方面评价较低。

二、重庆市法治政府建设情况分析

在2017年全国法治政府评估中，重庆市得到730.35分（总分1000分），在100个被测评城市中排名第26位，在西部区域20个城市中排名第3位（2016年度评估中重庆市得到717.43分，排名第18位；2015年度评估中，重庆市得到659.02分，排名第24位）。综合三年的评估结果，重庆市的法治政府建设在全国100个城市中的排名相对稳定，评估结果也反映出重庆市的法治政府建设稳步推进的同时也存在着短板，与《法治政府建设实施纲要（2015—2020年）》提出的要求相比，仍有一定的提升空间。

（一）成绩

1. 社会矛盾化解与行政争议解决表现优异

重庆市在"社会矛盾化解与行政争议解决"这一指标下得分为86.75分（该指标总分100分），得分率为86.75%，全国排名第5位；在2016年度评估中，重庆市在该指标下得分72分，得分率为72%，全国排名第29位；在2015年度评估中，重庆市在该指标得分52分，得分率为52%，全国排名第35位。连续三年的评估结果显示，重庆市在该指标下的得分率保持较高的增长，全国排名连续上升，这说明重庆市在社会矛盾化解制度建设和实施，以及行政争议处理等方面的法治化程度不断提高，重庆市政府的社会矛盾化解水平较高。

2. 监督与问责方面取得进步

本年度评估结果显示，重庆市在"监督与问责"一级指标上取得的进步幅度最大。在"监督与问责"一级指标下，重庆市得到81.73分（该指标总分100分），得分率81.73%，全国排名第11位；在2016年度评估中，重庆市在该指标下的得分为65.6分，得分率为65.6%，全国排名第69位。与2016年相比，该指标的得分率提高了16.13%，全国排名上升了58位，说明在过去一年中，重庆市政府在强化外部监督与内部监督、完善问责机制等方面有了很大改善。

3. 政务公开工作逐年改善

在2015年度评估中，重庆市政府在"政务公开"指标下的得分为90分（该指标总分120分），得分率为75%，全国排名第74位；在2016年度评估中，重庆市在该指标得分为99.5分，得分率为82.92%，全国排名第36位；在2017年度评估中，重庆市政府在该指标得分为105.98分，得分率为88.32%，全国排名第33位。评估结果显示，重庆市政府在该指标的得分率连续两年超过80%，全国排名不断上升，说明重庆市政府在推进政府信息公开，保障公众知情权，提高数据开放的规范性、充分性方面取得了长足的进步。

（二）问题

1. 依法全面履行政府职能方面有待提高

2017年度评估结果显示，重庆市政府在"依法全面履行政府职能"指标下得分为74分（该指标总分100分），全国排名第89位；在2016年度评估中，重庆市在该指标下得分为72分，全国排名第63位；在2015年度评估中，重庆市在指标下得分为76分，全国排名第72位。综合三年的评估结果，重庆市在该指标的得分相对稳定，但始终低于全国平均分，以上评估结果反映出依法全面履行政府职能是重庆市法治政府建设的短板，在简化机构设置、落实简政放权、优化公共服务等相关方面需要继续改进。

2. 行政决策体系不完善

2017年度的法治政府建设评估结果显示，重庆市在"行政决策"下的得分为69分（该指标总分100分），低于全国平均分3.19分，全国排名第62位；在2016年度评估中，重庆市在该指标的得分为71分，高于全国平均分2.13分，全国排名第44位；在2015年度评估中，重庆市在该指标得分为62分，低于平均分2.55分，全国排名第54位。与前两年评估结果相比，尽管评估分数波动不大，但重庆市在该指标的排名有明显下降，说明重庆市在行政决策体系的建设和完善方面需要进一步加强，提升行政决策的合法性、民主性、科学性。

3. 社会公众满意度下降

评估结果显示，重庆市法治政府建设的社会公众满意度得分为130.19分（该指标总分为200分），比全国平均分高2.04分，比最高分低37.79分，得分率为65%，全国排名第38位。从纵向来看，社会公众满意度指标是重庆市所有指标中在全国排

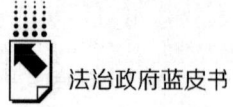

名下滑最为严重的指标（在2016年度该指标全国排名第9位）。社会公众满意度是法治政府建设工作的晴雨表，满意度的下降直接反映出重庆市人民对于本地区法治政府建设的直观感受，说明重庆市政府在公众与行政权力接触的领域需要进一步提高服务质量，优化工作机制，提高人民群众的满意度。

十三　达州市人民政府

一、达州市法治政府建设情况

达州市人民政府评估总分为706.76分，高于全国平均水平（687.22分）19.54分，在全部评估的100个城市中排名第40位，在西部区域20个城市中排名第6位。该市政府得分按一级指标分析见表11-13。

表11-13　达州市人民政府一级指标评估得分分析表

指标\分析	依法全面履行政府职能	法治政府建设的组织领导	依法行政制度体系	行政决策	行政执法	政务公开	监督与问责	社会矛盾化解与行政争议解决	社会公众满意度调查
得分	75	46	35	76	80	102	74	86	132.76
与平均分差	-7.81	-1.22	-10.92	3.81	10.98	4.02	0.55	15.53	4.61
与最高分差	-23	-26	-43	-19	-18.1	-15.72	-12.48	-3.81	-35.22
排名	86	60	70	39	25	45	57	6	28

每项一级指标换算成百分比并与全国平均水平比较得出图11-13。

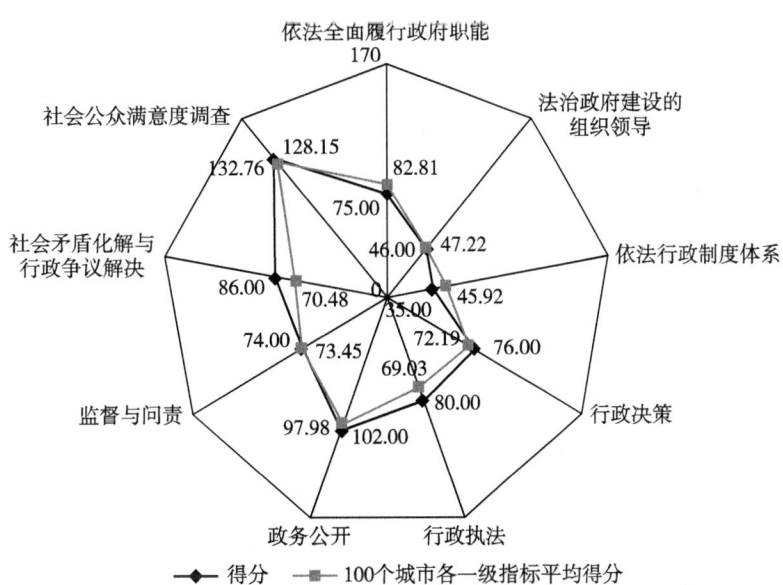

图11-13　达州市人民政府评估得分与全国平均得分比较图

可以看出，该市行政决策、行政执法、政务公开、监督与问责、社会矛盾化解与行政争议解决和社会公众满意度调查这六个指标高于全国平均水平，说明该市政府在这六个方面评价较高。依法全面履行政府职能、法治政府建设的组织领导、依法行政制度体系这三个指标低于全国平均水平，说明该市政府在这三个方面评价较低。

二、达州市法治政府建设情况分析

在2017年全国法治政府评估中，达州市得到706.76分（总分1000分），在100个被测评城市中排名第40位，在西部区域20个城市中排名第6位（2016年度评估中达州市得到652.45分，排名第59位；2015年度评估中，达州市得到584.91分，排名第68位）。综合三年的评估结果反映出，在全国法治政府建设持续推进的大背景下，达州市的法治政府建设取有着良好的发展趋势，并已经取得了显著成果，但在依法全面履行政府职能、法治政府建设的组织领导等方面的工作仍有待提升。

（一）成绩

1. 社会矛盾化解与行政争议解决取得长足进步

2015年评估中，达州市在"社会矛盾化解与行政争议解决"指标上仅得到25分（该指标总分为100分），比全国平均分低28.7分，全国排名第100位；2016年度评估中，达州市在该指标下得到72分，比全国平均分高出3.9分，得分涨幅近两倍，全国排名第33位；在2017年度评估中，达州市在指标下得到86分，比全国平均分高出15.53分，全国排名第6位。从2015年度的最后一名到2017年度的全国第6名，评估结果反映出达州市政府在解决社会矛盾、完善行政争议解决机制上取得了显著成绩。

2. 政务公开表现优异

本年度评估结果显示，"政务公开"是达州市在所有评估指标中涨幅最大的一个指标。在2015年度评估中，达州市在本指标得分为77分（该指标满分为120分），得分率为64.17%，低于平均分20.5分；在2016年度评估中，达州市在该指标得分为73.5分，得分率为61.25%，低于平均分19.075分；在2017年度评估中，达州市在该指标得分为102分，得分率为85%，高于平均分4.02分。综合三年的评估结果，达州市在该指标的得分率相比较前两年涨幅超过20%，并首次超过了全国平均分。评估结果反映出本年度达州市政府在推进政务公开，保障公众知情权的工作上取得了较大的进步。

3. 行政执法较为规范

评估结果显示，在"行政执法"一级指标下，达州市得到 80 分（该指标总分为 120 分），比全国平均分高出 10.98 分；2016 年度评估中，达州市在该指标下得到 82 分，比全国平均分高出 12.486 分；2015 年度评估中，达州市在该指标下得到 77.5 分，比全国平均分高出 14.705 分。连续三年的评估结果反映出，达州市行政执法较为规范，法治化程度在全国范围内较高，且呈现稳中有进的发展趋势。

（二）问题

1. 依法全面履行政府职能方面有待提高

评估结果显示，达州市"依法全面履行政府职能"指标在全国排名中连续两年下降。在 2015 年度评估中，达州市在"依法全面履行政府职能"指标下得分为 76 分，全国排名第 73 位；在 2016 年度评估中，达州市在该指标下得分为 66 分，全国排名第 85 位；在 2017 年度评估中，达州市在该指标下得分为 75 分，全国排名第 86 位。依法全面履行政府职能是建设法治政府的内在要求，达州市政府应当将依法全面履行政府职能放在突出位置，在规范政府机构设置、落实简政放权、优化公共服务方面做出努力。

2. 法治政府建设的组织领导进展缓慢

评估结果显示，2017 年度达州市在"法治政府建设的组织领导"指标下得分为 46 分（该指标总分为 80 分），比全国平均分低 1.22 分，得分率为 57.5%；在 2016 年度评估中，达州市在该指标下得分为 39 分，得分率为 48.75%；在 2015 年度评估中，达州市在该指标下得分 24 分，得分率为 30%。综合三年评估结果，尽管该指标得分率一直上升，但是得分不足总分的六成，说明达州市法治政府建设的组织领导工作未能全面落实《法治政府建设实施纲要（2015—2020 年）》在新形势下对法治政府建设提出的要求，存在对政府法制工作的组织保障依然不够充分，法治政府建设情况的公开不够及时，对依法行政考核的推进不够理想，政府法律顾问制度建设缓慢等问题。

3. 依法行政制度体系不够完善

在依法行政制度体系建设方面，达州市在 2015 年评估中得到 54 分（该指标总分 80 分），比全国平均分高 10.54 分，得分率为 67.5%；在 2016 年评估中得到 45 分，比全国平均分低 5.76 分，得分率为 56.25%；在 2017 年评估中得到 35 分，比全国平

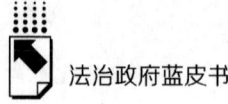

均分低 10.92 分，得分率为 43.75%。从近三年的评估数据可以看出，达州市在该指标上的得分率逐年下降，反映出达州市政府未能积极完善依法行政制度体系，在行政规范性文件制定的制度化、规范化、合法性以及定期清理制度的建立和落实等方面与法治政府建设的基本要求相比，还存在较大的提升空间。

十四　大连市人民政府

一、大连市法治政府建设情况

大连市人民政府评估总分为729.61分，高于全国平均水平（687.22分）42.39分，在全部评估的100个城市中排名第28位，在东部区域48个城市中排名第22位。该市政府得分按一级指标分析见表11-14。

表11-14　大连市人民政府一级指标评估得分分析表

指标 分析	依法全面履行政府职能	法治政府建设的组织领导	依法行政制度体系	行政决策	行政执法	政务公开	监督与问责	社会矛盾化解与行政争议解决	社会公众满意度调查
得分	84	52	58	71	76.4	101.67	79.4	85.71	121.43
与平均分差	1.19	4.78	12.08	-1.19	7.37	3.69	5.95	15.24	-6.72
与最高分差	-14	-20	-20	-24	-21.7	-16.05	-7.08	-4.1	-46.55
排名	45	36	27	56	30	47	24	7	75

每项一级指标换算成百分比并与全国平均水平比较得出图11-14。

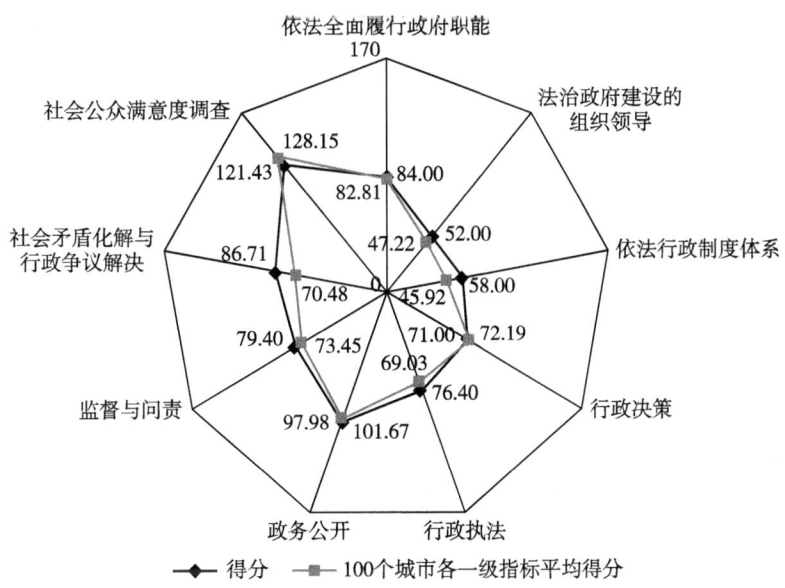

图11-14　大连市人民政府评估得分与全国平均得分比较图

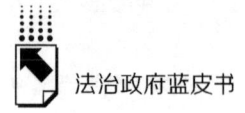

可以看出，该市依法全面履行政府职能、法治政府建设的组织领导、依法行政制度体系、行政执法、政务公开、监督与问责、社会矛盾化解与行政争议解决这七个指标高于全国平均水平，说明该市政府在这七个方面评价较高。行政决策和社会公众满意度调查这两个指标低于全国平均水平，说明该市政府在这两个方面评价较低。

二、大连市法治政府建设情况分析

《法治政府评估报告（2017）》显示，在2017年全国法治政府评估中，大连市得到729.61分（总分1000分），在100个被测评城市中排名第28位，在东部区域48个城市中排名第22位（2016年评估中，大连市得到663.27分，排名第50位；2015年评估中，大连市得到643.5分，排名第33位）。这一评估结果反映出，在全国法治政府建设持续推进的大背景下，大连市法治政府建设在取得长足进步的同时，但同时也存在着一些亟待重视和解决的问题。

（一）成绩

1. 社会矛盾化解与行政争议解决取得长足进步

评估结果显示，大连市在"社会矛盾化解与行政争议解决"指标上进步幅度最大。2016年评估中，大连市在该指标上仅得到62分，比全国平均分低6.1分，排名第80位；2017年评估中，大连市在该指标下得到85.71分（该指标总分为100分），比全国平均分高出15.24分，得分涨幅近40%，排名第7位。在社会矛盾频发和行政争议解决压力较大的情况下，取得如此进步，值得肯定。

2. 依法行政制度体系较为完善

在依法行政制度体系建设方面，大连市在2015年评估中得到45分（该指标总分80分），比全国平均分高1.54分；在2016年评估中得到52分，比全国平均分高1.24分；在2017年评估中得到58分，比全国平均分高12.08分。从近三年的评估数据可以看出，大连市依法行政制度体系建设均处于平均水平之上，总体形势稳中有升。特别是在2017年，由于该指标调整导致平均分大幅下降的情况下，分数还能有所提高，说明大连市依法行政制度体系整体较为完善，行政规范性文件公布率、报备、有效期和定期清理等制度都得到了有效落实。

3. 依法全面履行政府职能取得明显进展

评估结果显示，大连市在"依法全面履行政府职能"指标上取得明显进展，已处于全国平均分之上。2016年评估中,大连市在该指标上仅得到70分,比全国平均分低6.23分,排名第73位;2017年评估中,大连市在该指标下得到84分(该指标总分为100分),比全国平均分高出1.19分,排名第45位。大连市在推进政府机构设置优化、简化行政审批以及规范应急管理等方面取得了显著的成效。

(二)问题

1. 社会公众满意度不高

评估结果显示,大连市法治政府建设的社会公众满意度得分为121.43分(该指标总分为200分),比全国平均分低6.72分,比最高分低46.55分,得分率仅为60.7%。从近三年的评估结果来看,社会公众满意度指标是大连市推进法治政府建设的最大短板,持续三年均处于平均分之下。在该指标所涉及的15个观测点中,社会公众对重大决策参与和公正执法两项的满意度最低,平均得分率均在七成左右,反映出公众在与行政权力接触频繁的领域未能切实感受到权力运行状况的改善,未对法治政府建设成果产生充足的获得感。

2. 部分行政决策制度落实不到位

评估结果显示,2017年大连市在"行政决策"指标下得到71分(该指标总分为100分),比全国平均分低1.19分,排名第56位;2016年得分为71分,比全国平均分高2.13分,排名第45位。大连市在该指标上得分不变,但已处于平均分之下,排名也有所降低。大连市在重大决策合法性审查制度和专家论证制度等方面的落实还不到位。

3. 法治政府建设的组织领导工作还有待加强

评估结果显示,2017年大连市在"法治政府建设的组织领导"指标下得分为52分(该指标总分为80分),比全国平均分高4.78分,排名第36位;2016年得到51分,比全国平均分高11.61分,排名第14位。虽然大连市在该指标上得分有所增加,但是与平均分差逐渐缩小,排名也有所降低。这在一定程度上说明,其他城市普遍加强了对法治政府建设的组织领导工作。相比之下,大连市的持续建设能力稍显不足。

十五 大同市人民政府

一、大同市法治政府建设情况

大同市人民政府评估总分为568.86分,低于全国平均水平(687.22分)118.36分,在全部评估的100个城市中排名第96位,在中部区域32个城市中排名第30位。该市政府得分按一级指标分析见表11-15。

表11-15 大同市人民政府一级指标评估得分分析表

指标 分析	依法全面履行政府职能	法治政府建设的组织领导	依法行政制度体系	行政决策	行政执法	政务公开	监督与问责	社会矛盾化解与行政争议解决	社会公众满意度调查
得分	83	33	16	69	50.4	80	68.16	54	115.3
与平均分差	0.19	-14.22	-29.92	-3.19	-18.63	-17.98	-5.29	-16.48	-12.85
与最高分差	-15	-39	-62	-26	-47.7	-37.72	-18.32	-35.81	-52.68
排名	49	92	99	62	92	90	76	91	90

每项一级指标换算成百分比并与全国平均水平比较得出图11-15。

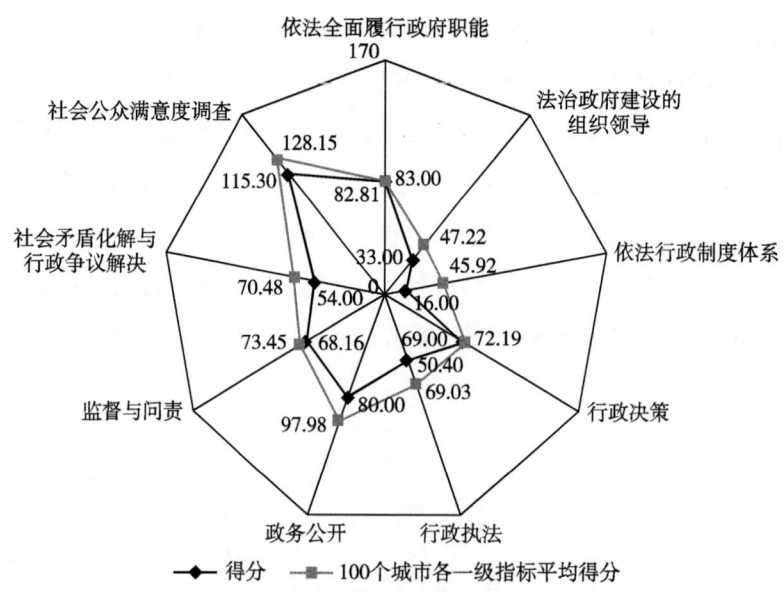

图11-15 大同市人民政府评估得分与全国平均得分比较图

可以看出，该市依法全面履行政府职能指标得分高于全国平均水平，说明该市政府在这个方面评价较高。法治政府建设的组织领导、依法行政制度体系、行政决策、行政执法、政务公开、监督与问责、社会矛盾化解与行政争议解决和社会公众满意度调查这八个指标低于全国平均水平，说明该市政府在这八个方面评价均较低。

二、大同市法治政府建设情况分析

《法治政府评估报告（2017）》显示，在2017年全国法治政府评估中，大同市得到568.86分（总分1000分），在100个被测评城市中排名第96位，在中部区域32个城市中排名第30位。（2016年评估中，大同市得到594.39分，排名第91位；2015年评估中，大同市得到485.23分，排名第97位）这一评估结果反映出，大同市推进法治政府建设进展缓慢，一些难题问题尚未得到有效解决，亟须引起重视与解决。

（一）成绩

评估结果显示，大同市在"依法全面履行政府职能"指标上取得明显进展，是唯一一项处于全国平均分之上的指标。2015年评估中，大同市在该指标上得到69分，比全国平均分低10.8分，排名第88位；2016年评估中，大同市在该指标上得到61分，比全国平均分低15.23分，排名第94位；2017年评估中，大同市在该指标下得到83分（该指标总分为100分），比全国平均分高出0.19分，排名第56位。具体来讲，大同市在公布及动态调整权力清单，公开行政审批事项的取消、下放和承接，以及公开行政审批中介清单等方面的工作都取得显著成效。

（二）问题

1. 依法行政制度落实情况较差

在依法行政制度体系建设方面，大同市在2015年评估中得到34分（该指标总分80分），比全国平均分低9.46分，排名第76位；在2016年评估中得到29分，比全国平均分低21.76分，排名第95位；在2017年评估中得到16分，比全国平均分低29.92分，排名第99位。根据评估结果显示，"依法行政制度体系"指标已成为大同市推进法治政府建设的最大短板。大同市在公开听取意见、公布率、三统一、报备、有效期和定期清理等制度落实方面的工作亟待加强。

2. 法治政府建设的组织领导工作不扎实

评估结果显示，2015年大同市在"法治政府建设的组织领导"指标下得到14分，比全国平均分低19.33分，排名第89位；2016年得分为32分，比全国平均分低7.39分，排名第80位；2017年得分为33分（该指标总分为80分），比全国平均分低14.22分，排名第92位。由此可以看出，大同市的法治政府建设组织领导工作还不扎实，长期处于落后地位。大同市需要进一步加强公布法治政府建设情况报告、开展年度政府依法行政考核工作和法制机构独立性等方面的组织领导工作。

3. 行政执法不规范

评估结果显示，在"行政执法"一级指标下，大同市得到50.4分（该指标总分为120分），比全国平均分低18.63分，排名第92位；2016年评估中，大同市在该指标下得到69.5分，比全国平均分低0.014分，排名第51位；2015年评估中，大同市在该指标下得到45分，比全国平均分低17.795分，排名第81位。连续三年的评估结果反映大同市在"行政执法"方面还不规范，长期处于全国平均分之下，存在着跨部门综合执法还未达到有效联合、部分领域的行政处罚裁量基准制度未得到有效落实、执法流程还不细化、行政执法结果没有公示、未对执法人员开展培训等方面的问题。

4. 政务公开有待加强

本年度评估结果显示，在"政务公开"一级指标下，大同市得到80分（该指标总分为120分），比全国平均分低17.98分，得分率为66.7%；2016年评估得到85.25分，比全国平均分低7.325分；2015年评估得到83分，比全国平均分低14.5分。从近三年的评估数据可以看出，虽然大同市该项指标的得分率均高于及格分，但是连续三年均低于全国平均分。与其他城市相比，大同市还应进一步加强向社会开放政府数据、及时全面对信息公开申请作出答复。

5. 社会矛盾化解与行政争议解决制度未发挥应有作用

评估结果显示，在"社会矛盾化解与行政争议解决"一级指标下，大同市2017年得到54分，比全国平均分低16.48分，排名第91位；2016年评估中，大同市在该指标下得到58分，比全国平均分低10.1分，排名第94位；2015年评估中，大同市在该指标下得到32分，比全国平均分低21.7分，排名第97位。大同市在该项指标上连续三年处于全国落后地位，与全国平均分的分差较大。行政复议体制改革停滞，行政调解、行政裁决、仲裁制度建设落后，复议公开程度较低等问题长期存在，未得到有效解决。

十六　德州市人民政府

一、德州市法治政府建设情况

德州市人民政府评估总分为732.58分，高于全国平均水平（687.22分）45.36分，在全部评估的100个城市中排名第25位，在东部区域48个城市中排名第20位。该市政府得分按一级指标分析见表11-16。

表11-16　德州市人民政府一级指标评估得分分析表

指标分析	依法全面履行政府职能	法治政府建设的组织领导	依法行政制度体系	行政决策	行政执法	政务公开	监督与问责	社会矛盾化解与行政争议解决	社会公众满意度调查
得分	93	42	78	71	84	109	69.38	59.75	126.45
与平均分差	10.19	-5.22	32.08	-1.19	14.98	11.02	-4.07	-10.73	-1.70
与最高分差	-5	-30	0	-24	-14.1	-8.72	-17.1	-30.06	-41.53
排名	7	71	1	56	15	22	73	83	51

每项一级指标换算成百分比并与全国平均水平比较得出图11-16。

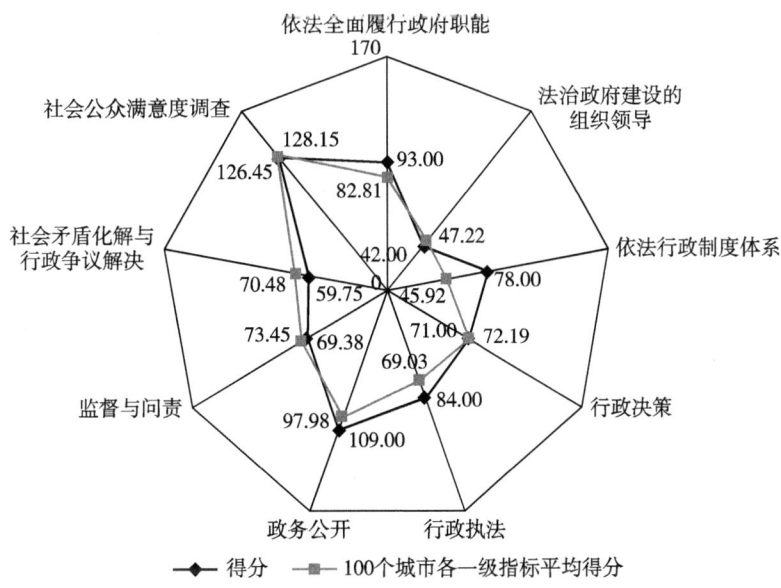

图11-16　德州市人民政府评估得分与全国平均得分比较图

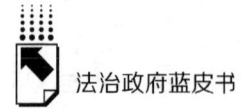

可以看出，该市依法全面履行政府职能、依法行政制度体系、行政执法、政务公开这四个指标高于全国平均水平，说明该市政府在这四个方面评价较高。法治政府建设的组织领导、行政决策、监督与问责、社会矛盾化解与行政争议解决、社会公众满意度调查这五个指标低于全国平均水平，说明该市政府在这五个方面评价较低。

二、德州市法治政府建设情况分析

《法治政府评估报告（2017）》显示，在2017年全国法治政府评估中，德州市得到732.58分（总分1000分），在100个被测评城市中排名第25位，在东部区域48个城市中排名第20位（2016年评估中，德州市得到704.68分，排名第28位；2015年评估中，德州市得到678.83分，排名第17位）。这一评估结果反映出，德州市在近三年推进法治政府建设方面持续性较强，总分也呈现逐步上升态势，但同时也存在着一些问题亟待解决。

（一）成绩

1. 依法行政制度体系表现优异

在依法行政制度体系建设方面，德州市在2015年评估中得到38分（该指标总分80分），比全国平均分低5.46分；在2016年评估中得到75分，比全国平均分高24.24分；在2017年评估中得到78分，比全国平均分高32.08分。从近三年的评估数据可以看出，德州市依法行政制度体系逐步健全完善，并达到全国领先地位。特别是在2017年，德州市该项指标得分率达到97.5%，排名全国第一。这说明德州市依法行政制度体系整体完善，各项制度也基本上都得到了有效落实。

2. 依法全面履行政府职能持续提升

在依法全面履行政府职能方面，德州市在2015年评估中得到88分（该指标总分100分），比全国平均分高8.2分，排名第17位；在2016年评估中得到87分，比全国平均分高10.77分，排名第18位；在2017年评估中得到93分，比全国平均分高10.19分，排名第7位。评估结果显示，德州市推进"依法全面履行政府职能"的能力持续得到提升，连续处于全国平均分之上。德州市在维持市政府机构数、副职领导人数，以及权力清单的公布、行政审批事项的公开和行政审批的便捷度等方面均取得了显著的成效。

3. 行政执法较为规范

评估结果显示，在"行政执法"一级指标下，德州市得到84分（该指标总分为120分），比全国平均分高出14.98分；2016年评估中，德州市在该指标下得到76.4分，比全国平均分高出6.886分；2015年评估中，德州市在该指标下得到74.5分，比全国平均分高出11.705分。连续三年的评估结果反映出，德州市行政执法较为规范，法治化程度较高，且呈现逐年改善和提高的趋势。

（二）问题

1. 社会矛盾化解与行政争议解决制度未发挥应有作用

评估结果显示，在"社会矛盾化解与行政争议解决"一级指标下，德州市2017年得到59.75分，比全国平均分低10.73分，排名第83位；2016年评估中，德州市在该指标下得到64分，比全国平均分低4.1分，排名第72位；2015年评估中，德州市在该指标下得到58分，比全国平均分高4.3分，排名第22位。德州市在该项指标上连续三年排名持续下降，已处于全国平均分之下。部分领域社会矛盾化解制度尚未建立，行政调解、行政裁决、仲裁制度建设落后，信访法治化改革停滞，社会矛盾化解渠道畅通程度较低等问题尚未得到有效解决。

2. 法治政府建设的组织领导工作还有待加强

评估结果显示，2017年德州市在"法治政府建设的组织领导"指标下得分为42分（该指标总分为80分），比全国平均分低5.22分，排名第71位；2016年得到34分，比全国平均分低5.39分，排名第69位；2015年得到23分，比全国平均分低10.33分，排名第71位。虽然德州市在该指标上得分有所增加，但是长期处于全国平均分之下。这说明，德州市法治政府建设组织领导工作的持续建设能力还有待加强。

3. 监督与问责未发挥应有作用

评估结果显示，在"监督与问责"一级指标下，德州市2017年得到69.38分（该指标总分为100分），比全国平均分低4.07分，排名第73位；2016年评估中，德州市在该指标下得到61.85分，比全国平均分低6.1691分，排名第79位；2015年评估中，德州市在该指标下得到69分，比全国平均分高4.055分，排名第31位。德州市该项指标连续两年处于全国平均分之下，在行政机关负责人出庭应诉、公开主要审计报告和审计结果、问责制度实施方面还未得到严格执行。

十七 东莞市人民政府

一、东莞市法治政府建设情况

东莞市人民政府评估总分为694.96分,高于全国平均水平(687.22分)7.74分,在全部评估的100个城市中排名第49位,在东部区域48个城市中排名第32位。该市政府得分按一级指标分析见表11-17。

表11-17 东莞市人民政府一级指标评估得分分析表

指标分析	依法全面履行政府职能	法治政府建设的组织领导	依法行政制度体系	行政决策	行政执法	政务公开	监督与问责	社会矛盾化解与行政争议解决	社会公众满意度调查
得分	94	50	35	77	59.5	111.93	69.04	75.56	122.93
与平均分差	11.19	2.78	-10.92	4.81	-9.53	13.95	-4.41	5.08	-5.22
与最高分差	-4	-22	-43	-18	-38.6	-5.79	-17.44	-14.25	-45.05
排名	4	47	70	34	78	14	75	33	67

每项一级指标换算成百分比并与全国平均水平比较得出图11-17。

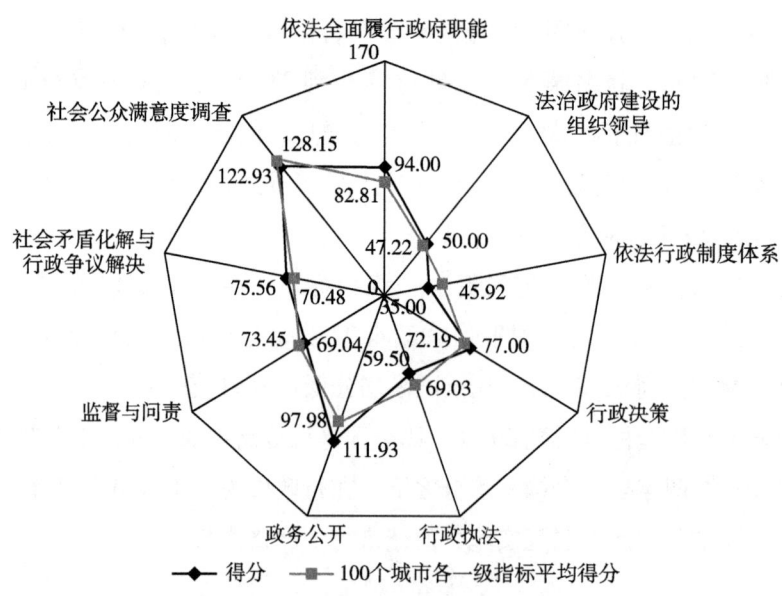

图11-17 东莞市人民政府评估得分与全国平均得分比较图

可以看出，该市依法全面履行政府职能、法治政府建设的组织领导、行政决策、政务公开、社会矛盾化解与行政争议解决这五个指标高于全国平均水平，说明该市政府在这五个方面评价较高。依法行政制度体系、行政执法、监督与问责、社会公众满意度调查这四个指标低于全国平均水平，说明该市政府在这四个方面评价较低。

二、东莞市法治政府建设情况分析

《法治政府评估报告（2017）》显示，在2017年全国法治政府评估中，东莞市得到694.96分（总分1000分），在100个被测评城市中排名第49位，在东部区域48个城市中排名第32位（2016年评估中，东莞市得到697.95分，排名第30位；2015年评估中，东莞市得到745.29分，排名第7位）。这一评估结果反映出，东莞市在近三年推进法治政府建设方面进展缓慢，一些问题还没有得到有效解决。

（一）成绩

1. 依法全面履行政府职能表现优异

在依法全面履行政府职能方面，东莞市在2017年评估中得到94分（该指标总分100分），比全国平均分高11.19分；在2016年评估中得到98分，比全国平均分高21.77分；在2015年评估中得到97分，比全国平均分高17.2分。评估结果显示，东莞市在"依法全面履行政府职能"方面表现优异，连续三年处于全国领先地位。东莞市在维持市政府机构数、副职领导人数，以及权力清单的公布、行政审批事项的公开和行政审批的便捷度等方面均取得了显著的成效。

2. 政务公开工作扎实有效

2017年评估结果显示，在"政务公开"一级指标下，东莞市得到111.93分（该指标总分120分），比全国平均分高13.95分；2016年评估中，东莞市得到97.75分，比全国平均分高5.175分；2015年评估中，东莞市得到109分，比全国平均分高11.5分。由此可以看出，东莞市能够扎实有效推进政务公开工作。东莞市在重点领域信息公开、政府信息获取的效率、政府数据开放、依申请信息公开等多个方面都有着优异的表现。

3. 行政决策科学民主

评估结果显示，2017年东莞市在"行政决策"指标下得到77分（该指标总分为100分），比全国平均分高4.81分；2016年得分为77分，比全国平均分高8.13分；

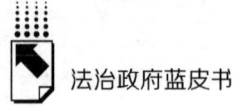

2015年得分为85分，比全国平均分高20.45分。东莞市在该项指标上连续三年处于全国平均分之上，重大决策合法性审查、听取公众意见、集体决定、风险评估和和专家论证等制度都得到有效的落实。

（二）问题

1. 依法行政制度落实情况较差

在依法行政制度体系建设方面，东莞市在2015年评估中得到68分（该指标总分80分），比全国平均分高24.54分，排名第4位；在2016年评估中得到55分，比全国平均分高4.24分，排名第35位；在2017年评估中得到35分，比全国平均分低10.92分，排名第70位。根据评估结果显示，东莞市该项指标已处于全国平均分之下，成为其推进法治政府建设的最大短板。东莞市在公开听取意见、三统一、报备、有效期和定期清理等制度落实方面的工作亟待加强。

2. 行政执法不规范

评估结果显示，2017年东莞市在"行政执法"一级指标下，得到59.5分（该指标总分为120分），比全国平均分低9.53分，排名第78位；2016年评估中，东莞市在该指标下得到67.5分，比全国平均分低2.014分，排名第58位；2015年评估中，东莞市在该指标下得到97分，比全国平均分高34.205分，排名第3位。由此可以看出，东莞市在"行政执法"方面还不规范，已处于全国平均分之下，存在着跨部门综合执法还未达到有效联合、行政执法监督平台未建立、未对执法人员开展培训、违法行为投诉体验情况较差等方面的问题。

3. 监督与问责未发挥应有作用

评估结果显示，在"监督与问责"一级指标下，东莞市2017年得到69.04分（该指标总分为100分），比全国平均分低4.41分，排名第75位；2016年评估中，东莞市在该指标下得到71.19分，比全国平均分高3.1709分，排名第34位；2015年评估中，东莞市在该指标下得到68分，比全国平均分高3.055分，排名第35位。东莞市在该项指标上已处于全国平均分之下，在行政机关负责人出庭应诉、重大决策责任追究、问责制度实施方面还未得到严格执行。

十八 佛山市人民政府

一、佛山市法治政府建设情况

佛山市人民政府评估总分为733.53分,高于全国平均水平(687.22分)46.31分,在全部评估的100个城市中排名第24位,在东部区域48个城市中排名第19位。该市政府得分按一级指标分析见表11-18。

表11-18 佛山市人民政府一级指标评估得分分析表

指标 分析	依法全面 履行政府 职能	法治政府 建设的组织 领导	依法行政 制度体系	行政 决策	行政 执法	政务 公开	监督与 问责	社会矛盾 化解与行政 争议解决	社会公众 满意度 调查
得分	91	52	43	81	75.5	112.39	71.46	75.55	131.63
与平均分差	8.19	4.78	-2.92	8.81	6.47	14.41	-1.99	5.07	3.48
与最高分差	-7	-20	-35	-14	-22.6	-5.33	-15.02	-14.26	-36.35
排名	11	36	51	17	32	12	65	34	34

每项一级指标换算成百分比并与全国平均水平比较得出图11-18。

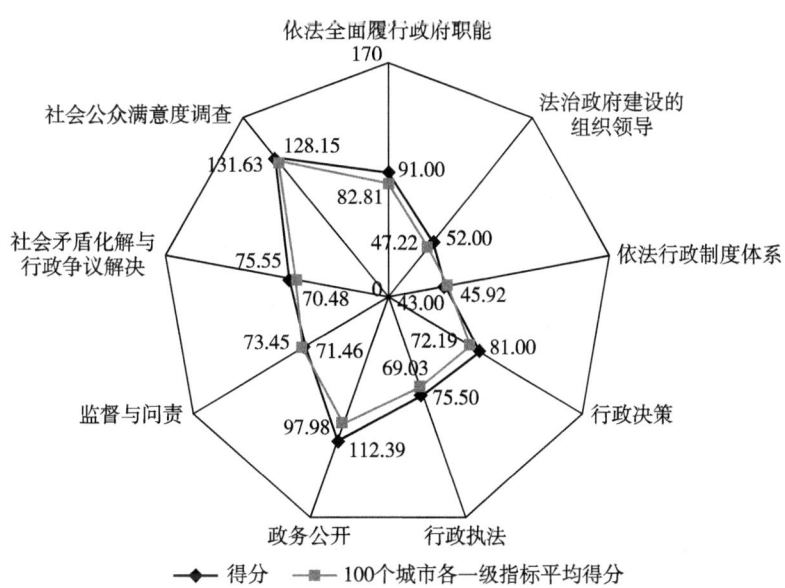

图11-18 佛山市人民政府评估得分与全国平均得分比较图

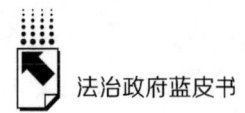

可以看出，该市依法全面履行政府职能、法治政府建设的组织领导、行政决策、行政执法、政务公开、社会矛盾化解与行政争议解决、社会公众满意度调查这七个指标高于全国平均水平，说明该市政府在这七个方面评价较高。依法行政制度体系、监督与问责这两个指标低于全国平均水平，说明该市政府在这两个方面评价较低。

二、佛山市法治政府建设情况分析

《法治政府评估报告（2017）》显示，在2017年全国法治政府评估中，佛山市得到733.53分（总分1000分），在100个被测评城市中排名第24位，在东部区域48个城市中排名第19位（2016年评估中，佛山市得到731.31分，排名第13位；2015年评估中，佛山市得到644.64分，排名第32位）。这一评估结果反映出，佛山市在2016年度推进法治政府建设方面进展缓慢，一些问题还没有得到有效解决。

（一）成绩

1. 依法全面履行政府职能取得持续进展

在依法全面履行政府职能方面，佛山市在2017年评估中得到91分（该指标总分100分），比全国平均分高8.19分；在2016年评估中得到88分，比全国平均分高11.77分；在2015年评估中得到87分，比全国平均分高7.2分。评估结果显示，佛山市在"依法全面履行政府职能"方面取得持续进展，分数逐年提高。佛山市在维持市政府机构数、副职领导人数，以及权力清单的公布、行政审批事项的公开和行政审批的便捷度等方面均取得了显著的成效。

2. 法治政府建设的组织领导工作取得明显进步

评估结果显示，2017年佛山市在"法治政府建设的组织领导"指标下得分为52分（该指标总分为80分），比全国平均分低4.78分，排名第36位；2016年得到35分，比全国平均分低4.39分，排名第64位；2015年得到18分，比全国平均分低15.33分，排名第82位。佛山市在该指标上得分逐年增加，已处于全国平均分之上。佛山市在政府常务会议讨论法治政府建设工作、依法行政考核工作、领导干部法治思维培养和法律顾问工作开展等方面均取得明显的进步。

3. 政务公开工作扎实有效

本年度评估结果显示，在"政务公开"一级指标下，佛山市得到112.39分（该指标总分120分），比全国平均分高14.41分；2016年评估中，佛山市得到110分，比全国平均分高17.425分；2015年评估中，佛山市得到105分，比全国平均分高7.5分。由此可以看出，佛山市能够扎实有效推进政务公开工作，在该指标上得分逐年增加。佛山市在政府门户网站咨询服务、政府信息获取的效率、政府数据开放和依申请信息公开等多个方面都有着优异的表现。

（二）问题

1. 依法行政制度落实情况较差

在依法行政制度体系建设方面，佛山市在2017年评估中得到43分（该指标总分80分），比全国平均分低2.92分，排名第51位；在2016年评估中得到60分，比全国平均分高9.24分，排名第24位；在2015年评估中得到72分，比全国平均分低28.54分，排名第1位。根据评估结果显示，佛山市该项指标已处于全国平均分之下，成为其推进法治政府建设的最大短板。佛山市在行政规范性文件公布率、报备、有效期和定期清理等制度落实方面的工作亟待加强。

2. 监督与问责未发挥应有作用

评估结果显示，在"监督与问责"一级指标下，佛山市2017年得到71.46分（该指标总分为100分），比全国平均分低1.99分，排名第65位；2016年评估中，佛山市在该指标下得到62.92分，比全国平均分低5.0991分，排名第77位；2015年评估中，佛山市在该指标下得到69分，比全国平均分高4.055分，排名第31位。佛山市在该项指标上已连续两年处于全国平均分之下，在行政机关负责人出庭应诉、公开主要审计报告和审计结果、问责制度实施方面还未得到严格执行。

十九　福州市人民政府

一、福州市法治政府建设情况

福州市人民政府评估总分为659.19分，低于全国平均水平（687.22分）28.03分，在全部评估的100个城市中排名第69位，在东部区域48个城市中排名第42位。该市政府得分按一级指标分析见表11-19。

表11-19　福州市人民政府一级指标评估得分分析表

指标 分析	依法全面履行政府职能	法治政府建设的组织领导	依法行政制度体系	行政决策	行政执法	政务公开	监督与问责	社会矛盾化解与行政争议解决	社会公众满意度调查
得分	90	22	31	64	82.1	105.83	66.21	66.97	131.08
与平均分差	7.19	-25.22	-14.92	-8.19	13.08	7.85	-7.24	-3.51	2.93
与最高分差	-8	-50	-47	-31	-16	-11.89	-20.27	-22.84	-36.9
排名	15	98	80	81	19	34	85	72	35

每项一级指标换算成百分比并与全国平均水平比较得出图11-19。

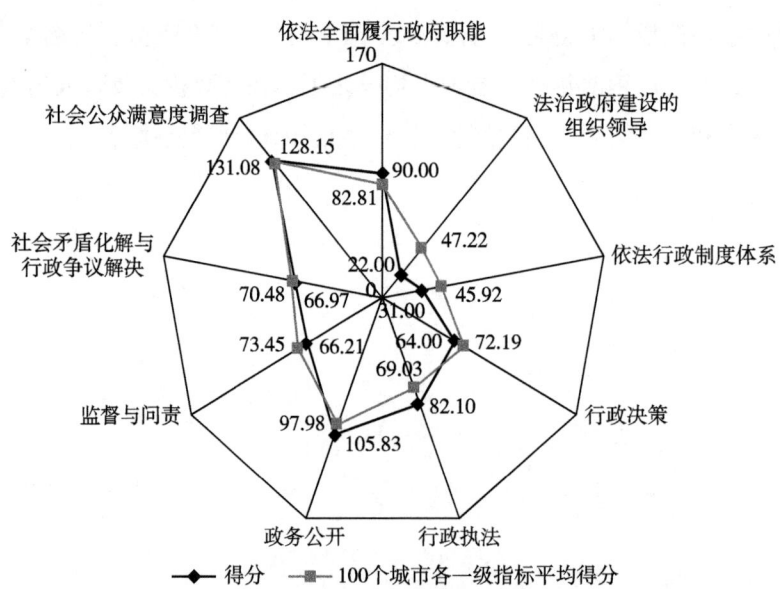

图11-19　福州市人民政府评估得分与全国平均得分比较图

可以看出，该市依法全面履行政府职能、行政执法、政务公开、社会公众满意度调查这四个指标高于全国平均水平，说明该市政府在这四个方面评价较高。法治政府建设的组织领导、依法行政制度体系、行政决策、监督与问责、社会矛盾化解与行政争议解决这五个指标低于全国平均水平，说明该市政府在这五个方面评价较低。

二、福州市法治政府建设情况分析

《法治政府评估报告（2017）》显示，在2017年全国法治政府评估中，福州市得到659.19分（总分1000分），在100个被测评城市中排名第69位，在东部区域48个城市中排名第42位（2016年评估中，福州市得到666.72分，排名第46位；2015年评估中，福州市得到545.11分，排名第88位）。这一评估结果反映出，福州市在2016年度推进法治政府建设方面进展缓慢，一些问题还没有得到有效解决。

（一）成绩

1. 依法全面履行政府职能取得持续进展

在依法全面履行政府职能方面，福州市在2017年评估中得到90分（该指标总分100分），比全国平均分高7.19分；在2016年评估中得到88分，比全国平均分高11.77分；在2015年评估中得到86分，比全国平均分高6.2分。评估结果显示，福州市在"依法全面履行政府职能"方面取得持续进展，分数逐年提高。福州市在维持市政府机构数、行政服务中心对基本公共服务覆盖的比率、权力清单的公布及动态调整、行政审批事项的公开、行政审批的便捷度、应急预案建设与完善等方面均取得了显著的成效。

2. 行政执法较为规范

评估结果显示，在"行政执法"一级指标下，福州市得到82.1分（该指标总分为120分），比全国平均分高出13.08分；2016年评估中，福州市在该指标下得到81.7分，比全国平均分高出12.186分；2015年评估中，福州市在该指标下得到33.5分，比全国平均分低29.295分。最近三年的评估结果反映出，福州市行政执法较为规范，法治化程度较高。

3. 政务公开工作扎实有效

2017年评估结果显示，在"政务公开"一级指标下，福州市得到105.83分（该指标总分120分),比全国平均分高7.85分;2016年评估中,福州市得到108.75分,比全国平均分高16.175分;2015年评估中,福州市得到106分,比全国平均分高8.5分。由此可以看出,福州市能够扎实有效推进政务公开工作。福州市在重点领域信息公开、政府门户网站咨询服务、政府信息获取的效率和依申请信息公开等多个方面都有着优异的表现。

（二）问题

1. 法治政府建设的组织领导工作还有待加强

评估结果显示,2017年福州市在"法治政府建设的组织领导"指标下得分为22分（该指标总分为80分）,比全国平均分低25.22分,排名第98位;2016年评估中得到11分,比全国平均分低28.39分,排名第99位;2015年评估中得到10分,比全国平均分低23.33分,排名第94位。虽然福州市在该指标上得分连续三年有所增加,但是排名均处在落后位置,是其推进法治政府建设的最大短板。与其他城市相比,福州市法治政府建设的组织领导工作能力不足,力度不大。

2. 依法行政制度落实情况较差

在依法行政制度体系建设方面,福州市在2017年评估中得到31分（该指标总分80分）,比全国平均分低14.92分,排名第80位;在2016年评估中得到49分,比全国平均分低1.76分,排名第54位;在2015年评估中得到34分,比全国平均分低9.46分,排名第77位。根据评估结果显示,福州市该项指标连续三年处于全国平均分之下。福州市在行政规范性文件公开听取意见、三统一、报备、有效期和定期清理等制度落实方面的工作亟待加强。

3. 部分行政决策制度落实不到位

评估结果显示,2017年福州市在"行政决策"指标下得到64分（该指标总分为100分）,比全国平均分低8.19分,排名第81位;2016年得分为64分,比全国平均分低4.87分,排名第72位;2015年得分为66分,比全国平均分高1.45分,排名第43位。福州市在该指标上得分不变,但与全国平均分的分差逐渐扩大,排名也有所降低。福州市在重大决策合法性审查制度和专家论证制度等方面的落实还不到位。

二十　抚顺市人民政府

一、抚顺市法治政府建设情况

抚顺市人民政府评估总分为638.97分，低于全国平均水平（687.22分）48.25分，在全部评估的100个城市中排名第81位，在东部区域48个城市中排名第45位。该市政府得分按一级指标分析见表11-20。

表11-20　抚顺市人民政府一级指标评估得分分析表

指标\分析	依法全面履行政府职能	法治政府建设的组织领导	依法行政制度体系	行政决策	行政执法	政务公开	监督与问责	社会矛盾化解与行政争议解决	社会公众满意度调查
得分	85	39	39	67	54	97.5	65	74	118.47
与平均分差	2.19	-8.22	-6.92	-5.19	-15.03	-0.48	-8.45	3.52	-9.68
与最高分差	-13	-33	-39	-28	-44.1	-20.22	-21.48	-15.81	-49.51
排名	36	78	62	70	87	55	88	40	85

每项一级指标换算成百分比并与全国平均水平比较得出图11-20。

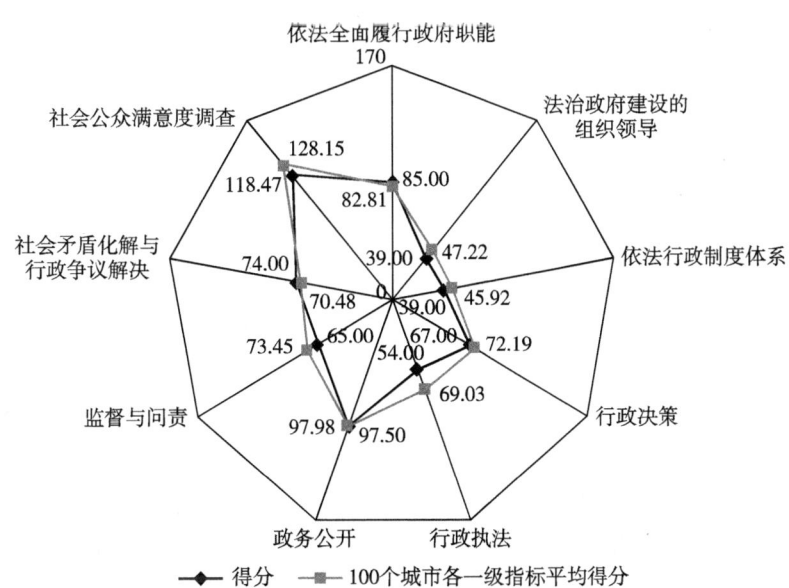

图11-20　抚顺市人民政府评估得分与全国平均得分比较图

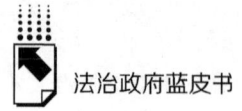

可以看出，该市依法全面履行政府职能、社会矛盾化解与行政争议解决这两个指标高于全国平均水平，说明该市政府在这两个方面评价较高。法治政府建设的组织领导、依法行政制度体系、行政决策、行政执法、政府信息公开、监督与问责、社会公众满意度调查七个指标均低于全国平均水平，说明该市政府在这七个方面评价较低。

二、抚顺市法治政府建设情况分析

《法治政府评估报告（2017）》显示，在2017年全国法治政府评估中，抚顺市得到638.97分（总分1000分），在100个被测评城市中排名第81位，在东部区域48个城市中排名第45位（2016年评估中，抚顺市得到576.16分，排名第94位；2015年评估中，抚顺市得到534.46分，排名第91位）。这一评估结果反映出，抚顺市在2016年度推进法治政府建设方面成效明显，但仍有一些问题还没有得到有效解决。

（一）成绩

1. 依法全面履行政府职能取得明显进展

在依法全面履行政府职能方面，抚顺市在2017年评估中得到85分（该指标总分100分），比全国平均分高2.19分；在2016年评估中得到68分，比全国平均分低8.23分；在2015年评估中得到66分，比全国平均分低13.8分。评估结果显示，抚顺市在"依法全面履行政府职能"方面取得明显进展，分数逐年提高，并处于全国平均分之上。抚顺市在维持市政府机构数、市政府副职领导数、行政服务中心对基本公共服务覆盖的比率、权力清单的公布及动态调整、行政审批事项的公开和便捷度等方面均取得了显著的成效。

2. 社会矛盾化解与行政争议解决取得持续进展

评估结果显示，抚顺市2017年在"社会矛盾化解与行政争议解决"评估中得到74分（该指标总分为100分），比全国平均分高3.52分；2016年评估中，抚顺市在该指标上得到68分，比全国平均分低0.1分；2015年评估中，抚顺市在该指标上得到54分，比全国平均分高0.3分。由此可以看出，抚顺市在"社会矛盾化解与行政争议解决"方面的工作取得持续进展，分数逐年提高。抚顺市在推进行政复议体制改革、控制群体性事件发生、社会矛盾化解渠道的畅通程度、社会矛盾决定方式的多样化、行政复议决定正确率等方面均取得了进展。

（二）问题

1. 法治政府建设的组织领导工作还有待加强

评估结果显示，2017年抚顺市在"法治政府建设的组织领导"指标下得分为39分（该指标总分为80分），比全国平均分低8.22分，排名第78位；2016年得到41分，比全国平均分高1.61分，排名第46位；2015年得到20分，比全国平均分低13.33分，排名第78位。由此可以看出，2017年抚顺市法治政府建设的组织领导工作进展缓慢，已低于全国平均分。抚顺市在政府常务会议讨论法治政府建设、依法行政考核、培养领导干部的法治思维等方面的工作还有待进一步加强。

2. 行政执法不规范

评估结果显示，2017年抚顺市在"行政执法"一级指标下，得到54分（该指标总分为120分），比全国平均分低15.03分，排名第87位；2016年评估中，抚顺市在该指标下得到57.5分，比全国平均分低12.014分，排名第90位；2015年评估中，抚顺市在该指标下得到52分，比全国平均分低10.795分，排名第70位。由此可以看出，抚顺市在"行政执法"方面还不规范，连续三年处于全国平均分之下，存在着跨部门综合执法还未达到有效联合、部分领域行政处罚裁量基准制度落实不到位、未对执法人员开展培训、违法行为投诉体验情况较差等方面的问题。

3. 监督与问责未发挥应有作用

评估结果显示，在"监督与问责"一级指标下，抚顺市2017年得到65分（该指标总分为100分），比全国平均分低8.45分，排名第88位；2016年评估中，抚顺市在该指标下得到60.81分，比全国平均分低7.2091分，排名第82位；2015年评估中，抚顺市在该指标下得到65分，比全国平均分高0.055分，排名第43位。最近两年，抚顺市在该项指标上已处于全国平均分之下，在行政机关负责人出庭应诉、公开主要审计报告和审计结果、问责制度实施方面还未得到严格执行。

二十一 阜阳市人民政府

一、阜阳市法治政府建设情况

阜阳市人民政府评估总分为646.89分，低于全国平均水平（687.22分）40.33分，在全部评估的100个城市中排名第79位，在中部区域32个城市中排名第23位。该市政府得分按一级指标分析见表11-21。

表11-21 阜阳市人民政府一级指标评估得分分析表

指标 分析	依法全面 履行政府 职能	法治政府 建设的 组织领导	依法行政 制度体系	行政 决策	行政 执法	政务 公开	监督与 问责	社会矛盾 化解与行政 争议解决	社会公众 满意度 调查
得分	81	52	58	54	63	79	81.1	54	124.79
与平均分差	-1.81	4.78	12.08	-18.19	-6.03	-18.98	7.65	-16.48	-3.36
与最高分差	-17	-20	-20	-41	-35.1	-38.72	-5.38	-35.81	-43.19
排名	63	36	27	96	66	91	16	91	57

每项一级指标换算成百分比并与全国平均水平比较得出图11-21。

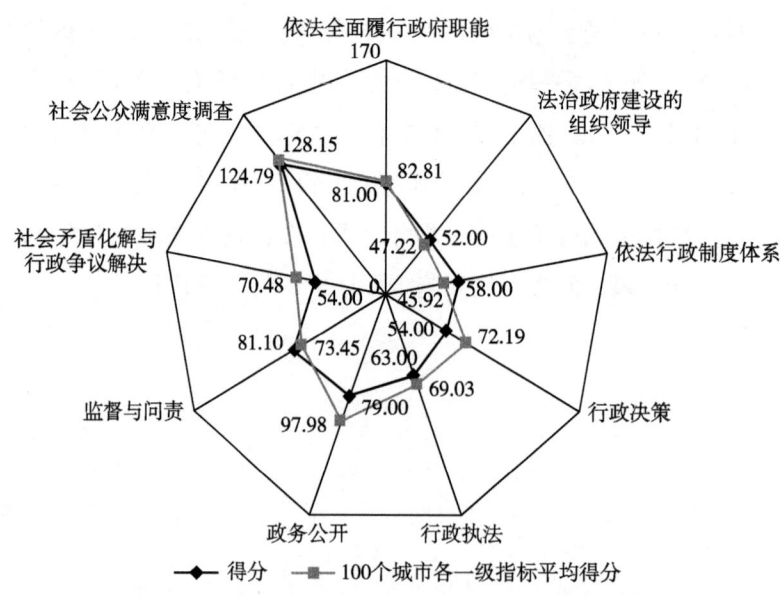

图11-21 阜阳市人民政府评估得分与全国平均得分比较图

可以看出，该市法治政府建设的组织领导、依法行政制度体系、监督与问责这三个指标高于全国平均水平，说明该市政府在这三个方面评价较高。依法全面履行政府职能、行政决策、行政执法、政务公开、社会矛盾化解与行政争议解决和社会公众满意度调查这六个指标低于全国平均水平，说明该市政府在这六个方面评价较低。

二、阜阳市法治政府建设情况分析

《法治政府评估报告（2017）》显示，在2017年全国法治政府评估中，阜阳市得到646.89分（总分1000分），在全部评估的100个城市中排名第79位，在中部区域32个城市中排名第23位（2016年评估中，阜阳市得到649.35分，排名第60位；2015年评估中，阜阳市得到645.8分，排名第31位）。这一评估结果反映出，在全国法治政府建设持续推进的大背景下，阜阳市法治政府建设不进反退，存在着许多亟待解决的问题。

（一）成绩

1. 监督与问责取得较大进步

2017年评估结果显示，在"监督与问责"一级指标下，阜阳市得到81.1分，比全国平均分高出7.65分，全国排名第16位；2016年评估中，阜阳市在该指标上得到69.04分，全国排名第50位；2015年评估中，阜阳市在该指标上得到70分，全国排名第26位。这表明，阜阳市政府日益重视监督与问责，在"监督与问责"制度方面取得了较大的进步。

2. 社会公众满意度进一步提高

评估结果显示，在"社会公众满意度"一级指标下，2017年评估中，阜阳市得到124.79分（该指标总分为200分），得分率为62.395%，全国排名第57位；2016年评估中，阜阳市在该指标上得到119.81分，得分率为59.905%；2015年评估中，阜阳市在该指标上得到106.8分，得分率为53.4%。虽然阜阳市法治政府建设现状与令公众满意的政府尚有较大距离，但阜阳市逐渐重视公众对法治政府建设成果的获得感，社会公众满意度有了逐步提升。

（二）问题

1. 依法全面履行政府职能工作不扎实

在"依法全面履行政府职能"一级指标下，2017年评估中，阜阳市得到81分

(该指标总分为100分),比全国平均分低1.81分,全国排名第63位;2016年评估中,阜阳市在该指标上得到70分,比全国平均分低6.23分;2015年评估中,阜阳市在该指标上得到80分,比全国平均分高0.2分。《法治政府建设实施纲要(2015—2020年)》将依法全面履行政府职能放在突出位置,依法全面履行政府职能是提高政府公信力和执行力的迫切需要,阜阳市政府应当加强依法全面履行政府职能。

2. **行政决策法治化程度较低**

评估结果显示,2017年评估中,阜阳市在"行政决策"指标下得分为54分(该指标总分为100分),比全国平均分低18.19分,全国排名第96位;2016年评估中,阜阳市在该指标上得到49分,比全国平均分低19.87分,全国排名第96位;2015年评估中,阜阳市在该指标上得到43分,比全国平均分低21.55分,全国排名第97位。对比连续三年的测评结果可以看出,阜阳市该指标连续三年排名垫底,反映出阜阳市行政决策法治化程度较低,亟须大力提升。

3. **政务公开波动较大**

2017年评估结果显示,在"政务公开"一级指标下,阜阳市在该指标上得到79分(该指标总分为120分),得分率为65.833%。对比2016年及2015年阜阳市在"政府信息公开"指标所达到的85%、90.833%的得分率,可见阜阳市在政务公开方面波动较大。对此,阜阳市应当总结经验教训,不断推进政务公开建设。

4. **社会矛盾化解与行政争议解决体系运行不畅**

在"社会矛盾化解与行政争议解决"一级指标下,2017年评估中,阜阳市得到54分(该指标总分为100分),比全国平均分低16.48分;2016年评估中,阜阳市在该指标上得到72分,比全国平均分高3.9分;2015年评估中,阜阳市在该指标上得到47分,比全国平均分低6.7分。当前,中国社会正处于转型期,各种利益冲突日益增多,各种社会矛盾复杂多变,触点多、燃点低,处理不好极易引发严重社会问题,阜阳市政府应当进一步提升社会矛盾化解与行政争议解决体系的有效性、统一性和协调性。

二十二 赣州市人民政府

一、赣州市法治政府建设情况

赣州市人民政府评估总分为619.91分,低于全国平均水平(687.22分)67.31分,在全部评估的100个城市中排名第88位,在中部区域32个城市中排名第27位。该市政府得分按一级指标分析见表11-22。

表11-22 赣州市人民政府一级指标评估得分分析表

指标 分析	依法全面 履行政府 职能	法治政府 建设的 组织领导	依法行政 制度体系	行政 决策	行政 执法	政务 公开	监督与 问责	社会矛盾 化解与行政 争议解决	社会公众 满意度 调查
得分	91	36	23	69	65	70	71.14	64.8	129.97
与平均分差	8.19	-11.22	-22.92	-3.19	-4.03	-27.98	-2.31	-5.68	1.82
与最高分差	-7	-36	-55	-26	-33.1	-47.72	-15.34	-25.01	-38.01
排名	11	84	91	62	58	95	66	75	39

每项一级指标换算成百分比并与全国平均水平比较得出图11-22。

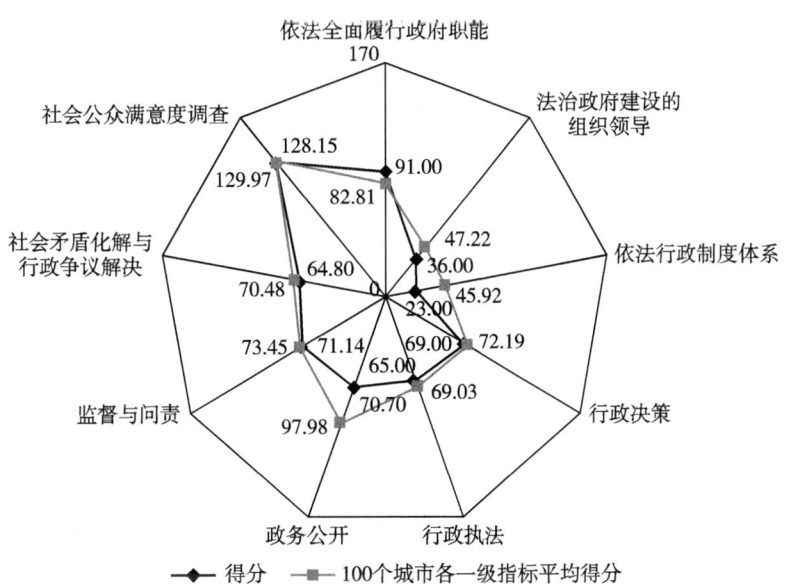

图11-22 赣州市人民政府评估得分与全国平均得分比较图

可以看出，该市依法全面履行政府职能和社会公众满意度调查这两个指标高于全国平均水平，说明该市政府在这两个方面评价较高。法治政府建设的组织领导、依法行政制度体系、行政决策、行政执法、政务公开、监督与问责、社会矛盾化解与行政争议解决这七个指标低于全国平均水平，说明该市政府在这七个方面评价较低。

二、赣州市法治政府建设情况分析

《法治政府评估报告（2017）》显示，在2017年全国法治政府评估中，赣州市得到619.91分（总分1000分），在全部评估的100个城市中排名第88位，在中部区域32个城市中排名第27位（2016年评估中，赣州市得到646.64分，排名第61位；2015年评估中，赣州市得到566.5分，排名第78位）。这一评估结果反映出，赣州市政府深入推进依法行政，加快建设法治政府，着力营造良好法治环境，但同时还存在着一些亟待重视和解决的问题。

（一）成绩

1. 依法全面履行政府职能取得较大进步

评估结果显示，赣州市在"依法全面履行政府职能"指标上进步幅度最大。赣州市在2015年评估中得到78分（该指标总分100分），比全国平均分低1.8分，全国排名第61位；在2016年评估中得到74分，比全国平均分低2.23分，全国排名第61位；在2017年评估中得到91分，比全国平均分高8.19分，全国排名第11位。这表明，赣州市政府持续推进政府全面依法履职，加快建设职能科学的法治政府，在"依法全面履行政府职能"制度方面取得了较大进步。

2. 社会公众满意度得到提高

2017年评估结果显示，在"社会公众满意度"一级指标下，赣州市得到129.97分（该指标总分为200分），得分率为64.985%，全国排名第39位；2016年评估中，赣州市在该指标上得到125.31分，得分率为62.655%，全国排名第60位；2015年评估中，赣州市在该指标上得到113.5分，得分率为56.75%，全国排名第54位。连续三年的评估结果反映出，虽然赣州市法治政府建设现状与令公众满意的政府尚有较大距离，但赣州市逐渐重视公众对法治政府建设成果的获得感，社会公众满意度得到提高。

（二）问题

1. 依法行政的制度体系不完善

在依法行政制度体系建设方面，赣州市在2015年评估中得到30分（该指标总分80分），比全国平均分低13.46分，得分率为37.5%；在2016年评估中得到42分，比全国平均分低8.76分，得分率为52.5%；在2017年评估中得到23分，比全国平均分低22.92分，得分率为28.75%。从近三年的评估数据可以看出，赣州市依法行政制度体系建设在整体上一直处于较低水平，与理想状态相比还有较大差距。具体而言，赣州市在规范性文件公开征求意见、集体讨论及"三统一"、报备上均未完善。

2. 政务公开工作不扎实

2017年评估结果显示，在"政务公开"一级指标下，赣州市得分70分，比全国平均分低27.98分，全国排名第95位；2016年评估中，赣州市在"政务公开"指标下得分89.75分，全国排名第62位；2015年评估中，赣州市在"政府信息公开"指标下得到82分，全国排名第88位。对比连续三年的测评结果可以看出，赣州市政府的政务公开工作并不扎实。政务公开对于推进行政体制改革、加强对行政权力监督制约、从源头上防治腐败都具有重要意义，赣州市政府应当深化政务公开。

3. 社会矛盾化解与行政争议解决未见提升

在"社会矛盾化解与行政争议解决"一级指标下，2017年赣州市得到64.8分（该指标总分为100分），比全国平均分低5.68分；2016年评估中，赣州市在该指标上得到68分，比全国平均分低0.1分；2015年评估中，赣州市在该指标上得到48分，比全国平均分低5.7分。可见，赣州市社会矛盾化解与行政争议解决未见提升。根据《法治政府建设实施纲要（2015—2020年）》的要求，依法有效化解社会矛盾纠纷要求行政机关在预防、解决行政争议和民事纠纷中的作用充分发挥，通过法定渠道解决矛盾纠纷的比率大幅提升。据此，赣州市政府应当大力推进社会矛盾化解与行政争议解决体系化建设。

二十三 广州市人民政府

一、广州市法治政府建设情况

广州市人民政府评估总分为800.21分,高于全国平均水平(687.22分)112.99分,在全部评估的100个城市中排名第3位,在东部区域48个城市中排名第3位。该市政府得分按一级指标分析见表11-23。

表11-23 广州市人民政府一级指标评估得分分析表

指标 分析	依法全面 履行政府 职能	法治政府 建设的组织 领导	依法行政 制度体系	行政 决策	行政 执法	政务 公开	监督与 问责	社会矛盾 化解与行政 争议解决	社会公众 满意度 调查
得分	98	57	70	90	94.9	105.45	85.06	68.04	131.76
与平均分差	15.19	9.78	24.08	17.81	25.88	7.47	11.61	-2.44	3.61
与最高分差	0	-15	-8	-5	-3.2	-12.27	-1.42	-21.77	-36.22
排名	1	15	10	2	2	35	4	61	33

每项一级指标换算成百分比并与全国平均水平比较得出图11-23。

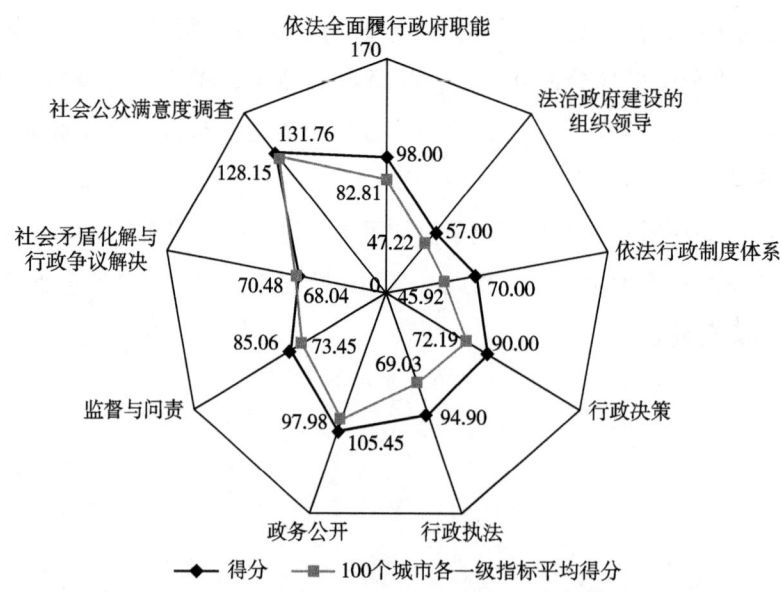

图11-23 广州市人民政府评估得分与全国平均得分比较图

可以看出，该市依法全面履行政府职能、法治政府建设的组织领导、依法行政制度体系、行政决策、行政执法、政务公开、监督与问责、社会公众满意度调查这八个指标高于全国平均水平，说明该市政府在这八个方面评价较高。社会矛盾化解与行政争议解决这个指标低于全国平均水平，说明该市政府在这个方面评价较低。

二、广州市法治政府建设情况分析

《法治政府评估报告（2017）》显示，在2017年全国法治政府评估中，广州市得到800.21分（总分1000分），在全部评估的100个城市中排名第3位，在东部区域48个城市中排名第3位（2016年评估中，广州市得到766.31分，排名第5位；2015年评估中，广州市得到772.58分，排名第2位）。这一评估结果反映出，广州市法治政府建设取得了诸多成绩，法治化程度较高。

（一）成绩

1. 依法全面履行政府职能表现优异

2017年评估结果显示，在"依法全面履行政府职能"一级指标下，广州市得到98分（该指标总分100分），比全国平均分高出15.19分，排名全国第一；2016年评估中，广州市在该指标上得到98分，排名全国第一；2015年评估中，广州市在该指标上得到97分，排名全国第二。对比连续三年的测评结果可以看出，广州市在该指标下连续三年名列前茅，反映出广州市的依法全面履行政府职能工作在全国处于领先地位。具体而言，广州市在权力清单的公布及动态调整、行政审批在线办理、应急预案建设、突发事件信息发布平台建设等多个方面都有着优异的表现，值得其他地方政府学习。

2. 行政执法取得长足进步

评估结果显示，广州市在"行政执法"指标上进步幅度最大。2015年评估中，广州市在该指标上得到68分（该指标总分为100分），比全国平均分高5.205分；2016年评估中，广州市在该指标上得到77分，比全国平均分高7.486分；2017年评估中，广州市在该指标下得到94.9分，比全国平均分高出25.88分，全国排名第2位。这表明，广州市政府在"行政执法"制度方面取得了较大进步，能够按照《法治政府建设实施纲要（2015—2020年）》要求的"坚持严格规范公正文明执法"。

3. 监督与问责工作较为扎实

在"监督与问责"一级指标下，在2017年评估中，广州市得到85.06分（该指

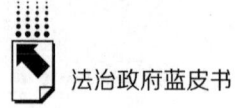

标总分100分），比全国平均分高出11.61分，全国排名第4位；2016年评估中，广州市在该指标上得到80.04分，比全国平均分高出12.0209分；2015年评估中，广州市在该指标上得到76分，比全国平均分高出11.055分。这表明，广州市强化对行政权力的制约和监督，监督与问责工作日益扎实。

（二）问题

1. 政务公开工作有待加强

2017年评估结果显示，在"政务公开"一级指标下，广州市得到105.45分（该指标总分为120分），比全国平均分高出7.47分，全国排名第35位；2016年评估中，广州市在"政务公开"指标下得到90分，全国排名第60位；2015年评估中，广州市在"政府信息公开"指标下得到108分，全国排名第23位。对比连续三年的测评结果可以看出，广州市政务公开工作依然有待加强，与理想状态相比还有较大差距。

2. 社会矛盾化解与行政争议解决体系不完善

在社会矛盾化解与行政争议解决方面，广州市在2015年评估中得到82分（该指标总分100分），比全国平均分高28.3分，全国排名第13位；在2016年评估中得到64分，比全国平均分低4.1分，全国排名第69位；在2017年评估中得到68.04分，比全国平均分低2.44分，全国排名第61位。从近三年的评估数据可以看出，广州市在社会矛盾化解与行政争议解决方面需要加强，应当按照《法治政府建设实施纲要（2015—2020年）》的要求，使行政机关在预防、解决行政争议和民事纠纷中的作用充分发挥。

3. 社会公众满意度不高

评估结果显示，2017年广州市法治政府建设的社会公众满意度得分为131.76分（该指标总分为200分），比全国平均分高3.61分，比最高分低36.22分，得分率仅为65.88%。从纵向来看，广州市社会公众满意度指标在2015年和2016年得分率为61.29%、73.635%。结合连续三年的测评结果可以看出，社会公众未对法治政府建设成果产生充足的获得感。

二十四　贵阳市人民政府

一、贵阳市法治政府建设情况

贵阳市人民政府评估总分为 704.82 分，高于全国平均水平（687.22 分）17.6 分，在全部评估的 100 个城市中排名第 42 位，在西部区域 20 个城市中排名第 7 位。该市政府得分按一级指标分析见表 11-24。

表 11-24　贵阳市人民政府一级指标评估得分分析表

指标\分析	依法全面履行政府职能	法治政府建设的组织领导	依法行政制度体系	行政决策	行政执法	政务公开	监督与问责	社会矛盾化解与行政争议解决	社会公众满意度调查
得分	87	37	38	86	67.8	102	82.4	80.67	123.95
与平均分差	4.19	-10.22	-7.92	13.81	-1.23	4.02	8.95	10.20	-4.20
与最高分差	-11	-35	-40	-9	-30.3	-15.72	-4.08	-9.14	-44.03
排名	31	83	63	7	53	45	9	19	62

每项一级指标换算成百分比并与全国平均水平比较得出图 11-24。

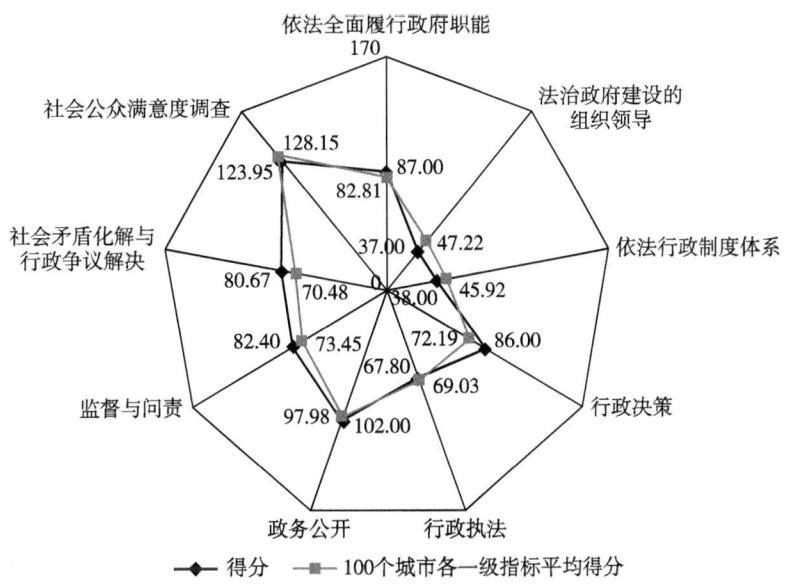

图 11-24　贵阳市人民政府评估得分与全国平均得分比较图

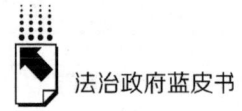

可以看出，该市依法全面履行政府职能、行政决策、政务公开、监督与问责、社会矛盾化解与行政争议解决这五个指标高于全国平均水平，说明该市政府在这五个方面评价较高。法治政府建设的组织领导、依法行政制度体系、行政执法、社会公众满意度调查这四个指标低于全国平均水平，说明该市政府在这四个方面评价较低。

二、贵阳市法治政府建设情况分析

《法治政府评估报告（2017）》显示，在2017年全国法治政府评估中，贵阳市人民政府评估总分为704.82分（总分1000分），排名第42位，在西部区域20个城市中排名第7位（2016年评估中，贵阳市得到678.96分，排名第40位；2015年评估中，贵阳市得到647.21分，排名第29位）。这一评估结果反映出，贵阳市法治政府建设力度尚不够，还存在着许多尚待解决的问题。

（一）成绩

1. 行政决策表现优异

2017年评估结果显示，在"行政决策"一级指标下，贵阳市得到86分（该指标总分100分），比全国平均分高出13.81分，全国排名第7位；2016年评估中，贵阳市在该指标上得到89分，全国排名第3位；2015年评估中，贵阳市在该指标上得到84分，全国排名第4位。对比连续三年的测评结果可以看出，贵阳市在该指标下连续三年名列前茅，反映出贵阳市的行政决策工作在全国处于领先地位。具体而言，贵阳市在重大决策合法性审查制度、重大决策听取公众意见制度、重大决策风险评估制度等多个方面都有着优异的表现，值得其他地方政府学习。

2. 社会公众满意度取得长足进步

评估结果显示，贵阳市在"社会公众满意度调查"指标上进步幅度最大。2016年评估中，贵阳市在该指标上得到90.64分（该指标总分为200分），比最高分低79.4分，得分率仅为45.32%，排名全国最后一名；2017年评估中，贵阳市在该指标下得到123.95分，得分率为61.975%，全国排名第62位。这表明，虽然贵阳市法治政府建设现状与令公众满意的政府尚有较大距离，但贵阳市逐渐重视公众对法治政府建设成果的获得感，社会公众满意度有了较大提升。

（二）问题

1. 法治政府建设的组织领导工作不扎实

评估结果显示，2017年贵阳市在"法治政府建设的组织领导"指标下得分为37分（该指标总分为80分），得分率为46.25%。结合2016年及2015年贵阳市在这一指标上的得分率分别为40%、31.25%，可以得出结论，贵阳市法治政府建设的组织领导工作并不扎实。《法治政府建设实施纲要（2015—2020年）》明确将"组织保障和落实机制"作为深入推进法治政府建设的主要任务和重要举措之一，要求各级政府及其部门加强组织领导，强化工作责任。据此，贵阳市政府应当加强法治政府建设的组织领导。

2. 依法行政制度体系不完善

在依法行政制度体系建设方面，贵阳市在2015年评估中得到40分（该指标总分80分），比全国平均分低3.46分，得分率为50%；在2016年评估中得到47分，比全国平均分低3.76分，得分率为58.75%；在2017年评估中得到38分，比全国平均分低7.92分，得分率为47.5%。从近三年的评估数据可以看出，贵阳市在依法行政制度体系并不完善。具体而言，贵阳市在行政规范性文件"三统一"、报备及有效期上尚待加强。

3. 行政执法能力和水平亟待提高

评估结果显示，在"行政执法"一级指标下，2017年评估中贵阳市得到67.8分（该指标总分为120分），比全国平均分低1.23分，得分率为56.5%；2016年评估中，贵阳市在该指标下得到69.4分，得分率为57.833%；2015年评估中，贵阳市在该指标下得到54.5分，得分率为68.125%。连续三年的评估结果反映出，贵阳市行政执法工作尚未达到《法治政府建设实施纲要（2015—2020年）》要求的"坚持严格规范公正文明执法"，其执法能力和水平亟待提高。

二十五 哈尔滨市人民政府

一、哈尔滨法治政府建设情况

哈尔滨市人民政府评估总分为698.7分，高于全国平均水平（687.22分）11.48分，在全部评估的100个城市中排名第47位，在中部区域32个城市中排名第8位。该市政府得分按一级指标分析见表11-25。

表11-25 哈尔滨市人民政府一级指标评估得分分析表

指标分析	依法全面履行政府职能	法治政府建设的组织领导	依法行政制度体系	行政决策	行政执法	政务公开	监督与问责	社会矛盾化解与行政争议解决	社会公众满意度调查
得分	89	44	48	82	61.3	113.84	83.14	62.4	115.02
与平均分差	6.19	-3.22	2.08	9.81	-7.73	15.86	9.69	-8.08	-13.13
与最高分差	-9	-28	-30	-13	-36.8	-3.88	-3.34	-27.41	-52.96
排名	22	65	41	13	72	8	7	79	91

每项一级指标换算成百分比并与全国平均水平比较得出图11-25。

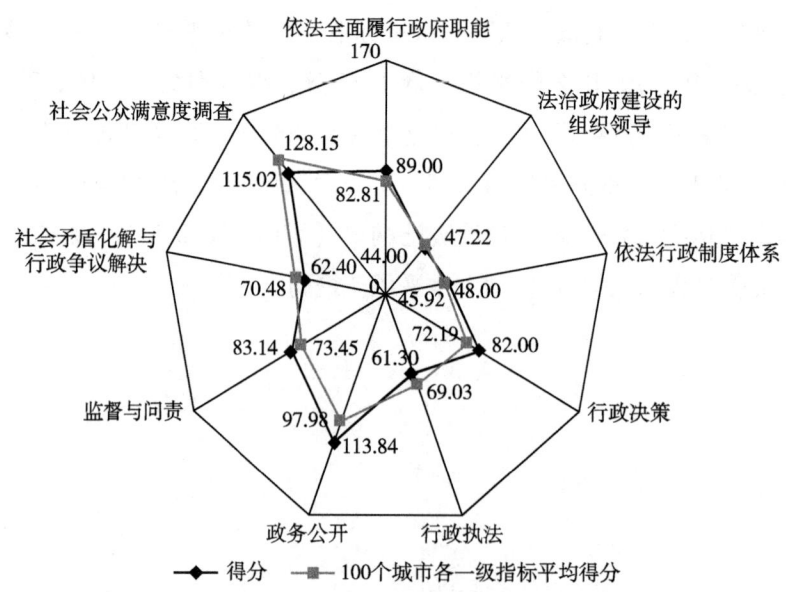

图11-25 哈尔滨市人民政府评估得分与全国平均得分比较图

可以看出，该市依法全面履行政府职能、依法行政制度体系、行政决策、政务公开、监督与问责这五个指标高于全国平均水平，说明该市政府在这五个方面评价较高。法治政府建设的组织领导、行政执法、社会矛盾化解与行政争议解决、社会公众满意度调查这四个指标低于全国平均水平，说明该市政府在这四个方面评价较低。

二、哈尔滨市法治政府建设情况分析

《法治政府评估报告（2017）》显示，在2017年全国法治政府评估中，哈尔滨市得到为698.7分（总分为1000分），排名第47位，在中部区域32个城市中排名第8位（2016年评估中，得到673.32分，排名第42位；2015年评估中，哈尔滨市得到627.02分，排名第41位）。这一评估结果反映出，在全国法治政府建设持续推进的大背景下，哈尔滨市法治政府建设在逐步进步的同时，也存在着不容忽视的问题。

（一）成绩

1. 政务公开取得长足进步

本年度评估结果显示，在"政务公开"一级指标下，哈尔滨市在该指标下得到113.84分（该指标总分为120分），比全国平均分高出15.86分，得分率为94.867%，全国排名第8位；2016年评估中，哈尔滨市在该指标上得到80分，比全国平均分低12.575分，得分率为66.667%，全国排名第83位；2015年度评估中，哈尔滨市在"政府信息公开"指标上得到93分，比全国平均分低4.5分，得分率为77.5%，全国排名第65位。这表明，哈尔滨市政府的政务公开工作取得长足进步。

2. 监督与问责工作较为扎实

在监督与问责方面，本年度评估中哈尔滨市得到83.14分（该指标总分为100分），比全国平均分高出9.69分，全国排名第7位；2016年度评估中，哈尔滨市在该指标上得到78.1分，全国排名第8位；2015年度评估中，哈尔滨市在该指标上得到79分，全国排名第7位。这表明，哈尔滨市强化对行政权力的制约和监督，监督与问责工作较为扎实。

（二）问题

1. 法治政府建设的组织领导不强

评估结果显示，本年度哈尔滨市在"法治政府建设的组织领导"指标下得分为

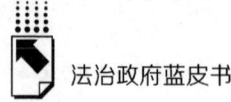

44分（该指标总分为80分），比最高分低28分，得分率为55%；在2016年评估中得到36分，比最高分低26分，得分率为45%；在2015年评估中得到19分，比最高分低55分，得分率为23.75%。从近三年的评估数据可以看出，哈尔滨市在强化法治政府建设的组织领导方面有待进一步推进。《法治政府建设实施纲要（2015—2020年）》明确将"组织保障和落实机制"作为深入推进法治政府建设的主要任务和重要举措之一，要求各级政府及其部门加强组织领导，强化工作责任。据此，哈尔滨市政府应当加强法治政府建设的组织领导。

2. 依法行政制度体系不完备

在依法行政制度体系建设方面，哈尔滨市在2015年评估中得到44分（该指标总分80分），得分率为55%，全国排名第45位；在2016年评估中得到52分，得分率为65%，全国排名第44位；本年评估中得到48分，得分率为60%，全国排名第41位。从近三年的评估数据可以看出，哈尔滨市在依法行政制度体系并不完备。具体而言，哈尔滨市在行政规范性文件"三统一"及有效期制度层面依旧是短板。

3. 社会公众满意度不高

本年度评估结果显示，哈尔滨市法治政府建设的社会公众满意度得分为115.02分（该指标总分为200分），比全国平均分低13.13分，比最高分低52.96分，得分率仅为57.51%。从纵向来看，哈尔滨市社会公众满意度指标在2014年和2015年度得分率为57.76%、66.06%。结合连续三年的测评结果可以看出，哈尔滨市法治政府建设成效与公众满意度之间尚有较大落差，社会公众尚未对法治政府建设成果产生相应的获得感。

二十六 海口市人民政府

一、海口市法治政府建设情况

海口市人民政府评估总分为694.76分,高于全国平均水平(687.22分)7.54分,在全部评估的100个城市中排名第51位,在东部区域48个城市中排名第33位。该市政府得分按一级指标分析见表11-26。

表11-26 海口市人民政府一级指标评估得分分析表

指标 分析	依法全面 履行政府 职能	法治政府 建设的 组织领导	依法行政 制度体系	行政 决策	行政 执法	政务 公开	监督与 问责	社会矛盾 化解与行政 争议解决	社会公众 满意度 调查
得分	77	38	55	76	59.8	107.5	78	78	125.46
与平均分差	-5.81	-9.22	9.08	3.81	-9.23	9.52	4.55	7.52	-2.69
与最高分差	-21	-34	-23	-19	-38.3	-10.22	-8.48	-11.81	-42.52
排名	80	81	32	39	75	28	35	24	55

每项一级指标换算成百分比并与全国平均水平比较得出图11-26。

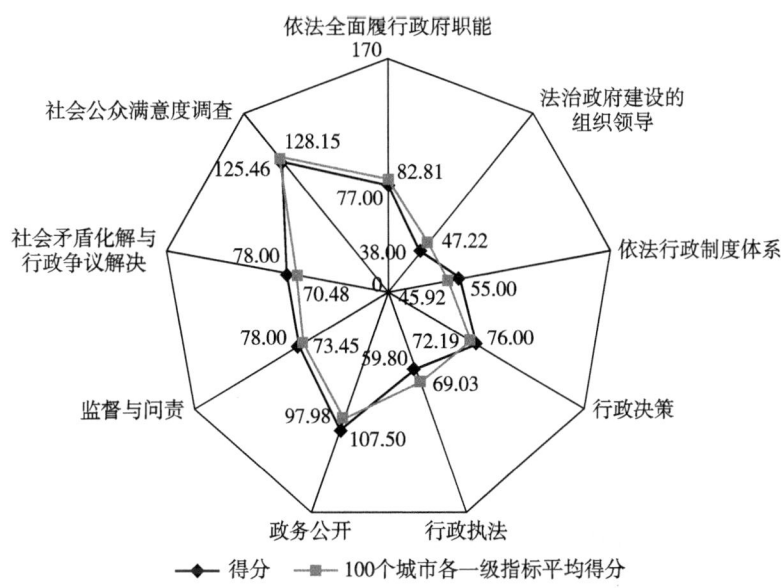

图11-26 海口市人民政府评估得分与全国平均得分比较图

可以看出，该市依法行政制度体系、行政决策、政务公开、监督与问责、社会矛盾化解与行政争议解决这五个指标高于全国平均水平，说明该市政府在这五个方面评价较高。依法全面履行政府职能、法治政府建设的组织领导、行政执法、社会公众满意度调查这四个指标得分低于全国平均水平，说明该市政府在这四个方面评价较低。

二、海口市法治政府建设情况分析

《法治政府评估报告（2017）》显示，在2017年全国法治政府评估中，海口市得到694.76分（总分为1000分），排名第51位，在东部区域48个城市中排名第33位（在2016年评估中，海口市得到711.9分，排名第22位；在2015年评估中，海口市得到610.71分，排名第52位）。这一评估结果反映出，海口市法治政府建设不如人意，存在着许多亟待解决的问题。

（一）成绩

1. 监督与问责工作较为扎实

本年度评估结果显示，在"监督与问责"一级指标下，海口市得到78分（该指标总分为100分），比全国平均分高出4.55分，全国排名第35位；2016年度评估中，海口市在该指标上得到78.12分，比全国平均分高出10.1009分，全国排名第7位；2015年度评估中，海口市在该指标上得到78.5分，比全国平均分高出13.555分，全国排名第9位。这表明，海口市强化对行政权力的制约、监督与问责工作较为扎实。

2. 社会矛盾化解与行政争议解决取得较大进步

评估结果显示，本年度哈尔滨市在"社会矛盾化解与行政争议解决"指标下得到78分（该指标总分为100分），比全国平均分高出7.52分，得分率为78%。从纵向来看，海口市社会矛盾化解与行政争议解决指标在2015年和2016年度得分率为42%、70%。从近三年的评估数据可以看出，海口市在社会矛盾频发和行政争议解决压力较大的情况下，取得如此进步，值得肯定。

（二）问题

1. 依法全面履行政府职能工作尚待进一步推进

评估结果显示，海口市在"依法全面履行政府职能"这一指标下得分为77分（该指标总分为100分），比全国平均分低5.81分，比最高分低21分。从纵向来看，海口市社会公众满意度指标在2015年和2016年度得分率为79%、77%。可以得出结论，海口市依法全面履行政府职能工作并不扎实。《法治政府建设实施纲要（2015—2020年）》明确将"组织保障和落实机制"作为深入推进法治政府建设的主要任务和重要举措之一，要求各级政府及其部门加强组织领导，强化工作责任。据此，海口市政府应当进一步强化法治政府建设的组织领导。

2. 依法行政制度体系不完备

在依法行政制度体系建设方面，海口市在2015年评估中得到43分（该指标总分80分），得分率为53.75%；在2016年评估中，海口市在该指标上得到52分，得分率为65%；在本年评估中，海口市在该指标上得到55分，得分率为68.75%。从近三年的评估数据可以看出，海口市在依法行政制度体系并不完备。具体而言，海口市有关规范性文件公开征求意见、"三统一"制度尚待尽快建立健全。《法治政府建设实施纲要（2015—2020年）》明确将"完善依法行政制度体系"作为深入推进法治政府建设的主要任务和重要举措之一。海口市政府应当重视并加强依法行政制度体系建设。

3. 社会公众满意度不高

评估结果显示，本年度海口市法治政府建设的社会公众满意度得分为125.46分（该指标总分为200分），比全国平均分低2.69分，比最高分低42.52分，得分率仅为62.73%。从纵向来看，海口市社会公众满意度指标在2014和2015年度得分率为52.855%、63.525%。结合连续三年的测评结果可以看出，海口市法治政府建设成效与公众满意度之间尚未实现有效对接，社会公众并未对法治政府建设成果产生相应的获得感。

二十七 邯郸市人民政府

一、邯郸市法治政府建设情况

邯郸市人民政府评估总分为699.7分,高于全国平均水平(687.22分)12.48分,在全部评估的100个城市中排名第45位,在东部区域48个城市中排名第30位。该市政府得分按一级指标分析见表11-27。

表11-27 邯郸市人民政府一级指标评估得分分析表

指标 分析	依法全面履行政府职能	法治政府建设的组织领导	依法行政制度体系	行政决策	行政执法	政务公开	监督与问责	社会矛盾化解与行政争议解决	社会公众满意度调查
得分	85	52	65	78	61.1	94	67.09	68	129.51
与平均分差	2.19	4.78	19.08	5.81	-7.93	-3.98	-6.36	-2.48	1.36
与最高分差	-13	-20	-13	-17	-37	-23.72	-19.39	-21.81	-38.47
排名	36	36	13	29	73	63	81	62	44

每项一级指标换算成百分比并与全国平均水平比较得出图11-27。

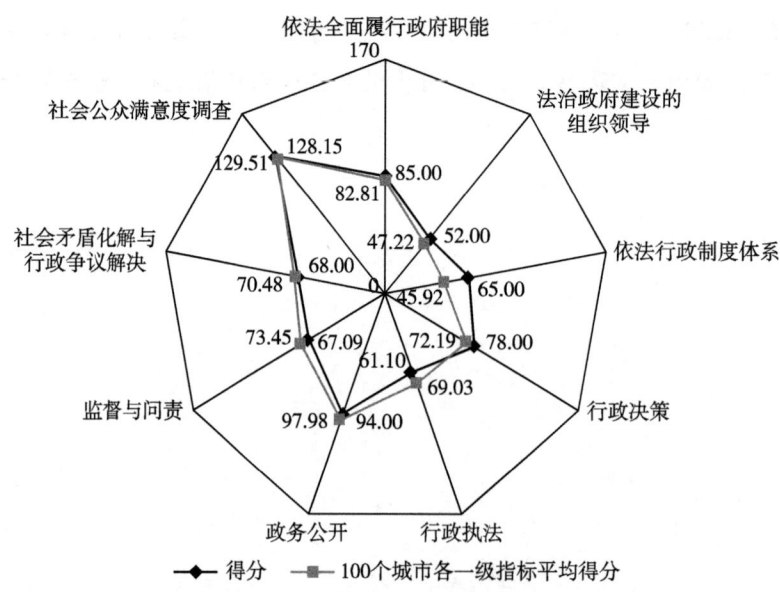

图11-27 邯郸市人民政府评估得分与全国平均得分比较图

可以看出，该市依法全面履行政府职能、法治政府建设的组织领导、依法行政制度体系、行政决策、社会公众满意度调查这五个指标高于全国平均水平，说明该市政府在这五个方面评价较高。行政执法、政务公开、监督与问责、社会矛盾化解与行政争议解决这四个指标低于全国平均水平，说明该市政府在这四个方面评价均较低。

二、邯郸市法治政府建设情况分析

《法治政府评估报告（2017）》显示，在2017年全国法治政府评估中，邯郸市得到699.7分（总分1000分），在100个被测评城市中排名第45位，在东部区域48个城市中排名第30位（2016年度评估中邯郸市得到586.48分，排名第92位；2015年度评估中，邯郸市得到558.94分，排名第85位）。这一评估结果反映出，在全国法治政府建设持续推进的大背景下，邯郸市法治政府建设在取得长足进步的同时，也存在着一些亟待重视和解决的问题。

（一）成绩

1. 依法行政制度体系建立取得长足进步

评估结果显示，邯郸市在"依法行政制度体系"指标上进步幅度最大。2016年评估中，邯郸市在该指标上仅得到35分，比全国平均分低15.76分；本年度评估中，邯郸市在该指标下得到65分，比全国平均水平高出19.08分，得分涨幅近一倍。对比结果反映出邯郸市重视并加紧依法行政制度体系建设，取得如此进步和成就，值得肯定。

2. 法治政府建设的组织领导工作较为扎实

评估结果显示，在"法治政府建设的组织领导"一级指标下，邯郸市得分52分，高出全国平均水平4.78分；2016年度评估中，邯郸市此项指标得分47分，高出全国平均水平7.61分；2015年度评估中，邯郸市此项指标得分46分，高出全国平均水平12.67分。连续三年的评估结果反映出，邯郸市政府较为重视法治政府建设工作和对依法行政工作的组织保障，且呈现出逐年改善和提高的趋势。

3. 社会公众满意度日益提高

评估结果显示，邯郸市在"社会公众满意度调查"指标得分呈现逐年上升趋势。2015年，邯郸市在该项指标下得分95.94分；2016年，邯郸市在该项指标下得分111.06分；2017年，邯郸市在该项指标下得分129.51分，该项指标得分连年提高。

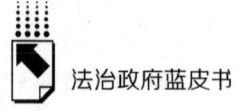

该结果反映出邯郸市政府在法治政府建设过程中注重民意表达，政务便民举措实施到位，公众认可度日益提高。

（二）问题

1. 行政执法规范性不足

在行政执法方面，邯郸市在2015年评估中得到44分，比全国平均分低18.795分，得分率仅为37%；在2016年评估中得到42.9分，比全国平均分低26.614，得分率仅为36%；在2017年评估中得到61.1分，比全国平均分低7.93，得分率为51%。从近三年评估数据可以看出，虽然邯郸市行政执法工作也取得了一定进步，但总体上仍然处于较低水平，与全国评估城市的执法水平差距较大。具体而言，邯郸市行政执法体制建立不完善，行政执法工作规范性差，未能严格规范公正文明执法，法治化程度较低。

2. 监督与问责机制不完善

评估结果显示，邯郸市2017年法治政府建设的监督与问责机制指标得分为67.09分，比全国平均分低6.36分，比最高分低19.39分，在100个评估城市中排名第81位。从纵向来看，监督与问责机制指标在全国排名中下滑严重（该指标得分在2015年和2016年的评估城市中分别为第61位和第52位）。可以得出结论，邯郸市法治政府建设的监督与问责机制尚未完全贯彻《法治政府建设实施纲要（2015—2020年）》在新形势下对法治政府建设提出的要求，未建立、健全重大决策责任追究制度，政府部门内部层级监督力度不够，尤其是对严重违法的有关领导和行政首长的责任追究实施情况较差。

3. 社会矛盾化解与行政争议解决不力

评估结果显示，2016年邯郸市在"社会矛盾化解与行政争议解决"指标下得分为68分，比全国平均分低2.48分，与最高分差21.81分，对比2015年度及2016年度邯郸市在该项指标的得分情况（2015年得分为3分，2016年得分为60分）及与平均分的差距，可以得出结论，邯郸市政府在社会矛盾化解与行政争议解决方面整体不力。在近年来社会矛盾频发和行政争议解决压力较大的情况下，邯郸市未能构建多元矛盾解决机制有效地解决社会问题，群众寻求行政争议解决途径不畅。

二十八 杭州市人民政府

一、杭州市法治政府建设情况

杭州市人民政府评估总分为805.42分，高于全国平均水平（687.22分）118.2分，在全部评估的100个城市中排名第2位，在东部区域48个城市中排名第2位。该市政府得分按一级指标分析见表11-28。

表11-28 杭州市人民政府一级指标评估得分分析表

指标 分析	依法全面履行政府职能	法治政府建设的组织领导	依法行政制度体系	行政决策	行政执法	政务公开	监督与问责	社会矛盾化解与行政争议解决	社会公众满意度调查
得分	92	48	65	81	87.8	115.44	85.55	85.01	145.62
与平均分差	9.19	0.78	19.08	8.81	18.78	17.46	12.10	14.54	17.47
与最高分差	-6	-24	-13	-14	-10.3	-2.28	-0.93	-4.8	-22.36
排名	8	52	13	17	12	6	2	9	7

每项一级指标换算成百分比并与全国平均水平比较得出图11-28。

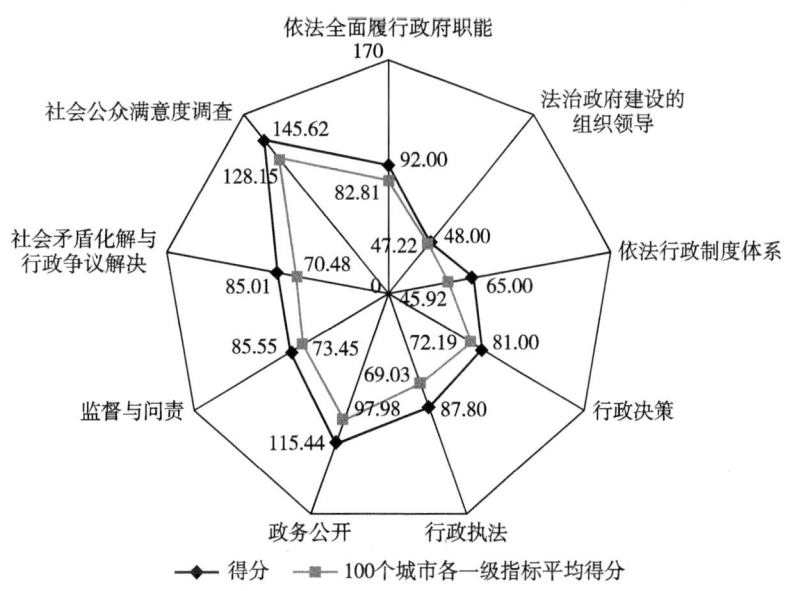

图11-28 杭州市人民政府评估得分与全国平均得分比较图

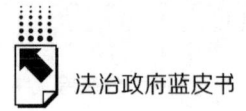

可以看出，该市依法全面履行政府职能、法治政府建设的组织领导、依法行政制度体系、行政决策、行政执法、政务公开、监督与问责、社会矛盾化解与行政争议解决、社会公众满意度调查这九个指标均高于全国平均水平，说明该市政府在这九个方面评价均高。

二、杭州市法治政府建设情况分析

《法治政府评估报告（2017）》显示，在2017年全国法治政府评估中，杭州市得到805.42分（总分1000分），在100个被测评城市中排名第2位，在东部区域48个城市中排名第2位（2016年度评估中杭州市得到773.04分，排名第3位；2015年度评估中，杭州市得到749.28分，排名第6位）。这一评估结果反映出，在全国法治政府建设持续推进的大背景下，杭州市法治政府建设在取得长足进步的同时，也存在着一些亟待重视和解决的问题。

（一）成绩

1. 政务公开表现优异

本年度评估结果显示，在"政务公开"一级指标下，杭州市得到115.44分，比全国平均分高出17.46分；2016年度评估中，杭州市在"政务公开"指标下得到103.75分，比全国平均水平高出11.175分；2015年度评估中，杭州市在"政府信息公开"指标下得到109分，比全国平均水平高出11.5分。对比连续三年的测评结果可以看出，杭州市在该指标下连续三年得分较高，反映出杭州市的政务公开工作在全国处于领先地位。具体而言，杭州市在重点领域信息公开、政府门户网站建设维护、政府数据开放、依申请信息公开等多个方面都有着优异的表现，值得其他地方政府学习。

2. 监督与问责取得长足进步

评估结果显示，杭州市在"监督与问责"指标上进步幅度最大。2015年评估中，杭州市在该指标上得到73分，比全国平均分高8.055分；2016年评估中，杭州市在该指标上得到70.52分，比全国平均分高2.5009分；本年度评估中，杭州市在该指标下得到85.55分，比全国平均水平高出12.10分，在全国排名第2位。连续三年评估结果反映，杭州市监督与问责机制建立健全，能有效监督行政行为的合法性和合理性，违法行为得到有效纠正和问责。

3. 社会公众满意度较高

评估结果显示，杭州市社会公众满意度调查总体得分较高。2017该指标年得分145.62分，高出平均水平17.47分，全国排名第7位；2016年评估中，社会公众满意度调查得分为149.77分，高出平均水平20.16分；2015年评估中，该项指标得分135.28分，高出平均水平17.918分。该结果反映出杭州市在法治政府建设过程中，公权力运行透明化程度较高，公众能够充分感受到权力运行的改善状况，对法治政府建设成果产生较高认同度。

（二）问题

1. 法治政府建设的组织领导工作不扎实

评估结果显示，2017年度杭州市在"法治政府建设的组织领导"指标下得分为48分（该指标总分为80分），比全国平均分高0.78分，比最高分低24分，全国排名第52位，较其他指标排名较低。对比2016年度及2015年度杭州市在这一指标上的得分情况，可以得出结论，杭州市法治政府建设的组织领导工作未能全面落实《法治政府建设实施纲要（2015—2020年）》在新形势下对法治政府建设提出的要求，对政府法制工作的组织保障不够充分，未按要求及时公布上一年度的法治政府建设情况，对依法行政考核的推进不够理想，政府法律顾问制度建设缓慢。

2. 依法行政制度体系不完善

评估结果显示，在"依法行政制度体系"指标下，杭州市2017年得分65分，比全国平均水平高19.08分，全国排名第13位；而2016年该指标评估得分75分，比全国平均水平高24.24分，全国排名第2位，得分和排名均有较大幅度下降。该按评估结果表明杭州市虽然建立了依法行政制度，但该制度在运行过程中稳定性较差，重点领域立法工作不完善，政府立法工作参与度不够，现行行政法规、规章、规范性文件的清理工作及清理结果向社会公布情况不及时。

二十九 合肥市人民政府

一、合肥市法治政府建设情况

合肥市人民政府评估总分为787.93分,高于全国平均水平(687.22分)100.71分,在全部评估的100个城市中排名第7位,在中部区域32个城市中排名第1位。该市政府得分按一级指标分析见表11-29。

表11-29 合肥市人民政府一级指标评估得分分析表

指标\分析	依法全面履行政府职能	法治政府建设的组织领导	依法行政制度体系	行政决策	行政执法	政务公开	监督与问责	社会矛盾化解与行政争议解决	社会公众满意度调查
得分	78	59	76	80	89.5	114.4	80.18	80.95	129.9
与平均分差	-4.81	11.78	30.08	7.81	20.48	16.42	6.73	10.48	1.75
与最高分差	-20	-13	-2	-15	-8.6	-3.32	-6.3	-8.86	-38.08
排名	77	8	2	21	8	7	21	18	40

每项一级指标换算成百分比并与全国平均水平比较得出图11-29。

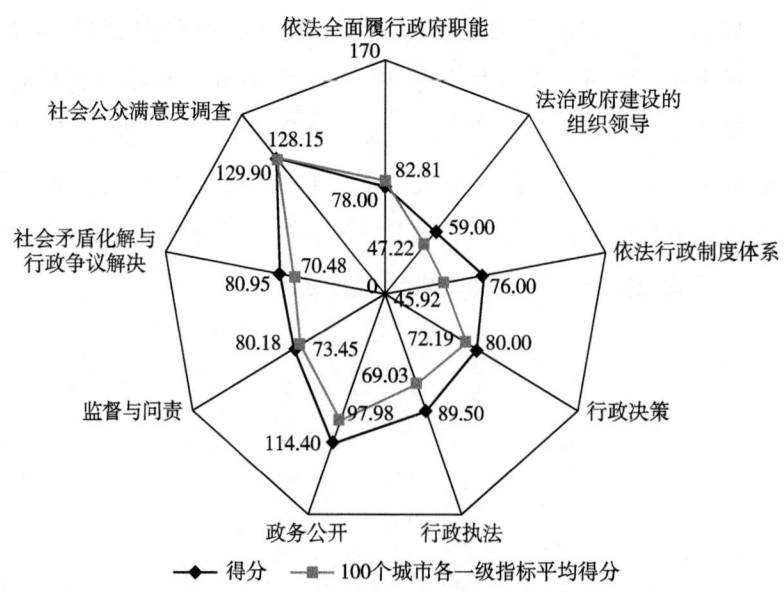

图11-29 合肥市人民政府评估得分与全国平均得分比较图

可以看出，该市法治政府建设的组织领导、依法行政制度体系、行政决策、行政执法、政务公开、监督与问责、社会矛盾化解与行政争议解决、社会公众满意度调查这八个指标高于全国平均水平，说明该市政府在这八个方面评价较高。依法全面履行政府职能这个指标低于全国平均水平，说明该市政府在这个方面评价较低。

二、合肥市法治政府建设情况分析

《法治政府评估报告（2017）》显示，在2017年全国法治政府评估中，合肥市得到787.93分（总分1000分），在100个被测评城市中排名第7位，在中部区域32个城市中排名第1位（2016年度评估中合肥市得到764分，排名第6位；2015年度评估中，合肥市得到698.48分，排名第13位）。这一评估结果反映出，在全国法治政府建设持续推进的大背景下，合肥市法治政府建设在取得长足进步的同时，也存在着一些亟待重视和解决的问题。

（一）成绩

1. 依法行政制度体系建立较为完善

评估结果显示，合肥市依法行政制度体系建立连续三年取得较好成绩，进步明显。2015年评估中，合肥市依法行政制度建设指标得分50分，比平均分高6.54分；2016年评估中，合肥市依法行政制度体系得分70分，比平均分高7.13分；2017年评估中，合肥市依法行政制度体系得分76分，比全国平均水平高30.08分。评估结果显示，合肥市依法行政制度体系的建立较为完善，长期保持优异成绩，值得其他城市学习。

2. 行政执法取得长足进步

评估结果显示，在"行政执法"一级指标下，合肥市得到89.5分（该指标总分为120分），比全国平均分高出20.48分；2016年度评估中，合肥市在该指标下得到85分，比全国平均分高出15.486分；2015评估中，合肥市在该指标下得到59分，比全国平均分低3.795分。连续三年的评估结果反映出，合肥市重视行政执法工作，在法治政府建设的过程中着重规范行政执法，法治化程度较高，且呈现逐年改善和提高的趋势。

3. 政务公开表现优异

本年度评估结果显示，在"政务公开"一级指标下，合肥市得到114.4分，比全国平均分高出16.42分；2016年度评估中，合肥市在"政务公开"指标下得到120分，比全国平均水平高出27.425分；2015年度评估中，合肥市在"政府信息公开"指标下得到120分，比全国平均水平高出22.5分。对比连续三年的测评结果可以看出，杭州市在该指标下连续三年得分较高，在全国排名优异。反映出合肥市的政务公开工作在全国处于领先地位。具体而言，合肥市在重点领域信息公开、政府门户网站建设维护、政府数据开放、依申请信息公开等多个方面都有着优异的表现，值得其他地方政府学习。

（二）问题

1. 依法全面履行政府职能不佳

根据评估结果，合肥市在依法全面履行政府职能方面存在不足。本年度评估中，合肥市在该指标下得分78分，比全国平均分低4.81分，全国排名第77位；2016年，合肥市在该指标下得分81分，比全国平均水平高4.77分，全国排名第38位。该结果反映合肥市在法治政府建设过程中，未能依法全面履行政府职能，政府组织结构不合理，在生态环境保护和公共服务方面履行职能表现较差，社会治理法治化和科学化水平低，履行政府职能尚未达到全面的标准。

2. 社会公众满意度不高

评估结果显示，合肥市法治政府建设的社会公众满意度得分为129.9分（该指标总分为200分），仅比全国平均分高1.75分，比最高分低38.08分，得分率仅为65%。从纵向来看，合肥市社会公众满意度指标连续两年都是得分和全国排名较低的指标（在2016年和2015年度该指标的得分率均在65%以下）。在该指标所涉及的18个观测点中，公众对重大决策参与和公正执法两项的满意度最低，平均得分率不足六成，反映出公众在与行政权力接触频繁的领域未能切实感受到权力运行状况的改善，未对法治政府建设成果产生充足的获得感。

三十　菏泽市人民政府

一、菏泽市法治政府建设情况

菏泽市人民政府评估总分为 710.04 分，高于全国平均水平（687.22 分）22.82 分，在全部评估的 100 个城市中排名第 36 位，在东部区域 48 个城市中排名第 27 位。该市政府得分按一级指标分析见表 11-30。

表 11-30　菏泽市人民政府一级指标评估得分分析表

指标\分析	依法全面履行政府职能	法治政府建设的组织领导	依法行政制度体系	行政决策	行政执法	政务公开	监督与问责	社会矛盾化解与行政争议解决	社会公众满意度调查
得分	83	43	58	79	68	110	72.62	73.86	122.56
与平均分差	0.19	-4.22	12.08	6.81	-1.03	12.02	-0.83	3.38	-5.59
与最高分差	-15	-29	-20	-16	-30.1	-7.72	-13.86	-15.95	-45.42
排名	49	67	27	27	51	18	63	42	69

每项一级指标换算成百分比并与全国平均水平比较得出图 11-30。

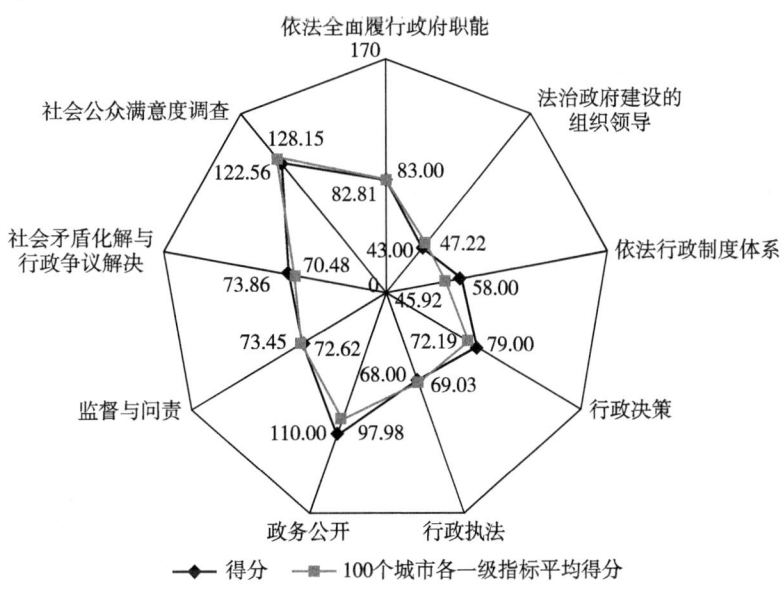

图 11-30　菏泽市人民政府评估得分与全国平均得分比较图

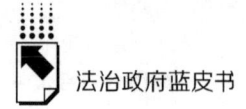

可以看出，该市依法全面履行政府职能、依法行政制度体系、行政决策、政务公开、社会矛盾化解与行政争议解决这五个指标高于全国平均水平，说明该市政府在这五个方面评价较高。法治政府建设的组织领导、行政执法、监督与问责、社会公众满意度调查这四个指标低于全国平均水平，说明该市政府在这四个方面评价较低。

二、菏泽市法治政府建设情况分析

《法治政府评估报告（2017）》显示，在2017年全国法治政府评估中，菏泽市得到710.04分（总分1000分），在100个被测评城市中排名第36位，在东部区域48个城市中排名第27位（2016年度评估中菏泽市得到665.29分，排名第48位；2015年度评估中，菏泽市得到609.89分，排名第54位）。这一评估结果反映出，在全国法治政府建设持续推进的大背景下，菏泽市法治政府建设在取得长足进步的同时，也存在着一些亟待重视和解决的问题。

（一）成绩

1. 依法行政制度体系建立良好

评估结果显示，菏泽市在"依法行政制度体系"指标下，取得的成绩值得肯定。2017年度评估数据显示，菏泽市依法行政制度体系得分为58分，高出全国平均水平12.08分，在全国排名第27名，高于菏泽市法治政府评估总排名，说明菏泽市较为重视依法行政制度体系的建立，且该制度体系建立情况良好。

2. 政务公开整体向好

评估结果显示，菏泽市在政务公开指标下取得了长足而显著的进步。在2015年"政府信息公开"指标下，菏泽市得到107分，高出平均水平9.5分；在2016年"政务公开"指标下，菏泽市得到92分，比全国平均水平低0.575分；在2017年"政务公开"指标下，菏泽市得到110分，高出平均水平12.02分。该结果反映出在政务公开方面，菏泽市总体上是取得进步的，政府也较为重视政府信息的公开化和透明度。

3. 社会矛盾化解与行政争议解决取得长足进步

评估结果显示，菏泽市在"社会矛盾化解与行政争议解决"指标上进步幅度最大。2015年评估中，菏泽市在该指标上仅得到46分，比全国平均分低7.7分；2016年度评估中，菏泽市在该指标上得到63分，比全国平均分低5.1分；本年度评估中，菏泽市在该指标下得到73.86分（该指标总分为100分），比全国平均分高出3.38

分，得分显著提高。在近年来社会矛盾频发和行政争议解决压力较大的情况下，菏泽市取得如此进步，值得肯定。

(二) 问题

1. 社会公众满意度不高

评估结果显示，菏泽市法治政府建设的社会公众满意度得分为122.56分（该指标总分为200分），比全国平均分低5.59分，比最高分低45.42分，得分率仅为61%。从纵向来看，社会公众满意度指标是菏泽市下滑最为严重的指标（在2015和2016年度该指标的得分率均达到66%以上）。该评估结果反映出和菏泽市在法治政府建设过程中未充分重视社会公众的参与度，公众在与行政权力接触的过程中未能切实感受到权力运行状况的改善，未对法治政府建设成果产生充足的获得感。

2. 问责与监督机制不完善

评估结果显示，菏泽市2017年法治政府建设的问责与监督机制得分为72.62分，比最高分低13.86分，在全国排名第63位；2016年问责与监督机制得分为61.9分，比最高分低21.4分，在全国排名第78位；2015年问责与监督机制得分为55分，比最高分低33分，在全国排名第89位。综合三年的评估数据来看，虽然菏泽市在问责与监督指标上总体呈现进步趋势，但整体得分和排名状况均较差。该结果反映菏泽市问责与监督机制建立尚不完善，未建立、健全重大决策责任追究制度，政府部门内部层级监督力度不够，尤其是对严重违法的有关领导和行政首长的责任追究实施情况较差。

3. 法治政府建设的组织领导工作不扎实

评估结果显示，菏泽市在法治政府建设过程中，组织领导层面的工作不够扎实。2017年度该指标得分43分，比全国平均水平低4.22分，得分率仅为53%；2016年度该指标得分也为43分；2015年度该指标得分仅为23分，得分率28%。该评估结果显示，菏泽市法治政府建设的组织领导工作未能全面落实《法治政府建设实施纲要（2015—2020年）》在新形势下对法治政府建设提出的要求，对政府法制工作的组织保障不够充分，未按要求及时公布上一年度的法治政府建设情况，对依法行政考核的推进不够理想，政府法律顾问制度建设缓慢。

三十一 衡阳市人民政府

一、衡阳市法治政府建设情况

衡阳市人民政府评估总分为694.94分，高于全国平均水平（687.22分）7.72分，在全部评估的100个城市中排名第50位，在中部区域32个城市中排名第9位。该市政府得分按一级指标分析见表11-31。

表11-31 衡阳市人民政府一级指标评估得分分析表

指标\分析	依法全面履行政府职能	法治政府建设的组织领导	依法行政制度体系	行政决策	行政执法	政务公开	监督与问责	社会矛盾化解与行政争议解决	社会公众满意度调查
得分	85	53	48	80	68.8	95	78.36	67	119.78
与平均分差	2.19	5.78	2.08	7.81	-0.23	-2.98	4.91	-3.48	-8.37
与最高分差	-13	-19	-30	-15	-29.3	-22.72	-8.12	-22.81	-48.2
排名	36	31	41	21	44	59	30	70	80

每项一级指标换算成百分比并与全国平均水平比较得出图11-31。

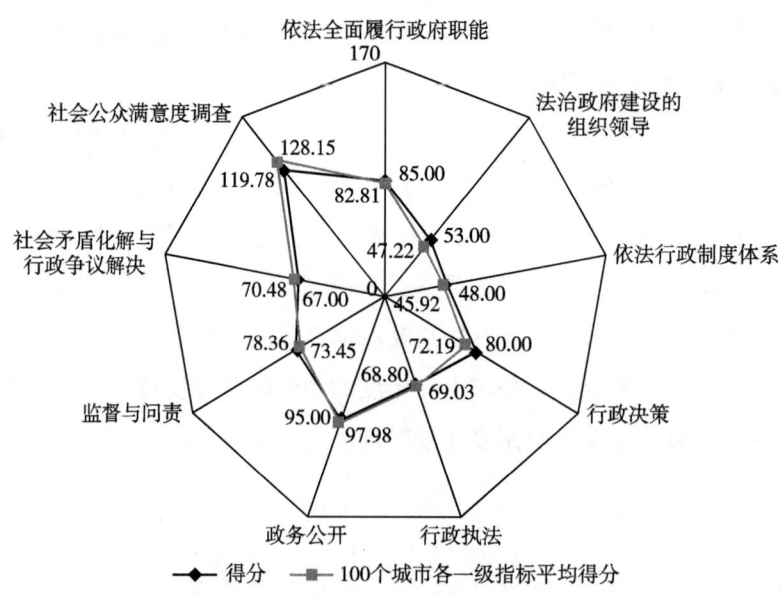

图11-31 衡阳市人民政府评估得分与全国平均得分比较图

可以看出，该市依法全面履行政府职能、法治政府建设的组织领导、依法行政制度体系、行政决策、监督与问责这五个指标高于全国平均水平，说明该市政府在这五个方面评价较高。行政执法、政务公开、社会矛盾化解与行政争议解决和社会公众满意度调查这四个指标低于全国平均水平，说明该市政府在这四个方面评价较低。

二、衡阳市法治政府建设情况分析

《中国法治政府评估报告（2017）》显示，在2017年全国法治政府评估中，衡阳市得到694.94分（总分1000分），在100个被测评城市中排名第50位，在中部区域32个城市中排名第9位（2016年度评估中，衡阳市得到645.08分，排名第63位；2015年度评估中，衡阳市得到624.38分，排名第44位）。这一评估结果反映出，随着全国法治政府建设工作的推进，衡阳市法治政府建设工作已取得明显成效，但其法治政府建设水平与领先城市仍存在一定的差距，尚有进步的空间。

（一）成绩

1. 行政决策表现突出

本年度评估结果显示，在"行政决策"一级指标下，衡阳市得到80分，排名全国第21位，比全国平均分高出7.81分；2016年度评估中，衡阳市在"行政决策"指标下得到68分，排名全国第56位；2015年度评估中，衡阳市在"行政决策"指标下得到76分，排名全国第17位。对比连续三年的测评结果可以看出，衡阳市在该指标下连续三年排名全国中上位次，反映出衡阳市的行政决策工作开展情况良好。具体而言，衡阳市重大决策合法性审查制度的建立、重大决策听取公众意见制度的建立、重大决策后信息追踪及向决策层反馈制度等多方面都有着优异的表现，值得其他地方政府学习。

2. 监督问责工作成效显著

评估结果显示，衡阳市在"监督与问责"指标上进步幅度最大。在2015年度评估中，衡阳市在该指标上得到58分，比全国平均分低6.945分；2016年度评估中，衡阳市在该指标中得到74.48分，比全国平均分高出6.4609分；本年度评估中，衡阳市在该指标下得到78.36分（该指标总分为100分），比全国平均分高出4.91分，同2015年度得分相比提高近20分。衡阳市在内部监督、外部监督、问责等工作方面都取得良好成效，应予肯定。

3. 法治政府建设的组织领导工作取得进步

评估结果显示，在"法治政府建设的组织领导"一级指标下，衡阳市得到53分

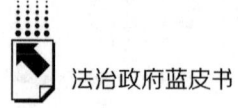

（该指标总分为 80 分），比全国平均分高出 5.78 分；2016 年度评估中，衡阳市在该指标下得到 47 分，比全国平均分高出 7.61 分；2015 年度评估中，衡阳市在该指标下得到 27 分，比全国平均分低 6.33 分。连续三年的评估结果反映出，衡阳市法治政府建设的组织领导工作落实良好，工作质量呈现逐年改善和提高的趋势。

（二）问题

1. 依法行政制度体系不完善

在依法行政制度体系建设方面，衡阳市在 2015 年评估中得到 67 分，比全国平均分高出 23.54 分，得分率为 83.75%；在 2016 年评估中得到 55 分，比全国平均分高 4.24 分，得分率为 68.75%；在 2017 年评估中得到 48 分（该指标总分 80 分），比全国平均分高 2.08 分，得分率为 60%。从近三年的评估数据可以看出，尽管近年来衡阳市依法行政制度体系建设的整体上依然属于较高水平，但该项工作考核得分上已经呈现下降的趋势，说明衡阳市在此工作方面仍存在上升空间，尤其是要提高规范性文件的合法性，加强规范性文件的监督、管理工作。

2. 政务公开不到位

评估结果显示，2017 年度衡阳市在"政务公开"指标下得分为 95 分（该指标总分为 120 分），比全国平均分低 2.98 分，得分率为 79.17%。对比 2016 年度 90 分及 2015 年度衡阳市在这一指标上所达到的 103 分的得分，可以得出结论，衡阳市政府信息主动公开和依申请公开工作的实施情况不及从前，政务公开工作的实效性、互动性和便民度有待提高。

3. 社会公众满意度不高

评估结果显示，衡阳市法治政府建设的社会公众满意度得分为 119.78 分（该指标总分为 200 分），比全国平均分低 8.37 分，比最高分低 48.2 分，得分率仅为 59.89%，排名全国第 80 位。2016 年、2015 年，该项指标得分分别为 117 分、104.48 分，得分率为 58.5%、52.24%，排名分别为第 86 位、第 84 位。由此反映出衡阳市社会满意度稳定在全国的较低位置，公众未能切实感受到行政权力运行状况的改善，未对法治政府建设成果产生充足的认同感。

三十二 呼和浩特市人民政府

一、呼和浩特法治政府建设情况

呼和浩特市人民政府评估总分为651.66分，低于全国平均水平（687.22分）35.56分，在全部评估的100个城市中排名第74位，在西部区域20个城市中排名第12位。该市政府得分按一级指标分析见表11-32。

表11-32 呼和浩特市人民政府一级指标评估得分分析表

指标 分析	依法全面履行政府职能	法治政府建设的组织领导	依法行政制度体系	行政决策	行政执法	政务公开	监督与问责	社会矛盾化解与行政争议解决	社会公众满意度调查
得分	69	48	60	65	54	89	71	70	125.66
与平均分差	-13.81	0.78	14.08	-7.19	-15.03	-8.98	-2.45	-0.48	-2.49
与最高分差	-29	-24	-18	-30	-44.1	-28.72	-15.48	-19.81	-42.32
排名	96	52	20	80	87	79	67	51	53

每项一级指标换算成百分比并与全国平均水平比较得出图11-32。

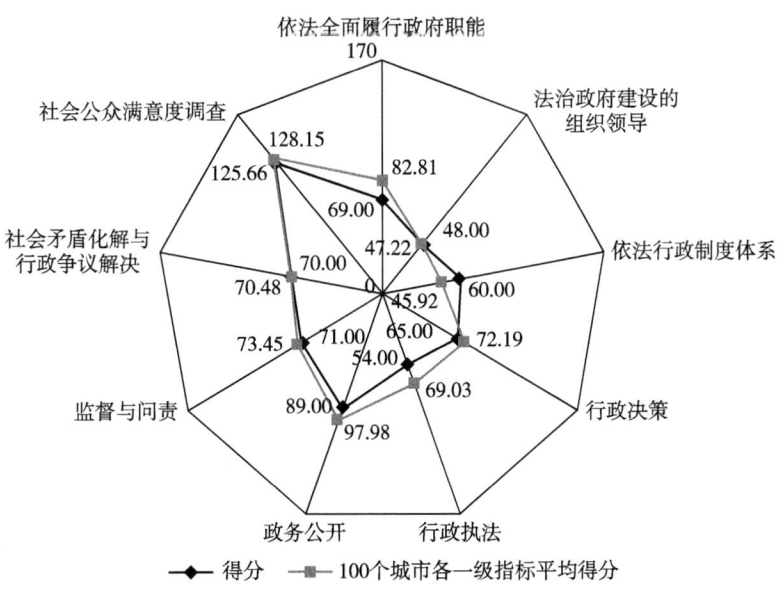

图11-32 呼和浩特市人民政府评估得分与全国平均得分比较图

可以看出，该市法治政府建设的组织领导、依法行政制度体系这两个指标高于全国平均水平，说明该市政府在这两个方面评价较高。依法全面履行政府职能、行政决策、行政执法、政务公开、监督与问责、社会矛盾化解与行政争议解决和社会公众满意度调查这七个指标低于全国平均水平，说明该市政府在这七个方面评价较低。

二、呼和浩特市法治政府建设情况分析

《中国法治政府评估报告（2017）》显示，在2017年全国法治政府评估中，呼和浩特市得到651.66分（总分1000分），在100个被测评城市中排名第74位，在西部区域20个城市中排名第12位（2016年度评估中呼和浩特市得到630.4分，排名第77位；2015年度评估中，呼和浩特市得到573.26分，排名第75位）。这一评估结果反映出，呼和浩特市的法治政府建设工作稳步前进的同时，也存在着一些亟须解决的问题。

（一）成绩

1. 依法行政制度体系建设完备

本年度评估结果显示，在"依法行政制度体系"一级指标下，呼和浩特市得到60分，排名全国第20位；2016年度评估中，呼和浩特市在"依法行政制度体系"指标下得到59分，排名全国第29位；2015年度评估中，呼和浩特市在"制度建设"指标下得到54分，排名全国第21位。对比连续三年的测评结果可以看出，呼和浩特市在该指标下连续三年得分上升，反映出呼和浩特市的依法行政制度体系工作在逐年完善，呼和浩特市在行政规范性文件制定的制度化和规范化、行政规范性文件的合法性、行政规范性文件的监督和管理等多个方面都有着杰出的表现，值得其他地方政府学习。

2. 法治政府建设的组织领导取得长足进步

评估结果显示，呼和浩特市在"法治政府建设的组织领导"指标上进步幅度最大。2016年评估中，呼和浩特市在该指标上仅得到36分，比全国平均分低3.39分；本年度评估中，呼和浩特市在该指标下得到48分（该指标总分为80分），比全国平均分高出0.78分，分数提高了12分。就呼和浩特市法治政府建设的组织领导考核工作的情况来看，该市法治政府建设的组织保障、法治政府建设的落实机制、领导干部的法治思维和法治能力等方面进步明显，已逐渐接近全国平均水平。

3. 监督与问责工作落实良好

评估结果显示，在"监督与问责"一级指标下，呼和浩特市得到71分（该指标

总分为100分），比全国平均分低2.45分；2016年度评估中，呼和浩特市在该指标下得到63分，比全国平均分低5.0191分；2015年度评估中，呼和浩特市在该指标下得到57.5分，比全国平均分低7.445分。连续三年的评估结果反映出，呼和浩特市该项指标得分呈现逐年上升的趋势，尽管总体水平不高，但其进步值得肯定。

（二）问题

1. 行政执法不规范

评估结果显示，2017年度呼和浩特市在"行政执法"指标下得分为54分（该指标总分为120分），比全国平均分低15.03分，得分率为45%。对比2016年度该项得分60分及2015年度呼和浩特市在这一指标上所得的72.5分，可以得出结论，呼和浩特市行政执法工作未能全面落实《法治政府建设实施纲要（2015—2020年）》在新形势下对法治政府建设提出的要求，存在行政执法体制改革动作缓慢，执法程序制度建设存在漏洞，执法人员执法知识动态更新慢，违法投诉渠道不通畅等问题。

2. 未能依法全面履行政府职能

在依法全面履行政府职能方面，呼和浩特市在2015年评估中得到71分（该指标总分100分），比全国平均分低8.8分；在2016年评估中得到71分，比全国平均分低5.23分；在2017年评估中得到69分，比全国平均分低13.81分。从近三年的评估数据可以看出，尽管近年来呼和浩特市依法全面履行政府职能项得分浮动较小，但整体上处于较低水平，且与全国平均分差值逐年增加，与理想状态相比仍存在较大差距。具体而言，呼和浩特市政府机构设置仍需完善，行政审批中介清单公布有待加强。

3. 社会公众满意度不高

评估结果显示，呼和浩特市法治政府建设的社会公众满意度得分为125.66分（该指标总分为200分），比全国平均分低2.49分，比最高分低42.32分，得分率仅为62.83%。对比2016年得分，社会公众满意度指标是呼和浩特市下滑较为严重的指标（在2016年度该指标的得分为131.4）。值得注意的是，在重大决策参与和公正执法两项观测点上，平均得分率竟不足六成。由此反映出本年度呼和浩特市法治政府的建设成果不仅未持续取得公众对行政权力良好运行的认可，反而使得公众对政府行政工作的开展产生意见，特别是在重大决策参与和公正执法等公众与行政权力接触最为频繁的领域。

三十三　淮南市人民政府

一、淮南市法治政府建设情况

淮南市人民政府评估总分为685.94分，低于全国平均水平（687.22分）1.28分，在全部评估的100个城市中排名第54位，在中部区域32个城市中排名第11位。该市政府得分按一级指标分析见表11-33。

表11-33　淮南市人民政府一级指标评估得分分析表

指标 分析	依法全面履行政府职能	法治政府建设的组织领导	依法行政制度体系	行政决策	行政执法	政务公开	监督与问责	社会矛盾化解与行政争议解决	社会公众满意度调查
得分	80	49	38	80	62.3	94.52	78	76.67	127.45
与平均分差	-2.81	1.78	-7.92	7.81	-6.73	-3.46	4.55	6.19	-0.70
与最高分差	-18	-23	-40	-15	-35.8	-23.2	-8.48	-13.14	-40.53
排名	70	50	63	21	69	61	35	28	48

每项一级指标换算成百分比并与全国平均水平比较得出图11-33。

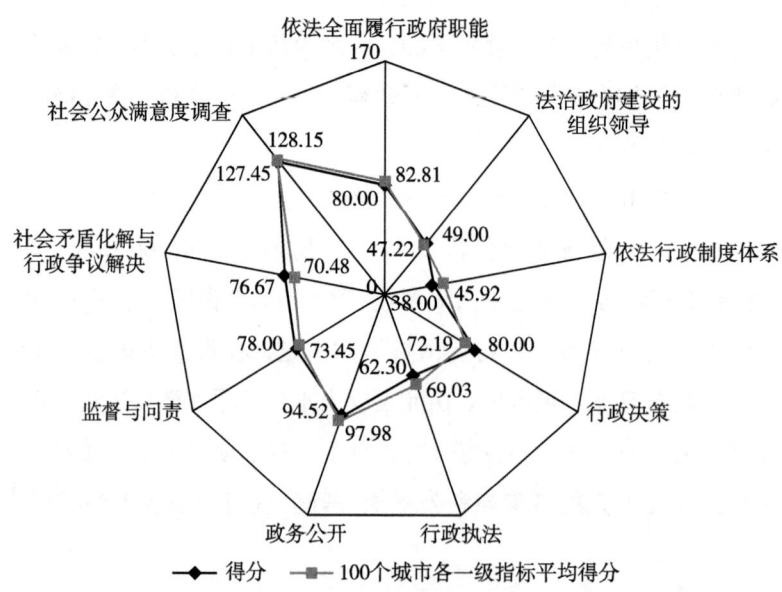

图11-33　淮南市人民政府评估得分与全国平均得分比较图

可以看出，该市法治政府建设的组织领导、行政决策、监督与问责、社会矛盾化解与行政争议解决这四个指标高于全国平均水平，说明该市政府在这四个方面评价较高。依法全面履行政府职能、依法行政制度体系、行政执法、政务公开和社会公众满意度调查这五个指标低于全国平均水平，说明该市政府在这五个方面评价较低。

二、淮南市法治政府建设情况分析

《中国法治政府评估报告（2017）》显示，在2017年全国法治政府评估中，淮南市得到685.94分（总分1000分），在100个被测评城市中排名第54位，在中部区域32个城市中排名第11位（2016年度评估中淮南市得到639.16分，排名第69位；2015年度评估中，淮南市得到624.5分，排名第42位）。这一评估结果反映出，淮南市法治政府建设工作已取得长足进步，但其考核成绩徘徊在及格线附近，暴露该城市法治政府建设过程存在亟须解决的问题。

（一）成绩

1. 行政决策法治化良好

本年度评估结果显示，在"行政决策"一级指标下，淮南市得到80分，比全国平均分高出7.81分；2016年度评估中，淮南市在"行政决策"指标下得到71分；2015年度评估中，淮南市在"行政决策"指标下得到66分。对比连续三年的测评结果可以看出，淮南市该指标分数连续三年上升，反映出淮南市的行政决策法治化工作进展良好，已位于全国的优先水平。具体而言，淮南市在合法决策、民主决策、科学决策、公开决策等多个方面都有着优异表现，值得鼓励。

2. 社会矛盾化解与行政争议解决取得飞速进步

评估结果显示，淮南市在"社会矛盾化解与行政争议解决"指标上进步幅度最大。2016年评估中，淮南市在该指标上仅得到61分，比全国平均分低7.1分；本年度评估中，淮南市在该指标下得到76.67分（该指标总分为100分），比全国平均分高出6.19分。该评估结果显示淮南市社会矛盾化解与行政争议解决方面制度建设良好，行政调解、行政裁决与仲裁制度的建设工作取得显著进步，已形成多元的社会矛盾化解机制，树立了法治政府的权威。

3. 监督与问责工作落实良好

评估结果显示，在"监督与问责"一级指标下，淮南市得到78分（该指标总分为100分），比全国平均分高出4.55分；2016年度评估中，淮南市在该指标下得到77.65分，比全国平均分高出9.6309分；2015年度评估中，淮南市在该指标下得到72分，比全国平均分高出7.055分。连续三年的评估结果反映出，淮南市政府对内外部监督的意见、建议能够及时答复，案件办理情况及时公开，值得其他城市学习。

（二）问题

1. 依法行政的制度体系不完善

在依法行政制度体系建设方面，淮南市在2015年评估中得到50分（该指标总分80分），比全国平均分高6.54分；在2016年评估中得到47分，比全国平均分低3.76分；在2017年评估中得到38分，比全国平均分低7.92分。从近三年的评估数据可以看出，淮南市依法行政制度体系得分逐年降低，已由全国平均水平下降至较低水平，与理想状态存在较大差距。具体而言，对于淮南市在行政规范性文件领域中长期存在的短板和不足，应当尽快提出有针对性的对策和建议，以便为其进一步加快推进法治政府建设提供智力支撑。

2. 行政执法不规范

评估结果显示，2017年度淮南市在"行政执法"指标下得分为62.3分（该指标总分为120分），比全国平均分低6.73分，比全国最高分低35.8分。对比2016年度淮南市在这一指标上所得到的68分，可以得出结论，淮南市行政执法工作未能全面落实《法治政府建设实施纲要（2015—2020年）》在新形势下对法治政府建设提出的要求，存在行政执法体制改革动作缓慢，执法程序制度建设存在漏洞，执法人员执法知识动态更新慢，违法投诉渠道不通畅等问题。

3. 政务公开不到位

评估结果显示，2017年度淮南市在"政务公开"指标下得分为94.52分（该指标总分为120分），比全国平均分低3.46分；在2016年评估中得分为85.25分，比全国平均分低7.325分；在2015年评估中得分为112分，比全国平均分高14.5分。通过三年评估数据的对比可以看出，淮南市法治政府建设政务公开指标得分浮动较大，政务公开活动的质量、实效和效率都有待进一步提升。应当进一步推动政务公开工作，加快透明政府的建设。

三十四 黄冈市人民政府

一、黄冈市法治政府建设情况

黄冈市人民政府评估总分为670.55分，低于全国平均水平（687.22分）16.67分，在全部评估的100个城市中排名第63位，在中部区域32个城市中排名第14位。该市政府得分按一级指标分析见表11-34。

表11-34 黄冈市人民政府一级指标评估得分分析表

指标 分析	依法全面 履行政府 职能	法治政府 建设的 组织领导	依法行政 制度体系	行政 决策	行政 执法	政务 公开	监督与 问责	社会矛盾 化解与行政 争议解决	社会公众 满意度 调查
得分	80	51	53	78	55.5	105	61.25	57.14	129.66
与平均分差	-2.81	3.78	7.08	5.81	-13.53	7.02	-12.20	-13.34	1.51
与最高分差	-18	-21	-25	-17	-42.6	-12.72	-25.23	-32.67	-38.32
排名	70	44	34	29	85	36	91	85	41

每项一级指标换算成百分比并与全国平均水平比较得出图11-34。

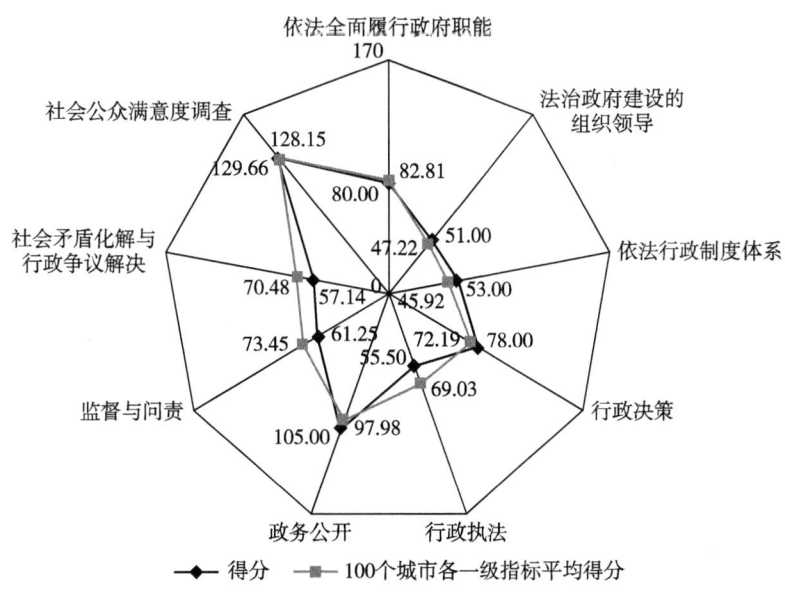

图11-34 黄冈市人民政府评估得分与全国平均得分比较图

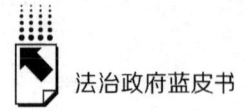

可以看出，该市法治政府建设的组织领导、依法行政制度体系、行政决策、政务公开、社会公众满意度调查这五个指标高于全国平均水平，说明该市政府在这五个方面评价较高。依法全面履行政府职能、行政执法、监督与问责、社会矛盾化解与行政争议解决这四个指标低于全国平均水平，说明该市政府在这四个方面评价较低。

二、黄冈市法治政府建设情况分析

《中国法治政府评估报告（2017）》显示，在2017年全国法治政府评估中，黄冈市得到670.55分（总分1000分），在100个被测评城市中排名第63位，在中部区域32个城市中排名第14位（2016年度评估中黄冈市得到683.66分，排名第38位；2015年度评估中，黄冈市得到612.7分，排名第50位）。这一评估结果反映出黄冈市法治政府建设工作总体上并未取得良好进展，且呈现倒退趋势，说明其存在诸多亟须解决的问题，应予以重视。

（一）成绩

1. 行政决策工作表现优异

本年度评估结果显示，在"行政决策"一级指标下，黄冈市得到78分，比全国平均分高出5.81分；2016年度评估中，黄冈市在"行政决策"指标下得到75分，比全国平均分高出6.13分；2015年度评估中，黄冈市在"行政决策"指标下得到65分，比全国平均分高出0.45分。对比连续三年的测评结果可以看出，黄冈市在该指标下连续三年排名中上位置，反映出黄冈市的行政决策工作处于全国优先位置。具体而言，黄冈市在重大决策听取公众意见制度的建设、重大决策集体决定制度的建设、重大决策结果公开等方面表现优异，值得其他地方政府学习。

2. 依法全面履行政府职能工作进步显著

评估结果显示，黄冈市在"依法全面履行政府职能"指标上进步幅度最大。2016年评估中，黄冈市在该指标上仅得到67分，比全国平均分低9.23分；本年度评估中，黄冈市在该指标下得到80分（该指标总分为100分），比全国平均分低2.81分。尽管黄冈市该项分数低于多数城市的分数，但是从该指标所涉及的9个观测点可以看出，黄冈市在完善机构设置、提升公共服务、简化行政审批等工作方面都取得了巨大进步，值得肯定。

3. 政务公开工作扎实

评估结果显示，在"政务公开"一级指标下，黄冈市得到105分（该指标总分为

120分），比全国平均分高出7.02分；2016年度评估中，黄冈市在该指标下得到105.25分，比全国平均分高出12.675分；2015年度评估中，黄冈市在该指标下得到79分，比全国平均分低18.5分。连续三年的评估结果反映出，黄冈市政务公开这一指标得分呈现上升趋势。具体而言，黄冈市在重点领域信息公开的力度日益加大，政府信息获取的效率不断提升，依申请公开的条件设置逐渐规范，其成功经验值得其他地方政府借鉴。

（二）问题

1. 社会矛盾化解与行政争议解决不佳

评估结果显示，2017年度黄冈市在"社会矛盾化解与行政争议解决"指标下得分为57.14分（该指标总分为100分），比全国平均分低13.34分，得分率为57.14%。对比2016年度黄冈市在这一指标上所达到的68%的得分率，可以得出结论，黄冈市社会矛盾化解与行政争议解决工作有待进一步完善。具体而言，行政调解、行政裁决与仲裁制度的建设进展不佳，难以形成多元的社会矛盾化解机制；行政复议制度改革未有重大突破，复议工作信息公开还很不完善。

2. 行政执法不规范

评估结果显示，2017年度黄冈市在"行政执法"指标下得分为55.5分（该指标总分为120分），比全国平均分低13.53分，得分率为46.25%。对比2016年度该项得分62.3分及2015年度黄冈市在这一指标上所得的80.5分，可以得出结论，黄冈市行政执法工作未能全面落实《法治政府建设实施纲要（2015—2020年）》在新形势下对法治政府建设提出的要求，存在行政执法体制改革动作缓慢，执法程序制度建设存在漏洞，执法人员执法知识动态更新慢，违法投诉渠道不通畅等问题。

3. 依法行政的制度体系不完善

在依法行政制度体系建设方面，黄冈市在2015年评估中得到45分（该指标总分80分），比全国平均分高1.54分；在2016年评估中得到62分，比全国平均分高11.24分；在2017年评估中得到53分，比全国平均分高7.08分。从近三年的评估数据可以看出，尽管近年来黄冈市依法行政制度体系建设在整体上依然处于较高水平，但其总体形势呈现下降趋势，说明其存在一定的问题。具体而言，黄冈市在"三统一"制度的落实、规范性文件的报备、有效期制度的落实方面有待进一步加强和完善。

三十五 吉林市人民政府

一、吉林市法治政府建设情况

吉林市人民政府评估总分为648.22分,低于全国平均水平(687.22分)39分,在全部评估的100个城市中排名第76位,在中部区域32个城市中排名第21位。该市政府得分按一级指标分析见表11-35。

表11-35 吉林市人民政府一级指标评估得分分析表

指标 分析	依法全面履行政府职能	法治政府建设的组织领导	依法行政制度体系	行政决策	行政执法	政务公开	监督与问责	社会矛盾化解与行政争议解决	社会公众满意度调查
得分	85	55	75	54	59.4	79	68.07	48.08	124.67
与平均分差	2.19	7.78	29.08	-18.19	-9.63	-18.98	-5.38	-22.40	-3.48
与最高分差	-13	-17	-3	-41	-38.7	-38.72	-18.41	-41.73	-43.31
排名	36	21	3	96	79	91	77	98	58

每项一级指标换算成百分比并与全国平均水平比较得出图11-35。

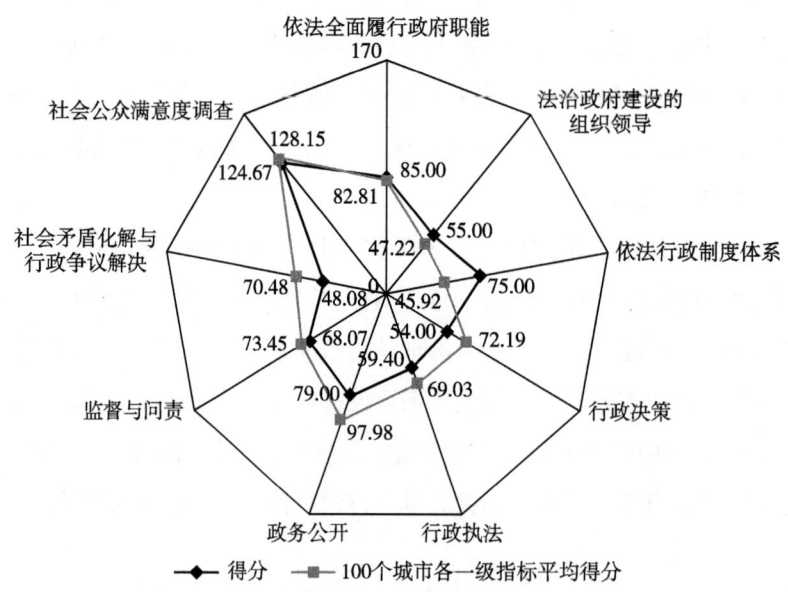

图11-35 吉林市人民政府评估得分与全国平均得分比较图

可以看出，该市依法全面履行政府职能、法治政府建设的组织领导、依法行政制度体系这三个指标高于全国平均水平，说明该市政府在这三个方面评价较高。行政决策、行政执法、政务公开、监督与问责、社会矛盾化解与行政争议解决和社会公众满意度调查这六个指标低于全国平均水平，说明该市政府在这六个方面评价较低。

二、吉林市法治政府建设情况分析

《中国法治政府评估报告（2017）》显示，在2017年全国法治政府建设评估中，吉林市得到648.22分（总分1000分），在100个被测评城市中排名第76位，在中部区域32个城市中排名第21位（2016年度评估中吉林市得到672.56分，排名第43位；2015年度评估中，吉林市得到562.2分，排名第81位）。这一评估结果反映出，在全国法治政府建设持续推进的大背景下，吉林市法治政府建设在取得长足进步的同时，也存在着一些亟待重视和解决的问题。

（一）成绩

1. 依法全面履行政府职能成效显著

评估结果显示，吉林市在"依法全面履行政府职能"指标上进步幅度最大。2015年度评估中，吉林市在"依法全面履行政府职能"指标下得到66分，排名全国第93位；2016年度评估中，吉林市在"依法全面履行政府职能"指标下得到72分，排名全国第64位；本年度评估中，在"依法全面履行政府职能"一级指标下，吉林市得到85分，排名全国第36位。对比连续三年的测评结果可以看出，吉林市在该指标下连续三年分数和排名都明显上升，反映出吉林市在依法全面履行政府职能方面成效显著。具体而言，吉林市在机构设置、领导职数、公共服务、行政审批、应急管理等多个方面都有明显进步，值得其他地方政府学习。

2. 法治政府建设的组织领导工作扎实推进

本年度评估结果显示，在"法治政府建设的组织领导"一级指标下，吉林市在该指标下得到55分，排名全国第21位；2016年度评估中，吉林市在"法治政府建设的组织领导"指标下得到44分，排名全国第37位；2015年度评估中，吉林市在"法治政府建设的组织领导"指标下得到25分，排名全国第63位。可见吉林市近几年来一直致力于推动法治政府建设的组织领导工作，为法治政府建设提供充分的组织保障。

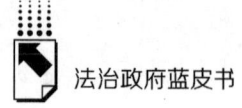

3. 依法行政制度体系日趋完善

本年度评估结果显示，在"依法行政制度体系"一级指标下，吉林市得到 75 分（该指标总分为 80 分），比全国平均分高出 29.08 分，排名全国第 3 位；2016 年度评估中，吉林市在该指标下得到 75 分，比全国平均分高出 24.24 分；2015 年度评估中，吉林市在该指标下得到 67 分，比全国平均分高出 23.54 分。连续三年的评估结果反映出，吉林市的依法行政制度体系比较完善，并在进一步完善和改进当中，政府立法质量较高。

（二）问题

1. 行政决策法治化程度不高

评估结果显示，2017 年度吉林市在"行政决策"指标下得分为 54 分（该指标总分为 100 分），比全国平均分低 18.19 分，得分率为 54%；2016 年度吉林市在"行政决策"指标下得分为 56 分，得分率为 56%；2015 年度吉林市在"行政决策"指标下得分为 48 分，得分率为 48%。对比近三年该指标下吉林市的得分情况，可以得出结论，吉林市的行政决策工作未能全面落实《法治政府建设实施纲要（2015—2020 年）》在新形势下对法治政府建设提出的要求，对合法决策、科学决策、民主决策、公开决策、决策追踪等重视不够，行政决策法治化程度不高。

2. 行政执法尚不规范

评估结果显示，吉林市在 2015 年评估中得到 69 分（该指标总分 120 分），排名全国第 37 位，比全国平均分高出 6.205 分；在 2016 年评估中得到 74.6 分，排名全国第 35 位，比全国平均分高出 5.086 分；在 2017 年评估中得到 59.4 分，排名全国第 79 位，低于全国平均分 9.63 分。从近三年的评估数据可以看出，相较于前两年较为靠前的排名和分数，本年度吉林市"行政执法"指标下得分较低，排名下降较多，与理想状态相比还有较大差距。具体而言，吉林市行政执法体制不健全，执法方式不丰富，执法程序尚需完善，执法整体状况较差。

3. 政务公开表现较差

本年度评估结果显示，在"政务公开"一级指标下，吉林市得到 79 分（该指标总分为 120 分），比全国平均分低 18.98 分，排名全国第 91 位；在 2016 年评估中得到 80 分，排名全国第 84 位，比全国平均分低 12.575 分；在 2015 年评估中得到 67 分，排名全国第 97 位，比全国平均分低 30.5 分。可见，吉林市在政府公开工作中得分一直不高，排名也较为靠后，不管是主动公开还是依申请公开工作都未严格落实相关法律规范的要求，跟公开透明的法治政府建设目标还有很大的差距。

4. 监督与问责不力

评估结果显示，2015年评估中，吉林市在"监督与问责"一级指标下得分69分，比全国平均分高4.055分，排名全国第31位；2016年评估中，吉林市在"监督与问责"一级指标下得分61.64分，比全国平均分低6.3791分，排名全国第80位；而在本年度评估中，吉林市在该一级指标下得分68.07分，比全国平均分低5.38分，排名全国第77位。对比吉林市在该一级指标下近三年的得分情况，吉林市的监督分问责与全国平均水平还有一定差距，排名较为落后，监督与问责均没有得以很好的开展和实施，这就给吉林市的法治政府建设打开了豁口。

5. 社会矛盾化解与行政争议解决成效甚微

评估结果显示，2015年评估中，吉林市在"社会矛盾化解与行政争议解决"一级指标下得分36分，比全国平均分低17.7分，排名全国第91位；2016年评估中，吉林市在"社会矛盾化解与行政争议解决"一级指标下得分58分，比全国平均分低10.1分，排名全国第92位；而在本年度评估中，吉林市在该一级指标下得分48.08分，比全国平均分低22.4分，排名全国第98位。近三年来，吉林市的社会矛盾化解与行政争议解决一直远远低于全国平均水平，且排名呈现下降趋势，可见吉林市对社会矛盾化解和行政争议解决不重视，制度建设情况和实施情况都不乐观，社会矛盾突出，人民权益未得到切实有效保障。

6. 社会公众满意度不高

本年度评估结果显示，在"社会公众满意度调查"一级指标下，吉林市得到124.67分（该指标总分为200分），比全国平均分低3.48分，排名全国第58位；在2016年评估中得到151.32分，排名全国第6位，比全国平均分高21.71分；在2015年评估中得到115.2分，比全国平均分低2.162分，排名全国第53位。社会公众满意度是法治政府建设工作成效的晴雨表，是否让人民满意以及能否让人民满意，是检验法治政府建设成效的重要标准。对比近三年的评估结果可以发现，相较于2016年排名较为靠前的社会公众满意度，本年度社会公众对吉林市法治政府建设不满程度增加，表明本年度吉林市法治政府建设水平远未达到社会公众的期望。

三十六 济南市人民政府

一、济南市法治政府建设情况

济南市人民政府评估总分为737.24分，高于全国平均水平（687.22分）50.02分，在全部评估的100个城市中排名第23位，在东部区域48个城市中排名第18位。该市政府得分按一级指标分析见表11-36。

表11-36 济南市人民政府一级指标评估得分分析表

指标 分析	依法全面 履行政府 职能	法治政府 建设的组织 领导	依法行政 制度体系	行政 决策	行政 执法	政务 公开	监督与 问责	社会矛盾 化解与行政 争议解决	社会公众 满意度 调查
得分	85	56	65	71	68.2	112.35	80.61	75.07	124.01
与平均分差	2.19	8.78	19.08	-1.19	-0.83	14.37	7.16	4.59	-4.14
与最高分差	-13	-16	-13	-24	-29.9	-5.37	-5.87	-14.74	-43.97
排名	36	18	13	56	49	13	19	36	61

每项一级指标换算成百分比并与全国平均水平比较得出图11-36。

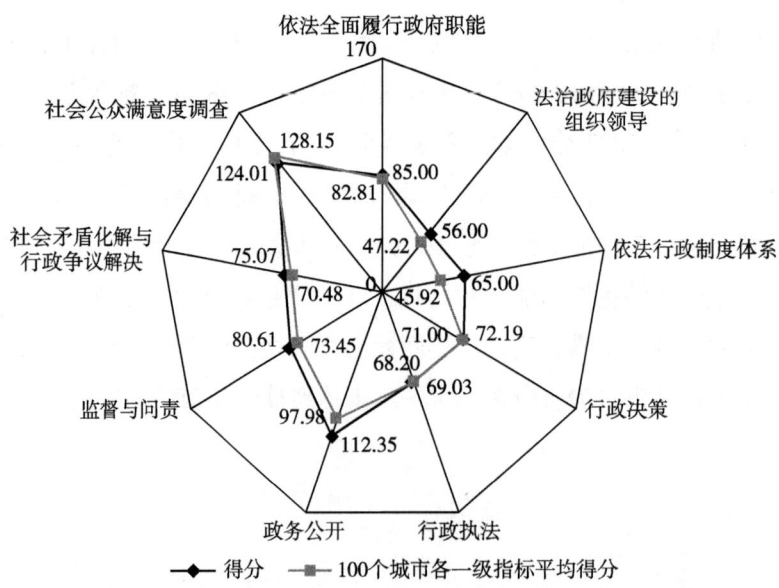

图11-36 济南市人民政府评估得分与全国平均得分比较图

可以看出，该市依法全面履行政府职能、法治政府建设的组织领导、依法行政制度体系、政务公开、监督与问责、社会矛盾化解与行政争议解决这六个指标高于全国平均水平，说明该市政府在这六个方面评价较高。行政决策、行政执法、社会公众满意度调查这三个指标低于全国平均水平，说明该市政府在这三个方面评价较低。

二、济南市法治政府建设情况分析

《中国法治政府评估报告（2017）》显示，在2017年全国法治政府建设评估中，济南市得到737.24分（总分1000分），在100个被测评城市中排名第23位，在东部区域48个城市中排名第18位（2016年度评估中济南市得到706.37分，排名第25位；2015年度评估中，济南市得到655.22分，排名第27位）。这一评估结果反映出，在全国法治政府建设持续推进的大背景下，济南市法治政府建设在取得长足进步的同时，也存在着一些亟待重视和解决的问题。

（一）成绩

1. 依法全面履行政府职能工作扎实推进

评估结果显示，济南市在"依法全面履行政府职能"指标上得分和排名都比较平稳，依法全面履行政府职能工作扎实推进。2015年度评估中，济南市在"依法全面履行政府职能"指标下得到84分，排名全国第33位；2016年度评估中，济南市在"依法全面履行政府职能"指标下得到82分，排名全国第35位；本年度评估中，在"依法全面履行政府职能"一级指标下，济南市得到85分，排名全国第36位。对比连续三年的测评结果可以看出，济南市在该指标下排名虽略有下降，但得分稳中有升，反映出济南市在依法全面履行政府职能方面保持了良好的态势，努力确保政府职能依法全面履行。

2. 法治政府建设的组织领导工作成效显著

评估结果显示，济南市在"法治政府建设的组织领导"指标上进步显著。2015年度评估中，济南市在"法治政府建设的组织领导"指标下得到36分，排名全国第39位；2016年度评估中，济南市在"法治政府建设的组织领导"指标下得到35分，排名全国第65位；本年度评估中，在"法治政府建设的组织领导"一级指标下，济南市得到56分，排名全国第18位。观察对比济南市近三年在该项指标下的得分情况可以发现，不管是得分还是排名都有了明显提高，济南市法治政府建设的组织领导工作扎实有效推进，为法治政府建设提供了充分的组织保障。

3. 依法行政制度体系日趋完善

评估结果显示，济南市在"依法行政制度体系"指标上进步幅度最大。2015年度评估中，济南市在该指标下得到28分（该指标总分为80分），比全国平均分低15.46分，排名全国第92位；2016年度评估中，济南市在该指标下得到65分，比全国平均分高出14.24分，排名全国第16位；在本年度评估中，济南市在"依法行政制度体系"一级指标得到65分，比全国平均分高出19.08分，排名全国第13位。从2015年的28分到2017年的65分，从第92位到第13位，进步相当明显。连续三年的评估结果反映出济南市在依法行政制度体系建设上下足了功夫，依法行政制度体系日趋完善。

4. 政务公开表现优异

本年度评估结果显示，在"政务公开"一级指标下，济南市得到112.35分（该指标总分为120分），比全国平均分高14.37分，排名全国第13位；在2016年评估中得到112.5分，比全国平均分高19.925分，排名全国第7位；在2015年评估中得到104分，比全国平均分高6.5分，排名全国第38位。可见，近年来济南高度重视政务公开工作，在政务主动公开和依申请公开方面都严格落实《法治政府建设实施纲要（2015—2020年）》的基本要求，致力于打造阳光透明的法治政府，值得其他城市学习。

5. 监督与问责进一步强化

评估结果显示，2015年评估中，济南市在"监督与问责"一级指标下得分65分，比全国平均分仅高出0.055分，排名全国第43位；2016年评估中，济南市在"监督与问责"一级指标下得分65.36分，比全国平均分低2.6591分，排名全国第71位；而在本年度评估中，济南市在该一级指标下得分80.61分，比全国平均分高出7.16分，排名全国第19位。对比济南市在该一级指标下近三年的得分情况可以发现，济南市在2016年充分加强了监督与问责工作，不管是外部监督、内部监督还是行政首长问责、行政执法错案责任追究等问责制度，都有了明显进步。

6. 社会矛盾化解与行政争议解决取得长足进步

评估结果显示，2015年评估中，济南市在"社会矛盾化解与行政争议解决"一级指标下得分50分，比全国平均分低3.7分，排名全国第45位；2016年评估中，济南市在"社会矛盾化解与行政争议解决"一级指标下得分69分，比全国平均分高0.9分，排名全国第48位；而在本年度评估中，济南市在该一级指标下得分75.07分，比全国平均分高4.59分，排名全国第36位。对比济南市近三年来该指标的得分和排名情况可以发现，济南市的社会矛盾化解与行政争议解决取得了长足进步，排名和得分都有了明显提高，人民的权益得到切实有效的保障，社会秩序更加稳定。

（二）问题

1. 行政决策法治化程度不高

评估结果显示，2017年度济南市在"行政决策"指标下得分为71分（该指标总分为100分），比全国平均分低1.19分，得分率为71%，排名全国第56位；2016年度济南市在"行政决策"指标下得分为73分，比全国平均分高4.13分，得分率为73%，排名全国第37位；2015年度济南市在"行政决策"指标下得分为70分，比全国平均分高5.45分，得分率为70%，排名全国第31位。对比近三年该指标下济南的得分情况可以发现，济南市的行政决策得分长期不高，且排名呈现下降趋势，可见济南市的行政决策工作未能全面落实《法治政府建设实施纲要（2015—2020年）》在新形势下对法治政府建设提出的要求，对合法决策、科学决策、民主决策、公开决策、决策追踪等重视不够，行政决策法治化程度不高。

2. 行政执法尚不规范

评估结果显示，济南市在2015年评估中得到87分（该指标总分为120分），比全国平均分高出5.45分，排名全国第31位；在2016年评估中得到73分，比全国平均分高出7.386分，排名全国第29位；在本年度评估中得到68.2分，比全国平均分低0.83分，排名全国第49位。从近三年的评估数据可以看出，相较于前两年较为靠前的排名和分数，本年度济南市"行政执法"指标得分较低，排名下降较多，呈现出行政执法不规范的现实状况，与法治政府建设理想状态相比还有较大差距。具体而言，济南市行政执法监督平台制度不健全，执法程序尚需完善，执法整体状况较差。

3. 社会公众满意度不高

本年度评估结果显示，在"社会公众满意度调查"一级指标下，济南市得到124.01分（该指标总分为200分），比全国平均分低4.14分，排名全国第61位；在2016年评估中得到127.612分，比全国平均分低2分，排名全国第54位；在2015年评估中得到131.22分，比全国平均分高13.858分，排名全国第17位。社会公众满意度是法治政府建设工作成效的晴雨表，是否让人民满意以及能否让人民满意，是检验法治政府建设成效的重要标准。对比近三年的评估结果可以发现，相较于2015年得分和排名都较为靠前的社会公众满意度，本年度社会公众对济南市法治政府建设不满程度增加，济南本年度法治政府建设水平远未达到社会公众的期望，这恐怕与行政执法不规范、行政决策法治化程度不高有分不开的关系。

三十七　济宁市人民政府

一、济宁市法治政府建设情况

济宁市人民政府评估总分为 721.49 分，高于全国平均水平（687.22 分）34.27 分，在全部评估的 100 个城市中排名第 31 位，在东部区域 48 个城市中排名第 25 位。该市政府得分按一级指标分析见表 11 - 37。

表 11 - 37　济宁市人民政府一级指标评估得分分析表

指标 分析	依法全面履行政府职能	法治政府建设的组织领导	依法行政制度体系	行政决策	行政执法	政务公开	监督与问责	社会矛盾化解与行政争议解决	社会公众满意度调查
得分	77	43	65	84	62.6	109	74.11	68.89	137.89
与平均分差	-5.81	-4.22	19.08	11.81	-6.43	11.02	0.66	-1.59	9.74
与最高分差	-21	-29	-13	-11	-35.5	-8.72	-12.37	-20.92	-30.09
排名	80	67	13	10	68	22	56	57	20

每项一级指标换算成百分比并与全国平均水平比较得出图 11 - 37。

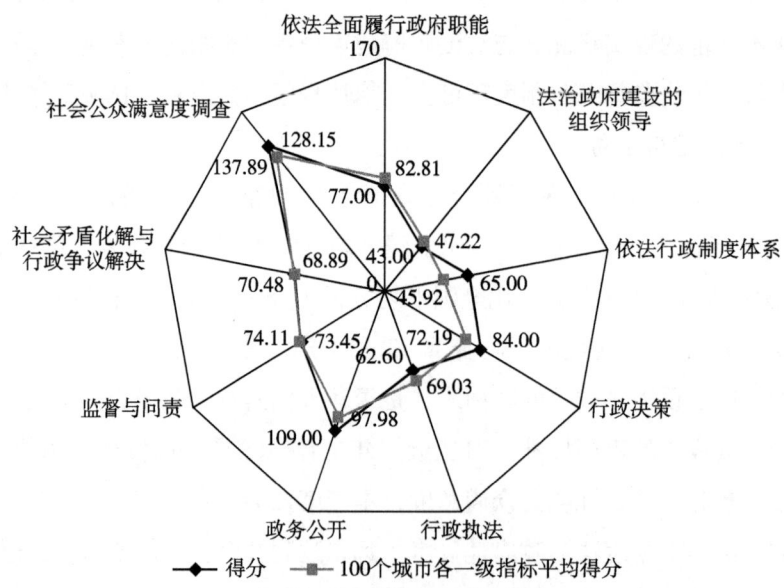

图 11 - 37　济宁市人民政府评估得分与全国平均得分比较图

可以看出，该市依法行政制度体系、行政决策、政务公开、监督与问责、社会公众满意度调查这五个指标高于全国平均水平，说明该市政府在这五个方面评价较高。依法全面履行政府职能、法治政府建设的组织领导、行政执法、社会矛盾化解与行政争议解决这四个指标低于全国平均水平，说明该市政府在这四个方面评价较低。

二、济宁市法治政府建设情况分析

《法治政府评估报告（2017）》显示，在2017年全国法治政府建设评估中，济宁市得到721.49分（总分1000分），在100个被测评城市中排名第31位，在东部区域48个城市中排名第25位（2016年度评估中济宁市得到690.02分，排名第35位；2015年度评估中，济宁市得到679.47分，排名第16位）。这一评估结果反映出，在全国法治政府建设持续推进的大背景下，济宁市法治政府建设在取得长足进步的同时，也存在着一些亟待重视和解决的问题。

（一）成绩

1. 依法行政制度体系日趋完善

评估结果显示，济宁市在"依法行政制度体系"指标上进步幅度最大。2015年度评估中，济宁市在该指标下得到35分（该指标总分为80分），比全国平均分低8.46分，排名全国第74位；2016年度评估中，济宁市在该指标下得到57分，比全国平均分高出6.24分，排名全国第33位；在本年度评估中，济宁市在"依法行政制度体系"一级指标得到65分，比全国平均分高出19.08分，排名全国第13位。从2015年的35分到2017年的65分，从第74位到第13位，进步相当明显。连续三年的评估结果反映出济宁市在依法行政制度体系建设上投入了大量的人力、物力和财力，依法行政制度体系日趋完善。

2. 行政决策法治化程度较高

评估结果显示，2017年度济宁市在"行政决策"指标下得分为84分（该指标总分为100分），比全国平均分高11.81分，得分率为84%，排名全国第10位；2016年度济宁市在"行政决策"指标下得分为76分，比全国平均分高7.13分，得分率为76%，排名全国第23位；2015年度济宁市在"行政决策"指标下得分为80分，比全国平均分高15.45分，得分率为80%，排名全国第13位。对比近三年该指标下济宁的得分情况可以发现，济宁市的行政决策得分率往往在80%左右，2017年度的评估中排名一跃成为第十，体现了济宁市长期以来对于行政决策公正的重视，并致力于推进行政决策科学化、民主化、法治化。

3. 政务公开成绩显著

本年度评估结果显示，在"政务公开"一级指标下，济宁市得到109分（该指标总分为120分），比全国平均分高11.02分，排名全国第22位；在2016年评估中得到93.75分，比全国平均分高1.175分，排名全国第45位；在2015年评估中得到102分，比全国平均分高4.5分，排名全国第43位。可见，近年来济宁高度重视政务公开工作，在政务主动公开和依申请公开方面都严格落实《法治政府建设实施纲要（2015—2020年）》的基本要求，尤其是2017年度的排名和得分都有了显著进步，致力于打造阳光透明的法治政府，值得其他城市学习。

4. 监督与问责进一步强化

评估结果显示，2015年评估中，济宁市在"监督与问责"一级指标下得分77.77分，比全国平均分高出9.7509分，排名全国第9位；2016年评估中，济宁市在"监督与问责"一级指标下得分60分，比全国平均分低4.945分，排名全国第71位；而在本年度评估中，济宁市在该一级指标下得分74.11分，比全国平均分高出0.66分，排名全国第56位。对比济宁市在该一级指标下近三年的得分情况可以发现，济宁市在2016年充分加强了监督与问责工作，得分明显增加，排名也有了显著提高。具体而言，不管是外部监督、内部监督还是重大决策责任追究等问责制度，都有了明显进步。

5. 社会公众满意度明显提高

本年度评估结果显示，在"社会公众满意度调查"一级指标下，济宁市得到137.89分（该指标总分为200分），比全国平均分高9.74分，排名全国第20位；在2016年评估中得到135.2分，比全国平均分高5.59分，排名全国第34位；在2015年评估中得到86.47分，比全国平均分低30.892分，排名全国第98位。对比近三年的评估结果可以发现，相较于2015年得分较低、排名都较为靠后的社会公众满意度，本年度社会公众对济宁市法治政府建设满意度明显提高，得分远高于全国平均分，说明社会公众对济宁市法治政府建设认可度提高，这当然得益于济宁市行政决策的法治化、政务公开程度高等因素。

（二）问题

1. 尚未依法全面履行政府职能

本年度评估结果显示，在"依法全面履行政府职能"一级指标下，济宁市得到77分，比全国平均分低5.81分，排名全国第80位；2016年度评估中，济宁市在"依法全面履行政府职能"指标下得到67分，比全国平均分低9.23分，排名全国第

80位；2015年度评估中，济宁市在"依法全面履行政府职能"指标下得到75分，比全国平均分低4.8分，排名全国第78位。对比连续三年的测评结果可以看出，济宁市在该指标下得分长期在75分左右，排名在80位左右徘徊，可见济宁市并未重视依法全面履行政府职能工作，不管是机构设置、行政审批还是公共服务等方面都无明显改进，政府职能尚未转变。

2. 缺乏法治政府建设的组织领导保障

评估结果显示，济宁市在"法治政府建设的组织领导工作"指标上停滞不前。2015年度评估中，济宁市在"法治政府建设的组织领导工作"指标下得到61分，比全国平均分高27.67分，排名全国第8位；2016年度评估中，济宁市在"法治政府建设的组织领导工作"指标下得到39分，比全国平均分低0.39分，排名全国第49位；本年度评估中，在"法治政府建设的组织领导工作"一级指标下，济宁市得到43分，比全国平均分低4.22分，排名全国第67位。观察对比济宁市近3年在该项指标下的得分情况可以发现，济宁市法治政府建设的组织领导工作明显不足，排名也从2015年的第8位跌至2017年的第67位，济宁市法治政府建设工作缺乏组织领导保障。

3. 行政执法尚不规范

评估结果显示，济宁市在2015年评估中得到94分（该指标总分120分），比全国平均分高出31.205分，排名全国第4位；在2016年评估中得到65.2分，比全国平均分低4.314分，排名全国第45位；在本年度评估中得到62.6分，比全国平均分低6.43分，排名全国第68位。从近三年的评估数据可以看出，相较于2015年较为靠前的排名和分数，本年度济宁市"行政执法"指标得分较低，排名也下降较多，呈现出行政执法不规范的现实状况，与法治政府建设理想状态相比还有较大差距。具体而言，济宁市行政执法不严格、不规范、不公正、不文明。

4. 社会矛盾化解与行政争议解决成效甚微

评估结果显示，2015年评估中，济宁市在"社会矛盾化解与行政争议解决"一级指标下得分86分，比全国平均分高32.3分，排名全国第9位；2016年评估中，济宁市在"社会矛盾化解与行政争议解决"一级指标下得分80分，比全国平均分高11.9分，排名全国第5位；而在本年度评估中，济宁市在该一级指标下得分68.89分，比全国平均分低1.59分，排名全国第57位。对比济宁市近三年来该指标的得分和排名情况可以发现，济宁市在社会矛盾化解与行政争议解决工作上得分呈现下降趋势，排名也有了很大退步，本年度济宁市未能依法有效化解社会矛盾纠纷，公民、法人和其他组织的合法权益也没有得到切实维护。

三十八 揭阳市人民政府

一、揭阳市法治政府建设情况

揭阳市人民政府评估总分为 683.14 分，低于全国平均水平（687.22 分）4.08 分，在全部评估的 100 个城市中排名第 56 位，在东部区域 48 个城市中排名第 35 名。该市政府得分按一级指标分析见表 11-38。

表 11-38 揭阳市人民政府一级指标评估得分分析表

指标 分析	依法全面 履行政府 职能	法治政府 建设的组织 领导	依法行政 制度体系	行政 决策	行政 执法	政务 公开	监督与 问责	社会矛盾 化解与行政 争议解决	社会公众 满意度 调查
得分	90	58	45	78	62	94	70	67.17	118.97
与平均分差	7.19	10.78	-0.92	5.81	-7.03	-3.98	-3.45	-3.31	-9.18
与最高分差	-8	-14	-33	-17	-36.1	-23.72	-16.48	-22.64	-49.01
排名	15	12	45	29	70	63	72	68	84

每项一级指标换算成百分比并与全国平均水平比较得出图 11-38。

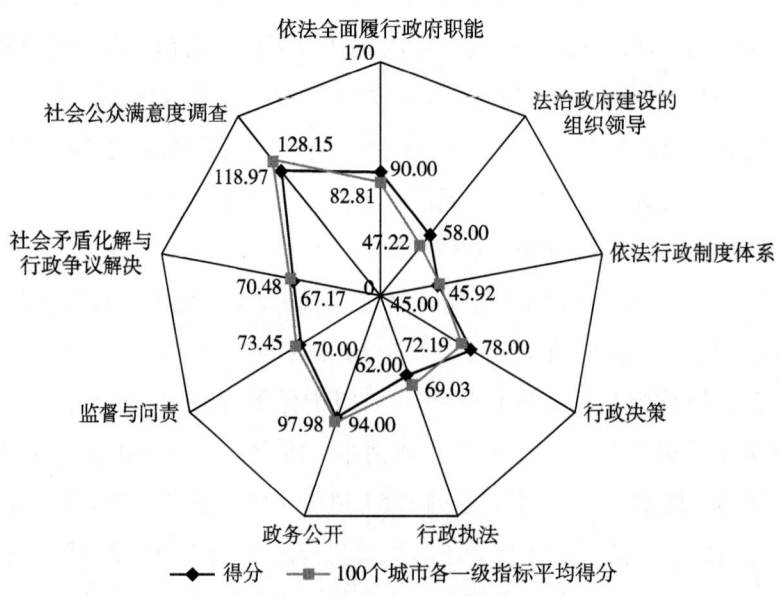

图 11-38 揭阳市人民政府评估得分与全国平均得分比较图

可以看出，该市依法全面履行政府职能、法治政府建设的组织领导、行政决策这三个指标高于全国平均水平，说明该市政府在这三个方面评价较高。依法行政制度体系、行政执法、政务公开、监督与问责、社会矛盾化解与行政争议解决、社会公众满意度调查这六个指标低于全国平均水平，说明该市政府在这六个方面评价较低。

二、揭阳市法治政府建设情况分析

在2017年全国法治政府建设评估中，揭阳市得到683.14分（总分1000分），在100个被测评城市中排名第56位，在东部区域48个城市中排名第35位（2016年度评估中揭阳市得到705.45分，全国排名第27位；2015年度评估中，揭阳市得到617.35分，全国排名第48位）。这一评估结果反映出，在全国法治政府建设持续推进的大背景下，揭阳市法治政府建设在取得长足进步的同时，也存在着一些亟待重视和解决的问题。

（一）成绩

1. 依法全面履行政府职能成效显著

本年度评估结果显示，在"依法全面履行政府职能"一级指标下，揭阳市得到90分，比全国平均分高7.19分，排名全国第15位；2016年度评估中，揭阳市在"依法全面履行政府职能"指标下得到84分，比全国平均分高7.77分，排名全国第27位；2015年度评估中，揭阳市在"依法全面履行政府职能"指标下得到89分，比全国平均分高9.2分，排名全国第14位。对比连续三年的测评结果可以看出，揭阳市在该指标下得分稳中有升，排名也呈现上升趋势，可见揭阳市非常重视依法履行政府职能工作，政府职能得到切实转变，宏观调控、市场监管、社会管理、公共服务、环境保护等职责依法全面履行。

2. 法治政府建设的组织领导工作扎实推进

评估结果显示，揭阳市在"法治政府建设的组织领导工作"指标上进步幅度很大。2015年度评估中，揭阳市在"法治政府建设的组织领导工作"指标下得到15分，比全国平均分低18.33分，排名全国第87位；2016年度评估中，揭阳市在"法治政府建设的组织领导工作"指标下得到53分，比全国平均分高13.61分，排名全国第10位；本年度评估中，在"法治政府建设的组织领导工作"一级指标下，揭阳市得到58分，比全国平均分高10.78分，排名全国第12位。观察对比揭阳市近3年在该项指标下的得分情况可以发现，揭阳市法治政府建设的组织领导工作在扎实推进，得分和排名都稳居

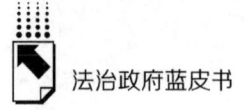

全国前列，为法治政府建设工作的有序开展提供了充分的组织保障。

3. 行政决策法治化程度较高

评估结果显示，2017年度揭阳市在"行政决策"指标下得分为78分（该指标总分为100分），比全国平均分高5.81分，得分率为78%，排名全国第29位；2016年度揭阳市在"行政决策"指标下得分为79分，比全国平均分高10.13分，得分率为79%，排名全国第14位；2015年度揭阳市在"行政决策"指标下得分为73分，比全国平均分高8.45分，得分率为73%，排名全国第23位。对比近三年该指标下揭阳的得分情况可以发现，揭阳市的行政决策得分趋于稳定，排名较为靠前，反映出揭阳市对于行政决策工作的重视，并努力提高行政决策公信力和执行力。

（二）问题

1. 依法行政制度体系尚未成型

评估结果显示，揭阳市在"依法行政制度体系"指标上还存在很大的进步空间。2015年度评估中，揭阳市在该指标下得到43分（该指标总分为80分），比全国平均分低0.46分，排名全国第50位；2016年度评估中，揭阳市在该指标下得到55分，比全国平均分高出4.24分，排名全国第34位；在本年度评估中，揭阳市在"依法行政制度体系"一级指标得到45分，比全国平均分低0.92分，排名全国第45位。连续三年的评估结果反映出揭阳市的依法行政制度体系建设得分不高，长期在全国平均分以下，依法行政制度体系尚未成型，还需进一步努力和完善。

2. 行政执法不规范

评估结果显示，"行政执法"一级指标下，揭阳市在2015年评估中得到55分（该指标总分120分），比全国平均分低7.795分，排名全国第64位；在2016年评估中得到70分，比全国平均分高0.486分，排名全国第49位；在本年度评估中得到62分，比全国平均分低7.03分，排名全国第70位。从近三年的评估数据可以看出，揭阳市的行政执法得分不高，排名较为靠后，反映出揭阳市行政执法的不规范。具体而言，揭阳市行政执法跨部门综合执法实施较差，行政执法流程不够细化，未建立完善行政执法结果公示制度和行政执法监督平台制度等。

3. 监督与问责不力

评估结果显示，2015年评估中，揭阳市在"监督与问责"一级指标下得分61.5分，比全国平均分低3.445分，排名全国第66位；2016年评估中，揭阳市在"监督与问责"一级指标下得分79.37分，比全国平均分高11.3509分，排名全国第5位；

而在本年度评估中,揭阳市在该一级指标下得分70分,比全国平均分低3.45分,排名全国第72位。对比揭阳市在该一级指标下近三年的得分情况可以发现,揭阳市继2015年加强了监督与问责力度之后,2016年又放松了对监督问责制度的建立与实施,导致得分跟排名都迅速下降。

4. 社会矛盾化解与行政争议解决成效甚微

评估结果显示,2015年评估中,揭阳市在"社会矛盾化解与行政争议解决"一级指标下得分44分,比全国平均分低9.7分,排名全国第66位;2016年评估中,揭阳市在"社会矛盾化解与行政争议解决"一级指标下得分64分,比全国平均分低4.1分,排名全国第71位;而在本年度评估中,揭阳市在该一级指标下得分67.17分,比全国平均分低3.31分,排名全国第68位。对比揭阳市近三年来该指标的得分和排名情况可以发现,揭阳市在社会矛盾化解与行政争议解决工作上得分跟排名都没有明显进步。具体而言,行政调解、行政裁决、仲裁制度的建设缺乏,信访法治化改革停滞不前,行政复议信息公开情况较差。

5. 社会公众满意度较低

本年度评估结果显示,在"社会公众满意度调查"一级指标下,揭阳市得到118.97分(该指标总分为200分),比全国平均分低9.18分,排名全国第84位;在2016年评估中得到121.08分,比全国平均分低8.53分,排名全国第74位;在2015年评估中得到130.85分,比全国平均分高13.488分,排名全国第20位。对比近三年的评估结果可以发现,相较于2015年得分较高、排名较为靠前的社会公众满意度,近两年社会公众对揭阳市法治政府建设满意度明显降低,得分远低于全国平均分,说明社会公众对揭阳市法治政府建设不甚满意,揭阳市还需加倍努力,尤其要在社会矛盾化解与行政争议解决、行政执法、监督与问责等方面下功夫。

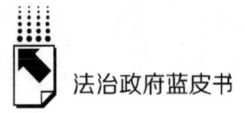

三十九　荆州市人民政府

一、荆州法治政府建设情况

荆州市人民政府评估总分为713.27分,高于全国平均水平(687.22分)26.05分,在全部评估的100个城市中排名第35位,在中部区域32个城市中排名第5位。该市政府得分按一级指标分析见表11-39。

表11-39　荆州市人民政府一级指标评估得分分析表

指标 分析	依法全面履行政府职能	法治政府建设的组织领导	依法行政制度体系	行政决策	行政执法	政务公开	监督与问责	社会矛盾化解与行政争议解决	社会公众满意度调查
得分	87	55	48	81	59.4	110	76.16	74.33	122.38
与平均分差	4.19	7.78	2.08	8.81	-9.63	12.02	2.71	3.85	-5.77
与最高分差	-11	-17	-30	-14	-38.7	-7.72	-10.32	-15.48	-45.6
排名	31	21	41	17	79	18	45	39	71

每项一级指标换算成百分比并与全国平均水平比较得出图11-39。

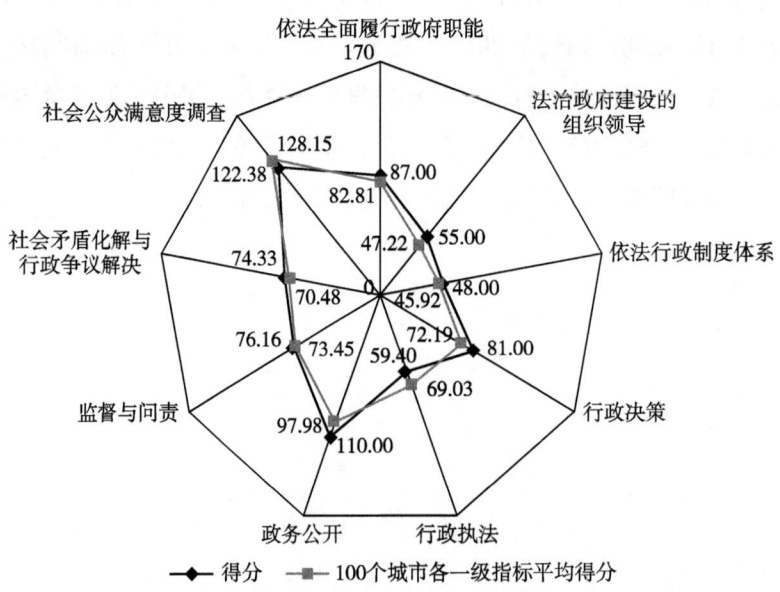

图11-39　荆州市人民政府评估得分与全国平均得分比较图

可以看出，该市依法全面履行政府职能、法治政府建设的组织领导、依法行政制度体系、行政决策、政务公开、监督与问责、社会矛盾化解与行政争议解决这七个指标高于全国平均水平，说明该市政府在这七个方面评价较高。行政执法和社会公众满意度调查这两个指标低于全国平均水平，说明该市政府在这两个方面评价较低。

二、荆州市法治政府建设情况分析

在2017年全国法治政府建设评估中，荆州市得到713.27分（总分1000分），在100个被测评城市中排名第35位，在中部区域32个城市中排名第5位（2016年度评估中荆州市得到638.89分，全国排名第72位；2015年度评估中，荆州市得到639.88分，全国排名第35位）。这一评估结果反映出，在全国法治政府建设持续推进的大背景下，荆州市法治政府建设在取得长足进步的同时，也存在着一些亟待重视和解决的问题。

（一）成绩

1. 法治政府建设的组织领导工作扎实推进

评估结果显示，荆州市在法治政府建设的组织领导工作方面扎实推进。2015年度评估中，荆州市在"法治政府建设的组织领导工作"指标下得到32分，比全国平均分低1.33分，排名全国第45位；2016年度评估中，荆州市在"法治政府建设的组织领导工作"指标下同样得到32分，比全国平均分低7.39分，排名全国第78位；本年度评估中，在"法治政府建设的组织领导工作"一级指标下，荆州市得到55分，比全国平均分高7.78分，排名全国第21位。观察对比荆州市近3年在该项指标下的得分情况可以发现，荆州市2016年加强了法治政府建设的组织领导工作，并取得了显著成果。具体而言，荆州市定期公布法治政府建设情况报告，并在政府常务会议上积极讨论法治政府建设工作，政府法律顾问开展工作情况良好。

2. 行政决策法治化程度较高

评估结果显示，2017年度荆州市在"行政决策"指标下得分为81分（该指标总分为100分），比全国平均分高8.81分，得分率为81%，排名全国第17位；2016年度荆州市在"行政决策"指标下得分为74分，比全国平均分高5.13分，得分率为74%，排名全国第32位；2015年度荆州市在"行政决策"指标下得分为73分，比全国平均分高8.45分，得分率为73%，排名全国第23位。对比近三年该指标下荆州

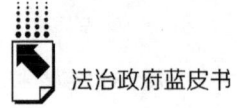

的得分情况可以发现，荆州市高度重视行政决策工作，做出重大决策前积极开展合法性审查，并听取公众意见，且坚持重大决策集体决定，并将重大决策的结果予以公开，真正实现了合法决策、民主决策、科学决策和公开决策。

3. 政务公开势头良好

本年度评估结果显示，在"政务公开"一级指标下，荆州市得到110分（该指标总分为120分），比全国平均分高12.02分，排名全国第18位；在2016年评估中得到91.25分，比全国平均分低1.325分，排名全国第56位；在2015年评估中得到94分，比全国平均分低3.5分，排名全国第61位。可见，近年来荆州高度重视政务公开工作，得分大幅增加，排名也迅速提高到全国前列，展现出打造公开透明法治政府的良好势头，不管是重点领域等主动公开还是依申请公开都取得了明显进步，值得其他城市学习。

4. 社会矛盾化解与行政争议解决成效显著

评估结果显示，2015年评估中，荆州市在"社会矛盾化解与行政争议解决"一级指标下得分42分，比全国平均分低11.7分，排名全国第76位；2016年评估中，荆州市在"社会矛盾化解与行政争议解决"一级指标下得分60分，比全国平均分低8.1分，排名全国第86位；而在本年度评估中，荆州市在该一级指标下得分74.33分，比全国平均分高3.85分，排名全国第39位。对比荆州市近三年来该指标的得分和排名情况可以发现，荆州市在社会矛盾化解与行政争议解决工作上得分持续上升，排名不断靠前，表明荆州市近年来加强了社会矛盾化解与行政争议解决工作，并取得了显著成效。具体而言，行政调解、行政裁决、仲裁制度建设良好，社会矛盾化解渠道畅通，群体性事件发生情况较少。

（二）问题

1. 行政执法不规范

评估结果显示，荆州市在2015年评估中得到86分（该指标总分120分），比全国平均分高出23.21分，排名全国第13位；在2016年评估中得到68分，比全国平均分低1.514分，排名全国第56位；在本年度评估中得到59.4分，比全国平均分低9.63分，排名全国第79位。从近三年的评估数据可以看出，荆州市的行政执法工作一直在走下坡路，得分不断减少，排名也越来越靠后，反映出荆州市在行政执法工作上的忽视。具体而言，荆州市跨部门综合执法实施较差，执法流程不够细化，重大行政执法决定法制审核制度不完善，执法人员未经过有效培训等。

2. 社会公众满意度不高

本年度评估结果显示，在"社会公众满意度调查"一级指标下，荆州市得到 122.38 分（该指标总分为 200 分），比全国平均分低 5.77 分，排名全国第 71 位；在 2016 年评估中得到 123.94 分，比全国平均分低 5.67 分，排名全国第 64 位；在 2015 年评估中得到 123.38 分，比全国平均分高 6.02 分，排名全国第 32 位。社会公众满意度是法治政府建设工作成效的晴雨表，是否让人民满意以及能否让人民满意，是检验法治政府建设成效的重要标准。对比近三年的评估结果可以发现，荆州市的社会公众满意度得分情况并无好转，排名反而不断下降，这反映出荆州市法治政府建设工作并没有令社会公众非常满意。荆州市的法治政府建设应该充分考虑社会公众的权益，致力于打造职能科学、权责法定、执法严明、公开公正、廉洁高效、守法诚信的法治政府。

四十　喀什市人民政府

一、喀什市法治政府建设情况

喀什市人民政府评估总分为484.1分，低于全国平均水平（687.22分）203.12分，在全部评估的100个城市中排名第99位，在西部区域20个城市中排名第19名。该市政府得分按一级指标分析见表11-40。

表11-40　喀什市人民政府一级指标评估得分分析表

指标 分析	依法全面履行政府职能	法治政府建设的组织领导	依法行政制度体系	行政决策	行政执法	政务公开	监督与问责	社会矛盾化解与行政争议解决	社会公众满意度调查
得分	54	20	25	37	42.5	69	51.5	48	137.1
与平均分差	-28.81	-27.22	-20.92	-35.19	-26.53	-28.98	-21.95	-22.48	8.95
与最高分差	-44	-52	-53	-58	-55.6	-48.72	-34.98	-41.81	-30.88
排名	99	99	90	99	100	98	99	99	22

每项一级指标换算成百分比并与全国平均水平比较得出图11-40。

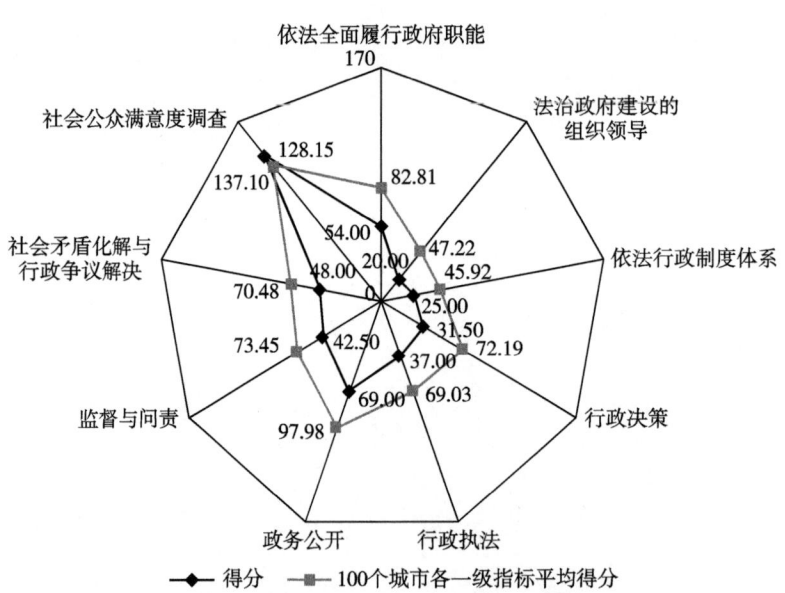

图11-40　喀什市人民政府评估得分与全国平均得分比较图

可以看出，该市社会公众满意度调查指标高于全国平均水平，说明该市政府在这个方面评价较高。依法全面履行政府职能、法治政府建设的组织领导、依法行政制度体系、行政决策、行政执法、政务公开、监督与问责、社会矛盾化解与行政争议解决这八个指标均低于全国平均水平，说明该市政府在这八个方面评价均较低。

二、喀什市法治政府建设情况分析

在2017年全国法治政府评估中，喀什市得到484.1分（总分1000分），在100个被测评城市中排名第99位，在西部区域20个城市中排名第19名（2016年度评估中喀什市得到426.36分，排名第100位；2015年度评估中，喀什市得到402.94分，排名第100位）。这一评估结果反映出，在全国法治政府建设持续推进的大背景下，喀什市的法治政府建设水平处于低位，存在较多的问题。

（一）成绩

1. 社会公众满意度调查表现突出

本年度评估结果显示，在"社会公众满意度调查"一级指标中，喀什市得到137.1分，比全国平均分高出8.95分，排名全国第22位；其他各级指标均低于全国平均分，排名落后。对比表明喀什市在社会公众满意度方面的工作开展良好，公众对政府工作比较认可。2016年度评估中得分106.11分，排名全国第99位；2015年度评估中得分128.94分，排名21位。对比三年的数据，发现2015年度和本年度喀什市该级指标的得分和排名情况较理想，但2016年得分较低，呈现出一定的不稳定性。

2. 依法行政制度体系建设取得一定进步

本年度评估结果显示，在"依法行政制度建设"一级指标下，喀什市得到了25分，排名为90位；2016年评估中，喀什市得到了24分，排名为98位；2015年评估报告中，在"制度建设"一级指标下得到了5分，排名为100位。对比连续三年的评估结果可以看出，在依法行政制度体系建设方面喀什市排名呈现上升趋势，表明喀什市的依法行政制度体系建设虽仍低于全国平均水平，但处在不断完善之中，应对其进步予以肯定。

（二）问题

1. 社会矛盾化解与行政争议解决工作不完善

本年度评估结果显示，在"社会矛盾化解与行政争议解决"一级指标下，喀什市得到了48分,排名为99位;2016年度评估中,喀什市得到了60分,排名为90位;2015年度评估中,喀什市得到了39分,排名为87分。连续三年的评估结果显示,喀什市在"社会矛盾化解与行政争议解决"一级指标下的排名呈下降趋势,表明喀什市政府在社会矛盾化解与行政争议解决领域中的工作存在不完善之处,对该领域的工作缺乏重视。

2. 法治政府建设整体情况不理想

本年度评估中,喀什市得分为484.1分,低于全国平均水平(687.22分)203.12分,排名为99位;2016年度评估中,喀什市得分为426.36分,低于全国平均水平(663.07分)236.71分,排名为100位;在2015年度评估中,喀什市得分为402.94分,低于全国平均水平(617.44分)214.5分,排名为100位。在整体得分情况上,喀什市得分较低,排名落后,在各级指标中除了"社会公众满意度调查"一级指标高于平均分以外,其他各一级指标都低于全国平均得分,且距平均得分仍有较大的差距,表明喀什市法治政府建设的整体状况不理想,仍有很大的发展空间。

四十一　昆明市人民政府

一、昆明市法治政府建设情况

昆明市人民政府评估总分为704.08分,高于全国平均水平(687.22分)16.86分,在全部评估的100个城市中排名第43位,在西部区域20个城市中排名第8位。该市政府得分按一级指标分析见表11-41。

表11-41　昆明市人民政府一级指标评估得分分析表

指标 分析	依法全面 履行政府 职能	法治政府 建设的 组织领导	依法行政 制度体系	行政 决策	行政 执法	政务 公开	监督与 问责	社会矛盾 化解与行政 争议解决	社会公众 满意度 调查
得分	83	59	41	80	63.4	100.5	81	74	122.18
与平均分差	0.19	11.78	-4.92	7.81	-5.63	2.52	7.55	3.52	-5.97
与最高分差	-15	-13	-37	-15	-34.7	-17.22	-5.48	-15.81	-45.8
排名	49	9	57	21	65	48	17	40	72

每项一级指标换算成百分比并与全国平均水平比较得出图11-41。

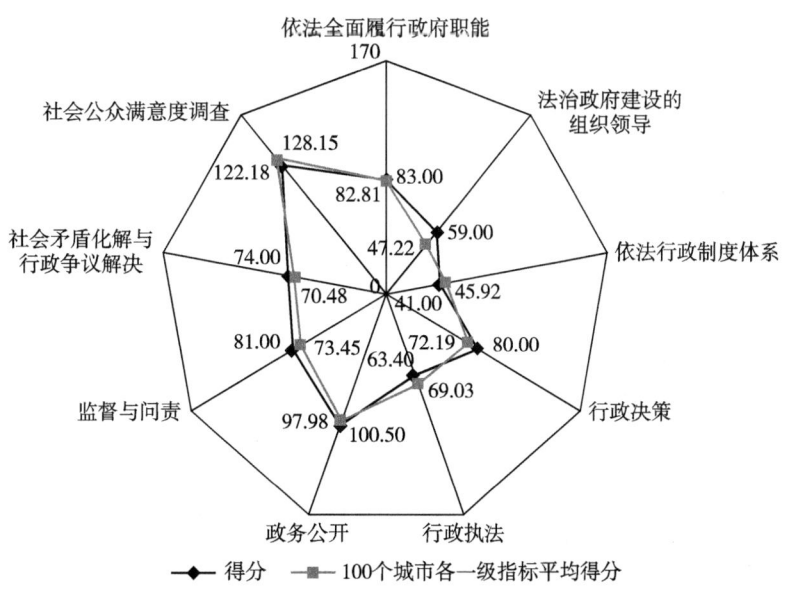

图11-41　昆明市人民政府评估得分与全国平均得分比较图

可以看出，该市依法全面履行政府职能、法治政府建设的组织领导、行政决策、政务公开、监督与问责、社会矛盾化解与行政争议解决这六个指标高于全国平均水平，说明该市政府在这六个方面评价较高。依法行政制度体系、行政执法和社会公众满意度调查这三个指标低于全国平均水平，说明该市政府在这三个方面评价较低。

二、昆明市法治政府建设情况分析

《法治政府评估报告（2017）》显示，在2017年全国法治政府评估中，昆明市得到704.08分（总分1000分），在100个被测评城市中排名第43位，在西部区域20个城市中排名第8位（2016年度评估中昆明市得到638.97分，排名第70位；2015年度评估中，昆明市得到678.32分，排名第18位）。这一评估结果反映出，在全国法治政府建设持续推进的大背景下，昆明市法治政府建设取得了一定的进步，同时也存在一些需要完善的问题。

（一）成绩

1. 法治政府建设的组织领导表现突出

本年度评估结果显示，在"法治政府建设的组织领导"一级指标下，昆明市得到59分，高出全国平均分11.78分，排名第9位；2016年度评估中，昆明市在"法治政府建设的组织领导"一级指标下得到32分，比平均分低7.39分，排名第77位；2015年度评估中，昆明市在"组织领导"一级指标下得到41分，高出平均分7.67分，排名第30位。连续三年的评估结果显示，本年度昆明市在法治政府建设的组织领导上取得了显著的进步，排名为全国第9位，表明昆明市法治政府建设的组织领导工作不断改善。

2. 行政决策取得显著进步

本年度评估结果显示，在"行政决策"一级指标下，昆明市得到80分，高出平均分7.81分，排名第21位；2016年度评估中，昆明市在该一级指标下得到70分，高出平均分1.13分，排名第49位；2015年度评估中，昆明市在该一级指标下得到59分，比平均分低5.55分，排名第66位。连续三年的评估结果显示昆明市在"行政决策"该一级指标下的得分和排名呈现上升趋势，表明昆明市政府行政决策的制定工作不断完善，取得显著进步。

3. 监督与问责落实较好

本年度评估结果显示，在"监督与问责"一级指标下，昆明市得到81分，高出平均分 7.55 分，排名第 17 位；2016 年度评估中，昆明市在该级指标下得到 66.36 分，排名第 66 位；2015 年度评估中，昆明市在该级指标下得到 77 分，排名第 11 位。从连续三年的评估结果来看，除了 2016 年度昆明市该一级指标的得分较低外，昆明市在"监督与问责"一级指标下排名较好，表明昆明市政府在加强监督和问责方面的工作开展较好，值得肯定。

（二）问题

1. 行政执法工作不够规范

本年度评估结果显示，昆明市在"行政执法"一级指标下得分为 63.4 分，排名第 65 位；2016 年度评估中，昆明市该一级指标得分为 72 分，排名第 43 位；2015 年度评估中，昆明市该一级指标的得分为 83.5 分，排名第 16 位。连续三年的评估结果显示，昆明市在"行政执法"一级指标下的得分和排名呈现下降趋势，表明昆明市的行政执法工作不够规范，对行政执法工作的重视度欠缺。

2. 依法行政制度体系建设不够完善

本年度评估结果显示，昆明市在"依法行政制度体系"一级指标的得分为 41 分，比平均分低 4.92 分；2016 年度评估中，昆明市该一级指标得分为 49 分，比平均分低 1.76 分；2015 年度评估中，昆明市"制度建设"一级指标得分为 42 分，比平均分低 1.46 分。连续三年的评估结果显示昆明市在"依法行政制度体系"一级指标下均低于平均分，表明昆明市依法行政的制度建设还不完善，有较大的改善空间。

3. 社会公众满意度不高

本年度评估结果显示，昆明市在"社会公众满意度调查"一级指标下的得分为 122.18，排名第 72 位，比平均分低 5.97 分；2016 年度评估中，昆明市在该一级指标中，得分为 112.86 分，排名第 89 位，比平均分低 16.75 分；2015 年度评估中，昆明市在该一级指标中，得分第 105.82 分，排名第 77 位，比平均分低 11.542 分。连续三年的数据显示昆明市在"社会公众满意度调查"一级指标下得分均低于全国平均得分，且排名较落后，表明昆明市在与社会公众的互动交流方面比较欠缺，公众对政府法治建设成果的获得感不够。

四十二 拉萨市人民政府

一、拉萨市法治政府建设情况

拉萨市人民政府评估总分为456.78分，低于全国平均水平（687.22分）230.44分，在全部评估的100个城市中排名第100位，在西部区域20个城市中排名第20名。该市政府得分按一级指标分析见表11-42。

表11-42 拉萨市人民政府一级指标评估得分分析表

指标 分析	依法全面履行政府职能	法治政府建设的组织领导	依法行政制度体系	行政决策	行政执法	政务公开	监督与问责	社会矛盾化解与行政争议解决	社会公众满意度调查
得分	46	15	15	30	43.5	63	67	56	121.28
与平均分差	-36.81	-32.22	-30.92	-42.19	-25.53	-34.98	-6.45	-14.48	-6.87
与最高分差	-52	-57	-63	-65	-54.6	-54.72	-19.48	-33.81	-46.7
排名	100	100	100	100	98	99	83	87	76

每项一级指标换算成百分比并与全国平均水平比较得出图11-42。

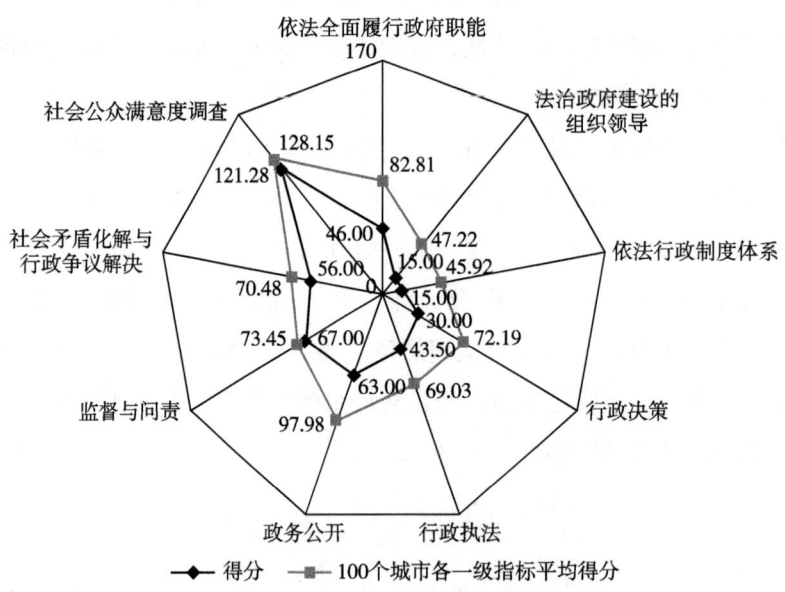

图11-42 拉萨市人民政府评估得分与全国平均得分比较图

可以看出，该市依法全面履行政府职能、法治政府建设的组织领导、依法行政制度体系、行政决策、行政执法、政务公开、监督与问责、社会矛盾化解与行政争议解决、社会公众满意度调查九个指标均低于全国平均水平，说明该市政府在这九个方面评价均较低。

二、拉萨市法治政府建设情况分析

《法治政府评估报告（2017）》显示，在2017年全国法治政府评估中，拉萨市得到456.78分（总分1000分），在100个被测评城市中排名第100位，在西部区域20个城市中排名第20位（2016年度评估中拉萨市得到514.72分，排名第98位；2015年度评估中，拉萨市得到441.88分，排名第99位）。这一评估结果反映出，在全国法治政府建设持续推进的大背景下，拉萨市法治政府建设进步不明显，存在待解决和完善的问题，有较大的提升空间。

（一）成绩

1. 行政执法情况逐步改善

本年度评估结果显示，在"行政执法"一级指标下，拉萨市得到43.5分，比平均分低25.53分；2016年度评估中，拉萨市在该一级指标下得分为36分，比平均分低33.514分；2015年度评估中，拉萨至在该一级指标下得分为26.5分，比平均分低36.295分。连续三年的评估结果显示，虽然在"行政执法"该一级指标下拉萨市的得分均低于平均水平，但与平均分的差距在逐渐缩小，表明拉萨市政府在行政执法方面的不断进步。

（二）问题

1. 社会公众满意度明显降低

本年度评估结果显示，在"社会公众满意度调查"一级指标下，拉萨市得到121.28分，排名第76位；2016年度评估中，拉萨市该一级指标的得分为158.97分，排名第2位；2015年度评估中，拉萨市在该一级指标的得分为124.38分，排名第28位。连续三年的评估结果显示，拉萨市在"社会公众满意度调查"该一级指标的排名下滑明显，表明拉萨市政府与社会公众欠缺良好的互动，社会公众对政府工作的满意度降低。

2. 监督与问责落实不到位

本年度评估结果显示,在"监督与问责"一级指标下,拉萨市的排名第83位;2016年度评估中,拉萨市在该一级指标的排名第60位;2015年度评估中,拉萨市在该一级指标的排名第52位。连续三年的评估结果显示,拉萨市在"监督与问责"方面的排名逐年下滑,表明拉萨市在加强和落实对政府的监督与问责方面有所欠缺,重视度不够。

3. 法治政府建设整体情况不理想

本年度评估结果显示,拉萨市整体得分为456.78分,低于全国平均水平(687.22分)230.44分;2016年度拉萨市整体得分为514.72分,低于全国平均水平148.35分。在全国法治政府建设不断推进和完善的背景下,拉萨市的总体得分较2016年有大幅下降,表明拉萨市的法治政府建设水平较为落后,与全国其他城市比存在较大的差距,仍有很大的提升空间。

四十三 兰州市人民政府

一、兰州市法治政府建设情况

兰州市人民政府评估总分为621.37分,低于全国平均水平(687.22分)65.85分,在全部评估的100个城市中排名第87位,在西部区域20个城市中排名第14位。该市政府得分按一级指标分析见表11-43。

表11-43 兰州市人民政府一级指标评估得分分析表

指标 分析	依法全面履行政府职能	法治政府建设的组织领导	依法行政制度体系	行政决策	行政执法	政务公开	监督与问责	社会矛盾化解与行政争议解决	社会公众满意度调查
得分	74	54	40	64	48.5	102.09	61.88	61.88	115.02
与平均分差	-8.81	6.78	-5.92	-8.19	-20.53	4.11	-11.57	-8.60	-13.13
与最高分差	-24	-18	-38	-31	-49.6	-15.63	-24.6	-27.93	-52.96
排名	89	26	59	81	95	44	90	81	92

每项一级指标换算成百分比并与全国平均水平比较得出图11-43。

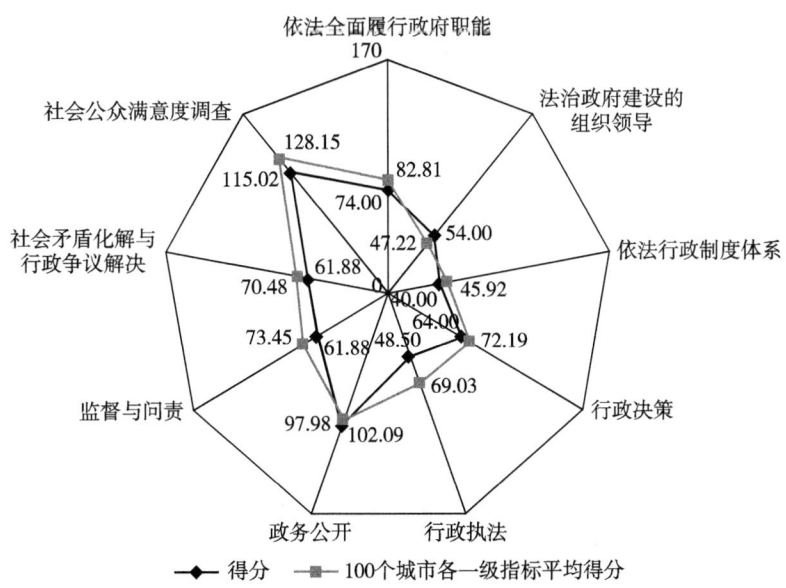

图11-43 兰州市人民政府评估得分与全国平均得分比较图

可以看出，该市法治政府建设的组织领导、政务公开这两个指标高于全国平均水平，说明该市政府在这两个方面评价较高。依法全面履行政府职能、依法行政制度体系、行政决策、行政执法、监督与问责、社会矛盾化解与行政争议解决和社会公众满意度调查这七个指标低于全国平均水平，说明该市政府在这七个方面评价较低。

二、兰州市法治政府建设情况分析

在2017年全国法治政府评估中，兰州市得到621.37分（总分1000分），在100个被测评城市中排名第87位，在西部区域20个城市中排名第14位（2016年度评估中兰州市得到618.59分，全国排名第80位；2015年度评估中，兰州市得到551.71分，全国排名第87位）。这一评估结果反映出，在全国法治政府建设持续推进的大背景下，兰州市法治政府建设取得了一定的进步，同时也存在部分待解决的问题。

（一）成绩

1. 法治政府建设的组织领导表现突出

本年度评估结果显示，在"法治政府建设的组织领导"一级指标下，兰州市得分为54分，高出平均分6.78分，排名第26位；2016年度评估中，兰州市在该一级指标的得分为51分，高出平均分11.61分，排名第15位；2015年度评估中，兰州市在"组织领导"一级指标的得分为39分，高出平均分5.67分，排名第36位。连续三年的评估结果显示，兰州市该一级指标的得分均高于全国平均水平，排名较高，表明兰州市在法治政府建设的组织领导方面落实较好。

2. 行政决策工作持续完善

本年度评估结果显示，在"行政决策"一级指标下，兰州市的排名第81位；2016年评估中，兰州市在该一级指标的排名第85位；2015年评估中，兰州市在该一级指标的排名第96位。连续三年的评估数据显示兰州市在"行政决策"该一级指标下的排名逐年上升，表明兰州市政府决策的日益规范化，其进步值得肯定。

3. 政务公开工作相对完善

本年度评估结果显示，兰州市除了在"法治政府建设的组织领导"一级指标下的得分高于平均分外，仅有"政务公开"一级指标高于全国平均水平；2016年度评估中，兰州市在"政务公开"一级指标下的得分高出平均分11.925分；2015年度评估中，兰州市在"政务公开"一级指标下的得分高出平均分1.5分。与兰州市其他各一级指标低于全国平均分的情况相比,兰州市在该一级指标下得分始终高于全国平均水平,表明兰州市的政务公开工作相对完善。

(二)问题

1.依法全面履行政府职能落实不到位

本年度评估结果显示,在"依法全面履行政府职能"一级指标下,兰州市得到74分,排名为第89位;2016年度评估中,兰州市在该一级指标的得分为68分,排名第78位;2015年度评估中,兰州市在"机构职能"一级指标的得分为78分,排名第62位。连续三年的评估数据显示兰州市在"依法全面履行政府职能"一级指标下的排名呈现下降趋势,表明兰州市政府在依法全面履行政府职能方面存在欠缺,部分职能落实不到位。

2.社会公众满意度下降

本年度评估结果显示,在"社会公众满意度调查"一级指标下,兰州市得到115.02分,排名第92位;2016年度评估中,兰州市在该一级指标的中得分为119.27分,排名第81位;2015年度评估中,兰州市在该一级指标中的得分为110.71分,排名第64位。连续三年的评估结果显示兰州市在"社会公众满意度调查"一级指标下的排名呈现下降趋势,表明兰州市政府与社会公众的互动不够,社会公众对法治建设进步的获得感不够。

3.行政执法不够规范

本年度评估结果显示,在"行政执法"一级指标下,兰州市得分比全国平均分低20.53分;2016年度评估中,兰州市在该一级指标中的得分比全国平均分低12.514分;2015年度评估报告中比全国平均分低10.795分。连续三年的评估数据显示,兰州市在"行政执法"该一级指标下的得分与全国平均分的差距较大,且存在差距拉大的趋势,表明兰州市在行政执法工作中存在不规范之处,有较大的提升空间。

四十四 聊城市人民政府

一、聊城市法治政府建设情况

聊城市人民政府评估总分为729.86分,高于全国平均水平(687.22分)42.64分,在全部评估的100个城市中排名第27位,在东部区域48个城市中排名第21位。该市政府得分按一级指标分析见表11-44。

表11-44 聊城市人民政府一级指标评估得分分析表

指标 分析	依法全面履行政府职能	法治政府建设的组织领导	依法行政制度体系	行政决策	行政执法	政务公开	监督与问责	社会矛盾化解与行政争议解决	社会公众满意度调查
得分	77	56	63	85	69.3	94.09	79	72	134.47
与平均分差	-5.81	8.78	17.08	12.81	0.27	-3.89	5.55	1.52	6.32
与最高分差	-21	-16	-15	-10	-28.8	-23.63	-7.48	-17.81	-33.51
排名	80	18	18	9	42	62	28	45	26

每项一级指标换算成百分比并与全国平均水平比较得出图11-44。

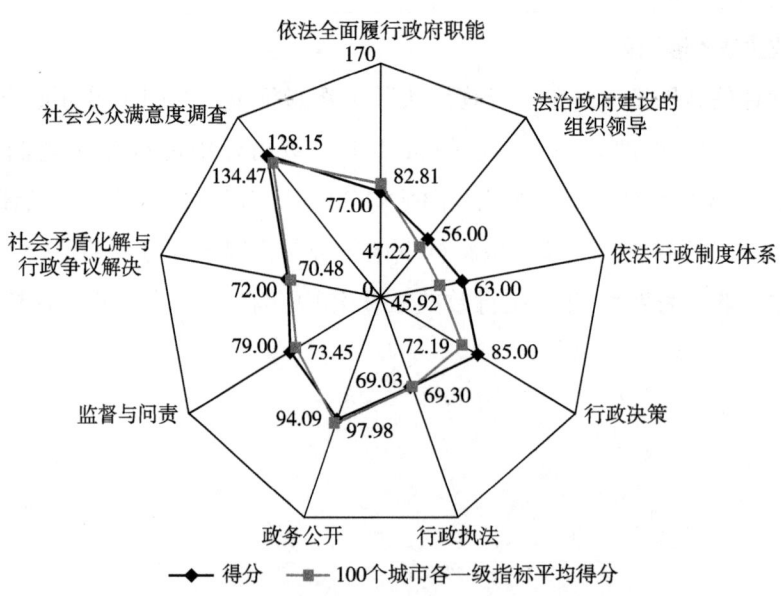

图11-44 聊城市人民政府评估得分与全国平均得分比较图

可以看出，该市法治政府建设的组织领导、依法行政制度体系、行政决策、行政执法、监督与问责、社会矛盾化解与行政争议解决、社会公众满意度调查这七个指标高于全国平均水平，说明该市政府在这七个方面评价较高。依法全面履行政府职能、政务公开这两个指标低于全国平均水平，说明该市政府在这两个方面评价较低。

二、聊城市法治政府建设情况分析

《法治政府评估报告（2017）》显示，在2017年全国法治政府评估中，聊城市得到729.86分（总分1000分），在100个被测评城市中排名第27位，在东部区域48个城市中排名第21位（2016年度评估中聊城市得到693.46分，排名第32位；2015年度评估中，聊城市得到633.38分，排名第37位）。这一评估结果反映出，在全国法治政府建设持续推进的大背景下，聊城市法治政府建设取得长足进步，但仍存在着待改善的问题。

（一）成绩

1. 行政决策表现突出

本年度评估结果显示，在"行政决策"一级指标下，聊城市的得分为85分，排名第9位；2016年度评估中聊城市在该一级指标下的得分为74分，排名第30位；2015年度评估中聊城市在该一级指标下的得分为64分，排名第47位。连续三年的评估结果显示聊城市在"行政决策"一级指标下的排名逐年提升，至本年度排名上升到全国第6位，表明聊城市在行政决策的制定和完善上取得显著进步。

2. 依法行政制度体系建设较完善

本年度评估结果显示，在"依法行政制度体系"一级指标下，聊城市得分为63分，高出平均分17.08分，排名第18位；2016年度评估中，聊城市该一级指标的得分为65分，排名第17位；2015年度评估中，聊城市"制度建设"一级指标的得分为36分，排名第72位。连续三年的评估结果显示，聊城市近两年在"依法行政制度体系"一级指标中保持较高的得分，与2015年度相比进步明显，表明聊城市的依法行政制度体系建设不断完善。

3. 监督与问责稳步推进

本年度评估结果显示，在"监督与问责"一级指标下，聊城市的得分为79分，排名第28位；2016年度评估中，聊城市在该一级指标中的得分为65.85分，排名第68

位；2015年度评估中，聊城市在该一级指标中的得分为64分，排名为第52位。连续三年的评估结果显示，本年度聊城市在"监督与问责"一级指标中得分较过去两年有显著的进步，表明聊城市政府在加强监督和落实问责制度方面的工作有所加强。

4. 社会公众满意度较高

本年度评估结果显示，在"社会公众满意度调查"一级指标中，聊城市得到134.47分，高出平均分6.32分，排名第26位。该一级指标本年度的得分和排名较2016年度评估中的得分（119.36分）和排名（第80位）有明显的提高，表明政府与社会公众互动良好，社会公众对政府工作的认可度大幅提升。

（二）问题

1. 依法全面履行政府职能落实不到位

本年度评估结果显示，在"依法全面履行政府职能"一级指标下，聊城市的得分为77分，比全国平均分低5.81分，排名第80位；2016年度评估中，聊城市在该一级指标中的得分为82分，高出平均分5.77分，排名第36位；2015年度评估中，聊城市在该一级指标中的得分为75分，比平均分低4.8分，排名第79位。连续三年的数据表明，聊城市在"依法全面履行政府职能"方面存在落实不到位的情况，2015年度和本年度的得分均低于平均分，仅有2016年度中得分较高，表现出不稳定性。

2. 政务公开水平较低

本年度评估结果显示，在"政务公开"一级指标下聊城市的得分为94.09分，比平均分低3.89分，排名第62位；2016年度评估中，聊城市在该一级指标下的得分为103.25分，高出平均分10.675分，排名第24位；2015年度评估中，聊城市在该一级指标下的得分为94分，比平均分低3.5分，排名第61位。对比三年的数据发现，聊城市在"政务公开"一级指标下的得分具有一定的不稳定性，2015年度和本年度的得分均低于平均分，表明聊城市政务公开水平还较低，相关制度的制定和落实欠缺。

3. 社会矛盾化解与行政争议解决工作不完善

本年度评估结果显示，在"社会矛盾化解与行政争议解决"一级指标下，聊城市的得分为72分，排名第45位；2016年度评估中，聊城市在该一级指标中的得分为77分，排名第14位；2015年度评估中，聊城市在该一级指标中的得分为96分，排名第1位。连续三年的评估结果显示，虽然聊城市在该一级指标下的排名较高，但近三年排名呈现下降趋势，表明聊城市在社会矛盾化解和行政争议解决工作中存在欠缺之处，对该项工作的重视程度有所下降。

四十五　临沂市人民政府

一、临沂市法治政府建设情况

临沂市人民政府评估总分为759.8分，高于全国平均水平（687.22分）72.58分，在全部评估的100个城市中排名第13位，在东部区域48个城市中排名第11位。该市政府得分按一级指标分析见表11-45。

表11-45　临沂市人民政府一级指标评估得分分析表

指标 分析	依法全面 履行政府 职能	法治政府 建设的组织 领导	依法行政 制度体系	行政 决策	行政 执法	政务 公开	监督与 问责	社会矛盾 化解与行政 争议解决	社会公众 满意度 调查
得分	82	65	73	74	82	94	73.43	84	132.37
与平均分差	-0.81	17.78	27.08	1.81	12.98	-3.98	-0.02	13.53	4.22
与最高分差	-16	-7	-5	-21	-16.1	-23.72	-13.05	-5.81	-35.61
排名	57	3	8	46	20	63	59	11	29

每项一级指标换算成百分比并与全国平均水平比较得出图11-45。

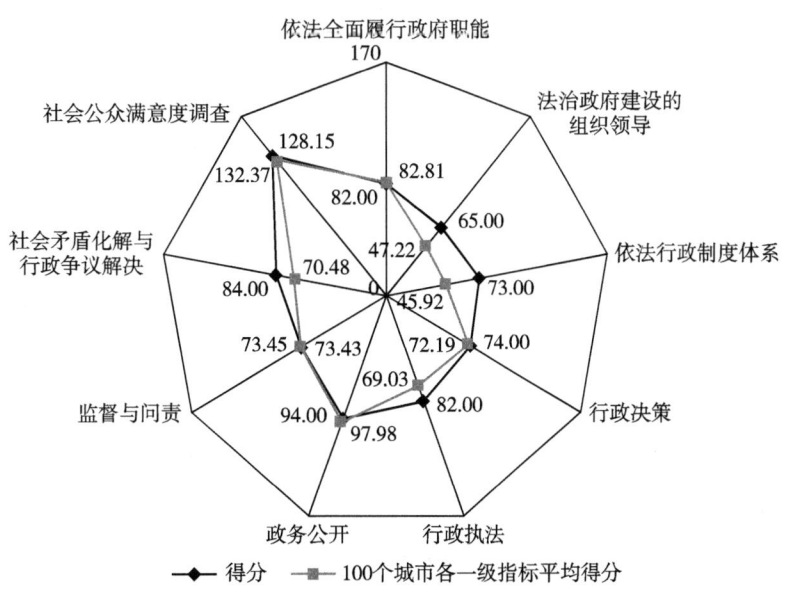

图11-45　临沂市人民政府评估得分与全国平均得分比较图

可以看出，该市法治政府建设的组织领导、依法行政制度体系、行政决策、行政执法、社会矛盾化解与行政争议解决和社会公众满意度调查这六个指标高于全国平均水平，说明该市政府在这六个方面评价较高。依法全面履行政府职能、政务公开、监督与问责这三个指标低于全国平均水平，说明该市政府在这三个方面评价较低。

二、临沂市法治政府建设情况分析

在2017年全国法治政府评估中，临沂市得到759.8分（总分1000分），在100个被测评城市中排名第13位，在东部区域48个城市中排名第11位（2016年度评估中临沂市得到694.03分，全国排名第31位；2015年度评估中，临沂市得到606.19分，全国排名第58位）。这一评估结果反映出，在全国法治政府建设持续推进的大背景下，临沂市法治政府建设取得显著进步，但仍存在须进一步完善的问题。

（一）成绩

1. 法治政府建设的组织领导表现优异

本年度评估结果显示，在"法治政府建设的组织领导"一级指标中，临沂市的得分为65分，高出平均分17.78分，排名第3位；2016年度评估中，临沂市在该一级指标中的得分为33分，比平均分低6.39分，排名第72位；2015年度评估中，临沂市在"组织领导"一级指标中的得分为26分，比平均分低7.33分，排名第58位。连续三年的评估结果显示，临沂市在"法治政府建设的组织领导"该一级指标中的得分和排名均有显著的提高，本年度得分首次高于平均分，且排名全国前列，表明临沂市在加强法治政府建设的组织领导方面有长足的进步。

2. 依法行政制度体系较为完善

本年度评估结果显示，在"依法行政制度体系"一级指标中。临沂市的得分为73分，排名第8位；2016年度评估中，临沂市在该一级指标中的得分为70分，排名第11位；2015年度评估中，临沂市在该一级指标中的得分为56分，排名第18位。连续三年的评估结果显示临沂市在依法行政制度体系建设方面的得分和排名稳步提升，在全国处于较领先地位，依法行政制度体系建立较充分。

3. 社会矛盾化解与行政争议解决能力显著增强

本年度评估结果显示，在"社会矛盾化解与行政争议解决"一级指标中，临沂市的得分为84分，排名第11位；2016年度评估中，临沂市在该一级指标下的得分为66分，排名第62位；2015年度评估中，临沂市在该一级指标下的得分为58分，排名第23位。连续三年的评估结果显示临沂市在该一级指标中的得分明显提高，本年度的排名处于领先地位，表明临沂市政府在社会矛盾化解与行政争议解决能力上有较大进步。

（二）问题

1. 政务公开水平较低

本年度评估结果显示，在"政务公开"一级指标中，临沂市的得分为94分，比平均分低3.98分；2016年度评估中，临沂市在该一级指标中的得分为95.75分，高出平均分3.175分；2015年度评估中，临沂市在"政府信息公开"一级指标中的得分为89分，比平均分低8.5分。连续三年的评估结果显示，临沂市在"政务公开"该一级指标中的得分具有不稳定性，2015年度和本年度的得分均低于全国平均水平，表明临沂市政府的政务公开水平较低。

2. 监督与问责仍低于平均水平

本年度评估结果显示，在"监督与问责"一级指标中，临沂市的得分为73.43分，比平均分低0.02分；2016年度评估中，临沂市在该一级指标中的得分为66.21分，比平均分低1.8091分；2015年度评估中，临沂市在该一级指标中的得分为62分，低于平均分2.945分。连续三年的评估结果显示，临沂市在"监督与问责"一级指标中的得分虽有所提高，但始终在平均分之下，表明临沂市政府内、外部监督不够完善，问责制度落实情况不佳。

3. 依法全面履行政府职能落实不到位

本年度评估结果显示，在"依法全面履行政府职能"一级指标中，临沂市的得分为82分，比平均分低0.81分，排名第57位；2016年度评估中，临沂市在该一级指标中的得分为80分，高出平均分3.77分，排名第41位；2015年度评估中，临沂市在"机构职能"一级指标中的得分为76分，比平均分低3.8分。连续三年的数据显示，临沂市在依法全面履行政府职能方面的得分不稳定，2015年度和本年度的得分均低于平均分，表明临沂市政府在依法全面履行政府职能方面落实不到位。

四十六 六安市人民政府

一、六安市法治政府建设情况

六安市人民政府评估总分为693.05分,高于全国平均水平(687.22分)5.83分,在全部评估的100个城市中排名第53位,在中部区域32个城市中排名第10位。该市政府得分按一级指标分析见表11-46。

表11-46 六安市人民政府一级指标评估得分分析表

指标 分析	依法全面履行政府职能	法治政府建设的组织领导	依法行政制度体系	行政决策	行政执法	政务公开	监督与问责	社会矛盾化解与行政争议解决	社会公众满意度调查
得分	82	40	63	68	67	93	83.36	73	123.69
与平均分差	-0.81	-7.22	17.08	-4.19	-2.03	-4.98	9.91	2.52	-4.46
与最高分差	-16	-32	-15	-27	-31.1	-24.72	-3.12	-16.81	-44.29
排名	57	75	18	66	57	66	6	43	64

每项一级指标换算成百分比并与全国平均水平比较得出图11-46。

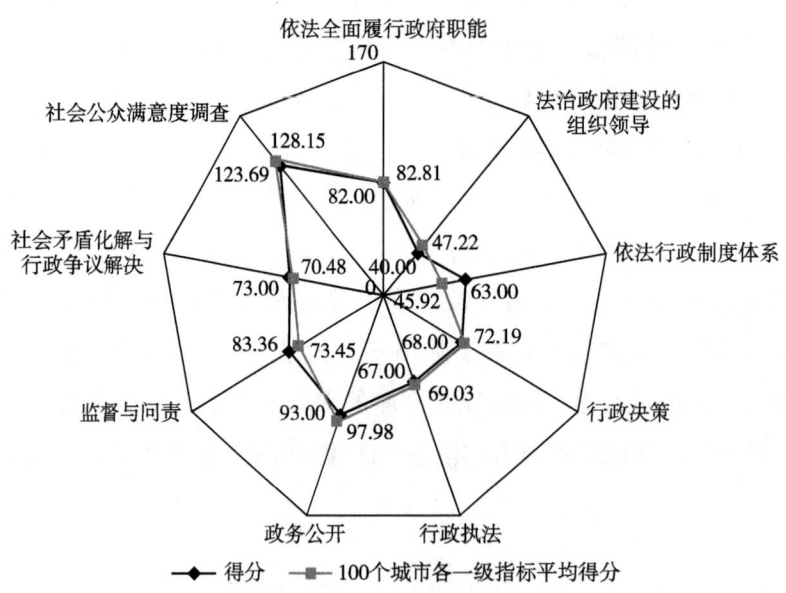

图11-46 六安市人民政府评估得分与全国平均得分比较图

可以看出，该市依法行政制度体系、监督与问责、社会矛盾化解与行政争议解决这三个指标高于全国平均水平，说明该市政府在这三个方面评价较高。依法全面履行政府职能、法治政府建设的组织领导、行政决策、行政执法、政务公开、社会公众满意度调查这六个指标低于全国平均水平，说明该市政府在这六个方面评价较低。

二、六安市法治政府建设情况分析

《法治政府评估报告（2017）》显示，在2017年全国法治政府评估中，六安市得到693.05分（总分1000分），在100个被测评城市中排名第53位，在中部区域32个城市中排名第10位（2016年度评估中六安市得到714.12分，排名第19位；2015年度评估中，六安市得到660.46分，排名第23位）。这一评估结果反映出，在全国法治政府建设持续推进的大背景下，六安市法治政府建设进步不明显，存在需要解决的问题和提升的空间。

（一）成绩

1. 监督与问责表现突出

本年度评估结果显示，在"监督与问责"一级指标中，六安市的得分为83.36分，高出平均分9.91分，排名第6位；2016年度评估中，六安市在该一级指标中的得分为77.47分，排名第12位；2015年度评估中，六安市在该一级指标中的得分为79分，排名第7位。连续三年的评估结果显示六安市在"监督与问责"一级指标下的得分和排名一直处于较高水平，表明六安市政府在加强内、外部监督和落实问责制度方面表现突出。

2. 依法行政制度体系建设逐步完善

本年度评估结果显示，在"依法行政制度体系"一级指标中，六安市的得分为63分，排名第18位；2016年度评估中，六安市在该一级指标中的得分为62分，排名第20位；2015年评估中，六安市在"制度建设"一级指标中的得分为53分，排名第24位。连续三年的评估结果显示六安市在"依法行政制度体系"一级指标中的排名稳步提升，表明六安市的依法行政制度体系建设不断的健全。

3. 社会矛盾化解与行政争议解决水平有所提高

本年度的评估结果显示，在"社会矛盾化解与行政争议解决"一级指标中，六安市的得分为73分，高出平均分2.52分；2016年度评估中，六安市在该一级指标中的得分为69分,高出平均分0.9分;2015年度评估中,六安市在该一级指标中的得分为51分,比平均分低2.7。连续三年的评估结果显示,六安市在"社会矛盾化解与行政争议解决"一级指标下的得分由低于平均分到高于平均分,进步明显,表明六安市政府在社会矛盾化解与行政争议解决方面水平有所提高。

(二)问题

1. 政务公开不充分

本年度评估结果显示,在"政务公开"一级指标下,六安市的得分为93分,排名第66位;2016年度评估中,六安市在该一级指标中的得分为100.75分,排名第30位;2015年度评估中,六安市在"政府信息公开"领域的得分为115分,排名第7位。连续三年的数据显示,六安市在"政务公开"领域中的排名逐年下降,表明六安市政务公开程度降低,政府信息公开不够充分。

2. 法治政府建设的组织领导较差

本年度评估结果显示,在"法治政府建设的组织领导"一级指标下,六安市的得分为40分,比平均分低7.22分,排名第75位;2016年度评估中,六安市在该一级指标中的得分为53分,高出平均分13.61分,排名第9位;2015年度评估中,六安市在"组织领导"一级指标中的得分为24分,比平均分低9.33分,排名第68位。连续三年的评估结果显示,六安市在"法治政府建设的组织领导"一级指标的得分不稳定,2015年度和本年度的得分均低于平均分,表明六安市政府法治政府建设的组织领导工作落实较差。

3. 行政决策水平较低

本年度的评估结果显示,在"行政决策"一级指标下,六安市的得分为68分,比平均分低4.19分;2016年度评估中,六安市在该一级指标中的得分为66分,比平均分低2.87分;2015年度评估中,六安市在该一级指标中的得分为56分,比平均分低8.55分。连续三年的评估结果显示六安市在"行政决策"一级指标中的得分均低于平均分,表明六安市政府行政决策的水平较低,有较大的提升空间。

四十七　洛阳市人民政府

一、洛阳市法治政府建设情况

洛阳市人民政府评估总分为 684.55 分，低于全国平均水平（687.22 分）2.67 分，在全部评估的 100 个城市中排名第 55 位，在中部区域 32 个城市中排名第 12 位。该市政府得分按一级指标分析见表 11-47。

表 11-47　洛阳市人民政府一级指标评估得分分析表

指标 分析	依法全面履行政府职能	法治政府建设的组织领导	依法行政制度体系	行政决策	行政执法	政务公开	监督与问责	社会矛盾化解与行政争议解决	社会公众满意度调查
得分	82	55	28	62	84.3	99.61	79.08	74.67	119.89
与平均分差	-0.81	7.78	-17.92	-10.19	15.28	1.63	5.63	4.19	-8.26
与最高分差	-16	-17	-50	-33	-13.8	-18.11	-7.4	-15.14	-48.09
排名	57	21	84	89	14	51	27	37	79

每项一级指标换算成百分比并与全国平均水平比较得出图 11-47。

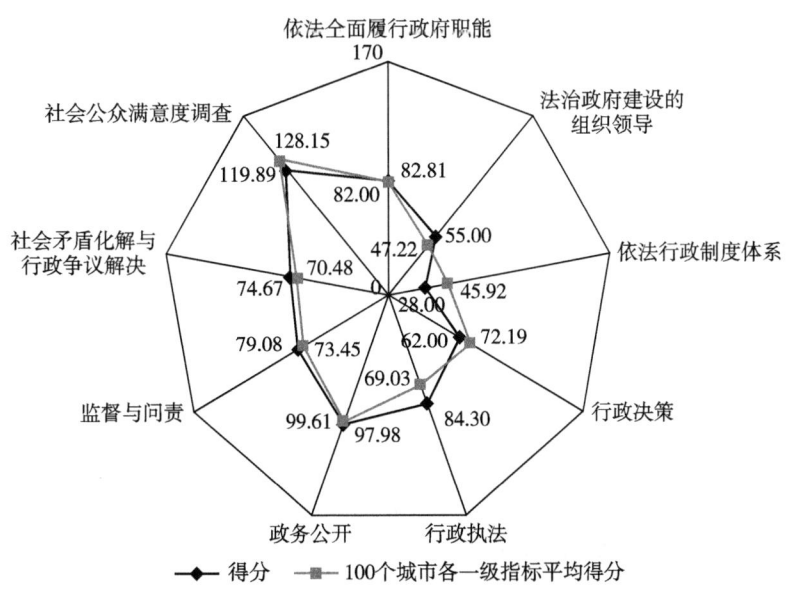

图 11-47　洛阳市人民政府评估得分与全国平均得分比较图

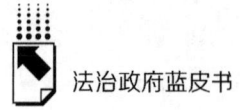

可以看出，该市法治政府建设的组织领导、行政执法、政务公开、监督与问责、社会矛盾化解与行政争议解决这五个指标高于全国平均水平，说明该市政府在这五个方面评价较高。依法全面履行政府职能、依法行政制度体系、行政决策和社会公众满意度调查这四个指标低于全国平均水平，说明该市政府在这四个方面评价较低。

二、洛阳市法治政府建设情况分析

《法治政府评估报告（2017）》显示，在2017年全国法治政府评估中，洛阳市得到684.55分（总分1000分），在100个被测评城市中排名第55位，在中部区域32个城市中排名第12位（2016年度评估中洛阳市得到662.71分，排名第52位；2015年度评估中，洛阳市得到577.71分，排名第69位）。这一评估结果反映出，在全国法治政府建设持续推进的大背景下，洛阳市法治政府建设也取得了一定进步，但同时仍存在待解决问题。

（一）成绩

1. 行政执法水平显著提高

本年度评估结果显示，在"行政执法"一级指标下，洛阳市得分为84.3分，高出平均分15.28分，排名第14位；2016年度评估中，洛阳市在该一级指标中的得分为82.5分，高出平均分12.986分，排名第20位；2015年度评估中，洛阳市在该一级指标中的得分为50分，比平均分低12.795分，排名第75位。连续三年的评估结果显示，洛阳市在"行政执法"一级指标中的得分和排名显著提高，至本年度洛阳市在该一级指标中的得分处于全国领先地位，表明洛阳市政府的行政执法水平显著提高。

2. 监督与问责有所加强

本年度评估结果显示，在"监督与问责"一级指标下，洛阳市得分为79.08分，排名第27位；2016年度评估中，洛阳市政府在该一级指标中的得分为66.57分，排名第62位；2015年度评估中，洛阳市政府在该一级指标中的得分为65分，排名第43位。连续三年的评估结果显示，洛阳市在"监督与问责"一级指标中的得分持续提高，排名较过去两年有较大提升，表明洛阳市政府在监督与问责方面不断完善。

3. 法治政府建设的组织领导较好

本年度评估结果显示，在"法治政府建设的组织领导"一级指标中。洛阳市的得分为55分，高出平均分7.78分，排名第21位；2016年度评估中，洛阳市在该一级指标中的得分为41分，高出平均分1.61分，排名第45位；2015年度评估中，洛阳市在"组织领导"一级指标中的得分为46分，高出平均分12.67分，排名第22位。连续三年的评估结果显示，洛阳市在"法治政府建设的组织领导"一级指标中排名较好，虽然得分不高，但与其他城市相比，洛阳市法治政府建设的组织建设领导水平相对较高。

（二）问题

1. 依法行政制度体系不完善

本年度评估结果显示，在"依法行政制度体系"一级指标中，洛阳市的得分为28分，比平均分低17.92分，排名第84位；2016年度评估中，洛阳市在该一级指标中的得分为47分，比平均分低3.76分，排名第60位；2015年度评估中，洛阳市在"制度建设"一级指标中的得分为37分，比平均分低6.46分，排名第68位。连续三年的评估结果显示，洛阳市在"依法行政制度体系"一级指标中的得分较低，均低于平均分，且本年度得分较平均水平有较大差距，表明洛阳市依法行政制度体系建立的不够完善。

2. 行政决策规范化水平较低

本年度评估结果显示，在"行政决策"一级指标中，洛阳市的得分为62分，比平均分低10.19分，排名第89位；2016年度评估结果显示，洛阳市在该一级指标中的得分为65分，比平均分低3.87分，排名第67位；2015年度评估中，洛阳市在该一级指标中的得分为50分，比平均分低14.55分，排名第91位。连续三年的评估结果显示洛阳市在"行政决策"一级指标中的得分均低于平均分且与平均分存在较大差距，表明洛阳市政府行政决策的规范化水平较低。

3. 社会公众满意度不高

本年度评估结果显示，在"社会公众满意度调查"一级指标中。洛阳市的得分为119.89分，比平均分低8.26分，排名第79位；2016年度评估中，洛阳市在该一级指标中的得分为111.39分，比平均分低18.22分，排名第91位；2015年度评估中，洛阳市在该一级指标中的得分为115.71分，比平均分低1.652分，排名第51位。连续三年的评估结果显示，洛阳市在"社会公众满意度调查"一级指标中的得分均低于平均水平，排名情况不理想，表明洛阳市政府欠缺与社会公众的互动，社会公众对政府依法行政工作的满意度不高。

四十八　茂名市人民政府

一、茂名市法治政府建设情况

茂名市人民政府评估总分为656.23分，低于全国平均水平（687.22分）30.99分，在全部评估的100个城市中排名第71位，在东部区域48个城市中排名第43位。该市政府得分按一级指标分析见表11-48。

表11-48　茂名市人民政府一级指标评估得分分析表

指标 分析	依法全面履行政府职能	法治政府建设的组织领导	依法行政制度体系	行政决策	行政执法	政务公开	监督与问责	社会矛盾化解与行政争议解决	社会公众满意度调查
得分	90	55	40	67	68	99	64	53.5	119.73
与平均分差	7.19	7.78	-5.92	-5.19	-1.03	1.02	-9.45	-16.98	-8.42
与最高分差	-8	-17	-38	-28	-30.1	-18.72	-22.48	-36.31	-48.25
排名	15	21	59	70	51	53	89	96	81

每项一级指标换算成百分比并与全国平均水平比较得出图11-48。

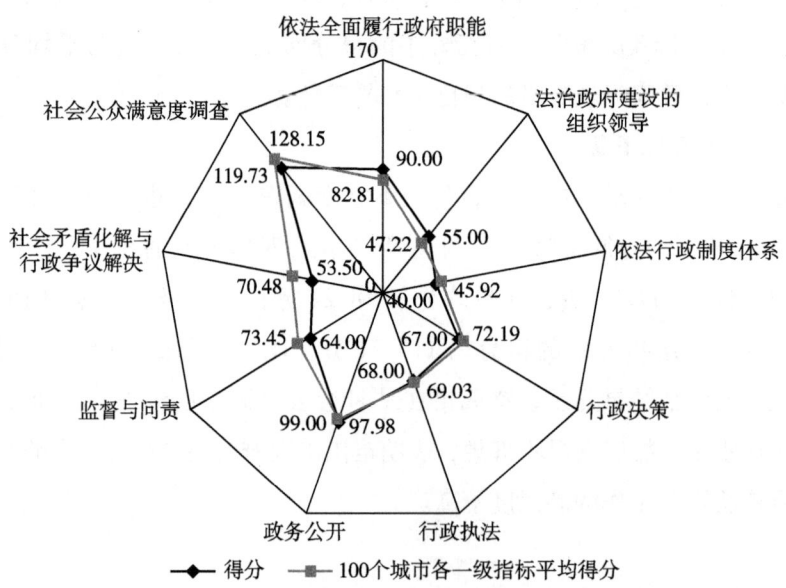

图11-48　茂名市人民政府评估得分与全国平均得分比较图

可以看出，该市依法全面履行政府职能、法治政府建设的组织领导、政务公开这三个指标高于全国平均水平，说明该市政府在这三个方面评价较高。依法行政制度体系、行政决策、行政执法、监督与问责、社会矛盾化解与行政争议解决和社会公众满意度调查这六个指标低于全国平均水平，说明该市政府在这六个方面评价均较低。

二、茂名市法治政府建设情况分析

《法治政府评估报告（2017）》显示，在2017年全国法治政府评估中，茂名市得到656.23分（总分1000分），在100个被测评城市中排名第71位，在东部区域48个城市中排名第43位（2016年度评估中茂名市得到608.89分，排名第84位；2015年度评估中，茂名市得到597.72分，排名第63位）。这一评估结果反映出，在全国法治政府建设持续推进的大背景下，茂名市法治政府建设也取得了一定的进步，同时仍存在需要解决和进一步完善的问题。

（一）成绩

1. 依法全面履行政府职能表现突出

本年度评估结果显示，在"依法全面履行政府职能"一级指标下，茂名市得分为90分，高出平均分7.19分，排名第15位；2016年度评估中，茂名市在该一级指标的得分为82分，高出平均分5.77分，排名第37位；2015年度评估中，茂名市在"机构职能"一级指标下的得分为90分，高出平均分10.2分，排名第12位。连续三年的评估结果显示茂名市在"依法全面履行政府职能"一级指标的得分均高于全国平均分，且排名情况较理想，表明茂名市在依法全面履行行政职能方面落实较好。

2. 法治政府建设的组织领导进步显著

本年度评估结果显示，在"法治政府建设的组织领导"一级指标下，茂名市得分为55分，排名第21位；2016年度评估中，茂名市在该一级指标的得分为30分，排名第86位；2015年度评估中，茂名市在该一级指标的得分为29分，排名第51位。连续三年的评估结果显示，虽然茂名市在"法治政府建设的组织领导"一级指标下的得分不高，但排名提升明显，表明与其他城市相比，茂名市在加强法治政府建设的组织领导方面进步较快，值得肯定。

3. 社会公众满意度有所提高

本年度评估结果显示，在"社会公众满意度调查"一级指标下，茂名市的得分为

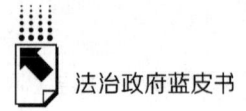

119.73分，比平均分低8.42分，排名第81位；2016年度茂名市在该一级指标的得分为107.81分，比平均分低21.80分，排名第96位；2015年度茂名市在该一级指标的得分为102.22分，比平均分低15.142，排名第87位。连续三年的评估结果显示，茂名市在"社会公众满意度调查"一级指标下的得分虽然均低于平均水平，但是与平均水平之间的差距在缩小，排名也有所提升，表明社会公众的满意度有所提高。

（二）问题

1. 依法行政制度体系不完善

本年度评估结果显示，在"依法行政制度体系"一级指标下，茂名市的得分为40分，比平均分低5.92分；2016年度评估中茂名市在该一级指标的得分为50分，比平均分低0.76分；2015年度评估中茂名市在"制度建设"一级指标的得分为59分，高出平均分15.54分。连续三年的评估结果显示，茂名市在"依法行政制度体系"一级指标下的得分逐年降低，由高出平均分15.54分到比平均分低5.92分，表明茂名市依法行政制度体系存在不完善之处，对相关工作缺乏重视度。

2. 社会矛盾化解与行政争议解决水平较低

本年度评估结果显示，在"社会矛盾化解与行政争议解决"一级指标下，茂名市的得分为53.5分，比平均分低16.98分，排名第96位；2016年度评估中茂名市在该一级指标下的得分为50分，比平均分低18.1分，排名第97位；2015年度评估中茂名市在该一级指标下的得分为40分，比平均分低13.7分，排名第87位。连续三年的评估结果显示茂名在"社会矛盾化解与行政争议解决"一级指标下的得分均低于平均分，且与平均水平之间差距较大，排名较落后，表明茂名市政府社会矛盾化解与行政争议化解水平较低。

3. 监督与问责情况不理想

本年度评估结果显示，在"监督与问责"一级指标下，茂名市的得分为64分，比平均分低9.45分；2016年度评估中，茂名市在该一级指标的得分为59.83分，比平均分低8.1891分；2015年度评估中，茂名市在该一级指标的得分为65.5分，高出平均分0.555分。对比三年的数据发现，茂名市在"监督与问责"一级指标下的得分由略高于平均分下降到比平均分低9.45分，表明茂名市政府在加强内、外部监督和落实问责制方面的工作较欠缺。

四十九　南昌市人民政府

一、南昌市法治政府建设情况

南昌市人民政府评估总分为709.73分，高于全国平均水平（687.22分）22.51分，在全部评估的100个城市中排名第37位，在中部区域32个城市中排名第6位。该市政府得分按一级指标分析见表11-49。

表11-49　南昌市人民政府一级指标评估得分分析表

指标 分析	依法全面履行政府职能	法治政府建设的组织领导	依法行政制度体系	行政决策	行政执法	政务公开	监督与问责	社会矛盾化解与行政争议解决	社会公众满意度调查
得分	87	47	43	82	86.9	93	65.14	77.17	128.52
与平均分差	4.19	-0.22	-2.92	9.81	17.88	-4.98	-8.31	6.69	0.37
与最高分差	-11	-25	-35	-13	-11.2	-24.72	-21.34	-12.64	-39.46
排名	31	55	51	13	13	66	87	26	46

每项一级指标换算成百分比并与全国平均水平比较得出图11-49。

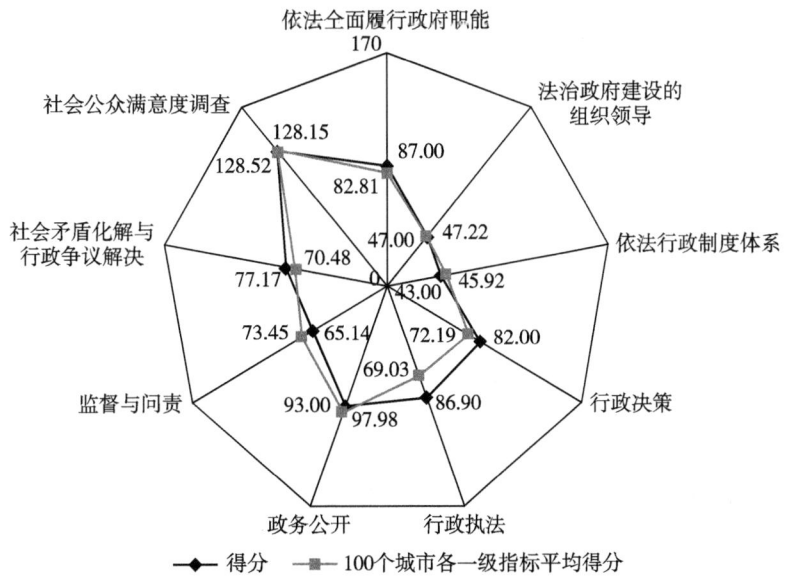

图11-49　南昌市人民政府评估得分与全国平均得分比较图

可以看出，该市依法全面履行政府职能、行政决策、行政执法、社会矛盾化解与行政争议解决和社会公众满意度调查这五个指标高于全国平均水平，说明该市政府在这五个方面评价较高。法治政府建设的组织领导、依法行政制度体系、政务公开、监督与问责这四个指标低于全国平均水平，说明该市政府在这四个方面评价较低。

二、南昌市法治政府建设情况分析

《法治政府评估报告（2017）》显示，在2017年全国法治政府评估中，南昌市得到709.73分（总分1000分），在100个被测评城市中排名第37位，在中部区域32个城市中排名第6位（2016年度评估中南昌市得到692.22分，排名第34位；2015年度评估中，南昌市得到627.08分，排名第40位）。这一评估结果反映出，在全国法治政府建设持续推进的大背景下，南昌市法治政府建设取得了一定的进步，同时也存在改进的空间。

（一）成绩

1. 行政决策水平较高

本年度评估结果显示，在"行政决策"一级指标下，南昌市的得分为82分，高出平均分9.81分，排名第13位；2016年度评估中，南昌市在该一级指标下的得分为80分，高出平均分11.13分，排名第12位；2015年度评估中，南昌市在该一级指标下的得分为76分，高出平均分11.45分，排名第17位。连续三年的评估结果显示，南昌市在"行政决策"一级指标下的得分始终高出平均十分左右，排名情况理想，表明南昌市行政决策制定的规范程度较高。

2. 行政执法规范性提高

本年度评估结果显示，在"行政执法"一级指标下，南昌市的得分为86.9分，高出平均分17.88分，排名第13位；2016年度南昌市在该一级指标下的得分为77分，高出平均分7.486分，排名第28位；2015年度南昌市在该一级指标下的得分为61.5分，比平均分低1.295分，排名第52位。三年的评估结果显示，南昌市在"行政执法"一级指标下的排名逐年提升，本年度排名情况理想，表明南昌市行政执法的规范程度提高显著。

3. 依法全面履行政府职能有所进步

本年度评估结果显示，在"依法全面履行政府职能"一级指标下，南昌市的得分为87分，排名第31位；2016年度评估中南昌市在该一级指标下的得分为77分，排名第50位；2015年度评估中南昌市在"机构职能"一级指标下的得分为78分，排名第63位。连续三年的评估结果显示，南昌市在"依法全面履行政府职能"一级指标下的排名稳步提升，表明南昌在依法全面履行政府职能方面不断完善，值得肯定。

（二）问题

1. 监督与问责落实不够

本年度评估结果显示，在"监督与问责"一级指标下，南昌市的得分为65.14分，比平均分低8.31分，排名第87位；2016年度评估中南昌市在该一级指标下的得分为56.7分，比平均分低11.3191分，排名第95位；2015年度评估中，南昌市在该一级指标下的得分为64分，比平均分低0.945分，排名第52位。连续三年的评估结果显示，南昌市在"监督与问责"一级指标下的得分均低于平均分，且排名情况较差，表明南昌市政府在加强内、外部监督和落实问责制方面的工作有一定欠缺。

2. 法治政府建设的组织领导工作不完善

本年度评估结果显示，在"法治政府建设的组织领导"一级指标下，南昌市的得分为47分，比平均分低0.22分；2016年度评估中，南昌市在该一级指标下的得分为45分，高出平均分5.61分；2015年度评估中，南昌市在"组织领导"一级指标下的得分为42分，高出平均分8.67分。连续三年的评估结果显示，南昌市在"法治政府建设的组织领导"一级指标下的得分首次低于平均分，表明南昌市的法治政府建设的组织领导工作还不完善，对相关工作的重视度不够。

3. 政务公开状况不稳定

本年度评估结果显示，在"政务公开"一级指标下，南昌市的得分为93分，比平均分低4.98分，排名第66位；2016年度评估报告中，南昌市在该一级指标下的得分为107分，高出平均分14.425分，排名第14位；2015年度评估中，南昌市在政府信息公开一级指标下的得分为94分，比平均分低3.5分，排名第61位。连续三年的评估结果显示南昌市在"政务公开"一级指标下的得分排名情况波动明显，呈现不稳定性，表明南昌市政府在政府信息公开领域的工作还存在不完善之处，政务公开程度的变化较大。

五十　南充市人民政府

一、南充市法治政府建设情况

南充市人民政府评估总分为719.09分,高于全国平均水平(687.22分)31.87分,在全部评估的100个城市中排名第33位,在西部区域20个城市中排名第4位。该市政府得分按一级指标分析见表11-50。

表11-50　南充市人民政府一级指标评估得分分析表

指标 分析	依法全面履行政府职能	法治政府建设的组织领导	依法行政制度体系	行政决策	行政执法	政务公开	监督与问责	社会矛盾化解与行政争议解决	社会公众满意度调查
得分	77	53	30	68	68.5	92	80.61	82	167.98
与平均分差	-5.81	5.78	-15.92	-4.19	-0.53	-5.98	7.16	11.53	39.83
与最高分差	-21	-19	-48	-27	-29.6	-25.72	-5.87	-7.81	0
排名	80	31	82	66	48	71	19	14	1

每项一级指标换算成百分比并与全国平均水平比较得出图11-50。

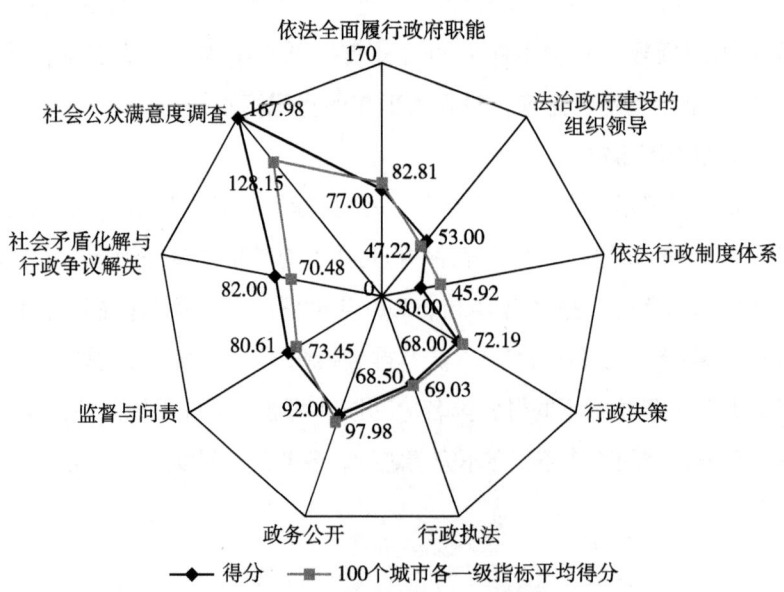

图11-50　南充市人民政府评估得分与全国平均得分比较图

可以看出，该市法治政府建设的组织领导、监督与问责、社会矛盾化解与行政争议解决和社会公众满意度调查这四个指标得分高于全国平均水平，说明该市政府在这四个方面评价较高。依法全面履行政府职能、依法行政制度体系、行政决策、行政执法、政务公开这五个指标均低于全国平均水平，说明该市政府在这五个方面评价均较低。

二、南充市法治政府建设情况分析

《法治政府评估报告（2017）》显示，在 2017 年全国法治政府评估中，南充市得到 719.09 分（总分 1000 分），在 100 个被测评城市中排名第 33 位，在西部区域 20 个城市中排名第 4 位（2016 年度评估中南充市得到 607.4 分，排名第 86 位；2015 年度评估中，南充市得到 569.84 分，排名第 77 位）。这一评估结果反映出，在全国法治政府建设持续推进的大背景下，南充市的法治建设取得了长足的进步，但仍有需要改进之处。

（一）成绩

1. 社会公众满意度调查表现优异

本年度评估结果显示，在"社会公众满意度调查"一级指标下，南充市的得分为 167.98 分，高出平均分 39.83 分，排名全国第一位。相比较 2016 年度在该级指标下第 85 位和 2015 年度第 86 位的排名，南充市在社会公众满意度调查方面进步显著、表现优异，值得其他城市学习。

2. 社会矛盾化解与行政争议解决水平较高

本年度评估结果显示，在"社会矛盾化解与行政争议解决"一级指标下，南充市的得分为 82 分，高出平均分 11.53 分，排名第 14 位；2016 年度评估中，南充市在该一级指标下的得分为 66 分，比平均分低 2.1 分，排名第 66 位；2015 年度评估中，南充市在该一级指标下的得分为 41 分，比平均分低 12.7 分，排名第 83 位。连续三年的评估结果显示，南充市在"社会矛盾化解与行政争议解决"一级指标下的得分逐年提高，本年度首次突破平均分，且排名情况较理想，表明南充市在社会矛盾化解与行政争议解决方面水平提升较快。

3. 监督与问责情况进步显著

本年度评估结果显示，在"监督与问责"一级指标下，南充市的得分为 80.61 分，高出平均分 7.16 分，排名第 19 位；2016 年度评估中，南充市在该一级指标下

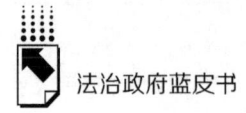

的得分为66.47分，比平均分低1.5491分，排名第64位；2015年度评估中，南充市在该一级指标下的得分为61分，比平均分低3.945分，排名第67位。连续三年的评估结果显示，南充市在"监督与问责"一级指标下的得分和排名情况稳步提升，表明南充市在强化监督和落实问责方面工作进步显著。

4. 行政执法规范性加强

本年度评估结果显示，在"行政执法"一级指标下，南充市的得分为68.5分，比平均分低0.53分；2016年度评估中，南充市在该一级指标下的得分为58.7分，比平均分低10.814分；2015年度评估中，南充市在该一级指标下的得分为55.5分，比平均分低7.295分。连续三年的评估结果显示，南充市在"行政执法"一级指标下的得分虽然始终低于平均分，但与平均分的差距在逐渐缩小，表明南充市行政执法的规范性加强，值得肯定。

（二）问题

1. 依法全面履行政府职能落实不到位

本年度评估结果显示，在"依法全面履行政府职能"一级指标下，南充市的得分为77分，比平均分低5.81分，排名为第80位；2016年度评估中，南充市在该一级指标下的得分为83分，高出平均分6.77分，排名第32位；2015年度评估中，南充市在"机构职能"一级指标下的得分为83分，高出平均分3.2分，排名第38位。连续三年的评估结果显示，南充市在"依法全面履行政府职能"一级指标下的得分和排名下滑严重，本年度得分首次低于平均分，表明南充市在依法全面履行政府职能方面工作落实不到位。

2. 依法行政制度体系建设不完善

本年度评估结果显示，在"依法行政制度建设"一级指标下，南充市的得分为30分，比平均分低15.92分，排名第82位；2016年度评估中，南充市在该一级指标下的得分为40分，比平均分低10.76分，排名第84位；2015年度评估中，南充市在"制度建设"一级指标下的得分为40分，比平均分低3.46分，排名第57位。连续三年的评估结果显示南充市在"依法行政制度体系建设"一级指标下的得分始终低于平均分，且距平均分差距较大，表明南充市的依法行政制度体系建设还不完善。

3. 政务公开不充分

本年度评估结果显示，在"政务公开"一级指标下，南充市的得分为92分，比平均分低5.98分，排名第71位；2016年度评估中，南充市在该一级指标下的得分为77分，比平均分低15.575分，排名第89位；2015年度评估中，南充市在"政府信息公开"一级指标下的得分为82分，比平均分低15.5分，排名第88位。连续三年的评估结果显示，南充市在"政务公开"一级指标下的得分始终低于平均分且与平均水平差距较大，表明南充市政府信息公开还不够充分。

五十一 南京市人民政府

一、南京市法治政府建设情况

南京市人民政府评估总分为763.87分,高于全国平均水平(687.22分)76.65分,在全部评估的100个城市中排名第11位,在东部区域48个城市中排名第9位。该市政府得分按一级指标分析见表11-51。

表11-51 南京市人民政府一级指标评估得分分析表

指标 分析	依法全面履行政府职能	法治政府建设的组织领导	依法行政制度体系	行政决策	行政执法	政务公开	监督与问责	社会矛盾化解与行政争议解决	社会公众满意度调查
得分	94	50	55	78	92	107.41	80.07	71.22	136.17
与平均分差	11.19	2.78	9.08	5.81	22.98	9.43	6.62	0.74	8.02
与最高分差	-4	-22	-23	-17	-6.1	-10.31	-6.41	-18.59	-31.81
排名	4	47	32	29	5	29	22	49	23

每项一级指标换算成百分比并与全国平均水平比较得出图11-51。

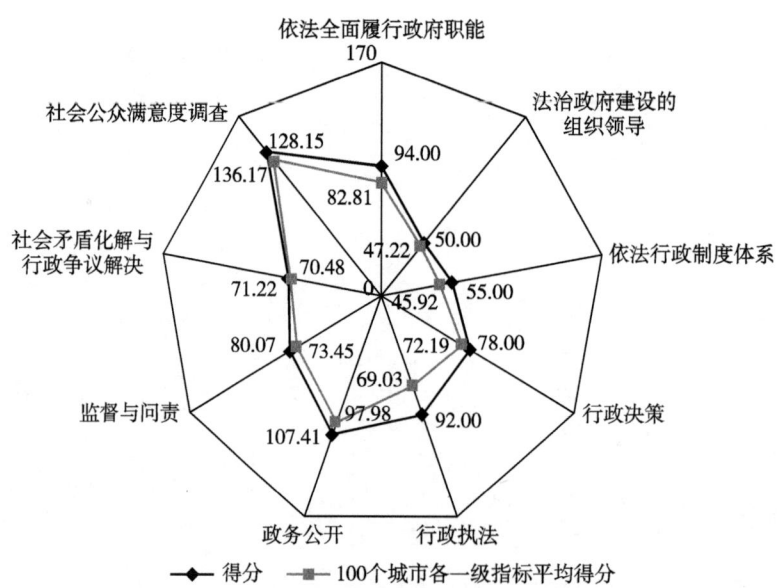

图11-51 南京市人民政府评估得分与全国平均得分比较图

可以看出，该市依法全面履行政府职能、法治政府建设的组织领导、依法行政制度体系、行政决策、行政执法、政务公开、监督与问责、社会矛盾化解与行政争议解决、社会公众满意度调查这九个指标均高于全国平均水平，说明该市政府在这九个方面评价均较高。

二、南京市法治政府建设情况分析

在2017年全国法治政府评估中，南京市得到763.87分（总分1000分），在100个被测评城市中排名第11位，在东部区域48个城市中排名第9位（2016年度评估中南京市得到772.46分，排名第4位；2015年度评估中，南京市得到666.2分，排名第20位）。这一评估结果反映出，在全国法治政府建设持续推进的大背景下，南京市法治政府建设情况较好，但也存在待完善的问题。

（一）成绩

1. 依法全面履行政府职能表现突出

本年度评估结果显示，在"依法全面履行政府职能"一级指标下，南京市的得分为94分，排名第4位；2016年度评估中，南京市在该一级指标下的得分为89分，排名第12位；2015年度评估中，南京市在"机构职能"一级指标下的得分为83分，排名第39位。连续三年的评估结果显示，南京市在"依法全面履行政府职能"一级指标下的得分的排名情况逐年提高，本年度排名情况理想，表明南京市依法全面履行政府职能工作落实良好。

2. 行政执法规范性高

本年度评估结果显示，在"行政执法"一级指标下，南京市的得分为92分，高出平均分22.98分，排名第5位；2016年度评估结果显示，南京市在该一级指标下的得分为94分，高出平均分24.49分，排名第3位；2015年度评估中，南京市在该一级指标下的得分为71.5分，高出平均分8.705分，排名第36位。连续三年的评估结果显示，南京市在"行政执法"一级指标下的得分始终高于平均分，排名情况理想，表明南京市的行政执法规范性较高。

3. 社会公众满意度较高

本年度评估中，在"社会公众满意度调查"一级指标下，南京市的得分为136.17分，排名第23位；2016年度评估中，南京市在该一级指标下的得分为138.63

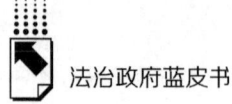

分，排名第26位；2015年度评估中，南京市在该以及一级指标下的得分为111.7分，排名第60位。连读三年的评估结果显示，南京市在"社会公众满意度调查"一级指标下的得分和排名稳步上升，表明南京市政府与社会公众互动较好，社会公众对政府的满意度较高。

（二）问题

1. 依法行政制度体系建设不完善

本年度评估结果显示，在"依法行政制度体系建设"一级指标下，南京市的得分为55分，排名第32位；2016年度评估中南京市在该一级指标下的得分为70分，排名第8位；2015年度评估中，南京市在"制度建设"一级指标下的得分为69分，排名第3位。连续三年的评估结果显示南京市在"依法行政制度体系"一级指标下的排名下滑严重，表明对相关工作缺乏重视度，依法行政制度建设还不全面。

2. 行政决策水平有所下降

本年度评估结果显示，在"行政决策"一级指标下，南京市的得分为78分，排名第29位；2016年度评估中，南京市在该一级指标下的得分为81分，排名第11位；2015年度评估中，南京市在该一级指标下的得分为84分，排名第4位。连续三年的数据显示，南京市在"行政决策"一级指标下的得分和排名逐年下滑，表明南京市行政决策工作还存在不完善之处。

3. 政务公开程度降低

本年度评估结果显示，在"政务公开"一级指标下，南京市的得分为107.41分，高出平均分9.43分，排名第29位；2016年度评估中，南京市在该一级指标下的得分为104分，高出平均分11.425分，排名第22位；2015年度评估中，南京市在"政府信息公开"一级指标下的得分为109分，高出平均分11.5分，排名第17位。连续三年的评估结果显示，南京市在"政务公开"一级指标下的排名逐年降低，表明南京市政府信息公开的程度相对降低。

五十二 南宁市人民政府

一、南宁市法治政府建设情况

南宁市人民政府评估总分为796.48分，高于全国平均水平（687.22分）109.26分，在全部评估的100个城市中排名第5位，在西部区域20个城市中排名第1位。该市政府得分按一级指标分析见表11-52。

表11-52 南宁市人民政府一级指标评估得分分析表

指标 分析	依法全面履行政府职能	法治政府建设的组织领导	依法行政制度体系	行政决策	行政执法	政务公开	监督与问责	社会矛盾化解与行政争议解决	社会公众满意度调查
得分	78	66	75	95	92.5	107	86.48	72.82	123.68
与平均分差	-4.81	18.78	29.08	22.81	23.48	9.02	13.03	2.34	-4.47
与最高分差	-20	-6	-3	0	-5.6	-10.72	0	-16.99	-44.3
排名	77	2	3	1	4	30	1	44	65

每项一级指标换算成百分比并与全国平均水平比较得出图11-52。

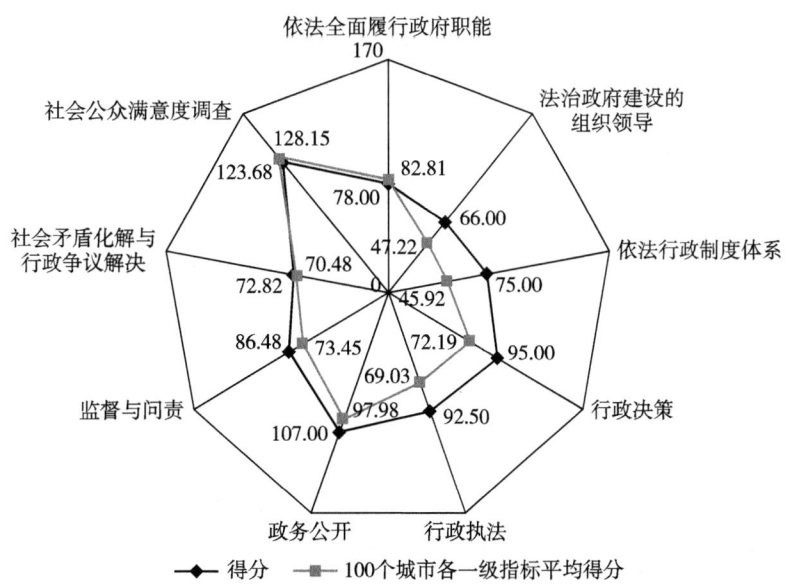

图11-52 南宁市人民政府评估得分与全国平均得分比较图

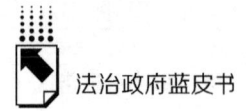

可以看出，该市法治政府建设的组织领导、依法行政制度体系、行政决策、行政执法、政务公开、监督与问责、社会矛盾化解与行政争议解决这七个指标高于全国平均水平，说明该市政府在这七个方面评价较高。依法全面履行政府职能、社会公众满意度调查这两个指标低于全国平均水平，说明该市政府在这两个方面评价较低。

二、南宁市法治政府建设情况分析

在2017年全国法治政府评估中，南宁市得到796.48分（总分1000分），在100个被测评城市中排名第5位，在西部区域20个城市中排名第1位（2016年度评估中南宁市得到684.44分，排名第37位；2015年度评估中，南宁市得到694.68分，排名第15位）。这一评估结果反映出，在全国法治政府建设持续推进的大背景下，南宁市法治政府建设走在全国的前列，取得了长足的进步，同时也存在着一些亟待解决的问题。

（一）成绩

1. 行政决策表现优异

本年度评估结果显示，在"行政决策"一级指标下，南宁市得到95分，比全国平均分高出22.81分，排名全国第一；2016年度评估中，南宁市在"行政决策"指标下得到90分，排名全国第二；2015年度评估中，南宁市在"行政决策"指标下得到94分，排名全国第一。对比连续三年的测评结果可以看出，南宁市在该指标下连续三年排名稳定在全国第一、第二名，反映出南宁市的行政决策工作在全国处于领先地位。具体而言，南宁市在重大决策的合法性审查制度、听取公众意见制度、集体决定制度、风险评估制度、专家论证制度的建立和实施等多个方面都有着优异的表现，值得其他地方政府学习。

2. 依法行政制度体系取得长足进步

评估结果显示，南宁市在"依法行政制度体系"指标上取得幅度较大的进步。2016年评估中，南宁市在该指标上仅得到52分（该指标总分为80分），比全国平均分50.76分高1.24分；本年度评估中，南宁市在该指标下得到75分，比全国平均分高出29.08分，排名全国第三。具体而言，南宁市在行政规范性文件的制定程序制度、定期清理制度等方面取得较大进步，值得肯定。

3. 行政执法走向规范

评估结果显示，本年度在"行政执法"一级指标下，南宁市得到92.5分（该指标总分为120分），比全国平均分高出23.48分，排名全国第四；2016年度评估中，南宁市在该指标下得到80分，比全国平均分高出10.49分；2015年度评估中，南宁市在该指标下仅得到59分，低于全国平均分。连续三年的评估结果反映出，南宁市行政执法有很大的进步，且呈现逐年改善和提高的趋势，在行政执法的体制、程序人员管理等方面法治化程度较高。

（二）问题

1. 政府职能履行仍有欠缺

评估结果显示，本年度南宁市在"依法全面履行政府职能"指标下得分为78分，比全国平均分低4.81分，比最高分差20分。对比2016年度，南宁市在这一指标上得分为61分，比全国平均分低15.23分。可以得出结论，南宁市在全面履行政府职能方面虽然取得进步，但距离全国的平均水平仍有差距。具体而言，南宁市主要在行政服务中心对基本公共服务的覆盖比率、应急预案建设与完善情况方面存在不足，需要优化网上政务服务大厅的建设，并每年修订总体与专项应急预案，向大众公开。

2. 社会矛盾化解与行政争议解决有所不足

在社会矛盾化解与行政争议解决这一指标中方，南宁市在2015年评估中得到80分，比全国平均分高26.3分；在2016年评估中得到64分，比全国平均分低4.1分；在本年度评估中南宁市得到72.82分，比全国平均分高2.34分。从近三年的评估数据可以看出，尽管近年来南宁市在这一指标上得分相对波动，说明在法治政府建设推进的过程中，社会矛盾化解与行政争议解决方面存在制度建设缺失与实施难以推进等问题。

3. 社会公众满意度不高

评估结果显示，本年度南宁市法治政府建设的社会公众满意度得分为123.68分（该指标总分为200分），比全国平均分低4.47分，比最高分低44.3分。从纵向来看，2016年度南宁市社会公众满意度指标得分为130.69分，比全国平均分高1.08分，比最高分低39.35分。由此可见，虽然南宁市在多项指标上得分名列前茅，但是公众在与行政权力接触频繁的领域中未能切实感受到法治政府建设推进中产生的改善，对建设成果产生获得感和满足感不高。

五十三　南通市人民政府

一、南通市法治政府建设情况

南通市人民政府评估总分为721.97分，高于全国平均水平（687.22分）34.75分，在全部评估的100个城市中排名第30位，在东部区域48个城市中排名第24位。该市政府得分按一级指标分析见表11-53。

表11-53　南通市人民政府一级指标评估得分分析表

指标\分析	依法全面履行政府职能	法治政府建设的组织领导	依法行政制度体系	行政决策	行政执法	政务公开	监督与问责	社会矛盾化解与行政争议解决	社会公众满意度调查
得分	79	47	53	67	62.7	109.6	78.49	86.81	138.37
与平均分差	-3.81	-0.22	7.08	-5.19	-6.33	11.62	5.04	16.34	10.22
与最高分差	-19	-25	-25	-28	-35.4	-8.12	-7.99	-3	-29.61
排名	74	55	34	70	67	21	29	4	18

每项一级指标换算成百分比并与全国平均水平比较得出图11-53。

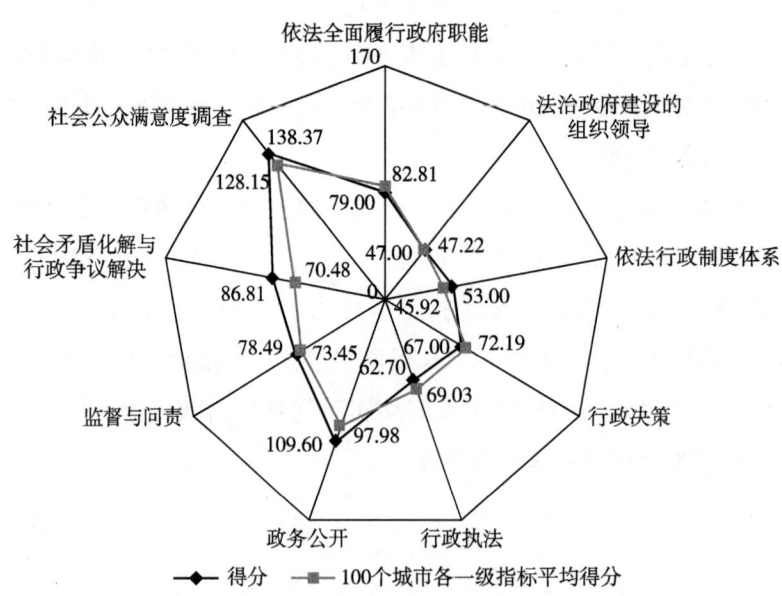

图11-53　南通市人民政府评估得分与全国平均得分比较图

可以看出，该市依法行政制度体系、政务公开、监督与问责、社会矛盾化解与行政争议解决、社会公众满意度调查这五个指标高于全国平均水平，说明该市政府在这五个方面评价较高。依法全面履行政府职能、法治政府建设的组织领导、行政决策、行政执法这四个指标低于全国平均水平，说明该市政府在这四个方面评价较低。

二、南通市法治政府建设情况分析

在2017年全国法治政府评估中，南通市得到721.97分（总分1000分），在100个被测评城市中排名第30位，在东部区域48个城市中排名第24位（2016年度评估中南通市得到712.52分，排名第21位；2015年度评估中，南通市得到660.65分，排名第22位）。这一评估结果反映出，在全国法治政府建设持续推进的大背景下，南通市法治政府建设在取得长足进步的同时，也存在着一些亟待重视和解决的问题。

（一）成绩

1. 社会矛盾化解与行政争议解决不断进步

评估结果显示，南通市在"社会矛盾化解与行政争议解决"指标上保持较好的得分，且逐年取得进步。2015年评估中，南通市在该指标上得到仅得到54分，比全国平均分高0.3分；2016年评估中，南通市在该指标上得分升至79分，比全国平均分高11分；本年度评估中，南通市在该指标下得到86.81分，比全国平均分高出16.34分。南通市在当前社会矛盾频发和行政争议解决压力较大的背景下，加强社会矛盾化解制度的建设，完善行政复议体制的改革，取得如此进步，值得肯定。

2. 依法行政制度较为规范

评估结果显示，南通市在"依法行政制度体系"指标上保持稳定水准并有所回升。2015年评估中，南通市在该指标上得到52分（该指标总分为80分）；2016年评估中，南通市在该指标上得到47分；本年度评估中，南通市在该指标上得到53分，比全国平均分高出7.08分，取得了一定的进步。具体而言，南通市在行政规范性文件的制定程序制度、定期清理制度等方面有所进步，值得肯定。

3. 政务公开表现良好

本年度评估结果显示，在"政务公开"一级指标下，南通市得到109.6分（该指标总分为120分），比全国平均分高出11.62分；2016年度评估中，南通市在该指标下得到116.25分，比全国平均分高出23.67分。从近两年的测评结果可以看出，南通市在该指标上均高于全国的平均水平，反映出南通市的政务公开工作在全国处于领先地位。具体而言，南通市在重点领域信息公开的力度日益加大、政府信息获取的效率不断提升、依申请公开的条件设置逐渐规范，取得了一定的成绩，表现良好。

（二）问题

1. 政府职能履行仍有欠缺

评估结果显示，本年度南通市在"依法全面履行政府职能"指标下得分为79分，比全国平均分低3.81分，比最高分差19分。对比2016年度，南通市在这一指标上得分为78分，比全国平均分高1.77分。可以得出结论，由于指标的设置难度提升，南通市在全面履行政府职能方面与全国的平均水平产生了差距。具体而言，南通市主要在市政府机构设置、应急预案建设与完善情况方面存在不足，需要继续推进政府机构精简改革，并每年修订总体与专项应急预案，向大众公开。

2. 行政决策的制度体系不完善

在行政决策制度体系建设方面，南通市在2015年评估中得到59分，比全国平均分低5.55分；在2016年评估中得到62分，比全国平均分低6.87分；在本年评估中得到67分，比全国平均分低5.19分。从近三年的评估数据可以看出，由于指标的设置难度提升，南通市在行政决策制度体系建设方面与全国的平均水平产生了更大的差距，整体上依然处于较低水平，与理想状态相比还有较大差距。具体而言，南通市在重大决策合法性审查制度、集体决定制度和专家论证制度缺乏相应制度安排和实施效果。

3. 行政执法方面还存在不足

评估结果显示，南通市在2017年的评估中行政执法指标得分为62.7分（该指标总分为120分），比全国平均分低6.33分，比最高分低35.4分。2016年的评估中南通市在行政执法指标得分为64.5分，依然低于全国平均分。具体而言，在行政执法程序上，本年度重点考察教育领域行政处罚裁量基准制度落实情况，南通市得分较低；在行政执法方式上，本年度以国土部门土地处罚类执法为评估事项，发现南通市未能建立行政执法结果公示制度。

五十四 南阳市人民政府

一、南阳市法治政府建设情况

南阳市人民政府评估总分为653.69分,低于全国平均水平(687.22分)33.53分,在全部评估的100个城市中排名第72位,在中部区域32个城市中排名第18位。该市政府得分按一级指标分析见表11-54。

表11-54 南阳市人民政府一级指标评估得分分析表

分析	指标	依法全面履行政府职能	法治政府建设的组织领导	依法行政制度体系	行政决策	行政执法	政务公开	监督与问责	社会矛盾化解与行政争议解决	社会公众满意度调查
得分		79	61	21	67	57.1	102.65	73.7	67.57	124.67
与平均分差		-3.81	13.78	-24.92	-5.19	-11.93	4.67	0.25	-2.91	-3.48
与最高分差		-19	-11	-57	-28	-41	-15.07	-12.78	-22.24	-43.31
排名		76	6	95	71	82	43	58	65	58

每项一级指标换算成百分比并与全国平均水平比较得出图11-54。

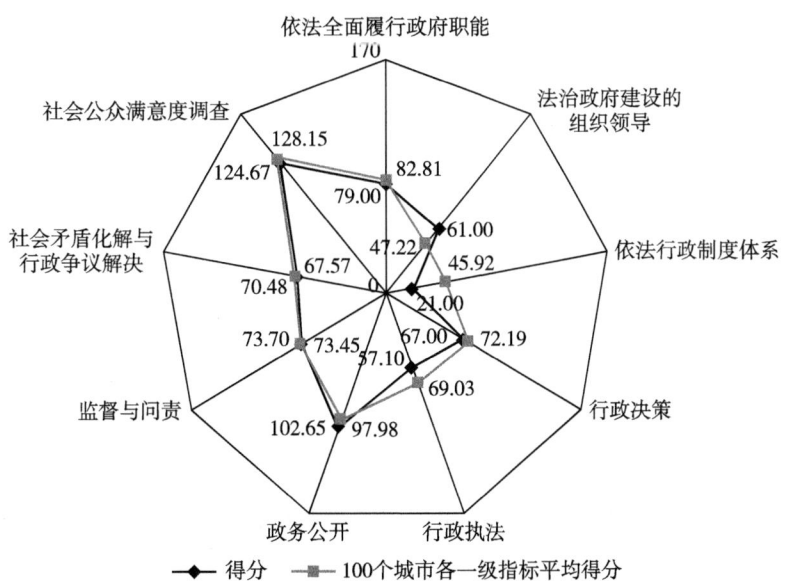

图11-54 南阳市人民政府评估得分与全国平均得分比较图

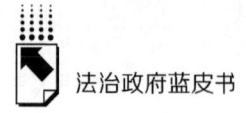

可以看出,该市法治政府建设的组织领导、政务公开、监督与问责这三个指标高于全国平均水平,说明该市政府在这三个方面评价较高。依法全面履行政府职能、依法行政制度体系、行政决策、行政执法、社会矛盾化解与行政争议解决和社会公众满意度调查这六个指标低于全国平均水平,说明该市政府在这六个方面评价较低。

二、南阳市法治政府建设情况分析

在 2017 年全国法治政府评估中,南阳市得到 653.69 分(总分 1000 分),在 100 个被测评城市中排名第 72 位,在中部区域 32 个城市中排名第 18 位(2016 年度评估中南阳市得到 643.52 分,排名第 66 位;2015 年度评估中,南阳市得到 565.47 分,排名第 79 位)。这一评估结果反映出,在全国法治政府建设持续推进的大背景下,南阳市法治政府建设在取得一些进步的同时,也存在着一些亟待重视和解决的问题。

(一)成绩

1. 法治政府建设的组织领导不断进步

评估结果显示,南阳市在"法治政府建设的组织领导"指标上得分逐年取得进步。2015 年评估中,南阳市在该指标上得到仅得到 18 分(该指标总分为 80 分),比全国平均分低 10.75 分;2016 年评估中,南阳市在该指标上得分升至 48 分,比全国平均分高 8.51 分;本年度评估中,南阳市在该指标下得到 61 分,比全国平均分高出 13.78 分,排名全国第六。具体而言,本年度南阳市在法治政府建设情况报告、政府常务会议对法治政府建设工作讨论情况、领导干部的法治思维培养等方面表现优异,得到了高分。

2. 政务公开表现保持稳定

本年度评估结果显示,在"政务公开"一级指标下,南阳市得到满分 102.65 分(该指标总分为 120 分),比全国平均分高出 4.67 分;2016 年度评估中,南阳市在该指标下得到 94.5 分,比全国平均分高出 1.92 分。对比近两年的测评结果可以看出,南阳市在该指标下连表现比较稳定,反映出南阳市的政务公开工作略优于全国的平均水平。具体而言,南阳市在重点领域信息公开、政府信息获取效率、政府数据开放这三个观测点有着良好的表现,应当继续保持并提升。

3. 监督问责方面值得肯定

评估结果显示,南阳市在"监督问责"指标上稳定在较好的得分。2016 年评估中，南阳市在该指标上得到79.33分，比全国平均分高11.31分；本年度评估中，南阳市在该指标得分为73.7分，比全国平均分高0.25分。从近两年的评估数据可以看出，南阳市在建设电子监察系统等方式改善监督手段、建立行政执法错案责任追究制度等方面取得了进步，值得肯定。

（二）问题

1. 政府职能履行仍有欠缺

评估结果显示，本年度南阳市在"依法全面履行政府职能"指标下得分为79分，比全国平均分低3.81分，比最高分差19分。对比2016年度，南阳市在这一指标上得分为64分，比全国平均分低12.23分。可以得出结论，虽然南阳市在全面履行政府职能方面与2016年相比有所进步，但依然低于全国平均水平。具体而言，南阳市主要在市政府机构设置、应急预案建设与完善情况方面存在不足，需要继续推进政府机构精简改革，并每年修订总体与专项应急预案，向大众公开。

2. 依法行政制度体系还不完善

在依法行政制度体系方面，南阳市在2015年评估中得到40分（该指标总分为80分），比全国平均分低3.46分；在2016年评估中得到44分，比全国平均分低6.76分；在本年评估中得到21分，比全国平均分低24.92分。从近三年的评估数据可以看出，由于指标的设置难度提升，南阳市在行政决策制度体系建设方面与全国的平均水平产生了更大的差距，且整体上依然处于较低水平，与理想状态相比还有较大差距。具体而言，本年度南阳市在行政规范性文件的制定切实公开听取意见、行政规范性文件"三统一"和报备情况等方面还存在较大的问题。

3. 行政执法方面还存在不足

评估结果显示，南阳市在2017年的评估中行政执法指标得分为57.1分（该指标总分为120分），比全国平均分低11.93分，比最高分低41分。2016年的评估中南阳市在行政执法指标得分为41.3分，依然远低于全国平均分。具体而言，在行政执法程序上，本年度重点考察教育领域行政处罚裁量基准制度落实情况，南阳市得分较低；在行政执法方式上，以全市为单位，南阳市执法信息平台建设情况仍有不足。

五十五　宁波市人民政府

一、宁波市法治政府建设情况

宁波市人民政府评估总分为793.3分，高于全国平均水平（687.22分）106.08分，在全部评估的100个城市中排名第6位，在东部区域48个城市中排名第5位。该市政府得分按一级指标分析见表11-55。

表11-55　宁波市人民政府一级指标评估得分分析表

指标 分析	依法全面履行政府职能	法治政府建设的组织领导	依法行政制度体系	行政决策	行政执法	政务公开	监督与问责	社会矛盾化解与行政争议解决	社会公众满意度调查
得分	88	58	60	75	88.8	111.23	81.59	81.58	149.1
与平均分差	5.19	10.78	14.08	2.81	19.78	13.25	8.14	11.11	20.95
与最高分差	-10	-14	-18	-20	-9.3	-6.49	-4.89	-8.23	-18.88
排名	25	12	20	44	11	15	12	16	5

每项一级指标换算成百分比并与全国平均水平比较得出图11-55。

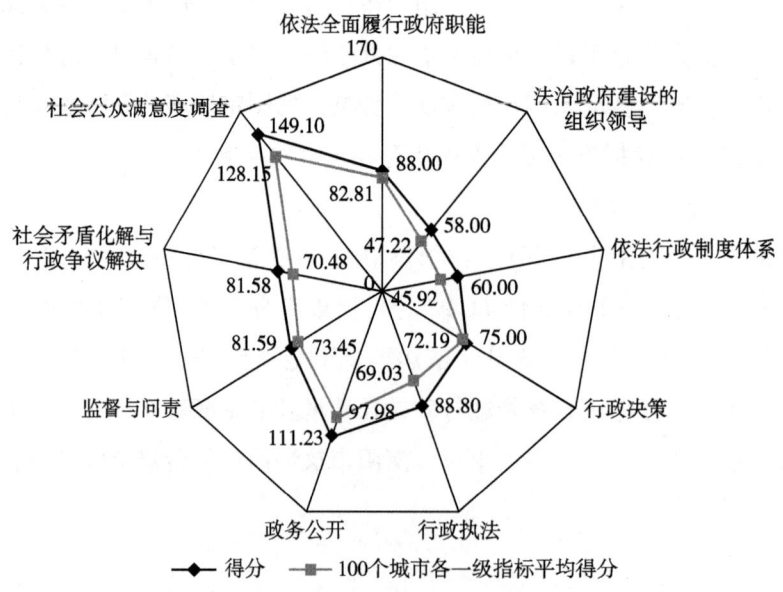

图11-55　宁波市人民政府评估得分与全国平均得分比较图

可以看出，该市依法全面履行政府职能、法治政府建设的组织领导、依法行政制度体系、行政决策、行政执法、政务公开、监督与问责、社会矛盾化解与行政争议解决、社会公众满意度调查这九个指标均高于全国平均水平，说明该市政府在这九个方面评价均较高。

二、宁波市法治政府建设情况分析

在2017年全国法治政府评估中，宁波市得到793.3分（总分1000分），在100个被测评城市中排名第6位，在东部区域48个城市中排名第5位（2016年度评估中宁波市得到825.61分，排名第1位；2015年度评估中，宁波市得到666.12分，排名第21位）。这一评估结果反映出，在全国法治政府建设持续推进的大背景下，宁波市法治政府建设走在全国的前列，取得了长足的进步，同时也存在着一定的提升空间。

（一）成绩

1. 法治政府建设的组织领导不断进步

评估结果显示，宁波市在"法治政府建设的组织领导"指标上得分逐年取得进步。2015年评估中，宁波市在该指标上得到仅得到11分（该指标总分为80分），比全国平均分低18.75分；2016年评估中，宁波市在该指标上得分升至62分，比全国平均分高22.51分，排名全国第一；本年度评估中，宁波市在该指标下得到58分，比全国平均分高出10.78分，得分趋于稳定。具体而言，本年度宁波市在法治政府建设情况报告、政府常务会议对法治政府建设工作讨论情况、领导干部的法治思维培养等方面表现优异，得到了高分。

2. 行政执法保持规范

评估结果显示，本年度在"行政执法"一级指标下，宁波市得到88.8分（该指标总分为120分），比全国平均分高出19.78分，排名全国第11位；2016年度评估中，宁波市在该指标下得到91分，排名全国第4位；2015年度评估中，宁波市在该指标下得到74分，依然高于全国平均分。连续三年的评估结果反映出，宁波市行政执法保持规范，名列全国的前列，且呈现逐年改善和提高的趋势，具体而言，本年度宁波市在跨部门综合执法、行政处罚裁量基准制度落实情况、执法信息平台建设情况等方面表现优异，值得肯定。

3. 社会公众满意度高

评估结果显示,本年度在"社会公众满意度调查"一级指标下,宁波市得到149.1分(该指标总分为200分),高出全国平均分20.95分,排名全国第五。在2016年的评估中,宁波市在"社会公众满意度调查"指标中的得分为153.31分,高出全国平均分23.70分。从近两年的评估结果反映出,随着法治政府建设的推进,宁波市的社会公众满意度也不断提升,公众在与多个领域切实感受到了法治政府建设的成果,获得了满足感。

(二)问题

1. 政府职能履行方面仍有欠缺

评估结果显示,本年度宁波市在"依法全面履行政府职能"指标下得分为88分,比最高分差10分。对比2016年度,宁波市在这一指标上得分依然为88分,比最高分差10分。可以得出结论,宁波市在全面履行政府职能方面虽然保持在全国的前列,但距离最高分仍有差距。具体而言,宁波市主要在市政府机构设置和行政审批中介清单的公布方面还有欠缺,需要精简政府部门的设置,并尽快完成行政审批中介的清理和清单公开工作。

2. 行政决策的制度体系存在问题

在行政决策制度体系建设方面,宁波市在2015年评估中得到71分,比全国平均分高6.45分;在2016年评估中得到78分,比全国平均分高9.13分;在本年评估中得到75分,比全国平均分高2.81分。从近三年的评估数据可以看出,由于指标的设置难度提升,宁波市在行政决策方面得分出现回落,虽然在整体上依然处于全国平均以上的水平,但与最高分相比还有较大差距。具体而言,宁波市在重大决策合法性审查制度的实施情况和专家论证制度方面存在一些问题。

3. 依法行政的制度体系仍不完善

在依法行政制度体系建设方面,宁波市在2015年评估中得到60分(该指标总分80分),排名全国第11位;在2016年评估中得到70分,排名全国第7位;在本年度评估中得到60分,排名全国第20位。从近三年的评估数据可以看出,尽管近年来宁波市依法行政制度体系建设的总体形势均处于全国前列,但由于本年度指标要求更严格,分数也随之出现了回落。具体而言,宁波市在规范性文件公开征求意见、文件报备等方面略有欠缺,使得整个依法行政的制度体系还不够完善。

五十六 齐齐哈尔市人民政府

一、齐齐哈尔市法治政府建设情况

齐齐哈尔市人民政府评估总分为631.68分,低于全国平均水平（687.22分）55.54分,在全部评估的100个城市中排名第83位,在中部区域32个城市中排名第26位。该市政府得分按一级指标分析见表11-56。

表11-56 齐齐哈尔市人民政府一级指标评估得分分析表

指标 分析	依法全面 履行政府 职能	法治政府 建设的 组织领导	依法行政 制度体系	行政 决策	行政 执法	政务 公开	监督与 问责	社会矛盾 化解与行政 争议解决	社会公众 满意度 调查
得分	69	24	53	68	55.6	90	76.15	72	123.93
与平均分差	-13.81	-23.22	7.08	-4.19	-13.43	-7.98	2.70	1.52	-4.22
与最高分差	-29	-48	-25	-27	-42.5	-27.72	-10.33	-17.81	-44.05
排名	96	97	34	66	84	77	46	45	63

每项一级指标换算成百分比并与全国平均水平比较得出图11-56。

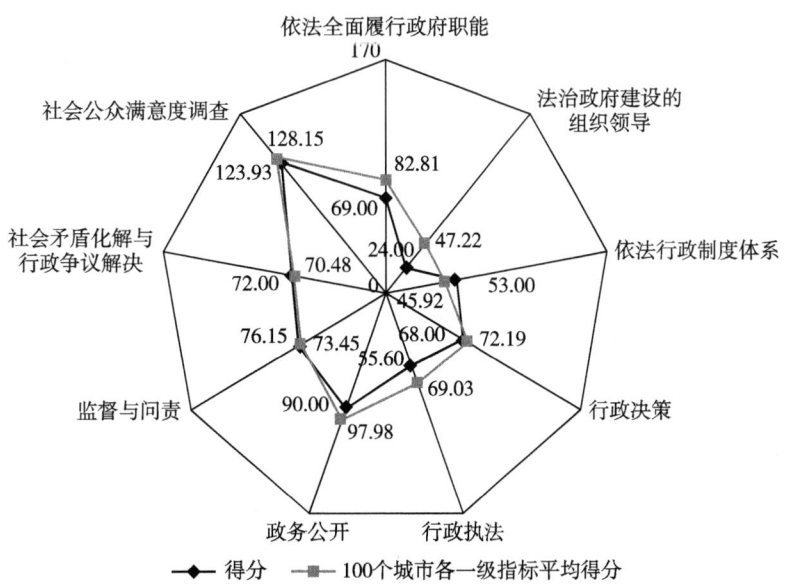

图11-56 齐齐哈尔市人民政府评估得分与全国平均得分比较图

可以看出，该市依法行政制度体系、监督与问责、社会矛盾化解与行政争议解决这三个指标高于全国平均水平，说明该市政府在这三个方面评价较高。依法全面履行政府职能、法治政府建设的组织领导、行政决策、行政执法、政务公开和社会公众满意度调查这六个指标低于全国平均水平，说明该市政府在这六个方面评价较低。

二、齐齐哈尔市法治政府建设情况分析

在2017年全国法治政府评估中，齐齐哈尔市得到631.68分（总分1000分），在100个被测评城市中排名第83位，在中部区域32个城市中排名第26位（2016年度评估中齐齐哈尔市得到692.37分，排名第33位；2015年度评估中，齐齐哈尔市得到561.95分，排名第82位）。这一评估结果反映出，在全国法治政府建设持续推进的大背景下，齐齐哈尔市法治政府建设不进反退，凸显出了一些亟待重视和解决的问题。

（一）成绩

1. 依法行政制度体系比较完善

本年度评估结果显示，在"依法行政制度体系"一级指标下，齐齐哈尔市得分为53分（满分80分），比全国平均分高出7.08分，排名第34位；2016年度评估中，齐齐哈尔市在"政府制度建设"指标的得分为44分，排名第68位；2015年度评估中，齐齐哈尔市在"制度建设"指标下得分为44分，排名第46位。对比连续三年的测评结果，齐齐哈尔市在该指标下的排名为逐步上升趋势，反映出齐齐哈尔市将"完善依法行政制度体系"视为其深入推进法治政府建设的主要任务和重要举措之一。

2. 社会矛盾化解与行政争议解决取得一定进步

评估结果显示，齐齐哈尔市在2017年度评估的"社会矛盾化解与行政争议解决"指标得分为72分，高于全国平均分1.52，排名第45位。2016年度评估中，齐齐哈尔市该指标的得分为61分，排名第83位；2015年度评估中，该指标得分42分，排名第78位。在近年的努力下，齐齐哈尔市对社会矛盾化解与行政争议解决的工作取得了一定的进展。具体而言，2017年度评估中，齐齐哈尔市在三级指标"行政复议体制改革""群体性事件发生情况""社会矛盾化解渠道畅通程度""社会矛盾决定的方式""行政复议决定正确率"的得分为满分，可知在这些方面的工作较出色。

（二）问题

1. 法治政府建设的组织领导工作不扎实

评估结果显示，2017年度齐齐哈尔市在"法治政府建设的组织领导"指标下得分为24分（该指标总分为80分），比全国平均分低23.22分，与最高分相差48分，排名97位，得分率30%。相较于2016年度评估中该项指标所得的45分（排名34位），2015年度评估所得15分（排名77位），该指标呈现出较大浮动，且处于较低水平。由此可推论，齐齐哈尔市法治政府建设的组织领导工作开展得较为敷衍，尚未落实《法治政府建设实施纲要（2015—2020年）》在新形势下对法治政府建设提出的要求，未公布法治政府建设情况报告，未在本年度政府常务会议对法治政府建设工作进行议题讨论的，本年度政府依法行政考核工作不到位。

2. 依法全面履行政府职能不到位

在对齐齐哈尔市进行2017年度"依法全面履行政府职能"指标评估后，该市本项指标仅得分69分，排名第96位，比全国平均分低13.81分。对比前两年的测评结果，2016年度齐齐哈尔市该项指标得分75分，排名第58位；2015年度得分80分，排名第52位，齐齐哈尔市该项指标评估情况呈现出很大的降幅，从中等位置降为末尾。分析本次评估情况，可总结原因为，市政府机构数大幅超过评估城市的总平均值；较于其他评估城市的工作，其对于行政审批事项的取消、下放、承接的公开情况尚不够主动全面；齐齐哈尔市对于行政审批中介清单公开情况不到位，该市仅学习或发布清理规范行政审批服务中介的相关文件，测评过程中未能查询到公布清理和保留的行政服务中介清单。

3. 行政执法法治化程度有待提高

评估结果显示，在2017年度"行政执法"指标下齐齐哈尔市得分为55.6分，排名第84位，比全国平均分低13.43分。对比前两年的测评结果，2016年度评估中，齐齐哈尔市在行政执法指标下的得分为83.5分，在全国100个评估城市中排名第17位，2015年度评估中，其得分为30分，排名第95位，成绩浮动很大。通过2017年的评估结果可知，齐齐哈尔市在行政执法程序方面，其行政处罚裁量基准制度落实情况较差，执法人员培训情况和违法行为投诉体验情况不理想。

五十七 青岛市人民政府

一、青岛市法治政府建设情况

青岛市人民政府评估总分为816.33分,高于全国平均水平(687.22分)129.11分,在全部评估的100个城市中排名第1位,在东部区域48个城市中排名第1位。该市政府得分按一级指标分析见表11-57。

表11-57 青岛市人民政府一级指标评估得分分析表

指标 分析	依法全面履行政府职能	法治政府建设的组织领导	依法行政制度体系	行政决策	行政执法	政务公开	监督与问责	社会矛盾化解与行政争议解决	社会公众满意度调查
得分	92	55	75	76	90.5	117.72	80.69	87.3	142.12
与平均分差	9.19	7.78	29.08	3.81	21.48	19.74	7.24	16.83	13.97
与最高分差	-6	-17	-3	-19	-7.6	0	-5.79	-2.51	-25.86
排名	8	21	3	39	7	1	18	3	11

每项一级指标换算成百分比并与全国平均水平比较得出图11-57。

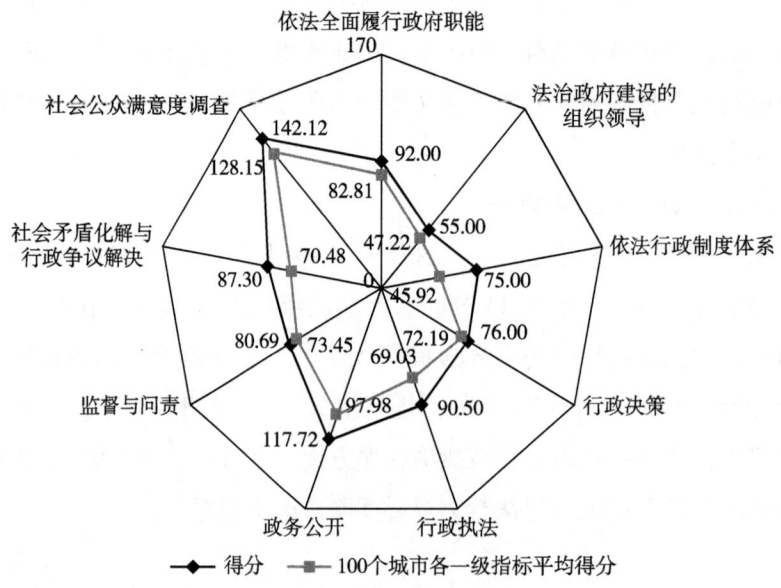

图11-57 青岛市人民政府评估得分与全国平均得分比较图

可以看出,该市依法全面履行政府职能、法治政府建设的组织领导、依法行政制度体系、行政决策、行政执法、政务公开、监督与问责、社会矛盾化解与行政争议解决、社会公众满意度调查这九个指标均高于全国平均水平,说明该市政府在这九个方面评价均较高。

二、青岛市法治政府建设情况分析

在2017年全国法治政府评估中,青岛市得到816.33分(总分1000分),在100个被测评城市中排名第1位,在东部区域48个城市中排名第1位(2016年度评估中青岛市得到727.15分,排名第15位;2015年度评估中,青岛市得到609.76分,排名第55位)。这一评估结果反映出,在全国法治政府建设持续推进的大背景下,青岛市法治政府建设一直在稳步发展,目前已取得了巨大的进步。

(一)成绩

1. 政务公开工作全面推进

本年度评估结果显示,在"政务公开"一级指标下,青岛市得到117.72分(满分120分),比全国平均分高出19.74分,排名第1位;2016年度评估中,青岛市在"政府信息公开"指标下得分100.75分,排名第29位,比全国平均分高出8.175分;2015年度评估中,青岛市在"政府信息公开"指标下得81分,排名第92位,比全国平均分高出16.5分。对比连续三年的测评结果可知,青岛市对政务公开工作一直在全面稳步的推进,一直到2017年度评估中,该指标的评估情况居于全国100个评估城市的首位,其多年来的工作成果值得肯定。具体而言,青岛市在重点领域信息公开、政府门户网站的咨询服务功能、政府数据向社会开放等方面都有着优异的表现。

2. 社会矛盾化解与行政争议解决

在2017年度评估中,青岛市在"社会矛盾化解与行政争议解决"指标中得分为87.3分,比全国平均得分高出16.83分,排名第3位;2016年度评估中,青岛市在该指标得分为78分,排名第9位,比全国平均分高9.9分;2015年度评估中,青岛市该指标得分为52分,排名第36位,比全国平均分高1.7分。对比连续三年的测评数据,我们可以看出青岛市在社会矛盾化解与行政争议解决方面的努力和优异成果。具体而言,青岛市在行政复议体制改革、人民调解制度的建设、社会矛盾化解渠道畅通程度和社会矛盾决定的方式等方面的工作到位,值得其他城市学习借鉴。

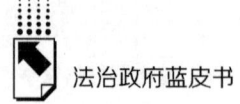

3. 依法行政制度体系健全

2017年度评估结果显示，在"依法行政制度体系"一级指标下，青岛市得到75分（满分80分），比全国平均得分高出29.08分，排名第3位；在2016年度评估中，青岛市的"政府制度建设"一级指标得分57分，比全国平均得分高6.24分，排名第31位；在2015年度评估中，该指标得分47分，比全国平均得分高3.54分，排名第35位。对近三年的测评数据分析可以得出结论，青岛市在依法行政制度建设方面下了较大的功夫，具体而言青岛市对于行政规范性文件制定的制度化和规范化、行政规范性文件的合法性以及对其的监督管理等工作到位。

4. 行政执法工作到位

本年度的评估结果显示，在"行政执法"一级指标下，青岛市得分为90.5，比全国平均得分高出21.48分，排名第7位。本年度青岛市的评估成绩，相较于2016年度评估中该指标所得的84.5分（排名15位）以及2015年度该指标所得的63分（排名第49位），确实表现出稳进的上升趋势，可知青岛市近两年确实将行政执法工作视为重中之重，具体表现在行政处罚裁量基准制度落实情况、建立行政执法监督平台制度、行政执法人员清理、违法行为投诉体验情况等方面的工作较好。

（二）问题

1. 行政决策法治化有待更完善

从本年度的评估结果中可知，青岛市在法治政府建设过程中取得了较大成果，但是在看到成果的同时也不容忽视其存在的一部分尚存的不足之处，有待更进一步完善。2017年度评估中青岛市的"行政决策"一级指标得分76分，高于全国平均分，但本指标算是青岛市法治政府建设目前存在的短板，在全国排名39位，与最高分相差19分。具体分析评估数据可知，青岛市在"是否建立了重大决策专家论证制度"三级指标的得分很低，该市的专家论证制度仍然较为薄弱，存在极大的提升空间。除此之外，青岛市的重大决策合法性审查制度的实施情况也不甚理想。

2. 法治政府建设的组织领导

2017年度评估中青岛市的"法治政府建设的组织领导"指标也反映为其另一个相对薄弱的工作模块，本年度该项指标青岛市得分55分，排名第21位，与其总分第一位的好成绩相比较，法治政府建设的组织领导工作有待更全面落实。具体而言，对于法治政府建设的组织保障、落实机制以及领导干部的法治思维和法治能力应当更近一步提高完善。

五十八 曲靖市人民政府

一、曲靖市法治政府建设情况

曲靖市人民政府评估总分为603.09分，低于全国平均水平（687.22分）84.13分，在全部评估的100个城市中排名第92位，在西部区域20个城市中排名第17位。该市政府得分按一级指标分析见表11-58。

表11-58 曲靖市人民政府一级指标评估得分分析表

指标 分析	依法全面履行政府职能	法治政府建设的组织领导	依法行政制度体系	行政决策	行政执法	政务公开	监督与问责	社会矛盾化解与行政争议解决	社会公众满意度调查
得分	81	43	26	73	64.3	79	60	72	104.79
与平均分差	-1.81	-4.22	-19.92	0.81	-4.73	-18.98	-13.45	1.52	-23.36
与最高分差	-17	-29	-52	-22	-33.8	-38.72	-26.48	-17.81	-63.19
排名	63	67	87	49	63	91	94	45	100

每项一级指标换算成百分比并与全国平均水平比较得出图11-58。

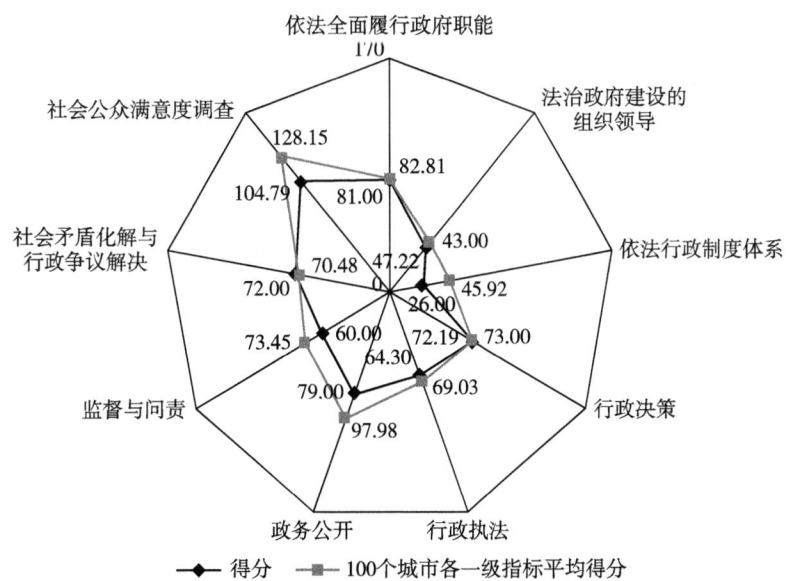

图11-58 曲靖市人民政府评估得分与全国平均得分比较图

可以看出，该市行政决策、社会矛盾化解与行政争议解决这两个指标高于全国平均水平，说明该市政府在这两个方面评价较高。依法全面履行政府职能、法治政府建设的组织领导、依法行政制度体系、行政执法、政务公开、监督与问责、社会公众满意度调查这七个指标均低于全国平均水平，说明该市政府在这七个方面评价较低。

二、曲靖市法治政府建设情况分析

在2017年全国法治政府评估中，曲靖市得到603.09分（总分1000分），在100个被测评城市中排名第92位，在西部区域20个城市中排名第17位（2016年度评估中曲靖市得到555.29分，排名第96位；2015年度评估中，曲靖市得到539.48分，排名第89位）。这一评估结果反映出，在全国法治政府建设持续推进的大背景下，曲靖市的法治政府建设水平一直处于落后水平，在工作中存在着一些亟待重视和解决的问题。

（一）成绩

1. 社会矛盾化解与行政争议解决取得一定进步

本年度的评估结果显示，曲靖市在"社会矛盾化解与行政争议解决"一级指标中得分72分，排名第45位，是本次评估的九大指标得分中曲靖市所取得的排名最靠前的一项指标。对比前两年的测评情况，2016年度曲靖市在该指标的得分为46分，名列最末位；2015年度评估中，曲靖市在该指标得分36分，排名第92位。由此可知，本年度曲靖市在社会矛盾化解与行政争议解决工作方面相较前几年已经取得了不小的进步，该项工作的开展情况已优于半数评估城市。具体看来，其在群体性事件发生情况的控制、社会矛盾化解渠道畅通程度、社会矛盾决定的方式、行政复议决定正确率等方面工作做得较好，值得学习借鉴。

2. 行政决策法治化程度提高

评估结果显示，曲靖市在"行政决策"一级指标中得分73分，排名第49位，比全国平均分高出0.81分。相较于2016年度评估中曲靖市在该指标所得的55分（排名第93位），2017年度评估中曲靖市在行政决策指标评估中已是有很大的进步。具体而言，曲靖市建立了重大决策合法性审查制度、建立了重大决策听取公众意见制度以及重大决策集体决定制度，并且在评估过程中发现其对于重大决策的结果进行了公开工作，曲靖市的行政决策合法化工作的这些方面做得比较好，值得其他城市学习。

（二）问题

1. 社会公众满意度非常低

评估结果显示，曲靖市法治政府建设的社会公众满意度得分为104.79分（该指标总分为200分），比全国平均分低23.36分，比最高分低63.19分，得分率仅为52.4%，在该一级指标中排名最末位。相较于2016年度曲靖市的社会公众满意度得分110.2分，排名第95位，可知该项指标属于曲靖市的工作短板。

2. 政务公开

评估结果显示，2017年度曲靖市在"政务公开"指标下得分为79分，排名第91位，得分率仅为65.8%；2016年度曲靖市在"政府信息公开"指标下得分76.5分，排名第90位。对比近两年的测评数据，可知曲靖市的政务公开工作仍然存在较大的问题，具体看来突显着"有网站、不互动""有数据、不共享""有信息、不便民"等问题，政务公开活动的质量、实效和效率都有待进一步提升。

3. 依法行政制度体系

2017年度曲靖市在"依法行政制度体系"指标下得分为26分，得分率仅为32.5%，排名第87位，比全国平均分低19.92分；2016年度曲靖市"政府制度建设"指标得分为39分，排名第86位，比全国平均分低11.76分，得分率为48.75%；2015年度曲靖市"政府制度建设"指标得分20分，排名第98名。综合近年的测评数据可以看出，曲靖市的依法行政制度体系一直不完善，政府制度建设工作非常薄弱。依照《法治政府建设实施纲要（2015—2020年）》的基本要求，曲靖市应当将"完善依法行政制度体系"当作深入推进法治政府建设的主要任务和重要举措之一，积极开展法治政府建设工作。

五十九　泉州市人民政府

一、泉州市法治政府建设情况

泉州市人民政府评估总分为 630.72 分，低于全国平均水平（687.22 分）56.5 分，在全部评估的 100 个城市中排名第 84 位，在东部区域 48 个城市中排名第 46 位。该市政府得分按一级指标分析见表 11-59。

表 11-59　泉州市人民政府一级指标评估得分分析表

指标／分析	依法全面履行政府职能	法治政府建设的组织领导	依法行政制度体系	行政决策	行政执法	政务公开	监督与问责	社会矛盾化解与行政争议解决	社会公众满意度调查
得分	82	41	33	63	76.3	93	67.16	68.67	106.59
与平均分差	-0.81	-6.22	-12.92	-9.19	7.27	-4.98	-6.29	-1.81	-21.56
与最高分差	-16	-31	-45	-32	-21.8	-24.72	-19.32	-21.14	-61.39
排名	57	74	77	85	31	66	80	59	97

每项一级指标换算成百分比并与全国平均水平比较得出图 11-59。

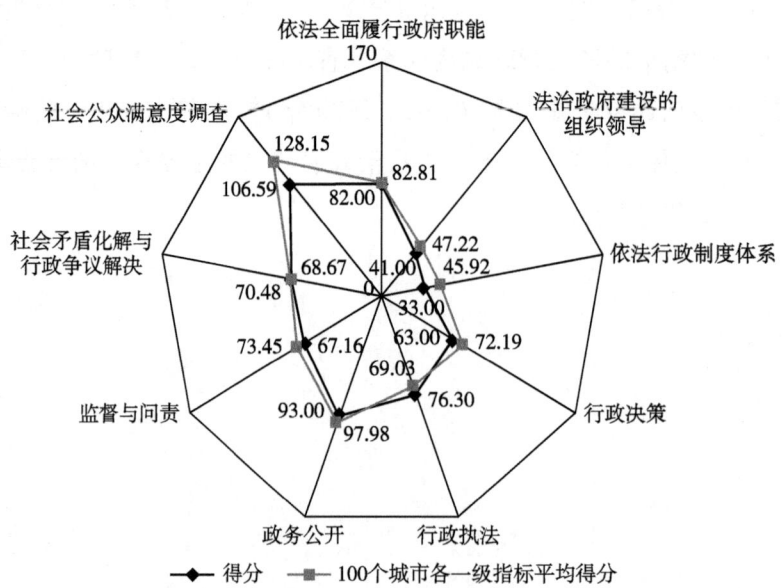

图 11-59　泉州市人民政府评估得分与全国平均得分比较图

可以看出，该市行政执法这个指标高于全国平均水平，说明该市政府在这个方面评价较高。依法全面履行政府职能、法治政府建设的组织领导、依法行政制度体系、行政决策、政务公开、监督与问责、社会矛盾化解与行政争议解决和社会公众满意度调查这八个指标低于全国平均水平，说明该市政府在这八个方面评价较低。

二、泉州市法治政府建设情况分析

在2017年全国法治政府评估中，泉州市得到630.72分（总分1000分），在100个被测评城市中排名第84位，在东部区域48个城市中排名第46位（2016年度评估中泉州市得到645.53分，排名第62位，2015年度评估中泉州市得到727.02分，排名第9位）。这一评估结果反映出，在全国法治政府建设持续推进的大背景下，泉州市法治政府建设评估成绩出现退步趋势，可知目前泉州市在法治政府建设工作中存在着一些亟待重视和解决的问题。

（一）成绩

1. 推进行政执法工作程序化、规范化

本年度评估结果显示，泉州市相对较突出的为"行政执法"指标的评估成绩，该项指标得分76.3分，比全国平均分高出7.27分，排名第31位，处于中等偏上位置；2016年度评估中，泉州市的"行政执法"指标得分82.9分，排名第19位；2015年度评估中，泉州市在"行政执法"一级指标下得到97.5分，排名第2位。经过近三年测评情况对比可知，"行政执法"指标的相对应工作内容泉州市历来做得不错，但是，不容忽视的是，泉州市在该指标排名的下降趋势以及所得分数的逐年下降。在肯定泉州市能够严格行政执法、严格规范公正文明执法工作的同时，也要提醒该市，逆水行舟不进则退，在全国大力推进加强依法行政工作的大趋势下，更应加强巩固自身原已获得的法治政府建设成果。

（二）问题

1. 社会公众满意度下滑严重

泉州市在2017年度法治政府评估中，得到106.59分，相较于2016年度的得分134.18分，下降了27.59分，相对排名下降了60名，群众满意是一切工作的最终目的。加强社会公众评价工作，提高群众评分权重，充分听取群众意见建议具有十分重要的作用。在新的时期，我们必须更加重视发挥好群众的监督作用，让人民群众指出党和政府工作中存在的问题，并且政府需要加以改正，真正做到人民政府为人民。

2. 行政决策得分排名靠后

尽管在2017年度的测评中，泉州市行政决策得分有了一定的提高，从2016年度的57分，提高到了目前的63分，但是受制于受评估的100座城市整体水平的上升，泉州市的排名并没有任何实质性的增长，仅从87名上升到了86名。

提高行政决策水平，泉州市需对以下几点加大关注力度，首先要建立学法制度，集中学习依法治国、依法行政理论精神，从而提升决策水平。其次要完善决策程序，推进科学决策，保障民主决策。最后是要抓好制度建设，促进依法决策。健全督查机制，加大决策效果。

3. 依法行政的制度体系不完善

泉州市近几年的评估显示出，其在依法行政制度体系建设一级指标下，得分连年波动，成绩不稳定（2017年度得分33分、2016年度得分42分、2015年度得分39分、2014年度得分42分），说明泉州市在依法行政制度体系建设过程中，存在一定的方法和态度问题，如行政规范性文件的制定未能切实公开听取意见，行政规范性文件的公布率欠佳，行政规范性文件的监督与管理不严格，出现了未能及时报备、未能实现"三统一"的原则等问题。

泉州市需提高政府立法质量，构建系统完备、科学规范、运行有效的依法行政制度体系，使政府管理各方面制度更加成熟更加定型，为建设社会主义市场经济、民主政治、先进文化、和谐社会、生态文明，促进人的全面发展，提供有力制度保障。

六十　汕头市人民政府

一、汕头市法治政府建设情况

汕头市人民政府评估总分为726.58分，高于全国平均水平（687.22分）39.36分，在全部评估的100个城市中排名第29位，在东部区域48个城市中排名第23位。该市政府得分按一级指标分析见表11-60。

表11-60　汕头市人民政府一级指标评估得分分析表

指标\分析	依法全面履行政府职能	法治政府建设的组织领导	依法行政制度体系	行政决策	行政执法	政务公开	监督与问责	社会矛盾化解与行政争议解决	社会公众满意度调查
得分	96	52	40	78	81	112.75	78.33	66	122.5
与平均分差	13.19	4.78	-5.92	5.81	11.98	14.77	4.88	-4.48	-5.65
与最高分差	-2	-20	-38	-17	-17.1	-4.97	-8.15	-23.81	-45.48
排名	3	36	59	29	22	10	31	74	70

每项一级指标换算成百分比并与全国平均水平比较得出图11-60。

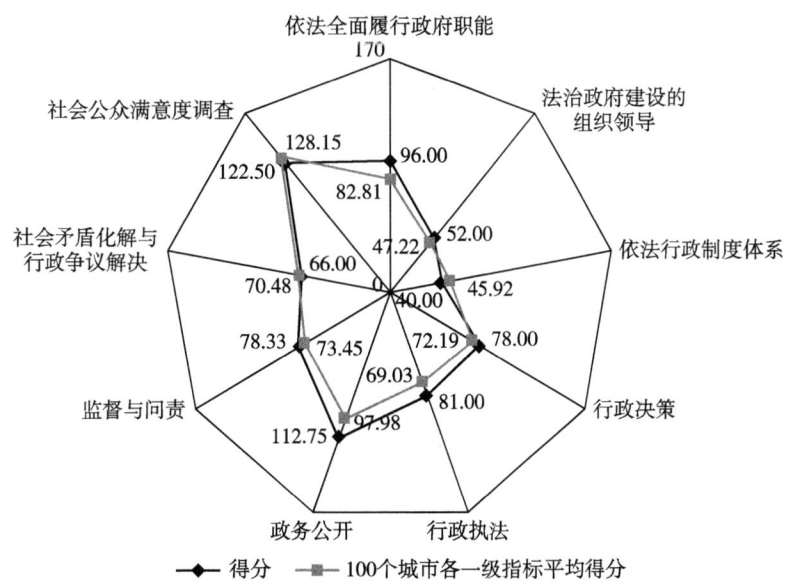

图11-60　汕头市人民政府评估得分与全国平均得分比较图

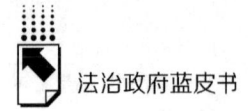

可以看出，该市依法全面履行政府职能、法治政府建设的组织领导、行政决策、行政执法、政务公开、监督与问责这六个指标高于全国平均水平，说明该市政府在这六个方面评价较高。依法行政制度体系、社会矛盾化解与行政争议解决和社会公众满意度调查这三个指标低于全国平均水平，说明该市政府在这三个方面评价较低。

二、汕头市法治政府建设情况分析

在2017年全国法治政府评估中，汕头市人民政府评估总分为726.58分（总分1000分），在全部评估的100个城市中排名第29位，在东部区域48个城市中排名第23位［2016年全国法治政府评估中，汕头市得到660.84分，在100个被测评城市中排名第55位，在东部区域48个城市中排名第36位；2015年全国法治政府评估中得分624.4（总分1000分），在100座城市中排名43名］。这一评估结果反映出，在全国法治政府建设持续推进的大背景下，汕头市法治政府建设在取得长足进步的同时，也存在着一些亟待重视和解决的问题。

（一）成绩

1.组织领导方面成绩良好

本年度评估结果显示，在"组织领导"一级指标下，汕头市得到52分，比全国平均分高出4.78分；2016年度评估中，汕头市在"组织领导"指标下得到40分的满分，排名全国第47位；2015年度评估中，汕头市在"政府信息公开"指标下得到41分，排名全国第30位。对比连续三年的测评结果可以看出，汕头市在该指标下尽管在近三年中有所起伏，但在2017年的评分中可以看出，汕头市加大组织领导建设力度，成绩有较快提升，反映了汕头市独立的法制机构设置方面、政府常务会议对法治政府建设工作讨论情况方面，都有一定进步，值得其他城市借鉴。

2.行政执法工作进步明显

评估结果显示，汕头市本年度在"行政执法"指标上进步较大。得到81分，高于全国平均分11.98分。2016年评估中，汕头市在该指标上仅得到71.50分，仅比全国平均分高1.986分；汕头市本指标涨幅较大，表明汕头市本年度在执法体制、执法程序、执法方式上都有长足进步。

3.政府职能履行情况稳中有进

评估结果显示，在"依法全面履行政府职能"一级指标下，汕头市得到96分

（该指标总分为100分），比全国平均分高出13.19分；2016年度评估中，汕头市在该指标下得到95分，比全国平均分高出18.77分；2015年度评估中，汕头市在该指标下得到83分，比全国平均分高出3.2分。连续三年的评估结果反映出，汕头市行政依法履行政府职能情况近年上升很快，目前趋于稳定。

（二）问题

1. 法治政府依法行政制度体系建设工作不稳定

评估结果显示，2017年度汕头市在"法治政府建设的组织领导"指标下得分为40分（该指标总分为80分），比全国平均分低5.92分，得分率为50%。对比2015年度的得分47分及2016年度的得分40分，汕头市在这一指标上连年下滑，可以得出结论，汕头市依法行政制度体系中的行政规范性文件的制度化、规范化及其监督与管理出现纰漏，需要着重管理。

2. 社会矛盾化解与行政争议解决

在社会矛盾化解与行政争议解决方面，汕头市在2017年评估中得到66分（该指标总分100分），比全国平均分低4.48分，得分率为66%；在2016年评估中得到78分，比全国平均分高9.9分；在2015年评估中得到67分，比全国平均分高13.3分。从近三年的评估数据可以看出，汕头市在化解社会矛盾问题上得分下滑较快，在化解社会矛盾问题上缺乏创新，信访制度改革成效减弱，社会矛盾化解渠道存在堵塞嫌疑。

六十一　商丘市人民政府

一、商丘市法治政府建设情况

商丘市人民政府评估总分为566.35分，低于全国平均水平（687.22分）120.87分，在全部评估的100个城市中排名第97位，在中部区域32个城市中排名第31位。该市政府得分按一级指标分析见表11-61。

表11-61　商丘市人民政府一级指标评估得分分析表

指标 分析	依法全面履行政府职能	法治政府建设的组织领导	依法行政制度体系	行政决策	行政执法	政务公开	监督与问责	社会矛盾化解与行政争议解决	社会公众满意度调查
得分	80	52	26	62	47.4	85	55.06	53.5	105.39
与平均分差	-2.81	4.78	-19.92	-10.19	-21.63	-12.98	-18.39	-16.98	-22.76
与最高分差	-18	-20	-52	-33	-50.7	-32.72	-31.42	-36.31	-62.59
排名	70	36	87	89	96	85	97	96	98

每项一级指标换算成百分比并与全国平均水平比较得出图11-61。

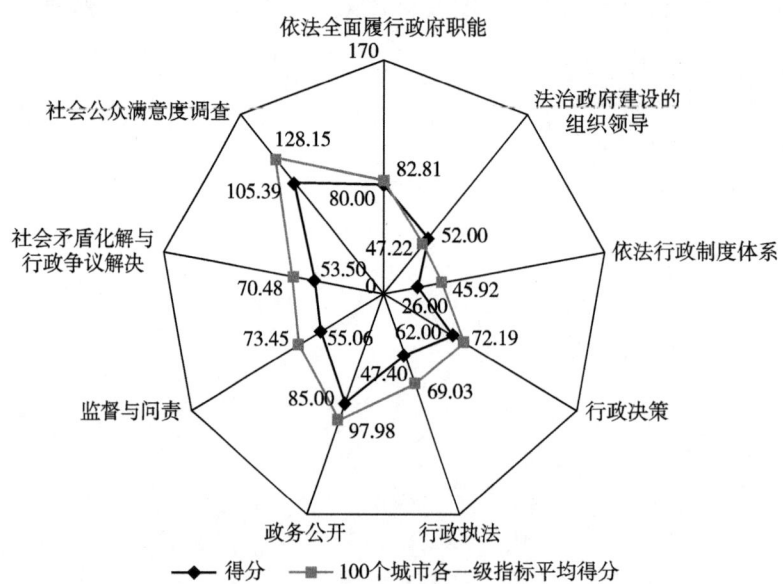

图11-61　商丘市人民政府评估得分与全国平均得分比较图

可以看出，该市法治政府建设的组织领导这个指标高于全国平均水平，说明该市政府在这个方面评价较高。依法全面履行政府职能、依法行政制度体系、行政决策、行政执法、政务公开、监督与问责、社会矛盾化解与行政争议解决、社会公众满意度调查这八个指标低于全国平均水平，说明该市政府在这八个方面评价较低。

二、商丘市法治政府建设情况分析

2017年商丘市人民政府评估总分为566.35分（总分1000分），低于全国平均水平（687.22分）120.87分，在全部评估的100个城市中排名第97位，在中部区域32个城市中排名第31位（在2016年全国法治政府评估中，商丘市得到556.58分，在100个被测评城市中排名第95位；2015年全国法治政府评估中得分595.07分，在100个被测评城市中排名65名）。商丘市成绩总体波动较大，反映出商丘市在法治政府建设方面存在一定的积弊，未能及时解决。

（一）成绩

1. 法治政府建设的组织领导超过全国平均水平

评估结果显示，2015年度年度报告中，商丘市一级指标法治政府建设的组织领导得分为38分，略超过当时的全国100个城市的平均得分，暴露了当时商丘市在组织领导方面所存在的短板和问题，但在经过一年的建设后，商丘市的组织领导能力获得长足进步，效果明显，在2017年的报告中显示，商丘市本项一级指标得分已经超过全国100个被测评城市的平均得分（47.22分），达到了52分，表明了商丘市在公布法治政府建设情况报告、政府常务会议对法治政府建设工作讨论情况、政府领导干部法制思维培养等方面水平不断上升。

2. 依法全面履行政府职能得分连年进步

在最近四年的统计数据显示，商丘市的得分不断进步，在2014~2017年的评估报告中，分别得分62分、64分、71分和80分，尽管各年数据低于此项一级指标的平均得分，但与平均得分的差距逐渐缩小，商丘市政府需持续地关注公共服务与行政审批的改进情况，特别是电子政务的推进状况，要持续不断的加强依法履行政府职能的能力。

3. 行政决策能力有所进步

商丘市2015~2017年度三年的行政决策得分分别为57分、61分以及62分，此

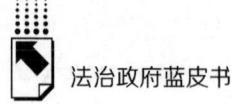

项一级指标得分增长缓慢，相关制度建设未得到有效重视，但也要指出的是商丘市政府重大决策分析评估制度有所完善，并逐步建立起了完整的重大决策专家论证制度，在决策科学化、透明化方面，商丘市政府也做到了对重大决策的结果进行及时、准确地公开，最大限度上保证相关政务信息的公开透明。

（二）问题

1. 行政执法得分近年下滑明显

本年度商丘市行政执法得分为47.4分，对比上一年度（2016年度）报告中的得分57.5分，下滑10.1分，比2015年度报告中的得分75.5分，下降了28.1分，整体上得分下降严重，具体的失分点体现在行政处罚裁量基准制度落实情况差、执法流程过于粗犷、执法人员缺乏培训、执法水平低。

2. 依法行政制度体系建设情况远低于平均水平

2014~2017年度商丘市依法行政制度体系建设得分分别为38分、37分、44分以及26分，几年间，整体上得分波动较大，特别是在2017年的评比中，商丘市在此项一级指标出现了"断崖"式的失分情况，说明该市在行政规范性文件制定的制度化和规范化、行政规范性文件的合法性、行政规范性文件的监督与管理等方面亟待改进。

3. 社会公众满意度得分低迷

综合近年得分情况来看，商丘市社会公众满意度持续走低，与平均分及最高得分分差有不断拉大的趋势（2016年与平均分分差 -5.02分，与最高分分差 -45.45分），是得分情况最差的几项一级指标之一，商丘市应要进一步加强作风建设，改进工作作风，做实群众工作，持续推进法治政府建设。

六十二 上海市人民政府

一、上海市法治政府建设情况

上海市人民政府评估总分为786.34分，高于全国平均水平（687.22分）99.12分，在全部评估的100个城市中排名第8位，在东部区域48个城市中排名第6位。该市政府得分按一级指标分析见表11-62。

表11-62 上海市人民政府一级指标评估得分分析表

指标 分析	依法全面履行政府职能	法治政府建设的组织领导	依法行政制度体系	行政决策	行政执法	政务公开	监督与问责	社会矛盾化解与行政争议解决	社会公众满意度调查
得分	88	53	58	72	98.1	110.94	78.03	89.81	138.46
与平均分差	5.19	5.78	12.08	-0.19	29.08	12.96	4.58	19.34	10.31
与最高分差	-10	-19	-20	-23	0	-6.78	-8.45	0	-29.52
排名	25	31	27	54	1	16	33	1	17

每项一级指标换算成百分比并与全国平均水平比较得出图11-62。

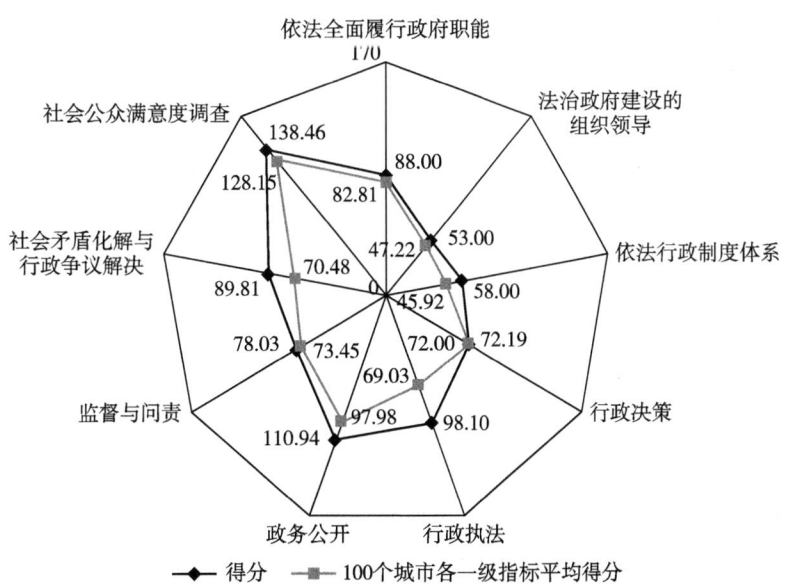

图11-62 上海市人民政府评估得分与全国平均得分比较图

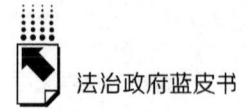

可以看出,该市依法全面履行政府职能、法治政府建设的组织领导、依法行政制度体系、行政执法、政务公开、监督与问责、社会矛盾化解与行政争议解决、社会公众满意度调查这九个指标均高于全国平均水平,说明该市政府在这八个方面评价均较高。行政决策这一个指标低于全国平均水平,说明该市政府在这一方面评价较低。

二、上海市法治政府建设情况分析

在2017年全国法治政府评估中,上海市人民政府评估总分为786.34分(总分1000分),在全部评估的100个城市中排名第8位,在东部区域48个城市中排名第6位(在2016年全国法治政府评估中,上海市得到731.44分,在100个被测评城市中排名第12位,在东部区域48个城市中排名第10位,在2015年全国法治政府评估中,上海市得到752.05分,在100个被测评城市中排名第5位)。上海市成绩总体较稳定,并且稳中有进,保持了近年来的法治政府建设成果。

(一)成绩

1. 行政执法能力优势明显

上海市行政执法能力远高于全国平均水平,在近三年(2015~2017年度)的评估当中分别得分88.5分、89.3分以及98.1分,特别是在2017年的评估中,显示上海市的行政执法能力得分为全国之最,高于平均分29.08分,行政执法能力突出,意味着上海市创新执法信息平台建设、执法结果公示等行政执法方式,切实落实行政执法责任制,加强行政执法人员的管理,并且公众对违法行为投诉体验感觉良好。

2. 社会矛盾化解与行政争议解决工作较为突出

2017年度上海市一级指标社会矛盾化解与行政争议解决得分为89.81,为100座城市排名中的第一名,而在上一年度(2016年度)的评估中,排名也达到了第二名,得到了81分,上海市引入律师参与机制,在普陀区引入律师化解求决类初次信访矛盾,同时发挥妇联等组织优势,探索多方参与的调处机制以此提升社会矛盾化解法制化水平,对全国各个城市的社会矛盾化解工作都有一定的启发作用。

3. 依法行政制度体系建设工作成绩明显

近年上海市依法行政制度体系建设工作进步较快,2017年度评估中,上海市在此项一级指标的排名为27名,得分58分,而在上一年度中,上海市排名仅为73名,得分42分,上海市在2017年持续推动依法履行政府职能,完善依法行政制度体系,推进行政决策科学化、民主化、法治化，坚持严格规范公正文明执法，强化对行政权力的制约和监督，成效明显。

（二）问题

1. 依法全面履行政府职能得分略有下降

2014～2017年度上海市此项一级指标得分分别为91分、94分、94分以及88分，略微呈现下降趋势上海市应在下一年度中推行政府权力清单制度，坚决消除权力设租寻租空间，全面梳理政府权力事项，明确政府权力边界。继续编制、完善与更新政府权力清单，并及时向社会公开。

2. 社会公众满意度进步缓慢

2017年度评估中，上海市社会公众满意度得分为138.46分，与最高分分差为-29.52分，排名17位。

2016年度评估中，上海市社会公众满意度得分为136.04分，与最高分分差为-34分，排名第32名。

上海市要把日常工作尤其是社会公众评价、群众满意放在第一位。因为只有更加注重听取普通群众、城乡居民和网友的意见建议，才能真正发挥社会公众评价的积极作用，做到听民意，汇民智，最终解民忧、惠民生。

3. 行政决策法制化任重道远

2017年度评估中，上海市行政决策得分为72分，与最高分分差为-23分，排名第54位。

2016年度评估中，上海市行政决策得分为62分，与最高分分差为-29分，排名第80位。

尽管上海市在此项一级指标排名上有所增长，但得分仍然较低，且与最高分分差差距仍然较大。

上海市需加大通过在合法性审查中借助"外脑"审查的比例、强化与细化集体决策程序、建立专家公平遴选机制等方式，实现行政决策法制化。

六十三　上饶市人民政府

一、上饶市法治政府建设情况

上饶市人民政府评估总分为 662.18 分，低于全国平均水平（687.22 分）25.04 分，在全部评估的 100 个城市中排名第 66 位，在中部区域 32 个城市中排名第 15 位。该市政府得分按一级指标分析见表 11-63。

表 11-63　上饶市人民政府一级指标评估得分分析表

指标 分析	依法全面履行政府职能	法治政府建设的组织领导	依法行政制度体系	行政决策	行政执法	政务公开	监督与问责	社会矛盾化解与行政争议解决	社会公众满意度调查
得分	84	39	43	73	73	87.5	70.11	60.25	132.32
与平均分差	1.19	-8.22	-2.92	0.81	3.97	-10.48	-3.34	-10.23	4.17
与最高分差	-14	-33	-35	-22	-25.1	-30.22	-16.37	-29.56	-35.66
排名	45	78	51	49	34	81	71	82	30

每项一级指标换算成百分比并与全国平均水平比较得出图 11-63。

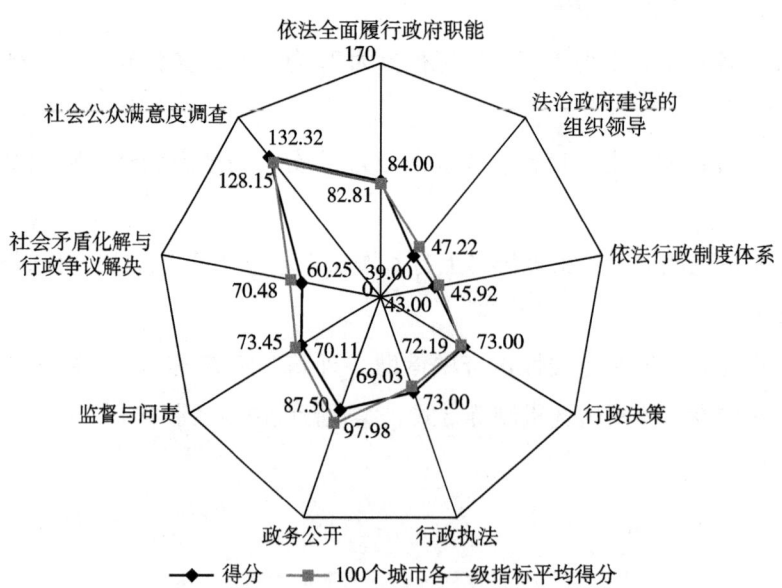

图 11-63　上饶市人民政府评估得分与全国平均得分比较图

可以看出,该市依法全面履行政府职能、行政决策、行政执法和社会公众满意度调查这四个指标高于全国平均水平,说明该市政府在这四个方面评价较高。法治政府建设的组织领导、依法行政制度体系、政务公开、监督与问责、社会矛盾化解与行政争议解决这五个指标低于全国平均水平,说明该市政府在这五个方面评价较低。

二、上饶市法治政府建设情况分析

在 2017 年全国法治政府评估中,上饶市人民政府评估总分为 662.18 分(总分 1000 分),在全部评估的 100 个城市中排名第 66 位,在中部区域 32 个城市中排名第 15 位(在 2016 年全国法治政府评估中,上饶市得到 616.42 分,在 100 个被测评城市中排名第 82 位,在 2015 年全国法治政府评估中,上饶市得到 575.96 分,在 100 个被测评城市中排名第 73 位)。上饶市的法治评估得分在全国排名中较为落后,法治政府建设工作有很大的提升空间。

(一)成绩

1. 行政决策进步明显

上饶市 2017 年得分为 73 分,排名第 49 位。2016 年得分为 62 分,排名第 82 位。在连续几年的评估中,上饶市此项一级指标得分情况良好,表明上饶市在合法决策、民主决策、科学决策、公开决策以及决策追踪等方面进行了令人肯定的努力,并取得了较大的进步,特别是建立了重大决策合法性审查制度、建立重大决策集体决定制度、重大决策信息追踪搜集及向决策层反馈制度,使上饶市行政决策上升到了新台阶。

2. 依法全面履行政府职能情况良好

2017 年上饶市此项一级指标得分 84 分,2016 年得分 64 分,2015 年得分 79 分,2014 年得分 73 分,综合上饶市近年得分,尽管在上一年度上饶市得分偏低,但在二级指标公共服务下的行政服务中心对基本公共服务覆盖的比率、权力清单的公布及动态调整,及二级指标应急管理下的应急预案建设与完善情况三项的得分保持了稳定。表明上饶市在上述三项指标作出了一定努力。

3. 社会公众满意度稳中有进

2017 年上饶市社会公众满意度得分为 132.32 分,相比上一年度(2016 年度)的 129.89 分上升了 2.43 分,上饶市在此项指标的得分较稳定,但需要继续提高,社会满意度的提高离不开法治政府评估中各个指标增长所带来的作用,上饶市需不断提升自身法治建设水平,提高社会满意度。

(二)问题

1. 行政执法水平起伏较大

上饶市2017年一级指标行政执法得分73分,排名第34位,2016年得分59.2分,排名第81位。2015年得分74.5分,排名第31位,近年上饶市在此项一级指标得分波动较大,说明上饶市需要对行政执法体制、行政执法程序、行政执法方式以及行政执法人员的管理加强关注力度。要持续强化跨部门综合执法,完善执法信息平台,对行政执法人员定期清理与培训。

2. 依法行政制度体系建设滞后

在近三年的评估的得分中可以看出,上饶市在此项一级指标中,建设水平有所下滑,由2016年度的47分,下滑到了本年度的43分,具体失分在以下几个方面:第一,行政规范性文件的制定未能切实,公开听取意见;第二,行政规范性文件公布情况较差;第三,行政规范性文件缺乏报备。

3. 政务公开程度不理想

在近年评估中,全国100个城市得分情况较好,整体得分有所进步,但在此情况下,上饶市近两年在此一级指标下的排名下滑较大,由2015年的17名下滑到了2016年的82名,本年度评估中该指标得分87.5分,全国排名第81位。上饶市应发挥政府网站"平台"作用,全面推进政务公开,发挥政府网站"载体"作用,提升公共服务水平,发挥政府网站"窗口"作用,及时回应社会关切,同时也要发挥政府网站"集群"效应,推进网站集约化建设。提高政务公开的实效性、权威性和完备性。

六十四 邵阳市人民政府

一、邵阳市法治政府建设情况

邵阳市人民政府评估总分为702.5分,高于全国平均水平(687.22分)15.28分,在全部评估的100个城市中排名第44位,在中部区域32个城市中排名第7位。该市政府得分按一级指标分析见表11-64。

表11-64 邵阳市人民政府一级指标评估得分分析表

指标 分析	依法全面 履行政府 职能	法治政府 建设的组 织领导	依法行政 制度体系	行政 决策	行政 执法	政务 公开	监督与 问责	社会矛盾 化解与行政 争议解决	社会公众 满意度 调查
得分	83	59	31	82	68.8	95	76.06	78.13	129.51
与平均分差	0.19	11.78	-14.92	9.81	-0.23	-2.98	2.61	7.65	1.36
与最高分差	-15	-13	-47	-13	-29.3	-22.72	-10.42	-11.68	-38.47
排名	49	8	80	13	44	59	47	23	44

每项一级指标换算成百分比并与全国平均水平比较得出图11-64。

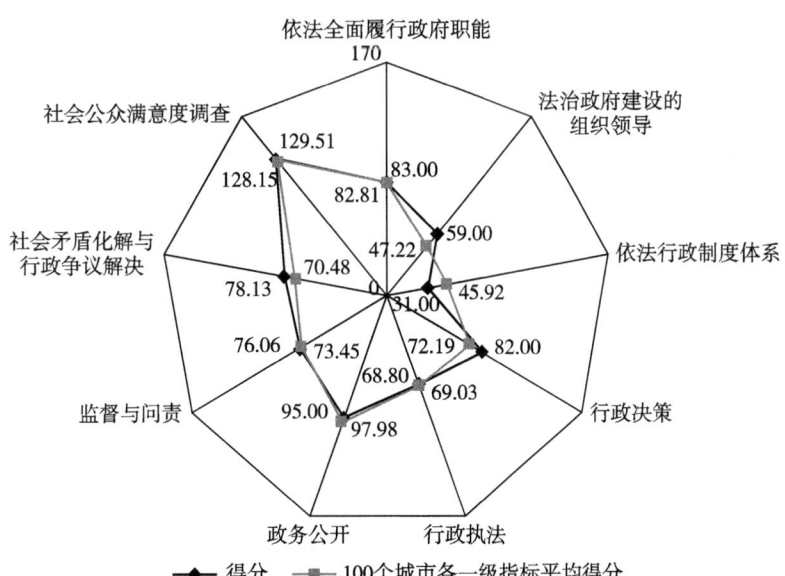

图11-64 邵阳市人民政府评估得分与全国平均得分比较图

可以看出，该市依法全面履行政府职能、法治政府建设的组织领导、行政决策、监督与问责、社会矛盾化解与行政争议解决和社会公众满意度调查这六个指标高于全国平均水平，说明该市政府在这六个方面评价较高。依法行政制度体系、行政执法、政务公开这三个指标低于全国平均水平，说明该市政府在这三个方面评价较低。

二、邵阳市法治政府建设情况分析

在2017年法治政府评估中，邵阳市得到702.5分（总分1000分），在全国100个被测评城市中排名第44位，在中部区域32个城市中排名第7位（在2016年全国法治政府评估中，邵阳市得到659.62分，在100个被测评城市中排名第57位；在2015年度评估中邵阳市得到641.05分，排名第34位）。这一评估结果反映出，在全国法治政府建设持续推进的大背景下，邵阳市法治政府建设取得了一定进步，但也有一些突出问题亟待解决，尚有较大进步空间。

（一）成绩

1. 行政决策表现突出

本年度评估结果显示，在"行政决策"一级指标下，邵阳市得到82分，比全国平均分高出9.81分，排名第13位；在2016年度评估中，邵阳市在"行政决策"指标下得到75分，比全国平均分高出6.13分，排名第28位；在2015年度评估中，邵阳市在"行政决策"指标下得到81分，比全国平均分高出16.45分，排名第9位；在2014年度评估中，邵阳市在"行政决策"指标下得到79分，比全国平均分高出16.98分，排名第9位。对比连续四年的测评结果可以看出，邵阳市在行政决策工作当中表现突出且较为稳定。具体而言，邵阳市在重大决策合法性审查制度、重大决策听取公众意见制度、重大决策风险评估制度、重大决策专家论证制度等方面的实施情况处于全国前列。

2. 法治政府建设的组织领导工作逐渐落实

评估结果显示，在"法治政府建设的组织领导"一级指标下，本年度评估邵阳市得到59分，比全国平均分高出11.78分，排名第8位；在2016年度评估中，邵阳市在"法治政府建设的组织领导"指标下得到52分，比全国平均分高出12.61分，排名第11位；而在2015年度评估中，邵阳市在"法治政府建设的组织领导"指标中仅得28分，比全国平均分低5.33分，排名第54位；在2014年度评估中，邵阳市在"法治政府建设的组织领导"指标中仅得18分,比全国平均分低11.95分,排名第68位。这说明邵阳市在法治政府建设的组织领导方面的工作逐渐落实,尤其是近两年来取得了长足的进步,成绩值得肯定。

3. 监督与问责方面取得一定进步

本年度评估结果显示,在"监督与问责"一级指标下,邵阳市得到76.06分,比全国平均分高出2.61分,排名第47位。而在本年度以前的评估当中,邵阳市在该一级指标中表现不佳,2016年度评估得分63.29分,低于平均分4.73分,排名第75位;2015年度评估得分59.50分,比全国平均分低5.45分,排名第74位;2014年度评估得分54分,比全国平均分低6.74分,排名第76位。对比连续四年的测评结果可以看出,本年度邵阳市在监督与问责方面取得了一定进步,从平均线以下跨入到平均线以上水平,表明邵阳市在内部监督、外部监督以及责任追究方面的工作有所改善。

(二)问题

1. 依法行政制度体系建设日趋落后

在2014年度评估中,邵阳市在"依法行政制度体系"一级指标下得到了57分,比全国平均分高12.19分,排名第19位;2015年度评估中,邵阳市在"依法行政制度体系"指标下得到57分,比全国平均分高13.54分,排名第16位。但从2016年度评估开始,邵阳市在该项指标中的表现出现滑坡,2016年度评估在该指标卜得到45分,比全国平均分低5.76分,排名第66位;本年度的评估结果更为不佳,在该指标下仅得到31分,比全国平均分低14.92分,排名第80位,处于落后水平。具体来说,近年来邵阳市在行政规范性文件制定的制度化和规范化、行政规范性文件的合法性以及行政规范性文件定期清理制度的建立和落实等工作出现差距,没有保持住良好发展势头,存在一定问题。

2. 政务公开工作表现平庸

纵观邵阳市连续四年在"政务公开"一级指标的表现,可以看出邵阳市在政务公开工作的表现平平,改观不大。本年度评估中,邵阳市在该项指标中得到95分,比全国平均分低2.98分,排名第59位。而在2016年度与2015年度评估中,邵阳市在该项指标中排名分别为第48位和第52位。2014年度评估中,邵阳市在"政务公开"指标中仅得33分,比全国平均分低49.72分,排名仅为第98位。多年来,邵阳市的政务公开工作在全国范围持续处于中等偏下水平,改观不大,暴露出邵阳市在重点领域信息公开、政府门户网站建设维护、政府数据开放、依申请信息公开等方面存在差距。

3. 社会矛盾化解与行政争议解决工作存在反复

本年度评估结果显示,邵阳市在"社会矛盾化解与行政争议解决"一级指标下得到了78.13分,比全国平均分高7.65分,排名第23位;同样,在2015年评估当中,邵阳市在该指标下得到了58分,比全国平均分高4.30分,排名第24位。但在2016年度评估当中,邵阳市在该指标下得到53分,比全国平均分低15.10分,排名仅为第96位;在2014年度评估中,邵阳市在该指标下仅得到34分,比全国平均分低13.11分,排名仅为第84位。这表明,邵阳市在社会矛盾化解与行政争议解决的工作表现存在反复,没有形成化解社会矛盾与解决行政争议的稳定良好态势,仍需改进。

六十五　深圳市人民政府

一、深圳市法治政府建设情况

深圳市人民政府评估总分为798.27分，高于全国平均水平（687.22分）111.05分，在全部评估的100个城市中排名第4位，在东部区域48个城市中排名第4位。该市政府得分按一级指标分析见表11-65。

表11-65　深圳市人民政府一级指标评估得分分析表

指标 分析	依法全面 履行政府 职能	法治政府 建设的 组织领导	依法行政 制度体系	行政 决策	行政 执法	政务 公开	监督与 问责	社会矛盾 化解与行政 争议解决	社会公众 满意度 调查
得分	90	63	50	87	89.3	110.86	81.11	84.86	142.14
与平均分差	7.19	15.78	4.08	14.81	20.28	12.88	7.66	14.39	13.99
与最高分差	-8	-9	-28	-8	-8.8	-6.86	-5.37	-4.95	-25.84
排名	15	4	38	4	9	17	15	10	10

每项一级指标换算成百分比并与全国平均水平比较得出图11-65。

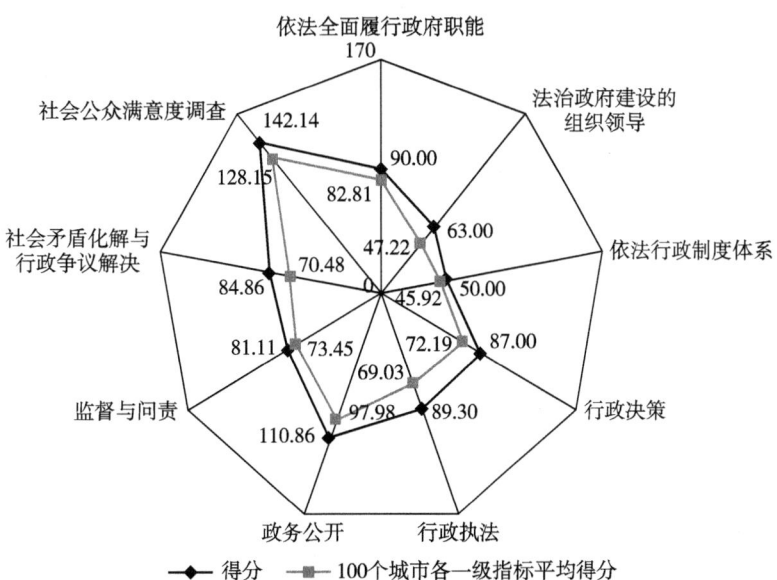

图11-65　深圳市人民政府评估得分与全国平均得分比较图

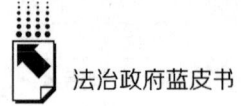

可以看出，该市依法全面履行政府职能、法治政府建设的组织领导、依法行政制度体系、行政决策、行政执法、政务公开、监督与问责、社会矛盾化解与行政争议解决、社会公众满意度调查这九个指标均高于全国平均水平，说明该市政府在这九个方面评价均较高。

二、深圳市法治政府建设情况分析

在 2017 年度法治政府评估中，深圳市得分为 798.27（总分 1000 分），在全国 100 个城市中排名第 4 位，在东部区域 48 个城市中排名第 4 位（在 2016 年全国法治政府评估中，深圳市得到 773.08 分，全国排名第 2 位；2015 年度评估中，深圳市得 782.88 分，全国排名第 1 位）。这一评估结果反映出，在全国法治政府建设持续推进的大背景下，深圳市法治政府建设一直位居全国前列，但也有一些问题可以改进，尚有一定进步空间。

（一）成绩

1. 法治政府建设的组织领导工作表现突出

评估结果显示，在"法治政府建设的组织领导"一级指标下，本年度评估深圳市得到 63 分，比全国平均分高出 15.78 分，排名第 4 位；在 2016 年度评估中，深圳市在"法治政府建设的组织领导"指标下得到 62 分，比全国平均分高出 22.61 分，排名第 2 位；在 2015 年度评估中，深圳市在"法治政府建设的组织领导"指标中得到 74 分，比全国平均分高出 40.67 分，排名第 1 位；在 2014 年度评估中，深圳市在"法治政府建设的组织领导"指标中得到 70 分，比全国平均分高出 40.05 分，排名第 3 位。这说明深圳市在法治政府建设的组织领导方面的工作处于全国前列。具体来说，深圳市政府日常工作对依法行政的重视程度高，依法行政的考核与培训到位，值得其他城市借鉴学习。

2. 政务公开工作有所进步

本年度评估结果显示，在"政务公开"一级指标下，深圳市得到 110.86 分，比全国平均分高出 12.88 分，排名第 17 位；在 2016 年度评估中，深圳市在"政务公开"指标下仅得到 87 分，比全国平均分低 5.88 分，排名仅为第 71 位；在 2015 年度评估中，深圳市在"政务公开"指标下得到 105 分，比全国平均分高出 7.50 分，排名第 33 位；在 2014 年度评估中，深圳市在"政务公开"指标下得到 87 分，比全国平均分高出 4.29 分，排名第 47 位。对比连续四年的测评结果可以看出，深圳市在行政决策工作当中取得了一定的进步,重点领域信息公开、政府门户网站建设维护、政府数据开放、依申请信息公开等工作有了较大改进。

3. 行政执法良好工作势头得以保持

本年度评估结果显示,在"行政执法"一级指标下,深圳市得到89.30分,比全国平均分高出20.28分,排名第9位。在2016年度评估中,深圳市在该一级指标下得分88分,比全国平均分高出18.49分,排名第9位;而在2015年度评估得分64分,比全国平均分高出1.20分,排名第48位;2014年度评估得分仅为57分,比全国平均分低7.64分,排名第64位。对比连续四年的测评结果可以看出,2016年度深圳市在行政执法方面取得了一定进步,2017年度保持住了上年度的良好势头,表明深圳市在行政执法队伍、执法程序、执法制度以及执法状况等方面的工作有所改善。

(二)问题

1. 依法行政制度体系建设工作有所下滑

在2014年度评估中,深圳市在"依法行政制度体系"一级指标下得到了56分,比全国平均分高11.19分,排名第22位;2015年度评估中,深圳市在"依法行政制度体系"指标下得到62分,比全国平均分高18.54分,排名第10位;2016年度评估中,深圳市在该指标下得到65分,比全国平均分高出14.24分,排名第13位。但本年度的评估结果有所下滑,在该指标下得到50分,比全国平均分高4.08分,排名第38位。具体来说,近年来深圳市在行政规范性文件制定的制度化和规范化、行政规范性文件的合法性以及行政规范性文件定期清理制度的建立和落实等工作出现一定下滑,没有保持住良好发展势头,存在一定问题。

2. 社会矛盾化解与行政争议解决工作存在反复

本年度评估结果显示,深圳市在"社会矛盾化解与行政争议解决"一级指标下得到了84.86分,比全国平均分高14.39分,排名第10位;同样,在2015年评估当中,深圳市在该指标下得到了88分,比全国平均分高34.30分,排名第4位。但在2016年度评估当中,深圳市在该指标下仅得到66分,比全国平均分低2.10分,排名第60位;在2014年度评估中,深圳市在该指标下得到53分,比全国平均分高出5.89分,排名第25位。这表明,深圳市在社会矛盾化解与行政争议解决的工作表现存在反复,没有形成化解社会矛盾与解决行政争议的稳定良好态势,仍需改进。

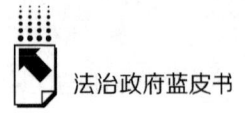

六十六　沈阳市人民政府

一、沈阳市法治政府建设情况

沈阳市人民政府评估总分为682.49分，低于全国平均水平（687.22分）4.73分，在全部评估的100个城市中排名第57位，在东部区域48个城市中排名第36位。该市政府得分按一级指标分析见表11-66。

表11-66　沈阳市人民政府一级指标评估得分分析表

指标\分析	依法全面履行政府职能	法治政府建设的组织领导	依法行政制度体系	行政决策	行政执法	政务公开	监督与问责	社会矛盾化解与行政争议解决	社会公众满意度调查
得分	71	45	44	80	72	108.75	70.6	68.33	122.81
与平均分差	-11.81	-2.22	-1.92	7.81	2.97	10.77	-2.85	-2.15	-5.34
与最高分差	-27	-27	-34	-15	-26.1	-8.97	-15.88	-21.48	-45.17
排名	93	61	50	21	37	25	68	60	68

每项一级指标换算成百分比并与全国平均水平比较得出图11-66。

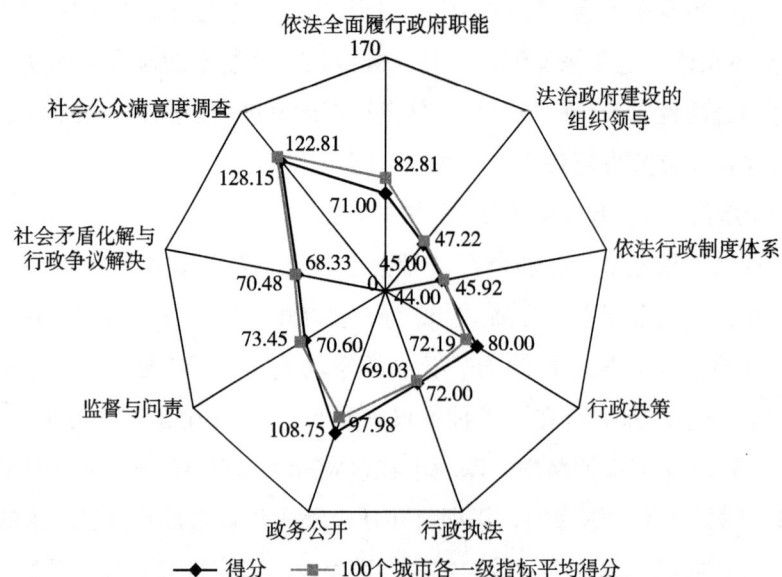

图11-66　沈阳市人民政府评估得分与全国平均得分比较图

可以看出，该市行政决策、行政执法、政务公开这三个指标高于全国平均水平，说明该市政府在这三个方面评价较高。依法全面履行政府职能、法治政府建设的组织领导、依法行政制度体系、监督与问责、社会矛盾化解与行政争议解决、社会公众满意度调查这六个指标低于全国平均水平，说明该市政府在这六个方面评价较低。

二、沈阳市法治政府建设情况分析

在2017年度法治政府评估中，沈阳市得到682.49分，在全国100个被测评城市中排名第57位，在东部区域48个城市中排名第36位（在2016年全国法治政府评估中，沈阳市得到661.66分，全国排名第53位；2015年度评估中沈阳市得到607.06分，全国排名第57位）。这一评估结果反映出，在全国法治政府建设持续推进的大背景下，沈阳市法治政府建设稳步推进，取得了一定的进步，但也有一些突出问题亟待解决，尚有较大进步空间。

（一）成绩

1. 行政决策工作有所进步

本年度评估结果显示，在"行政决策"一级指标下，沈阳市得到80分，比全国平均分高出7.81分，排名第21位；在2016年度评估中，沈阳市在"行政决策"指标下得到70分，比全国平均分高出1.13分，排名第48位；在2015年度评估中，沈阳市在"行政决策"指标下得到61分，比全国平均分低3.55分，排名第57位；在2014年度评估中，沈阳市在"行政决策"指标下仅得到54分，比全国平均分低8.02分，排名仅第74位。对比连续四年的测评结果可以看出，沈阳市的行政决策工作取得了一定程度的进步。具体而言，沈阳市在重大决策合法性审查制度、重大决策听取公众意见制度、重大决策风险评估制度、重大决策专家论证制度等方面的实施情况有所提升。

2. 行政执法工作有所进步

评估结果显示，在"行政执法"一级指标下，本年度评估沈阳市得到72分，比全国平均分高出2.97分，排名第37位；在2016年度评估中，沈阳市在"行政执法"指标下得到75分，比全国平均分高出5.49分，排名第33位；而在2015年度评估中，沈阳市在"行政执法"指标中仅得45分，比全国平均分低17.80分，排名仅为第82位；在2014年度评估中，沈阳市在"行政执法"指标中仅得29.50分，比全国平均分低35.14分，排名仅为第97位。这说明沈阳市在行政执法方面的工作有所好转，尤其是近两年来取得了一定进步。

3.政务公开方面取得一定进步

本年度评估结果显示，在"政务公开"一级指标下，沈阳市得到108.75分，比全国平均分高出10.77分，排名第25位；2016年度评估中，该一级指标得分100.75分，高于平均分8.18分，排名第32位；而在2016年度以前的评估当中，沈阳市在该一级指标中表现不佳，2015年度评估得分90分，比全国平均分低7.50分，排名第74位；2014年度评估得分82分，比全国平均分低0.72分，排名第62位。对比连续四年的测评结果可以看出，本年度沈阳市在政务公开方面取得了一定进步，从平均线以下跨入到平均线以上水平，表明沈阳市在重点领域信息公开、政府门户网站建设维护、政府数据开放、依申请信息公开等方面的工作有所改善。

（二）问题

1.依法全面履行政府职能日趋落后

在2014年度评估中，沈阳市在"依法全面履行政府职能"一级指标下得到了77分，比全国平均分低1.10分，排名第53位；2015年度评估中，沈阳市在"依法全面履行政府职能"指标下得到78分，比全国平均分低1.80分，排名第64位；2016年度评估中，沈阳市在该指标下得到66分，比全国平均分低10.23分，排名第84位；本年度的评估结果更为不佳，在该指标下仅得到71分，比全国平均分低11.81分，排名第93位，处于落后水平。具体来说，近年来沈阳市在政府职能设置、机构设置及人员管理、行政服务、行政审批、应急管理等方面的工作出现差距，存在较大问题。

2.监督与问责工作表现平庸

纵观沈阳市连续四年在"监督与问责"一级指标的表现，可以看出沈阳市在监督与问责工作的表现平平，改观不大。本年度评估中，沈阳市在该项指标中得到70.60分，比全国平均分低2.85分，排名第68位。而在2016年度与2015年度评估中，沈阳市在该项指标中排名分别为第57位和第52位。2014年度评估中，沈阳市在"政务公开"指标中仅得45分，比全国平均分低15.74分，排名仅为第95位。多年来，沈阳市的监督与问责工作在全国范围持续处于中等偏下水平，改观不大，暴露出沈阳市在内部监督、外部监督以及问责方面的工作存在不足。

3.社会公众满意度滑坡较大

本年度评估结果显示，沈阳市在"社会公众满意度调查"一级指标下得到了122.81分，比全国平均分低5.34分，排名第68位；在2016年评估当中，沈阳市在该指标下得到了140.54分，比全国平均分高10.93分，排名第21位；在2015年度评估当中，沈阳市在该指标下得到144.06分，比全国平均分高26.70分，排名第6位；在2014年度评估中，沈阳市在该指标下得到132.60分，比全国平均分高5.66分，排名第29位。这表明，近年来沈阳市的社会满意度持续走低，没能保持住良好态势，法治政府建设工作尚需群众认可。

六十七 石家庄市人民政府

一、石家庄市法治政府建设情况

石家庄市人民政府评估总分为663.34分,低于全国平均水平(687.22分)23.88分,在全部评估的100个城市中排名第65位,在东部区域48个城市中排名第40位。该市政府得分按一级指标分析见表11-67。

表11-67 石家庄市人民政府一级指标评估得分分析表

指标 分分析	依法全面履行政府职能	法治政府建设的组织领导	依法行政制度体系	行政决策	行政执法	政务公开	监督与问责	社会矛盾化解与行政争议解决	社会公众满意度调查
得分	88	43	35	73	74.1	88.95	70.17	67.5	123.62
与平均分差	5.19	-4.22	-10.92	0.81	5.07	-9.03	-3.28	-2.98	-4.53
与最高分差	-10	-29	-43	-22	-24	-28.77	-16.31	-22.31	-44.36
排名	25	67	70	49	33	80	70	66	66

每项一级指标换算成百分比并与全国平均水平比较得出图11-67。

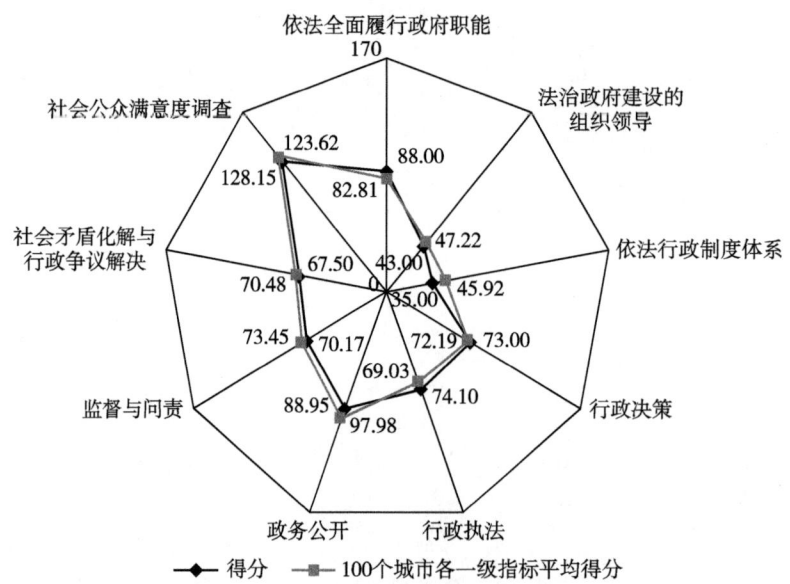

图11-67 石家庄市人民政府评估得分与全国平均得分比较图

可以看出，该市依法全面履行政府职能、行政决策、行政执法这三个指标高于全国平均水平，说明该市政府在这三个方面评价较高。法治政府建设的组织领导、依法行政制度体系、政务公开、监督与问责、社会矛盾化解与行政争议解决、社会公众满意度调查这六个指标低于全国平均水平，说明该市政府在这六个方面评价较低。

二、石家庄市法治政府建设情况分析

在2017年度法治政府评估中，石家庄市得到663.34分，在东部区域48个城市中排名第40位（总分1000分），在100个被测评城市中排名第65位（在2016年全国法治政府评估中，石家庄市得到638.01分，排名第73位；2015年度评估中石家庄市得到600.40分，排名第62位）。这一评估结果反映出，在全国法治政府建设持续推进的大背景下，石家庄市法治政府建设有所进步，但也有一些突出问题亟待解决，有较大的进步空间。

（一）成绩

1. 依法全面履行政府职能有所进步

本年度评估结果显示，在"依法全面履行政府职能"一级指标下，石家庄市得到88分，比全国平均分高出5.19分，排名第25位；在2016年度评估中，石家庄市在"依法全面履行政府职能"指标下得到80分，比全国平均分高出3.77分，排名第43位；在2015年度评估中，石家庄市在"依法全面履行政府职能"指标下得到76分，比全国平均分低3.80分，排名第76位；在2014年度评估中，石家庄市在"依法全面履行政府职能"指标下得到85分，比全国平均分高出6.90分，排名第28位。对比连续四年的测评结果可以看出，石家庄市的依法全面履行政府职能工作有一定进步。具体而言，近年来石家庄市在政府职能设置、机构设置及人员管理、行政服务、行政审批、应急管理等方面的工作有所改善。

2. 行政决策工作取得一定进步

本年度评估结果显示，在"行政决策"一级指标下，石家庄市得到73分，比全国平均分高出0.81分，排名第49位。而在本年度以前的评估当中，石家庄市在该一级指标中表现不佳，2016年度评估得分仅为56分，低于平均分12.87分，排名仅为第90位；2015年度评估得分56分，比全国平均分低8.55分，排名第75位；2014年度评估得分57分，比全国平均分低5.02分，排名第60位。对比连续四年的测评结果可以看出，本年度石家庄市在行政决策工作方面取得了一定进步，从平均线以下跨入到平均线以上水平，表明石家庄市在合法决策、民主决策、科学决策、公开决策、决策追踪等方面的工作有所改进。

（二）问题

1.依法行政制度体系建设日趋落后

在2014年度评估中，石家庄市在"依法行政制度体系"一级指标下得到了49分，比全国平均分高4.19分，排名第35位；2015年度评估中，石家庄市在"依法行政制度体系"指标下得到49分，比全国平均分高5.54分，排名第32位。但从2016年度评估开始，石家庄市在该项指标中的表现出现滑坡，2016年度评估在该指标下得到50分，比全国平均分低0.76分，排名第50位；本年度的评估结果更为不佳，在该指标下仅得到35分，比全国平均分低10.92分，排名第70位，处于靠后位置。具体来说，近年来石家庄市在行政规范性文件制定的制度化和规范化、行政规范性文件的合法性以及行政规范性文件定期清理制度的建立和落实等工作出现差距，没有保持住良好发展势头，存在一定问题。

2.政务公开工作持续疲软

纵观石家庄市连续四年在"政务公开"一级指标的表现，可以看出石家庄市在政务公开工作的表现不佳，且改观不大。本年度评估中，石家庄市在该项指标中得到88.95分，比全国平均分低9.03分，排名第80位。而在2016年度与2015年度评估中，石家庄市在该项指标中排名分别为第70位和第74位。2014年度评估中，石家庄市在"政务公开"指标中仅得62分，比全国平均分低20.72分，排名仅为第91位。多年来，石家庄市的政务公开工作在全国范围持续处于落后水平，且改观不大，暴露出石家庄市在重点领域信息公开、政府门户网站建设维护、政府数据开放、依申请信息公开等方面存在差距。

3.社会矛盾化解与行政争议解决工作存在反复

2016年度评估结果显示，石家庄市在"社会矛盾化解与行政争议解决"一级指标下得到了74分，比全国平均分高5.90分，排名第22位；同样，在2014年评估当中，石家庄市在该指标下得到了52分，比全国平均分高4.89分，排名第26位。但在本年度评估当中，石家庄市在该指标下得到67.50分，比全国平均分低2.98分，排名仅为第66位；在2015年度评估中，石家庄市在该指标下仅得到44分，比全国平均分低9.70分，排名仅为第67位。这表明，石家庄市在社会矛盾化解与行政争议解决的工作表现存在反复，没有形成化解社会矛盾与解决行政争议的稳定良好态势，仍需改进。

六十八 苏州市人民政府

一、苏州市法治政府建设情况

苏州市人民政府评估总分为738.27分,高于全国平均水平(687.27分)51.05分,在全部评估的100个城市中排名第22位,在东部区域48个城市中排名第17位。该市政府得分按一级指标分析见表11-68。

表11-68 苏州市人民政府一级指标评估得分分析表

指标 分析	依法全面履行政府职能	法治政府建设的组织领导	依法行政制度体系	行政决策	行政执法	政务公开	监督与问责	社会矛盾化解与行政争议解决	社会公众满意度调查
得分	90	58	43	66	84	106.84	72.98	82	135.45
与平均分差	7.19	10.78	-2.92	-6.19	14.98	8.86	-0.47	11.53	7.30
与最高分差	-8	-14	-35	-29	-14.1	-10.88	-13.5	-7.81	-32.53
排名	15	12	51	75	15	32	61	14	25

每项一级指标换算成百分比并与全国平均水平比较得出图11-68。

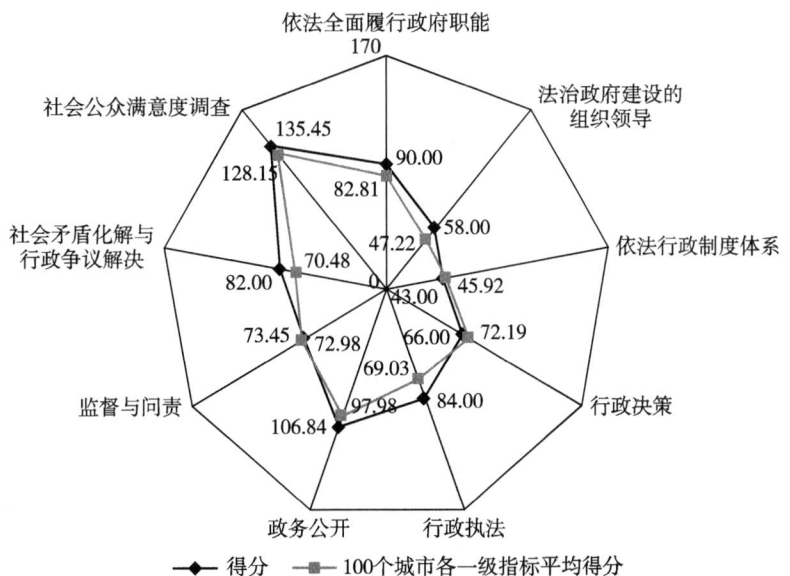

图11-68 苏州市人民政府评估得分与全国平均得分比较图

可以看出，该市依法全面履行政府职能、法治政府建设的组织领导、行政执法、政务公开、社会矛盾化解与行政争议解决、社会公众满意度调查这六个指标高于全国平均水平，说明该市政府在这六个方面评价较高。依法行政制度体系、行政决策、监督与问责这三个指标得分低于全国平均水平，说明该市政府在这三个方面评价较低。

二、苏州市法治政府建设情况分析

在2017年度法治政府评估中（总分1000分），苏州市得分为738.27分，在全国100个被测评城市中排名第22位，在东部区域48个城市中排名第17位（在2016年法治政府评估中，苏州市得到745.87分，在全国100个被测评城市中排名第8位；2015年度评估中苏州市得到720.29分，全国排名第11位）。这一评估结果反映出，在全国法治政府建设持续推进的大背景下，苏州市法治政府建设持续健康发展，但也有一些突出问题需要解决，有一定进步空间。

（一）成绩

1. 法治政府建设的组织领导表现突出

本年度评估结果显示，在"法治政府建设的组织领导"一级指标下，苏州市得到58分，比全国平均分高出10.78分，排名第12位；在2016年度评估中，苏州市在"法治政府建设的组织领导"指标下得到53分，比全国平均分高出13.61分，排名第8位；在2015年度评估中，苏州市在"法治政府建设的组织领导"指标下得到60分，比全国平均分高出26.67分，排名第9位；在2014年度评估中，苏州市在"行政决策"指标下得到57分，比全国平均分高出27.05分，排名第13位。对比连续四年的测评结果可以看出，苏州市在法治政府建设的组织领导工作当中表现突出且较为稳定。具体而言，苏州市政府日常工作对依法行政的重视程度较强，依法行政的考核与培训工作落实到位。

2. 社会矛盾化解与行政争议解决工作较为稳定

评估结果显示，在"社会矛盾化解与行政争议解决"一级指标下，本年度评估苏州市得到82分，比全国平均分高出11.52分，排名第14位；在2016年度评估中，苏州市在"社会矛盾化解与行政争议解决"指标下得到72分，比全国平均分高出3.90分，排名第27位；在2015年度评估中，苏州市在"社会矛盾化解与行政争议解决"指标中得87分，比全国平均分高出33.30分，排名第7位；在2014年度评估中，苏州市在"社会矛盾化解与行政争议解决"指标中得到76分，比全国平均分高28.89分，排名第10位。这说明苏州市在社会矛盾化解与行政争议解决方面的工作表现较为稳定，成绩值得肯定。

3. 行政执法工作取得一定进步

本年度评估结果显示，在"行政执法"一级指标下，苏州市得到84分，比全国平均分高出14.98分，排名第15位；2016年度评估中，苏州市在该指标下得分80.50分，高出平均分10.99分，排名第23位；2015年度评估得分62分，比全国平均分低0.80分，排名第51位；2014年度评估得分72分，比全国平均分高7.36分，排名第38位。对比连续四年的测评结果可以看出，本年度苏州市在监督与问责方面取得了一定进步，近两年来的行政执法工作表现进步幅度较大，表明苏州市在行政执法队伍、行政执法程序、行政执法制度、行政执法状况等方面有所提升。

（二）问题

1. 行政决策工作滑坡较大

在2014年度评估中，苏州市在"行政决策"一级指标下得到了67分，比全国平均分高4.98分，排名第36位；2015年度评估中，苏州市在"行政决策"指标下得到81分，比全国平均分高16.45分，排名第9位；2016年度评估在该指标下得到75分，比全国平均分高出6.13分，排名第24位。但在本年度评估中，苏州市在该指标下仅得到66分，比全国平均分低6.19分，排名第75位，排名处于靠后位置，表明苏州市本年度的行政决策工作有所退步，具体来说，苏州市在合法决策、民主决策、科学决策、公开决策、决策追踪等工作出现差距，没有保持住良好发展势头，存在提升的空间。

2. 依法行政制度体系表现平庸

纵观苏州市连续三年在"依法行政制度体系"一级指标的表现，可以看出苏州市在依法行政制度体系工作的表现平平，改观不大。本年度评估中，苏州市在该项指标中得到43分，比全国平均分低2.92分，排名第51位。而在2016年度与2015年度评估中，苏州市在该项指标中得分分别为47分和45分，排名分别为第57位和第42位。多年来，苏州市的政务公开工作在全国范围持续处于中等水平，改观不大，暴露出苏州市在行政规范性文件制定的制度化、规范化、合法性和定期清理制度的建立和落实等方面存在差距。

3. 监督与问责工作滑坡较大

在2014年度评估中,苏州市在"监督与问责"一级指标下得到了70分,比全国平均分高9.27分,排名第13位;2015年度评估中,苏州市在"监督与问责"指标下得到76分,比全国平均分高11.06分,排名第13位;2016年度评估在该指标下得到74.40分,比全国平均分高出6.38分,排名第23位。但本年度的评估结果表现不佳,在该指标下得到72.98分,比全国平均分低0.47分,排名第61位,处于中等偏下位置,表明苏州市本年度的监督与问责工作有所退步,在内部监督、外部监督与问责等工作出现差距,没有保持住良好发展势头,暴露出一定问题。

六十九 绥化市人民政府

一、绥化市法治政府建设情况

绥化市人民政府评估总分为515.76分,低于全国平均水平(687.22分)171.46分,在全部评估的100个城市中排名第98位,在中部区域32个城市中排名第32位。该市政府得分按一级指标分析见表11-69。

表11-69 绥化市人民政府一级指标评估得分分析表

指标\分析	依法全面履行政府职能	法治政府建设的组织领导	依法行政制度体系	行政决策	行政执法	政务公开	监督与问责	社会矛盾化解与行政争议解决	社会公众满意度调查
得分	70	29	33	59	42.6	62	48.5	47.33	124.33
与平均分差	-12.81	-18.22	-12.92	-13.19	-26.43	-35.98	-24.95	-23.15	-3.82
与最高分差	-28	-43	-45	-36	-55.5	-55.72	-37.98	-42.48	-43.65
排名	95	95	77	94	99	100	100	100	60

每项一级指标换算成百分比并与全国平均水平比较得出图11-69。

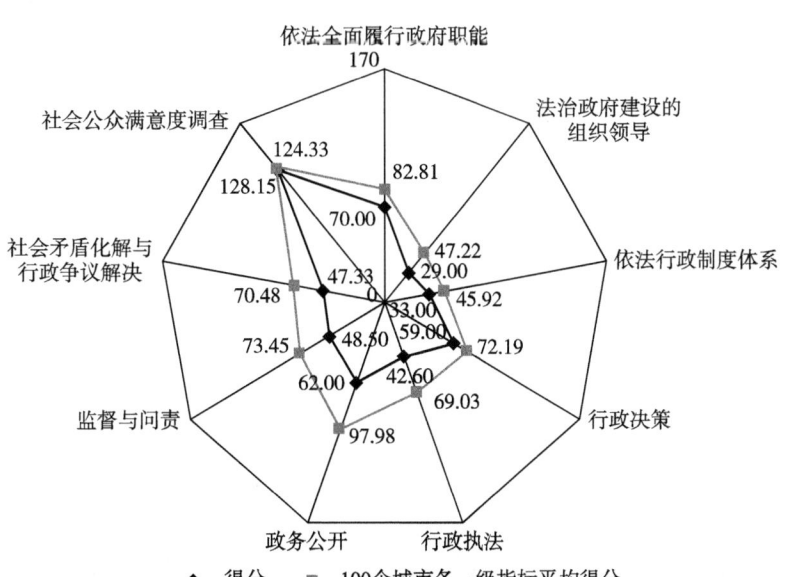

图11-69 绥化市人民政府评估得分与全国平均得分比较图

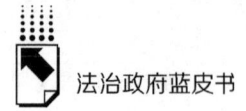

可以看出，该市依法全面履行政府职能、法治政府建设的组织领导、依法行政制度体系、行政决策、行政执法、政务公开、监督与问责、社会矛盾化解与行政争议解决、社会公众满意度调查这九个指标均低于全国平均水平，说明该市政府在这九个方面评价均较低。

二、绥化市法治政府建设情况分析

在2017年法治政府评估中，绥化市得分515.76（总分1000分），在全国100个被测评城市中排名第98位，在中部区域32个城市中排名第32位（在2016年全国法治政府评估中，绥化市得到428.14分，在100个被测评城市中排名第99位；2015年度评估中绥化市得到465.08分，全国排名第98位）。这一评估结果反映出，在全国法治政府建设持续推进的大背景下，绥化市法治政府建设问题较为突出，亟待改进。

（一）成绩

1. 依法行政制度体系建设有所进步

本年度评估结果显示，在"依法行政制度体系"一级指标下，绥化市得到33分，比全国平均分低12.92分，排名第77位；在2016年度评估中，绥化市在"依法行政制度体系"指标下得到19分，比全国平均分低31.76分，排名第99位；在2015年度评估中，绥化市在"依法行政制度体系"指标下得到20分，比全国平均分低23.46分，排名第98位；在2014年度评估中，绥化市在"依法行政制度体系"指标下得到30分，比全国平均分低14.81分，排名第91位。对比连续四年的测评结果可以看出，绥化市依法行政制度体系建设有所改观。具体来说，近年来绥化市在行政规范性文件制定的制度化和规范化、行政规范性文件的合法性以及行政规范性文件定期清理制度的建立和落实等工作有所进步，但仍处于落后水平。

2. 社会公众满意度较上年有所上升

评估结果显示，在"社会公众满意度调查"一级指标下，本年度评估绥化市得到124.33分，比全国平均分低3.82分，排名第60位；在2016年度评估中，绥化市在"社会公众满意度调查"指标下得到111.27分，比全国平均分低18.34分，排名第92位。这说明绥化市本年度的社会公众满意度较上年度有所回升，依法行政工作取得了部分公众的认可。

（二）问题

通过四年来对绥化市法治政府建设情况的评估数据进行汇总对比，可以看出，该市依法全面履行政府职能、法治政府建设的组织领导、依法行政制度体系、行政决策、行政执法、政务公开、监督与问责、社会矛盾化解与行政争议解决、社会公众满意度调查这九个指标的评估结果均远远低于全国平均水平。近年来虽然一些指标的评估结果有所进步，但依然低于全国平均水平，有较大进步空间。尤其是"监督与问责"和"政务公开"两个一级指标，绥化市在"监督与问责"一级指标下，2015年度到2017年度评估连续三年垫底，位列第100名，2014年度评估位列第99名；在"政务公开"一级指标下，2014年度、2015年度和2017年度评估三年垫底，2016年度评估位列第98位。这都说明绥化市法治政府建设差距较大，问题较多，建设法治政府任重道远。

七十　台州市人民政府

一、台州市法治政府建设情况

台州市人民政府评估总分为754.16分，高于全国平均水平（687.22分）66.94分，在全部评估的100个城市中排名第16位，在东部区域48个城市中排名第14位。该市政府得分按一级指标分析见表11-70。

表11-70　台州市人民政府一级指标评估得分分析表

指标 分析	依法全面履行政府职能	法治政府建设的组织领导	依法行政制度体系	行政决策	行政执法	政务公开	监督与问责	社会矛盾化解与行政争议解决	社会公众满意度调查
得分	98	51	59	87	68.7	91.22	82.46	76.93	139.85
与平均分差	15.19	3.78	13.08	14.81	-0.33	-6.76	9.01	6.46	11.70
与最高分差	0	-21	-19	-8	-29.4	-26.5	-4.02	-12.88	-28.13
排名	1	44	26	4	47	75	8	27	14

每项一级指标换算成百分比并与全国平均水平比较得出图11-70。

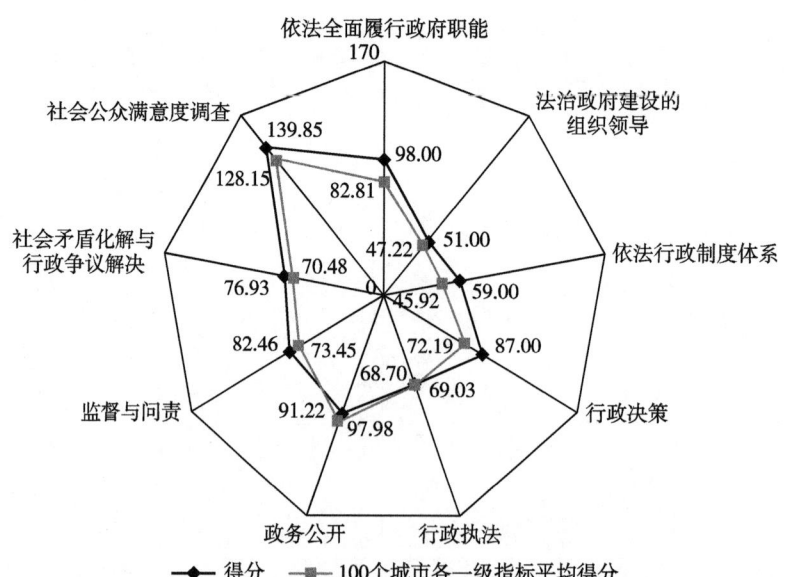

图11-70　台州市人民政府评估得分与全国平均得分比较图

可以看出，该市依法全面履行政府职能、法治政府建设的组织领导、依法行政制度体系、行政决策、监督与问责、社会矛盾化解与行政争议解决、社会公众满意度调查这七个指标高于全国平均水平，说明该市政府在这七个方面评价较高。行政执法、政务公开这两个指标低于全国平均水平，说明该市政府在这两个方面评价较低。

二、台州市法治政府建设情况分析

在2017年法治政府评估中，台州市得到754.16分（总分1000分），在全国100个被测评城市中排名第16位，在东部区域48个城市中排名第14位（在2016年全国法治政府评估中，台州市得到736.93分，全国排名第10位；2015年度评估中，台州市得到655.65分，全国排名第26位）。这一评估结果反映出，在全国法治政府建设持续推进的大背景下，台州市法治政府建设在取得长足进步的同时，也存在着一定的提升空间。

（一）成绩

1. 依法全面履行政府职能效果突出

本年度评估结果显示，在"依法全面履行政府职能"一级指标下，台州市得到98分，比全国平均分高出15.19分，排名全国第1位；2016年度评估中，台州市在"依法全面履行政府职能"指标下得到96分，排名全国第3位；2015年度评估中，台州市在"依法全面履行政府职能"指标下得到89分，排名全国第15位；2014年度评估中，台州市在"依法全面履行政府职能"指标下得到95分，排名全国第1位。对比连续四年的测评结果可以看出，台州市在该指标下得分有波动，且连续三年持续上升，反映出台州市的依法全面履行行政政府职能工作在全国处于较为领先地位。具体而言，台州市在政府机构设置、领导职数、公共服务、行政审批、应急管理等多个方面都有着优秀的表现，值得其他地方政府学习。

2. 行政决策机制取得长足进步

评估结果显示，台州市在"行政决策"指标上进步幅度最大。2016年评估中，台州市在该指标上仅得到64分，比全国平均分低4.87分；本年度评估中，台州市在该指标下得到87分，比全国平均分高出14.81分，排名从第70位上升到第4位。台州市一年间在行政决策机制建设和发展方面取得如此进步，可见当地政府在该方面做了大量的工作，值得肯定。

3. 社会公众满意度调查较2016年有较大提升

评估结果显示，在"社会公众满意度调查"一级指标下，台州市得到139.85分，

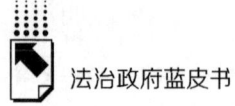

比全国平均分高出11.70分；2016年度评估中，台州市在该指标下得到125.49分，比全国平均分低4.12分；2015年度评估中，台州市在该指标下得到125.65分，比全国平均分高出8.29分。连续三年的评估结果反映出，台州市社会公众满意度调查结果在波动中有提升，且近两年提升效果较大，排名从2016年的第59位上升为第14位，连续三年与最高得分的差距也在逐年缩小，说明台州市最近一年间，在是否让人民满意以及能否让人民满意方面做出很大努力，更注重联系群众，以百姓视角出发塑造法治政府。

（二）问题

1. 法治政府建设的组织领导工作不受重视

评估结果显示，2017年度台州市在"法治政府建设的组织领导"指标下得分为51分，仅比全国平均分高3.78分。对比2016年度及2015年度台州市在这一指标上所得分数及排名，可以得出结论，台州市法治政府建设的组织领导工作未能全面落实《法治政府建设实施纲要（2015—2020年）》在新形势下对法治政府建设提出的要求，落实效果呈逐年下降趋势，在法治政府建设情况公示、独立法制机构设置、领导干部法治思维培养以及政府法律顾问开展工作情况方面都有待加强。

2. 行政执法落实并不全面

在行政执法方面，台州市在2017年评估中得到68.70分，比全国平均分低0.33分，排名第47位；在2016年评估中得到88.50分，比全国平均分高18.99分，排名第6位；在2015年评估中得到51分，比全国平均分低11.80分，排名第72位。从近三年的评估数据可以看出，台州市行政执法工作落实不全面，无论是得分还是名次，从2016年到2017年都有所退步。可见，法治政府建设对行政执法状况的要求越来越高。

3. 政务公开不到位

评估结果显示，台州市法治政府建设的政务公开得分为91.22分，比全国平均分低6.76分。从纵向来看，台州市政务公开指标连续四年不断下滑，由2014年的第7位，2015年的第13位，2016年的第15位到2017年的第75位。因此，台州市在政务公开方面需要不断改进和完善。

七十一 太原市人民政府

一、太原市法治政府建设情况

太原市人民政府评估总分为 640.78 分，低于全国平均水平（687.22 分）46.44 分，在全部评估的 100 个城市中排名第 80 位，在中部区域 32 个城市中排名第 24 位。该市政府得分按一级指标分析见表 11-71。

表 11-71 太原市人民政府一级指标评估得分分析表

指标 分析	依法全面履行政府职能	法治政府建设的组织领导	依法行政制度体系	行政决策	行政执法	政务公开	监督与问责	社会矛盾化解与行政争议解决	社会公众满意度调查
得分	85	35	43	66	59.7	92.75	69.06	70	120.27
与平均分差	2.19	-12.22	-2.92	-6.19	-9.33	-5.23	-4.39	-0.48	-7.88
与最高分差	-13	-37	-35	-29	-38.4	-24.97	-17.42	-19.81	-47.71
排名	36	87	51	75	76	69	74	51	78

每项一级指标换算成百分比并与全国平均水平比较得出图 11-71。

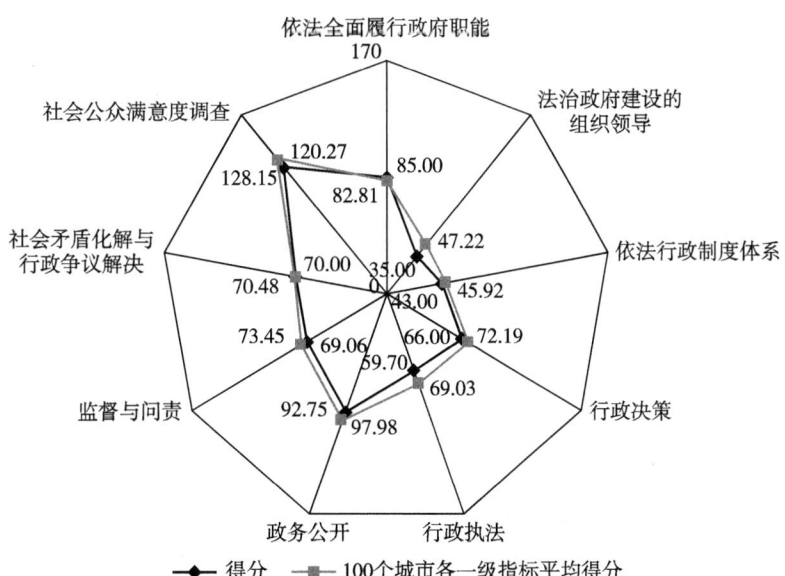

图 11-71 太原市人民政府评估得分与全国平均得分比较图

可以看出，该市依法全面履行政府职能这个指标高于全国平均水平，说明该市政府在这个方面评价较高。法治政府建设的组织领导、依法行政制度体系、行政决策、行政执法、政务公开、监督与问责、社会矛盾化解与行政争议解决和社会公众满意度调查这八个指标低于全国平均水平，说明该市政府在这八个方面评价较低。

二、太原市法治政府建设情况分析

在2017年度法治政府评估中，太原市得分为640.78分（总分1000分），在全国100个被测评城市中排名第80位，在中部区域32个城市中排名第24位（在2016年全国法治政府评估中，太原市得到642.19分，在100个被测评城市中排名第67位；2015年度评估中，太原市得到511.87分，全国排名第96位）。这一评估结果反映出，太原市法治政府建设在持续推进并取得较大的进步的同时，在某些方面仍然存在着可提升的空间。

（一）成绩

1. 依法全面履行政府职能达到平均水平

本年度评估结果显示，在"依法全面履行政府职能"一级指标下，太原市得到85分，比全国平均分高出2.19分，排名第36位；2016年度评估中，太原市在"依法全面履行政府职能"指标下得到72分，低于平均分4.23分，排名第66位；2015年度评估中，太原市在"机构职能"指标下得到86分，排名全国第28位。对比三年的测评结果，可以看出，太原市在依法全面履行政府职能方面自2016年以来有所好转，经过一年的调整，综合考评终于达到平均分以上水平，这说明太原市在机构设置、领导指数、公共服务等方面正在做出调整和努力。

2. 行政监督与问责有所提高

评估结果显示，太原市在"监督与问责"指标上有小幅度范围的进步。2016年评估中，太原市在该指标上得分为59.23分，比全国平均分低8.79分；本年度评估中，太原市在该指标下得到69.06分，比全国平均分低4.39分，得分增长近10分，虽然连续两年得分低于平均分，但是2017年相较于2016年，太原市在该项指标下，无论是评估分值，还是最终排名都有所增长，且与最高分的差距正在不断缩减。可见，位于发展较缓慢的中部区域的太原市作为省会城市，其正在采取有效措施改进监督与问责落实情况。

（二）问题

1. 法治政府建设的组织领导工作滞后

评估结果显示，2017年度太原市在"法治政府建设的组织领导"指标下得分为35分，比全国平均分低12.22分，排名第87位。2016年，太原市在该项指标下得分为47分，高于全国平均分7.61分，排名第26位，2015年，该项指标太原市的得分为21分，排名第76位。由此可见，太原市法治政府建设的组织领导工作未能全面落实《法治政府建设实施纲要（2015—2020年）》在新形势下对法治政府建设提出的要求，对政府法制工作的组织保障不够充分，对依法行政考核的推进不够理想，政府法律顾问制度建设缓慢。

2. 行政执法力度不够

根据评估结果，2017年度太原市在"行政执法"指标下得分为59.70分，比全国平均分低9.33分，低于最高分38.40分，全国排名第76位；2016年度，太原市的该项指标得分为68分，全国排名第54位，相较于2016年，评估结果下降近10分，排名相应有所退步。可见，太原市在行政执法环节上，在执法体制、执法程序、执法方式、执法责任制和执法人员管理等方面应加强建设力度。行政执法是法治政府建设的重中之重，不仅不应忽视，反而应当重点关注，太原市在此方面连续三年评估结果都在50名之外，可见其中暴露出的具体问题之多，因此，太原市政府需在该方面加大建设力度。

3. 社会公众满意度不高

在社会公众满意度调查方面，太原市2017年与2016年评估得分相当，2017年度该项指标得分为120.27分，比全国平均分低7.88分，比全国最高分低47.71分，全国排名为第78位；2016年度该项指标得分为119.17分，比全国平均分低9.90分，比全国最高分低50.33分，全国排名为第79位；相较于2015年的成绩（总得分85.37，比全国平均分低31.99，比全国最高分低99.08分），2017年和2016年都有所进步，然而整体状况在全国100所评估城市中，仍处于落后局面。由此反映出，太原市在社会公众满意度上存在较大问题，具体而言，在依法全面履行政府职能、严格规范公正文明执法、科学民主行政决策、廉洁高效、守法诚信等法治政府建设方面未得到社会公众的广泛认可。

七十二　泰安市人民政府

一、泰安市法治政府建设情况

泰安市人民政府评估总分为 675.76 分，低于全国平均水平（687.22 分）11.46 分，在全部评估的 100 个城市中排名第 60 位，在东部区域 48 个城市中排名第 38 位。该市政府得分按一级指标分析见表 11-72。

表 11-72　泰安市人民政府一级指标评估得分分析表

指标 分析	依法全面履行政府职能	法治政府建设的组织领导	依法行政制度体系	行政决策	行政执法	政务公开	监督与问责	社会矛盾化解与行政争议解决	社会公众满意度调查
得分	81	42	73	77	65	83.33	57	79.5	117.93
与平均分差	-1.81	-5.22	27.08	4.81	-4.03	-14.65	-16.45	9.02	-10.22
与最高分差	-17	-30	-5	-18	-33.1	-34.39	-29.48	-10.31	-50.05
排名	63	71	8	34	58	88	95	21	87

每项一级指标换算成百分比并与全国平均水平比较得出图 11-72。

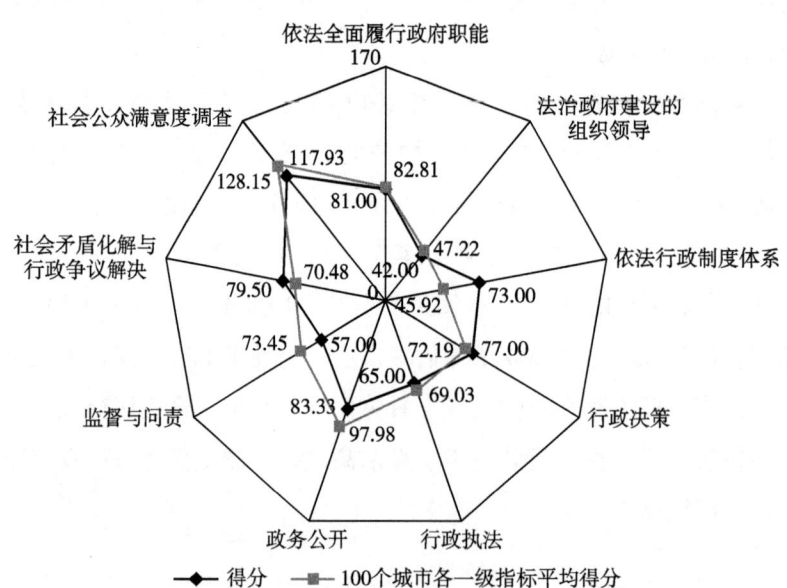

图 11-72　泰安市人民政府评估得分与全国平均得分比较图

可以看出，该市依法行政制度体系、行政决策、社会矛盾化解与行政争议解决这三个指标高于全国平均水平，说明该市政府在这三个方面评价较高。依法全面履行政府职能、法治政府建设的组织领导、行政执法、政务公开、监督与问责和社会公众满意度调查这六个指标低于全国平均水平，说明该市政府在这六个方面评价较低。

二、泰安市法治政府建设情况分析

在2017年度法治政府评估中，泰安市得到675.76分（总分1000分），在全国100个被测评城市中排名第60位，在东部区域48个城市中排名第38位（在2016年全国法治政府评估中，泰安市得到659.83分，在100个被测评城市中排名第56位；2015年度评估中，泰安市得到591.6分，排名第66位）。这一评估结果反映出，在全国法治政府建设持续推进的大背景下，泰安市法治政府建设进程较为缓慢，虽然个别指标的评估结果有所提升，但依然存在着较大的提升空间。

（一）成绩

1. 依法行政制度体系相对健全

根据评估结果，2017年度泰安市在"依法行政制度体系"指标下，成绩较为突出，得分为73分，高出全国平均分27.08分，与全国最高分相差5分，全国排名第8位；2016年泰安市在"依法行政制度体系"指标下得分为66分，高于全国平均分，全国排名第12位；2015年泰安市该项指标总评估结果相对较差。但是，将泰安市2017年与2016年该项指标评估结果相比较，可以看出明显的进步，全国排名从第12位上升为第8位，表明泰安市在行政执法体制、行政执法程序、行政执法方式、行政执法责任制以及行政执法人员管理等方面加大落实力度，并建立相对健全的依法行政制度体系。

2. 社会矛盾化解与行政争议解决效果稳定

根据评估结果，在社会矛盾化解与行政争议解决效果方面，泰安市2017年和2016年两年的评估结果相对稳定。2017年泰安市该项指标得分为79.50分，高于全国平均分9.02分，低于全国最高分10.31分，全国排名21位；2016年泰安市该项指标得分为76分，比全国平均分高7.90分，低于全国最高分6分，全国排名第19位；由此可以看出，近两年，泰安市在社会矛盾化解与行政争议解决上，维持稳定水平。

（二）问题

1. 政务公开落实情况不容乐观

评估结果显示，泰安市 2017 年度在"政务公开"指标下的得分为 83.33 分，排名第 88 位，比全国平均分低 14.65 分；2016 年度泰安市该项指标得分为 96 分，高于全国平均分 3.43 分，全国排名第 39 位；2015 年度泰安市该项指标得分为 97 分，低于全国平均分 0.50 分，全国排名为 53 位；从近三年的评估数据可以看出，2017 年泰安市在行政公开方面有明显退步，排名从全国 100 所城市的前 40 名跌落至倒数，因此，无论是主动公开，还是依申请公开，泰安市都应加强建设力度，改进和完善政务公开中暴露出的严重问题。

2. 监督与问责无有效进展

监督与问责方面，泰安市 2017 年度该项指标得分为 57 分，排名第 95 位，低于全国平均分 16.45 分；2016 年度该项指标得分为 58.59 分，全国排名第 91 位，低于全国平均分 9.43 分；2015 年度泰安市该项指标的得分相对较好，得分为 65 分，高于平均分 0.06 分，全国排名位于第 43 位；由三年评估结果分析可以看出，泰安市 2017 年和 2016 年在监督与问责方面成效处于全国 100 所城市后列，且 2017 年度成效相较 2016 年无进步，因此，泰安市应在外部监督、内部监督与问责的机制建设与实施上给予应有的重视。

3. 社会公众满意度不高

根据评估数据显示，泰安市"社会公众满意度调查"指标 2017 年度得分为 117.93 分，比全国平均分低 10.22 分，全国排名第 87 位；2016 年度泰安市该项指标得分为 121.24 分，全国排名第 72 位，低于全国平均分 8.37 分；2015 年度泰安市该项指标得分与前两年近似，为 116.10 分，全国排名第 49 位，低于全国平均分 1.26 分。从三年数据分析，泰安市的社会公众满意度逐年降低，2017 年更是进入全国后 20 名的行列，连续三年全国排名下降，由此可知，泰安市在法治政府建设过程中，应重视社会公众满意与否的反馈，尤其是注重依法全面履行政府职能、严格规范公正文明执法、科学民主行政决策、廉洁高效、守法诚信方面的公众满意度培养。

七十三　唐山市人民政府

一、唐山市法治政府建设情况

唐山市人民政府评估总分为 671.74 分，低于全国平均水平（687.22 分）15.48 分，在全部评估的 100 个城市中排名第 62 位，在东部区域 48 个城市中排名第 39 位。该市政府得分按一级指标分析见表 11-73。

表 11-73　唐山市人民政府一级指标评估得分分析表

指标\分析	依法全面履行政府职能	法治政府建设的组织领导	依法行政制度体系	行政决策	行政执法	政务公开	监督与问责	社会矛盾化解与行政争议解决	社会公众满意度调查
得分	84	59	35	61	67.2	90.08	68.07	66.36	141.03
与平均分差	1.19	11.78	-10.92	-11.19	-1.83	-7.90	-5.38	-4.12	12.88
与最高分差	-14	-13	-43	-34	-30.9	-27.64	-18.41	-23.45	-26.95
排名	45	8	70	92	56	76	77	73	12

每项一级指标换算成百分比并与全国平均水平比较得出图 11-73。

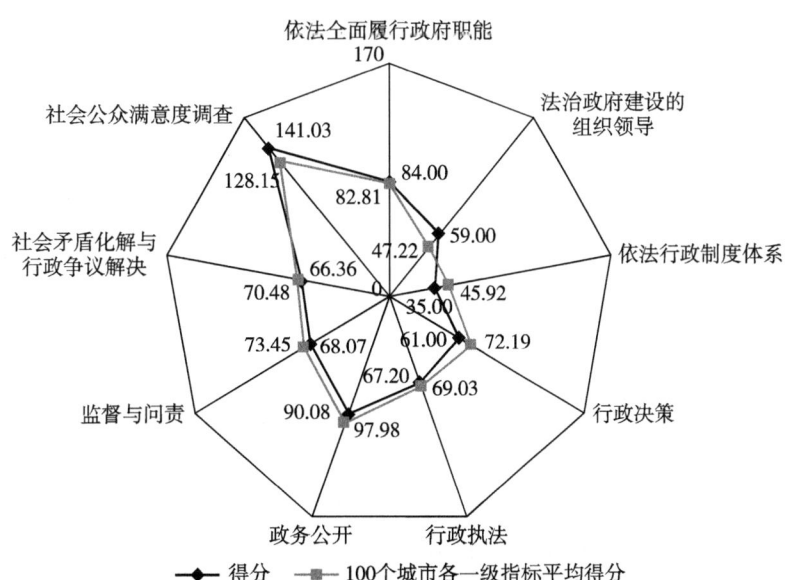

图 11-73　唐山市人民政府评估得分与全国平均得分比较图

可以看出，该市依法全面履行政府职能、法治政府建设的组织领导和社会公众满意度调查这三个指标高于全国平均水平，说明该市政府在这三个方面评价较高。依法行政制度体系、行政决策、行政执法、政务公开、监督与问责、社会矛盾化解与行政争议解决这六个指标低于全国平均水平，说明该市政府在这六个方面评价较低。

二、唐山市法治政府建设情况分析

在2017年全国法治政府评估中，唐山市得到671.74分（总分1000分），在100个被测评城市中排名第62位，在东部区域48个城市中排名第39位（2016年度评估中，唐山市得到638.92分，排名第71位；2015年度评估中唐山市得到620.02分，排名第46位）。这一评估结果反映出，在全国法治政府建设持续推进的大背景下，唐山市法治政府建设在个别指标有明显进步的同时，也存在着一些亟待重视和解决的问题。

（一）成绩

1. 法治政府建设的组织领导取得突出成效

根据评估数据，唐山市2017年"法治政府建设的组织领导"指标得分为59分，高出全国平均分数11.78分，在全国100所评估城市中，排名第8位；2016年唐山市在该项指标下的得分为47分，比全国平均分高7.61分，排名第27位；2015年唐山市该项指标在100所评估城市中排名第25位，得分为45分，比全国平均分高11.67分；根据近三年的数据分析可知，唐山市2017年在法治政府建设的组织领导方面取得明显进展，排名进入全国100所被评估城市的前10位，说明唐山市在法治政府建设的组织保障、落实机制和领导干部的法治思维和法制能力培养上都有较大改善。

2. 社会公众满意度逐年攀升

根据评估数据，2017年度唐山市在"社会公众满意度调查"该项目评估中得分为141.03分，比全国平均分高出12.88分，在100所评估城市中，排名第12位，较全国最高分，仍有26.95分的差距。唐山市2016年该项指标的得分为140.64分，比全国平均分高出11.03分，排名全国第20位；2015年，唐山市该项指标的得分为108.02分，低于全国平均分9.34分，排名全国第70位；由连续三年数据分析可知，唐山市在建设法治政府的社会公众满意度调查中，调查结果呈上升趋势，一方面是唐山市重视联系群众，倾听百姓声音的结果；另一方面表明唐山市三年来持续努力，积极提升政府工作的社会公众满意度。

（二）问题

1. 行政决策建设需加强

评估数据显示，自2015年至2017年，唐山市"行政决策"指标评估排名始终处于相对落后的位置。2017年度唐山市该项指标得分为61分，低于全国平均分11.19分，全国排名第92位；2016年度唐山市该项指标得分为57分，低于全国平均分11.87分，全国排名第88位；2015年度唐山市该项指标得分为57分，低于全国平均分7.55分，全国排名第71位；从近三年的评估数据分析可知，唐山市在行政决策方面，名次逐渐下降，说明其在合法决策、民主决策、科学决策、公开决策及决策追踪方面需加大力度予以强化。

2. 政务公开工作需重视

据评估数据显示，唐山市2017年"政务公开"指标评估结果较2016年有明显退步。2017年唐山市该项指标得分为90.08分，比全国平均分低7.90分，排名全国第76位；2016年唐山市该项指标得分为102.50分，高于全国平均分9.93分，全国排名第25位；2015年总得分为105分，比全国平均分高7.50分，排名全国第33位；分析三年数据可知，唐山市2017年该项指标的评估结果有明显跌落，排名从2016年第25位下降至2017年第76位，反映出唐山市在政务公开方面重视度不足。

3. 内外监督体系需完善，问责机制需强化

根据评估数据，唐山市"监督与问责"指标在2017年的评估结果与前一年相比总得分相近，但全国排名落差较大。2017年度唐山市该项指标总得分为68.07分，比全国平均分低5.38分，排名全国第77位；2016年度唐山市该项指标总得分为71.18分，高出全国平均分3.16分，排名全国第35位；2015年度唐山市该项指标得分为57分，比全国平均分低7.95分，排名全国第83位。由近三年数据分析可知，唐山市该项指标在2016年度有明显改善，但2017年度再次明显跌落，无论是总评估得分还是排名，都有明显退步。由此说明，唐山市在监督与问责方面投入的时间和精力不稳定，容易受外界因素影响。

七十四　天津市人民政府

一、天津市法治政府建设情况

天津市人民政府评估总分为 756.45 分,高于全国平均水平 (687.22 分) 69.23 分,在全部评估的 100 个城市中排名第 15 位,在东部区域 48 个城市中排名第 13 位。该市政府得分按一级指标分析见表 11-74。

表 11-74　天津市人民政府一级指标评估得分分析表

指标 分析	依法全面履行政府职能	法治政府建设的组织领导	依法行政制度体系	行政决策	行政执法	政务公开	监督与问责	社会矛盾化解与行政争议解决	社会公众满意度调查
得分	79	72	38	77	80.2	91.23	78.03	85.14	155.85
与平均分差	-3.81	24.78	-7.92	4.81	11.18	-6.75	4.58	14.67	27.70
与最高分差	-19	0	-40	-18	-17.9	-26.49	-8.45	-4.67	-12.13
排名	74	1	63	34	24	73	33	8	2

每项一级指标换算成百分比并与全国平均水平比较得出图 11-74。

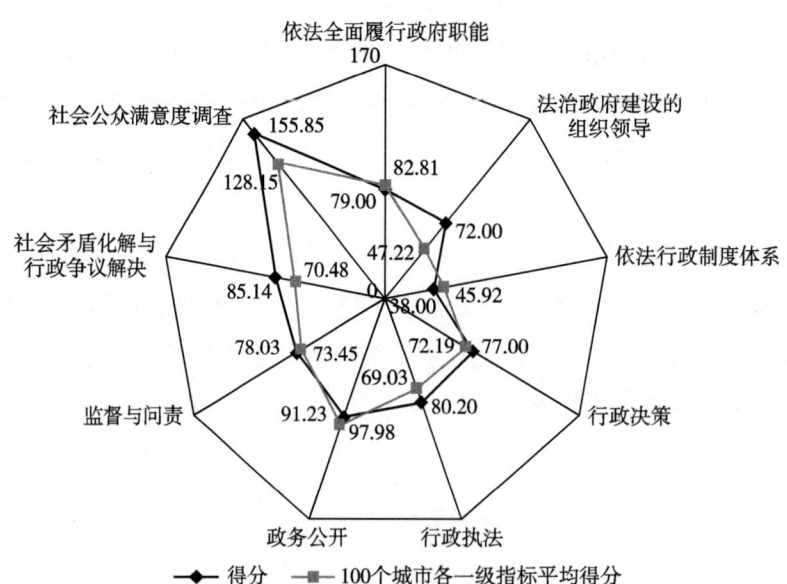

图 11-74　天津市人民政府评估得分与全国平均得分比较图

可以看出，该市法治政府建设的组织领导、行政决策、行政执法、监督与问责、社会矛盾化解与行政争议解决、社会公众满意度调查这六个指标高于全国平均水平，说明该市政府在这六个方面评价较高。依法全面履行政府职能、依法行政制度体系、政务公开这三个指标低于全国平均水平，说明该市政府在这三个方面评价较低。

二、天津市法治政府建设情况分析

在2017年全国法治政府评估中，天津市得到756.45分（总分1000分），在100个被测评城市中排名第15位，在东部区域48个城市中排名第13位（2016年度评估中，天津市得到711.51分，排名第24位；2015年度评估中天津市得到676.74分，排名第19位）。这一评估结果反映出，在全国法治政府建设持续推进的大背景下，天津市法治政府建设在个别指标相对突出的同时，也存在着一些亟待重视和解决的问题。

（一）成绩

1. 法治政府建设的组织领导工作表现优异

本年度评估结果显示，天津市"法制政府建设的组织领导"指标在100所评估城市中评估结果位列第一，连续三年该项指标均有较好成绩。2017年度天津市该项指标得分为72分，高出全国平均分24.78分；2016年度天津市该项指标得分为57分，在100所评估城市中排名第6位，高出全国平均分17.61分；2015年度天津市该项指标得分为65分，比全国平均分高31.67分，排名全国第5位；根据三年评估数据可知，天津市在法治政府建设的组织领导工作中始终稳步前进，并在2017年度取得全国第一的成绩，说明天津市在法治政府建设的组织领导上开拓创新，法治政府建设推动有力，值得其他城市学习借鉴。

2. 社会矛盾化解与行政争议解决取得明显进步

评估结果显示，本年度天津市在社会矛盾化解与行政争议解决方面较2016年度取得较大进步，在全国100所评估城市中，排名从2016年度第40位上升为2017年度第8位。具体而言，天津市近三年数据如下，2017年度天津市该项指标得分为85.14分，比全国平均分高出14.67分；2016年度天津市该项指标全国排名第40位，得分为71分，仅高出全国平均分2.90分；2015年度天津市该项指标全国排名第3位，比全国平均分高出36.30分。分析这三年数据，可以看出，天津市"社会矛盾化解与行政争议解决"指标在2017年度取得较大进步，经过一年努力，天津市在化解

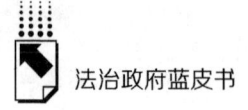

社会矛盾与解决行政争议方面有明显改善,值得肯定。

3. 社会公众满意度位居全国第二

根据评估结果,2017年度天津市"社会公众满意度调查"指标评估结果取得全国第二的好成绩,而2016年度天津市该项指标仅在全国排名第66位。分析具体数据,2017年度天津市该项指标得分为155.85分,比全国平均分高出27.70分;2016年度天津市该项指标得分为123.66分,低于全国平均分5.95分,在全国100所评估城市中排名第66位;2015年天津市在该项指标下得分为126.74分,全国排名第24位,高出全国平均分9.38分。由近三年数据分析可知,天津市本年度在社会公众满意度方面付出较大努力并获得相应成效,明显进步表明其在法治政府建设过程中,高度重视老百姓评价,以群众满意为根本,以服务大众为出发点建设真正的法治政府,天津市在此方面的有效措施值得全国学习。

(二)问题

1. 依法全面履行政府职能工作不扎实

评估结果显示,天津市"依法全面履行政府职能"方面工作不扎实,本年度较2016年度有较大退步,在100所评估城市中排名跌落至后30位行列。2017年度天津市该项指标得分为79分,比全国平均分低3.81分,在100所评估城市中排名第74位;2016年度天津市该项指标得分为83分,比全国平均分高6.77分,全国排名第31位;2015年天津市该项指标得分为82分,比全国平均分高2.20分,全国排名第43位。分析近三年数据可知,天津市三年"依法全面履行政府职能"评估结果相对较差,尤其是2017年度有明显退步,说明天津市需在机构设置、领导职数、公共服务、行政审批及应急管理方面予以重视,并学习其他城市有效经验,进行改善,促进政府职能的建设与完善。

2. 依法行政制度体系需进一步完善

根据评估结果,天津市近三年在依法行政制度体系建设与完善方面驻足不前,成效无明显改善。2017年度天津市"依法行政制度体系"指标得分为38分,比全国平均分低7.92分,全国100所评估城市排名第63位;2016年天津市该项指标得分为42分,比全国平均分低8.76分,全国排名第74位;2015年天津市该项指标全国排名第90位,得分为29分,比全国平均分低14.46分。由数据分析可知,天津市的依法行政制度体系建设与完善工作任重道远,需要加大行政规范性文件指定的制度化与规范化,以及行政规范性文件的合法性的审查,并进一步完善定期清理行政规范性文件的制度。

3. 政务公开透明度有待合理化

评估结果显示，天津市"政务公开"指标2017年度较2016年度有较大程度滑落。具体分析数据，2017年度天津市该项指标得分为91.23分，比全国平均分低6.75分，全国100所评估城市中排名第73位；2016年天津市该项指标得分为100.25分，全国排名第33位，高出全国平均分7.68分；2015年天津市该项指标得分为89分，全国排名第77位，比全国平均分低8.50分。由此可以看出，天津市的政务公开工作并不扎实，应进一步提高政务信息公开透明度，提高政府公信力。

七十五　潍坊市人民政府

一、潍坊市法治政府建设情况

潍坊市人民政府评估总分为783.4分，高于全国平均水平（687.22分）96.18分，在全部评估的100个城市中排名第9位，在东部区域48个城市中排名第7位。该市政府得分按一级指标分析见表11-75。

表11-75　潍坊市人民政府一级指标评估得分分析表

指标 分析	依法全面履行政府职能	法治政府建设的组织领导	依法行政制度体系	行政决策	行政执法	政务公开	监督与问责	社会矛盾化解与行政争议解决	社会公众满意度调查
得分	85	45	75	84	80.4	112.75	79.38	68.75	153.12
与平均分差	2.19	-2.22	29.08	11.81	11.38	14.77	5.93	-1.73	24.97
与最高分差	-13	-27	-3	-11	-17.7	-4.97	-7.1	-21.06	-14.86
排名	36	61	3	10	23	10	25	58	3

每项一级指标换算成百分比并与全国平均水平比较得出图11-75。

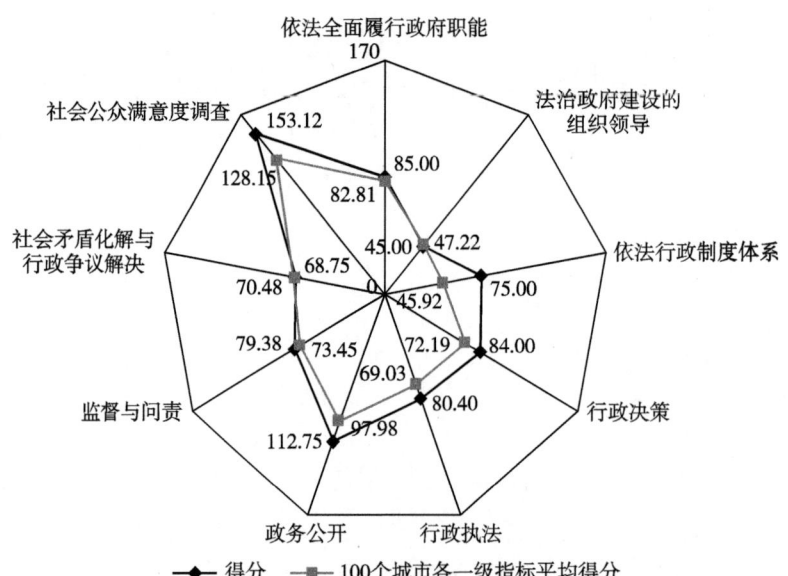

图11-75　潍坊市人民政府评估得分与全国平均得分比较图

可以看出，该市依法全面履行政府职能、依法行政制度体系、行政决策、行政执法、政务公开、监督与问责、社会公众满意度调查这七个指标高于全国平均水平，说明该市政府在这七个方面评价较高。法治政府建设的组织领导、社会矛盾化解与行政争议解决这两个指标低于全国平均水平，说明该市政府在这两个方面评价较低。

二、潍坊市法治政府建设情况分析

在2017年全国法治政府评估中，潍坊市得到783.4分（总分1000分），在100个被测评城市中排名第9位，在东部区域48个城市中排名第7位（2016年度评估中，潍坊市得到742.89分，排名第9位；2015年度评估中潍坊市得到596.36分，排名第64位）。这一评估结果反映出，在全国法治政府建设持续推进的大背景下，潍坊市法治政府建设在近两年取得较大进步的同时，也存在着一些有待重视和解决的问题。

（一）成绩

1. 行政决策制度建立和完善效果明显

本年度评估结果显示，在"行政决策"一级指标下，潍坊市得分为84分，在全国100所评估城市中排名第10位，得分高于全国平均分11.81分；2016年度潍坊市在该项指标下得分为72分，排名第39位，比全国平均分高3.13分；潍坊市2016年度该项指标评估情况总体好于2015年度评估结果，2015年潍坊市该项指标得分为58分，低于全国平均分6.55分，在全国100所城市中排名第69位。从三年评估数据分析可知，潍坊市在行政决策机制建设和完善方面效果显著，逐年进步。

2. 社会公众满意度调查位居前列

根据评估数据结果显示，本年度潍坊市"社会公众满意度调查"评估结果位居全国第3位，该项指标总得分位153.12分，高于全国平均分24.97分；2016年度潍坊市该项指标在全国排名第17位，得分为142.62分，比全国平均分高出13.01分，相较于2015年度评估结果有较大进步；2015年度潍坊市该项指标评估得分为111.36分，低于全国平均分6分，排名第61位。分析近三年数据，可以看出，潍坊市在法治政府建设过程中，注重社会公众的满意度，关注百姓心声，以服务群众为基础，并取得良好成效。

（二）问题

1. 法治政府建设的组织领导工作需重视

评估数据显示，潍坊市"法治政府建设的组织领导"指标连续三年评估结果都低于全国平均成绩，排名在全国100所城市中位于60名以后。2017年度潍坊市该项指标的得分为45分，比全国平均分低2.22分，在100所评估城市中排名第61位；2016年度潍坊市该项指标得分为33分，比全国平均分低6.39分，在100所评估城市中排名第71位；2015年度潍坊市该项指标得分为25分，比全国平均分低8.33分，全国排名第63位。根据数据分析可知，在法治政府建设的组织领导方面，潍坊市近三年评估结果无明显变化，总得分均低于全国平均分，排名相对靠后，说明潍坊市应对法治政府建设的组织领导工作加大重视力度，完善组织保障，健全法治政府建设落实机制，努力培养领导干部的法治思维和法治能力。

2. 行政执法规范程度降低

根据评估数据显示，本年度潍坊市"行政执法"指标评估得分及排名较2016年有所退步。2017年度潍坊市该项指标得分为80.4分，比全国平均分高出11.38分，100所评估城市中排名第23位；2016年度潍坊市该项指标成绩相对较好，100所评估城市中排名第13位，高于全国平均分15.39分；2015年度潍坊市该项指标得分为49分，比全国平均分低13.80分，全国排名第77位。分析近三年数据可知，潍坊市行政执法2016年度取得较大进步，但是2017年度评估结果有所滑落，说明潍坊市在行政执法规范程度落实上还不全面，仍有部分部门行政执法工作需加强，仍需全面规范各行政执法部门的执法活动。

3. 社会矛盾化解与行政争议解决机制需强化

根据评估数据显示，2017年度潍坊市在社会矛盾化解与行政争议解决方面评估结果低于全国水平。2017年度潍坊市该项指标得分为68.75分，比全国平均分低1.73分，在100所评估城市中排名第58位；2016年度潍坊市该项指标的评估得分为74分，高出全国平均分5.90分，全国排名第20位；2015年度潍坊市该项指标的评估得分为50分，比全国平均分低3.70分，全国排名第48位。分析三年数据可知，潍坊市"社会矛盾化解与行政争议解决"指标在2016年度取得较大进步后，2017年评估结果又产生较大退步，说明潍坊市在社会矛盾化解与行政争议解决制度建设与制度落实上需强化。

七十六 温州市人民政府

一、温州市法治政府建设情况

温州市人民政府评估总分为741.92分,高于全国平均水平(687.22分)54.7分,在全部评估的100个城市中排名第19位,在东部区域48个城市中排名第16位。该市政府得分按一级指标分析见表11-76。

表11-76 温州市人民政府一级指标评估得分分析表

指标 分析	依法全面履行政府职能	法治政府建设的组织领导	依法行政制度体系	行政决策	行政执法	政务公开	监督与问责	社会矛盾化解与行政争议解决	社会公众满意度调查
得分	90	52	60	73	69.8	113.32	77.35	74.48	131.97
与平均分差	7.19	4.78	14.08	0.81	0.77	15.34	3.90	4.01	3.82
与最高分差	-8	-20	-18	-22	-28.3	-4.4	-9.13	-15.33	-36.01
排名	15	36	20	49	40	9	39	38	31

每项一级指标换算成百分比并与全国平均水平比较得出图11-76。

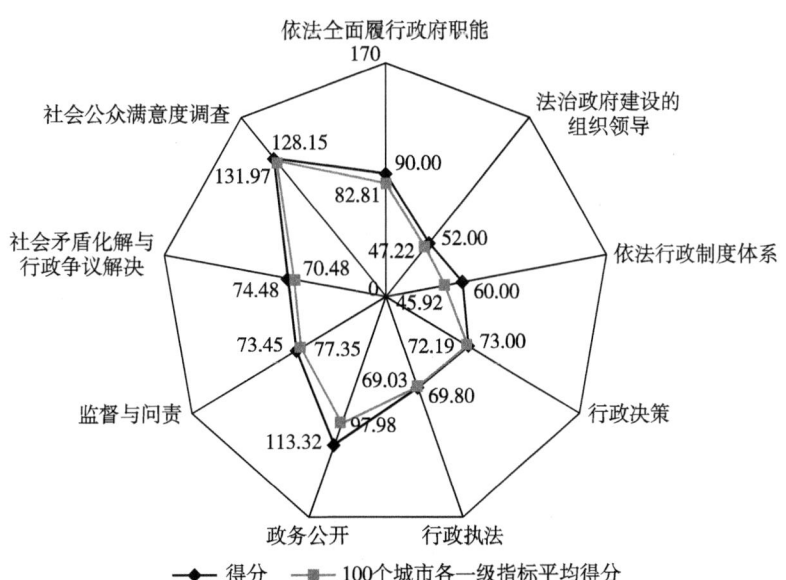

图11-76 温州市人民政府评估得分与全国平均得分比较图

可以看出，该市依法全面履行政府职能、法治政府建设的组织领导、依法行政制度体系、行政决策行政执法、政务公开、监督与问责、社会矛盾化解与行政争议解决、社会公众满意度调查这九个指标均高于全国平均水平，说明该市政府法治政府建设水平较高。

二、温州市法治政府建设情况分析

在 2017 年全国法治政府评估中，温州市得到 741.92 分（总分 1000 分），在 100 个被测评城市中排名第 19 位，在东部区域 48 个城市中排名第 16 位（2016 年度评估中温州市得到 733.56 分，排名第 11 位；2015 年度评估中，温州市得到 653.61 分，排名第 28 位）。这一评估结果反映出，在全国法治政府建设持续推进的大背景下，温州市法治政府建设在不断取得进步的同时，也存在着一些亟待解决的问题。

（一）成绩

1. 政务公开表现突出

本年度评估结果显示，在"政务公开"一级指标下，温州市得到 113.32 分，比全国平均分高出 15.34 分；2016 年度评估中，温州市在"政府信息公开"指标下得到 107.5 分，高出平均分 14.93 分；2015 年度评估中，温州市在"政府信息公开"指标下得到 109 分，高出平均分 11.5 分。对比连续三年的测评结果可以看出，温州市在该指标下连续三年高于全国平均分，反映出温州市的政务公开工作相较于全国平均水平来说完成得较好。

2. 依法行政制度体系建设逐步完善

评估结果显示，温州市 2017 年在"依法行政制度体系建设"方面的得分为 60 分，高于平均分 14.08 分。在 2016 年"政府制度建设"方面的得分为 57 分，高于平均分 6.24 分。在 2015 年"制度建设"该指标上得分为 70 分，高于平均分 26.54 分。从三年的评估结果中可以看出，温州市在制度建设方面的表现较好，虽然与全国先进城市仍有一定的差距，但是高于全国平均水平。

3. 依法全面履行政府职能完成较好

评估结果显示，在"依法全面履行政府职能"一级指标下，2017 年温州市的得分为 90 分，高于平均分 7.19 分。2016 年该指标的得分为 90 分，高于平均分 13.77 分。2015 年的得分为 91 分，高于平均分 11.2 分。可以看出，指标满分为 100 分的评估中，温州市连续三年可保持在九十分左右并且均高于平均分，说明温州市较好地完成了依法全面履行政府职能的工作，相较于其他城市来说表现较为突出。

（二）问题

1. 行政执法水平有待提高

评估结果显示，在2017年的评估中温州市在"行政执法"指标下的得分为69.8，相较于2016年的95.5分和2015年的83.5分来看，下滑较为严重，仅高于平均分0.77分。这一得分反映出温州市政府放松了对行政执法领域的建设，不论是在制度完善还是实施效果上均存在一定的问题。本年度该指标中行政执法体验这一观测点，重点考察被评估城市行政执法的实施情况，对政府的制度落实提出了更高的要求。

2. 行政决策制度不完善

在行政决策方面，温州市在2015年评估中得到56分（该指标总分80分），比全国平均分低8.47分；在2016年评估中得到64分，比全国平均分低4.87分；在2017年评估中得到73分，比全国平均分高0.81分。从近三年的评估数据可以看出，尽管近年来温州市行政决策建设的总体形势向好，但在整体上依然处于较低水平，与理想状态相比还有较大差距，在2017年与最高分仍相差22分。这表明，在行政决策方面温州市仍然需要进一步加强相关工作，完善制度建设，保证制度实施效果。

3. 法治政府建设的组织领导表现较差

评估结果显示，2015年，温州市在"组织领导"方面的得分为26分，与全国平均分相差7.33分；2016年在"法治政府建设的组织领导"方面的得分为37分，低于全国平均分2.39分；2017年在该指标的得分为52分，高于全国平均分4.78分，但仍低于最高分20分，差距较大。从三年的评估结果来看，温州市的组织领导建设虽然在不断取得进步，但是与全国先进城市相比仍然存在加大差距。在2015年和2016年的评估中均低于平均分，2017年虽然高于平均分，但成绩仍不乐观。这一结果说明温州市在组织领导建设方面存在较大问题，需要进一步加强相关工作，为法治政府建设打下坚实的基础。

七十七　乌鲁木齐市人民政府

一、乌鲁木齐法治政府建设情况

乌鲁木齐市人民政府评估总分为572.12分，低于全国平均水平（687.22分）115.1分，在全部评估的100个城市中排名第95位，在西部区域20个城市中排名第18位。该市政府得分按一级指标分析见表11-77。

表11-77　乌鲁木齐市人民政府一级指标评估得分分析表

指标\分析	依法全面履行政府职能	法治政府建设的组织领导	依法行政制度体系	行政决策	行政执法	政务公开	监督与问责	社会矛盾化解与行政争议解决	社会公众满意度调查
得分	82	39	23	42	52.2	100	55.09	68	110.83
与平均分差	-0.81	-8.22	-22.92	-30.19	-16.83	2.02	-18.36	-2.48	-17.32
与最高分差	-16	-33	-55	-53	-45.9	-17.72	-31.39	-21.81	-57.15
排名	57	78	91	98	90	49	96	62	96

每项一级指标换算成百分比并与全国平均水平比较得出图11-77。

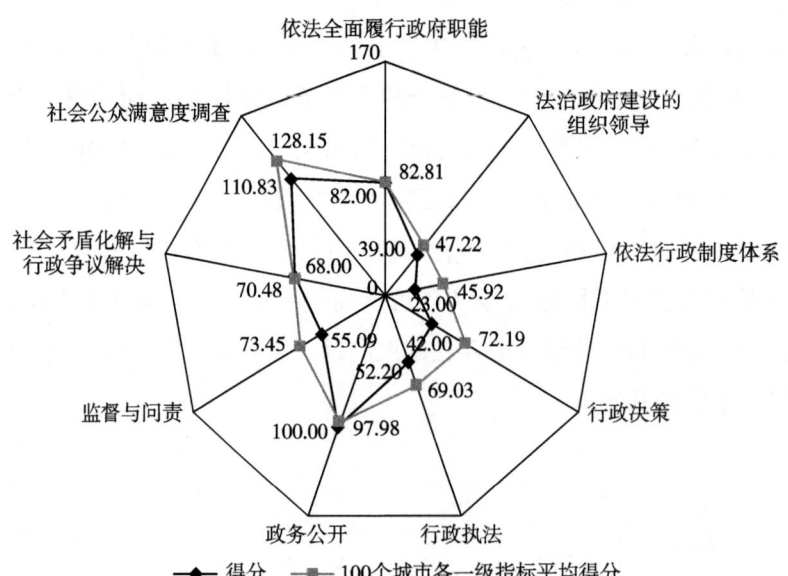

图11-77　乌鲁木齐市人民政府评估得分与全国平均得分比较图

可以看出，该市政务公开这个指标高于全国平均水平，说明该市政府在这个方面评价较高。依法全面履行政府职能、法治政府建设的组织领导、依法行政制度体系、行政决策、行政执法、监督与问责、社会矛盾化解与行政争议解决、社会公众满意度调查这八个指标低于全国平均水平，说明该市政府在这八个方面评价较低。

二、乌鲁木齐市法治政府建设情况分析

在2017年全国法治政府评估中，乌鲁木齐市得到572.12分（总分1000分），在100个被测评城市中排名第95位，在西部区域20个城市中排名第18位（2016年度评估中乌鲁木齐市得到553.08分，排名第97位；2015年度评估中，乌鲁木齐市得到573.41分，排名第74位）。这一评估结果反映出，乌鲁木齐市在法治政府建设工作中存在诸多问题，需要进一步加强相关工作。

（一）成绩

1. 社会矛盾化解与行政争议解决方面表现相对较好

乌鲁木齐市在2017年的评估中，社会矛盾化解与行政争议解决这一指标的得分为68分，全国排名第62名。在2016年该指标得分为68分，排名第56名。2015年得分较低，仅为39分，排名第88名。可以看出，2015~2017年，乌鲁木齐市在社会矛盾化解与行政争议解决方面取得了较大的进步，不论是具体得分还是排名均有向好发展的趋势，说明近年来乌鲁木齐市政府注重对社会矛盾的化解与解决并已取得一定成绩。

2. 政务公开工作进一步开展

乌鲁木齐市在2017年的政务公开指标中得分100分，全国排名第49位，相较于2016年政府信息公开指标得分67.75，排名第96位来说已取得了较大的进步。说明乌鲁木齐政府开始逐渐关注政务公开，意识到建设服务型政府，提高政府工作透明度对法治政府建设的重要性。

3. 依法全面履行政府职能进步较大

乌鲁木齐市在2017年的依法全面履行政府职能指标中的得分为82分，全国排名第57名。相较于2016年同一指标得分63分，排名第90名来说进步较大。依法全面履行政府职能要求政府加强其自身建设，依法完善组织机构设置，制定相关制度规范。依法全面履行政府职能是开展法治政府建设工作的基础，乌鲁木齐市在该指标的进步为今后法治政府建设工作提供了有力支撑。

（二）问题

1. 行政决策相关工作亟须加强

从评估结果来看，乌鲁木齐市在2017年行政决策指标中得分为42分，全国排名第98位。2016年在该指标中得分为40分，排名第99位。2015年该指标得分为43分，排名第98位。可以看出，2015~2017年，乌鲁木齐市在行政决策这一指标中表现不佳，在100个城市中排名始终在最后。这说明，乌鲁木齐市在行政决策相关制度建设方面有待加强，完善的制度是保障行政决策合法性、民主性和科学性的基础同时，也应当对行政决策的后续情况进行追踪，保证决策实施的持续性与实施效果的达成。

2. 监督与问责机制不完善

乌鲁木齐市在监督与问责方面表现不佳。2017年该指标得分为55.09分，全国排名第96位。2016年得分为60.02分，排名第86位。2015年得分为62分，排名第64位。不难看出，2015~2017年，乌鲁木齐市在该指标的排名持续下滑，由2015年的64名下滑至2017年的96名。这说明，近年来乌鲁木齐市的监督与问责工作进展不利，相较于其他城市来说，在监督与问责机制建设以及问责力度上都存在较大的问题。监督与问责是保证政府及其工作人员依法行使职权，履行职责的重要保证，加强监督与问责是建设法治政府的重要环节。

3. 社会公众满意度不高

评估结果显示，乌鲁木齐市法治政府建设的社会公众满意度得分为110.83，排名第96位。与2016年的排名第77位与2015年的排名第5位相比，该指标下滑严重，反映出公众对法治政府建设的成果缺乏认同感，权力运行状况未得到改善。

七十八　无锡市人民政府

一、无锡市法治政府建设情况

无锡市人民政府评估总分为715.42分，高于全国平均水平（687.22分）28.2分，在全部评估的100个城市中排名第34位，在东部区域48个城市中排名第26位。该市政府得分按一级指标分析见表11-78。

表11-78　无锡市人民政府一级指标评估得分分析表

指标 分析	依法全面履行政府职能	法治政府建设的组织领导	依法行政制度体系	行政决策	行政执法	政务公开	监督与问责	社会矛盾化解与行政争议解决	社会公众满意度调查
得分	88	54	28	66	67.3	98.67	83.51	79.27	150.67
与平均分差	5.19	6.78	-17.92	-6.19	-1.73	0.69	10.06	8.79	22.52
与最高分差	-10	-18	-50	-29	-30.8	-19.05	-2.97	-10.54	-17.31
排名	25	26	84	75	55	54	5	22	4

每项一级指标换算成百分比并与全国平均水平比较得出图11-78。

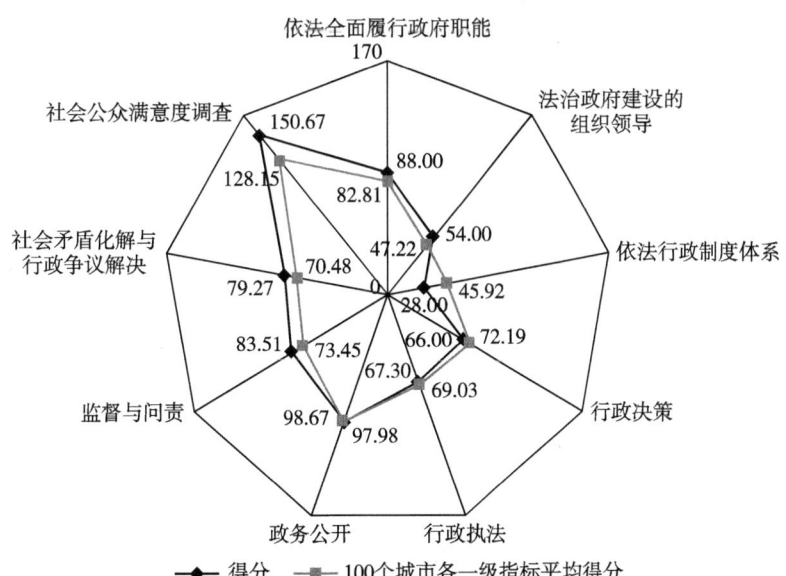

图11-78　无锡市人民政府评估得分与全国平均得分比较图

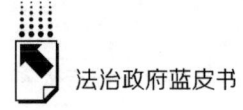

可以看出，该市依法全面履行政府职能、法治政府建设的组织领导、政务公开、监督与问责、社会矛盾化解与行政争议解决、社会公众满意度调查这六个指标高于全国平均水平，说明该市政府在这六个方面评价较高。依法行政制度体系、行政决策、行政执法这三个指标低于全国平均水平，说明该市政府在这三个方面评价较低。

二、无锡市法治政府建设情况分析

在2017年全国法治政府评估中，无锡市得到715.42分（总分1000分），在100个被测评城市中排名第34位，在东部区域48个城市中排名第26位（2016年度评估中无锡市得到705.49分，排名第26位；2015年度评估中，无锡市得到607.7分，排名第56位）。这一评估结果反映出，无锡市的法治政府建设工作总体向好，在过去的几年中取得了一定成就，但仍存在需要改进的地方。

（一）成绩

1. 监督与问责机制不断完善

从历年评估结果可以看出，无锡市政府在监督与问责方面表现良好。2015年无锡市在该指标得分为69.5分，全国排名第28位；2016年得分为70.82分，全国排名第30位；2017年得分83.51分，全国排名第5位。无锡市在该指标的得分始终在平均分以上，并且连续三年的排名不断提升，在2017年排名达到第5名。这反映出无锡市在监督与问责机制建设方面不断进步，在外部监督、内部监督与问责方面均取得了一定成绩。

2. 社会矛盾有所缓解

从历年评估结果可以看出，无锡市在社会矛盾化解与行政争议解决指标的得分与排名在不断提升。2015年无锡市在该指标的得分为43分，全国排名第72位；2016年得分为69分，全国排名第47位；2017年得分为79.27分，全国排名第22位。这一趋势反映出无锡市在法治政府建设中不断探索化解社会矛盾的制度创新并在维护社会稳定，解决矛盾纠纷中发挥了一定作用。

3. 社会公众满意度较高

2015年无锡市在社会公众满意度调查中得分为140.2分，全国排名第9位；2016年得分121.23分，全国排名第36位；2017年得分150.67分，全国排名第4位。无锡市的法治政府建设社会公众满意度较高，虽然在2016年排名有所下降，但整体上排名靠前。可以看出，无锡市民对无锡市法治政府建设工作较为满意，认同市政府的相关工作，对今后工作的开展提供了有力支撑。

（二）问题

1. 依法行政制度体系不够完善

通过对 2015~2017 年的评估结果的分析，可以看出，无锡市在这三年中依法行政制度建设存在较为严重的问题。无锡市在 2015 年"制度建设"这一指标中得分 29 分，全国排名第 91 位；在 2016 年"政府制度建设"这一指标得分 37 分，全国排名第 88 位；在 2017 年"依法行政制度体系"中得分 28 分，全国排名第 84 位。连续三年排名均靠后，得分低于全国平均分。这一结果说明无锡市依法行政制度体系还有待完善，需要进一步确立行政规范性文件的制度化和规范化，加强对行政规范性文件的监督和管理。

2. 行政决策的法治化有待加强

在行政决策领域，无锡市 2015 年得分为 61 分，全国排名第 60 位；2016 年得分 69 分，排名全国第 51 位；2017 年得分 66 分，排名全国第 75 位。可看出 2017 年无锡市在该指标的排名呈下滑趋势，这说明在行政决策领域无锡市仍需要不断提高行政决策的合法性、民主性、科学性，同时也要加强对行政决策实施效果以及与之相关的后续问题的关注与研究。

3. 行政执法水平有待提高

多年来，无锡市在行政执法这一指标中的得分相较于其他指标来说相对较低，在本年度评估中，无锡市行政执法这一指标得分低于全国平均分 1.73 分，仅为 67.3 分，排名全国第 55 位。2015 年得分 54 分，排名全国第 67 位；2016 年得分 72 分，排名全国第 42 位。可以看出，无锡市在行政执法领域的排名大体分布在 50 名左右，这说明无锡市在行政执法中表现一般，需要进一步完善行政执法体制，注重执法程序的合法性，加强行政执法人员的管理和培训。

七十九 武汉市人民政府

一、武汉市法治政府建设情况

武汉市人民政府评估总分为 738.88 分,高于全国平均水平(687.22 分)51.66 分,在全部评估的 100 个城市中排名第 21 位,在中部区域 32 个城市中排名第 3 位。该市政府得分按一级指标分析见表 11-79。

表 11-79 武汉市人民政府一级指标评估得分分析表

指标 分析	依法全面履行政府职能	法治政府建设的组织领导	依法行政制度体系	行政决策	行政执法	政务公开	监督与问责	社会矛盾化解与行政争议解决	社会公众满意度调查
得分	94	60	33	76	83.3	116.04	77.08	87.5	111.96
与平均分差	11.19	12.78	-12.92	3.81	14.28	18.06	3.63	17.03	-16.19
与最高分差	-4	-12	-45	-19	-14.8	-1.68	-9.4	-2.31	-56.02
排名	4	7	77	39	17	3	40	2	94

每项一级指标换算成百分比并与全国平均水平比较得出图 11-79。

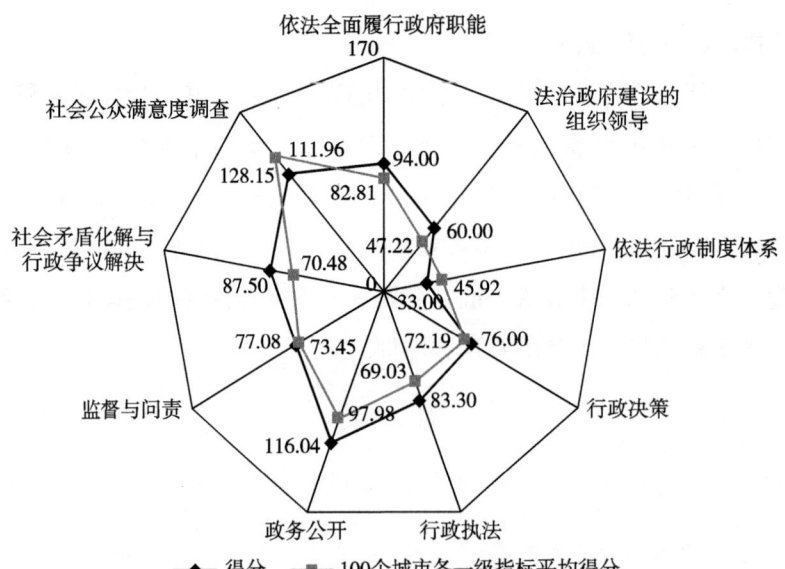

图 11-79 武汉市人民政府评估得分与全国平均得分比较图

可以看出，该市依法全面履行政府职能、法治政府建设的组织领导、行政决策、行政执法、政务公开、监督与问责、社会矛盾化解与行政争议解决这七个指标高于全国平均水平，说明该市政府在这七个方面评价较高。依法行政制度体系、社会公众满意度调查这两个指标低于全国平均水平，说明该市政府在这两个方面评价较低。

二、武汉市法治政府建设情况分析

在2017年全国法治政府评估中，武汉市评估总分为738.88分，高于全国平均水平（687.22分）51.66分，在全部评估的100个城市中排名第21位，在中部区域32个城市中排名第3位（2016年度评估中武汉市得到669.85分，在100个城市中排名第44位；2015年度评估中，武汉市得到577.03分，排名第70位）。这一评估结果反映出，在全国法治政府建设持续推进的大背景下，武汉市的法治政府建设取得了非常明显的进步。但是，与此同时，仍然存在一些问题需要改进。

（一）成绩

1. 妥善化解社会矛盾与解决行政争议

本年度的评估结果显示，武汉市的"社会矛盾化解与行政争议解决"指标得分为87.5分，全国排名第2位，高出全国平均分17.03分。而该指标在2016年度得分57分，排名第95位，比全国平均分低11.1分，排名第95位。2015年度的得分为50分，比全国平均分低3.7分，排名第49位。武汉市的这一指标成绩突出，进步明显，反映出政府对社会矛盾化解与行政争议解决的高度重视与大力推进，卓有成效地通过法治途径预防与化解纠纷，加固了社会稳定的"安全阀"。

2. 贯彻落实政务公开制度

评估结果显示，武汉市的"政务公开"指标得分为116.04分，高出全国平均分18.06分，位居全国第3位。该指标在2016年度得分为95分，比全国平均分高2.425分，排名第42位。而2015年度该指标的评估得分为94分，比全国平均分低3.5分，排名第64位。通过以上系列数据可以看出，武汉市不断加强对政务公开的重视与推进，进步亦十分明显。具体而言，政府主动公开重点领域信息，政府门户网站的功能比较完善而且公众获取政府信息的效率较高，依申请公开的渠道便民、通畅。

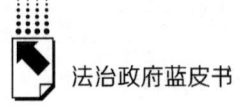

3. 切实依法全面履行政府职能

评估结果显示，武汉市的"依法全面履行政府职能"指标得分为94分，比全国平均分高11.19分，位居全国第4位。纵向来看，2016年度的"依法全面履行政府职能"的指标得分为87分，高出平均分10.77分，排名第19位。从上述数据可以看出，武汉市做到了依法全面履行政府职能。从具体方面看，武汉市的行政服务中心对基本公共服务覆盖的比率高，行政审批在线办理快捷便民。此外，武汉市的应急管理工作到位，应急预案和突发事件信息发布平台建设比较完善，有利于避免次生灾害的发生，有效地维护了公众安全和社会稳定。

4. 法治政府建设的组织领导到位

评估结果显示，武汉市本年度的"法治政府建设的组织领导"指标得分为60分，高出全国平均分12.78分，位居全国第7名。该指标在前两个年度则不太理想：2016年度得分35分，比全国平均分低4.39分，排名第66位；2015年度得分仅有11分，比平均分低22.33分，排名第93位。由上观之，武汉市法治政府建设的组织领导工作的推进力度比较大，成效明显。本年度武汉市愈发重视领导干部的法治思维培养和政府法律顾问工作的开展，加大政府常务会议对法治政府建设工作的讨论与法治政府建设情况报告的公布，为法治政府建设的进一步推进提供了组织保障与人才保障。

（二）问题

1. 社会公众满意度较低

本年度的评估结果显示，武汉市的"社会公众满意度调查"这一指标得分较低，仅有111.96分（总分为200分），比平均分低16.19分，全国排名第94位。该指标在2016年度得分117.50分，略高于平均分，排名第46位。在2015年度得分109.53分，比平均分低7.832分，排名第68位。该数据表明，从公众和政府的接触与对政府的直观感受而言，社会公众对政府的表现比较不满意，对于法治政府建设取得的成绩认同度较低。

2. 依法行政的制度体系不完善

评估结果显示，本年度武汉市的"依法行政制度体系"指标的得分为33分，比平均分低12.92分，排名第77位。该指标在2016年度得分为37分，比全国平均分低13.76分，排名第89位。该指标在2015年度得分为45分，高出平均分1.54分，排名第43位。评估结果反映出武汉市的依法行政制度体系有待完善，行政规范性文件制定的制度化和规范化不足，行政规范性文件的制定尚未切实听取公众意见和做到100%的公布，尚未对现行规范性文件开展清理并公布清理结果。

八十　西安市人民政府

一、西安市法治政府建设情况

西安市人民政府评估总分为675.17分,低于全国平均水平(687.22分)12.05分,在全部评估的100个城市中排名第61位,在西部区域20个城市中排名第10位。该市政府得分按一级指标分析见表11-80。

表11-80　西安市人民政府一级指标评估得分分析表

指标 分析	依法全面履行政府职能	法治政府建设的组织领导	依法行政制度体系	行政决策	行政执法	政务公开	监督与问责	社会矛盾化解与行政争议解决	社会公众满意度调查
得分	87	52	46	74	72.8	91.23	78.18	54.45	119.51
与平均分差	4.19	4.78	0.08	1.81	3.77	-6.75	4.73	-16.03	-8.64
与最高分差	-11	-20	-32	-21	-25.3	-26.49	-8.3	-35.36	-48.47
排名	31	36	44	46	35	73	32	90	83

每项一级指标换算成百分比并与全国平均水平比较得出图11-80。

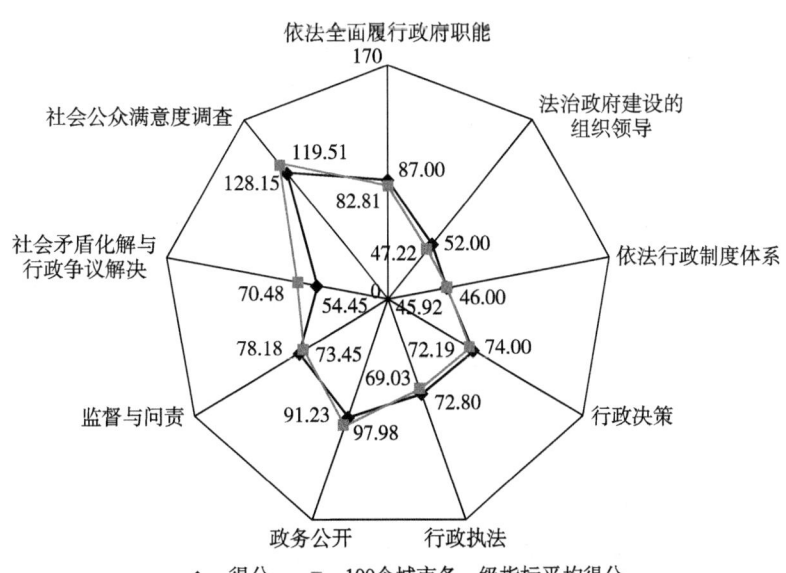

图11-80　西安市人民政府评估得分与全国平均得分比较图

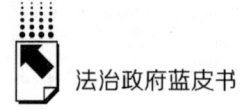

可以看出，该市依法全面履行政府职能、法治政府建设的组织领导、依法行政制度体系、行政决策、行政执法、监督与问责这六个指标高于全国平均水平，说明该市政府在这六个方面评价较高。政务公开、社会矛盾化解与行政争议解决、社会公众满意度调查这三个指标低于全国平均水平，说明该市政府在这三个方面评价较低。

二、西安市法治政府建设情况分析

在2017年全国法治政府评估中，西安市评估总分为675.17分，在全部评估的100个城市中排名第61位，在西部区域20个城市中排名第10位（2016年度评估中西安市得到665.15分，全国排名第49位；2015年度评估中，西安市得到576.07分，全国排名第72位）。评估结果表明，西安市的法治政府建设进程比较迟缓，所取得的成就比较有限，而且存在许多不足之处亟待改进。

（一）成绩

1. 行政监督与问责比较到位

评估结果显示，本年度西安市在"监督与问责"这一指标中得分78.18分，比平均分高4.73分，排名第32位。该项指标在2016年度得分为74.13分，比平均分高6.1109分，排名第25位。而在2015年度得分为68分，比平均分高3.055分，排名第36位。数据反映出西安市虽然在推进行政监督与问责工作，但是进步不甚明显，需要进一步加强外部监督与行政系统内部监督，进一步落实责任追究制度。

2. 依法全面履行政府职能有所进步

本年度的评估结果显示，西安市的"依法全面履行政府职能"指标的得分为87分，高出平均分4.19分，排名全国第31位。该指标在2016年度得分为77分，比平均分高0.77分，排名第51位。在2015年度西安市在该项指标得分81分，比平均分高1.2分，排名第47位。数据反映出西安市在依法全面履行政府职能方面取得了比较明显的进步。西安市应急管理方面的工作比较到位，但是仍需提高行政服务中心对基本公共服务覆盖的比率，进一步推进行政审批手续的简化与在线办理。

3. 行政执法较为规范

评估结果显示出，本年度西安市在"行政执法"这一指标中的得分是72.8分，比平均分高3.77分，位居全国第35位。而该指标在前两个年度得分较低：2016年度得分59分，比平均分低10.514分，排名第82位；而在2015年度得分仅38分，比平均分低24.794分，排名第90位。通过上述数据可以看出，西安市对于行政执法工作非常重视。西安市加强了行政执法结果的公示和行政执法监督平台的建设，行政执法程序更加规范化和合法化。但是，跨部门综合执法改革有待进一步深化，同时需要强化对执法人员的清理与培训以提高行政执法的质量。

（二）问题

1. 社会矛盾和行政争议未能有效化解

评估结果显示，本年度西安市的"社会矛盾化解与行政争议解决"这一指标的得分是54.45分，比平均分低16.03分，排名第90位。该指标在2016年度得分为67分，比平均分低1.1分，排名第57位。该指标在2015年度的得分为49分，比平均分低4.7分，排名第52位。西安市连续三年的得分都低于全国平均线，反映出政府对于社会矛盾化解与行政纠纷解决工作比较不到位，进步和完善空间还很大。西安市需要创新举措来化解社会矛盾，引导行政争议通过行政复议、行政诉讼等法治途径来加以解决。

2. 社会公众满意度不高

评估结果显示，本年度西安市的"社会公众满意度调查"的得分是119.51分，比平均分低8.64分，排名第83位。该指标在2016年度的得分为109.82分，比平均分低6.83分，排名第71位。2015年度的得分则为105.07分，比全国平均分低12.292分，排名第82位。通过前述数据可以看出，西安市最近三年的社会满意度都比较低，而且都低于全国平均水平。西安市的法治政府建设工作需要进一步推进，加强和公众的沟通交流，提高公众的认同感和满意度。

3. 政务公开工作亟待加强

本年度的评估结果显示，西安市的"政务公开"指标的得分为91.23分，比全国平均分低6.75分，排名第73位。2016年度的得分为84分，比平均分低8.575分，排名第77位。2015年度的得分为99分，比平均分高1.5分，排名第50位。数据显示出西安市的政务公开工作比较不到位，需要进一步加强重点领域信息的公开，提高政府信息获取的效率，充分保障公众的知情权。

八十一 厦门市人民政府

一、厦门市法治政府建设情况

厦门市人民政府评估总分为745.61分,高于全国平均水平(687.22分)58.39分,在全部评估的100个城市中排名第17位,在东部区域48个城市中排名第15位。该市政府得分按一级指标分析见表11-81。

表11-81 厦门市人民政府一级指标评估得分分析表

指标 分析	依法全面履行政府职能	法治政府建设的组织领导	依法行政制度体系	行政决策	行政执法	政务公开	监督与问责	社会矛盾化解与行政争议解决	社会公众满意度调查
得分	92	45	70	69	94.1	90	70.39	67.33	147.79
与平均分差	9.19	-2.22	24.08	-3.19	25.08	-7.98	-3.06	-3.15	19.64
与最高分差	-6	-27	-8	-26	-4	-27.72	-16.09	-22.48	-20.19
排名	8	61	10	62	3	77	69	67	6

每项一级指标换算成百分比并与全国平均水平比较得出图11-81。

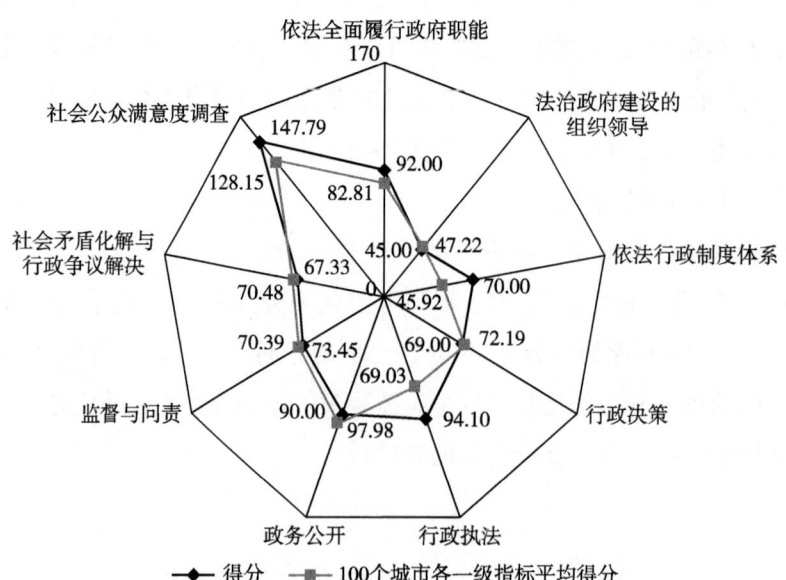

图11-81 厦门市人民政府评估得分与全国平均得分比较图

可以看出，该市依法全面履行政府职能、依法行政制度体系、行政执法、社会公众满意度调查这四个指标高于全国平均水平，说明该市政府在这四个方面评价较高。法治政府建设的组织领导、行政决策、政务公开、监督与问责、社会矛盾化解与行政争议解决这五个指标低于全国平均水平，说明该市政府在这五个方面评价较低。

二、厦门市法治政府建设情况分析

在2017年全国法治政府评估中，厦门市评估总分为745.61分，高于全国平均水平（687.22分）58.39分，在全部评估的100个城市中排名第17位，在东部区域48个城市中排名第15位（2016年度评估中厦门市得到724.72分，全国排名第16位；2015年度评估中，厦门市得到752.15分，全国排名第4位）。评估结果表明，厦门市的法治政府建设一直处于较高的水平，法治化程度较高。当然，其在法治建设中存在的一些缺点也不容小觑，应有所改进。

（一）成绩

1. 行政执法保持较高水平

本年度的评估结果显示，厦门市的"行政执法"指标得分为94.1分，高出平均分25.08分，位居全国第3位。该指标在2016年度的得分为85分，比平均分高15.486分，位居全国第12位。而2015年度的得分为107分，比平均分高44.205分，位居全国第1位。从上述数据可以看出，厦门市行政执法水平一直处于全国领先地位。厦门市重视跨部门综合执法的执法体制改革，不断强化行政执法的合法化与结果公示，对行政执法人员进行了必要的清理和培训，是全国行政执法改革的重要参照。

2. 社会公众满意度高

评估结果显示，本年度厦门市的"社会公众满意度调查"这一指标的得分为147.79分，比平均分高出19.64分，位居全国第6位。该指标在2016年度的得分为128.34分，比平均分高11.69分，排名第18位。同一指标在2015年度的得分为122.15分，比平均分高4.788分，排名第36位。从上述数据可以看出，厦门市的"社会公众满意度调查"指标进步十分明显，从中体现出厦门市在加强法治建设的同时也注重社会公众的评价与认可。评估结果反映出社会公众对于厦门市的法治建设所取得的成就认可度很高，对于政府的整体水平比较满意。

3. 切实依法全面履行政府职能

评估结果显示，本年度厦门市的"依法全面履行政府职能"指标的得分为92

分，比平均分高 9.19 分，位居全国第 8 位。同一指标在 2016 年度的得分为 92 分，比平均分高 15.77 分，位居全国第 8 位。上述数据反映出厦门市大力推进依法全面履行政府职能工作，并且取得了很好的成效。具体而言，厦门市的政府机构设置和领导职数合理，基本公共服务覆盖率高，应急管理工作到位。

（二）问题

1. 重大行政决策法治化程度低

评估结果显示，本年度厦门市在"行政决策"这一指标上的得分为 69 分，比平均分低 3.19 分，排名第 62 位。该指标在 2016 年度的得分为 69 分，比平均分仅高出 0.13 分，排名第 50 位。2015 年度的得分则为 70 分，高出平均分 5.53 分，位居全国第 33 位。从上述数据可以看出，厦门市行政决策的法治化水平非但没有提升，反而呈现出下滑的趋势。具体来看，厦门市的重大决策合法性审查制度与专家论证制度尚未健全，重大决策过程公开有待加强。

2. 政务公开工作不到位

评估结果显示，厦门市的"政务公开"指标得分为 90 分，比平均分低 7.98 分，排名第 77 位。该指标在 2016 年度的得分为 82 分，比平均分低 10.575 分，排名第 78 位。而在 2015 年度的得分为 108 分，高出平均分 10.5 分，位居全国第 25 位。数据表明厦门市的政务公开水平有较大幅度的滑落，这与当前我国大力推进信息公开的大背景不相吻合。厦门市对于重点领域信息的公开积极性欠缺，亦未提高公众申请信息获取的效率与便捷性，应当有所改进。

3. 监督与问责有待加强

评估结果显示，本年度厦门市的"监督与问责"指标得分为 70.39 分，比平均分低 3.06 分，排名第 69 位。2016 年度的指标得分为 65.12 分，比平均分低 2.8991 分，排名第 73 位。同一指标在 2015 年度的得分为 58 分，比平均分低 6.945 分，排名第 79 位。该数据反映出厦门市不断加强政府的监督与问责工作，并且取得了小幅度的进步，但总体情况仍然不佳。厦门市应当继续保持此种态势，加强外部监督与来自行政系统的内部监督，健全责任追究制度，使权力得到有效的监督与制约。

八十二 西宁市人民政府

一、西宁市法治政府建设情况

西宁市人民政府评估总分为 696 分,高于全国平均水平 (687.22 分) 8.78 分,在全部评估的 100 个城市中排名第 48 位,在西部区域 20 个城市中排名第 9 位。该市政府得分按一级指标分析见表 11-82。

表 11-82 西宁市人民政府一级指标评估得分分析表

指标 分析	依法全面 履行政府 职能	法治政府 建设的 组织领导	依法行政 制度体系	行政 决策	行政 执法	政务 公开	监督与 问责	社会矛盾 化解与行政 争议解决	社会公众 满意度 调查
得分	81	53	60	68	64.7	92.6	75	80.18	121.52
与平均分差	-1.81	5.78	14.08	-4.19	-4.33	-5.38	1.55	9.71	-6.63
与最高分差	-17	-19	-18	-27	-33.4	-25.12	-11.48	-9.63	-46.46
排名	63	31	20	66	62	70	51	20	74

每项一级指标换算成百分比并与全国平均水平比较得出图 11-82。

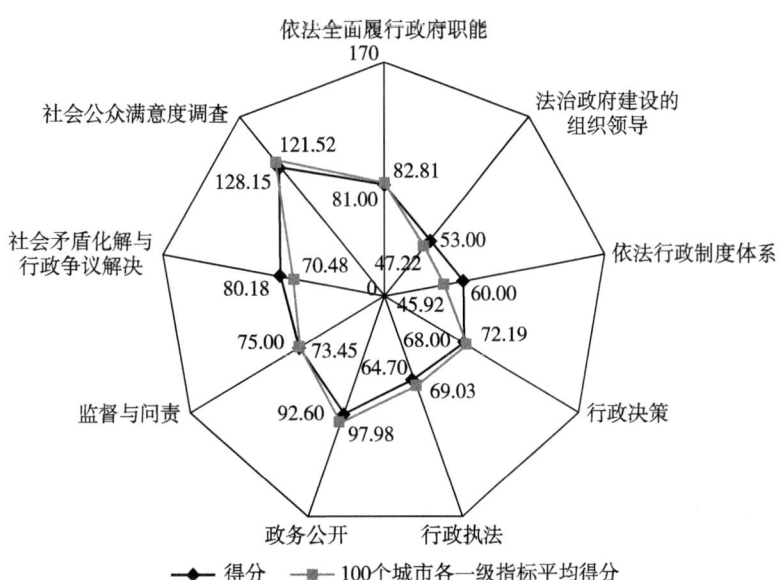

图 11-82 西宁市人民政府评估得分与全国平均得分比较图

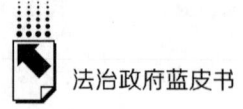

可以看出，该市法治政府建设的组织领导、依法行政制度体系、监督与问责、社会矛盾化解与行政争议解决这四个指标高于全国平均水平，说明该市政府在这四个方面评价较高。依法全面履行政府职能、行政决策、行政执法、政务公开、社会公众满意度调查这五个指标低于全国平均水平，说明该市政府在这五个方面评价较低。

二、西宁市法治政府建设情况分析

在2017年全国法治政府评估中，西宁市得到696分（总分为1000分），高于全国平均水平（687.22分）8.78分，在100个被测评城市中排名第48位，在西部区域20个城市中排名第9位（2016年度评估中西宁市得到677.78分，排名第41位；2015年度评估中西宁市得到536.5分，排名第90位）。这一评估结果反映出，在全国法治政府建设持续推进的大背景下，西宁市法治政府建设取得了明显的进步，得分率逐年提高，但同时也存在一些问题需要予以重视。

（一）成绩

1. 法治政府建设的组织领导工作取得进步

本年度评估结果显示，在"法治政府建设的组织领导"一级指标下，西宁市得分53分（该指标总分为80分），比全国平均分高出5.78分；2016年度评估中，西宁市在"法治政府建设的组织领导"指标下得到37分；2015年度评估中，西宁市在该指标下得到41分。对比前两年的评估结果可以看出，西宁市在法治政府建设的组织领导方面取得了长足的进步，在公布法治政府建设情况报告、设置独立的法制机构以及对领导干部的法治思维培养等方面都有突出表现。

2. 依法行政的制度体系不断完善

评估结果显示，西宁市在"依法行政制度体系"这一指标下得分60分（该指标总分为80分），比全国平均分高出14.08分；而在2016年和2015年的评估中，西宁市在该指标下的得分均为54分。这说明西宁市依法行政的制度体系在不断完善，为依法行政提供了有力的制度保障，行政规范性文件的制定实现了制度化和规范化，行政规范性文件的定期清理制度也得以落实。

3. 社会矛盾化解与行政争议解决成效显著

评估结果显示，在"社会矛盾化解与行政争议解决"一级指标下，西宁市得到80.18分（该指标总分为100分），比全国平均分高出9.71分；2016年度评估中，西宁市在该指标下得到78分；2015年度评估中，西宁市在该指标下得到51分，比全国平均分低2.7分。连续三年的评估结果反映出，西宁市的社会矛盾化解与行政争议解决取得了明显的进步，社会矛盾化解制度、行政调解、人民调解制度不断健全，行政复议体制改革取得明显成效，能够及时化解社会矛盾、解决行政争议。

（二）问题

1. 行政决策法治化建设不够扎实

评估结果显示，2017年度西宁市在"行政决策"这一指标下得分为68分（该指标总分为100分），比全国平均分低4.19分，在被评估的100个城市中排名第66位。2016年度评估中，西宁市在该指标下的得分为73分，排名第38位；2015年度评估中，西宁市在该指标下得到63分，排名第51位。对比前两年的数据可以得知，西宁市在行政决策方面未能全面落实《法治政府建设实施纲要（2015—2020年）》在新形势下对法治政府建设提出的要求，行政决策工作不扎实，在合法决策、民主决策、科学决策、公开决策方面尚存不足，重大决策后的信息追踪收集以及向决策层进行反馈的制度尚未建立健全，重大决策专家论证制度建设缓慢。

2. 政务公开不完善

在政务公开方面，西宁市在2015年评估中得到59分（该指标总分为120分），比全国平均分低38.5分，得分率为49%；在2016年评估中得到85分，比全国平均分低7.575分，得分率为70%；在2017年评估中得到92.6分，比全国平均分低5.38分，得分率为77%。从近三年的评估数据可以看出，尽管近年来西宁市政务公开工作的总体形势向好，但在整体上依然处于较低水平，尚未达到全国平均分，与理想状态相比还有较大差距。

3. 社会公众满意度不高

评估结果显示，西宁市法治政府建设的社会公众满意度得分为121.52分（该指标总分为200分），比全国平均分低6.63分，比最高分低46.46分，得分率仅为60%。在2016年度评估中，西宁市在该指标下得分117.90分，在2015年度评估中得分97.5分。对比前两年的数据，尽管西宁市的社会公众满意度在不断提高，但提升幅度不大，整体水平仍然偏低，得分率不高。尤其是在行政执法方面的表现有待提高，政府工作人员的工作效率以及依法办事的能力仍有欠缺。

八十三　襄阳市人民政府

一、襄阳市法治政府建设情况

襄阳市人民政府评估总分为 618.81 分，低于全国平均水平（687.22 分）68.41 分，在全部评估的 100 个城市中排名第 89 位，在中部区域 32 个城市中排名第 28 位。该市政府得分按一级指标分析见表 11-83。

表 11-83　襄阳市人民政府一级指标评估得分分析表

指标\分析	依法全面履行政府职能	法治政府建设的组织领导	依法行政制度体系	行政决策	行政执法	政务公开	监督与问责	社会矛盾化解与行政争议解决	社会公众满意度调查
得分	75	40	23	61	60	103	72.79	71.23	112.79
与平均分差	-7.81	-7.22	-22.92	-11.19	-9.03	5.02	-0.66	0.75	-15.36
与最高分差	-23	-32	-55	-34	-38.1	-14.72	-13.69	-18.58	-55.19
排名	86	75	91	92	74	42	62	48	93

每项一级指标换算成百分比并与全国平均水平比较得出图 11-83。

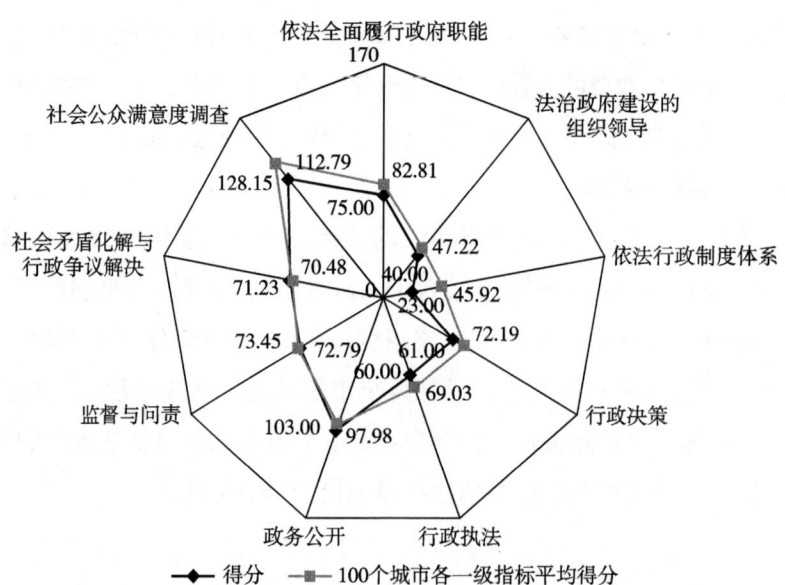

图 11-83　襄阳市人民政府评估得分与全国平均得分比较图

可以看出，该市政务公开、社会矛盾化解与行政争议解决这两个指标高于全国平均水平，说明该市政府在这两个方面评价较高。依法全面履行政府职能、法治政府建设的组织领导、依法行政制度体系、行政决策、行政执法、监督与问责和社会公众满意度调查这七个指标低于全国平均水平，说明该市政府在这七个方面评价较低。

二、襄阳市法治政府建设情况分析

在2017年全国法治政府评估中，襄阳市得到618.81分（总分为1000分），低于全国平均水平（687.22分）68.41分，在100个被测评城市中排名第89位，在中部区域32个城市中排名第28位（2016年度评估中襄阳市得到658.83分，排名第58位；2015年度评估中襄阳市得到639.24分，排名第36位）。这一评估结果反映出，襄阳市在法治政府建设的过程中，尽管取得了一些成果，但仍存在着亟须解决的问题。

（一）成绩

1. 政务公开表现较好

本年度评估结果显示，在"政务公开"这一指标下，襄阳市得分103分（该指标总分为120分），比全国平均分高出5.02分；2016年度评估中，襄阳市在该指标下的得分为105.75分，比全国平均分高出13.175分；2015年度评估中，襄阳市得分为97分，比全国平均分低0.5分。对比前两年的数据可以看出，襄阳市的政务公开水平逐渐提高，并维持在较稳定的水平，在主动公开和依申请公开信息两方面表现都较好，政府门户网站的咨询服务功能完善，政府信息获取的效率逐渐提高，依申请公开的渠道便民、畅通。

2. 社会矛盾化解与行政争议解决取得进步

评估结果显示，在"社会矛盾化解与行政争议解决"一级指标下，襄阳市得到71.23分（该指标总分为100分），比全国平均分高出0.75分；2016年度评估中，襄阳市在该指标下得到69分；2015年度评估中，襄阳市在该指标下得到54分。通过近三年的数据可以得知，襄阳市的社会矛盾化解与行政争议解决水平不断提高，矛盾纠纷解决机制逐步完善，通过多种途径化解社会矛盾、解决行政争议，取得了长足的进步。

（二）问题

1. 依法履行政府职能不全面

本年度评估结果显示，在"依法全面履行政府职能"一级指标下，襄阳市得分75

分（该指标总分为100分），比全国平均分低7.81分，与最高分相差23分；2016年度评估中，襄阳市在该指标下的得分为89分，比全国平均分高12.77分；2015年度评估中，襄阳市得分为84分，比全国平均分高4.2分。连续三年的评估数据显示，襄阳市在依法全面履行政府职能方面仍有许多工作不到位，得分有较大幅度的下滑，机构设置与领导职数方面有待改善，应急预案和突发事件信息发布平台建设进程缓慢。

2. 依法行政制度体系不健全

本年度评估结果显示，襄阳市在"依法行政制度体系"这一指标下得分为23分（该指标总分为80分），比全国平均分低22.92分，得分率仅为28%；2016年度评估中，襄阳市在该指标下得到42分，比全国平均分低8.76分，得分率为52%；2015年度评估中，襄阳市得分为50分，比全国平均分高6.54分，得分率为62%。通过近三年的数据对比可以看出，襄阳市在"依法行政制度体系"这一指标下，得分下滑幅度最大，得分率逐年降低，行政规范性文件的合法性仍有欠缺，制定行政规范性文件的制度化和规范化程度低。

3. 行政决策水平低

在"行政决策"这一指标下，襄阳市在2015年评估中得到60分（该指标总分为100分），比全国平均分低4.47分；2016年评估中，襄阳市在该指标下的得分为61分，比全国平均分低7.87分；在本年度评估中襄阳市得到61分，比全国平均分低11.19分。从连续三年的评估结果可以看出，襄阳市的行政决策水平处于比较稳定的状态，但整体水平偏低，与全国平均分的差距逐年加大，重大决策集体决定制度、重大决策风险评估制度以及重大决策专家论证制度尚未建立健全。

4. 社会公众满意度不高

本年度的评估结果显示，襄阳市在"社会公众满意度调查"这一指标下得到112.79分（该指标总分为200分），比全国平均分低15.36分，与最高分相差55.19分，得分率仅为56%，尚未达到及格线。2016年度评估结果显示，襄阳市在该指标下的得分为113.93分，比全国平均分低2.72分；2015年度评估中，襄阳市得到111.24分，比全国平均分低6.122分。连续三年的评估结果显示，襄阳市的社会公众满意度较低，一直未达到及格线，公众对于襄阳市的法治政府建设成果未能得到充足的获得感，未能感受到襄阳市法治政府建设情况的改善。

八十四　新乡市人民政府

一、新乡市法治政府建设情况

新乡市人民政府评估总分为 634.04 分，低于全国平均水平（687.22 分）53.18 分，在全部评估的 100 个城市中排名第 82 位，在中部区域 32 个城市中排名第 25 位。该市政府得分按一级指标分析见表 11-84。

表 11-84　新乡市人民政府一级指标评估得分分析表

指标　分析	依法全面履行政府职能	法治政府建设的组织领导	依法行政制度体系	行政决策	行政执法	政务公开	监督与问责	社会矛盾化解与行政争议解决	社会公众满意度调查
得分	81	42	36	76	48.8	83.75	81.57	56.67	128.25
与平均分差	-1.81	-5.22	-9.92	3.81	-20.23	-14.23	8.12	-13.81	0.10
与最高分差	-17	-30	-42	-19	-49.3	-33.97	-4.91	-33.14	-39.73
排名	63	71	68	39	94	87	13	86	47

每项一级指标换算成百分比并与全国平均水平比较得出图 11-84。

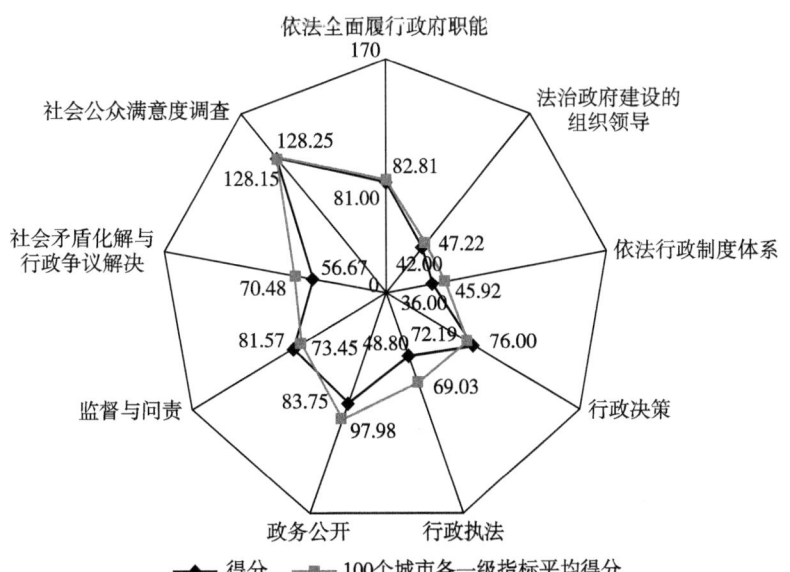

图 11-84　新乡市人民政府评估得分与全国平均得分比较图

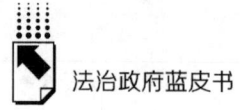

可以看出，该市行政决策、监督与问责和社会公众满意度调查这三个指标高于全国平均水平，说明该市政府在这三个方面评价较高。依法全面履行政府职能、法治政府建设的组织领导、依法行政制度体系、行政执法、政务公开、社会矛盾化解与行政争议解决这六个指标低于全国平均水平，说明该市政府在这六个方面评价均较低。

二、新乡市法治政府建设情况分析

在2017年全国法治政府评估中，新乡市得到634.04分（总分1000分），在100个被测评城市中排名第82位，中部区域32个城市中排名第25位（2016年度评估中新乡市得到610.32分，排名第83位；2015年度评估中，新乡市得到533.63分，排名第93位）。这一评估结果反映出，在全国法治政府建设持续推进的大背景下，新乡市法治政府建设在取得了一定的成绩，但也因一些问题未能得到有效解决而导致进步滞缓。

（一）成绩

1. 监督与问责表现良好

本年度评估结果显示，在"监督与问责"一级指标下，新乡市得到81.57分，比全国平均分高出8.12分，排名全国第13位；2016年度评估中，新乡市在"监督与问责"指标下得到68.81分，排名全国第51位；2015年度评估中，新乡市在"监督与问责"指标下得到66.5分，排名全国第40位。对比连续三年的测评结果可以看出，新乡市在该指标下表现良好，反映出新乡市的政府认真履职，实事求是地做好监督执纪问责。

2. 依法全面履行政府职能评价较高

评估结果显示，新乡市在"依法全面履行政府职能"指标上进步幅度最大。2016年评估中，新乡市在该指标上仅得到49分，比全国平均分低27.23分；本年度评估中，新乡市在该指标下得到81分（该指标总分为100分），得分涨幅近两倍。可见，新乡市在深入推进简政放权、放管结合、转变政府职能的工作中，在重要领域取得明显突破。

3. 社会公众满意度取得明显改善

评估结果显示，在"社会公众满意度调查"一级指标下，新乡市得到128.25分，比全国平均分高出0.1分；2016年度评估中，新乡市在该指标下得到115.43分，低于全国平均分1.22分；2015年度评估中，新乡市在该指标下得到106.13分，比全国平均分低11.232分。连续三年的评估结果反映出，新乡市行政法治化程度逐步高，社会公众满意度呈现逐年改善和提高的趋势。

（二）问题

1. 行政执法工作不扎实

评估结果显示，2017年度新乡市在"行政执法"指标下得分为48.8分，比全国平均分低20.23分，排名第94位。对比2016年度及2015年度新乡市在这一指标下所得的60分及29分，可以得出结论，新乡市行政执法工作未能全面落实《法治政府建设实施纲要（2015—2020年)》在新形势下对法治政府行政执法提出的要求，未能全面实现严格依法行政、文明执法。

2. 政务公开水平有待提升

在推进政务公开工作方面，新乡市在2017年评估中得到83.75分，比全国平均分低14.23分，排名第87位；在2016年评估中得到88.25分，比全国平均分低4.325分，排名第68位；在2015年评估中得到91分，比全国平均分低6.5分，排名第73位。从近三年的评估数据可以看出，尽管近年来新乡市推进政务公开工作方面的总体得分均在80分以上，但在整体上依然处于较低水平，与理想状态相比还有较大差距。具体而言，新乡市法制办网站上没有公布应主动公开的信息，职能部门未能及时答复信息公开申请。

3. 社会矛盾化解与行政争议解决不到位

评估结果显示，新乡市法治政府建设的社会矛盾化解与行政争议解决得分为56.67分（该指标总分为100分），比全国平均分低13.81分，比最高分低33.14分，排名第86位。从纵向来看，新乡市社会矛盾化解与行政争议解决指标年度差异巨大（2015年得分39分，2016年得分77分）。此指标反映出新乡市应对社会矛盾与行政争议的能力依然不足，未能建立完善的社会矛盾解决机制，通过规范性、稳定性的法定渠道解决社会矛盾。

八十五　信阳市人民政府

一、信阳市法治政府建设情况

信阳市人民政府评估总分为650.4分，低于全国平均水平（687.22分）36.82分，在全部评估的100个城市中排名第75位，在中部区域32个城市中排名第20位。该市政府得分按一级指标分析见表11-85。

表11-85　信阳市人民政府一级指标评估得分分析表

指标 分析	依法全面履行政府职能	法治政府建设的组织领导	依法行政制度体系	行政决策	行政执法	政务公开	监督与问责	社会矛盾化解与行政争议解决	社会公众满意度调查
得分	85	63	35	66	44.8	108	61.25	70	117.35
与平均分差	2.19	15.78	-10.92	-6.19	-24.23	10.02	-12.20	-0.48	-10.80
与最高分差	-13	-9	-43	-29	-53.3	-9.72	-25.23	-19.81	-50.63
排名	36	4	70	75	97	26	91	51	88

每项一级指标换算成百分比并与全国平均水平比较得出图11-85。

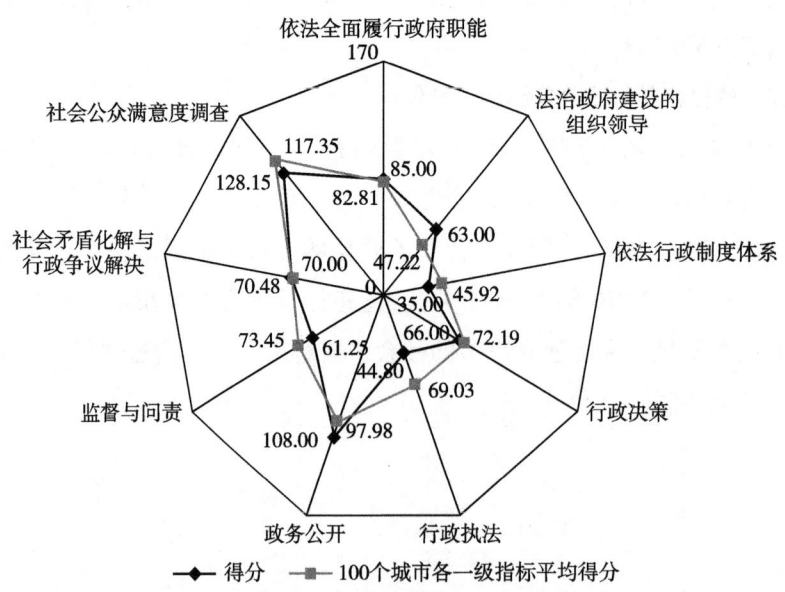

图11-85　信阳市人民政府评估得分与全国平均得分比较图

可以看出，该市依法全面履行政府职能、法治政府建设的组织领导、政务公开这三个指标高于全国平均水平，说明该市政府在这三个方面评价较高。依法行政制度体系、行政决策、行政执法、监督与问责、社会矛盾化解与行政争议解决和社会公众满意度调查这六个指标低于全国平均水平，说明该市政府在这六个方面评价均较低。

二、信阳市法治政府建设情况分析

在2017年全国法治政府评估中，信阳市得到650.4分（总分1000分），在100个被测评城市中排名第75位，中部区域32个城市中排名第20位（2016年度评估中信阳市得到598.65分，排名第89位；2015年度评估中，信阳市得到521.04分，排名第95位）。这一评估结果反映出，在全国法治政府建设持续推进的大背景下，信阳市法治政府建设成效良好、逐年进步，但其依然存在亟待解决的一些问题。

（一）成绩

1. 法治政府建设的组织领导取得长足进步

本年度评估结果显示，在"法治政府建设的组织领导"一级指标下，信阳市得到63分，比全国平均分高出15.78分，排名全国第4位；2016年度评估中，信阳市在"法治政府建设的组织领导"指标下得到30分，排名全国第87位；2015年度评估中，信阳市在"法治政府建设的组织领导"指标下得到36分，排名全国第42位。对比连续三年的测评结果可以看出，信阳市在该指标下表现进步明显，反映出信阳市的政府提高重视，强化法治政府建设领导机制和责任机制，切实加强组织领导。

2. 政务公开工作落实到位

评估结果显示，信阳市在"政务公开"指标上进步幅度较为明显。2016年评估中，信阳市在该指标上仅得到48.25分，比全国平均分低44.3分；本年度评估中，信阳市在该指标下得到108分，得分高于全国平均分10.02分。可见，信阳市在深入推进转变政府职能、保障公民知情权的工作中，在政务公开领域取得显著成效。

3. 依法全面履行政府职能评价良好

评估结果显示，在"依法全面履行政府职能"一级指标下，信阳市得到85分，比全国平均分高出2.19分；2016年度评估中，信阳市在该指标下得到77分，高于全国平均分0.77分；2015年度评估中，信阳市在该指标下得到76分，比全国平均分低3.8分。连续三年的评估结果反映出，信阳市政府机构职能较为完善，各项体制机制建设较为健全。

（二）问题

1. 行政执法工作水平有待提高

评估结果显示，2017年度信阳市在"行政执法"指标下得分为44.8分，比全国平均分低24.23分，排名第97位。对比2016年度及2015年度信阳市在这一指标下所得的74.6分及15分，可以得出结论，信阳市依然存在行政执法体制改革动力不足、联合执法缺乏长效机制的问题，行政执法的效能和监督水平有待提高。

2. 监督与问责成效下滑

在监督与问责工作方面，信阳市在2017年评估中得到61.25分，比全国平均分低12.2分，排名第91位；在2016年评估中得到77.65分，比全国平均分高9.6分，排名第11位；在2015年评估中得到60分，比全国平均分低4.9分，排名第73位。从近三年的评估数据可以看出，尽管近年来信阳市推进监督与问责工作方面水平下降，具体而言，信阳市政府群众举报投诉和媒体监督的新兴渠道仍不够畅通，内部层级监督依然乏力，问责机制的制度化程度较低且落实情况不佳。

3. 社会公众满意度较低

评估结果显示，信阳市法治政府建设的社会公众满意度调查得分为117.35分，比全国平均分低10.8分，比最高分低50.63分，排名第88位。该指标2015年得分116.04分，排名全国第50位；2016年得分96.2分，排名全国第97位。此指标反映出信阳市民众对政府职能的履行、行政执法方面、行政服务表现方面满意度不高，政府的行政执法能力和水平需要进一步提升。

八十六　邢台市人民政府

一、邢台市法治政府建设情况

邢台市人民政府评估总分为693.13分，高于全国平均水平（687.22分）5.91分，在全部评估的100个城市中排名第52位，在东部区域48个城市中排名第34位。该市政府得分按一级指标分析见表11-86。

表11-86　邢台市人民政府一级指标评估得分分析表

指标＼分析	依法全面履行政府职能	法治政府建设的组织领导	依法行政制度体系	行政决策	行政执法	政务公开	监督与问责	社会矛盾化解与行政争议解决	社会公众满意度调查
得分	71	44	50	74	61.7	100	79.29	76	137.14
与平均分差	-11.81	-3.22	4.08	1.81	-7.33	2.02	5.84	5.52	8.99
与最高分差	-27	-28	-28	-21	-36.4	-17.72	-7.19	-13.81	-30.84
排名	93	65	38	46	71	49	26	30	21

每项一级指标换算成百分比并与全国平均水平比较得出图11-86。

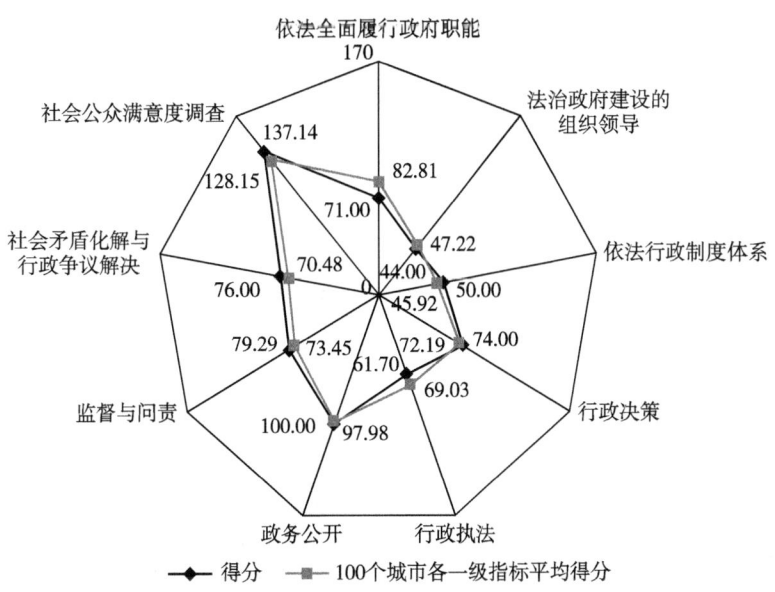

图11-86　邢台市人民政府评估得分与全国平均得分比较图

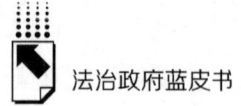

可以看出，该市依法行政制度体系、行政决策、政务公开、监督与问责、社会矛盾化解与行政争议解决、社会公众满意度调查这六个指标高于全国平均水平，说明该市政府在这六个方面评价较高。依法全面履行政府职能、法治政府建设的组织领导、行政执法这三个指标低于全国平均水平，说明该市政府在这三个方面评价较低。

二、邢台市法治政府建设情况分析

在2017年全国法治政府评估中，邢台市得到693.13分（总分1000分），在100个被测评城市中排名第52位，在东部区域48个城市中排名第34位（2016年度评估中邢台市得到712.97分，排名第20位；2015年度评估中，邢台市得到632.56分，排名第39位）。这一评估结果反映出，在全国法治政府建设持续推进的大背景下，邢台市法治政府建设在取得长足进步的同时，也存在着一些亟待重视和解决的问题。

（一）成绩

1. 社会矛盾化解与行政争议解决表现良好

本年度评估结果显示，在"社会矛盾化解与行政争议解决表现良好"一级指标下，邢台市得到76分（该指标总分100分），比全国平均分高出5.52分，排名全国第30位；2016年度评估中，北京市在"社会矛盾化解与行政争议解决"指标下得到82分，排名全国第1位；2015年度评估中，邢台市在"社会矛盾化解与行政争议解决"指标下得到50分，排名全国第50位。对比连续三年的测评结果可以看出，邢台市在社会矛盾化解与行政争议解决工作方面在全国排名比较靠前，反映出邢台市在社会矛盾化解的制度建设、行政复议体制改革、人民调解制度的建设、预防群体性事件发生、畅通社会矛盾化解渠道等多个方面有着良好的表现，值得其他地方政府学习。

2. 行政决策法治化程度得到提高

评估结果显示，邢台市在"行政决策"指标上进步幅度较大。2015年度评估中，邢台市在该指标上得分56分（该指标总分100分），比全国平均分低8.47分，全国排名仅为第81位；2016年度评估中，邢台市在该指标上得分63分，比全国平均分低5.87分，全国排名仅为第76位；本年度评估中，邢台市在该指标下得到74分，比全国平均分高出1.81分，全国排名第46位，两年内排名提升了将近一半。说明邢台市在行政决策过程中，不断注重决策的合法性、民主性和科学性，值得学习和肯定。

3. 依法行政制度体系较为规范

评估结果显示，在"依法行政制度体系"一级指标下，邢台市得到50分（该指标总分80分），比全国平均分高出4.08分，全国排名第38位；2016年度评估中，邢台市在该指标下得到73分，比全国平均分高出22.24分，全国排名第6位；2015年度评估中，邢台市在该指标下得到51分，比全国平均分高出7.54分，全国排名第26位。连续三年的评估结果反映出，邢台市在依法行政制度体系建设方面无论是在得分还是在排名上都比较靠前，说明邢台市依法行政制度体系比较规范和稳定。

（二）问题

1. 依法全面履行政府职能工作没有落实

评估结果显示，2017年度邢台市在"依法全面履行政府职能"指标下得分为71分（该指标总分100分），比全国平均分低11.81分，全国排名仅为93名。对比2016年度及2015年度邢台市在这一指标上81和79的得分，以及第39和第58的排名，可以得出结论，邢台市依法全面履行政府职能工作未能继续落实《法治政府建设实施纲要（2015—2020年）》在新形势下对依法全面履行政府职能提出的要求，存在着政府机构设置不规范、在线审批等便捷性不足、行政审批中介清单公布参差不齐、忽视突发事件中公共沟通工作等问题需要继续解决和落实。

2. 法治政府建设的组织领导工作不扎实

评估结果显示，2017年度邢台市在"法治政府建设的组织领导"指标下得分为44分（该指标总分80分），比全国平均分低3.22分，全国排名仅第65位。对比2016年度及2015年度邢台市在这一指标上57和50的得分，以及第5和第17的排名，可以得出结论，邢台市法治政府建设的组织领导工作未能全面落实《法治政府建设实施纲要（2015—2020年）》在新形势下对法治政府建设提出的要求，对政府法制工作的组织保障不够充分，未按要求及时公布上一年度的法治政府建设情况，对依法行政考核的推进不够理想，政府法律顾问制度建设缓慢。

3. 行政执法规范化程度低

在行政执法方面，邢台市在2015年评估中得到61.5分（该指标总分120分），比全国平均分低1.295分，全国排名第53位；在2016年评估中得到40分，比全国

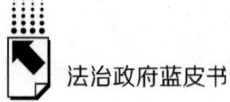

平均分低3.46分，得分率为50%；在2016年评估中得到63分，比全国平均分低6.514分，全国排名第69位；在2017年评估中得到61.7分，比全国平均分低7.33分，全国排名第71位。从近三年的评估数据可以看出，邢台市在行政执法方面无论是得分还是排名都比较低，并且处于不断后退的状态。暴露出邢台市行政执法体制改革动作迟缓、执法程序建设存在漏洞、执法人员培训流于形式、执法部门怠于履行职能等问题的存在。

八十七 徐州市人民政府

一、徐州市法治政府建设情况

徐州市人民政府评估总分为706.41分，高于全国平均水平（687.22分）19.19分，在全部评估的100个城市中排名第41位，在东部区域48个城市中排名第29位。该市政府得分按一级指标分析见表11-87。

表11-87 徐州市人民政府一级指标评估得分分析表

指标 分析	依法全面 履行政府 职能	法治政府 建设的 组织领导	依法行政 制度体系	行政 决策	行政 执法	政务 公开	监督与 问责	社会矛盾 化解与行政 争议解决	社会公众 满意度 调查
得分	83	47	35	71	70.8	110	81.45	69.67	138.49
与平均分差	0.19	-0.22	-10.92	-1.19	1.77	12.02	8.00	-0.81	10.34
与最高分差	-15	-25	-43	-24	-27.3	-7.72	-5.03	-20.14	-29.49
排名	49	55	70	56	39	18	14	56	16

每项一级指标换算成百分比并与全国平均水平比较得出图11-87。

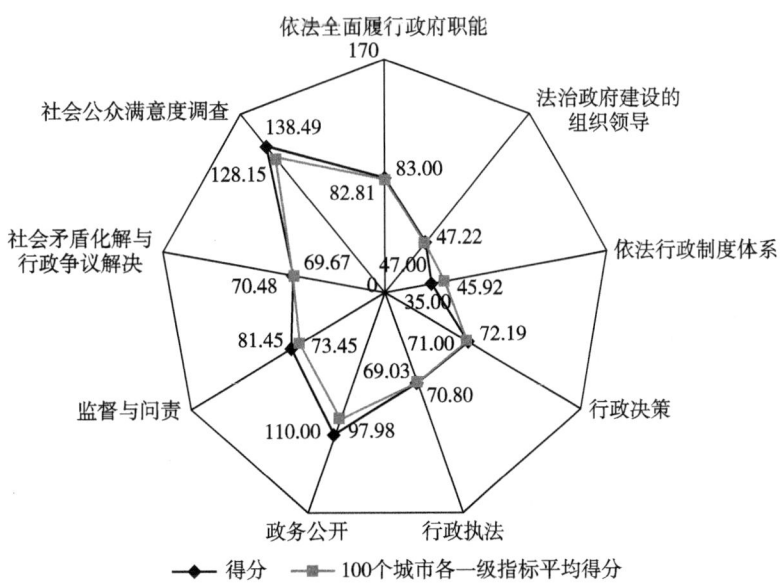

图11-87 徐州市人民政府评估得分与全国平均得分比较图

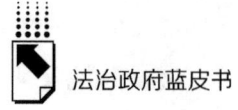

可以看出，该市依法全面履行政府职能、行政执法、政务公开、监督与问责和社会公众满意度调查这五个指标高于全国平均水平，说明该市政府在这五个方面评价较高。法治政府建设的组织领导、依法行政制度体系、行政决策和社会矛盾化解与行政争议解决这四个指标低于全国平均水平，说明该市政府在这四个方面评价较低。

二、徐州市法治政府建设情况分析

在2017年全国法治政府评估中，徐州市得到706.41分（总分1000分），在100个被测评城市中排名第41位，在东部区域48个城市中排名第29位（2016年度评估中徐州市得到663.24分，排名第51位；2015年度评估中，徐州市得到619.08分，排名第47位）。这一评估结果反映出，在全国法治政府建设持续推进的大背景下，徐州市法治政府建设在取得进步的同时，也存在着一些亟待重视和解决的问题。

（一）成绩

1. 政务公开取得较大进步

评估结果显示，徐州市在"政务公开"指标上进步幅度较大。2015年评估中，徐州市在该指标上得到102分，全国排名第45位；2016年评估中，徐州市在该指标上得到92分，全国排名第54位；本年度评估中，徐州市在该指标下得到110分（该指标总分为120分），比全国平均分高出12.02分，全国排名第18位，排名提升了近三倍。从数据对比中可以看出，徐州市在政务公开工作方面付出了较大的努力，取得了较大的进步，值得肯定。

2. 监督和问责能力增强

评估结果显示，徐州市在"监督和问责"指标上进步幅度较大。2016年评估中，徐州市在该指标上得到67.08分，比全国平均分低0.9391分，全国排名第59位；而在本年度评估中，徐州市在该指标下得到81.45分（该指标总分为100分），比全国平均分高出8分，全国排名第14位，排名提升了近四倍。从得分的增加和排名的提升中可以看出，徐州市愈加重视对政府工作的监督和问责，并取得了较好的成绩，值得学习和肯定。

3. 社会公众满意度显著提升

评估结果显示，徐州市在"社会公众满意度"指标上进步幅度最大。2015年评估中，徐州市在该指标上得到107.58分，比全国平均分低9.782分，全国排名第71位；2016年评估中，徐州市在该指标上得到109.94分，比全国平均分低6.71分，全国排名第70位；本年度评估中，徐州市在该指标下得到138.49分（该指标总分为200分），比全国平均分高出10.34分，全国排名第16位，排名提升了四倍多。反映出徐州市法治政府建设工作取得相应成效，使得人民群众对政府工作愈加满意。

（二）徐州市法治政府建设存在的问题

1. 法治政府建设的组织领导工作不扎实

评估结果显示，2017年度徐州市在"法治政府建设的组织领导"指标下得分为47分（该指标总分80分），比全国平均分低0.22分，全国排名第55位。对比2016年度徐州市在这一指标上48分的得分，以及第20位的排名，可以得出结论，徐州市法治政府建设的组织领导工作未能全面落实《法治政府建设实施纲要（2015—2020年）》在新形势下对法治政府建设提出的要求，对政府法制工作的组织保障不够充分，未按要求及时公布上一年度的法治政府建设情况，对依法行政考核的推进不够理想，政府法律顾问制度建设缓慢。

2. 行政决策法治化程度不高

评估结果显示，2017年度徐州市在"行政决策"指标下得分为71分（该指标总分100分），比全国平均分低1.19分，全国排名第56位；2016年度及2015年度徐州市在这一指标上得分为68分和62分，排名分列全国第55位和第56位。可以看出，虽然徐州市在本指标下得分有所提高，但排名仍处全国低位水平。徐州市在行政决策工作方面法治化程度不高，未能巩固已经取得的成果，存在着适用重大行政决策的事项范围偏窄，专家论证缺乏有效的保障机制及监督追责机制以及重大行政决策过程公开不足等问题。需要徐州市政府对此加强重视，继续改革并巩固现有成果。

3. 依法行政的制度体系不完善

在依法行政制度体系建设方面，徐州市在2015年评估中得到38分（该指标总分80分），比全国平均分低5.46分，全国排名第67位；在2016年评估中得到45分，比全国平均分低5.76分，全国排名第65位；在2017年评估中得到35分，比全国平均分低10.92分，全国排名第70位。从近三年的评估数据可以看出，徐州市在依法行政的制度体系建设方面整体上依然处于较低水平。具体而言，徐州市在行政规范性文件制定的制度化和规范化，行政规范性文件的合法性以及行政规范性文件定期清理制度的建立和落实方面存在着问题和不足。

八十八　烟台市人民政府

一、烟台市法治政府建设情况

烟台市人民政府评估总分为758.63分，高于全国平均水平（687.22分）71.41分，在全部评估的100个城市中排名第14位，在东部区域48个城市中排名第12位。该市政府得分按一级指标分析见表11-88。

表11-88　烟台市人民政府一级指标评估得分分析表

指标\分析	依法全面履行政府职能	法治政府建设的组织领导	依法行政制度体系	行政决策	行政执法	政务公开	监督与问责	社会矛盾化解与行政争议解决	社会公众满意度调查
得分	91	53	65	77	69.5	107.97	73.26	77.83	144.07
与平均分差	8.19	5.78	19.08	4.81	0.47	9.99	-0.19	7.35	15.92
与最高分差	-7	-19	-13	-18	-28.6	-9.75	-13.22	-11.98	-23.91
排名	11	31	13	34	41	27	60	25	8

每项一级指标换算成百分比并与全国平均水平比较得出图11-88。

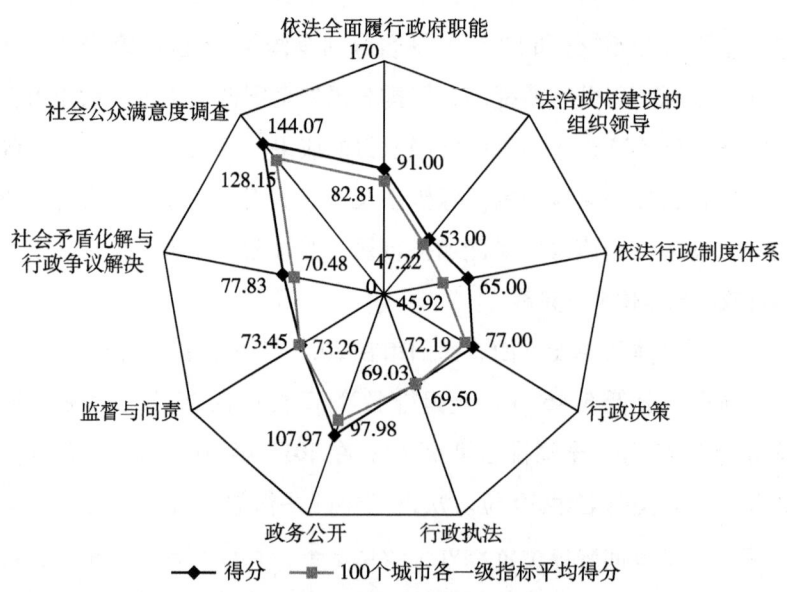

图11-88　烟台市人民政府评估得分与全国平均得分比较图

可以看出，该市依法全面履行政府职能、法治政府建设的组织领导、依法行政制度体系、行政决策、行政执法、政务公开、社会矛盾化解与行政争议解决、社会公众满意度调查这八个指标高于全国平均水平，说明该市政府在这八个方面评价较高。监督与问责这个指标低于全国平均水平，说明该市政府在这个方面评价较低。

二、烟台市法治政府建设情况分析

在2017年全国法治政府评估中，烟台市得到758.63分（总分1000分），在100个被测评城市中排名第14位，在东部区域48个城市中排名第12位（2016年度评估中，烟台市得到682.62分，排名第39位；2015年度评估中，烟台市得到633.33分，排名第38位）。这一评估结果反映出，在全国法治政府建设持续推进的大背景下，烟台市法治政府建设取得了长足进步，同时也存在着一些亟待重视和解决的问题。

（一）成绩

1. 依法全面履行政府职能表现较好

本年度评估结果显示，在"依法全面履行政府职能"一级指标下，烟台市得到91分（该指标总分为100分），比全国平均分高出8.19分；2016年度评估中，烟台市在该指标下得到90分，比全国平均分高出13.77分；2015年度评估中，烟台市在该指标下得到93分，比全国平均分高出13.2分。从连续三年的评估结果来看，烟台市依法全面履行政府职能情况较好。具体而言，烟台市在政府机构设置、职能履行、公共服务、简政放权和行政审批便捷等方面都较为积极地推进法治政府建设，法治化程度稳步提升。

2. 依法行政制度体系日臻完善

本年度评估结果显示，烟台市在"依法行政制度体系"这一指标下得到65分（该指标总分为80分），比全国平均分高出19.08分，得分率为81%。从纵向来看，2016年度评估中，烟台市在该指标下的得分也为65分，比全国平均分高出14.24分，得分率也为81%；而在2015年度评估中，烟台市在该指标下仅得到28分（该得分不及2016年度与2017年度得分的二分之一），比全国平均分低15.46分，得分率仅为35%。根据近三年的评估数据，不难看出，近年来烟台市依法行政制度体系日臻完善，且各项制度的法治化建设水平快速提高。

3. 社会公众满意度不断提高

从本年度的评估结果来看,烟台市在"社会公众满意度调查"这一指标下的得分为144.07分(该指标总分为200分),比全国平均分高出15.92分,得分率为72%;2016年度评估中,烟台市在该指标下的得分为131.06分,得分率为66%;2015年度评估中,烟台市在该指标下的得分为120.83分,得分率为60%。对比连续三年的测评结果,可以看出,近年来烟台市法治政府建设的社会公众满意度提升较为明显,且社会公众满意度评价正在由刚及格向中等水平迈进。

(二)问题

1. 法治政府建设的组织领导工作不扎实

评估结果显示,2017年度烟台市在"法治政府建设的组织领导"指标下的得分为53分(该指标总分为80分),比全国平均分高出5.78分,得分率为66%;2016年度评估中,烟台市在该指标下的得分仅为25分,得分率仅为31%;2015年度评估中,烟台市在该指标下的得分仅为41分,得分率仅为51%。根据近三年的评估数据,可以得出结论,尽管近年来烟台市法治政府建设的组织领导工作有明显改善,但整体水平不高,仍有较大的提升空间。具体而言,当前烟台市存在未及时公布法治政府建设情况报告、对法制工作的组织保障不充分、依法行政考核工作的推进不够理想等问题。

2. 行政执法不规范

本年度评估结果显示,烟台市在"行政执法"指标下得到69.5分(该指标总分为120分),仅比全国平均分高出0.47分,得分率为58%。从纵向来看,虽然2017年度烟台市在该指标下的得分相比2016年度(2016年度评估中,烟台市在该指标下的得分仅为58.6分,得分率仅为49%)有所提高,但与2015年度的得分(2015年度评估中,烟台市在该指标下的得分为84.5分,得分率为70%)相比,有明显下滑趋势。连续三年的评估结果反映出,烟台市的行政执法不够规范。具体而言,无论是在执法体制、执法程序、执法责任方面,还是在执法人员管理及实际执法状况方面,均有较大的提升空间,距离严格、规范、公正、文明执法的法治政府建设目标尚有一定的差距。

3. 行政监督与问责表现欠佳

评估结果显示,2017年度烟台市在"监督与问责"这一指标下得到73.26分(该指标总分为100分),比全国平均分低0.19分,得分率为73%;2016年度评估中,烟台市得到60.96分,比全国平均分低7.06分,得分率为61%;2015年度评估中，烟台市得到57.5分，比全国平均分低7.45分，得分率为58%。根据以上评估数据，可以看出，尽管烟台市在该指标下的得分逐年增加，但连续三年均低于全国平均水平，行政监督与问责表现欠佳。具体而言，烟台市的外部与内部具体监督制度仍不完善，问责机制的制度化程度较低且落实情况不佳。

八十九 盐城市人民政府

一、盐城市法治政府建设情况

盐城市人民政府评估总分为 699.48 分,高于全国平均水平(687.22 分)12.26 分,在全部评估的 100 个城市中排名第 46 位,在东部区域 48 个城市中排名第 31 位。该市政府得分按一级指标分析见表 11-89。

表 11-89 盐城市人民政府一级指标评估得分分析表

指标 分析	依法全面 履行政府 职能	法治政府 建设的组织 领导	依法行政 制度体系	行政 决策	行政 执法	政务 公开	监督与 问责	社会矛盾 化解与行政 争议解决	社会公众 满意度 调查
得分	80	54	38	70	54.6	103.75	79.51	81.47	138.15
与平均分差	-2.81	6.78	-7.92	-2.19	-14.43	5.77	6.06	11.00	10.00
与最高分差	-18	-18	-40	-25	-43.5	-13.97	-6.97	-8.34	-29.83
排名	70	26	63	60	86	39	23	17	19

每项一级指标换算成百分比并与全国平均水平比较得出图 11-89。

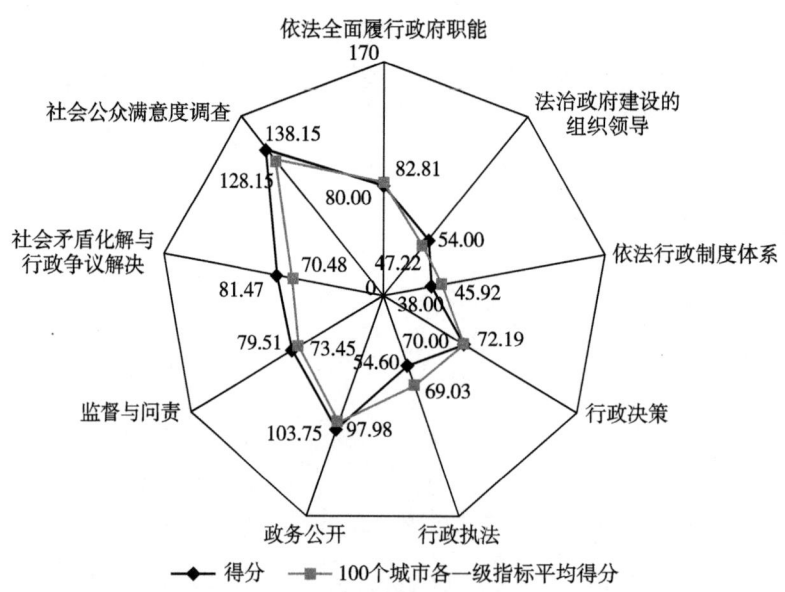

图 11-89 盐城市人民政府评估得分与全国平均得分比较图

可以看出，该市法治政府建设的组织领导、政务公开、监督与问责、社会矛盾化解与行政争议解决、社会公众满意度调查这五个指标高于全国平均水平，说明该市政府在这五个方面评价较高。依法全面履行政府职能、依法行政制度体系、行政决策、行政执法这四个指标低于全国平均水平，说明该市政府在这四个方面评价较低。

二、盐城市法治政府建设情况分析

在2017年全国法治政府评估中，盐城市得到699.48分（总分1000分），在100个被测评城市中排名第46位，在东部区域48个城市中排名第31位（2016年度评估中，盐城市得到669.74分，排名第45位；2015年度评估中，盐城市得到602.62分，排名第60位）。这一评估结果反映出，在全国法治政府建设持续推进的大背景下，盐城市法治政府建设仍然处于徘徊阶段，虽有一定成绩，但也存在着一些亟待重视和解决的问题。

（一）成绩

1. 法治政府建设的组织领导工作水平提升明显

本年度评估结果显示，在"法治政府建设的组织领导"这一指标下，盐城市得到54分（该指标总分为80分），比全国平均分高出6.78分，得分率为68%；2016年度评估中，盐城市在该指标下得到51分，比全国平均分高出11.61分，得分率为64%；2015年度评估中，盐城市在该指标下仅得到12分，比全国平均分低21.33分，得分率仅为15%，不及2017年度的四分之一。从以上评估结果来看，近年来盐城市法治政府建设的组织领导工作水平有明显提升。具体而言，盐城市在法治政府建设的组织保障、落实机制以及领导干部的法治思维和法治能力等方面均有较大改善，法治化程度有所提高。

2. 行政监督与问责表现较好

本年度评估结果显示，盐城市在"监督与问责"这一指标下的得分为79.51分（该指标总分为100分），比全国平均分高出6.06分，得分率为80%；2016年度评估中，盐城市在该指标下的得分为77.33分，比全国平均分高出9.31分，得分率为77%；2015年度评估中，盐城市在该指标下的得分为81分，比全国平均分高出16.06分，得分率为81%。根据以上评估数据，可以得出结论，近年来盐城市行政监督与问责表现较好。具体而言，盐城市的外部与内部具体监督制度日益完善，问责机制的制度化程度较高且落实情况较为理想。

3. 社会矛盾化解与行政争议解决取得长足进步

本年度评估结果显示，盐城市在"社会矛盾化解与行政争议解决"这一指标下得到81.47分（该指标总分为100分），比全国平均分高出11分，得分率为81.5%。从纵向来看，2016年度评估中，盐城市在该指标下的得分为78分，比全国平均分高出9.9分，得分率为78%；2015年度评估中，盐城市在该指标下得到56分，比全国平均分高出2.3分，得分率为56%。根据近三年的评估数据，不难看出，近年来盐城市在积极探索化解社会矛盾的新方式与途径，努力建立与经济社会发展相适应的矛盾纠纷化解机制，社会矛盾化解的水平快速提高，且社会矛盾化解与行政争议解决指标正在由不及格向中等水平迈进。

4. 社会公众满意度不断提高

从本年度的评估结果来看，盐城市在"社会公众满意度调查"这一指标下的得分为138.15分（该指标总分为200分），比全国平均分高出10分，得分率为69%；2016年度评估中，盐城市在该指标下的得分为136.91分，比全国平均分高出7.3分，得分率为68%；2015年度评估中，盐城市在该指标下的得分为118.62分，比全国平均分高出1.258分，得分率为59%。对比连续三年的测评结果，可以看出，近年来盐城市法治政府建设的社会公众满意度逐年提高，且社会公众满意度评价正在由不及格向中等水平迈进。

（二）问题

1. 依法全面履行政府职能表现欠佳

评估结果显示，2017年度盐城市在"依法全面履行政府职能"指标下的得分为80分（该指标总分为100分），比全国平均分低2.81分，得分率为80%；2016年度评估中，盐城市在该指标下的得分为69分，比全国平均分低7.23分，得分率为69%；2015年度评估中，盐城市在该指标下的得分为70分，比全国平均分低9.8分，得分率为70%。根据近三年的评估数据，可以看出，尽管近年来盐城市这一指标的得分呈逐年上升趋势，但该指标连续三年均低于全国平均水平。这反映出盐城市依法全面履行政府职能表现欠佳，仍有较大的提升空间。具体而言，当前盐城市在政府机构设置、职能履行、公共服务、简政放权和行政审批便捷等方面仍需加强，法治化程度有待进一步提升。

2. 依法行政制度体系不完善

本年度评估结果显示，盐城市在"依法行政制度体系"这一指标下仅得到38分

（该指标总分为80分），比全国平均分低7.92分，得分率仅为48%。从纵向来看，2016年度评估中，盐城市在该指标下的得分为42分，比全国平均分低8.76分，得分率为53%；2015年度评估中，盐城市在该指标下的得分为42分，比全国平均分低1.46分，得分率为53%。从以上数据可以看出，相比2016年度和2015年度，盐城市2017年度的该指标得分有所下降，且该指标已经连续三年低于全国平均水平。这说明盐城市依法行政制度体系还不完善，行政规范性文件的制定与实施情况表现欠佳，部分制度的规范化、法治化水平有待提升。

3. 行政决策法治化程度不高

评估结果显示，2017年度盐城市在"行政决策"这一指标下得到70分（该指标总分为100分），比全国平均分低2.19分，得分率为70%；2016年度评估中，盐城市得到65分，比全国平均分低3.87分，得分率为65%；2015年度评估中，盐城市得到56分，比全国平均分低8.55分，得分率为56%。根据以上评估数据，可以看出，尽管盐城市在该指标下的得分逐年增加，但已经连续三年低于全国平均水平。这反映出盐城市未能全面落实《法治政府建设实施纲要（2015—2020年）》中所提出的要求，行政决策法治化程度不高。具体而言，盐城市在重大决策合法性审查制度、风险评估制度、专家论证制度、公开制度等方面的建立或实施情况存在不足，各项制度的法治化水平有待提高。

4. 行政执法不规范

本年度评估结果显示，盐城市在"行政执法"指标下得到54.6分（该指标总分为120分），比全国平均分低14.43分，得分率为46%；2016年度评估中，盐城市得到62分，比全国平均分低7.51分，得分率为52%；2015年度评估中，盐城市得到66分，比全国平均分高出3.21分，得分率为55%。从连续三年的评估结果来看，盐城市这一指标的得分呈逐年下降趋势，且2017年和2016年度的得分均低于全国平均水平。这反映出，近年来盐城市的行政执法规范化程度较低。具体而言，在执法体制、执法程序、执法责任、执法人员管理以及实际执法状况等方面，盐城市存在较多不足，距离严格、规范、公正、文明执法的法治政府建设目标尚有较大的差距。

九十 宜春市人民政府

一、宜春市法治政府建设情况

宜春市人民政府评估总分为656.37分，低于全国平均水平（687.22分）30.85分，在全部评估的100个城市中排名第70位，在中部区域32个城市中排名第17位。该市政府得分按一级指标分析见表11-90。

表11-90 宜春市人民政府一级指标评估得分分析表

指标分析	依法全面履行政府职能	法治政府建设的组织领导	依法行政制度体系	行政决策	行政执法	政务公开	监督与问责	社会矛盾化解与行政争议解决	社会公众满意度调查
得分	73	30	43	66	79	109	65.5	64.67	126.2
与平均分差	-9.81	-17.22	-2.92	-6.19	9.97	11.02	-7.95	-5.81	-1.95
与最高分差	-25	-42	-35	-29	-19.1	-8.72	-20.98	-25.14	-41.78
排名	91	94	51	75	26	22	86	76	52

每项一级指标换算成百分比并与全国平均水平比较得出图11-90。

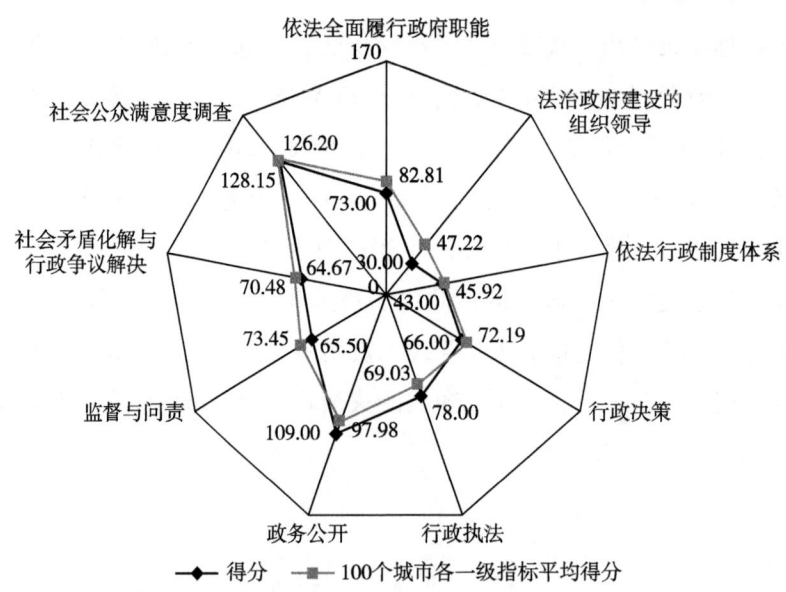

图11-90 宜春市人民政府评估得分与全国平均得分比较图

可以看出，该市行政执法、政务公开这两个指标高于全国平均水平，说明该市政府在这两个方面评价较高。依法全面履行政府职能、法治政府建设的组织领导、依法行政制度体系、行政决策、监督与问责、社会矛盾化解与行政争议解决和社会公众满意度调查这七个指标低于全国平均水平，说明该市政府在这七个方面评价较低。

二、宜春市法治政府建设情况分析

在2017年全国法治政府评估中，宜春市得到656.37分（总分1000分），在100个被测评城市中排名第70位，在中部区域32个城市中排名第17位（2016年度评估中，宜春市得到640.44分，排名第68位；2015年度评估中，宜春市得到610.39分，排名第53位）。这一评估结果反映出，在全国法治政府建设持续推进的大背景下，宜春市法治政府建设评估的排名在不断下滑，其在取得一定进步的同时，存在着一些亟待重视和解决的突出问题。

（一）成绩

1. 行政执法日益规范

本年度评估结果显示，在"行政执法"这一指标下，宜春市得到79分（该指标总分为120分），比全国平均分高出9.97分，得分率为66%；2016年度评估中，宜春市在该指标下得到65.5分，比全国平均分低4.01分，得分率为55%；2015年度评估中，宜春市在该指标下仅得到51分，比全国平均分低11.8分，得分率仅为43%。从连续三年的评估结果来看，宜春市这一指标的得分呈逐年上升趋势，这说明近年来宜春市行政执法规范化程度不断提升。具体而言，宜春市在执法体制、执法程序、执法责任、执法人员管理以及实际执法状况等方面日益完善，行政执法指标正在由不及格向及格水平迈进。

2. 政务公开表现较好

本年度评估结果显示，宜春市在"政务公开"这一指标下得到109分（该指标总分为120分），比全国平均分高出11.02分，得分率为91%。从纵向来看，2016年度评估中，宜春市在该指标下的得分为87分，比全国平均分低5.56分，得分率为73%；2015年度评估中，宜春市在该指标下得到104分，比全国平均分高出6.5分，得分率为87%。根据近三年的评估数据，可以看出，近年来宜春市的这一指标整体上呈持续上升趋势。具体而言，宜春市在重点领域信息公开、政府门户网站建设维

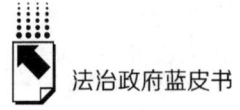

护、政府数据开放、依申请信息公开等方面表现较好，政务公开工作正进一步向纵深发展。

（二）问题

1. 依法全面履行政府职能表现欠佳

评估结果显示，2017年度宜春市在"依法全面履行政府职能"这一指标下得到73分（该指标总分为100分），比全国平均分低9.81分，得分率为73%；2016年度评估中，宜春市的得分为69分，比全国平均分低7.23分，得分率为69%；2015年度评估中，宜春市的得分为78分，比全国平均分低1.8分，得分率为78%。根据近三年的评估数据，可以看出，近年来宜春市该指标的得分整体上呈不断下滑趋势，且该指标连续三年均低于全国平均水平。这反映出宜春市依法全面履行政府职能表现欠佳，仍有较大的提升空间。具体而言，当前宜春市在政府机构设置、职能履行、公共服务、简政放权和行政审批便捷等方面仍需加强，法治化程度有待继续提升。

2. 法治政府建设的组织领导工作不扎实

本年度评估结果显示，宜春市在"法治政府建设的组织领导"指标下得到30分（该指标总分为80分），比全国平均分低17.22分，得分率为37.5%。从纵向来看，2016年度评估中，宜春市在该指标下的得分为35分，比全国平均分低4.39分，得分率为44%；2015年度评估中，宜春市在该指标下的得分为27分，比全国平均分低6.33分，得分率为34%。以上评估数据说明，宜春市2017年度的该指标得分较2016年度有所下降，且该指标已经连续三年低于全国平均水平。这反映出，宜春市法治政府建设的组织领导工作未能全面落实《法治政府建设实施纲要（2015—2020年）》在新形势下对法治政府建设提出的要求，对政府法制工作的组织保障不够充分，对依法行政考核的推进不够理想，政府法律顾问制度建设缓慢。

3. 依法行政制度体系不完善

本年度评估结果显示，宜春市在"依法行政制度体系"指标下仅得到43分（该指标总分为80分），比全国平均分低2.92分，得分率仅为54%；2016年度评估中，宜春市得分为47分，比全国平均分低3.76分，得分率为59%；2015年度评估中，宜春市得分为40分，比全国平均分低3.46分，得分率为50%。根据近三年的评估数据，可以看出，宜春市2017年度的该指标得分较2016年度有所下降，且该指标连续三年均低于全国平均水平。这反映出，宜春市未能全面落实《法治政府建设实施纲要（2015—2020年）》在新形势下对依法行政制度体系建设提出的要求，行政规范性文件的制定与实施情况表现欠佳，依法行政制度体系还不完善，与法治政府建设的基本要求尚有较大差距。

4. 行政决策法治化程度不高

评估结果显示，2017年度宜春市在"行政决策"这一指标下得到66分（该指标总分为100分），比全国平均分低6.19分，得分率为66%；2016年度评估中，宜春市得到64分，比全国平均分低4.87分，得分率为64%；2015年度评估中，宜春市得到52分，比全国平均分低12.55分，得分率为52%。从以上评估数据可以看出，尽管宜春市在该指标下的得分呈逐年上升趋势，但该指标连续三年均低于全国平均水平，反映出宜春市的行政决策法治化程度不高。具体而言，宜春市在重大决策合法性审查制度、风险评估制度、专家论证制度、公开制度等方面的建立与实施情况仍有不足，各项制度的规范化、法治化水平有待提高。

5. 行政监督与问责制度不规范

本年度评估结果显示，宜春市在"监督与问责"指标下得到65.5分（该指标总分为100分），比全国平均分低5.81分，得分率为66%；2016年度评估中，宜春市得到71分，比全国平均分高出2.98分，得分率为71%；2015年度评估中，宜春市得到57.5分，比全国平均分低7.45分，得分率为58%。从连续三年的评估结果来看，宜春市2017年度该指标得分较2016年度有所下降，且2017年度与2015年度得分均低于全国平均水平。这反映出，尽管近年来宜春市行政监督与问责制度建设的总体形势向好，但在整体上依然处于较低水平。具体而言，宜春市的外部与内部具体监督制度仍不规范，问责机制的制度化程度较低，且落实情况不甚理想。

6. 社会矛盾化解与行政争议解决水平较低

评估结果显示，2017年度宜春市在"社会矛盾化解与行政争议解决水平"指标下得到64.67分（该指标总分为100分），比全国平均分低5.81分，得分率为65%；2016年度评估中，宜春市得到71分，比全国平均分高出2.9分，得分率为71%；2015年度评估中，宜春市得到48分，比全国平均分低5.7分，得分率为58%。从连续三年的评估数据来看，宜春市2017年度得分较2016年度有所下降，且2017年度与2015年度得分均低于全国平均水平。由此可以看出，尽管近年来宜春市社会矛盾化解与行政争议解决取得了一定的进步，但整体水平偏低。具体而言，宜春市的信访制度改革进展迟缓，行政复议工作的规范化水平和公开透明程度不高，行政复议决定的质量较低。

7. 社会公众满意度下降明显

评估结果显示，2017年度宜春市法治政府建设的社会公众满意度得分为126.2分（该指标总分为200分），比全国平均分低1.95分，比最高分低41.78分，得分率仅为63%。从纵向来看，2016年度评估中，宜春市得到130.94分，比全国平均分高出1.33分，得分率为65%；2015年度评估中，宜春市得到152.89分，比全国平均分高出35.53分，得分率为76%。对比连续三年的评估数据可以看出，宜春市社会公众满意度指标得分呈逐年下降趋势，且正在由中等水平滑向及格水平。这反映出社会公众对当地法治政府建设工作的评价不高，未对法治政府建设成效产生充足的获得感。

九十一 银川市人民政府

一、银川市法治政府建设情况

银川市人民政府评估总分为 669.11 分,低于全国平均水平(687.22 分)18.11 分,在全部评估的 100 个城市中排名第 64 位,在西部区域 20 个城市中排名第 11 位。该市政府得分按一级指标分析见表 11-91。

表 11-91 银川市人民政府一级指标评估得分分析表

指标 分析	依法全面履行政府职能	法治政府建设的组织领导	依法行政制度体系	行政决策	行政执法	政务公开	监督与问责	社会矛盾化解与行政争议解决	社会公众满意度调查
得分	69	36	41	77	64.8	107	67.55	76	130.76
与平均分差	-13.81	-11.22	-4.92	4.81	-4.23	9.02	-5.90	5.52	2.61
与最高分差	-29	-36	-37	-18	-33.3	-10.72	-18.93	-13.81	-37.22
排名	96	84	57	34	61	30	79	30	37

每项一级指标换算成百分比并与全国平均水平比较得出图 11-91。

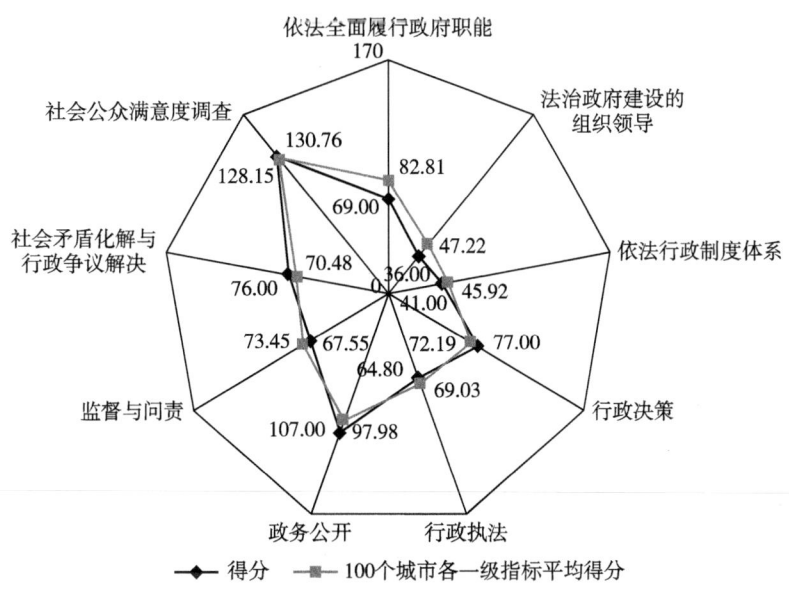

图 11-91 银川市人民政府评估得分与全国平均得分比较图

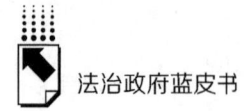

可以看出，该市行政决策、政务公开、社会矛盾化解与行政争议解决和社会公众满意度调查这四个指标高于全国平均水平，说明该市政府在这四个方面评价较高。依法全面履行政府职能、法治政府建设的组织领导、依法行政制度体系、行政执法、监督与问责这五个指标低于全国平均水平，说明该市政府在这五个方面评价均较低。

二、银川市法治政府建设情况分析

在2017年全国法治政府评估中，银川市得到669.11分（总分1000分），在100个被测评城市中排名第64位，在西部区域20个城市中排名第11位（2016年度评估中，银川市得到608.8分，排名第85位；2015年度评估中，银川市得到527.39分，排名第94位）。这一评估结果反映出，在全国法治政府建设持续推进的大背景下，银川市法治政府建设取得了长足进步，排名不断上升，同时也存在着部分亟待重视和解决的问题。

（一）成绩

1. 行政决策法治化程度不断提升

评估结果显示，2017年度银川市在"行政决策"这一指标下得到77分（该指标总分为100分），比全国平均分高出4.81分，得分率为77%；2016年度评估中，银川市得到74分，比全国平均分高出5.13分，得分率为74%；2015年度评估中，银川市得到71分，比全国平均分高出6.45分，得分率为71%。根据以上评估数据，可以看出，银川市在该指标下的得分呈逐年平稳上升趋势。这反映出银川市积极落实《法治政府建设实施纲要（2015—2020年）》中所提出的要求，行政决策法治化程度不断提升。具体而言，银川市在重大决策合法性审查制度、风险评估制度、专家论证制度、公开制度等方面的建立与实施情况表现较好，各项制度的规范化水平持续提高。

2. 政务公开进步明显

本年度评估结果显示，在"政务公开"这一指标下，银川市得到107分（该指标总分为120分），比全国平均分高出9.02分，得分率为89%；2016年度评估中，银川市在该指标下得到74分，比全国平均分低18.58分，得分率为62%；2015年度评估中，银川市在该指标下得到68分，比全国平均分低29.5分，得分率为57%。以上数据表明，银川市政务公开指标得分呈逐年上升趋势，且2017年度得分较2016年度的涨幅较大。这反映出近年来银川市在政务公开工作方面进步明显。具体而言，银川市在重点领域信息公开、政府门户网站建设维护、政府数据开放、依申请信息公开等方面表现较好，政务公开工作正进一步向纵深发展。

3. 社会矛盾化解与行政争议解决表现较好

本年度评估结果显示，银川市在"社会矛盾化解与行政争议解决"这一指标下得到76分（该指标总分为100分），比全国平均分高出5.52分，得分率为76%。从纵向来看，2016年度评估中，银川市的得分为72分，比全国平均分高出3.9分，得分率为72%；2015年度评估中，银川市的得分为34分，比全国平均分低19.7分，得分率为34%。根据近三年的评估数据，可以看出，银川市这一指标得分呈逐年上升趋势，且2017年度得分较2015年度的涨幅超过1倍。这反映出近年来银川市在积极探索化解社会矛盾的新方式与途径，努力建立与经济社会发展相适应的矛盾纠纷化解机制，社会矛盾化解的水平明显提高，且社会矛盾化解与行政争议解决指标正在由不及格向中等水平迈进。

4. 社会公众满意度逐年提高

从本年度的评估结果来看，银川市在"社会公众满意度调查"这一指标下的得分为130.76分（该指标总分为200分），比全国平均分高出2.61分，得分率为65%；2016年度评估中，银川市的得分为125.68分，比全国平均分低3.93分，得分率为63%；2015年度评估中，银川市的得分为119.39分，比全国平均分高出2.03分，得分率为60%。对比连续三年的测评结果，可以看出，银川市该指标得分呈逐年上升趋势，反映出近年来银川市法治政府建设的社会公众满意度逐年提高，且社会公众满意度评价正在由不及格向及格水平迈进。

（二）问题

1. 依法全面履行政府职能表现欠佳

评估结果显示，2017年度银川市在"依法全面履行政府职能"指标下的得分为69分（该指标总分为100分），比全国平均分低13.81分，得分率为69%；2016年度评估中，银川市的得分为62分，比全国平均分低14.23分，得分率为62%；2015年度评估中，银川市的得分为64分，比全国平均分低15.8分，得分率为64%。根据近三年的评估数据，可以看出，尽管近年来银川市这一指标的得分呈上升趋势，但该指标连续三年均低于全国平均水平。这反映出银川市依法全面履行政府职能表现欠佳，仍有较大的提升空间。具体而言，当前银川市在政府机构设置、职能履行、公共服务、简政放权和行政审批便捷等方面仍需加强，法治化程度有待进一步提升。

2. 法治政府建设的组织领导工作不扎实

本年度评估结果显示，银川市在"法治政府建设的组织领导"指标下得到36分（该指标总分为80分），比全国平均分低11.22分，得分率为45%。从纵向来看，2016年度评估中，银川市的得分为27分，比全国平均分低12.39分，得分率为34%；2015年度评估中，银川市的得分为22分，比全国平均分低11.33分，得分率为28%。以上评估数据说明，尽管近年来银川市该指标得分呈逐年上升趋势，但该指标已经连续三年低于全国平均水平。这反映出，银川市法治政府建设的组织领导工作未能全面落实《法治政府建设实施纲要（2015—2020年）》在新形势下对法治政府建设提出的要求，对政府法制工作的组织保障不够充分，对依法行政考核的推进不够理想，政府法律顾问制度建设缓慢。

3. 依法行政制度体系不完善

本年度评估结果显示，银川市在"依法行政制度体系"这一指标下得到41分（该指标总分为80分），比全国平均分低4.92分，得分率为51%。2016年度评估中，银川市在该指标下的得分为34分，比全国平均分低16.76分，得分率为43%；2015年度评估中，银川市在该指标下的得分为30分，比全国平均分低13.46分，得分率为38%。从以上数据可以看出，尽管近年来银川市该指标得分呈逐年上升趋势，但该指标已经连续三年低于全国平均水平。这表明银川市行政规范性文件法治化进程缓慢，行政规范性文件制定程序制度的建立情况不理想，行政规范性文件公开听取意见制度与"三统一"制度的实施表现不佳，依法行政制度体系还不完善。

4. 行政执法不规范

评估结果显示，2017年度银川市在"行政执法"指标下得到64.8分（该指标总分为120分），比全国平均分低4.23分，得分率为54%。2016年度评估中，银川市得到67.6分，比全国平均分低1.91分，得分率为56%；2015年度评估中，银川市得到69分，比全国平均分高出6.23分，得分率为58%。从连续三年的评估结果来看，银川市这一指标的得分呈逐年下降趋势，且2017年与2016年度的得分均低于全国平均水平。这反映出，近年来银川市的行政执法规范化程度较低。具体而言，在执法体制、执法程序、执法责任、执法人员管理以及实际执法状况等方面，银川市存在较多不足，距离严格、规范、公正、文明执法的法治政府建设目标尚有较大的差距。

5. 监督与问责制度法治化水平较低

本年度评估结果显示，银川市在"监督与问责"指标下得到67.55分（该指标总分为100分），比全国平均分低5.9分，得分率为68%；2016年度评估中，银川市得到72.52分，比全国平均分高出4.5分，得分率为73%；2015年度评估中，银川市得到50分，比全国平均分低14.95分，得分率为50%。从连续三年的评估结果来看，银川市2017年度该指标得分较2016年度有所下降，且2017年度与2015年度得分均低于全国平均水平。这反映出，尽管近年来银川市行政监督与问责制度建设的总体形势向好，但在整体上依然处于较低水平。具体而言，银川市的外部与内部具体监督制度仍不规范，问责机制的制度化程度较低，重大决策责任追究制度的建立及落实情况不甚理想。

九十二 玉林市人民政府

一、玉林市法治政府建设情况

玉林市人民政府评估总分为607.18分,低于全国平均水平(687.22分)80.04分,在全部评估的100个城市中排名第91位,在西部区域20个城市中排名第16位。该市政府得分按一级指标分析见表11-92。

表11-92 玉林市人民政府一级指标评估得分分析表

指标 分析	依法全面履行政府职能	法治政府建设的组织领导	依法行政制度体系	行政决策	行政执法	政务公开	监督与问责	社会矛盾化解与行政争议解决	社会公众满意度调查
得分	75	31	26	70	65	70	76.38	62	131.8
与平均分差	-7.81	-16.22	-19.92	-2.19	-4.03	-27.98	2.93	-8.48	3.65
与最高分差	-23	-41	-52	-25	-33.1	-47.72	-10.1	-27.81	-36.18
排名	86	93	87	60	58	95	44	80	32

每项一级指标换算成百分比并与全国平均水平比较得出图11-92。

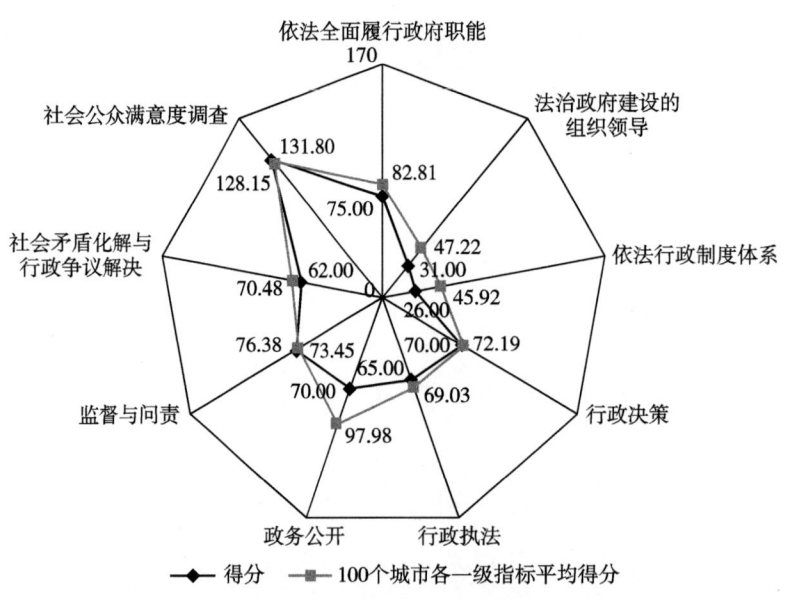

图11-92 玉林市人民政府评估得分与全国平均得分比较图

可以看出，该市监督与问责和社会公众满意度调查这两个指标高于全国平均水平，说明该市政府在这两个方面评价较高。依法全面履行政府职能、法治政府建设的组织领导、依法行政制度体系、行政决策、行政执法、政务公开、社会矛盾化解与行政争议解决这七个指标低于全国平均水平，说明该市政府在这七个方面评价较低。

二、玉林市法治政府建设情况分析

在2017年全国法治政府评估中，玉林市得到607.18分（总分1000分），在100个被测评城市中排名第91位，在西部区域20个城市中排名第16位（2016年度评估中，玉林市得到620.65分，排名第79位；2015年度评估中，玉林市得到560.49分，排名第83位）。这一评估结果反映出，在全国法治政府建设持续推进的大背景下，玉林市法治政府建设水平仍然在低位徘徊，虽然取得了一定成绩，但也存在着一些亟待重视和解决的突出问题。

（一）成绩

1. 行政监督与问责取得长足进步

本年度评估结果显示，玉林市在"监督与问责"这一指标下得到76.38分（该指标总分为100分），比全国平均分高出2.93分，得分率为76%。从纵向来看，2016年度评估中，玉林市在该指标下的得分为69.99分，比全国平均分高出1.97分，得分率为70%；2015年度评估中，玉林市在该指标下得到50.5分，比全国平均分低14.45分，得分率为51%。从近三年的评估数据可以看出，玉林市该指标得分呈逐年上升趋势，行政监督与问责取得长足进步。具体而言，近年来玉林市的外部与内部监督制度日益规范，问责机制的制度化程度快速提高，重大决策责任追究制度的建立情况及落实情况较为理想，行政监督与问责指标正在由不及格向中等水平迈进。

2. 社会公众满意度不断提高

从本年度的评估结果来看，玉林市在"社会公众满意度调查"这一指标下的得分为131.8分（该指标总分为200分），比全国平均分高出3.65分，得分率为66%；2016年度评估中，玉林市的得分为127.66分，比全国平均分低1.95分，得分率为64%；2015年度评估中，玉林市的得分为101.49分，比全国平均分低15.87分，得分率为51%。对比连续三年的测评结果，可以看出，近年来玉林市法

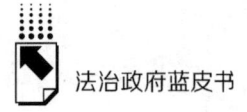

治政府建设的社会公众满意度逐年提高，且社会公众满意度评价正在由不及格向及格水平迈进。

（二）问题

1. 依法全面履行政府职能表现欠佳

评估结果显示，2017年度玉林市在"依法全面履行政府职能"指标下的得分为75分（该指标总分为100分），比全国平均分低7.81分，得分率为75%；2016年度评估中，玉林市在该指标下的得分为71分，比全国平均分低5.23分，得分率为71%；2015年度评估中，玉林市在该指标下的得分为77分，比全国平均分低2.8分，得分率为77%。根据近三年的评估数据，可以看出，近年来玉林市该指标得分整体上处于徘徊阶段，该指标连续三年均低于全国平均水平。这反映出玉林市依法全面履行政府职能表现欠佳，仍有较大的提升空间。具体而言，当前玉林市在政府机构设置、职能履行、公共服务、简政放权和行政审批便捷等方面仍需加强，法治化程度有待进一步提升。

2. 法治政府建设的组织领导工作不扎实

本年度评估结果显示，玉林市在"法治政府建设的组织领导"指标下得到31分（该指标总分为80分），比全国平均分低16.22分，得分率为39%。从纵向来看，2016年度评估中，玉林市的得分为45分，比全国平均分高出5.61分，得分率为56%；2015年度评估中，玉林市的得分为25分，比全国平均分低8.33分，得分率为31%。以上评估数据说明，玉林市2017年度与2015年度的该指标得分均低于全国平均水平，法治政府建设的组织领导工作不扎实。具体而言，玉林市法治政府建设的组织领导工作未能全面落实《法治政府建设实施纲要（2015—2020年）》在新形势下提出的各项要求，对政府法制工作的组织保障不充分，对依法行政考核的推进不理想，政府法律顾问制度建设缓慢。

3. 依法行政制度体系不完善

本年度评估结果显示，玉林市在"依法行政制度体系"这一指标下仅得到26分（该指标总分为80分），比全国平均分低19.92分，得分率仅为33%。从纵向来看，2016年度评估中，玉林市的得分为39分，比全国平均分低11.76分，得分率为49%；2015年度评估中，玉林市的得分为35分，比全国平均分低8.46分，得分率为44%。从以上数据可以看出，相比2016年度和2015年度，玉林市2017年度的该指标得分有所下降，且该指标已经连续三年低于全国平均水平。这表明玉林市行政规范性文件法治化进程缓慢，行政规范性文件制定程序制度的建立情况不理想，行政规范性文件公开听取意见制度与"三统一"制度的实施表现不佳，依法行政制度体系还不完善。

4. 行政决策法治化程度不高

评估结果显示，2017年度玉林市在"行政决策"这一指标下得到70分（该指标总分为100分），比全国平均分低2.19分，得分率为70%；2016年度评估中，玉林市得到65分，比全国平均分低3.87分，得分率为65%；2015年度评估中，玉林市得到63分，比全国平均分低1.55分，得分率为63%。根据以上评估数据，可以看出，尽管玉林市在该指标下的得分逐年增加，但该指标连续三年均低于全国平均水平。这反映出玉林市未能全面落实《法治政府建设实施纲要（2015—2020年）》中所提出的要求，行政决策法治化程度不高。具体而言，玉林市在重大决策合法性审查制度、风险评估制度、专家论证制度、公开制度等方面的建立或实施情况存在不足，各项制度的规范化、法治化水平有待提高。

5. 行政执法不规范

本年度评估结果显示，玉林市在"行政执法"指标下得到65分（该指标总分为120分），比全国平均分低4.03分，得分率为54%；2016年度评估中，玉林市得到60分，比全国平均分低9.51分，得分率为50%；2015年度评估中，玉林市得到77.5分，比全国平均分高出14.71分，得分率为65%。从连续三年的评估结果来看，2017年度与2016年度玉林市该指标得分均低于全国平均水平，且正在由及格滑向不及格水平。这反映出，近年来玉林市的行政执法规范化程度较低。具体而言，在执法体制、执法程序、执法责任、执法人员管理以及实际执法状况等方面，玉林市存在较多不足，距离严格、规范、公正、文明执法的法治政府建设目标尚有较大的差距。

6. 政务公开工作水平较低

评估结果显示，2017年度玉林市在"政务公开"指标下得到70分（该指标总分为120分），比全国平均分低27.98分，得分率为58%；2016年度评估中，玉林市得到80分，比全国平均分低12.58分，得分率为67%；2015年度评估中，玉林市得到89分，比全国平均分低8.5分，得分率为74%。从以上评估数据来看，玉林市这一指标的得分呈逐年下降趋势，且该指标连续三年均低于全国平均水平。这反映出，近年来玉林市政务公开工作水平较低，且正在由中等水平滑向不及格水平。具体而言，玉林市在重点领域信息公开、政府门户网站建设维护、政府数据开放、依申请信息公开等方面表现不佳，政务公开规范化程度有待提高。

7. 社会矛盾化解与行政争议解决表现较差

评估结果显示，2017年度玉林市在"社会矛盾化解与行政争议解决"指标下得到62分（该指标总分为100分），比全国平均分低8.48分，得分率为62%；2016年度评估中，玉林市得到63分，比全国平均分低5.1分，得分率为63%；2015年度评估中，玉林市仅得到42分，比全国平均分低11.7分，得分率仅为42%。从以上数据来看，尽管近年来玉林市该指标得分整体上呈上升趋势，但该指标连续三年均低于全国平均水平，社会矛盾化解与行政争议解决表现较差。具体而言，玉林市的信访制度改革进展迟缓，行政复议工作的规范化水平和公开透明程度不高，行政复议决定的质量较低。

九十三 岳阳市人民政府

一、岳阳市法治政府建设情况

岳阳市人民政府评估总分为678.77分,低于全国平均水平(687.22分)8.45分,在全部评估的100个城市中排名第58位,在中部区域32个城市中排名第13位。该市政府得分按一级指标分析见表11-93。

表11-93 岳阳市人民政府一级指标评估得分分析表

指标\分析	依法全面履行政府职能	法治政府建设的组织领导	依法行政制度体系	行政决策	行政执法	政务公开	监督与问责	社会矛盾化解与行政争议解决	社会公众满意度调查
得分	82	28	53	88	59.4	91.5	75.09	68	133.78
与平均分差	-0.81	-19.22	7.08	15.81	-9.63	-6.48	1.64	-2.48	5.63
与最高分差	-16	-44	-25	-7	-38.7	-26.22	-11.39	-21.81	-34.2
排名	57	96	34	3	79	72	50	62	27

每项一级指标换算成百分比并与全国平均水平比较得出图11-93。

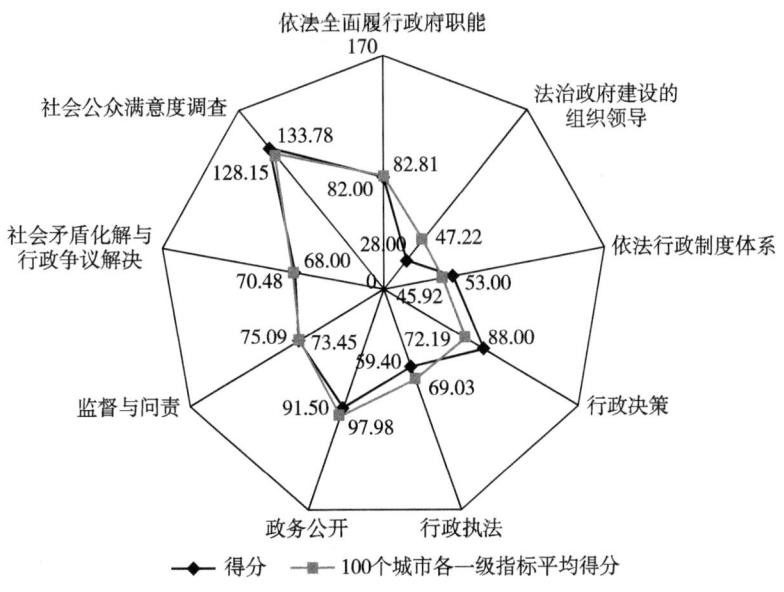

图11-93 岳阳市人民政府评估得分与全国平均得分比较图

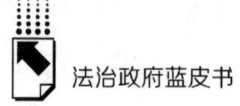

可以看出，该市依法行政制度体系、行政决策、监督与问责、社会公众满意度调查这四个指标高于全国平均水平，说明该市政府在这四个方面评价较高。依法全面履行政府职能、法治政府建设的组织领导、行政执法、政务公开、社会矛盾化解与行政争议解决这五个指标低于全国平均水平，说明该市政府在这五个方面评价较低。

二、岳阳市法治政府建设情况分析

在2017年全国法治政府评估中，岳阳市得到678.77分（总分1000分），在100个被测评城市中排名第58位，在中部区域32个城市中排名第13位（2016年度评估中，岳阳市得到666.62分，排名第47位；2015年度评估中，岳阳市得到646.15分，排名第30位）。这一评估结果反映出，在全国法治政府建设持续推进的大背景下，岳阳市法治政府建设评估的排名在大幅下滑，虽然在某些方面取得一定进步，但也存在着很多亟待重视和解决的突出问题。

（一）成绩

1. 行政决策取得长足进步

评估结果显示，2017年度岳阳市在"行政决策"这一指标下得到88分（该指标总分为100分），比全国平均分高出15.81分，得分率为88%；2016年度评估中，岳阳市得到84分，比全国平均分高出15.13分，得分率为84%；2015年度评估中，岳阳市得到80分，比全国平均分高出15.45分，得分率为80%。根据以上评估数据，可以看出，岳阳市在该指标下的得分较为稳定。这反映出岳阳市积极落实《法治政府建设实施纲要（2015—2020年）》中所提出的要求，行政决策法治化程度不断提升。具体而言，岳阳市在重大决策合法性审查制度、风险评估制度、专家论证制度、公开制度等方面的建立与实施情况表现较好，各项制度的规范化水平持续提高。

2. 行政监督与问责日益规范

本年度评估结果显示，岳阳市在"监督与问责"这一指标下得到75.09分（该指标总分为100分），比全国平均分高出1.64分，得分率为75%。从纵向来看，2016年度评估中，岳阳市在该指标下的得分为74.99分，比全国平均分高出6.97分，得分率为75%；2015年度评估中，岳阳市在该指标下得到72.5分，比全国平均分高出7.56分，得分率为73%。从近三年的评估数据可以看出，岳阳市该指标得分呈逐年上升趋势，行政监督与问责日益规范。具体而言，近年来岳阳市的外部与内部监督制度日益规范，问责机制的制度化程度快速提高，重大决策责任追究制度的建立及落实情况较为理想。

3. 社会公众满意度不断提高

从本年度的评估结果来看，岳阳市在"社会公众满意度调查"这一指标下的得分为133.78分（该指标总分为200分），比全国平均分高出5.63分，得分率为67%；2016年度评估中，岳阳市的得分为128.13分，比全国平均分低1.48分，得分率为64%；2015年度评估中，岳阳市的得分为143.65分，比全国平均分高出26.29分，得分率为72%。对比连续三年的测评结果，可以看出，该指标得分整体较为稳定，且2017年度该指标得分较2016年度有所增加。这反映出近年来岳阳市法治政府建设的社会公众满意度不断提高，社会公众对当地法治政府建设成效的获得感日益提升。

（二）问题

1. 依法全面履行政府职能表现欠佳

评估结果显示，2017年度岳阳市在"依法全面履行政府职能"指标下的得分为82分（该指标总分为100分），比全国平均分低0.81分，得分率为82%；2016年度评估中，岳阳市的得分为86分，比全国平均分高出9.77分，得分率为86%；2015年度评估中，岳阳市的得分为86分，比全国平均分高出6.2分，得分率为86%。对比2015年度与2016年度得分，2017年度岳阳市该指标得分有所下降，且2017年度该指标得分低于全国平均水平。这反映出岳阳市依法全面履行政府职能表现欠佳，仍有较大的提升空间。具体而言，当前岳阳市在政府机构设置、职能履行、公共服务、简政放权和行政审批便捷等方面仍需加强，法治化程度有待进一步提升。

2. 法治政府建设的组织领导工作不扎实

本年度评估结果显示，岳阳市在"法治政府建设的组织领导"指标下得到28分（该指标总分为80分），比全国平均分低19.22分，得分率为35%。从纵向来看，2016年度评估中，岳阳市的得分为34分，比全国平均分低5.39分，得分率为43%；2015年度评估中，岳阳市的得分为26分，比全国平均分低7.33分，得分率为33%。以上评估数据说明，岳阳市该指标已经连续三年低于全国平均水平，法治政府建设的组织领导工作不扎实。具体而言，岳阳市法治政府建设的组织领导工作未能全面落实《法治政府建设实施纲要（2015—2020年）》在新形势下对法治政府建设提出的要求，对政府法制工作的组织保障不充分，对依法行政考核的推进不理想，政府法律顾问制度建设缓慢。

3. 依法行政制度体系不完善

本年度评估结果显示，岳阳市在"依法行政制度体系"这一指标下得到53分（该指标总分为80分），比全国平均分高出7.08分，得分率为66%。从纵向来看，2016年度评估中，岳阳市的得分为55分，比全国平均分高出4.24分，得分率为69%；2015年度评估中，岳阳市的得分为57分，比全国平均分高出13.54分，得分率为71%。从以上数据可以看出，近年来岳阳市该指标得分呈逐年下滑趋势。这表明岳阳市行政规范性文件法治化进程较为缓慢，行政规范性文件制定程序制度的建立情况不甚理想，行政规范性文件公开听取意见制度与"三统一"制度的实施情况一般，依法行政制度体系还不完善。

4. 行政执法不规范

评估结果显示，2017年度岳阳市在"行政执法"指标下得到59.4分（该指标总分为120分），比全国平均分低9.63分，得分率为50%；2016年度评估中，岳阳市得到66分，比全国平均分低3.51分，得分率为55%；2015年度评估中，岳阳市得到40分，比全国平均分低22.8分，得分率为33%。从连续三年的评估结果来看，尽管近年来岳阳市该指标得分整体上呈上升趋势，但该指标已经连续三年低于全国平均水平。这反映出，近年来岳阳市的行政执法规范化程度较低。具体而言，在执法体制、执法程序、执法责任、执法人员管理以及实际执法状况等方面，岳阳市存在较多不足，距离严格、规范、公正、文明执法的法治政府建设目标尚有较大的差距。

5. 政务公开工作水平较低

本年度评估结果显示，岳阳市在"政务公开"指标下得到91.5分（该指标总分为120分），比全国平均分低6.48分，得分率为76%；2016年度评估中，岳阳市得到92.5分，比全国平均分低0.1分，得分率为77%；2015年度评估中，岳阳市得到99分，比全国平均高出1.5分，得分率为83%。从以上评估数据来看，近年来岳阳市这一指标的得分呈逐年下降趋势，且该指标连续两年均低于全国平均水平。这反映出，岳阳市政务公开工作水平较低。具体而言，岳阳市在重点领域信息公开、政府门户网站建设维护、政府数据开放、依申请信息公开等方面表现不佳，政务公开规范化程度有待提高。

6. 社会矛盾化解与行政争议解决水平不高

评估结果显示，2017年度岳阳市在"社会矛盾化解与行政争议解决"指标下得到68分（该指标总分为100分），比全国平均分低2.48分，得分率为68%；2016年度评估中，岳阳市得到46分，比全国平均分低22.1分，得分率为46%；2015年度评估中，岳阳市得到42分，比全国平均分低11.7分，得分率为42%。从以上数据来看，尽管近年来岳阳市该指标得分整体上呈上升趋势，但该指标连续三年均低于全国平均水平，社会矛盾化解与行政争议解决水平不高。具体而言，岳阳市的信访制度改革进展迟缓，行政复议工作的规范化水平和公开透明程度不高，行政复议决定的质量较低。

九十四 湛江市人民政府

一、湛江市法治政府建设情况

湛江市人民政府评估总分为677.1分，低于全国平均水平（687.22分）10.12分，在全部评估的100个城市中排名第59位，在东部区域48个城市中排名第37位。该市政府得分按一级指标分析见表11-94。

表11-94 湛江市人民政府一级指标评估得分分析表

指标 分析	依法全面履行政府职能	法治政府建设的组织领导	依法行政制度体系	行政决策	行政执法	政务公开	监督与问责	社会矛盾化解与行政争议解决	社会公众满意度调查
得分	89	35	45	67	91.5	116	74.37	54	105.23
与平均分差	6.19	-12.22	-0.92	-5.19	22.48	18.02	0.92	-16.48	-22.92
与最高分差	-9	-37	-33	-28	-6.6	-1.72	-12.11	-35.81	-62.75
排名	22	87	45	70	6	4	54	91	99

每项一级指标换算成百分比并与全国平均水平比较得出图11-94。

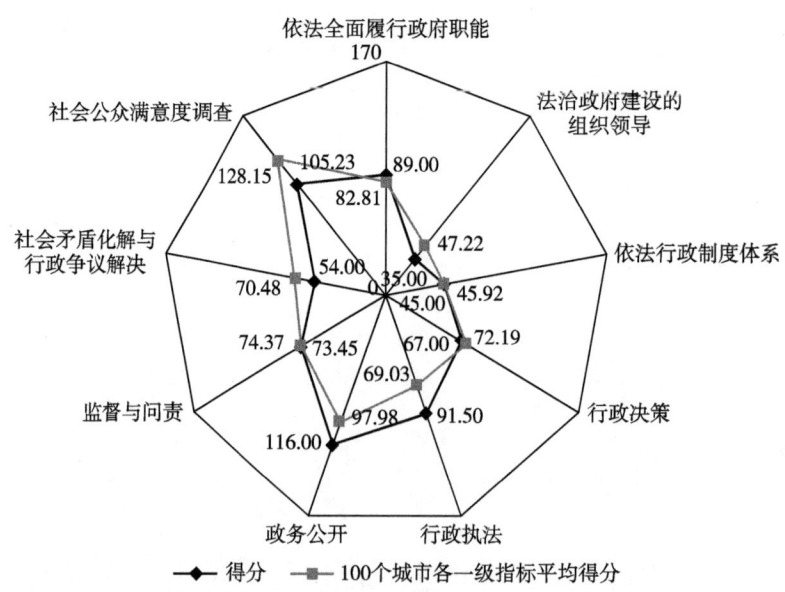

图11-94 湛江市人民政府评估得分与全国平均得分比较图

可以看出，该市依法全面履行政府职能、行政执法、政务公开、监督与问责这四个指标高于全国平均水平，说明该市政府在这四个方面评价较高。法治政府建设的组织领导、依法行政制度体系、行政决策、社会矛盾化解与行政争议解决、社会公众满意度调查这五个指标低于全国平均水平，说明该市政府在这五个方面评价较低。

二、湛江市法治政府建设情况分析

在2017年全国法治政府评估中，湛江市得到677.1分（总分1000分），在100个被测评城市中排名第59位，在东部区域48个城市中排名第37位（2016年度评估中，湛江市得到635.22分，排名第74位；2015年度评估中，湛江市得到611.73分，排名第51位）。这一评估结果反映出，在全国法治政府建设持续推进的大背景下，湛江市法治政府建设在取得长足进步的同时，也存在着部分亟待重视和解决的问题。

（一）成绩

1. 依法全面履行政府职能情况较好

本年度评估结果显示，在"依法全面履行政府职能"一级指标下，湛江市得到89分（该指标总分为100分），比全国平均分高出6.19分，得分率为89%；2016年度评估中，湛江市得到85分，比全国平均分高出8.77分，得分率为85%；2015年度评估中，湛江市得到92分，比全国平均分高出12.2分，得分率为92%。从连续三年的评估结果来看，湛江市该指标得分整体上呈上升趋势，依法全面履行政府职能情况较好。具体而言，湛江市在政府机构设置、职能履行、公共服务、简政放权和行政审批便捷等方面都积极地推进法治政府建设，法治化程度稳步提升。

2. 行政执法取得长足进步

本年度评估结果显示，湛江市在"行政执法"指标下得到91.5分（该指标总分为120分），比全国平均分高出22.48分，排名全国第6位，得分率为76%。从纵向来看，2016年度评估中，湛江市在该指标下的得分为83.5分，比全国平均分高出14分，得分率为70%；2015年度评估中，湛江市在该指标下得到56分，比全国平均分低6.8分，得分率为47%。从近三年的评估数据可以看出，湛江市该指标得分呈逐年快速上升趋势，行政执法取得长足进步。具体而言，湛江市在执法体制、执法程序、执法责任、执法人员管理以及实际执法状况等方面表现较好，行政执法指标正在由不及格向中等水平迈进。

3. 政务公开表现优秀

本年度评估结果显示，在"政务公开"这一指标下，湛江市得到116分（该指标总分为120分），比全国平均分高出18.02分，排名全国第4位，得分率为97%；2016年度评估中，湛江市仅得到66.5分，比全国平均分低26.08分，得分率仅为55%；2015年度评估中，湛江市得到110分，比全国平均分高出12.5分，得分率为92%。从以上数据可以看出，2017年度湛江市该指标得分较2016年度上涨近1倍，政务公开表现优秀。具体而言，湛江市在重点领域信息公开、政府门户网站建设维护、政府数据开放、依申请信息公开等方面取得较大进步，政务公开工作正进一步向纵深发展。

4. 行政监督与问责日益规范

本年度评估结果显示，湛江市在"监督与问责"这一指标下得到74.37分（该指标总分为100分），比全国平均分高出0.92分，得分率为75%。从纵向来看，2016年度评估中，湛江市的得分为60.15分，比全国平均分低7.87分，得分率为60%；2015年度评估中，湛江市得到56.5分，比全国平均分低8.45分，得分率为57%。从近三年的评估数据可以看出，湛江市该指标得分呈逐年快速上升趋势，行政监督与问责日益规范。具体而言，近年来湛江市的外部与内部监督制度日益规范，问责机制的制度化程度快速提高，重大决策责任追究制度的建立情况及落实情况较为理想，行政监督与问责指标正在由不及格向中等水平迈进。

（二）问题

1. 法治政府建设的组织领导工作不扎实

本年度评估结果显示，湛江市在"法治政府建设的组织领导"指标下得到35分（该指标总分为80分），比全国平均分低12.22分，得分率为44%。从纵向来看，2016年度评估中，湛江市的得分为36分，比全国平均分低3.39分，得分率为45%；2015年度评估中，湛江市的得分为21分，比全国平均分低12.33分，得分率为26%。以上评估数据说明，尽管近年来湛江市该指标得分呈整体上升趋势，但该指标已经连续三年低于全国平均水平，法治政府建设的组织领导工作不扎实。具体而言，湛江市法治政府建设的组织领导工作未能全面落实《法治政府建设实施纲要（2015—2020年）》在新形势下对法治政府建设提出的要求，对政府法制工作的组织保障不充分，对依法行政考核的推进不理想，政府法律顾问制度建设缓慢。

2. 依法行政制度体系不完善

本年度评估结果显示，湛江市在"依法行政制度体系"这一指标下得到45分（该指标总分为80分），比全国平均分低0.92分，得分率为56%。从纵向来看，2016年度评估中，湛江市的得分为55分，比全国平均分高出4.24分，得分率为69%；2015年度评估中，湛江市的得分为44分，比全国平均分高出0.54分，得分率为55%。从以上数据可以看出，2017年度湛江市该指标得分较2016年度有所下滑，且2017年度得分低于全国平均水平。这表明湛江市行政规范性文件法治化进程较为缓慢，行政规范性文件制定程序制度的建立情况不甚理想，行政规范性文件公开听取意见制度与"三统一"制度的实施情况一般，依法行政制度体系不完善。

3. 行政决策法治化程度不高

评估结果显示，2017年度湛江市在"行政决策"这一指标下得到67分（该指标总分为100分），比全国平均分低5.19分，得分率为67%；2016年度评估中，湛江市得到72分，比全国平均分高出3.13分，得分率为72%；2015年度评估中，湛江市得到64分，比全国平均分低0.55分，得分率为64%。根据以上评估数据，可以看出，2017年度湛江市该指标得分较2016年度得分有所下降，且2017年度与2015年度均低于全国平均水平。这反映出湛江市未能全面落实《法治政府建设实施纲要（2015—2020年）》中所提出的要求，行政决策法治化程度不高。具体而言，湛江市在重大决策合法性审查制度、风险评估制度、专家论证制度、公开制度等方面的建立与实施情况存在不足，各项制度的法治化水平有待进一步提升。

4. 社会矛盾化解与行政争议解决水平较低

评估结果显示，2017年度湛江市在"社会矛盾化解与行政争议解决"指标下得到54分（该指标总分为100分），比全国平均分低16.48分，得分率为54%；2016年度评估中，湛江市得到64分，比全国平均分低4.1分，得分率为64%；2015年度评估中，湛江市得到52分，比全国平均分低1.7分，得分率为52%。从以上数据来看，2017年度湛江市该指标得分较2016年度得分有所下滑，且该指标连续三年均低于全国平均水平，社会矛盾化解与行政争议解决水平较低。具体而言，湛江市的信访制度改革进展迟缓，行政复议工作的规范化水平和公开透明程度不高，行政复议决定的质量较低。

5. 社会公众满意度较低

评估结果显示，2017年度湛江市法治政府建设的社会公众满意度得分为105.23分（该指标总分为200分），比全国平均分低22.92分，比最高分低62.75分，得分率仅为53%。从纵向来看，2016年度评估中，湛江市得到113.07分，比全国平均分低16.54分，得分率为57%；2015年度评估中，湛江市得到116.23分，比全国平均分低1.13分，得分率为58%。对比连续三年的评估数据可以看出，湛江市社会公众满意度指标得分呈逐年下降趋势，且该指标连续三年均低于全国平均水平。这反映出社会公众对当地法治政府建设工作的评价较低，未对当地法治政府建设成效产生充足的获得感。

九十五　郑州市人民政府

一、郑州市法治政府建设情况

郑州市人民政府评估总分为661.09分，低于全国平均水平（687.22分）26.13分，在全部评估的100个城市中排名第67位，在中部区域32个城市中排名第16位。该市政府得分按一级指标分析见表11-95。

表11-95　郑州市人民政府一级指标评估得分分析表

指标 分析	依法全面履行政府职能	法治政府建设的组织领导	依法行政制度体系	行政决策	行政执法	政务公开	监督与问责	社会矛盾化解与行政争议解决	社会公众满意度调查
得分	83	36	30	62	67.6	104.23	75.24	75.97	127.05
与平均分差	0.19	-11.22	-15.92	-10.19	-1.43	6.25	1.79	5.49	-1.10
与最高分差	-15	-36	-48	-33	-30.5	-13.49	-11.24	-13.84	-40.93
排名	49	84	82	89	54	38	48	32	50

每项一级指标换算成百分比并与全国平均水平比较得出图11-95。

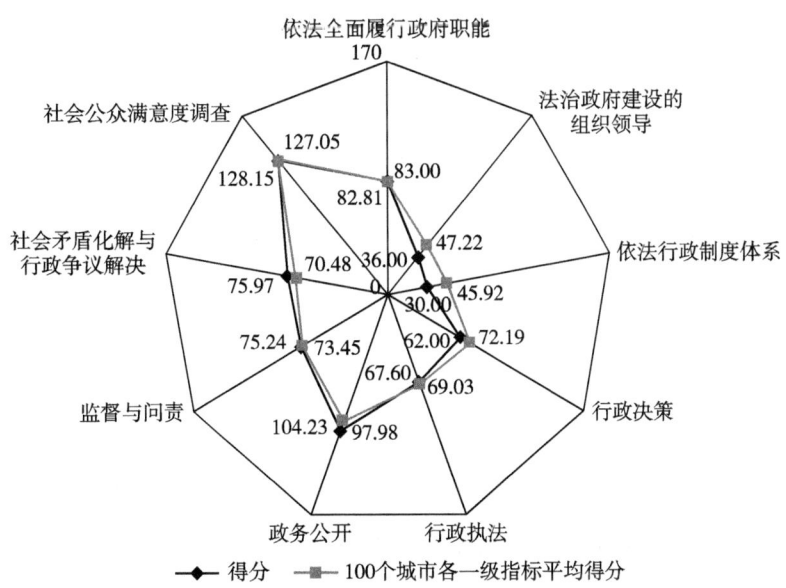

图11-95　郑州市人民政府评估得分与全国平均得分比较图

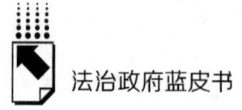

可以看出，该市依法全面履行政府职能、政务公开、监督与问责、社会矛盾化解与行政争议解决这四个指标高于全国平均水平，说明该市政府在这四个方面评价较高。法治政府建设的组织领导、依法行政制度体系、行政决策、行政执法、社会公众满意度调查这五个指标低于全国平均水平，说明该市政府在这五个方面评价较低。

二、郑州市法治政府建设情况分析

在2017年全国法治政府评估中，郑州市得到661.09分（总分1000分），在100个被测评城市中排名第67位，在中部区域32个城市中排名第16位（2016年度评估中，郑州市得到643.79分，排名第65位；2015年度评估中，郑州市得到695.19分，排名第14位）。这一评估结果反映出，在全国法治政府建设持续推进的大背景下，郑州市法治政府建设的排名不断下滑，存在着一些亟待重视和解决的问题。

（一）成绩

1. 依法全面履行政府职能情况较好

本年度评估结果显示，在"依法全面履行政府职能"一级指标下，郑州市得到83分（该指标总分为100分），比全国平均分高出0.19分，得分率为83%；2016年度评估中，郑州市得到67分，比全国平均分低9.23分，得分率为67%；2015年度评估中，郑州市得到80分，比全国平均分高出0.2分，得分率为80%。从连续三年的评估结果来看，郑州市该指标得分整体上呈上升趋势，2017年度得分较2016年度有明显上升，依法全面履行政府职能情况较好。具体而言，郑州市在政府机构设置、职能履行、公共服务、简政放权和行政审批便捷等方面都积极地推进法治政府建设，法治化程度稳步提升。

2. 政务公开表现较好

本年度评估结果显示，在"政务公开"这一指标下，郑州市得到104.23分（该指标总分为120分），比全国平均分高出6.25分，得分率为87%；2016年度评估中，郑州市得到82分，比全国平均分低10.58分，得分率为68%；2015年度评估中，郑州市得到105分，比全国平均分高出7.5分，得分率为88%。从以上数据可以看出，2017年度郑州市该指标得分较2016年度的涨幅较大，政务公开表现较好。具体而言，郑州市在重点领域信息公开、政府门户网站建设维护、政府数据开放、依申请信息公开等方面进步明显，政务公开工作正进一步向纵深发展。

3.行政监督与问责取得长足进步

本年度评估结果显示，郑州市在"监督与问责"这一指标下的得分为75.24分（该指标总分为100分），比全国平均分高出1.79分，得分率为75%；2016年度评估中，郑州市在该指标下的得分为71.57分，比全国平均分高出3.55分，得分率为72%；2015年度评估中，郑州市在该指标下的得分为65分，比全国平均分高出0.06分，得分率为65%。根据以上评估数据，可以看出，近年来郑州市该指标得分呈逐年上升趋势，行政监督与问责取得长足进步。具体而言，郑州市的外部与内部具体监督制度日益完善，问责机制的制度化程度快速提高，重大决策责任追究制度的建立情况及落实情况较为理想，行政监督与问责指标正在由及格向中等水平迈进。

4.社会矛盾化解与行政争议解决水平不断提升

本年度评估结果显示，郑州市在"社会矛盾化解与行政争议解决"这一指标下得到75.97分（该指标总分为100分），比全国平均分高出5.49分，得分率为76%。从纵向来看，2016年度评估中，郑州市的得分为71分，比全国平均分高出2.9分，得分率为71%；2015年度评估中，郑州市得到82分，比全国平均分高出28.3分，得分率为82%。根据近三年的评估数据，可以看出，2017年度郑州市该指标得分较2016年度有所上升，社会矛盾化解与行政争议解决水平不断提升。具体而言，近年来郑州市在积极探索化解社会矛盾的新方式与途径，努力建立与经济社会发展相适应的矛盾纠纷化解机制，社会矛盾化解的水平不断提高。

（二）问题

1.法治政府建设的组织领导工作不扎实

本年度评估结果显示，郑州市在"法治政府建设的组织领导"指标下得到36分（该指标总分为80分），比全国平均分低11.22分，得分率为45%。从纵向来看，2016年度评估中，郑州市的得分为31分，比全国平均分低8.39分，得分率为39%；2015年度评估中，郑州市的得分为47分，比全国平均分高出13.67分，得分率为59%。以上评估数据说明，尽管近年来郑州市该指标得分呈整体上升趋势，但该指标已经连续两年低于全国平均水平，法治政府建设的组织领导工作不扎实。具体而言，郑州市法治政府建设的组织领导工作未能全面落实《法治政府建设实施纲要（2015—2020年）》在新形势下对法治政府建设提出的要求，对政府法制工作的组织保障不充分，对依法行政考核的推进不理想，政府法律顾问制度建设缓慢。

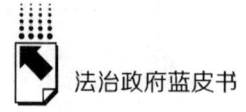

2. 依法行政制度体系不完善

本年度评估结果显示，郑州市在"依法行政制度体系"这一指标下得到30分（该指标总分为80分），比全国平均分低15.92分，得分率为38%。从纵向来看，2016年度评估中，郑州市的得分为50分，比全国平均分低0.76分，得分率为63%；2015年度评估中，郑州市的得分为60分，比全国平均分高出16.54分，得分率为75%。从以上数据可以看出，近年来郑州市该指标得分呈逐年快速下滑趋势，且2017年度与2016年度该指标均低于全国平均水平。这表明郑州市行政规范性文件法治化进程较为缓慢，行政规范性文件制定程序制度的建立情况不甚理想，行政规范性文件公开听取意见制度与"三统一"制度的实施情况一般，依法行政制度体系不完善。

3. 行政执法不规范

本年度评估结果显示，郑州市在"行政执法"指标下得到67.6分（该指标总分为120分），比全国平均分低1.43分，得分率为56%；2016年度评估中，郑州市得到67.2分，比全国平均分低2.31分，得分率为56%；2015年度评估中，郑州市得到90分，比全国平均分高出27.21分，得分率为75%。从连续三年的评估结果来看，近年来郑州市该指标得分呈下降趋势，且2017年度与2016年度该指标均低于全国平均水平，行政执法指标正在由中等滑向不及格水平。这反映出，近年来郑州市的行政执法规范化程度较低。具体而言，在执法体制、执法程序、执法责任、执法人员管理以及实际执法状况等方面，郑州市存在较多不足，距离严格、规范、公正、文明执法的法治政府建设目标尚有较大的差距。

4. 行政决策法治化程度不高

评估结果显示，2017年度郑州市在"行政决策"这一指标下得到62分（该指标总分为100分），比全国平均分低10.19分，得分率为62%；2016年度评估中，郑州市得到66分，比全国平均分低2.87分，得分率为66%；2015年度评估中，郑州市得到68分，比全国平均分高出3.45分，得分率为68%。根据以上评估数据，可以看出，近年来郑州市该指标得分呈逐年下滑趋势，且2017年度与2016年度该指标得分均低于全国平均水平。这反映出郑州市未能全面落实《法治政府建设实施纲要（2015—2020年）》中所提出的要求，行政决策法治化程度不高。具体而言，郑州市在重大决策合法性审查制度、风险评估制度、专家论证制度、公开制度等方面的建立或实施情况存在不足，各项制度的法治化水平有待进一步提升。

5. 社会公众满意度较低

评估结果显示，2017年度郑州市法治政府建设的社会公众满意度得分为127.05分（该指标总分为200分），比全国平均分低1.1分，比最高分低40.93分，得分率为64%。从纵向来看，2016年度评估中，郑州市得到138.02分，比全国平均分高出8.41分，得分率为69%；2015年度评估中，郑州市得到98.19分，比全国平均分低19.17分，得分率为49%。对比连续三年的评估数据可以看出，尽管近年来郑州市该指标得分呈整体上升趋势，但2017年度郑州市该指标得分较2016年度有所下降，且2017年度与2015年度得分均低于全国平均水平。这反映出社会公众对当地法治政府建设工作的评价较低，未对当地法治政府建设成效产生充足的获得感。

九十六　周口市人民政府

一、周口市法治政府建设情况

周口市人民政府评估总分为580.58分，低于全国平均水平（687.22分）106.64分，在全部评估的100个城市中排名第94位，在中部区域32个城市中排名第29位。该市政府得分按一级指标分析见表11-96。

表11-96　周口市人民政府一级指标评估得分分析表

指标 分析	依法全面履行政府职能	法治政府建设的组织领导	依法行政制度体系	行政决策	行政执法	政务公开	监督与问责	社会矛盾化解与行政争议解决	社会公众满意度调查
得分	77	40	21	64	68.1	78	53	54	125.48
与平均分差	-5.81	-7.22	-24.92	-8.19	-0.93	-19.98	-20.45	-16.48	-2.67
与最高分差	-21	-32	-57	-31	-30	-39.72	-33.48	-35.81	-42.5
排名	80	75	95	81	50	94	98	91	54

每项一级指标换算成百分比并与全国平均水平比较得出图11-96。

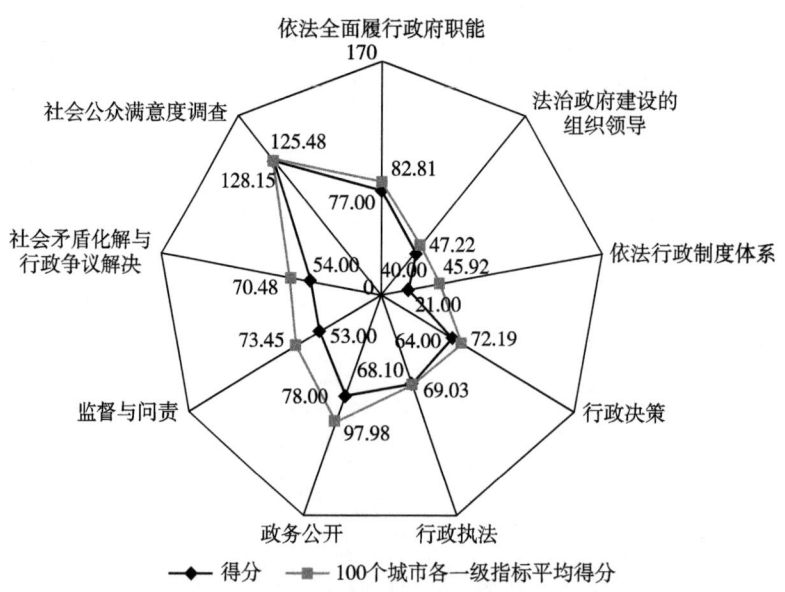

图11-96　周口市人民政府评估得分与全国平均得分比较图

可以看出，该市依法全面履行政府职能、法治政府建设的组织领导、依法行政制度体系、行政决策、行政执法、政务公开、监督与问责、社会矛盾化解与行政争议解决、社会公众满意度调查这九个指标均低于全国平均水平，说明该市政府在这九个方面评价均较低。

二、周口市法治政府建设情况分析

在2017年全国法治政府评估中，周口市得到580.58分（总分1000分），在100个被测评城市中排名第94位，在中部区域32个城市中排名第29位（2016年度评估中，周口市得到597.97分，排名第90位；2015年度评估中，周口市得到621.04分，排名第45位）。这一评估结果反映出，在全国法治政府建设持续推进的大背景下，周口市法治政府建设的排名严重下滑，存在着较多亟待重视和解决的问题。

（一）成绩

1. 行政执法取得一定进步

本年度评估结果显示，周口市在"行政执法"指标下得到68.1分（该指标总分为120分），比全国平均分低0.93分，得分率为57%。从纵向来看，2016年度评估中，周口市在该指标下的得分为47分，比全国平均分低22.51分，得分率为39%；2015年度评估中，周口市在该指标下得到43分，比全国平均分低19.8分，得分率为36%。从近三年的评估数据可以看出，周口市该指标得分呈逐年上升趋势，且2017年度该指标得分较2016年度的涨幅较大，行政执法取得一定进步。具体而言，周口市在执法体制、执法程序、执法责任、执法人员管理以及实际执法状况等方面不断完善，值得肯定。

2. 社会公众满意度不断提高

从本年度的评估结果来看，周口市在"社会公众满意度调查"这一指标下的得分为125.48分（该指标总分为200分），比全国平均分低2.67分，得分率为63%；2016年度评估中，周口市的得分为121.16分，比全国平均分低8.45分，得分率为61%；2015年度评估中，周口市的得分为106.04分，比全国平均分低11.32分，得分率为53%。对比连续三年的测评结果，可以看出，周口市该指标得分呈逐年上升趋势，反映出近年来周口市法治政府建设的社会公众满意度逐年提高，且社会公众满意度评价正在由不及格向及格水平迈进。

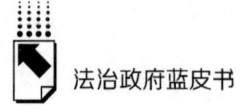

(二) 问题

1. 依法全面履行政府职能表现欠佳

评估结果显示,2017年度周口市在"依法全面履行政府职能"这一指标下得到77分(该指标总分为100分),比全国平均分低5.81分,得分率为77%;2016年度评估中,周口市的得分为65分,比全国平均分低11.23分,得分率为65%;2015年度评估中,周口市的得分为65分,比全国平均分低14.8分,得分率为65%。根据近三年的评估数据,可以看出,尽管近年来周口市该指标的得分呈整体上升趋势,但该指标连续三年均低于全国平均水平。这反映出周口市依法全面履行政府职能表现欠佳,仍有较大的提升空间。具体而言,当前周口市在政府机构设置、职能履行、公共服务、简政放权和行政审批便捷等方面仍需加强,法治化程度有待继续提升。

2. 法治政府建设的组织领导工作不扎实

本年度评估结果显示,周口市在"法治政府建设的组织领导"指标下得到40分(该指标总分为80分),比全国平均分低7.22分,得分率为50%。从纵向来看,2016年度评估中,周口市在该指标下的得分为39分,比全国平均分低0.39分,得分率为49%;2015年度评估中,周口市在该指标下的得分为67分,比全国平均分高出33.67分,得分率为84%。以上评估数据说明,周口市该指标得分已经连续两年低于全国平均水平,且该指标正在由中等滑向不及格水平,法治政府建设的组织领导工作不扎实。具体而言,周口市法治政府建设的组织领导工作未能全面落实《法治政府建设实施纲要(2015—2020年)》提出的各项要求,对政府法制工作的组织保障不充分,对依法行政考核的推进不理想,政府法律顾问制度建设缓慢。

3. 依法行政制度体系不完善

本年度评估结果显示,周口市在"依法行政制度体系"这一指标下仅得到21分(该指标总分为80分),比全国平均分低24.92分,得分率仅为26%。从纵向来看,2016年度评估中,周口市的得分为47分,比全国平均分低3.76分,得分率为59%;2015年度评估中,周口市的得分为44分,比全国平均分高出0.54分,得分率为55%。从以上数据可以看出,2017年度周口市该指标得分较2016年度下滑明显,且该指标得分已经连续两年低于全国平均水平。这表明周口市行政规范性文件法治化进程较为缓慢,行政规范性文件制定程序制度的建立情况不甚理想,行政规范性文件公开听取意见制度与"三统一"制度的实施情况一般,依法行政制度体系不完善。

4. 行政决策法治化程度较低

评估结果显示，2017年度周口市在"行政决策"这一指标下得到64分（该指标总分为100分），比全国平均分低8.19分，得分率为64%；2016年度评估中，周口市得到65分，比全国平均分低3.87分，得分率为65%；2015年度评估中，周口市得到61分，比全国平均分低3.55分，得分率为61%。根据以上评估数据，可以看出，近年来周口市该指标得分持续处于低位，连续三年均低于全国平均水平。这反映出周口市未能全面落实《法治政府建设实施纲要（2015—2020年）》中所提出的要求，行政决策法治化程度较低。具体而言，周口市在重大决策合法性审查制度、风险评估制度、专家论证制度、公开制度等方面的建立或实施情况存在不足，各项制度的法治化水平有待提升。

5. 政务公开工作水平不高

评估结果显示，2017年度周口市在"政务公开"指标下得到78分（该指标总分为120分），比全国平均分低19.98分，得分率为65%；2016年度评估中，周口市得到79分，比全国平均分低13.58分，得分率为66%；2015年度评估中，周口市得到82分，比全国平均分低15.5分，得分率为68%。从以上评估数据来看，周口市这一指标的得分呈逐年下降趋势，且该指标连续三年均低于全国平均水平。这反映出，近年来周口市政务公开工作水平不高。具体而言，周口市在重点领域信息公开、政府门户网站建设维护、政府数据开放、依申请信息公开等方面表现不佳，政务公开规范化程度有待提高。

6. 监督与问责表现较差

本年度评估结果显示，周口市在"监督与问责"指标下得到53分（该指标总分为100分），比全国平均分低20.45分，得分率为53%；2016年度评估中，周口市得到67.81分，比全国平均分低0.21分，得分率为68%；2015年度评估中，周口市得到66分，比全国平均分高出1.06分，得分率为66%。从连续三年的评估结果来看，周口市2017年度该指标得分较2016年度下滑明显，且该指标得分已经连续两年低于全国平均水平。这反映出周口市该指标正在由及格滑向不及格水平，监督与问责表现较差。具体而言，周口市的外部与内部具体监督制度仍不规范，问责机制的制度化程度较低，重大决策责任追究制度的建立及落实情况不甚理想。

7. 社会矛盾化解与行政争议解决水平下降明显

评估结果显示，2017年度周口市在"社会矛盾化解与行政争议解决"指标下得到54分（该指标总分为100分），比全国平均分低16.48分，得分率为54%；2016

年度评估中，周口市得到67分，比全国平均分低1.1分，得分率为67%；2015年度评估中，周口市得到87分，比全国平均分高出33.3分，得分率为87%。从以上数据来看，近年来周口市该指标得分呈快速下降趋势，且该指标已经连续两年低于全国平均水平，社会矛盾化解与行政争议解决指标正在由中等滑向不及格水平。具体而言，周口市的信访制度改革进展迟缓，行政复议工作的规范化水平和公开透明程度不高，行政复议决定的质量较低。

九十七 珠海市人民政府

一、珠海市法治政府建设情况

珠海市人民政府评估总分为706.87分,高于全国平均水平(687.22分)19.65分,在全部评估的100个城市中排名第39位,在东部区域48个城市中排名第28位。该市政府得分按一级指标分析如下见表11-97。

表11-97 珠海市人民政府一级指标评估得分分析表

指标 分析	依法全面履行政府职能	法治政府建设的组织领导	依法行政制度体系	行政决策	行政执法	政务公开	监督与问责	社会矛盾化解与行政争议解决	社会公众满意度调查
得分	87	35	50	64	68.8	117	75	70	140.07
与平均分差	4.19	-12.22	4.08	-8.19	-0.23	19.02	1.55	-0.48	11.92
与最高分差	-11	-37	-28	-31	-29.3	-0.72	-11.48	-19.81	-27.91
排名	31	87	38	81	44	2	51	51	13

每项一级指标换算成百分比并与全国平均水平比较得出图11-97。

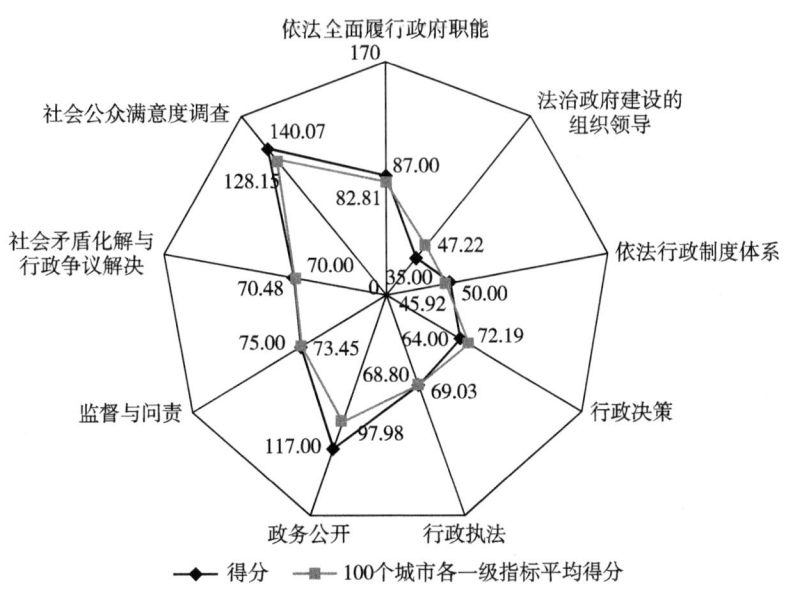

图11-97 珠海市人民政府评估得分与全国平均得分比较图

可以看出，该市依法全面履行政府职能、依法行政制度体系、政务公开、监督与问责、社会公众满意度调查这五个指标高于全国平均水平，说明该市政府在这五个方面评价较高。法治政府建设的组织领导、行政决策、行政执法、社会矛盾化解与行政争议解决这四个指标低于全国平均水平，说明该市政府在这四个方面评价较低。

二、珠海市法治政府建设情况分析

在2017年全国法治政府评估中，珠海市得到706.87分（总分1000分），在100个被测评城市中排名第39位，在东部区域48个城市中排名第28位（2016年度评估中，珠海市得到701.74分，排名第29位；2015年度评估中，珠海市得到719.11分，排名第12位）。这一评估结果反映出，在全国法治政府建设持续推进的大背景下，珠海市法治政府建设的排名下滑明显，虽然取得了一些成绩，也存在着部分亟待重视和解决的问题。

（一）成绩

1. 依法全面履行政府职能情况较好

本年度评估结果显示，在"依法全面履行政府职能"一级指标下，珠海市得到87分（该指标总分为100分），比全国平均分高出4.19分，得分率为87%；2016年度评估中，珠海市得到89分，比全国平均分高出12.77分，得分率为89%；2015年度评估中，珠海市得到84分，比全国平均分高出4.2分，得分率为84%。从连续三年的评估结果来看，珠海市该指标得分呈整体上升趋势，依法全面履行政府职能情况较好。具体而言，珠海市在政府机构设置、职能履行、公共服务、简政放权和行政审批便捷等方面都积极地推进法治政府建设，法治化程度不断提升。

2. 政务公开表现优异

本年度评估结果显示，在"政务公开"这一指标下，珠海市得到117分（该指标总分为120分），比全国平均分高出19.02分，排名全国第2位，得分率为98%；2016年度评估中，珠海市得到92分，比全国平均分低0.58分，得分率为77%；2015年度评估中，珠海市得到112分，比全国平均分高出14.5分，得分率为93%。从以上数据可以看出，2017年度珠海市该指标得分较2016年度的涨幅较大，政务公开表现优异。具体而言，珠海市在重点领域信息公开、政府门户网站建设维护、政府数据开放、依申请信息公开等方面进步显著，政务公开工作法治化水平迅速提升并正进一步向纵深发展。

3. 行政监督与问责较为规范

本年度评估结果显示，珠海市在"监督与问责"这一指标下的得分为75分（该指标总分为100分），比全国平均分高出1.55分，得分率为75%；2016年度评估中，珠海市的得分为70.66分，比全国平均分高出2.64分，得分率为71%；2015年度评估中，珠海市的得分为67分，比全国平均分高出2.06分，得分率为67%。根据以上评估数据，可以看出，近年来珠海市该指标得分呈逐年上升趋势，行政监督与问责较为规范。具体而言，珠海市的外部与内部具体监督制度日益完善，问责机制的制度化程度不断提高，重大决策责任追究制度的建立及落实情况较为理想，行政监督与问责指标正在由及格向中等水平迈进。

（二）问题

1. 法治政府建设的组织领导工作不扎实

本年度评估结果显示，珠海市在"法治政府建设的组织领导"指标下得到35分（该指标总分为80分），比全国平均分低12.22分，得分率为44%。从纵向来看，2016年度评估中，珠海市的得分为45分，比全国平均分高出5.61分，得分率为56%；2015年度评估中，珠海市的得分为45分，比全国平均分高出11.67分，得分率为56%。以上评估数据说明，2017年度珠海市该指标得分较2016年度下降明显，且2017年度该指标低于全国平均水平，法治政府建设的组织领导工作不扎实。具体而言，珠海市法治政府建设的组织领导工作未能全面落实《法治政府建设实施纲要（2015—2020年）》在新形势下对法治政府建设提出的要求，对政府法制工作的组织保障不充分，对依法行政考核的推进不理想，政府法律顾问制度建设缓慢。

2. 依法行政制度体系不完善

本年度评估结果显示，珠海市在"依法行政制度体系"这一指标下得到50分（该指标总分为80分），比全国平均分高出4.08分，得分率为63%。从纵向来看，2016年度评估中，珠海市的得分为50分，比全国平均分低0.76分，得分率为63%；2015年度评估中，珠海市的得分为48分，比全国平均分高出4.54分，得分率为60%。从以上数据可以看出，尽管近年来珠海市该指标得分呈上升趋势，但整体水平仍然较低。具体而言，珠海市行政规范性文件法治化进程缓慢，行政规范性文件制定程序制度的建立情况不理想，行政规范性文件公开听取意见制度与"三统一"制度的实施表现不佳，依法行政制度体系还不完善。

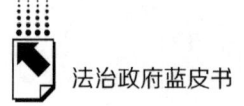

3. 行政决策法治化水平较低

评估结果显示，2017年度珠海市在"行政决策"这一指标下得到64分（该指标总分为100分），比全国平均分低8.19分，得分率为64%；2016年度评估中，珠海市得到68分，比全国平均分低0.87分，得分率为68%；2015年度评估中，珠海市得到74分，比全国平均分高出9.45分，得分率为74%。根据以上评估数据，可以看出，近年来珠海市该指标得分呈逐年下滑趋势，且该指标得分连续两年低于全国平均水平。这反映出珠海市未能全面落实《法治政府建设实施纲要（2015—2020年）》中所提出的要求，行政决策法治化程度较低。具体而言，珠海市在重大决策合法性审查制度、风险评估制度、专家论证制度、公开制度等方面的建立或实施情况存在不足，各项制度的法治化水平有待提升。

4. 行政执法不规范

本年度评估结果显示，珠海市在"行政执法"指标下得到68.8分（该指标总分为120分），比全国平均分低0.23分，得分率为57%；2016年度评估中，珠海市得到78分，比全国平均分高出8.49分，得分率为65%；2015年度评估中，珠海市得到68分，比全国平均分高出5.21分，得分率为57%。从以上评估数据来看，2017年度珠海市该指标得分较2016年度有明显下降，且2017年度该指标低于全国平均水平。这反映出，近年来珠海市的行政执法规范化程度较低。具体而言，在执法体制、执法程序、执法责任、执法人员管理以及实际执法状况等方面，珠海市仍存在较多不足，距离严格、规范、公正、文明执法的法治政府建设目标尚有较大的差距。

5. 社会矛盾化解与行政争议解决水平不高

评估结果显示，2017年度珠海市在"社会矛盾化解与行政争议解决"指标下得到70分（该指标总分为100分），比全国平均分低0.48分，得分率为70%；2016年度评估中，珠海市得到62分，比全国平均分低6.1分，得分率为62%；2015年度评估中，珠海市得到88分，比全国平均分高出34.3分，得分率为88%。从以上数据来看，近年来珠海市该指标得分呈整体下降趋势，且该指标已经连续两年低于全国平均水平，社会矛盾化解与行政争议解决水平不高。具体而言，珠海市的信访制度改革进展迟缓，行政复议工作的规范化水平和公开透明程度不高，行政复议决定的质量较低。

九十八　驻马店市人民政府

一、驻马店市法治政府建设情况

驻马店市人民政府评估总分为648.12分，低于全国平均水平（687.22分）39.1分，在全部评估的100个城市中排名第77位，在中部区域32个城市中排名第22位。该市政府得分按一级指标分析见表11-98。

表11-98　驻马店市人民政府一级指标评估得分分析表

指标 分析	依法全面履行政府职能	法治政府建设的组织领导	依法行政制度体系	行政决策	行政执法	政务公开	监督与问责	社会矛盾化解与行政争议解决	社会公众满意度调查
得分	83	47	21	80	56.4	97	67.08	67	129.64
与平均分差	0.19	-0.22	-24.92	7.81	-12.63	-0.98	-6.37	-3.48	1.49
与最高分差	-15	-25	-57	-15	-41.7	-20.72	-19.4	-22.81	-38.34
排名	49	55	95	21	83	56	82	70	42

每项一级指标换算成百分比并与全国平均水平比较得出图11-98。

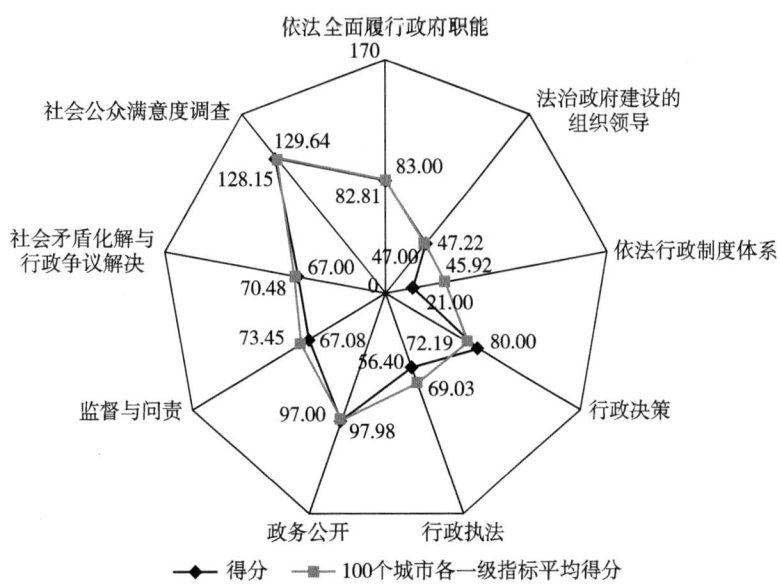

图11-98　驻马店市人民政府评估得分与全国平均得分比较图

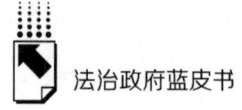

可以看出，该市依法全面履行政府职能、行政决策和社会公众满意度调查这三个指标高于全国平均水平，说明该市政府在这三个方面评价较高。法治政府建设的组织领导、依法行政制度体系、行政执法、政务公开、监督与问责、社会矛盾化解与行政争议解决这六个指标低于全国平均水平，说明该市政府在这六个方面评价较低。

二、驻马店市法治政府建设情况分析

在2017年全国法治政府评估中，驻马店市得到648.12分（总分1000分），在100个被测评城市中排名第77位，在中部区域32个城市中排名第22位（2016年度评估中，驻马店市得到622.35分，排名第78位；2015年度评估中，驻马店市得到576.7分，排名第71位）。这一评估结果反映出，在全国法治政府建设持续推进的大背景下，驻马店市的法治政府建设处于低位徘徊阶段，虽然也取得了一些成绩，但也存在着许多值得重视和有待解决的问题。

（一）成绩

1.依法全面履行政府职能情况较好

本年度评估结果显示，在"依法全面履行政府职能"一级指标下，驻马店市得到83分（该指标总分为100分），比全国平均分高出0.19分，得分率为83%；2016年度评估中，驻马店市得到78分，比全国平均分高出1.77分，得分率为78%；2015年度评估中，驻马店市得到79分，比全国平均分低0.8分，得分率为79%。从连续三年的评估结果来看，驻马店市该指标得分呈整体上升趋势，依法全面履行政府职能情况较好。具体而言，驻马店市在政府机构设置、职能履行、公共服务、简政放权和行政审批便捷等方面都积极地推进法治政府建设，法治化程度快速提升。

2.行政决策法治化水平稳步提高

评估结果显示，2017年度驻马店市在"行政决策"这一指标下得到80分（该指标总分为100分），比全国平均分高出7.81分，得分率为80%；2016年度评估中，驻马店市得到75分，比全国平均分高出6.13分，得分率为75%；2015年度评估中，驻马店市得到82分，比全国平均分高出17.45分，得分率为82%。根据以上评估数据，可以看出，驻马店市在该指标下的得分呈整体上升趋势。这反映出驻马店市积极落实《法治政府建设实施纲要（2015—2020年）》中所提出的要求，行政决策法治化水平稳步提高。具体而言，驻马店市在重大决策合法性审查制度、风险评估制度、专家论证制度、公开制度等方面的建立与实施情况表现较好，各项制度的规范化水平不断提升。

3. 社会公众满意度提升明显

从本年度的评估结果来看，驻马店市在"社会公众满意度调查"这一指标下的得分为129.64分（该指标总分为200分），比全国平均分高出1.49分，得分率为65%；2016年度评估中，驻马店市的得分为125.3分，比全国平均分低4.31分，得分率为63%；2015年度评估中，驻马店市的得分为89.2分，比全国平均分低28.16分，得分率为45%。对比连续三年的测评结果，可以看出，驻马店市该指标得分呈逐年上升趋势，反映出近年来驻马店市法治政府建设的社会公众满意度不断提高，且社会公众满意度评价正在由不及格向及格水平迈进。

（二）问题

1. 法治政府建设的组织领导工作不扎实

本年度评估结果显示，驻马店市在"法治政府建设的组织领导"指标下得到47分（该指标总分为80分），比全国平均分低0.22分，得分率为59%。从纵向来看，2016年度评估中，驻马店市的得分为38分，比全国平均分低1.39分，得分率为48%；2015年度评估中，驻马店市的得分为42分，比全国平均分高出8.67分，得分率为53%。以上评估数据说明，近年来驻马店市该指标得分处于低位徘徊，该指标已经连续两年低于全国平均水平，法治政府建设的组织领导工作不扎实。具体而言，驻马店市法治政府建设的组织领导工作未能全面落实《法治政府建设实施纲要（2015—2020年）》在新形势下对法治政府建设提出的要求，对政府法制工作的组织保障不充分，对依法行政考核的推进不理想，政府法律顾问制度建设缓慢。

2. 依法行政制度体系不完善

本年度评估结果显示，驻马店市在"依法行政制度体系"这一指标下得到21分（该指标总分为80分），比全国平均分低24.92分，得分率为26%；2016年度评估中，驻马店市的得分为44分，比全国平均分低6.76分，得分率为55%；2015年度评估中，驻马店市的得分为30分，比全国平均分低13.46分，得分率为38%。从以上数据可以看出，2017年度驻马店市该指标得分较2016年度下降明显，且该指标连续三年均低于全国平均水平。这表明，驻马店市行政规范性文件法治化进程较为缓慢，行政规范性文件制定程序制度的建立情况不甚理想，行政规范性文件公开听取意见制度与"三统一"制度的实施情况较差,依法行政制度体系不完善。

3. 行政执法不规范

本年度评估结果显示,驻马店市在"行政执法"指标下得到56.4分(该指标总分为120分),比全国平均分低12.63分,得分率为47%;2016年度评估中,驻马店市得到58.5分,比全国平均分低11.01分,得分率为49%;2015年度评估中,驻马店市仅得到30分,比全国平均分低32.8分,得分率仅为25%。从连续三年的评估结果来看,尽管近年来驻马店市该指标得分呈整体上升趋势,但该指标连续三年均低于全国平均水平。这反映出,近年来驻马店市的行政执法规范化程度较低。具体而言,在执法体制、执法程序、执法责任、执法人员管理以及实际执法状况等方面,驻马店市存在较多不足,距离严格、规范、公正、文明执法的法治政府建设目标尚有较大的差距。

4. 政务公开表现不佳

本年度评估结果显示,驻马店市在"政务公开"指标下得到97分(该指标总分为120分),比全国平均分低0.98分,得分率为81%;2016年度评估中,驻马店市得到82分,比全国平均分低10.58分,得分率为68%;2015年度评估中,驻马店市得到113分,比全国平均分高出15.5分,得分率为94%。从以上评估数据来看,驻马店市该指标已经连续两年低于全国平均水平,政务公开表现不佳。具体而言,驻马店市在重点领域信息公开、政府门户网站建设维护、政府数据开放、依申请信息公开等方面存在不足,政务公开规范化程度有待进一步提高。

5. 监督与问责的法治化程度较低

本年度评估结果显示,驻马店市在"监督与问责"指标下得到67.08分(该指标总分为100分),比全国平均分低6.37分,得分率为67%;2016年度评估中,驻马店市得到60.55分,比全国平均分低7.47分,得分率为61%;2015年度评估中,驻马店市得到64.5分,比全国平均分低0.45分,得分率为65%。从连续三年的评估结果来看,尽管近年来驻马店市该指标得分呈整体上升趋势,但该指标已经连续三年低于全国平均水平,监督与问责的法治化程度较低。具体而言,驻马店市的外部与内部具体监督制度仍不规范,问责机制的制度化程度较低,重大决策责任追究制度的建立及落实情况不甚理想。

6. 社会矛盾化解与行政争议解决水平不高

评估结果显示,2017年度驻马店市在"社会矛盾化解与行政争议解决"指标下得到67分(该指标总分为100分),比全国平均分低3.48分,得分率为67%;2016

年度评估中，驻马店市得到61分，比全国平均分低7.1分，得分率为61%；2015年度评估中，驻马店市得到47分，比全国平均分低6.7分，得分率为47%。从以上数据来看，尽管近年来驻马店市该指标得分呈整体上升趋势，但该指标连续三年均低于全国平均水平，社会矛盾化解与行政争议解决水平不高。具体而言，驻马店市的信访制度改革进展迟缓，行政复议工作的规范化水平和公开透明程度不高，行政复议决定的质量较低。

九十九　淄博市人民政府

一、淄博市法治政府建设情况

淄博市人民政府评估总分为764.96分，高于全国平均水平（687.22分）77.74分，在全部评估的100个城市中排名第10位，在东部区域48个城市中排名第8位。该市政府得分按一级指标分析见表11-99。

表11-99　淄博市人民政府一级指标评估得分分析表

指标分析	依法全面履行政府职能	法治政府建设的组织领导	依法行政制度体系	行政决策	行政执法	政务公开	监督与问责	社会矛盾化解与行政争议解决	社会公众满意度调查
得分	89	50	75	81	78.9	87.36	77.45	83.47	142.78
与平均分差	6.19	2.78	29.08	8.81	9.87	-10.62	4.00	13.00	14.63
与最高分差	-9	-22	-3	-14	-19.2	-30.36	-9.03	-6.34	-25.2
排名	22	47	3	17	27	82	38	12	9

每项一级指标换算成百分比并与全国平均水平比较得出图11-99。

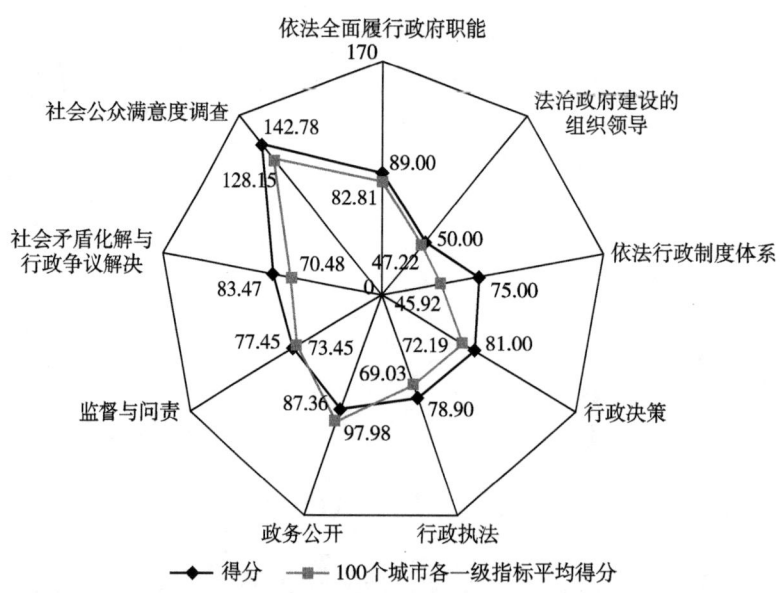

图11-99　淄博市人民政府评估得分与全国平均得分比较图

可以看出，该市依法全面履行政府职能、法治政府建设的组织领导、依法行政制度体系、行政决策、行政执法、监督与问责、社会矛盾化解与行政争议解决、社会公众满意度调查这八个指标高于全国平均水平，说明该市政府在这八个方面评价较高。政务公开这一个指标低于全国平均水平，说明该市政府在这一个方面评价较低。

二、淄博市法治政府建设情况分析

在2017年全国法治政府评估中，淄博市得到764.96分（总分1000分），在100个被测评城市中排名第10位，在东部区域48个城市中排名第8位（2016年度评估中，淄博市得到711.88分，排名第23位；2015年度评估中，淄博市得到589.68分，排名第67位）。这一评估结果反映出，在全国法治政府建设持续推进的大背景下，淄博市法治政府建设取得了长足进步，排名不断提升，但也存在着一些需要重视和解决的问题。

（一）成绩

1. 依法全面履行政府职能情况较好

本年度评估结果显示，在"依法全面履行政府职能"一级指标下，淄博市得到89分（该指标总分为100分），比全国平均分高出6.19分，得分率为89%；2016年度评估中，淄博市得到82分，比全国平均分高出5.77分，得分率为82%；2015年度评估中，淄博市得到73分，比全国平均分低6.8分，得分率为73%。从连续三年的评估结果来看，淄博市该指标得分呈逐年上升趋势，依法全面履行政府职能情况较好。具体而言，淄博市在政府机构设置、职能履行、公共服务、简政放权和行政审批便捷等方面都积极地推进法治政府建设，法治化程度稳步提升。

2. 依法行政制度体系迅速完善

本年度评估结果显示，淄博市在"依法行政制度体系"这一指标下得到75分（该指标总分为80分），比全国平均分高出29.08分，排名全国第3位，得分率为94%。从纵向来看，2016年度评估中，淄博市的得分为65分，比全国平均分高出14.24分，得分率为81%；2015年度评估中，淄博市的得分为34分，比全国平均分低9.46分，得分率为43%。从以上数据可以看出，近年来淄博市该指标得分快速上升，且2017年度该指标得分较2015年度的涨幅超过1倍，依法行政制度体系迅速完善。具体而言，淄博市行政规范性文件法治化进程不断加快，行政规范性文件制定程序制度的建立情况

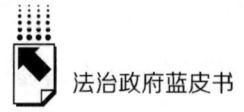

较为理想,行政规范性文件公开听取意见制度与"三统一"制度的实施情况较好。

3.行政决策法治化程度不断提高

评估结果显示,2017年度淄博市在"行政决策"这一指标下得到81分(该指标总分为100分),比全国平均分高8.81分,得分率为81%;2016年度评估中,淄博市得到78分,比全国平均分高出9.13分,得分率为78%;2015年度评估中,淄博市得到69分,比全国平均分高出4.45分,得分率为69%。根据以上评估数据,可以看出,淄博市该指标得分逐年增加,且均高于全国平均水平。这反映出淄博市积极落实《法治政府建设实施纲要(2015—2020年)》中所提出的要求,具体而言,该城市在重大决策合法性审查制度、风险评估制度、专家论证制度、公开制度等方面的建立与实施情况表现较好,各项制度的规范化水平不断提高。

4.行政执法较为规范

本年度评估结果显示,淄博市在"行政执法"指标下得到78.9分(该指标总分为120分),比全国平均分高出9.87分,得分率为66%;2016年度评估中,淄博市在该指标下的得分为75.4分,比全国平均分高出5.89分,得分率为63%;2015年度评估中,淄博市在该指标下得到50.5分,比全国平均分低12.3分,得分率为42%。从近三年的评估数据可以看出,淄博市该指标得分呈逐年上升趋势,行政执法较为规范。具体而言,淄博市在执法体制、执法程序、执法责任、执法人员管理以及实际执法状况等方面进步较快,行政执法指标正在由不及格向及格水平迈进。

5.监督与问责取得明显进步

本年度评估结果显示,淄博市在"监督与问责"这一指标下的得分为77.45分(该指标总分为100分),比全国平均分高出4分,得分率为77%;2016年度评估中,淄博市的得分为57.01分,比全国平均分低11分,得分率为57%;2015年度评估中,淄博市的得分为57.5分,比全国平均分低7.45分,得分率为58%。根据以上评估数据,可以看出,近年来淄博市该指标得分呈整体上升趋势,且2017年度该指标得分较2016年度的涨幅较大,监督与问责取得明显进步。具体而言,淄博市的外部与内部具体监督制度日益完善,问责机制的制度化程度快速提高,重大决策责任追究制度的建立情况及落实情况较为理想,行政监督与问责的指标正在由不及格向中等水平迈进。

6.社会矛盾化解与行政争议解决表现较好

本年度评估结果显示,淄博市在"社会矛盾化解与行政争议解决"这一指标下得到83.47分(该指标总分为100分),比全国平均分高出13分,得分率为83%。

从纵向来看，2016年度评估中，淄博市的得分为74分，比全国平均分高出5.9分，得分率为74%；2015年度评估中，淄博市得到58分，比全国平均分高出4.3分，得分率为58%。根据近三年的评估数据，可以看出，近年来淄博市该指标得分逐年快速上升，社会矛盾化解与行政争议解决表现较好。具体而言，近年来淄博市在积极探索化解社会矛盾的新方式与途径，努力建立与经济社会发展相适应的矛盾纠纷化解机制，社会矛盾化解的水平不断提高，社会矛盾化解与行政争议解决指标正在由不及格向优良水平迈进。

7. 社会公众满意度较高

从本年度的评估结果来看，淄博市在"社会公众满意度调查"这一指标下的得分为142.78分（该指标总分为200分），比全国平均分高出14.63分，排名全国第9位，得分率为71%；2016年度评估中，淄博市的得分为147.72分，比全国平均分高出18.11分，得分率为74%；2015年度评估中，淄博市的得分为121.68分，比全国平均分高出4.32分，得分率为61%。对比连续三年的测评结果，可以看出，淄博市该指标得分呈整体上升趋势，反映出近年来淄博市法治政府建设的社会公众满意度不断提高，且社会公众满意度评价正在由刚及格向中等水平迈进。

（二）问题

1. 法治政府建设的组织领导工作仍需加强

本年度评估结果显示，淄博市在"法治政府建设的组织领导"指标下得到50分（该指标总分为80分），比全国平均分高出2.78分，得分率为63%。从纵向来看，2016年度评估中，淄博市的得分为32分，比全国平均分低7.39分，得分率为40%；2015年度评估中，淄博市的得分仅为19分，比全国平均分低14.33分，得分率仅为24%。以上评估数据说明，尽管近年来淄博市该指标得分呈逐年上升趋势，但整体水平依然较低，法治政府建设的组织领导工作仍需提升。具体而言，淄博市法治政府建设的组织领导工作未能全面落实《法治政府建设实施纲要（2015—2020年）》在新形势下对法治政府建设提出的要求，对政府法制工作的组织保障不充分，对依法行政考核的推进不理想，政府法律顾问制度建设缓慢。

2. 政务公开工作水平较低

本年度评估结果显示，淄博市在"政务公开"指标下得到87.36分（该指标总分为120分），比全国平均分低10.62分，得分率为73%；2016年度评估中，淄博市得到100.75分，比全国平均分高出8.18分，得分率为84%；2015年度评估中，淄博市得到107分，比全国平均分高出9.5分，得分率为89%。从以上评估数据来看，近年来淄博市该指标得分逐年下降，且2017年度该指标低于全国平均水平，政务公开工作水平较低。具体而言，淄博市在重点领域信息公开、政府门户网站建设维护、政府数据开放、依申请信息公开等方面存在不足，政务公开规范化程度有待进一步提高。

一〇〇 遵义市人民政府

一、遵义市法治政府建设情况

遵义市人民政府评估总分为707.75分,高于全国平均水平(687.22分)20.53分,在全部评估的100个城市中排名第38位,在西部区域20个城市中排名第5位。该市政府得分按一级指标分析见表11-100。

表11-100 遵义市人民政府一级指标评估得分分析表

指标 分析	依法全面 履行政府 职能	法治政府 建设的 组织领导	依法行政 制度体系	行政 决策	行政 执法	政务 公开	监督与 问责	社会矛盾 化解与行政 争议解决	社会公众 满意度 调查
得分	90	35	45	87	78.1	105	76.39	64	127.26
与平均分差	7.19	-12.22	-0.92	14.81	9.07	7.02	2.94	-6.48	-0.89
与最高分差	-8	-37	-33	-8	-20	-12.72	-10.09	-25.81	-40.72
排名	15	87	45	4	29	36	43	77	49

每项一级指标换算成百分比并与全国平均水平比较得出图11-100。

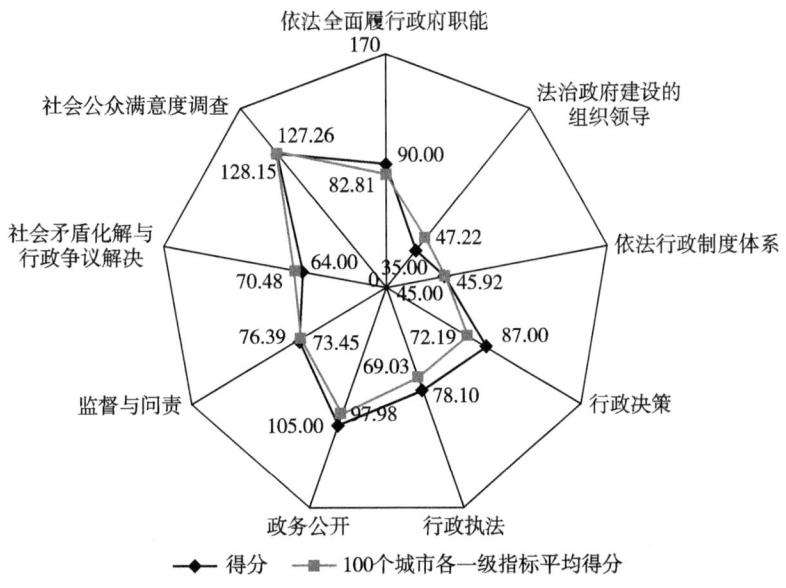

图11-100 遵义市人民政府评估得分与全国平均得分比较图

可以看出，该市依法全面履行政府职能、行政决策、行政执法、政务公开、监督与问责这五个指标高于全国平均水平，说明该市政府在这五个方面评价较高。法治政府建设的组织领导、依法行政制度体系、社会矛盾化解与行政争议解决和社会公众满意度调查这四个指标低于全国平均水平，说明该市政府在这四个方面评价较低。

二、遵义市法治政府建设情况分析

在2017年全国法治政府评估中，遵义市得到707.75分（总分1000分），在100个被测评城市中排名第38位，在西部区域20个城市中排名第5位（2016年度评估中，遵义市得到661.49分，排名第54位；2015年度评估中，遵义市得到613.56分，排名第49位）。这一评估结果反映出，在全国法治政府建设持续推进的大背景下，遵义市法治政府建设取得了长足进步，排名上升明显，但同时也存在一些需要进一步完善的问题。

（一）成绩

1. 依法全面履行政府职能情况较好

本年度评估结果显示，在"依法全面履行政府职能"一级指标下，遵义市得到90分（该指标总分为100分），比全国平均分高出7.19分，得分率为90%；2016年度评估中，遵义市得到87分，比全国平均分高出10.77分，得分率为87%；2015年度评估中，遵义市得到87分，比全国平均分高出7.2分，得分率为87%。从连续三年的评估结果来看，遵义市该指标得分呈上升趋势，依法全面履行政府职能情况较好。具体而言，遵义市在政府机构设置、职能履行、公共服务、简政放权和行政审批便捷等方面都积极地推进法治政府建设，法治化程度稳步提升。

2. 行政决策表现优秀

评估结果显示，2017年度遵义市在"行政决策"这一指标下得到87分（该指标总分为100分），比全国平均分高出14.81分，排名全国第5位，得分率为87%；2016年度评估中，遵义市得到82分，比全国平均分高出13.13分，得分率为82%；2015年度评估中，遵义市得到70分，比全国平均分高出5.45分，得分率为70%。根据以上评估数据，可以看出，遵义市该指标得分逐年快速上升。这反映出遵义市积极落实《法治政府建设实施纲要（2015—2020年）》中所提出的要求，行政决策表现优秀。具体而言，遵义市在重大决策合法性审查制度、风险评估制度、专家论证制度、公开制度等方面的建立与实施情况表现较好，各项制度的规范化水平迅速提高。

3. 行政执法较为规范

本年度评估结果显示，遵义市在"行政执法"指标下得到78.1分（该指标总分为120分），比全国平均分高出9.07分，得分率为65%；2016年度评估中，遵义市在该指标下的得分为72.3分，比全国平均分高出2.79分，得分率为60%；2015年度评估中，遵义市在该指标下得到42.5分，比全国平均分低20.3分，得分率为35%。从近三年的评估数据可以看出，遵义市该指标得分呈逐年快速上升趋势，且2017年度该指标得分较2015年度的涨幅近1倍，行政执法较为规范。具体而言，遵义市在执法体制、执法程序、执法责任、执法人员管理以及实际执法状况等方面进步较快，行政执法指标正在由不及格向及格水平迈进。

4. 政务公开不断进步

本年度评估结果显示，在"政务公开"这一指标下，遵义市得到105分（该指标总分为120分），比全国平均分高出7.02分，得分率为88%；2016年度评估中，遵义市得到90.75分，比全国平均分低1.83分，得分率为76%；2015年度评估中，遵义市得到112分，比全国平均分高出14.5分，得分率为93%。从以上数据可以看出，2017年度遵义市该指标得分较2016年度的涨幅较大，政务公开不断进步。具体而言，遵义市在重点领域信息公开、政府门户网站建设维护、政府数据开放、依申请信息公开等方面进步明显，政务公开工作正进一步向纵深发展。

5. 监督与问责制度快速完善

本年度评估结果显示，遵义市在"监督与问责"这一指标下的得分为76.39分（该指标总分为100分），比全国平均分高出2.94分，得分率为76%；2016年度评估中，遵义市的得分为53.52分，比全国平均分低14.5分，得分率为54%；2015年度评估中，遵义市的得分为56分，比全国平均分低8.9分，得分率为56%。根据以上评估数据，可以看出，近年来遵义市该指标得分呈快速上升趋势，且2017年度该指标得分较2016年度的涨幅较大，监督与问责制度快速完善。具体而言，遵义市的外部与内部具体监督制度日益完善，问责机制的制度化程度快速提高，重大决策责任追究制度的建立及落实情况较为理想，行政监督与问责指标正在由不及格向中等水平迈进。

（二）问题

1. 法治政府建设的组织领导工作不扎实

本年度评估结果显示，遵义市在"法治政府建设的组织领导"指标下得到35

分（该指标总分为80分），比全国平均分低12.22分，得分率为44%。从纵向来看，2016年度评估中，遵义市的得分仅为20分，比全国平均分低19.39分，得分率仅为25%；2015年度评估中，遵义市的得分仅为16分，比全国平均分低17.33分，得分率仅为20%。以上评估数据说明，尽管近年来遵义市该指标得分呈逐年上升趋势，但该指标已经连续三年低于全国平均水平，法治政府建设的组织领导工作不扎实。具体而言，遵义市法治政府建设的组织领导工作未能全面落实《法治政府建设实施纲要（2015—2020年）》在新形势下对法治政府建设提出的要求，对政府法制工作的组织保障不充分，对依法行政考核的推进不理想，政府法律顾问制度建设缓慢。

2. 依法行政制度体系不完善

本年度评估结果显示，遵义市在"依法行政制度体系"这一指标下得到45分（该指标总分为80分），比全国平均分低0.92分，得分率为56%；2016年度评估中，遵义市的得分为55分，比全国平均分高出4.24分，得分率为69%；2015年度评估中，遵义市的得分为42分，比全国平均分低1.46分，得分率为53%。从以上数据可以看出，近年来遵义市该指标整体水平较低，且2017年度与2015年度该指标得分均低于全国平均水平。这表明遵义市行政规范性文件法治化进程较为缓慢，行政规范性文件制定程序制度的建立情况不甚理想，行政规范性文件公开听取意见制度与"三统一"制度的实施情况一般，依法行政制度体系不完善。

3. 社会矛盾化解与行政争议解决水平较低

评估结果显示，2017年度遵义市在"社会矛盾化解与行政争议解决"指标下得到64分（该指标总分为100分），比全国平均分低6.48分，得分率为64%；2016年度评估中，遵义市得到62分，比全国平均分低6.1分，得分率为62%；2015年度评估中，遵义市仅得到44分，比全国平均分低9.7分，得分率仅为44%。从以上数据来看，尽管近年来遵义市该指标得分呈逐年上升趋势，但该指标连续三年均低于全国平均水平，社会矛盾化解与行政争议解决水平较低。具体而言，遵义市的信访制度改革进展迟缓，行政复议工作的规范化水平和公开透明程度不高，行政复议决定的质量较低。

4. 社会公众满意度下降明显

评估结果显示，2017年度遵义市法治政府建设的社会公众满意度得分为127.26分（该指标总分为200分），比全国平均分低0.89分，得分率为64%。从纵向来看，2016年度评估中，遵义市得到138.92分，比全国平均分高出9.31分，得分率为

70%；2015年度评估中，遵义市得到144.06分，比全国平均分高出26.7分，得分率为72%。对比连续三年的评估数据可以看出，近年来遵义市该指标得分呈逐年下降趋势，且2017年度得分低于全国平均水平。这反映出社会公众对当地法治政府建设工作的评价不高，未对当地法治政府建设成效产生充足的获得感。

附录

附录一

2017年中国法治政府评估指标得分表

一级指标	二级指标	三级指标	三级指标得分率
依法全面履行政府职能(100分)	机构设置(10分)	市政府机构数是否超过平均值(10分)	78.80%
	领导职数(10分)	市政府副职领导的人数是否超过平均值(10分)	78.40%
	公共服务(30分)	行政服务中心对基本公共服务覆盖的比率(20分)	85.00%
		权力清单的公布及动态调整情况(10分)	97.20%
	行政审批(35分)	行政审批事项的取消、下放、承接的公开情况(15分)	91.53%
		行政审批在线办理是否快捷便民(10分)	85.00%
		行政审批中介清单公布情况(10分)	83.80%
	应急管理(15分)	应急预案建设与完善情况(10分)	68.50%
		重特大安全事故发生情况(5分)	58.20%
法治政府建设的组织领导(80分)	法治政府建设的组织保障(25分)	是否公布法治政府建设情况报告(10分)	55.50%
		是否设置独立的法制机构(15分)	44.07%
	法治政府建设的落实机制(35分)	本年度政府常务会议对法治政府建设工作讨论情况(20分)	66.55%
		公开推进依法行政考核工作(15分)	36.87%
	领导干部的法治思维和法治能力(20分)	领导干部的法治思维培养(10分)	86.20%
		政府法律顾问开展工作情况(10分)	76.00%

续表

一级指标	二级指标	三级指标	三级指标得分率
依法行政制度体系（80分）	行政规范性文件制定的制度化和规范化（10分）	是否建立了完备的行政规范性文件制定程序制度（10分）	86.20%
	行政规范性文件的合法性（30分）	行政规范性文件实体是否合法（10分）	100.00%
		行政规范性文件的制定是否切实公开听取意见（10分）	37.50%
		行政规范性文件的公布率是否达到100%（10分）	57.00%
	行政规范性文件的监督和管理（40分）	行政规范性文件是否切实做到"三统一"（10分）	32.50%
		行政规范性文件的报备情况（10分）	37.00%
		行政规范性文件有效期制度的落实情况（10分）	46.00%
		是否按规定对现行规范性文件开展清理并公布清理结果（10分）	63.00%
行政决策（100分）	合法决策（20分）	是否建立了重大决策合法性审查制度（10分）	88.50%
		重大决策合法性审查制度的实施情况（10分）	40.00%
	民主决策（25分）	是否建立了重大决策听取公众意见制度（10分）	88.70%
		重大决策听取公众意见制度的实施情况（5分）	82.20%
		是否建立了重大决策集体决定制度（10分）	78.40%
	科学决策（30分）	是否建立了重大决策风险评估（包括社会稳定风险、环境风险、经济风险）制度（10分）	61.50%
		重大决策风险评估（包括社会稳定风险、环境风险、经济风险）制度的实施情况（5分）	63.00%
		是否建立了重大决策专家论证制度（10分）	58.40%
		重大决策专家论证制度的实施情况（5分）	67.00%
	公开决策（15分）	是否建立了重大决策预公开制度（5分）	72.00%
		重大决策的结果是否公开（10分）	94.40%
	决策追踪（10分）	是否建立了重大决策后的信息追踪收集以及向决策层进行反馈制度（10分）	69.90%

续表

一级指标	二级指标	三级指标	三级指标得分率
行政执法(120分)	行政执法体制(10分)	跨部门综合执法情况(10分)	59.90%
	行政执法程序(30分)	行政处罚裁量基准制度落实情况(10分)	43.90%
		执法流程细化情况(10分)	58.80%
		重大行政执法决定法制审核情况(10分)	76.70%
	行政执法方式(20分)	执法信息平台建设情况(10分)	64.10%
		执法结果公示制度(10分)	55.80%
	行政执法责任制(10分)	执法监督平台制度(10分)	62.90%
	行政执法人员管理(20分)	行政执法人员清理(10分)	70.00%
		执法人员培训情况(10分)	42.60%
	行政执法状况(30分)	违法行为投诉体验情况(20分)	42.13%
		非诉执行申请被法院裁定不予执行情况(10分)	71.30%
政务公开(120分)	主动公开(70分)	重点领域信息公开(30分)	96.20%
		政府门户网站的咨询服务功能(10分)	68.60%
		政府信息获取的效率(10分)	92.50%
		政府数据是否向社会开放(20分)	61.00%
	依申请公开(50分)	政府是否不当设置申请信息条件(10分)	97.50%
		政府是否及时对信息公开申请作出了答复(10分)	76.40%
		政府提供所申请信息公开的情况(10分)	70.23%
		政府拒绝提供所申请信息的理由是否充分、合法、规范(10分)	75.50%
		政府信息公开诉讼的胜诉率(10分)	88.51%

续表

一级指标	二级指标	三级指标	三级指标得分率
监督与问责（100分）	外部监督（30分）	是否执行本级人大及其常委会的监督决定；对人大代表的批评、意见和建议是否认真及时答复；是否及时办理政协建议案、提案；情况公开办理情况报告（10分）	82.00%
		行政机关负责人出庭应诉情况评估（10分）	5.18%
		群众举报投诉和媒体监督渠道是否畅通（10分）	97.50%
	内部监督（30分）	是否定期听取、审查本级政府工作部门和下级政府的执法情况报告，是否公布重点领域执法工作报告（10分）	75.40%
		是否通过建设电子监察系统等方式改善监督手段（10分）	97.10%
		是否公开主要审计报告和审计结果（10分）	69.70%
	问责（40分）	是否建立健全重大决策责任追究制度（3分）	84.17%
		是否建立行政执法责任追究制度（3分）	96.00%
		是否建立行政首长问责制（4分）	81.38%
		是否严格问责（10分）	25.10%
		政府及组成部门负责人是否存在违法违纪情况（20分）	97.95%
社会矛盾化解与行政争议解决（100分）	制度建设情况（50分）	社会矛盾化解的制度建设（10分）	69.60%
		行政复议体制改革（10分）	76.40%
		行政调解、行政裁决、仲裁制度的建设（10分）	40.00%
		人民调解制度的建设（10分）	75.80%
		信访制度改革（10分）	33.40%
	制度实施情况（50分）	群体性事件发生情况（10分）	83.80%
		社会矛盾化解渠道的畅通程度（10分）	90.80%
		社会矛盾解决的方式（10分）	97.80%
		行政复议信息公开制度（10分）	53.20%
		行政复议决定的质量（10分）	84.00%

续表

一级指标	二级指标	三级指标	三级指标得分率
社会公众满意度（200分）		当地政府依法行政或者说依法办事的情况（40/3 分）	68.00%
		到当地政府办事情时,政府给予的方便程度（40/3 分）	65.66%
		当地政府在重大决策时听取老百姓的意见和建议的情况（40/3 分）	59.14%
		当地政府信息公开的情况（40/3 分）	63.70%
		当地政府按照法律法规进行收费的情况（40/3 分）	67.54%
		当地政府工作人员依法行政或说依法办事的能力（40/3 分）	64.91%
		当地政府工作人员依法行政或说依法办事的态度（40/3 分）	63.80%
		当地政府工作人员在工作中对老百姓的工作效率（40/3 分）	61.47%
		当地政府工作人员在执法时受到人情、金钱和地位等影响的情况（40/3 分）	58.07%
		当地政府的诚信度（40/3 分）	65.15%
		当地政府的清正廉洁程度或反腐成效（40/3 分）	62.36%
		当地政府领导干部的法治思维和能力（40/3 分）	65.05%
		当地政府在化解社会争议方面解决社会矛盾,解决争议方面的情况（40/3 分）	63.56%
		当地政府对工作人员监督问责的情况（40/3 分）	63.04%
		当地政府的法治宣传教育工作的情况（40/3 分）	69.65%

附录二 《中国法治政府评估报告2017》各市政府一级指标得分表

排名	城市	依法全面履行政府职能（100分）	法治政府建设的组织领导(80分)	依法行政制度体系（80分）	行政决策（100分）	行政执法（120分）	政务公开（120分）	监督与问责（100分）	社会矛盾化解与行政争议解决(100分)	社会公众满意度调查（200分）	总分（1000分）
1	青岛	92	55	75	76	90.5	117.72	80.69	87.3	142.12	816.33
2	杭州	92	48	65	81	87.8	115.44	85.55	85.01	145.62	805.42
3	广州	98	57	70	90	94.9	105.45	85.06	68.04	131.76	800.21
4	深圳	90	63	50	87	89.3	110.86	81.11	84.86	142.14	798.27
5	南宁	78	66	75	95	92.5	107	86.48	72.82	123.68	796.48
6	宁波	88	58	60	75	88.8	111.23	81.59	81.58	149.1	793.3
7	合肥	78	59	76	80	89.5	114.4	80.18	80.95	129.9	787.93
8	上海	88	53	58	72	98.1	110.94	78.03	89.81	138.46	786.34
9	潍坊	85	45	75	84	80.4	112.75	79.38	68.75	153.12	783.4
10	淄博	89	50	75	81	78.9	87.36	77.45	83.47	142.78	764.96
11	南京	94	50	55	78	92	107.41	80.07	71.22	136.17	763.87
12	北京	88	57	36	75	89.1	115.63	82.11	83.42	135.47	761.73
13	临沂	82	65	73	74	82	94	73.43	84	132.37	759.8
14	烟台	91	53	65	77	69.5	107.97	73.26	77.83	144.07	758.63
15	天津	79	72	38	77	80.2	91.23	78.03	85.14	155.85	756.45
16	台州	98	51	59	87	68.7	91.22	82.46	76.93	139.85	754.16
17	厦门	92	45	70	69	94.1	90	70.39	67.33	147.79	745.61

续表

排名	城市	依法全面履行政府职能(100分)	法治政府建设的组织领导(80分)	依法行政制度体系(80分)	行政决策(100分)	行政执法(120分)	政务公开(120分)	监督与问责(100分)	社会矛盾化解与行政争议解决(100分)	社会公众满意度调查(200分)	总分(1000分)
18	长沙	78	56	68	86	81.2	103.15	74.52	67.01	129.62	743.5
19	温州	90	52	60	73	69.8	113.32	77.35	74.48	131.97	741.92
20	成都	88	54	60	79	82.4	96.86	85.42	75.09	118.28	739.05
21	武汉	94	60	33	76	83.3	116.04	77.08	87.5	111.96	738.88
22	苏州	90	58	43	66	84	106.84	72.98	82	135.45	738.27
23	济南	85	56	65	71	68.2	112.35	80.61	75.07	124.01	737.24
24	佛山	91	52	43	81	75.5	112.39	71.46	75.55	131.63	733.53
25	德州	93	42	78	71	84	109	69.38	59.75	126.45	732.58
26	重庆	74	51	60	69	71.7	105.98	81.73	86.75	130.19	730.35
27	聊城	77	56	63	85	69.3	94.09	79	72	134.47	729.86
28	大连	84	52	58	71	76.4	101.67	79.4	85.71	121.43	729.61
29	汕头	96	52	40	78	81	112.75	78.33	66	122.5	726.58
30	南通	79	47	53	67	62.7	109.6	78.49	86.81	138.37	721.97
31	济宁	77	43	65	84	62.6	109	74.11	68.89	137.89	721.49
32	常德	84	47	56	84	78.8	85	75.13	70.92	139.62	720.47
33	南充	77	53	30	68	68.5	92	80.61	82	167.98	719.09
34	无锡	88	54	28	66	67.3	98.67	83.51	79.27	150.67	715.42
35	荆州	87	55	48	81	59.4	110	76.16	74.33	122.38	713.27
36	菏泽	83	43	58	79	68	110	72.62	73.86	122.56	710.04
37	南昌	87	47	43	82	86.9	93	65.14	77.17	128.52	709.73
38	遵义	90	35	45	87	78.1	105	76.39	64	127.26	707.75

附录二 《中国法治政府评估报告2017》各市政府一级指标得分表

续表

排名	城市	依法全面履行政府职能（100分）	法治政府建设的组织领导（80分）	依法行政制度体系（80分）	行政决策（100分）	行政执法（120分）	政务公开（120分）	监督与问责（100分）	社会矛盾化解与行政争议解决（100分）	社会公众满意度调查（200分）	总分（1000分）
39	珠海	87	35	50	64	68.8	117	75	70	140.07	706.87
40	达州	75	46	35	76	80	102	74	86	132.76	706.76
41	徐州	83	47	35	71	70.8	110	81.45	69.67	138.49	706.41
42	贵阳	87	37	38	86	67.8	102	82.4	80.67	123.95	704.82
43	昆明	83	59	41	80	63.4	100.5	81	74	122.18	704.08
44	邵阳	83	59	31	82	68.8	95	76.06	78.13	129.51	702.5
45	邯郸	85	52	65	78	61.1	94	67.09	68	129.51	699.7
46	盐城	80	54	38	70	54.6	103.75	79.51	81.47	138.15	699.48
47	哈尔滨	89	44	48	82	61.3	113.84	83.14	62.4	115.02	698.7
48	西宁	81	53	60	68	64.7	92.6	75	80.18	121.52	696
49	东莞	94	50	35	77	59.5	111.93	69.04	75.56	122.93	694.96
50	衡阳	85	53	48	80	68.8	95	78.36	67	119.78	694.94
51	海口	77	38	55	76	59.8	107.5	78	78	125.46	694.76
52	邢台	71	44	50	74	61.7	100	79.29	76	137.14	693.13
53	六安	82	40	63	68	67	93	83.36	73	123.69	693.05
54	淮南	80	49	38	80	62.3	94.52	78	76.67	127.45	685.94
55	洛阳	82	55	28	62	84.3	99.61	79.08	74.67	119.89	684.55
56	揭阳	90	58	45	78	62	94	70	67.17	118.97	683.14
57	沈阳	71	45	44	80	72	108.75	70.6	68.33	122.81	682.49
58	岳阳	82	28	53	88	59.4	91.5	75.09	68	133.78	678.77
59	湛江	89	35	45	67	91.5	116	74.37	54	105.23	677.1

续表

排名	城市	依法全面履行政府职能（100分）	法治政府建设的组织领导（80分）	依法行政制度体系（80分）	行政决策（100分）	行政执法（120分）	政务公开（120分）	监督与问责（100分）	社会矛盾化解与行政争议解决（100分）	社会公众满意度调查（200分）	总分（1000分）
60	泰安	81	42	73	77	65	83.33	57	79.5	117.93	675.76
61	西安	87	52	46	74	72.8	91.23	78.18	54.45	119.51	675.17
62	唐山	84	59	35	61	67.2	90.08	68.07	66.36	141.03	671.74
63	黄冈	80	51	53	78	55.5	105	61.25	57.14	129.66	670.55
64	银川	69	36	41	77	64.8	107	67.55	76	130.76	669.11
65	石家庄	88	43	35	73	74.1	88.95	70.17	67.5	123.62	663.34
66	上饶	84	39	43	73	73	87.5	70.11	60.25	132.32	662.18
67	郑州	83	36	30	62	67.6	104.23	75.24	75.97	127.05	661.09
68	本溪	72	54	38	72	72.5	99.24	77.08	56	119.7	660.52
69	福州	90	22	31	64	82.1	105.83	66.21	66.97	131.08	659.19
70	宜春	73	30	43	66	79	109	65.5	64.67	126.2	656.37
71	茂名	90	55	40	67	68	99	64	53.5	119.73	656.23
72	南阳	79	61	21	67	57.1	102.65	73.7	67.57	124.67	653.69
73	长春	83	45	20	56	59.6	103.72	77.53	76.67	131.08	652.6
74	呼和浩特	69	48	60	65	54	89	71	70	125.66	651.66
75	信阳	85	63	35	66	44.8	108	61.25	70	117.35	650.4
76	吉林	85	55	75	54	59.4	79	68.07	48.08	124.67	648.22
77	驻马店	83	47	21	80	56.4	97	67.08	67	129.64	648.12
78	鞍山	81	57	23	73	69	81	71.77	70	121.55	647.32
79	阜阳	81	52	58	54	63	79	81.1	54	124.79	646.89
80	太原	85	35	43	66	59.7	92.75	69.06	70	120.27	640.78

附录二 《中国法治政府评估报告2017》各市政府一级指标得分表

续表

排名	城市	依法全面履行政府职能(100分)	法治政府建设的组织领导(80分)	依法行政制度体系(80分)	行政决策(100分)	行政执法(120分)	政务公开(120分)	监督与问责(100分)	社会矛盾化解与行政争议解决(100分)	社会公众满意度调查(200分)	总分(1000分)
81	抚顺	85	39	39	67	54	97.5	65	74	118.47	638.97
82	新乡	81	42	36	76	48.8	83.75	81.57	56.67	128.25	634.04
83	齐齐哈尔	69	24	53	68	55.6	90	76.15	72	123.93	631.68
84	泉州	82	41	33	63	76.3	93	67.16	68.67	106.59	630.72
85	包头	77	48	45	63	51.9	87	74.26	56	125.11	627.27
86	保定	81	49	45	64	53.5	97	61.14	63.23	111.75	624.62
87	兰州	74	54	40	64	48.5	102.09	61.88	61.88	115.02	621.37
88	赣州	91	36	23	69	65	70	71.14	64.8	129.97	619.91
89	襄阳	75	40	23	61	60	103	72.79	71.23	112.79	618.81
90	毕节	85	38	28	82	49	86.67	76.83	53.69	116.36	615.55
91	玉林	75	31	26	70	65	70	76.38	62	131.8	607.18
92	曲靖	81	43	26	73	64.3	79	60	72	104.79	603.09
93	沧州	91	34	35	63	64.3	70	66.77	57.33	120.3	601.7
94	周口	77	40	21	64	68.1	78	53	54	125.48	580.58
95	乌鲁木齐	82	39	23	42	52.2	100	55.09	68	110.83	572.12
96	大同	83	33	16	69	50.4	80	68.16	54	115.3	568.86
97	商丘	80	52	26	62	47.4	85	55.06	53.5	105.39	566.35
98	绥化	70	29	33	59	42.6	62	48.5	47.33	124.33	515.76
99	喀什	54	20	25	37	42.5	69	51.5	48	137.1	484.1
100	拉萨	46	15	15	30	43.5	63	67	56	121.28	456.78

附录三

《中国法治政府评估报告2017》各市政府得分总分图

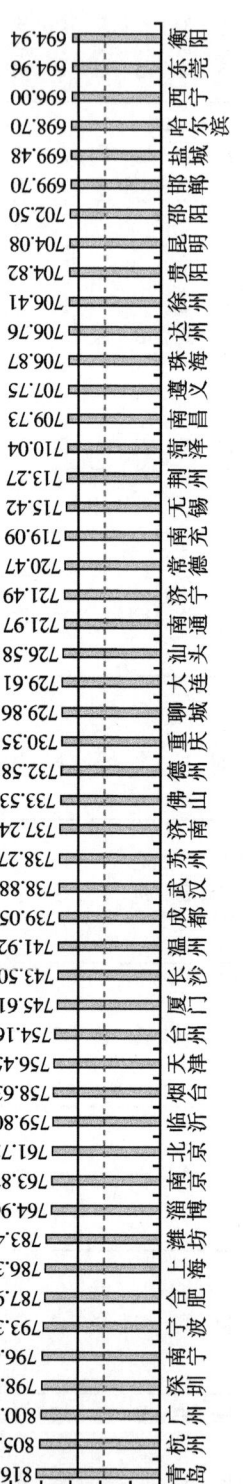

各市政府得分总分（排名1~50名）

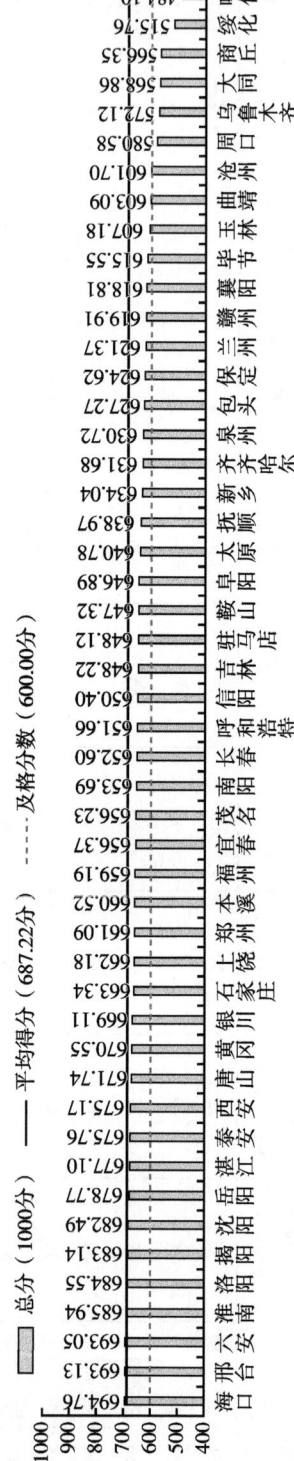

各市政府得分总分（排名51~100名）

附录四 《中国法治政府评估报告2017》各市一级指标得分图

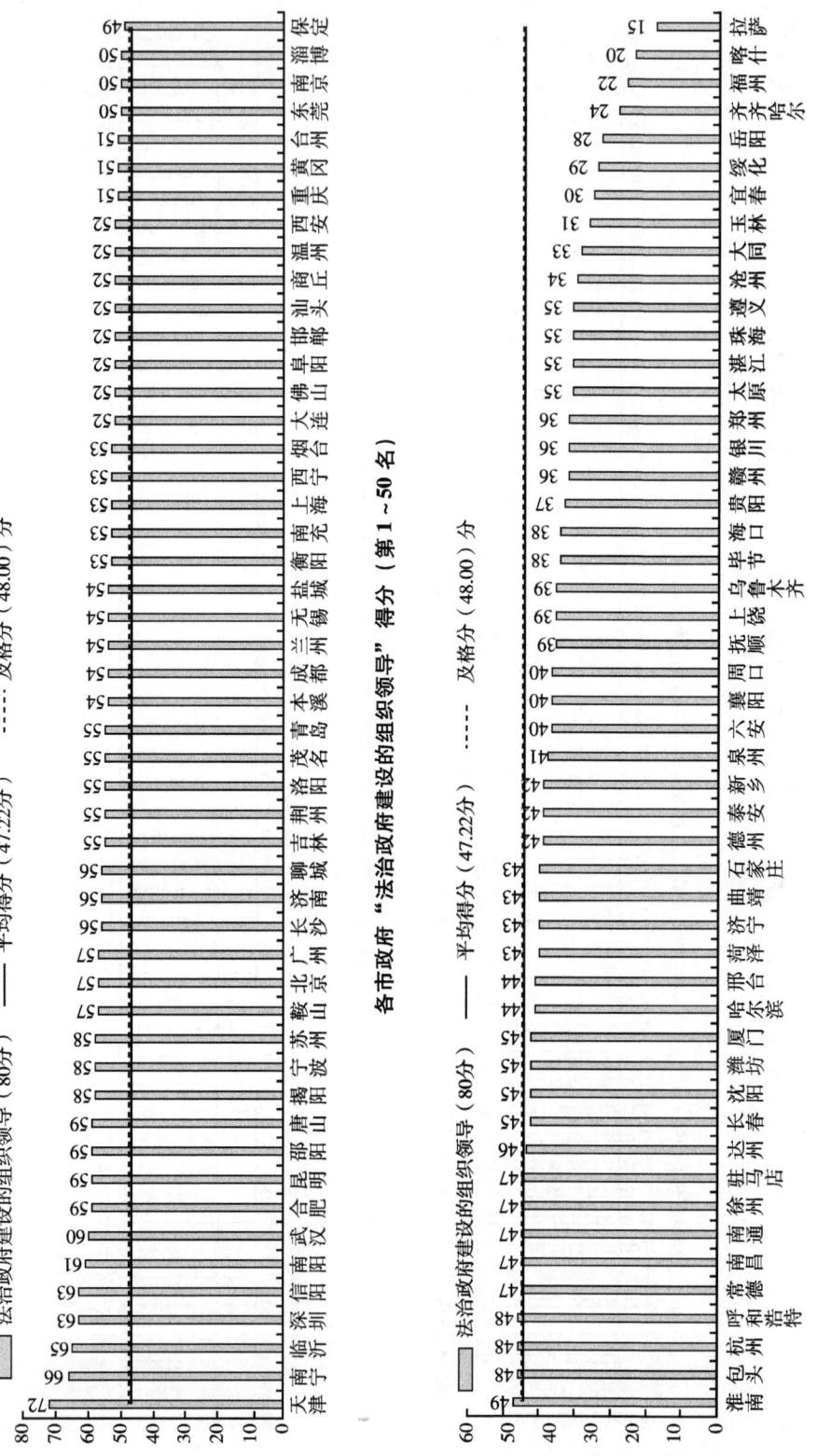

附录四 《中国法治政府评估报告2017》各市一级指标得分图

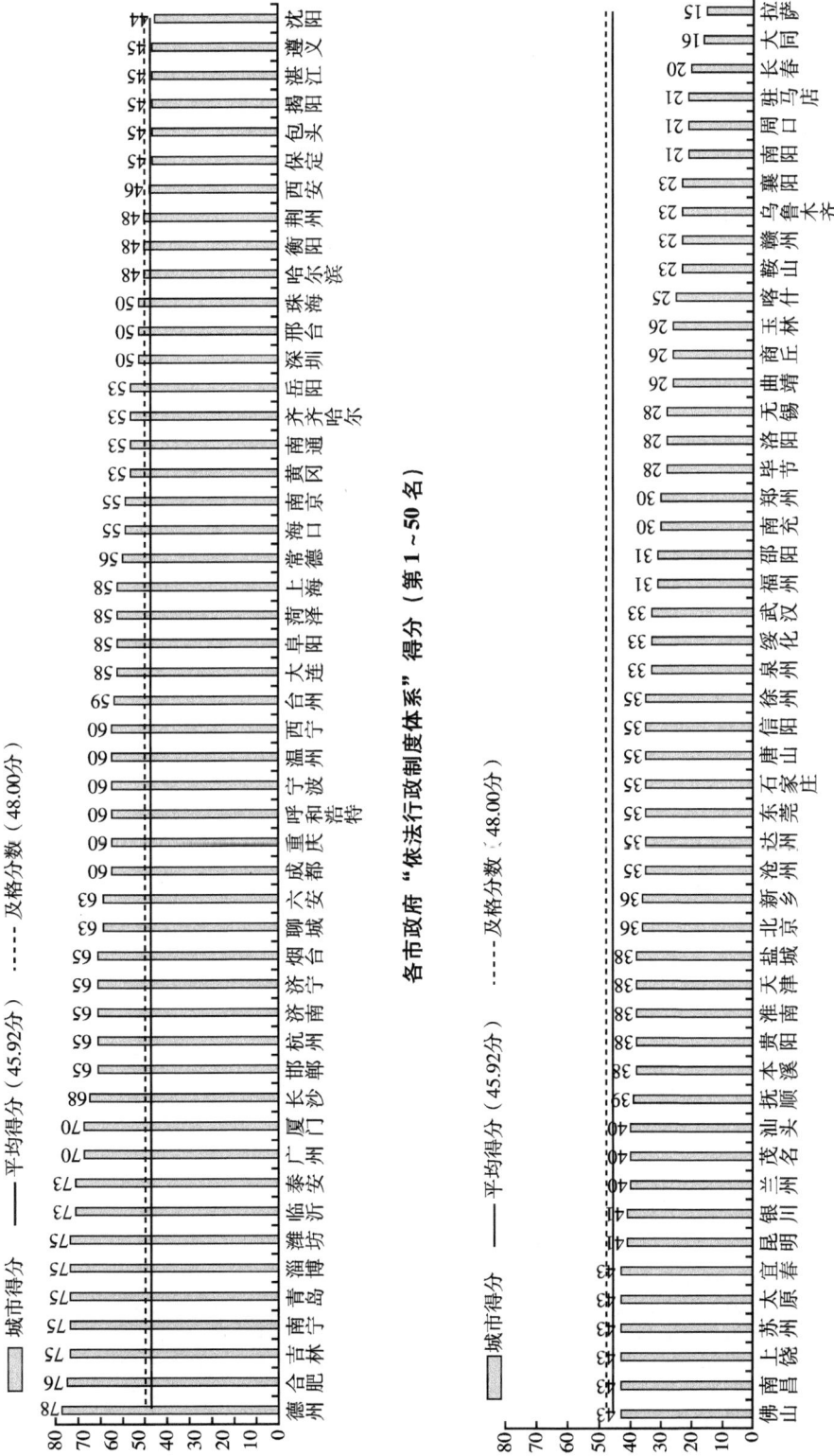

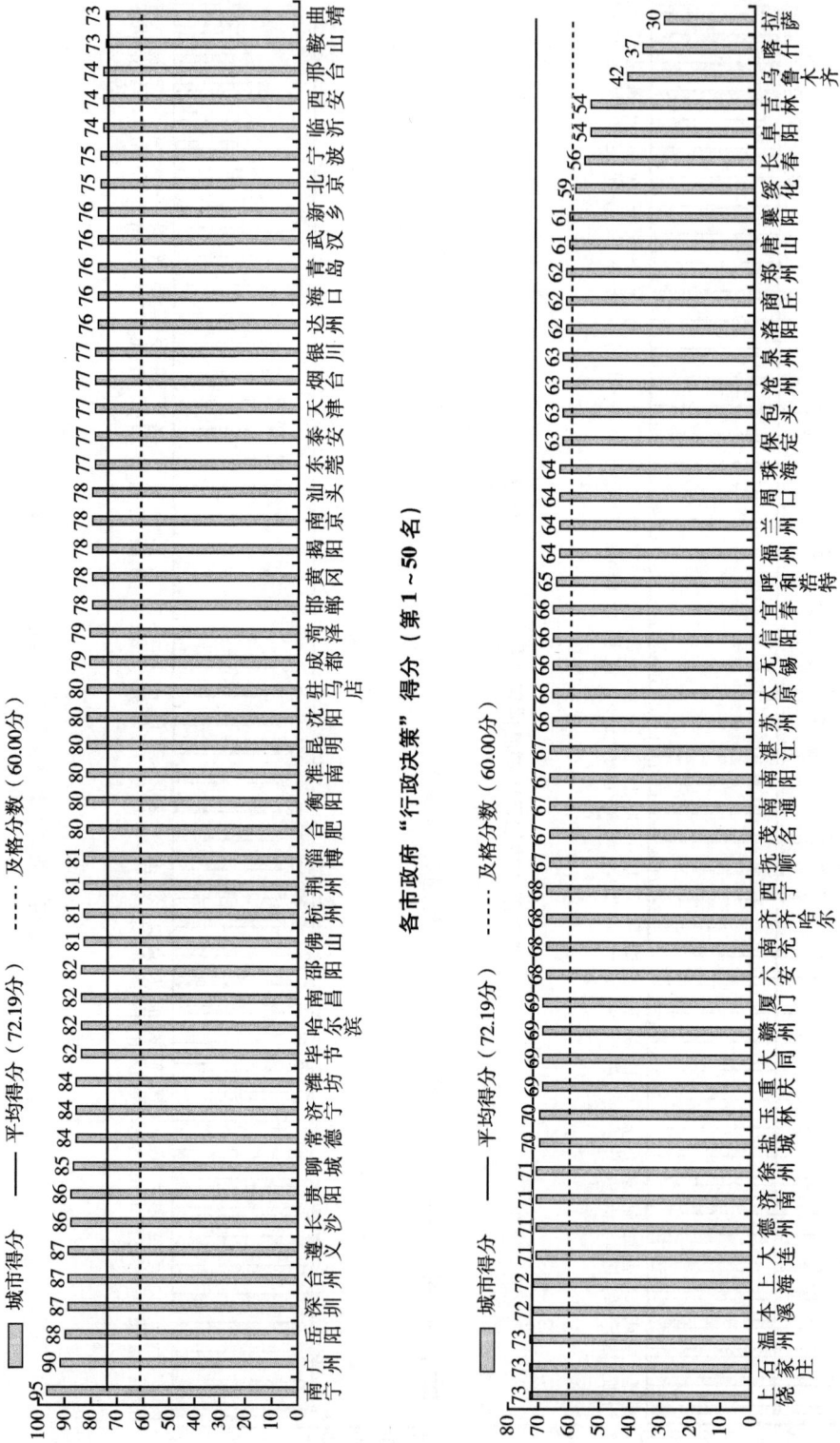

附录四 《中国法治政府评估报告2017》各市一级指标得分图

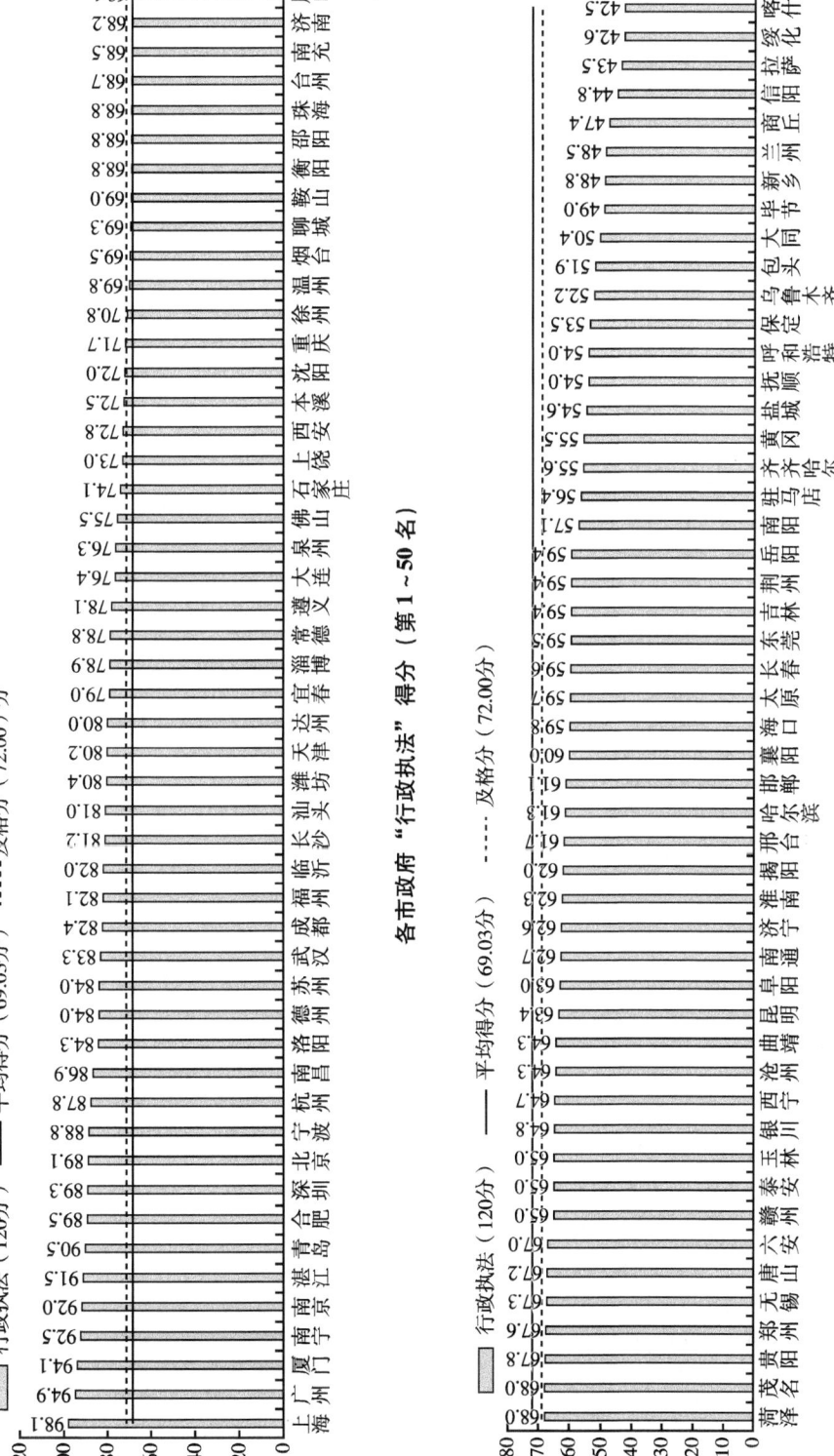

各市政府"行政执法"得分（第1~50名）

各市政府"行政执法"得分（第51~100名）

各市政府"政务公开"得分（第1~50名）

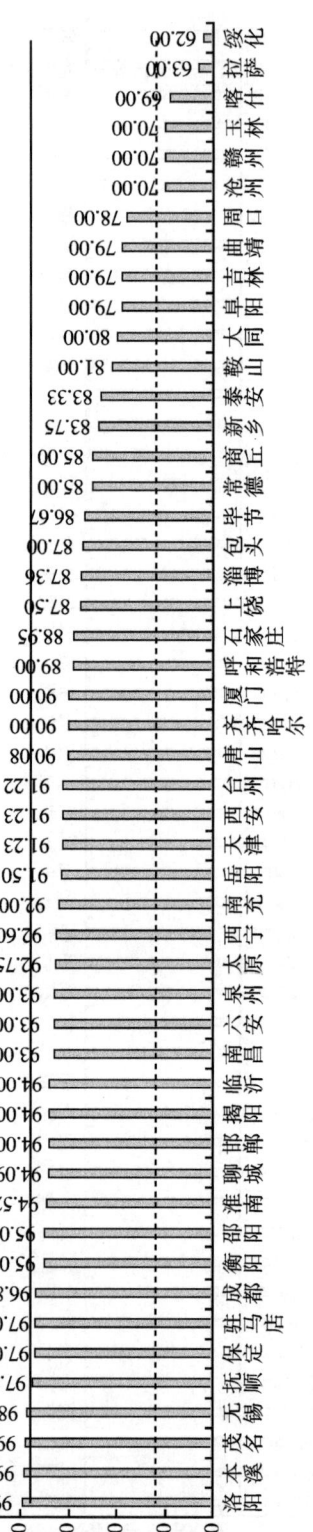

各市政府"政务公开"得分（第51~100名）

附录四 《中国法治政府评估报告2017》各市一级指标得分图

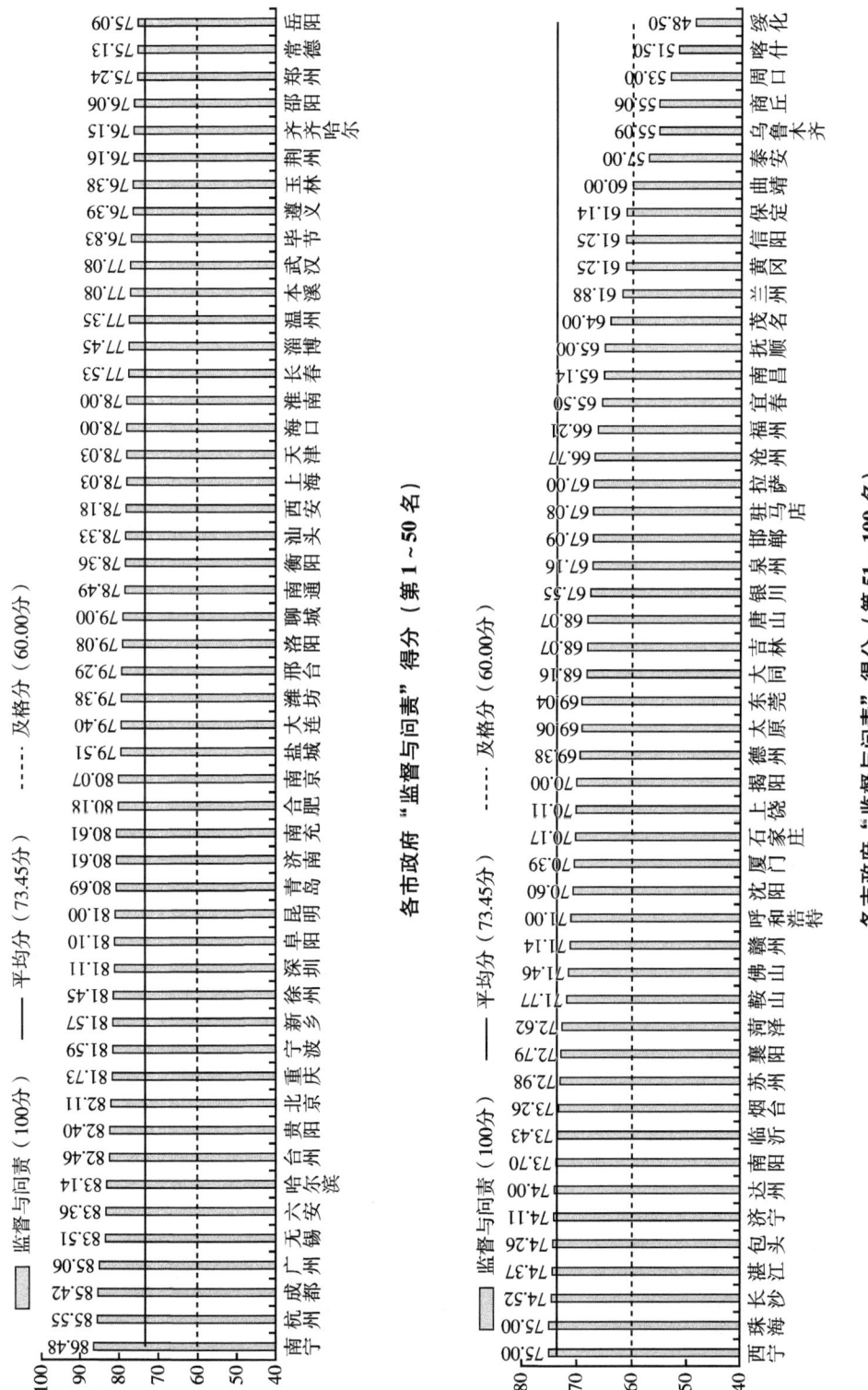

各市政府"监督与问责"得分（第1~50名）

各市政府"监督与问责"得分（第51~100名）

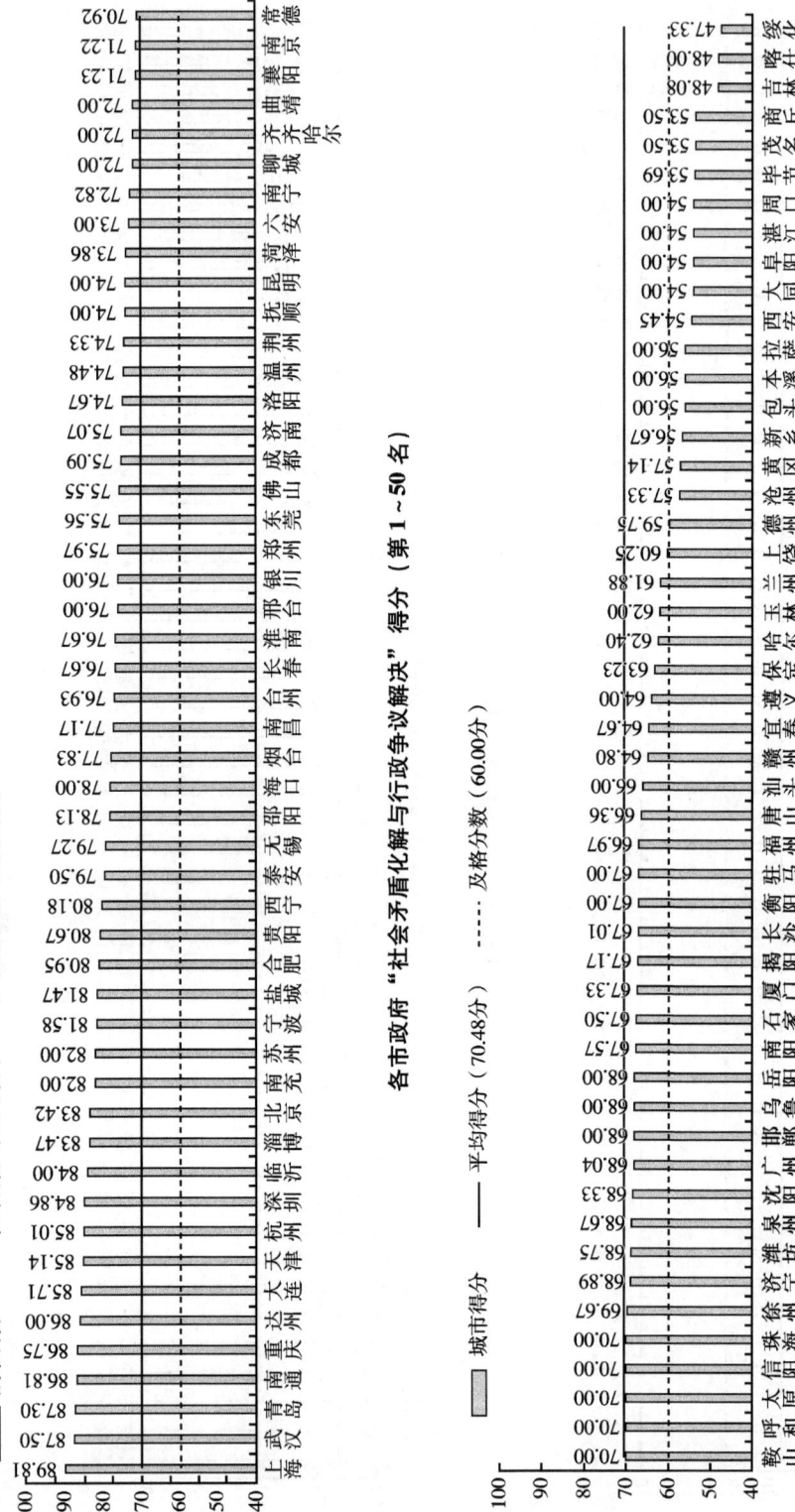

附录四 《中国法治政府评估报告2017》各市一级指标得分图

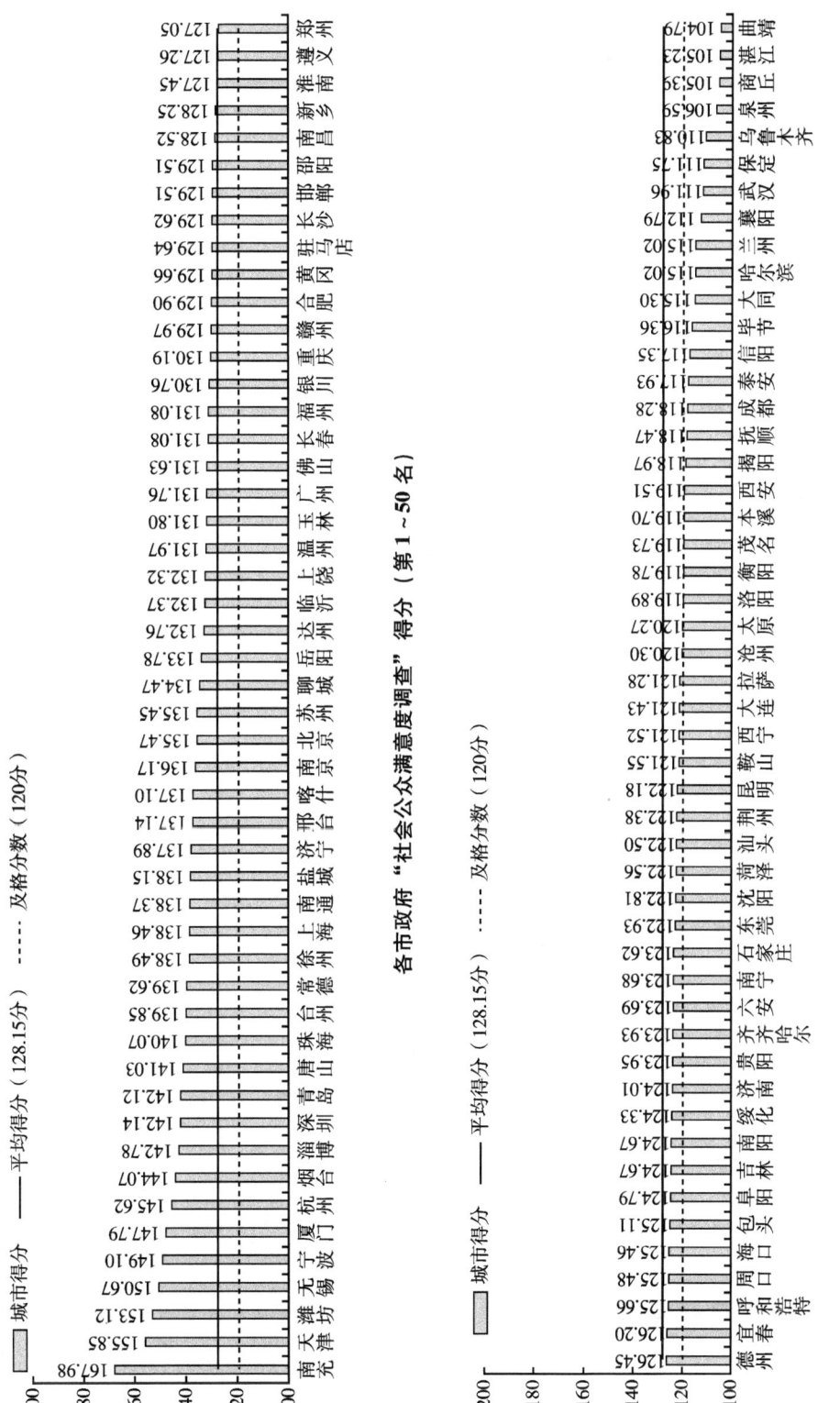

权威报告·一手数据·特色资源

皮书数据库
ANNUAL REPORT(YEARBOOK) DATABASE

当代中国经济与社会发展高端智库平台

所获荣誉

- 2016年，入选"'十三五'国家重点电子出版物出版规划骨干工程"
- 2015年，荣获"搜索中国正能量 点赞2015""创新中国科技创新奖"
- 2013年，荣获"中国出版政府奖·网络出版物奖"提名奖
- 连续多年荣获中国数字出版博览会"数字出版·优秀品牌"奖

成为会员

通过网址www.pishu.com.cn或使用手机扫描二维码进入皮书数据库网站，进行手机号码验证或邮箱验证即可成为皮书数据库会员（建议通过手机号码快速验证注册）。

会员福利

- 使用手机号码首次注册的会员，账号自动充值100元体验金，可直接购买和查看数据库内容（仅限使用手机号码快速注册）。
- 已注册用户购书后可免费获赠100元皮书数据库充值卡。刮开充值卡涂层获取充值密码，登录并进入"会员中心"—"在线充值"—"充值卡充值"，充值成功后即可购买和查看数据库内容。

卡号：446892719979
密码：

数据库服务热线：400-008-6695
数据库服务QQ：2475522410
数据库服务邮箱：database@ssap.cn
图书销售热线：010-59367070/7028
图书服务QQ：1265056568
图书服务邮箱：duzhe@ssap.cn

S 基本子库
SUB DATABASE

中国社会发展数据库（下设 12 个子库）

全面整合国内外中国社会发展研究成果，汇聚独家统计数据、深度分析报告，涉及社会、人口、政治、教育、法律等 12 个领域，为了解中国社会发展动态、跟踪社会核心热点、分析社会发展趋势提供一站式资源搜索和数据分析与挖掘服务。

中国经济发展数据库（下设 12 个子库）

基于"皮书系列"中涉及中国经济发展的研究资料构建，内容涵盖宏观经济、农业经济、工业经济、产业经济等 12 个重点经济领域，为实时掌控经济运行态势、把握经济发展规律、洞察经济形势、进行经济决策提供参考和依据。

中国行业发展数据库（下设 17 个子库）

以中国国民经济行业分类为依据，覆盖金融业、旅游、医疗卫生、交通运输、能源矿产等 100 多个行业，跟踪分析国民经济相关行业市场运行状况和政策导向，汇集行业发展前沿资讯，为投资、从业及各种经济决策提供理论基础和实践指导。

中国区域发展数据库（下设 6 个子库）

对中国特定区域内的经济、社会、文化等领域现状与发展情况进行深度分析和预测，研究层级至县及县以下行政区，涉及地区、区域经济体、城市、农村等不同维度。为地方经济社会宏观态势研究、发展经验研究、案例分析提供数据服务。

中国文化传媒数据库（下设 18 个子库）

汇聚文化传媒领域专家观点、热点资讯，梳理国内外中国文化发展相关学术研究成果、一手统计数据，涵盖文化产业、新闻传播、电影娱乐、文学艺术、群众文化等 18 个重点研究领域。为文化传媒研究提供相关数据、研究报告和综合分析服务。

世界经济与国际关系数据库（下设 6 个子库）

立足"皮书系列"世界经济、国际关系相关学术资源，整合世界经济、国际政治、世界文化与科技、全球性问题、国际组织与国际法、区域研究 6 大领域研究成果，为世界经济与国际关系研究提供全方位数据分析，为决策和形势研判提供参考。

法律声明

"皮书系列"（含蓝皮书、绿皮书、黄皮书）之品牌由社会科学文献出版社最早使用并持续至今，现已被中国图书市场所熟知。"皮书系列"的相关商标已在中华人民共和国国家工商行政管理总局商标局注册，如LOGO（ ）、皮书、Pishu、经济蓝皮书、社会蓝皮书等。"皮书系列"图书的注册商标专用权及封面设计、版式设计的著作权均为社会科学文献出版社所有。未经社会科学文献出版社书面授权许可，任何使用与"皮书系列"图书注册商标、封面设计、版式设计相同或者近似的文字、图形或其组合的行为均系侵权行为。

经作者授权，本书的专有出版权及信息网络传播权等为社会科学文献出版社享有。未经社会科学文献出版社书面授权许可，任何就本书内容的复制、发行或以数字形式进行网络传播的行为均系侵权行为。

社会科学文献出版社将通过法律途径追究上述侵权行为的法律责任，维护自身合法权益。

欢迎社会各界人士对侵犯社会科学文献出版社上述权利的侵权行为进行举报。电话：010-59367121，电子邮箱：fawubu@ssap.cn。

社会科学文献出版社